BECK'SCHE SONDERAUSGABEN

WERNER HUSS

DIE KARTHAGER

VERLAG C. H. BECK MÜNCHEN

Die Originalausgabe erschien 1985 unter dem Titel „Geschichte der Karthager“

Sonderausgabe
(Text leicht gekürzt und überarbeitet, ohne Anmerkungen,
jedoch mit aktualisiertem Literaturverzeichnis)

Mit 4 Karten im Text

CIP-Titelaufnahme der Deutschen Bibliothek

Huß, Werner:
Die Karthager / Werner Huß. – Sonderausg. –
München : Beck, 1990
ISBN 3 406 34385 6

ISBN 3 406 34385 6

Satz: C. H. Beck'sche Buchdruckerei, Nördlingen
Druck und Bindung: May + Co, Darmstadt
Printed in Germany

INHALTSVERZEICHNIS

Verzeichnis der Karten

VORWORT

> Meines Erachtens muß man den Historikern ihre Irrtümer nachsehen, da sie nun einmal Menschen sind und da die in den vergangenen Zeiten verborgene Wahrheit nur schwer zu finden ist.
>
> Diod. XIII 90, 7

Gilbert Charles Picard hat während des 1. Internationalen Kongresses für phoinikische und punische Studien, der in der Zeit vom 5. bis 10. November 1979 in Rom veranstaltet worden ist, die Frage gestellt: „Ist es möglich, eine Geschichte Karthagos zu schreiben?" Er hat die Antwort gegeben: für die Zeit vor der Schlacht von Himera (480) ist dies nicht möglich. Meine Skepsis reicht weiter: auch für die Zeit nach der Schlacht von Himera läßt sich keine Geschichte Karthagos schreiben – höchstens Kapitel zur Geschichte Karthagos. Wenn diese Arbeit dennoch den Titel „Geschichte der Karthager" trägt, dann eher aus traditionellen als aus sachlich bedingten Gründen. Daß das Unternehmen, eine Geschichte der Karthager zu schreiben, nur in einem begrenzten Umfang erfolgreich durchgeführt werden kann, hängt insbesondere mit der Zahl und der Art der Nachrichten zusammen, die für eine Rekonstruktion dieser Geschichte zur Verfügung stehen. Wenn wir von der Zeit der Kriege absehen, die die Karthager mit den Römern geführt haben, fließen die historischen Quellen nur sehr spärlich. Außerdem sind die einzelnen Phasen und die einzelnen Aspekte der karthagischen Geschichte in den antiken Berichten nur in einem ungleichen Maß berücksichtigt: so ist etwa die Frühzeit der Stadt in ein fast undurchdringliches Dunkel gehüllt, so fällt nur gelegentlich ein Licht auf die innenpolitischen Verhältnisse der Stadt, und so werden die merkantilen und politischen Beziehungen der Stadt zu den Stämmen und Städten Nordafrikas, Westafrikas, der Inseln des östlichen Atlantischen Ozeans, Nordwesteuropas, der Iberischen Halbinsel, der Balearen, Südfrankreichs, Italiens, Siziliens, Sardiniens und Korsikas meist nur in Nebenbemerkungen abgetan – wenn sie überhaupt erwähnt werden. Und schließlich ist von großer Bedeutung, daß die antiken Autoren, die über das Thema Karthago geschrieben haben und deren Werke uns erhalten sind, ausschließlich Griechen und Römer gewesen sind, d.h. Angehörige von Völkern, die im Laufe der Zeit vielfach in einen starken Gegensatz zu den Karthagern geraten sind. Vermutlich wären wir in vielen Dingen besser unterrichtet, wenn uns das in griechischer Sprache geschriebene und acht Bände umfassende Werk „Karchedoniaka" des Kaisers Claudius, das jährlich im neuen Museion von Alexandreia vorgelesen wurde, erhalten wäre.

Wenn hier dennoch der Versuch unternommen worden ist, eine „Geschichte der Karthager" zu schreiben, dann deswegen, weil dem Historiker auch bei einer prekären Quellenlage die Aufgabe gestellt ist, die bekannten Fakten zu synthetisieren, weil seit den Tagen Meltzers und Gsells in vielen Fragen Fortschritte erzielt worden sind und weil die vielleicht nicht ganz unbegründete Hoffnung bestanden hat, in manchen Punkten über die Ergebnisse der bisherigen Forschung hinauszukommen.

Ich habe mich im Interesse der Lehrenden und Lernenden bemüht, die wissenschaftliche Literatur möglichst umfassend zu zitieren. Was mir allzu unwichtig erschienen ist, habe ich beiseite gelassen. Allerdings bin ich ziemlich sicher, daß ich den einen oder anderen Titel, den ich hätte zitieren können, übersehen habe. Die Literaturhinweise, die in der Année Philologique bzw. in der Revista di Studi fenici verzeichnet sind, sind bis Bd. 53 (1984) bzw. Bd. 12 (1984) berücksichtigt worden.

Ich danke dem Herausgeber des „Handbuchs", meinem Lehrer Herrn Prof. Dr. Hermann Bengtson, dem Mitleser der Korrekturen, Herrn Prof. Dr. Jakob Seibert, der C. H. Beck'schen Verlagsbuchhandlung, insbesondere Herrn Dr. Ernst-Peter Wieckenberg, meiner Sekretärin, Frau Helga Ferch, den Mitarbeitern der Universitätsbibliothek Bamberg und der Staatsbibliothek Bamberg, meinen studentischen Hilfskräften und schließlich allen, die die Mühe auf sich nehmen werden, mir kritische Notizen zuzusenden – und beträfen diese Notizen auch nur Kleinigkeiten.

Bamberg, 22. Februar 1985 Werner Huß

VORWORT ZUR SONDERAUSGABE

In den letzten Jahrzehnten ist das Interesse an der Geschichte der Phoiniker und Karthager neu erwacht. Dieses Interesse ist auf manche Ursachen zurückzuführen, insbesondere aber auf die Fortschritte, die die Archäologie auf phoinikischem und punischem Boden erzielt hat. Die großartige Ausstellung „Die Phoiniker", die in der Zeit vom 6. März bis 6. November 1988 im Palazzo Grassi in Venedig gezeigt worden ist, hat beide Aspekte – die Fortschritte der Archäologie und das Interesse einer breiten Öffentlichkeit – beispielhaft zum Ausdruck gebracht.

Diese wieder erwachte Neugierde sucht die vorliegende Arbeit, soweit es sich um Karthago handelt, zu befriedigen – allerdings nicht mit den Mitteln des historischen Romans, sondern mit den Mitteln der nüchternen Geschichtsschreibung. Gegenüber der „Handbuch"-Ausgabe hat die Sonderausgabe den Vorzug, daß in ihr (eigene und fremde) Erkenntnisse der letzten fünf Jahre berücksichtigt sind.

Vorsichtshalber darf ich darauf hinweisen, daß es verkehrt wäre, aus dem Umfang der einzelnen Kapitel auf die größere oder geringere Bedeutung des Gegenstands zu schließen. Dieser Umfang ist vielmehr jeweils vom Umfang der mehr oder weniger zufällig erhaltenen antiken Nachrichten abhängig. Die an sich erstrebenswerte Balancierung der einzelnen Teile einer „Geschichte" erweist sich in diesem Fall als unmöglich – es sei denn, man unterschlägt einen bedeutenden Teil der Überlieferung.

Für den Leser, der weitere Informationen sucht, habe ich ein verhältnismäßig umfangreiches Literaturverzeichnis beigegeben, für dessen Auswahl folgende Gesichtspunkte maßgebend gewesen sind: der Gesichtspunkt der zentralen Thematik, der Gesichtspunkt der wissenschaftlichen Bedeutung und der Gesichtspunkt der Bereitstellung weiterführender Literatur.

In die Arbeit sind vier Kartenskizzen aufgenommen. Die Einfügung weiterer Kartenskizzen wäre aufgrund der Vielzahl der genannten Orte ein zu aufwendiges und kostspieliges Unterfangen gewesen. Der größte Teil der genannten Orte ist mit Hilfe folgender Werke zu lokalisieren: P. A. Salama, Les voies romaines de l'Afrique du Nord, Diss. Alger 1951; H. Bengtson – V. Milojčić, Großer Historischer Weltatlas I. Vorgeschichte und Altertum, München ^{6}1989 (= ^{6}1978).

Mancher Leser wird überrascht sein, wenn er zur Kenntnis nimmt, daß vor allem bei der Schilderung militärischer Vorgänge viele Zahlen genannt werden. Diese Zahlen sind jedoch nicht deswegen in das Werk aufgenommen, um einem Zahlenfetischismus Vorschub zu leisten, sondern deswegen um auf rascheste, einfachste und genaueste Weise auf Größenverhältnisse aufmerksam zu machen.

Bei der Wiedergabe römischer Namen bin ich so verfahren: bei der ersten Nennung ist der ganze Name genannt, bei weiteren Nennungen nur der Beiname; bei Verwechslungsmöglichkeiten wird jedoch auch bei weiteren Nennungen der Vorname – nicht jedoch der Gentilname – hinzugesetzt.

Zu danken habe ich in erster Linie der C. H. Beck'schen Verlagsbuchhandlung, und hier insbesondere Herrn Michael Hofmann. Zu danken habe ich aber auch meinem Sohn Bernhard, der die Korrekturen mitgelesen hat und mir auch in anderer Weise behilflich gewesen ist.

Bamberg, 24. Januar 1990 — Werner Huß

1

ZUR GESCHICHTE DER FORSCHUNG

Das Verdienst, als erster eine zusammenhängende Darstellung der Geschichte der Karthager geschrieben zu haben, gebührt W. Bötticher (* 1798 Wormsdorf bei Magdeburg, † 1850 Halle). Bötticher war in der glücklichen Lage, in sein Werk die wirtschafts- und verfassungsgeschichtlichen Erkenntnisse aufnehmen zu können, die A. H. L. Heeren (* 1760 Arbergen bei Bremen, † 1842 Göttingen) gewonnen hatte. Nur wenige Jahre später verfaßte U. J. H. Becker (* 1791 Gr. Gievitz [Mecklenburg], † 1843 Ratzeburg) in der von J. S. Ersch und J. G. Gruber herausgegebenen „Allgemeinen Encyclopädie der Wissenschaften und Künste" den historischen Teil des Artikels Carthago – eine Zusammenfassung, die über die Arbeit Böttichers hinaus keinen Fortschritt erbrachte. Ähnliches läßt sich von der Arbeit „Carthage and the Carthaginians" behaupten, die R. B. Smith (* 1839 West Stafford [Dorset], † 1908 Bingham's Melcombe [Dorset]) i. J. 1878 veröffentlichte.

Die größte Leistung auf dem Gebiet der karthagischen Geschichtsschreibung vollbrachte im 19. Jh. O. Meltzer (* 1846 Lauenstein bei Dippoldiswalde [Sachsen], † 1909 Dresden), dessen 1. Band der „Geschichte der Karthager" i. J. 1879 erschien. Der 2. Band folgte i. J. 1896. Bedauerlicherweise war es Meltzer nicht vergönnt, das von ihm begonnene Unternehmen zu Ende zu führen. U. Kahrstedt (* 1888 Neisse [Oberschlesien], † 1962 Göttingen), ein völlig anders gearteter Geist, vollendete mit dem 3. Band das Werk – „ganz aus eigenem". Die Arbeit Meltzers ist in vielen Teilen auch heute noch nicht überholt. Meltzer verband eine profunde Kenntnis der literarischen, epigraphischen und archäologischen Quellen mit einem ausgeprägten Sinn für die Kategorie des Politischen.

Meltzer hätte aber seine Arbeit nicht in der Weise schreiben können, in der er sie geschrieben hat, wären nicht auf drei Gebieten entscheidende Vorarbeiten geleistet worden: auf dem Gebiet der semitischen Philologie, auf dem Gebiet der Verfassungsgeschichte und auf dem Gebiet der phoinikischen und punischen Archäologie. Was die semitische Philologie anbelangt, so ist hier zunächst das Werk des Hebraisten S. Bochart

(* 1599 Rouen, † 1667 Caen) zu nennen, das den Titel „Geographiae sacrae pars prior. Phaleg seu de dispersione gentium et terrarum divisione facta in aedificatione turris Babel; Geographiae sacrae pars altera. Chanaan seu de coloniis et sermone Phoenicum" trug und in dem der Verfasser über die ihm von den biblischen Schriften gesteckten Grenzen weit hinausging. Insbesondere aufgrund seiner toponymischen Untersuchungen, die in nicht wenigen Fällen das Richtige trafen – in anderen allerdings nicht –, wurde er zum Wegbereiter des „Panphoinikismos", der vor allem in dem von F. C. Movers (* 1806 Coesfeld [Münsterland], † 1856 Breslau) verfaßten Werk „Die Phönizier" in Erscheinung trat. Wenn Movers auch in vielen Punkten Täuschungen erlag, so erschloß er doch in vielen anderen Punkten wertvolle Einsichten. Bochart hatte seine Arbeit weitgehend auf der Basis der hebräischen und aramäischen biblischen Texte erstellt. Erst J.-J. Barthélemy (* 1716 Cassis [Provence], † 1795 Paris) begann, – in mehreren kleineren Arbeiten – die phoinikischen und punischen epigraphischen Dokumente in seine Betrachtung einzubeziehen. Zu einem ersten Höhepunkt aber führten die noch junge Wissenschaft der nordwestsemitischen Epigraphik W. Gesenius (* 1786 Nordhausen [Thüringen], † 1842 Halle) und E. Renan (* 1823 Tréguier [Bretagne], † 1892 Paris) – Gesenius vor allem durch sein Werk „Scripturae linguaeque Phoeniciae monumenta quotquot supersunt" und Renan insbesondere durch die Bearbeitung von 925 Nummern des ersten Bands des „Corpus inscriptionum semiticarum", dessen Edition er inauguriert hatte.

Zur Präzisierung seiner verfassungsgeschichtlichen Konzeptionen konnte Meltzer – sieht man von dem Werk A. H. L. Heerens ab – auf die Arbeiten von F. G. Kluge, G. Wolff und G. Koerner zurückgreifen. – Glücklicherweise war Meltzer überdies in der Lage, erste und wichtige Ergebnisse der phoinikischen und punischen Archäologie in sein Werk aufnehmen zu können. Die ersten als wissenschaftlich zu bezeichnenden Grabungen auf karthagischem Boden führte im Jahre 1859 Ch. E. Beulé (* 1826 Saumur, † 1874 Paris) durch, nachdem der in Tunis residierende dänische Generalkonsul Ch. T. Falbe (* 1791 Helsingör, † 1849 Kopenhagen) angesichts übergroßer Schwierigkeiten seine diesbezüglichen Pläne aufgegeben hatte. Nach Beulé war es vor allem der Weiße Vater A. L. Delattre (* 1850 Déville-lès-Rouen, † 1932 Carthage), der in über 50jähriger unermüdlicher Grabungstätigkeit dem Boden Karthagos viele Geheimnisse abrang.

Im 20. Jh. führte S. Gsell (* 1864 Paris, † 1932 Paris) die Erforschung der Geschichte Karthagos und darüber hinaus Nordafrikas auf einen neuen Gipfel. Sein reiches Wissen bewahrte ihn fast immer davor, voreilige Schlüsse zu ziehen. Alle, die nach Gsell eine Gesamtdarstellung der karthagischen Geschichte vorgelegt haben, mögen in einzelnen Teilen Fortschritte erzielt haben – aufs Ganze gesehen haben sie die von Gsell erreichte Höhe nicht erklommen oder gar überstiegen.

2

DIE PHOINIKISCHE EXPANSION

Die Geschichte der archaischen Zeit Karthagos ist in die Geschichte der phoinikischen Expansion eingebettet.

Die Zeit, in der eine Geschichte der phoinikischen Expansion geschrieben werden könnte, ist aber noch nicht gekommen. Trotz allen Scharfsinns, der in den letzten Jahrhunderten bei der Interpretation der in Frage kommenden literarischen und epigraphischen Texte aufgewendet wurde, und trotz des Fortschritts, der in den letzten Jahrzehnten bei der archäologischen Erforschung der mittelmeerischen und atlantischen Siedlungsplätze der Phoiniker verzeichnet werden konnte, bleiben noch zu viele Unsicherheiten, ja Unwägbarkeiten. Zudem ist der Methodenstreit, der in der Frage der Aussagekraft archäologischer Fakten im Hinblick auf die Geschichte der Frühphase einer Faktorei oder einer Siedlung entbrannt ist, noch keineswegs endgültig ausgetragen. Aus diesen Gründen können auch die folgenden Ausführungen nur vorläufiger Natur sein.

Die Urheber

Die Griechen nannten die Träger einer der weitreichendsten und folgenreichsten Expansionen der Antike „Phoínikes". (Die etymologische Erklärung dieses Namens scheint noch nicht gefunden zu sein.) Wie diese Phoiniker, die Bewohner der im wesentlichen an der heutigen libanesischen Küste liegenden Stadtstaaten, sich selbst bezeichneten, ja ob sie überhaupt einen gemeinsamen Namen trugen, ist völlig ungewiß.

Wenngleich das Phänomen der phoinikischen Expansion vielfach mit dem Namen der Stadt Tyros verbunden wurde und verbunden wird, ist es dennoch kaum wahrscheinlich, daß allein die Repräsentanten bzw. die Bürger dieser Stadt expansionistische Ziele verfolgten. Da aber Tyros seit dem 9. Jh. die gesamte phoinikische Küste – und damit auch Sidon – beherrschte und da die phoinikische Kolonisation im engeren Sinn im Bereich des westlichen Mittelmeers erst in der Zeit der politischen Vorherrschaft von Tyros einsetzte, hat es den Anschein – aber eben nur den

Anschein –, als habe Tyros das Monopol der Expansion besessen. In Wirklichkeit scheint etwa Sidon nicht nur zu der Zeit, als es unter der Herrschaft von Tyros stand, am Prozeß der Kolonisation beteiligt gewesen zu sein, sondern bereits zu der Zeit, als es noch autonome politische Entscheidungen treffen konnte, eine expansionistische Politik verfolgt zu haben.

Spätestens seit dem 8. Jh. besaß die oligarchische Schicht der phoinikischen Kaufleute eine starke wirtschaftliche Macht und damit auch eine hohe politische Bedeutung. Daher wird die Kaufmannschaft – und nicht das Königtum, dessen Kraft im Schwinden begriffen war – der im wesentlichen bestimmende Faktor der Kolonisation gewesen sein.

Die Zeit

Eines der umstrittensten Probleme, die die phoinikische Expansion der Forschung stellt, ist das Problem der Datierung. Dies hängt insbesondere mit der Tatsache zusammen, daß die literarische Überlieferung den Beginn der Expansion zwar ins 12. Jh. weist, daß aber die frühesten archäologischen Funde aus dem Bereich des westlichen Mittelmeers erst aus dem 8. Jh. stammen – die ältesten epigraphischen Zeugnisse gehen höchstens ins 10. Jh. zurück. Nun wäre es aber verfehlt, allein aufgrund der fehlenden archäologischen Funde der Spätdatierung der phoinikischen Expansion das Wort zu reden. Die Tatsache, daß die archäologischen Zeugnisse aus einer relativ späten Zeit stammen, läßt sich auch anders erklären als mit der Annahme, die phoinikische Expansion habe erst im 8. Jh. eingesetzt.

Aus dem Bericht des Ägypters Wn-Jmn geht hervor, daß im 11. Jh. zwischen phoinikischen und ägyptischen Häfen ein reger Schiffsverkehr herrschte. Beschränkten sich die handelspolitischen Aktivitäten der phoinikischen Städte auf diesen Nord-Süd-Handel? Dies ist kaum anzunehmen, stellt man die allen größeren Handelsunternehmungen innewohnende Dynamik in Rechnung. Die technischen Voraussetzungen für weite Seefahrten waren jedenfalls längst gegeben – offensichtlich bereits seit dem 3. Jt. Und es scheint, daß die Phoiniker nach dem Sturm der Seevölker die Routen befuhren, die von ihnen oder ihren Nachbarn gelegentlich schon in der Zeit vor dem Auftauchen der Seevölker befahren worden waren. So darf man mit einer gewissen Berechtigung den Beginn der phoinikischen Expansion ins 11. Jh. datieren.

Die Art

Die phoinikische Expansion entwickelte sich allem Anschein nach in verschiedenen Etappen. Benützten die Phoiniker zunächst die Häfen fremder Völker als Stützpunkte, so legten sie später – teils am Rande bestehender Siedlungen, teils in von der Natur geschützten Lagen – Kontore an, denen sie vielfach in Heiligtümern Zentren gaben, und gründeten schließlich geschlossene Wohnanlagen. Von diesen Wohnanlagen aus drangen sie dann gelegentlich – wie insbesondere auf Sardinien – ins Landesinnere vor.

Es ist nicht erstaunlich, daß sich von den beiden ersten Etappen der Expansion kaum archäologische Spuren gefunden haben, bedenkt man, daß zunächst keine eigenen Siedlungen existierten, daß das überseeische Ausgreifen sich anfangs auf einzelne Punkte beschränkte, daß die exportierten Waren – Stoffe, Gefäße, Salben und Sklaven – meist vergänglicher Art waren und daß die Kontore und deren Heiligtümer sicherlich in einer bescheidenen Bauweise errichtet und zudem später vielfach umgestaltet wurden. Erst die dritte Phase der phoinikischen Expansion, die – was den Bereich des westlichen Mittelmeers angeht – im 8., frühestens im 9. Jh. begann, läßt sich als Kolonisation im eigentlichen Sinn bezeichnen, wenngleich zuzugeben ist, daß der Übergang zwischen Kontoren und Kolonien gelegentlich fließend gewesen sein wird. Jedenfalls stellte das 8. Jh. insofern eine gewisse Zäsur in der Geschichte der phoinikischen Expansion dar, als nunmehr stärkere mutterländische und vielleicht auch phoinikisch-zyprische Bevölkerungsgruppen in den Raum des westlichen Mittelmeers strömten. Hier trafen sie auf die Angehörigen verschiedener einheimischer Kulturkreise, und es hat den Anschein, als seien sie im allgemeinen nicht die Nehmenden, sondern die Gebenden gewesen.

Die Gründe

Ohne Zweifel ist die erste Triebfeder der phoinikischen Expansion im Bereich des Handels zu suchen – nicht ohne Grund hat der Völkername Knʿnjm an manchen Stellen des Alten Testaments die Bedeutung „Kaufleute“ angenommen. Wahrscheinlich trug die Tatsache, daß die Phoiniker zwischen Meer und Gebirge gleichsam eingezwängt waren, wesentlich dazu bei, daß sie sich in stärkerem Maße als etwa die Israeliten aufs Meer gewiesen sahen. Hinzu kam der Umstand, daß sie sich, im Schnittpunkt zwischen Ägypten, Mesopotamien und dem ägäisch-kleinasiatischen Raum lebend, seit vielen Jahrhunderten Kenntnisse vom Wert bestimmter Handelswaren und vom Verlauf gewisser Handelswege angeeignet hatten. Und offensichtlich hatte sich bei ihnen außerdem im Laufe der Zeit eine gewisse charakterliche Disposition gebildet, die sie befähigte, die Gefahren, die mit der Ferne verbunden waren, nicht zu scheuen.

Kurzum, vor allem die Aussicht auf Gewinn aus überseeischen Handelsgeschäften trieb die Phoiniker aufs Meer hinaus. Insbesondere der Handel mit Metallen und hier an herausragender Stelle – jedenfalls was Iberien angeht – der Handel mit Silber scheint beträchtliche Profite abgeworfen zu haben. Es war also keineswegs der assyrische Druck, der die phoinikische Expansion auslöste, zumal ja zu berücksichtigen ist, daß Tyros bis zur Zeit Tiglatpilesars III. (745–727) seine Unabhängigkeit nicht verlor. Allerdings besteht durchaus die Möglichkeit, daß die gesteigerte assyrische Nachfrage nach Rohstoffen im 8. Jh. zu einer bedeutenden Intensivierung der phoinikischen Expansion führte – einer Expansion, die nunmehr die Züge einer Kolonisation annahm.

Die Ausdehnung

Zypern

Wenngleich die antiken literarischen Nachrichten in den fernen Westen als das Ziel der frühesten phoinikischen Expansion weisen, so war doch wahrscheinlich Zypern – sieht man von Ägypten ab – die erste mittelmeerische Anlaufstation phoinikischer Kaufleute. Und unter den Städten Zyperns war offensichtlich Kition die Stadt, in der die phoinikischen Händler in erster Linie ihren merkantilen Interessen nachgingen – sie deckten hier zu einem bedeutenden Teil ihren Bedarf an Kupfer.

Das archäologische Material läßt erkennen, daß Phoiniker in der Mitte des 9. Jh. in Kition präsent waren. Wenn jedoch eine Notiz des Menandros von Ephesos richtig restituiert werden kann, hatte Kition als tyrische Kolonie bereits im 10. Jh., vielleicht sogar bereits im 11. Jh. existiert. Umstritten ist, ob die Phoiniker der Stadt den Namen Qrtḥdšt (Neu-Stadt) gegeben haben. Ich halte dies insbesondere aufgrund einer wohl in der Gegend von Limassol gefundenen Inschrift für unwahrscheinlich.

Im übrigen besteht durchaus die Möglichkeit, ja vielleicht sogar die Wahrscheinlichkeit, daß zumindest vor der Jahrtausendwende nicht nur Tyros, sondern auch andere phoinikische Städte – wie Sidon und Arados

– Dependancen auf Zypern errichteten. Und vielleicht ist es nicht allzu verwegen zu vermuten, daß Qrtḥdšt eine sidonische Gründung war.

Schließlich ist in diesem Zusammenhang noch eine Schale zu erwähnen, die ein Bewohner von Tamassos der ʿštrt von Kition geweiht hat und die in die 2. Hälfte des 9. Jh. zu datieren ist. Aus der auf der Schale angebrachten Inschrift ist nicht nur die starke Verehrung der ʿštrt von Kition zu ersehen, sondern auch die relativ frühe Existenz der phoinikischen Kolonie Tamassos oder doch der phoinikischen „Kolonie" von Tamassos zu erschließen. Auch im Falle von Tamassos werden die bei der Stadt gelegenen Kupferminen das Interesse der phoinikischen Kolonisten gefunden haben.

Anatolien und Assyrien

Literarische, epigraphische und archäologische Zeugnisse beweisen, daß die Phoiniker seit dem 10./9. Jh. in Anatolien und Assyrien ökonomische Aktivitäten entfalteten und kulturellen Einfluß ausübten. Näherhin sind hier folgende Gebiete zu nennen: der Golf von Iskenderun (mit dem nicht genau lokalisierbaren antiken Myriandos), Kilikien (mit Adana, Tarsus und Alanya), das nördliche Syrien (mit Halep, Zincirli, Hasan-Beyli und Karatepe) und das nördliche Euphrat-Gebiet (mit Karkemisch, vielleicht dem „Chárax Sídoy" und der Gegend von Harran).

Der ägäische Raum

Was den Beginn der phoinikisch-griechischen Handelsbeziehungen im ägäischen Raum angeht, so tappen wir in diesem Fall noch mehr im dunkeln als im Fall von Zypern. Eine gewisse Wahrscheinlichkeit spricht allerdings dafür, daß phoinikische Kaufleute seit dem 10. Jh. in den Häfen der Ägäis festmachten. Spuren dieses frühen Handels haben sich allerdings in überwiegender Zahl nicht im Boden, sondern in verschiedenen und verschiedenartigen literarischen Traditionen erhalten. Diese Traditionen weisen darauf hin, daß die Phoiniker eine Handelsstraße benützten, die folgende Stationen berührte: Rhodos, Anaphe, Thera, Melos, Seriphos, Korinthos, Athen, Thasos, Thrakien, Samothrake und Lemnos (?), vielleicht sogar Pronektos. Eine andere Route mag von Rhodos über Itanos, Kythera, Methone, Kyllene, Zakynthos, Leukas und Onchesmos in den Westen geführt haben. Und wenn nicht alles täuscht, sind phoinikische Spuren auch in Ephesos aufgetaucht. Kolonien im eigentlichen Sinn scheinen jedoch von den Phoinikern im ägäischen Raum nicht gegründet worden zu sein.

Was Kreta betrifft, so waren uns schon seit geraumer Zeit einige aus dem 9. Jh. stammende und in der idaiischen Höhle entdeckte phoinikische Objekte bekannt. Nunmehr aber kennen wir eine bereits aus dem 10./9. Jh. stammende phoinikische Inschrift, die auf einer in der Nähe von Knossos gefundenen Schale angebracht ist. Der Text der Inschrift lautet anscheinend: „Schale des Šṣʿ, des Sohns des Lʾmn". Kreta wurde offensichtlich in verhältnismäßig früher Zeit von phoinikischen Händlern angelaufen.

Sizilien, Pantelleria, Malta und Gozzo

Nach einem berühmten Wort des Thukydides, das wahrscheinlich auf Antiochos von Syrakosai zurückgeht, wohnten bereits vor der Ankunft griechischer Siedler Phoiniker „rings um ganz Sizilien ... wegen des Handels mit den Bewohnern Siziliens". Die Historizität dieses Wortes ist nicht deswegen zu bestreiten, weil die für kürzere oder längere Zeit auf den „Vorsprüngen" und „Inselchen" Siziliens lebenden Phoiniker aus der Zeit vor der Mitte des 8. Jh. nur wenige und teilweise undeutliche archäologische Spuren hinterlassen haben. Offensichtlich bauten sie keine Anlagen, die einen dauerhaften Charakter hatten.

Die ersten Phoiniker, die den Boden Siziliens betraten, werden diejenigen Phoiniker gewesen sein, die sich bereits vor der Jahrtausendwende auf den Weg nach Iberien begeben hatten. In der folgenden Zeit werden zahlreiche Phoiniker Sizilien nicht nur als Zwischenstation, sondern als eigentliches Ziel betrachtet haben, bis sie schließlich von den griechischen Kolonisten zum Rückzug nach Motye, Panormos und Solus gezwungen wurden. Vorher scheinen sie nicht nur die eben genannten Orte, sondern auch Tamaricium, Thapsos, Phoinikus, Pachynos, Makara und Mazara bewohnt zu haben.

Auch Melite und Gaulos werden von Diodoros zu Recht als phoinikische Kolonien bezeichnet.

Sardinien

Es wird nicht lange gedauert haben, bis die ersten phoinikischen Seefahrer, die Sizilien erreicht hatten, nach Sardinien übersetzten – sei es, daß sie den Weg nehmen wollten, der über die Balearen nach Iberien führte, sei es, daß sie beabsichtigten, auf Sardinien selbst ihren Geschäften nachzugehen. Diese Geschäfte mögen mit dem Silber, dem Eisen, dem Blei und dem Zinn des Iglesiente und dem Kupfer insbesondere der Barbagia in Zusammenhang gestanden sein.

Archäologische und epigraphische Indizien sprechen dafür, daß in der Zeit der ersten Kontakte und in der Zeit der frühesten Kolonisation die Phoiniker Zyperns eine dominierende Rolle spielten – eine dominierende Rolle, keine ausschließliche.

Von den archäologischen Zeugnissen abgesehen, beweist insbesondere die sog. Nora-Inschrift, die gewöhnlich ins 9. Jh. datiert wird, daß Phoiniker bereits zur Zeit der Anfertigung dieser Inschrift auf Sardinien kolonisatorisch tätig waren. Schon im 8. Jh. war Sardinien von einem Kranz phoinikischer Küstenorte umgeben: es waren dies Karalis, Nora, Bitia, Sulkoi, Tharros und Bosa. Im 7. Jh. stießen phoinikische Siedler dann von den Küsten über die Flußtäler ins Landesinnere vor, wie etwa aus der Anlage von Militärsiedlungen wie Monte Sirai (bei Carbonia) und Pani Loriga (bei Santadi) zu ersehen ist. Im 6. Jh. schließlich griffen die Karthager auf Sardinien ein, um den gegen die expandierenden Phoiniker gerichteten Gegenschlag der Sarden aufzufangen.

Die Apenninische Halbinsel

Spätestens im 8. Jh. scheinen phoinikische Kaufleute auch an den Küsten Etruriens, Latiums, Campaniens und Bruttiums an Land gegangen zu sein. Und wenn nicht alles täuscht, errichtete eine Gruppe dieser Kaufleute auf dem Forum Boarium „Roms" ein Heiligtum des Mlqrt – die Ara Maxima. Über die Anlage bescheidener Kontore ging die „kolonisatorische" Tätigkeit der Phoiniker nicht hinaus. Etrusker und in zunehmendem Maße Griechen verhinderten durch ihre Präsenz die Gründung eigentlicher phoinikischer Kolonien. Doch konnten phoinikische Metoikoi durchaus im Schutz etruskischer und griechischer Städte leben, wie etwa das Beispiel von Pithekussai (3. Viertel des 8. Jh.) beweist.

Die Iberische Halbinsel

Nach der bei Paterculus vorliegenden Überlieferung wurde Gades (Gdr = „Festung") in sehr früher Zeit als phoinikische bzw. tyrische Kolonie gegründet – „ungefähr im 80. Jahr nach der Einnahme Troias, (ungefähr) im 120. (Jahr), nachdem Hercules zu den Göttern gegangen war", d. h. etwa i. J. 1104/3, legt man dieser Angabe das chronologische System des Eratosthenes und des Apollodoros zugrunde. Sieht man aber einmal davon ab, daß eine Angabe, die innerhalb eines mythologischen Kontexts – dazu noch eines solchen griechischer Provenienz – steht, nicht gerade großes Vertrauen verdient, wenn es um die zeitliche Fixierung der Gründung einer phoinikischen Kolonie geht, so ist vor allem darauf hinzuweisen, daß die historische Wahrscheinlichkeit gegen die Annahme einer phoinikischen – und dazu noch tyrischen – Kolonie in dieser frühen Zeit spricht. Das von Paterculus genannte Gründungsdatum von Gades scheint vielmehr – wie das von Lixos und Ityke – auf eine späte Parallelisierung der Zeit der Herakleiden mit der Zeit der phoinikischen Expansion im fernen Westen zurückzugehen. Daher verdient das Zeugnis des Paterculus unser Vertrauen nicht. Dennoch halte ich es durchaus für möglich, daß phoinikische Kaufleute bereits am Ende des 2. Jahrtausends erste Handelskontakte mit den Iberern aufnahmen. Mit einer gewissen Berechtigung läßt sich in diesem Zusammenhang auf analoge Vorgänge expansioneller Art verweisen: so lagen beispielsweise die ältesten westlichen Apoikiai nicht in der Nähe des griechischen Mutterlands, sondern waren sehr weit von ihm entfernt.

Der Grund, der die phoinikischen Kaufleute in den fernen Westen lockte, dürfte in erster Linie das Silber der Iberischen Halbinsel gewesen sein; daneben weckten anscheinend auch ihr Eisen, ihr Zinn und ihr Blei deren Interesse.

Nach dem Ausweis der archäologischen Funde setzte dann im 8. Jh. – wohl bedingt durch einen starken Zustrom ostphoinikischer Siedler – eine intensive kolonisatorische Tätigkeit ein. Die iberische Südküste wurde weithin eine phoinikische „Provinz". Von Gades abgesehen lagen in dieser „Provinz" folgende phoinikische Orte: Aljaraque bei Huelva (?), Cerro del Prado (bei Gibraltar), El Villar (bei Málaga), Málaga, Toscanos mit den Nekropolen Cerro del Peñón (?), Jardín und Cerro del Mar und dem Fort (?) Cerro del Alarcón, Morro de Mezquitilla mit der Nekropole Trayamar, Chorreras, die Nekropole Cerrillo de las Sombras (bei Frigiliana) (?), Almuñécar mit den Nekropolen Cerro de S. Cristóbal, Puente de Noy und Velilla (?), Adra und Villaricos (?). Weitere Aufschlüsse über den Umfang des phoinikischen bzw. punischen Siedlungsraums lassen sich aus der – vorsichtigen – Auswertung des Ortsnamenmaterials gewinnen.

Die einheimischen Iberer scheinen gegenüber dem Vordringen der Phoiniker teils die Haltung des Widerstands, teils die Haltung der Anpassung eingenommen zu haben.

Das Problem der Lokalisierung des biblischen Tršjš bzw. des griechisch-römischen Tartēssós-Tartessus kann hier nur gestreift werden. Während in griechisch-römischer Zeit Tartessos bzw. Tartessus vielfach mit Gades identifiziert wurde, wird Tršjš heute gewöhnlich in Andalusien oder in Huelva wiedergefunden – es sei denn, man betrachtet jeden Versuch einer Lokalisierung für unmöglich bzw. inadäquat. Ich halte jedoch nach wie vor an der Ansicht fest, daß Tršjš mit Tartessos in

Verbindung zu bringen ist, und finde in dieser Identifizierung eine Stütze für die Annahme früher phoinikisch-iberischer Kontakte. Sicher ist jedenfalls, daß die Kultur Andalusiens, die etwa in Huelva, Carmona und Osuna sichtbar wird, mehr von phoinikischen als von phokaiischen Einflüssen geprägt wurde.

Madeira

Pseudo-Aristoteles und Diodoros berichten von einer wunderbaren Insel, die die Phoiniker entdeckt und in Besitz genommen haben. Handelt es sich um Madeira? Einiges spricht dafür. Jedenfalls wäre es verkehrt, diese Erzählungen als reines Seemannsgarn abzutun.

Marokko

Hatte schon der Tempel des Mlqrt von Gades ein ehrwürdiges Alter, so war der Tempel des Mlqrt von Lixos – dies behauptet jedenfalls der Ältere Plinius – in noch früherer Zeit erbaut worden. Doch sei dem, wie auch immer – von Bedeutung sind die (allerdings nicht gerade überwältigenden) Tatsachen, daß in Lixos ein Skarabäus gefunden wurde, der ins 10. Jh. zu datieren ist, und daß die ältesten phoinikischen Funde der Stadt immerhin ins 7. Jh. zurückreichen.

In der Nähe von Tingis wurden Gräber entdeckt, die teilweise im 8. Jh. angelegt worden waren und die phoinikische Grabbeigaben enthielten. Allerdings scheinen diese Grabbeigaben eher auf merkantile als kolonisatorische Aktivitäten von Phoinikern hinzuweisen.

Strabon behauptet, im Kólpos Emporikós südlich von Lixos gebe es „phoinikische Handelsniederlassungen“, ja er berichtet sogar – allerdings unter Hinzufügung eines vorsichtigen „Ondit“ –, in den weiter südlich gelegenen Buchten habe es „alte Niederlassungen der Tyrier ... von nicht weniger als 300 Städten“ gegeben. Es wäre töricht, ohne hinreichenden Grund die Historizität der strabonischen Aussagen im ganzen zu bestreiten.

Spätestens seit der zweiten Hälfte des 7. Jh. besuchten phoinikische – nicht karthagische – Kaufleute Mogador, und es ist anzunehmen, daß es zwischen der Meerenge von Gibraltar und Mogador zahlreiche phoinikische oder phoinikisch beeinflußte Stützpunkte gab.

Vielleicht errichteten bereits die Phoiniker – nicht erst die Karthager – auf Kerne einen Stützpunkt, der im Hinblick auf den Handel mit Guinea-Gold von Bedeutung war. Überhaupt scheinen die phoinikischen Aktivitäten in Marokko zu einem großen Teil vom westafrikanischen Gold ausgelöst worden zu sein. Sollte auch der Zugang zu den Elfenbeinmärkten dieser Region eine Rolle gespielt haben?

Tunesien und Algerien

Vermutlich nahmen bereits die frühen Phoiniker auf ihren Fahrten vom fernen Westen nach Phoinikien den Weg, der an der nordafrikanischen Küste entlangführte. So scheint es zunächst nicht verwunderlich, daß Pseudo-Aristoteles und Plinius die Gründung von Ityke, des wohl bedeutendsten nordafrikanischen Stützpunkts, in eine sehr frühe Zeit – genauer gesagt: in das Jahr 1101/0 – legen. Doch ist zu betonen, daß diesem Datum nicht mehr Vertrauen entgegenzubringen ist als dem der Gründung von Gades. Dies ist die eine Seite, die bei der Antwort auf die Frage nach den ersten phoinikisch-libyschen Kontakten zu berücksichtigen ist. Auf der anderen Seite ist aus dem 2. Karthagisch-römischen Vertrag und aus dem „Eid des Hannibal" mit hoher Wahrscheinlichkeit zu ersehen, daß Ityke die *ältere* Schwester Karthagos, einer Gründung des 9./8. Jh., war. So dürfte die Ansicht nicht unbegründet sein, nach der die Phoiniker bereits um die Jahrtausendwende mit den Bewohnern Tunesiens und Algeriens in Berührung kamen. Für frühe phoinikisch-libysche Kontakte scheint auch eine Nachricht des Menandros von Ephesos zu sprechen, nach der der tyrische König Etbaal im 9. Jh. in Libyen die Stadt Auza gründete. Bedauerlicherweise läßt sich aber diese Nachricht nicht überprüfen. Sicher verfügten die Phoiniker nach einiger Zeit an der algerischen und tunesischen Küste über eine Kette von Ankerplätzen, die sie auf ihren Fahrten anliefen, doch scheinen diese Plätze nicht in regelmäßigen Abständen – etwa entsprechend der durchschnittlichen täglichen Fahrtleistung eines Schiffes – angelegt worden zu sein.

Es dauerte allerdings noch Generationen, bis sich die Phoiniker in den Gegenden westlich von Ityke in geschlossenen Siedlungen etablierten. Im übrigen ist es äußerst schwierig, ja bisher vielfach unmöglich, mit Sicherheit zwischen phoinikischen und punischen Siedlungen zu unterscheiden. Nicht einmal der phoinikische Ursprung von Hippon (Diarrhytos), Adrymes und Leptis (Minor) ist in der Forschung unumstritten.

Libyen

Toponymische Untersuchungen haben ergeben, daß in den Ortsnamen Macomaca, Macomada, Automalaca, Chosol (?), Chorotus, Chaminos und Kyrthanios semitische Wurzeln – und das heißt in diesem Fall: phoinikische Wurzeln – stecken. Man wird also in diesen Orten phoinikische Stützpunkte zu sehen haben – an karthagische Gründungen zu denken, verbietet die historische Wahrscheinlichkeit. Waren aber diese Stützpunkte phoinikische Kontore, dann vermutlich auch die weiter westwärts gelegenen Orte Leptis, Oea und Sabratha.

Die Phoiniker scheinen demnach – seit einem uns unbekannten Zeitpunkt – bei ihren Fahrten nach Iberien bzw. nach Phoinikien nicht nur die Route benützt zu haben, die über Zypern, Griechenland, Unteritalien und Sizilien führte, sondern auch die Route, die entlang der nordafrikanischen Küste verlief.

Amerika

Der Panphoinikismos einer vergangenen Epoche trieb eine seltsame Blüte mit der Behauptung, die Phoiniker hätten Amerika entdeckt. Diese Behauptung wird auch dadurch nicht glaubwürdiger, daß sie sich auf das Zeugnis einer in Paraíba, Brasilien, „gefundenen" „Inschrift" beruft; denn diese „Inschrift" ist mit Sicherheit gefälscht.

Die Strukturen

Die phoinikischen Kolonien unterschieden sich von den griechischen Apoikiai u. a. dadurch, daß sie den Metropolen – jedenfalls in den Anfängen – verwaltungstechnisch und damit politisch untergeordnet waren. Wir kennen keinen einzigen König einer phoinikischen Kolonie – das Wort im strengen Sinne genommen. Wir kennen aber wohl einen skn („Statthalter") einer phoinikischen Kolonie: „ʾḥṭb, Statthalter von Qrtḥdšt [Zypern], Sklave des Hiram, des Königs der Sidonier". Ob es von dieser Regel Ausnahmen gegeben hat – etwa im Falle Karthagos –, ist mehr als fraglich. Die Abhängigkeit der phoinikischen Kolonien von den Metropolen tritt besonders darin zutage, daß die Kolonien zur Zahlung von „Abgaben" an die Metropolen verpflichtet waren. Daß die Tochterstädte von den Mutterstädten in Abhängigkeit gehalten wurden, wird vielleicht auch darin sichtbar, daß ägyptische, assyrische, neubabylonische und persische Könige, die in Phoinikien Eroberungen gemacht oder Einfluß gewonnen hatten, Ansprüche auch auf die Herrschaft über die westlichen Kolonien erhoben.

Am besten sind wir über die Verbindungen unterrichtet, die zwischen Karthago und Tyros existierten: der jährlich zu entrichtende Tribut ist nicht nur unter religiösen, sondern auch unter ökonomischen und politischen Aspekten zu sehen. Politische Veränderungen im Bereich des Vorderen Orients führten allerdings dazu, daß die Kolonien dazu übergingen, die Intensität der Bindungen an die Mutterstädte den veränderten Umständen anzupassen.

3

DIE GRÜNDUNG DER STADT

Karthago war in der Antike zwar auch unter den Namen Tyros, Tršjš, Kaine Polis (Neu-Stadt), Kadmeia, Oinusa, Kakkabe, Afrike und Byrsa bekannt, wir haben jedoch keinen Grund zu der Annahme, daß die Stadt offiziell je einen anderen Namen trug als Qrtḥdšt (Neu-Stadt).

Auf welche Weise sich aus dem phoinikischen Ortsnamen Qrtḥdšt die griechische Namensform Karchēdṓn und die lateinische Namensform Karthago entwickelten, ist umstritten. Entsprach der phoinikischen Form Qrtḥdšt eine aramäische Form * Qrtḥdṯʾ, aus der (durch Assimilation von d und ṯ) die „westliche" Form Carthada entstand, die sich dann ihrerseits (durch Assimilation von t und h) zu „Karchēdṓn" bzw. (durch Dissimilation von th zu g einerseits und von d zu th andererseits) zu „Karthago" entwickelte, oder schufen Griechen unbekannter Provenienz – in Anlehnung etwa an Kalchēdṓn – die Form * Karthadṓn, da ihnen die Aussprache der Endung -št unangenehm war, eine Form, aus der dann „Karchēdṓn" bzw. „Karthago" wurde? Letzteres erscheint wahrscheinlicher, da die Annahme einer aramäischen Zwischenform mit Schwierigkeiten verbunden ist und da bei der Übernahme fremder Ortsnamen nicht mit der Beachtung strenger Lautregeln zu rechnen ist.

Die Umstände der Gründung Karthagos werden in der antiken Überlieferung verschieden dargestellt. Während manche antike Autoren die Meinung vertreten, ein gewisser Karchedon, der gelegentlich von einem gewissen Azoros oder Zoros unterstützt wird, habe Karthago gegründet, und einige der Ansicht sind, die Existenz Karthagos sei auf die Tat einer Frau namens Carthago, Karthagene, Cartere oder Karchos zurückzuführen, behaupten andere, die tyrische Prinzessin Elissa oder Dido sei die Gründerin Karthagos gewesen. Da in den ersten beiden Versionen lediglich Ortsnamen (Karchedon, Ṣr) in den Bereich von Legenden versetzt werden, sind diese Versionen unter historischen Gesichtspunkten wertlos. Wie aber steht es mit der dritten Version, die am ausführlichsten bei Iustinus zu Wort kommt? Nach dieser Version floh Elissa (ʿlšt), die Tochter des tyrischen Königs Mutto, vor den Nachstellungen ihres Bruders Pygmalion, der ihren Onkel und Gatten Hasdrubal ermordet hatte, über Zypern an die Küste des Golfs von Tunis, kaufte von den Einheimischen so viel Land, wie die – in Streifen geschnittene – Haut eines Rinds (býrsa) umfaßte, gründete die Stadt Karthago an der Stelle, an der man einen Pferdeschädel fand, und gab sich schließlich auf einem Scheiterhaufen den Tod, um der Ehe mit Hiarbas, dem König der Muxitaner, zu entgehen. Im Bericht des Iustinus sind jedoch suspekte Züge enthalten: der Personenname Pygmalion ist in der tyrischen Namenkunde – sieht man von der von Menandros überlieferten Liste der Könige ab – nicht belegt; die Behauptung, die Leitung eines kolonisatorischen Unternehmens sei in den Händen einer Frau gelegen, erscheint nicht gerade glaubhaft; die Umstände der Flucht sind legendenhaft erzählt; die býrsa-Geschichte ist aufgrund einer griechischen Volksetymologie entstanden; die Erzählung vom Fund des Pferdeschädels scheint aus den Pferdekopf-Darstellungen karthagischer Münzen herausgesponnen zu sein; die Annahme, Karthago sei in der ersten Zeit seines Bestehens von Königen regiert worden, ist zumindest umstritten; desgleichen die Behauptung, in Karthago habe es einen Kult der Elissa gegeben. Aus diesen Gründen kann man dem Bericht des Iustinus keine historische Zuverlässigkeit zuerkennen. M. a. W.: wir besitzen keine verläßliche Nachricht über die Umstände der Gründung Karthagos.

Wie aber verhält es sich mit den Nachrichten über die Zeit der Gründung der Stadt? Aus der Vielzahl der diesbezüglichen literarischen Notizen sind vor allem drei Berichte herauszuheben. Philistos behauptet, Karthago sei kurze Zeit – vielleicht eine Generation – vor dem Troianischen Krieg gegründet worden (1215). Dieses Datum entstammt sicherlich dem Bestreben, legendäre Zeitangaben zu systematisieren – ein Bestreben, das auch bei der Festlegung der Gründungsdaten von Gades, Lixos und Ityke zu beobachten war. Es ist daher – historisch gesehen – ohne Belang. – Timaios setzt das Gründungsjahr Karthagos in das 38. Jahr vor der ersten Olympiade, d. h. (bei exklusiver Rechnungsweise) in das Jahr 814/13 oder (bei inklusiver Zählweise) in das Jahr 813/12. Dieses Datum ist anscheinend der Ausgangspunkt der meisten Berechnungen antiker Autoren. Es ist weder zu beweisen noch zu leugnen. Daß es in der Weise künstlich errechnet wurde, daß von der Gesandtschaft des Xerxes (483) zehn Generationen zu 33⅓ Jahren zurückgerechnet wurden, erscheint mir jedenfalls unwahrscheinlich. – Nach Menandros wurde Karthago im siebten Jahr des tyrischen Königs Pygmalion gegründet. Nach menandrischen, biblischen und assyrischen Daten entspricht dieses Jahr einem Jahr der Zeitspanne 825–820. Das menandrische Gründungsdatum steht also in enger Nähe zum timaiischen Gründungsdatum. Ist es von diesem abhängig? Es scheint nicht; denn – sieht man einmal von der immer noch zwischen den Angaben beider Autoren bestehenden zeitlichen Differenz ab – Menandros beruft sich in seinem Bericht auf tyrische Dokumente, und es gibt keinen vernünftigen Grund, an der Glaubwürdigkeit dieser Aussage zu zweifeln.

Nun besteht allerdings die Schwierigkeit, daß die frühesten archäologischen Funde, die in Karthago gemacht worden sind, nicht aus der Zeit des letzten Viertels des 9. Jh., sondern aus der Zeit der 2. Hälfte des 8. Jh. stammen. Entscheidet dieses Argument zuungunsten des timaiischen oder menandrischen Gründungsdatums? Nach dem, was wir über die Art phoinikischer Kontore wissen, nicht; denn diese wurden in „Leichtbauweise" errichtet. Trifft dies zu, dann ist allerdings unter der Gründung der „Stadt" nicht der Akt der Installierung einer in vollem Umfang funktionsfähigen städtischen Siedlung zu verstehen, sondern nur die Errichtung eines tyrischen Stützpunktes. Im übrigen besteht immer noch die – wenn auch entfernte – Möglichkeit, daß noch ältere archäologische Zeugnisse ans Licht treten. Aus diesen Gründen erscheint es nach wie vor gerechtfertigt, am timaiischen bzw. menandrischen Gründungsdatum festzuhalten.

Einer der wesentlichen Gründe, die die Tyrier bewogen, an diesem am Golf von Tunis gelegenen Ort ein Kontor bzw. eine Kolonie zu gründen, wird die unter handelspolitischen und fortifikatorischen Gesichtspunkten günstige Lage der Stadt gewesen sein. Karthago konnte eine Klammerfunktion zwischen dem levantinischen Osten und dem Fernen Westen ausüben. Über Karthago konnte aber auch der afrikanische Handel intensiviert werden. Und die Topographie Karthagos bot günstige Voraussetzungen für den Bau von Befestigungs- und Hafenanlagen. Daß eine von Assur ausgehende militärische Bedrohung von Tyros bei der Gründung der Stadt eine Rolle gespielt hat, ist jedoch mehr als unwahrscheinlich; denn Tyros geriet erst in der Zeit Tiglatpilesars III. (745–727) in einen ernsthaften und offenen Konflikt zu Assur. Möglich ist allerdings, daß zu dieser Zeit ein neuer Schub tyrischer Auswanderer in Karthago eintraf.

In der ersten Zeit der Stadt scheint in der Tat, wie erstaunlicherweise auch Iustinus in legendenhafter Ausschmückung berichtet, das phoinikisch-zyprische Element eine Rolle gespielt zu haben. Die aus Zypern stammenden Importe und ferner die Ähnlichkeiten, die zwischen frühen karthagischen und phoinikisch-zyprischen Erzeugnissen bestehen, lassen diesen Schluß zu.

4

DIE TOPOGRAPHIE

Polybios, der Karthago aus eigener Anschauung gekannt hat, schildert die Lage der Stadt folgendermaßen: „Karthago ... liegt an einem Meerbusen, in den es sich in Gestalt einer Halbinsel vorstreckt, so daß es fast überall von Wasser, auf der einen Seite von der See, auf der anderen von einer Lagune, umschlossen ist. Die Landenge, die es mit Libyen verbindet, ist etwa fünfundzwanzig Stadien breit. Nach der Seeseite hin liegt nicht weit entfernt die Stadt Ityke, auf der anderen Seite an der Lagune Tynes." In der Zwischenzeit hat ein starker Verlandungsprozeß zu einschneidenden Veränderungen der topographischen Verhältnisse geführt – insbesondere im nördlichen Teil der ehemaligen Halbinsel. Drang einst das Meer zwischen dem Kap Sidi Ali el-Mekki und dem Kap Gamarth, der nördlichen Spitze der karthagischen Halbinsel, tief in das Land hinein, so zieht sich heute die Küste in einer nur leicht nach innen gekrümmten Linie zwischen den beiden Vorgebirgen hin. Von dem antiken Golf von Ityke sind die beiden Salzwasserbecken des Lac de Ghar el-Melh (südwestlich des Kaps Sidi Ali el-Mekki) und der Sebkhet er-Ariana (westlich des Kaps Gamarth) übriggeblieben. Vermutlich wäre auch der Lac de Tunis (El-Bahira) – wie die Sebkhet er-Ariana – längst vom Meer abgeschnitten, hätte nicht der Wunsch bestanden, der Stadt Tunis einen Zugang zur See offenzuhalten.

Bisher wurde keine Spur der ursprünglichen phoinikischen Siedlung Karthago gefunden. Berücksichtigt man jedoch, in welchen Gegenden die Fundstellen der ältesten archäologischen Zeugnisse liegen, und bedenkt man, daß den Neuankömmlingen sicherlich an einer günstigen Lände gelegen war, so können im Grunde nur drei Gebiete der karthagischen Halbinsel als ursprüngliche Siedlungsgebiete in Betracht gezogen werden: das Gebiet in der Nähe der Hügelnekropolen mit dem Strand von Bordj Djedid, das Gebiet Salambo mit der Baie du Kram und das Gebiet Hügel des hl. Ludwig-Salambo mit der Baie du Kram. Gegen die Ansicht, der Strand von Bordj Djedid sei die ursprüngliche Lände Karthagos gewesen, läßt sich jedoch insbesondere einwenden, daß dieser Strand gegen die unangenehmen Nord-Ost-Winde weithin ungeschützt war – eine Tatsache, die den seeerfahrenen Phoinikern nicht verborgen

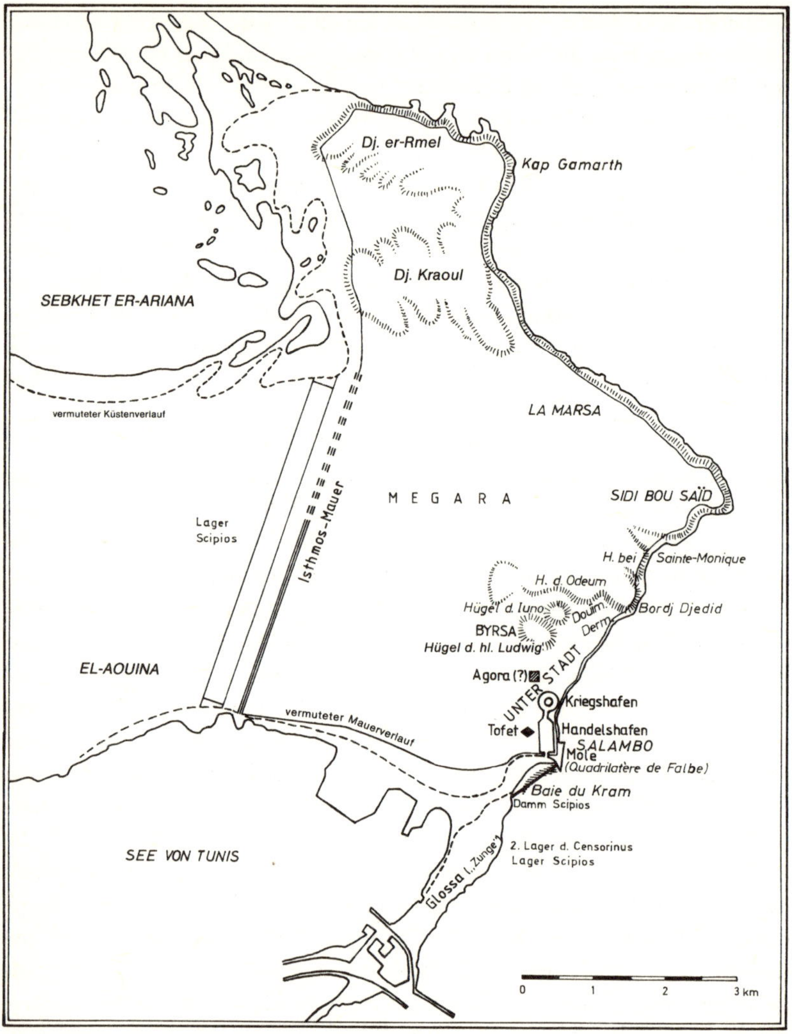

1. Karthago im 3. und 2. Jh. v. Chr.

geblieben sein dürfte. So wird man annehmen dürfen, daß die ersten Siedler in der Baie du Kram an Land gegangen sind und dort die frühesten Baulichkeiten errichtet haben. Die Nähe des in die archaische Zeit zurückreichenden Tofet scheint diese Ansicht zu bestätigen. Fraglich ist allerdings, ob bereits der Hügel des hl. Ludwig, der – trotz mancher Bedenken – mit der antiken Byrsa zu identifizieren ist und der etwa 1 km von der Baie du Kram entfernt liegt, in das früheste Siedlungsgebiet einbezogen war. Definitiv wird sich diese Frage kaum je entscheiden lassen, da die Römer bei der Neugestaltung des Plateaus der Byrsa die alten Schichten weithin abgetragen haben. Die Berücksichtigung der Tatsache, daß die Phoiniker auch sonst bei der Anlage ihrer Kolonien festungstechnische Gesichtspunkte beachtet haben, läßt jedoch die Annahme einer wie auch immer gearteten Besiedlung der Byrsa als nicht unvernünftig erscheinen. Ja diese Annahme drängt sich aufgrund neuer Funde geradezu auf: wir wissen nunmehr, daß die südöstlichen und östlichen Abhänge der Byrsa bereits in archaischer Zeit besiedelt waren.

War der älteste natürliche Hafen Karthagos wahrscheinlich der Hafen der Baie du Kram, so war die älteste künstliche Hafenanlage der Stadt möglicherweise ein ungefähr 15–20 m breiter Kanal, der etwa in nordsüdlicher Richtung in der Gegend der späteren Hafenanlagen verlief und Zugang zur offenen See gewährte. Die genannten Hafenanlagen, der kreisrunde Militärhafen und der mit ihm in Verbindung stehende hexagonale Handelshafen, wurden erst im 4. Jh. gebaut – und zwar unter erheblichem Aufwand. Etwa 115000 m^3 Erdreich mußten für den Bau des Militärhafens und etwa 120000 m^3 Erdreich für den Bau des Handelshafens ausgehoben werden. Inmitten des Kriegshafens lag eine Insel, die Zwecken der Kriegsmarine diente – hier befanden sich u. a. die Gebäude der Admiralität und die Anlegeplätze für 220 Schlachtschiffe. Der Handelshafen war mit dem Meer durch eine 70 Fuß breite Zufahrt verbunden. Wollten die Kaufleute, die in ihm festgemacht hatten, in die Stadt gelangen, mußten sie Tore benutzen, die vom Handelshafen direkt dorthin führten. Sie sollten nach dem Willen der karthagischen Behörden nicht den Weg über den Kriegshafen nehmen können, der zum militärischen Sperrgebiet zählte und der überdies durch eine zweifache Mauer geschützt war. Der Doppelhafen trug den Namen Kōthōn. Wahrscheinlich ist dieses Wort auf eine punische Wurzel zurückzuführen – vielleicht auf die punische (nicht bezeugte) Variante der in einigen semitischen Sprachen begegnenden Wurzel qṣṣ (= abschneiden, abhauen). Griechische Besucher Karthagos scheinen aus diesem Wort den Namen Kṓthōn gebildet zu haben – möglicherweise hatten sie dabei die sog. Lakaina vor Augen: ein Trinkgefäß, das in seiner Gestalt entfernt an die Form des karthagischen Doppelhafens erinnerte. Später wurde aus diesem Namen eine Gattungsbezeichnung. Östlich von der Einfahrt in den Handelshafen wurde eine Mole, der „Quadrilatère de Falbe“, errichtet, die die in den Kothon einfahrenden Schiffe vor unangenehmen Winden schützen sollte. Teile dieser Mole, die ursprünglich aus dem Wasser herausragten, liegen heute unter Wasser, da sich das Meeresniveau um etwa 0,5 m gehoben hat.

Wenn auch umstritten ist, ob die Byrsa in irgendeiner Form zum Siedlungsbereich der ursprünglichen Stadt gehört hat, so ist doch sicher, daß sie zu der Zeit, zu der die Byrsa-Legende entstand, als der älteste Teil der Stadt betrachtet wurde. Späte Autoren geben dem Hügel allerdings einen Umfang, dessen Weite zu Bedenken Anlaß gegeben hat. In klassischer und hellenistischer Zeit wurden an den Süd- und Südostabhängen der Byrsa neue Handwerkerviertel und Wohnbezirke geschaffen. Und während des Todeskampfes der Stadt bildete die stark befestigte Zitadelle das letzte Bollwerk der Verteidigung.

Seit der klassischen Zeit bestand Karthago aus mindestens drei Stadtteilen: aus der Byrsa, der Unterstadt (ʿmq qrt) und der Vorstadt (Megara bzw. Magara bzw. Megalia bzw. Magalia). Die Unterstadt scheint die Gebiete in der Nähe des Kothons, darüber hinaus vielleicht die Viertel bis zum Fuß der Byrsa umfaßt zu haben. Die Vorstadt, die mit der Néa pólis des Diodoros identisch sein dürfte, erstreckte sich westlich und nördlich der Altstadt – auch das Viertel von Gamarth gehörte zu ihr. Sie hatte den Charakter eines weitläufigen Areals von Gutshöfen.

Strabon behauptet, die Stadt sei von einer Mauer von 360 Stadien Länge umgeben gewesen. Diese Zahl ist – berücksichtigt man die gegebenen geographischen Verhältnisse – mit Sicherheit überhöht. Eher trifft der Epitomator des Livius, der von 23 römischen Meilen spricht, das Richtige – allerdings nur dann, wenn man die Verhältnisse im Auge hat, die seit der hellenistischen Zeit herrschten. Da ursprünglich die Stadt der Lebenden von der Stadt der Toten getrennt gewesen sein wird, wird die Mauer der archaischen Stadt südlich des Kranzes der Hügelnekropolen verlaufen sein. In späterer Zeit wurde der Bereich der Nekropolen in das Gebiet der Stadt einbezogen. Die Vorstadt wurde spätestens im 3. Jh. in das Stadtgebiet eingegliedert und durch eine Mauer geschützt. Seit dieser Zeit dürfte die Stadtmauer folgenden Verlauf genommen haben: Le Kram – El-Aouina – Sebkhet er-Ariana – Kap Gamarth – Sidi Bou Saïd – Le Kram. Die nunmehr innerstädtische Mauer zwischen der Altstadt und der Neustadt scheint jedoch nicht abgetragen worden zu sein. Eigene Mauern hatten – jedenfalls in der Spätzeit – die Byrsa und der Kothon.

Über die Lage von Straßen und Plätzen und von sakralen und profanen

Gebäuden sind wir nur in einigen Punkten unterrichtet. Während sich der Tofet westlich des Handelshafens befand, lag die Agora wohl nördlich oder nordwestlich des Kriegshafens. Vielleicht war die Agora von den Säulenhallen umgeben, unter denen der Umstürzler Hanno das Volk bewirten wollte. Das Rathaus mag am Rande der Agora, und der Tempel des Ršp in der Nähe der Agora gestanden sein. Von der Agora aus führten drei Straßen zur Byrsa hinauf. Auf ihr erhob sich der Tempel des ʾšmn, der über 60 Stufen zu erreichen war und der die anderen Heiligtümer der Stadt an Pracht übertraf. Der Standort der übrigen zahlreichen Heiligtümer ist uns unbekannt – vielleicht mit Ausnahme des Standorts des Tempels der ʿštrt und der Tnt bLbnn („Tnt im Libanon"), der sich im nordnordöstlichen Teil des Bordj Djedid befand, falls erlaubt ist, vom Fundort einer Bauinschrift auf den Standort des Heiligtums zu schließen. Im übrigen war das Stadtbild zu einem wesentlichen Teil von hohen, teilweise sechsstöckigen Gebäuden und engen Straßen bestimmt. Eine größere Zahl von öffentlichen Plätzen scheint mit ehernen Standbildern geschmückt gewesen zu sein. Da Quellwasser nur in geringen Mengen zur Verfügung stand, wurde die Wasserversorgung der Stadt durch Brunnen und insbesondere Zisternen sichergestellt – Aquädukte scheint es in punischer Zeit nicht gegeben zu haben.

Strabon berichtet, daß zu Beginn des 3. Römischen Kriegs 700000 Menschen in Karthago gelebt haben. Diese Zahl wird gewöhnlich als überhöht betrachtet. Vielleicht haben die Skeptiker recht. Vielleicht aber täuschen sie sich. Sollte Strabon diese Zahl im Werk des Polybios gefunden haben – und dies ist einigermaßen wahrscheinlich –, ist es die Zahl eines gutinformierten Zeitgenossen. Im übrigen ist die Tatsache zu berücksichtigen, daß die Karthager während der Auseinandersetzungen mit Agathokles in kürzester Zeit eine Armee von 45000 Mann aus der bürgerlichen Bevölkerung der Stadt rekrutiert haben. Diese Zahl spricht für die Annahme, daß Karthago bereits am Ende des 4. Jh. zu den größten Städten der Antike gehört hat.

Im Norden der Alt-Stadt zogen sich in einer großen Schleife die Städte der Toten hin: der Hügel der Byrsa, der Hügel der Iuno, die Gegenden von Douïmès und Dermech, der Hügel des Odeum, die Gegend des Bordj Djedid und der Hügel in der Nähe von Sainte-Monique. Das Nekropolen-Areal wurde vom 7. bis zum 2. Jh. angelegt und von Süden nach Norden erweitert.

5

DAS VOLKSTUM

Die Karthager waren von ihrem phoinikischen Ursprung her Semiten. Dies aber war nicht der Grund, der sie im Laufe ihrer Geschichte vielfach in einen Gegensatz zu Griechen und Römern geraten ließ – die Gründe, die zu diesen karthagisch-griechischen bzw. karthagisch-römischen Auseinandersetzungen führten, waren vielmehr machtpolitischer Art. Zwar wäre es verkehrt, den Gesichtspunkt der Konfrontation allzusehr in den Vordergrund zu rücken; doch ist er dann stets im Auge zu behalten, wenn vom Volkscharakter der Karthager die Rede ist – sind es doch vielfach antikarthagisch eingestellte Griechen und Römer, die uns (fast) ausschließlich über den karthagischen Volkscharakter informieren oder zu informieren scheinen.

Die römischen Politiker und Schriftsteller und die in römischer Zeit schreibenden griechischen Historiker beklagten sich häufig über die „punische Treue". Karthagisches Wesen war ihnen vielfach gleichbedeutend mit Verlogenheit und Wortbrüchigkeit im privaten und im politischen Bereich. Da die Römer selbst sich als das vertragstreueste Volk der Welt betrachteten – „ein aufgrund seiner unverbrüchlichen Treue berühmtes Volk" (Silius)! –, sahen sie sich gerade hinsichtlich der Treue in einem unüberbrückbaren Gegensatz zu den Karthagern. Eine Analyse der Texte, die sich auf die außenpolitische Seite des Vorwurfs der Treulosigkeit beziehen, wird erkennen lassen, daß dieser Vorwurf zumeist unberechtigt ist – ja daß dieser Vorwurf eher gegen seine Urheber zu erheben ist. Zwar scheinen die Römer gelegentlich auch positiv über die Karthager geurteilt zu haben – Cicero etwa nennt den Philosophen Kleitomachos einen „Mann ..., scharfsinnig wie ein Punier" –, doch waren derartige Urteile vielfach fast ambivalente Urteile; denn in der unmittelbaren Nachbarschaft des „scharfsinnigen Mannes" stand der „durchtriebene Mann". Des weiteren hielten die Römer die Habsucht für einen typisch karthagischen Charakterzug. Wie anders sollte auch ein Volk von Bauern ein Volk von Kaufleuten beurteilen! Und um das Maß des Abstoßenden voll zu machen, beschuldigten die Römer ihre karthagischen Feinde schließlich der Grausamkeit, der Arroganz und der Irreligiosität.

Nun sind derartige Urteile keineswegs ausschließlich von Römern gefällt worden. Einen großen Teil dieser Wertungen übernahmen die Römer von den Griechen. Und unter den Griechen war es besonders der antikarthagisch eingestellte Timaios gewesen, der weitgehend das Bild von dem häßlichen Karthager gestaltet hatte, das sich in den Köpfen vieler Griechen festgesetzt hatte. Aber auch Plutarchos zeichnete ein düsteres Gemälde des karthagischen Volkscharakters: „Anders [als die Art des Volks der Athener] ist die Art des Volks der Karthager: sie ist herb, düster, den Machthabern gegenüber untertänig, den Untertanen gegenüber hart, in Situationen der Angst außerordentlich unwürdig, in Stimmungen des Zorns überaus roh, stur an einmal getroffenen Entscheidungen festhaltend, abweisend und schroff gegen feine Lebensart und Anmut." Wir wissen nicht, wie diese plutarchische Charakteristik des punischen Wesens zustande gekommen ist. Einigermaßen sicher ist dagegen, daß das Bild, das die Griechen von den Karthagern zeichneten, bis zu einem gewissen Grad von dem Bild abhängig war, das Homeros einst von den Phoinikern gezeichnet hatte.

Wie es verkehrt wäre, die Schilderungen des karthagischen Volkscharakters durch Griechen und Römer für bare Münze zu nehmen, so wäre es ebenso verfehlt, die von ihnen erhobenen Vorwürfe kurzerhand vom Tisch zu wischen. Sicher gab es politische Entscheidungen, die moralisch zweifelhaft waren, sicher gab es gerissene Geschäftsleute, die mit unsauberen Methoden arbeiteten, sicher gab es viele Kaufleute, in deren Denken der Profit eine außerordentlich wichtige Rolle spielte, und sicher gab es staatliche Funktionäre, die in einer gewissen Herren-Mentalität befangen waren und in manchen Situationen unerbittlich durchgriffen. Es mag auch zutreffen, daß viele Griechen im Wesen vieler Karthager einen herben Zug bemerken zu müssen glaubten – einen herben Zug, der sich in außerordentlichen Situationen bis zum Fanatismus steigerte. Doch waren die verallgemeinernden und vergröbernden Vorwürfe, die Griechen und Römer gegen *die* Punier richteten, sicherlich unberechtigt. Im übrigen ist aus epigraphischen und archäologischen, aus Karthago stammenden Zeugnissen zu ersehen, daß die Werte der Gerechtigkeit, der Brüderlichkeit, des Familiensinns und der Religiosität im Leben der Karthager einen hohen Stellenwert besaßen.

Die karthagischen Einwanderer waren Phoiniker. Blieben sie Phoiniker? Oder anders ausgedrückt: Was ist „phoinikisch", was „punisch"? Bis zu einem gewissen Grad – aber eben nur bis zu einem gewissen

Grad! – handelt es sich hier um eine Frage der Sprachregelung. Ich halte es für sinnvoll, die Karthager der Frühzeit als Phoiniker und die Karthager, die seit dem 7. Jh. in einer eigenständigen politischen und kulturellen Entwicklung begriffen waren, als Punier zu bezeichnen.

Wenn auch eine restlos befriedigende Antwort auf die Frage, in welchem Maß Phoiniker und Libyer auf dem Boden Nordafrikas zu einer neuen ethnischen Einheit zusammengewachsen sind, kaum zu geben ist, so soll diese Frage doch wenigstens angeschnitten werden. Es ist anzunehmen, daß die Phoiniker schon bald nach der Gründung ihrer Kontore und Kolonien Angehörige ihrer Wirtsvölker ehelichten. Was Karthago angeht, so wissen wir immerhin, daß in der Zeit des 3. und 2. Jh. Angehörige der höheren punischen und libyschen Schichten sich verwandtschaftlich verbanden. Im übrigen wird auch aus dem relativ umfangreichen libyschen, aus Karthago stammenden Personennamenmaterial deutlich, daß das libysche Element in der Stadt stark vertreten war.

Das Problem der phoinikisch-libyschen bzw. punisch-libyschen Verschmelzung stellt sich auch im Zusammenhang mit dem in den antiken Quellen gar nicht so selten auftauchenden Begriff der Libyphoiniker. Ist in diesem Begriff primär „die mit Libyern vermischte punische Rasse“ (Livius) zum Ausdruck gebracht? Ursprünglich sicher nicht. So wenig wie mit dem Begriff Syrophoiniker eine Verbindung zwischen Syrern und Phoinikern und mit dem Begriff Blastophoiniker eine Verbindung zwischen Bastulern und Phoinikern behauptet werden sollte! Mit diesen Begriffen sollte vielmehr zunächst lediglich ausgesagt werden, daß die Phoiniker, von denen in den entsprechenden Zusammenhängen die Rede war, im Gebiet Libyens bzw. „Syriens“ bzw. der Bastuler wohnten. Erst Livius interpretierte den Begriff „Libyphoiniker“ im Sinn einer ethnischen Verschmelzung zwischen Phoinikern und Libyern – jedenfalls wird bei ihm dieser Sprachgebrauch zum ersten Mal greifbar. In der Zeit der Organisation des karthagischen Reichs scheint der Begriff „Libyphoiniker“ einen administrativen Sinn angenommen und die Bürger aller von Karthago abhängigen, in Afrika gelegenen punischen Städte, die zu einem großen Teil westphoinikische Kontore und Kolonien gewesen waren, bezeichnet zu haben. Als die Karthager schließlich aufgrund der Ereignisse des 2. Römischen Kriegs von ihren Stützpunkten im westlichen Nordafrika (und in Spanien) abgeschnitten wurden, begann sich ein neuer, einerseits verengter, andererseits erweiterter Sprachgebrauch von „Libyphoinikern“ herauszubilden: nunmehr verstand man unter den „Libyphoinikern“ alle Bewohner Ostalgeriens, Tunesiens und Libyens. Zum ersten Mal wird dieser Begriff im Werk des Strabon faßbar. Dieser neue Begriff unterlag allerdings in der Folgezeit noch manchen Modifikationen. Doch ist diesen verschiedenen Ausformungen des Begriffs gemeinsam, daß in ihnen der Gesichtspunkt der Abstammung endgültig keine Rolle mehr spielte.

6

DER AUFSTIEG ZUR GROSSMACHT (814/12?–480)

Die Geschichte der ersten Jahrhunderte Karthagos ist weithin in Dunkel gehüllt. Wir wissen nur, daß die Stadt – nach einer Periode der Stabilisierung – aufgrund ihrer weitreichenden und intensiv gepflegten Handelsbeziehungen, die im Laufe der Zeit in immer stärkerem Maße militärisch abgesichert wurden, einen verhältnismäßig raschen Aufschwung nahm, der sich nicht zuletzt in der Anlage von Faktoreien und Kolonien zeigte. Mögen diese karthagischen Aktivitäten auch mit der Tatsache zusammengehangen sein, daß Tyros seit der Zeit Tiglatpilesars III. (745–727) unter zunehmenden assyrischen Druck geraten war und daher seine Interessen im Westen nicht mehr mit dem gebotenen Nachdruck hatte vertreten können, so wäre es doch sicherlich verkehrt, die spätestens in der Mitte des 7. Jh. einsetzende karthagische Expansion allein auf die Schwäche der Mutterstadt zurückzuführen, zumal Tyros auch in der folgenden Zeit seine Kontakte zu den westlichen Stützpunkten nicht abbrechen ließ – in der ersten Hälfte des 7. Jh. scheint sogar eine neue Welle phoinikischer Kolonisten in den Westen gelangt zu sein. Die Triebkräfte der ausgreifenden karthagischen Politik müssen vielmehr in den inneren Verhältnissen Karthagos selbst gelegen sein. Beide Expansionsströme, der ostphoinikische und der punische, scheinen eine Zeitlang in getrennten Betten geflossen zu sein. Im übrigen ist durchaus mit der Möglichkeit zu rechnen, daß auch andere westphoinikische Zentren – wie etwa Ityke – eine expansive Politik verfolgt haben. Karthago aber ist es in zunehmendem Maße gelungen, die phoinikischen Expansionsbewegungen zu koordinieren und die diversen westphoinikischen Stützpunkte und Kolonien in einem großen Reich zusammenzufassen.

Bedauerlicherweise fehlen literarische oder epigraphische Nachrichten, die uns über die zeitliche Abfolge der karthagischen Expansion bzw. Kolonisation informierten, fast vollständig. Immerhin hat uns Timaios die Notiz hinterlassen, daß die Karthager i. J. 654/53 bzw. 653/52 die Siedlung Ebusos ('jbshm = „Insel des Bes") gründeten. Sie gewannen dadurch einen wichtigen Stützpunkt auf dem Weg nach Spanien.

Sizilien

Auf Sizilien scheinen die Karthager zu der Zeit, zu der der Knidier Pentathlos den vergeblichen Versuch unternahm, in der Gegend des Vorgebirges Lilybaion Knidier und Rhodier anzusiedeln und damit auch den äußersten Westen der Insel griechischen Siedlern zu erschließen – es war die Zeit der 50. Olympiade (580/76) –, noch keinen nennenswerten Einfluß besessen zu haben; denn sie waren in die Auseinandersetzung, in der auf der einen Seite die Selinuntier und Pentathlos und auf der anderen Seite die (segestaiischen) Elymer und die Phoiniker von Motye, Panormos und Solus standen, offensichtlich nicht verwickelt. Einige Jahrzehnte – möglicherweise auch nur einige Jahre – nach der Niederlage des Pentathlos änderte sich die Situation. Nunmehr baten anscheinend die westphoinikischen und vielleicht auch die elymischen Städte, die durch die expansive Politik griechischer Städte – hier sind insbesondere Selinus und Akragas zu nennen – in Bedrängnis geraten waren, um ein Eingreifen der Karthager. Und die Karthager sagten ihre Hilfe zu. Der karthagische General Malchus – und vielleicht vor ihm bereits andere Generale – kämpfte erfolgreich auf der Insel und legte die Grundlage dafür, daß sich die Westphoiniker Siziliens noch jahrhundertelang als politische Kraft behaupten konnten. Allerdings büßten die sizilischen Verbündeten der Karthager aufgrund des karthagischen Eingreifens einen Teil ihrer bisherigen Unabhängigkeit ein. Ihr Gebiet wurde karthagischer Einflußbereich. Diese Entwicklung ist zwar nicht ausschließlich, aber doch teilweise vor dem Hintergrund des Falls von Tyros (573/72) zu sehen: Tyros war nicht mehr in der Lage, den Schutz seiner Kolonien zu garantieren. Der „provinziale“ Status der punischen Städte Siziliens zeigte sich insbesondere auf dem Gebiet der Außenpolitik und des Tributwesens.

Es ist möglich, daß Malchus auch der Führer der Truppen war, die die Selinuntier in einer Schlacht, die vor den Toren von Selinus geschlagen wurde, besiegten. Vielleicht wurden im Anschluß an diese Auseinandersetzung Vereinbarungen getroffen, die die Grundlage für eine friedliche Entwicklung der karthagisch-selinuntischen Beziehungen bildeten.

Eine neue Wendung nahmen die Dinge, als der Spartaner Dorieus nach dem Fehlschlag des Kinyps-Unternehmens, von dem noch die Rede sein wird, einen zweiten Kolonisationsversuch unternahm. Zusammen mit seinen Landsleuten Thessalos, Paraibates, Kelees und Euryleon segelte er in den Westen und suchte in der Nähe des Eryx Fuß zu fassen. Der von ihm gegründeten Apoikia gab er den Namen Herakleia. Bald traf er jedoch auf den entschlossenen Widerstand der Segestaier, die die Karthager um Unterstützung baten. Die gegensätzlichen Interessen entluden sich in einer Schlacht, in der die Spartaner unterlagen. Von den führenden Männern kam allein Euryleon mit dem Leben davon. Er besetzte zunächst Herakleia Minoa, eine Apoikia der Selinuntier, und schwang sich kurze Zeit später sogar zum Tyrannen von Selinus auf.

Die Karthager, die in dieser Zeit unleugbar eine expansive Politik verfolgten, festigten durch die Erfolge vom Kinyps und vom Eryx ihre Positionen in zwei bedeutenden Grenzbereichen – und zwar für lange Zeit. Von einigen Ausnahmen in Zeiten militärischer Auseinandersetzungen abgesehen, setzte in den nächsten Jahrhunderten kein griechischer Eroberer mehr seinen Fuß auf den Boden des Syrtengebiets oder Westsiziliens.

Zu den Feinden Karthagos zählte auch Gelon, der spätere Tyrann von Syrakosai. Er holte wahrscheinlich bereits zu der Zeit, als er noch Tyrann von Gela war (491/90 – etwa 485), zu einem Gegenschlag gegen die in letzter Zeit so erfolgreich operierenden Karthager und Segestaier aus. Die Motive seines Handelns scheinen vorwiegend handelspolitischer Natur gewesen zu sein. Als Bundesgenossen suchte er insbesondere die Spartaner zu gewinnen, und zwar vornehmlich durch den Gedanken, den Tod des Dorieus zu rächen. Doch waren die Spartaner ebensowenig zu einer Unterstützung des Gelon bereit wie die übrigen Griechen des Mutterlands. Der Tyrann Theron von Akragas jedoch schloß sich ihm an – wenn er nicht gar die treibende Kraft beim Zustandekommen dieses Bündnisses war. Die Karthager und die Segestaier scheinen in diesem mit hohem Einsatz geführten Krieg zwar keine entscheidenden Erfolge errungen, aber ihre Positionen im großen und ganzen gehalten zu haben. Die Kämpfe dieser Zeit waren auch insofern von Bedeutung, als sich in ihnen großenteils die Konstellation herausbildete, die während der Auseinandersetzung des Jahres 480 bestand.

Sardinien

Eine gewisse Wahrscheinlichkeit spricht dafür, daß die Karthager in der Mitte des 6. Jh. nicht von sich aus militärisch auf Sardinien eingriffen, sondern von den auf Sardinien wohnenden Westphoinikern, die sich einer starken Offensive der einheimischen Sarden gegenübergestellt sahen, um Hilfe gebeten wurden und daß sie zunächst nicht bestrebt waren, Stützpunkte oder Kolonien auf der Insel zu errichten. Ihre militärischen Aktivitäten stießen allerdings auf starken Widerstand: Malchus mußte eine empfindliche Niederlage hinnehmen, die u. a. dazu führte, daß die karthagische Volksversammlung nicht nur ihn, sondern auch die überlebenden Soldaten in die Verbannung schickte. Malchus weigerte sich, sich diesem Urteil zu beugen. Er fuhr mit seinen Truppen nach Karthago und belagerte und eroberte die eigene Vaterstadt. Nach der Hinrichtung der zehn Senatoren, die die Exilierung propagiert hatten, herrschten zunächst normale politische Verhältnisse. Doch die politischen Gegner des Malchus ruhten nicht, bis sie ihn wegen des angeblichen Strebens nach der Königsherrschaft vor Gericht gebracht und seine Hinrichtung durchgesetzt hatten.

Möglicherweise gehörte Mago der politischen Gruppe an, deren Vertreter Malchus ausgeschaltet hatten. Jedenfalls spielte er in der Zeit nach Malchus die bedeutendste Rolle im politischen Leben Karthagos. Er festigte die staatliche Ordnung, stellte das Militärwesen auf eine neue Grundlage und betrieb eine expansive Außen- und Handelspolitik. Die Bedeutung, die Mago in einer wichtigen Phase des Ausbaus des karthagischen Reichs erlangte, ist kaum zu überschätzen.

Es ist denkbar, daß Mago auch mit den Ereignissen befaßt war, in deren Mittelpunkt die Stadt Aleria (Korsika) stand. Diese Apoikia, die ungefähr i. J. 565 von Phokaiern gegründet worden war, hatte etwa i. J. 545 durch den Zuzug neuer phokaiischer Siedler, die sich der Herrschaft des persischen Königs durch die Auswanderung entzogen hatten, einen neuen Aufschwung erfahren. Von Aleria aus störten die Phokaier insbesondere die handelspolitischen Kreise der Karthager und Etrusker – nicht zuletzt durch zahlreiche Kaperfahrten. Diese beiden Mächte sahen sich daher gezwungen, den phokaiischen Aktivitäten im Tyrrhenischen und im Sardischen Meer entgegenzutreten. Um den Erfolg ihrer Absichten sicherzustellen, schlossen sie etwa i. J. 540 ein Bündnis. Im Sardischen Meer trafen dann die Flotten der Karthager und Etrusker einerseits – beide Mächte hatten je 60 Schiffe gestellt – und die Flotte der Phokaier andererseits – die Zahl ihrer Schiffe betrug ebenfalls 60 – aufeinander. Die Verbündeten errangen einen eindeutigen Sieg: sie versenkten 40 Schiffe und setzten die restlichen 20 Schiffe außer Gefecht. Nach dieser Schlacht waren die Karthager eher als bisher in der Lage, störende Faktoren von ihren Einflußgebieten fernzuhalten. Vielleicht vereinbarten sie mit den Etruskern die gegenseitige Anerkennung von Interessensphären. War dies der Fall, dann dürfte Sardinien zur karthagischen und Korsika zur etruskischen Interessensphäre geschlagen worden sein.

Auch in der Folgezeit wurden auf Sardinien gefährliche und länger anhaltende Kämpfe ausgetragen. Nachdem vielleicht bereits Mago die militärischen Aktionen, die Malchus auf der Insel durchgeführt hatte, wiederaufgenommen und mit einem größeren Erfolg als sein Vorgänger fortgeführt hatte, widmete Hasdrubal, möglicherweise ein Enkel des Mago, seine Kraft weitgehend der Aufgabe, Sardinien in den Machtbereich Karthagos einzubeziehen. Nicht weniger als elfmal wurde ihm die Führung eines Feldzugs übertragen – und wie es scheint, handelte es sich ausnahmslos um Feldzüge, die auf Sardinien durchgeführt wurden. Er erreichte seine militärischen Ziele weitgehend – dies läßt sich aus der Tatsache ersehen, daß er viermal einen „Triumph" gefeiert hat. Bevor er auf Sardinien an einer Verwundung starb, übergab er den Oberbefehl seinem Bruder Hamilcar, der anscheinend stets in seinem Stab gewesen war.

Zur Zeit des Abschlusses des 1. Karthagisch-römischen Vertrags war Sardinien in den Machtbereich Karthagos eingegliedert – zumindest war dies der Anspruch, den die Karthager erhoben.

Die Grabungen insbesondere der letzten Jahrzehnte haben deutlich erkennen lassen, daß auch das Innere Sardiniens weithin nicht nur von punischer Kultur durchdrungen, sondern auch von punischen Siedlern bewohnt war. Und wenn auch Diodoros berichtet, die Karthager hätten die Insel zu keiner Zeit völlig unter Kontrolle gehabt, so waren doch bestenfalls einige Bergstämme der Barbagia oder der Gallura dem direkten Zugriff Karthagos entzogen.

Korsika

Der Einfluß, den die Karthager auf Korsika ausübten, ist in seiner Intensität nicht zu vergleichen mit dem Einfluß, den sie auf Sardinien besaßen. Doch war er keineswegs ohne Bedeutung. Dies mag bereits daraus zu ersehen sein, daß sich im karthagischen Aufgebot des Jahres 480 auch korsische Truppen befanden. Außerdem weisen zahlreiche punische Funde auf eine gewisse punische Präsenz auf der Insel hin. Und schließlich hat es gar den Anschein, als hätten die Karthager in den letzten Jahrzehnten des 4. Jh. und in den ersten sechs Jahrzehnten des 3. Jh. die Lücke gefüllt, die die von den Römern entmachteten Etrusker auf der Insel hinterlassen hatten. Von karthagischen Kolonisationsbestrebungen ist allerdings nichts bekannt.

Die Apenninische Halbinsel

Auf der Apenninischen Halbinsel gründeten die Karthager keine Kolonien – Etrusker und Griechen waren in diesem Raum nicht nur ihnen, sondern bereits ihren phoinikischen Vorfahren zuvorgekommen. Doch waren die Handelsbeziehungen insbesondere zwischen Karthagern und Etruskern stark entwickelt. Sie setzten bereits im 7. Jh. ein und rissen in der Folgezeit kaum je ganz ab. Die Karthager dürften sich vor allem für etruskisches Eisen, Kupfer und Blei, die Etrusker für karthagisches

Gold, Silber und Zinn interessiert haben. Wahrscheinlich wurden die karthagisch-etruskischen Verträge, von denen Aristoteles spricht, – jedenfalls teilweise – bereits in der Zeit vor der Schlacht von Aleria (etwa 540) geschlossen. Was die Zeit der Wende vom 6. zum 5. Jh. angeht, so läßt die i. J. 1964 in Pyrgoi, dem Hafen von Caere, gefundene etruskisch-punische Quasi-Bilingue erkennen, daß der politische, kulturelle und religiöse Einfluß Karthagos in etruskischen Städten beträchtlich gewesen ist. Ja es scheint nicht übertrieben zu sein, von einem „deutlichen Ungleichgewicht der Macht zugunsten Karthagos" (Cataldi) zu sprechen. Zu einer nicht sicher festlegbaren Zeit – vielleicht im ersten Viertel des 5. Jh. – traten im Verhältnis zwischen Karthagern und Etruskern Spannungen auf. Gewisse Etrusker planten nämlich, sich auf der im Atlantik liegenden wunderbaren Insel festzusetzen. Sie wurden von den Karthagern zurückgewiesen. Größere Nachwirkungen scheint dieses Ereignis nicht gezeitigt zu haben – vorausgesetzt, es handelte sich wirklich um ein historisches Ereignis.

Südfrankreich und Nordostspanien

Die punischen Inschriften und vor allem die punischen Metall- und Keramikerzeugnisse, die in Südfrankreich zutage getreten sind, lassen die Frage entstehen, welche Beziehungen zwischen Puniern, Griechen, Kelten und Ligurern im südfranzösischen Raum herrschten. Aus dem bisher zur Verfügung stehenden Material ist zu ersehen, daß die Punier – seien es nun Karthager oder Punier aus Ibiza oder südspanische Punier gewesen – und die in Südfrankreich und in Katalonien lebenden Völker in weit regerem wirtschaftlichem Austausch standen, als dies früher für möglich gehalten wurde. Dieser Austausch war keineswegs episodischer, sondern kontinuierlicher Art und im 6. und teilweise im 5. Jh. von besonderer Intensität. Allerdings haben sich bisher keine Hinweise für die Annahme ergeben, daß die Karthager in Südfrankreich Kolonien gegründet hätten. Die Existenz punischer „Kolonien" innerhalb von Städten wie Massalia ist aber keineswegs auszuschließen.

Thukydides berichtet von maritimen Erfolgen der „Phokaier, die Massalia bewohnten (?)", über die Karthager. Ähnlich äußert sich Pausanias. Diese phokaiischen Erfolge scheinen etwa in die beiden letzten Jahrzehnte des 6. Jh. und das erste Jahrzehnt des 5. Jh. zu datieren zu sein. Und zu diesen Erfolgen dürfte auch ein Sieg zu rechnen sein, den die Massalioten – um 490 – mit Hilfe des Königs Herakleides von Mylasa beim iberischen Artemision (am Kap Nao) errangen. Das archäologische Material läßt jedoch den Schluß zu, daß diese Auseinandersetzungen nicht zum Abbruch der Handelsbeziehungen zwischen beiden Staaten führten.

Die Iberische Halbinsel

Spätestens im 7. Jh. werden die Karthager mit iberischen Städten und Stämmen in Handelsbeziehungen getreten sein. Und wohl am Ende des 6. Jh. intervenierten sie in Spanien mit militärischen Mitteln. Sie waren von den Gaditanern, die mit benachbarten spanischen Stämmen in einen anscheinend wirtschaftlich bedingten Konflikt geraten waren, um Unterstützung gebeten worden – hatten sie doch bei Aleria ihre militärische Stärke eindrucksvoll unter Beweis gestellt! Und sie sagten ihre Hilfe zu. Es gelang ihnen, den Konflikt im Sinne der Gaditaner zu lösen. Weniger im Sinne der Gaditaner scheint es gelegen zu sein – wenn wir Iustinus folgen dürfen –, daß sie sich nach der Beendigung der militärischen Aktion nicht nach Nordafrika zurückzogen, sondern im südlichen Spanien präsent blieben. Wie weit ihr Einfluß dort reichte, läßt sich nicht mit Sicherheit feststellen. Vermutlich aber unterstellten sich neben Gades auch die übrigen phoinikischen Kolonien Südspaniens der neuen Vormacht.

In der Phase der Vergrößerung der karthagischen Einflußsphäre traten auch die Griechen – näherhin die Massalioten –, die vielleicht bereits zu den Feinden der Gaditaner Beziehungen aufgenommen hatten, auf den Plan. Über die folgenden Auseinandersetzungen sind wir nur sehr mangelhaft unterrichtet. Vielleicht führten die Karthager im Verlauf dieser Auseinandersetzungen den Untergang des Reichs von Tartessos herbei.

In der Folgezeit scheinen die Karthager auch den Felsen von Gibraltar besetzt zu haben – spätestens zu dem Zeitpunkt, als sie die Zufahrt zum Atlantischen Ozean für Schiffe fremder „Nationalität" schlossen. Wann aber war dies der Fall? Im 1. Karthagisch-römischen Vertrag (erste Hälfte des 5. Jh.) ist von einer Sperrung der Meerenge von Gibraltar nicht die Rede. Auch aus den Worten des Pindaros, der in den 70er und 60er Jahren des 5. Jh. die „Säulen des Herakles" bzw. Gades als äußerste Fahrtgrenze bezeichnet, ist nicht auf eine karthagische Blockade der Seestraße zu schließen. Erst aus dem 2. Karthagisch-römischen Vertrag des Jahres 348 ist zu ersehen, daß die Karthager nicht nur die Nordküste Afrikas westlich des Schönen Vorgebirges, sondern auch die südöstliche und südliche Küste Spaniens zum Sperrgebiet erklärt haben, d. h. die Meerenge geschlossen haben. Wenn die Sperrung *vor* dem Jahr 348 erfolgt ist, dann vermutlich nicht sehr viel früher; denn aus der Tatsache, daß der Massaliote Pytheas wahrscheinlich innerhalb des Zeitraums 380–

360 eine Expedition, die sicherlich in erster Linie handelspolitischen Zwecken dienen sollte, in den hohen Norden unternommen hat, ist doch wohl zu erschließen, daß zu dieser Zeit der Zugang zum Atlantischen Ozean nichtpunischen Schiffen noch offenstand. Nach der Schließung der Meerenge versenkten die Karthager, wenn Strabon nicht übertreibt, unnachsichtig jedes nichtpunische Schiff, das sich der Meerenge näherte.

Wie lange die Karthager in der Folgezeit die Oberherrschaft über das südliche Spanien innehatten, wissen wir nicht. Es ist denkbar, daß ihnen die Kontrolle über die spanische „Provinz" erst während des 1. Römischen Kriegs oder gar erst während des Libyschen Kriegs entglitt.

Madeira, die Azoren und die Kanarischen Inseln

Vermutlich nach der Etablierung der südspanischen Interessensphäre übernahmen die Karthager die Herrschaft auch über die wunderbare Insel, von der Pseudo-Aristoteles und Diodoros berichten, d.h. – aller Wahrscheinlichkeit nach – die Herrschaft über Madeira. Darüber hinaus scheinen sie sich auch auf den Azoren festgesetzt zu haben. Für diese Annahme spricht die kaum bezweifelbare Tatsache, daß Karthager am Ende des 3. oder zu Beginn des 2. Jh. Münzen nach Corvo, der nördlichsten Insel der Azoren, gebracht haben. Und schließlich dürften auch die Kanarischen Inseln nicht außerhalb des karthagischen Gesichtskreises gelegen sein.

Marokko

Etwa in der zweiten Hälfte des 6. Jh. setzte – zunächst unabhängig von der phoinikischen Kolonisation – die karthagische Kolonisation Marokkos ein. Im Laufe der Zeit aber dehnte Karthago seinen Einfluß auch über die phoinikischen Kolonien des Landes aus. Pseudo-Skylax behauptet, daß im 4. Jh. alle Kontore und Städte, die zwischen der Großen Syrte und den Säulen des Herakles lagen, unter punischer Herrschaft standen. Ausgrabungen haben darüber hinaus – sieht man von dem berühmten Expeditionsbericht des Hanno ab – den Beweis erbracht, daß auch die Orte an der atlantischen Küste Marokkos zum karthagischen Machtbereich gehörten. Das Hinterland der atlantischen Küste wurde über den Loukkos und den Sebou erschlossen.

Im einzelnen sind insbesondere folgende Orte zu nennen: Ršʾdr = Rusaddir = großes Kap (Melilla), Emsa, Sidi Abdeslam del Bhar, Tng = Tingis, Kouass, Lkš = Lixos, Rusibis (El-Djadida?), Thamusida, Ṣʿlt = Sala und Mogador.

Daneben ist auf einige im Landesinneren gelegenen Orte hinzuweisen, vor allem auf Tamuda (Tetuan), Banasa und Volubilis.

Und schließlich sind hier auch die Fundorte punischer Nekropolen zu erwähnen, die auf eine dauerhafte punische – z. T. sogar bereits phoinikische – Besiedlung des Küstenstrichs zwischen Azemmour und Mogador schließen lassen, so etwa Azemmour selbst, Tit (bei El-Djadida), Bled Rhaba, El-Hafira (bei Qualidia), Moulay Mers und Djorf el-Youdi.

Die punische Kolonisation Marokkos dürfte weithin im Einvernehmen mit den berberischen Fürsten erfolgt sein; denn Karthago wird kaum in der Lage gewesen sein, die vielen und großenteils weitentfernten Kolonien unter Anwendung militärischen Drucks zu gründen oder gar zu behaupten. Doch wie dem auch immer gewesen sein mag – dies eine ist sicher: die Durchdringung Marokkos mit punischen Siedlungen und punischer Kultur war intensiver, als es manchen früheren Forschern erschien.

Tunesien und Algerien

Um die Mitte des 6. Jh. ging Karthago in Afrika – wie auch auf Sizilien und Sardinien – zu einer militärisch abgesicherten expansionistischen Politik über, die von Männern wie Malchus befürwortet wurde. Wir wissen nicht, ob die Kämpfe dieser Zeit zu einem gewissen Abschluß kamen. Sicher ist jedoch, daß nach dem Tod des Mago, der in gewisser Weise der Nachfolger des Malchus gewesen war, erneut karthagisch-libysche Auseinandersetzungen ausbrachen. Zu diesen Auseinandersetzungen war es deswegen gekommen, weil die Karthager seit vielen Jahren – vielleicht seit den Kämpfen zur Zeit des Malchus – die bei der Gründung der Stadt vereinbarte Grundsteuer nicht entrichtet hatten. Die Kämpfe nahmen aber offenbar kein größeres Ausmaß an, da die Karthager sich schließlich bereit erklärten, die geschuldeten Zahlungen zu leisten und damit die verbrieften Rechte der Libyer anzuerkennen.

Im 5. Jh. waren es insbesondere die Magoniden, die den karthagischen Macht- und Einflußbereich in Nordafrika erweiterten – Iustinus spricht von Kämpfen mit Libyern, Numidern und Maurusiern. Im Verlauf der Auseinandersetzungen mit den Libyern erreichten sie, daß diese nunmehr auf den „Pachtzins für die (Erlaubnis der) Gründung der Stadt" (Iustinus) verzichteten.

Im 4. Jh. (?) scheinen die Karthager die fruchtbare Ebene von El-Fahs systematisch kolonialisiert zu haben. Im übrigen stehen uns nur gelegentliche Notizen antiker Autoren zu Gebote, die es uns ermöglichen, „Momentaufnahmen" des Prozesses der Kolonialisierung und Mediatisierung Nordafrikas herzustellen. So eroberte Hanno um 247 Hekatompylos (Theveste, heute Tébessa), so vergrößerte Hamilcar der Blitz nach dem Ende des Libyschen Kriegs das karthagische Territorium, und so unterwarf Hasdrubal, der Schwiegersohn des Hamilcar, numidische Stämme und zwang sie, Tribut zu zahlen.

Der Umfang der karthagischen Kolonisation in Tunesien und Algerien ist bisher nur zu einem Teil aus den literarischen und archäologischen Quellen zu erschließen. Und in vielen Fällen ist eine sichere Entscheidung in der Frage, ob es sich um eine phoinikische oder eine punische Gründung handelt, nicht zu fällen. Dies gilt insbesondere für die zur Debatte stehenden Orte an der algerischen Küste. Aufgrund einer vorsichtigen Auswertung der überlieferten Ortsnamen läßt sich in einer Vielzahl von Fällen immerhin ersehen, ob ein Ort ursprünglich oder jedenfalls später phoinikisch bzw. punisch oder berberisch war. So sind insbesondere jene Orte, die einen Namensbestandteil qrt (Stadt), mqm (Ort), ʾj (Insel) oder rš (Kap) haben, als phoinikisch bzw. punisch zu betrachten. In einigen Fällen vielleicht phoinikische, in der Mehrzahl der Fälle aber wohl eher punische Gründungen oder Neugründungen waren demnach: Macomades (Minores) = Mqmḥdš = neuer Ort (südlich von Thenai), Ruspe (bei Acholla), Thapsos (Ras Dimasse), Leptis (Minor) = Lpqj (Lamta), Ruspina (Monastir), Adrymes, Neapolis = Qrtḥdšt (?) = neue Stadt (Nabeul), Rusucmona = Ršʾšmn = Kap des ʾšmn, Hippon = ʾpʾ(?) (Bizerte), Rusicade (Skikda), Rusazus (vielleicht Port Gueydon), Rusippisir (in der Mauretania Caesariensis), Iomnium (Tigzirt), Rusuccurru (Dellys), Rusubbicari (Mers el-Hedjedj ?), Rusguniae (Kap Matifou), Ikosion = ʾjksm = Insel der Eulen (Alger) und Iol (Cherchell).

Zwischen Iol und Siga lagen nach dem Bericht des Pseudo-Skylax die punischen Siedlungen Hebdomos, Psamathos, Chalka, Arylon und Mes, die jedoch nicht mit Sicherheit zu lokalisieren sind. In diesem Küstenstrich stieß man jedenfalls in folgenden Orten auf eine punische Hinterlassenschaft: in Gunugu, Cartenna (Ténès) (?), Port aux Poules (?), Les Andalouses, Mersa Madakh, Mersa Bou Zedjar, Camarata, Portus Sigensis und auf der Insel Rachgoun, darüber hinaus am Vorgebirge von Wardania und in Honein (?). Ein großer Teil dieser Orte scheint nicht nur unter dem Einfluß Karthagos gestanden zu sein, sondern sogar von Karthago gegründet worden zu sein. Aus dem Landesinneren Tunesiens und Algeriens kennen wir – mit Ausnahme des in Numidien gelegenen Macomada – keine Ortsnamen, die auf eine punische Gründung hinweisen.

Nun wäre es aber sicher verkehrt, aus der relativ großen Zahl punischer Küstenorte – und wir kennen nur einen Teil dieser Orte – auf eine durchgängige karthagische Kolonisation der Küste Nordafrikas oder gar ganz Nordafrikas zu schließen. Nur in einem Teil Tunesiens und Ostalgeriens erwarben die Karthager im Laufe der Zeit ein territorial zusammenhängendes Herrschaftsgebiet. Die karthagischen Küstenstädte Algeriens werden in beträchtlicher Zahl „Enklaven" gewesen sein – wie auch manche Städte in den binnenländischen Teilen Tunesiens und Ostalgeriens.

Im übrigen ist davon auszugehen, daß ein großer Teil der karthagischen Kolonien der Frühzeit nicht unter Zuhilfenahme militärischer Mittel, sondern auf dem Wege der Übereinkunft mit den einheimischen Berbern gegründet worden ist. Nach der Gründung ihrer Kolonien hielten es die Kolonisten allerdings für angebracht, sich gegen unliebsame Überraschungen durch Befestigungsanlagen zu schützen.

Libyen

Gegen Ende des 6. Jh. wurden die Karthager im Gebiet zwischen den beiden Syrten tätig. Die Initiative zum Eingreifen in diesem Gebiet ging anscheinend nicht von ihnen aus, sondern von den libyschen Maken, die sie gebeten hatten, bei der Vereitelung eines Kolonisationsversuchs des Dorieus, des Sohns des spartanischen Königs Anaxandridas, mitzuwirken – Dorieus hatte an der Mündung des Kinyps (Oued Caam) eine Apoikia gegründet. Die verbündeten Maken und Karthager zwangen Dorieus und seine Leute, nach Sparta zurückzukehren. Nur zwei Jahre hatten sich die Spartaner am Kinyps halten können.

Die Niederlage der Spartaner hatte zur Folge, daß die Expansion der Griechen auf afrikanischem Boden zum Stillstand kam. Vermutlich in der folgenden Zeit bauten die Karthager die phoinikischen Kontore Leptis Magna, Oea und Sabratha zu punischen Städten aus. Und möglicherweise trafen sie damals mit den Kyrenaiern, die Dorieus unterstützt hatten, eine Vereinbarung, die besagte, Philainon Bomoi solle die Grenze zwischen dem karthagischen und dem kyrenaiischen Einflußgebiet sein. War dies der Fall, verzichteten die Karthager darauf, die aller Wahrscheinlichkeit nach phoinikischen Stützpunkte Automalaca, Chosol (?), Chorotus, Chaminos und Kyrthanios in ihren Herrschaftsbereich einzubeziehen. Die phoinikischen Stützpunkte Macomada und Macomaca standen jedoch in Zukunft unter punischer Kontrolle.

7

DAS AFRIKANISCHE UNTERNEHMEN DES HANNO

Von dem Bericht, den ein gewisser Hanno über sein westafrikanisches Unternehmen gegeben und den er im heiligen Bezirk des Bʿl Ḥmn inschriftlich publiziert hat, besitzen wir nur eine griechische Version, die im Heidelberger Codex Palatinus Graecus 398, fol. 55r–56r erhalten ist. In der Einleitung zu dieser Version ist sein Bericht als Periplus (Küstenbeschreibung) bezeichnet – nicht ganz zu Recht; denn wir erhalten nur zu einem geringen Teil Auskunft über die Lage der Orte der westafrikanischen Küste.

Die Fahrt des Hanno

Der Zeitpunkt des Entstehens der griechischen Version, die übrigens keineswegs in Anspruch nimmt, eine direkte Übersetzung der punischen Inschrift zu sein, ist umstritten. Da aber der um 300 schreibende Verfasser des pseudoaristotelischen Werkes „De mirabilibus auscultationibus" den Periplus des Hanno erwähnt, ist die griechische Version des Periplus sicher vor dieser Zeit entstanden. Polybios kann also nicht – wie gelegentlich behauptet wird – die Übersetzung des punischen Dokuments veranlaßt haben. Wenn aber Ephoros, der wie der Verfasser der uns vorliegenden Version des Periplus ein „Karikòn teîchos" erwähnt – einen Ortsnamen, der wahrscheinlich auf einen ähnlich klingenden punischen, möglicherweise auf einen berberischen Namen zurückzuführen ist –, nicht auf eine vom Periplus unabhängige griechische Version, sondern auf den Periplus selbst zurückgegriffen hat, dann haben wir einen Beweis für die Annahme, daß der Periplus bereits in alexandrischer Zeit existiert hat. Daß Ephoros dies getan hat, steht allerdings nicht fest. Und aus den Orts-, Fluß- und Kapnamen, die sowohl der Verfasser der überlieferten Version des Periplus als auch Aristoteles, Pseudo-Skylax, Herodotos und Hekataios nennen, läßt sich ebenfalls nicht mit Sicherheit erschließen, daß letztere den Periplus gekannt haben. Es könnte sein, daß sie sich auf eine oder mehrere Vorlagen stützten, die vom Periplus unabhängig waren. Da weitere direkte Zeugnisse, die über die Entstehungszeit des Periplus Aufschluß geben könnten, fehlen, sind wir auf sprachgeschicht-

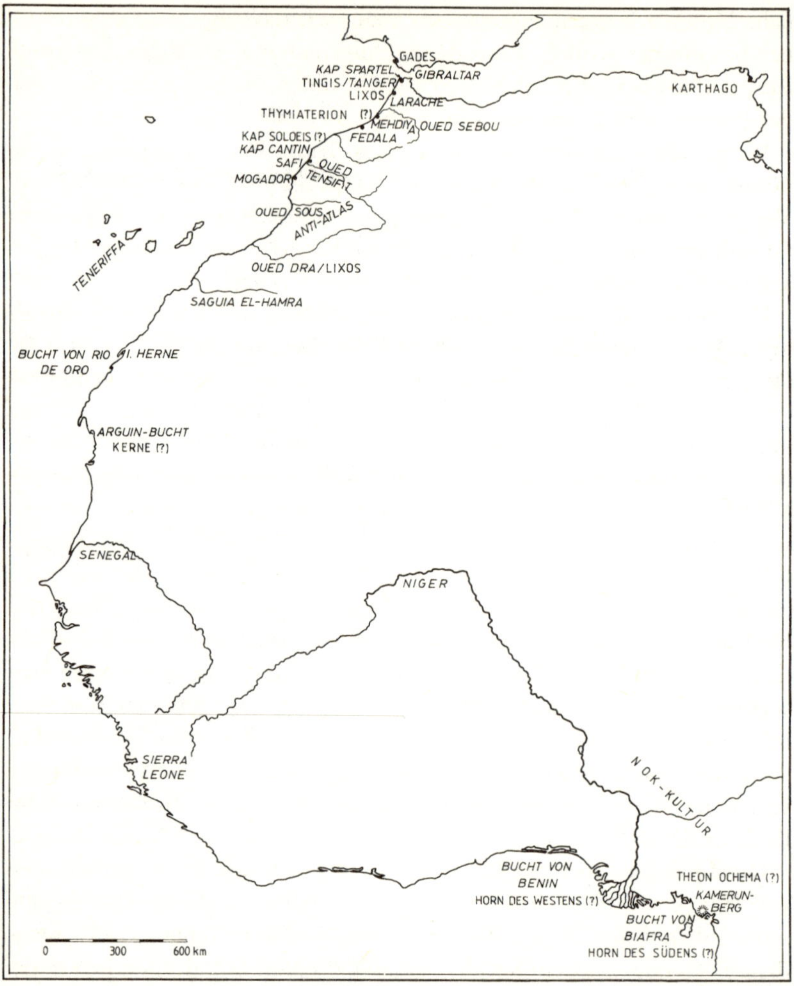

K. Strobel

2. Die Fahrt des Hanno

liche Untersuchungen angewiesen, wenn wir das Alter des Periplus näher bestimmen wollen. Und diese Untersuchungen, die freilich einen Rest von Unsicherheit nicht beseitigen können, weisen darauf hin, daß der Periplus im 6., spätestens im 5. Jh. entstanden ist.

Wenn nun auch der Periplus in diese frühe Zeit zu datieren ist, so könnte er doch eine Fälschung sein. Und in der Tat wurden in der Vergangenheit sachkritische – insbesondere nautische – und literarische Gründe ins Feld geführt, um diese Annahme zu beweisen. Doch dürften alle diese Versuche als gescheitert zu betrachten sein.

Die uns vorliegende Version des Periplus ist keineswegs die einzige griechische Version des Unternehmens des Hanno gewesen. Der Text des Periplus weist Lücken auf, die in einer früheren Form – sei sie nun punisch oder griechisch gewesen – gefüllt gewesen sein müssen. Dies beweisen innertextliche Beobachtungen, dies beweist aber auch ein Vergleich mit den kurzen Berichten des Plinius und des Arrianos. Vielleicht hat der Verfasser des Periplus den inschriftlichen Bericht des Hanno gekürzt, während ein anderer oder mehrere andere Übersetzer eine vollständige Übersetzung dieses Berichts geboten haben. Vielleicht hat der Verfasser des Periplus diese oder eine dieser Übersetzungen verwendet. Vielleicht hat Hanno neben dem inschriftlichen Bericht einen umfangreicheren literarischen Bericht erstellt, den der Verfasser des Periplus gekürzt hat, während ein anderer oder mehrere andere Übersetzer den gesamten Text übersetzt haben. Vielleicht hat der Verfasser des Periplus diese oder eine dieser Übersetzungen seiner Darstellung zugrunde gelegt. Mir persönlich scheint die an zweiter Stelle genannte Möglichkeit die größte Wahrscheinlichkeit für sich zu haben. Sicherheit gibt es aber in dieser Frage nicht.

Der Leiter des vom karthagischen Staat beschlossenen Unternehmens war Hanno, der aller Wahrscheinlichkeit nach nicht das Amt eines „gewöhnlichen“ Sufeten, sondern das eines Feldherrn innehatte. Wenn in diesem Hanno gelegentlich der Vater des Hamilcar, des Verlierers der Schlacht von Himera, gesehen wird, dann ist dies nicht mehr als eine Vermutung. Der Name Hanno war häufig.

Die Stationen des Unternehmens des Hanno waren folgende: die Straße von Gibraltar, Thymiaterion, das Kap Soloeis, ein landeinwärts gelegener See, Karikon Teichos, Gytte, Akra, Melitta, Arambys, der Fluß Lixos, das Land der jenseits des Gebiets der Lixiten lebenden Aithiopen (?), die Insel Kerne, der Fluß Chre[me]tes, ein See mit drei Inseln, ein Fluß, in dem Krokodile und Nilpferde lebten, Kerne, ein Platz am Fuß hoher und bewaldeter Berge, ein Meerbusen, der Golf „Horn des Westens“, in dem eine große Insel lag, ein (nicht anlandbarer) Platz in einer vulkanischen Gegend, der Berg Theon Ochema, der Golf „Horn des

Südens", in dem eine Insel lag, die der Insel des Golfs „Horn des Westens" glich. Die Identifizierung dieser Orte, Flüsse, Seen, Berge und Gegenden war und ist in der Forschung heftig umstritten. Dies gilt bereits für Thymiaterion, die erste Kolonie, die Hanno gründete. Handelt es sich um Tanger, Larache oder Mehdiya (an der Mündung des Oued Sebou)? Wenn einer dieser drei Orte, dann Mehdiya! Denn Tanger liegt nicht zwei Tagesfahrten von der Straße von Gibraltar entfernt, wie dies der Periplus verlangt, und Larache ist eine alte phoinikische Gründung.

Da Thymiaterion in Mehdiya zu suchen ist, kann das Kap Soloeis nicht das Kap Spartel, sondern muß das Kap Cantin sein.

Die Lage der fünf Kolonien Karikon Teichos, Gytte, Akra, Melitta und Arambys ist kaum auch nur in einem einzigen Fall mit Sicherheit zu bestimmen. Sie befanden sich jedenfalls zwischen dem Kap Cantin und dem Oued Dra. In Mogador die Gründung Karikon Teichos zu sehen, fällt deswegen schwer, weil dort phoinikische Funde des 7. und 6. Jh. zutage getreten sind – es sei denn, man nimmt nicht eine Neugründung, sondern eine Verstärkung des phoinikischen Elements durch die libyphoinikischen Siedler des Hanno an.

Der Fluß Lixos wird weithin – wahrscheinlich zu Recht – mit dem Oued Dra gleichgesetzt. Mag diese Identifizierung zutreffen oder nicht – in den Lixiten sind jedenfalls nicht die Bewohner der alten phoinikischen Kolonie Lixos, sondern die am (südlichen) Lixos wohnenden Berber zu sehen, zu denen vermutlich bereits die Phoiniker Westafrikas freundschaftliche Beziehungen aufgenommen hatten.

Kerne, die südlichste Kolonie Karthagos, kann wohl nur die Insel Herne in der Bucht des Rio de Oro oder eine der Inseln in der Arguin-Bucht gewesen sein. Die Bemerkung des Verfassers des Periplus, Kerne liege „gerade gegenüber von Karthago", ist bei der Entscheidung zwischen beiden Möglichkeiten kaum hilfreich. Doch ist zu bedenken, daß die Fläche von Herne weit größer ist als die Fläche, die der Verfasser des Periplus für Kerne angibt. Außerdem paßt die Notiz des Verfassers des Periplus, Hanno sei „in Richtung aufgehende Sonne eine Tagesstrecke" gefahren, besser zur Arguin-Bucht als zur Bucht des Rio de Oro. Wahrscheinlich ist also dort das vielgesuchte Kerne zu finden.

Nach der Gründung von Kerne führte Hanno eine Expedition durch, die ihn vermutlich einen Arm des Senegal hinauf- und einen anderen Arm dieses Flusses hinabführte.

Nach Kerne zurückgekehrt, brach Hanno nach einiger Zeit zu der Fahrt auf, die ihn bis nach Gabun führen sollte. Nach einer Fahrt von 19 Tagen erreichte er den Golf „Horn des Westens" – die Bucht von Benin? –, und nach einer weiteren Fahrt von mehr als vier Tagen tauchte vor ihm der Vulkan „Wagen der Götter" auf, in dem man aller Wahrscheinlichkeit nach den Kamerun-Berg zu sehen hat. Nach weiteren zwei bis drei Tagen war schließlich der Golf „Horn des Südens" – die Bucht von Biafra? – erreicht. Der Mangel an Verpflegung zwang Hanno angeblich zur Umkehr.

Die Zeit, in der Hanno sein Unternehmen durchführte, läßt sich nur ungefähr bestimmen, da die entsprechenden Angaben der antiken Autoren nur sehr allgemeiner Art sind. Aus der Tatsache, daß Herodotos die Expedition des Hanno nicht erwähnt, ist natürlich nicht zu schließen, daß diese erst nach der Abfassung des herodotischen Werkes unternommen wurde. Auch die heute vielfach vertretene Hypothese einer Datierung in die Mitte des 5. Jh. läßt sich nicht durch wirklich tragfähige Argumente stützen. Mit einem gewissen Vorbehalt ist jedoch aus dem Umstand, daß es Karthager gewesen sind, von denen Herodotos – sei es direkt, sei es indirekt – von der versuchten Afrikaumsegelung des Persers Sataspes zur Zeit des Xerxes (486–465/64) erfahren hat, zu ersehen, daß Hanno *vor* 465/64 von Karthago nach Westafrika aufgebrochen ist; denn in Westafrika lebende Karthager bzw. Libyphoiniker dürften es gewesen sein, die die Fahrt des Sataspes verfolgt und darüber nach Karthago berichtet haben – in der Zeit vor dem Kolonisationsunternehmen des Hanno aber scheinen keine Punier an der westafrikanischen Küste gewohnt zu haben. An die Zeit kurz vor oder nach dem Ereignis von Himera (480) wird man wegen der angespannten Lage des karthagischen Staates ebenfalls nicht zu denken haben. Aus diesen Gründen kommt als mögliche Zeit des Unternehmens das beginnende 5. Jh. in Frage. Wenn aber davon auszugehen ist, daß Hekataios Melissa, eine Gründung des Hanno, gekannt hat, und wenn die literarhistorischen Argumente, die neuerdings für die Abfassungszeit des Periplus ins Feld geführt werden, zutreffend sind, ist das Unternehmen des Hanno in die Zeit vor (etwa) 500 – d. h. in das letzte Drittel des 6. Jh. – zu datieren. Diese Datierung würde auch zu dem passen, was wir sonst von der damaligen Politik Karthagos wissen.

Als Zweck der Fahrt des Hanno nennt der Verfasser des Periplus die Gründung von Kolonien. Dies kann jedoch nur ein Teil-Zweck gewesen sein; denn Hanno fuhr weit über Kerne, die südlichste Kolonie, hinaus. Wollte Hanno die andere Hälfte der Wahrheit unterschlagen? Dies ist möglich. Einigermaßen sicher ist jedoch, daß die Fahrt über Kerne hinaus nicht aus wissenschaftlichen, sondern aus wirtschaftlichen Interessen unternommen wurde. Und hier ist daran zu erinnern, daß den karthagischen wie den phoinikischen Kaufleuten sehr am Ankauf von Metallen gelegen war, und insbesondere daran, daß ein gewisser Himilco zu der

Zeit, zu der Hanno nach Westafrika segelte, zu den Zinn-Inseln fuhr, u. zw. nicht aus geographischen, sondern aus kommerziellen Interessen. Begab sich Hanno auf die Suche nach dem westafrikanischen Gold oder nach dem Kupfer der Gegend von Akjoujt (Mauretanien) oder nach dem Zinn des Jos-Plateaus (Nigeria)? Wir wissen es nicht. Doch wäre es m. E. verkehrt, hier ein strenges Entweder-Oder zu postulieren.

Wir haben keinen Grund zu der Annahme, daß das kolonisatorische Projekt des Hanno ein Fehlschlag war. Doch wie stand es mit der Erschließung neuer Metallmärkte? Wie aus dem Bericht des Herodotos über den stummen Tauschhandel zu ersehen ist, scheinen die Karthager auch auf diesem Gebiet wichtige und gewinnbringende Informationen gesammelt zu haben. Doch haben sich möglicherweise nicht alle Hoffnungen erfüllt – insbesondere nicht in den Gegenden südlich von Kerne.

8

DIE FAHRT DES HIMILCO INS NORDWESTLICHE EUROPA

Der originale Bericht eines gewissen Himilco über eine Fahrt ins nordwestliche Europa ist verlorengegangen. Verlorengegangen ist auch die Übersetzung dieses Berichts ins Griechische. Nur einige Reflexe des Berichts sind im Werk „Ora maritima" des Dichters Avienus, der etwa 900 Jahre nach der Fahrt des Himilco schrieb, erhalten.

Himilco war nicht der erste mittelmeerländische Kapitän, der die Küsten West- und Nordwesteuropas befuhr. Vor ihm waren tartessische und westphoinikische Kaufleute aus Südspanien in die von ihm besuchten Gegenden gefahren. Himilco ist allerdings der erste uns namentlich bekannte Kapitän, der in diese Gegenden vordrang. Sonst wissen wir von seiner Person nichts.

Plinius setzt die Expedition des Himilco in die gleiche Zeit wie die Fahrt des Hanno. Mag diese Datierung auch nicht auf wirklicher Überlieferung beruhen, so ist sie doch wahrscheinlich. Die Fahrt fand jedenfalls nach dem Niedergang des tartessischen Fernhandels statt, d. h. in den letzten Jahrzehnten des 6. Jh.

Das Ziel der Fahrt waren „außerhalb Europas befindliche Gegenden" (Plinius) – genauer: die Oestrumniden. Diese Inseln werden gewöhnlich mit den Kassiteriden gleichgesetzt, von denen verschiedene antike Autoren sprechen und unter denen wohl die in der Nähe der Südwestspitze Englands gelegenen Scilly-Inseln zu verstehen sind. Der Text des Avienus legt die Annahme nahe, daß Himilco auch an den Küsten Irlands und Südenglands einerseits und der Bretagne andererseits landete. Daß er über diese Gebiete hinausfuhr, ist durch nichts zu beweisen, ja nicht einmal wahrscheinlich.

Die Dauer der Fahrt betrug fast vier Monate. Wenn diese Angabe richtig überliefert ist, knüpfte Himilco an vielen Orten der atlantischen Küste Kontakte; denn selbst unter widrigsten nautischen Umständen hätte die Strecke von Karthago bis zu den Oestrumniden in wesentlich kürzerer Zeit zurückgelegt werden können.

Himilco scheint wie Hanno in staatlichem Auftrag gehandelt zu haben. Und die karthagischen Behörden dürften den Zweck verfolgt haben, den

Seehandel mit dem nördlichen Europa – insbesondere den Handel mit Zinn und Blei – zu monopolisieren. Dieses Bestreben wird um so verständlicher, wenn man bedenkt, daß es beispielsweise in ganz Nordafrika keine Zinnlagerstätten gab. Für die Annahme, daß Himilco über den genannten handelspolitischen Zweck hinaus ein kolonisatorisches Ziel verfolgte – etwa die Gründung von Kolonien an der iberischen Westküste –, fehlten sichere Anhaltspunkte.

Aus der Schilderung, die Avienus von der Fahrt des Himilco gibt, ist zu erkennen, daß der karthagische Kapitän die Gefährlichkeit der Seereise zu den Oestrumniden betont hat: es ist die Rede von Windstille, Untiefen, Dunst, Nebel, Seetang und Meeresungetümen. Offensichtlich sollten potentielle Konkurrenten – und hier wird in erster Linie an griechische Kaufleute zu denken sein – davon abgehalten werden, die Zinn-Inseln anzusteuern.

Von weiteren Fahrten der Karthager zu den Oestrumniden ist nichts bekannt. Dennoch ist die Wahrscheinlichkeit groß, daß auch in der Zeit nach Himilco karthagische Kaufleute nach Nordwesteuropa fuhren, um dort Zinn und Blei zu laden. Allerdings wird man sich vor der Gefahr hüten müssen, die Bedeutung dieser Fahrten zu überschätzen.

Eine weitere Folge der Fahrt des Himilco bzw. des Berichts des Himilco bestand vielleicht darin, daß – etwa 1½ Jahrhunderte später – dem Massalioten Pytheas die Ansteuerung eines Teils seiner nordeuropäischen Ziele erleichtert wurde.

9

DER 1. KARTHAGISCH-RÖMISCHE VERTRAG (ERSTE HÄLFTE DES 5. JH.)

Der 1. Karthagisch-römische Vertrag, der für die Kenntnis einer wichtigen Phase sowohl der karthagischen als auch der römischen Geschichte von großer Bedeutung ist, ist nicht in seiner ursprünglichen (lateinischen) Form, sondern nur in der griechischen Übersetzung des Polybios tradiert. Der originale Text dieses Vertrags und der anderer karthagisch-römischer Verträge war auf Erztafeln eingeschlagen, die im Aerarium der römischen Aedilen aufbewahrt wurden. Es scheint, daß der Text dieses Vertrags und der anderer karthagisch-römischer Verträge am Vorabend des 3. Römischen Kriegs in senatorischen Kreisen Roms diskutiert wurde. Polybios dürfte aufgrund seiner Beziehungen zur römischen Nobilität Kenntnis von der Existenz und dem Text dieser Verträge erhalten haben.

Der Vertrag, der zwischen den Karthagern und den Römern und den beiderseitigen Bundesgenossen, die übrigens kaum um ihre Meinung gefragt worden sein dürften, geschlossen wurde, sah Folgendes vor:

I. Bestimmungen, die die Römer und ihre Bundesgenossen betreffen:

1. Den Römern ist es untersagt, mit ihren Schiffen über eine bestimmte Fahrtgrenze, die durch das „Schöne Vorgebirge" markiert wird, hinauszufahren.

2. Sollte der Fall eintreten, daß Römer durch Stürme oder Feinde gezwungen sind, an einem Punkt jenseits des „Schönen Vorgebirges" zu landen, dürfen sie nichts kaufen oder rauben – es sei denn Dinge, die zur Ausbesserung der Schiffe oder zur Vornahme der Opferhandlungen erforderlich sind.

3. Den römischen Kaufleuten ist es in Libyen und auf Sardinien nur dann gestattet, Geschäfte abzuschließen, wenn ein karthagischer (oder bundesgenössischer?) „Beamter" (kêryx oder grammateýs) hinzugezogen wird.

4. Im karthagischen Teil Siziliens haben die Römer dieselben (Handels-)Rechte wie die Karthager.

II. Bestimmungen, die die Karthager und ihre Bundesgenossen betreffen:

(1. Für die Karthager ist keine Fahrtgrenze festgelegt.)

2. Die Karthager dürfen sich gegenüber den von Rom beherrschten latinischen Städten keine Übergriffe erlauben – namentlich genannt werden Ardea, Antium, Circei und Tarracina.

3. Von den latinischen Städten, die nicht unter der Oberhoheit Roms stehen, sollen sich die Karthager fernhalten. Sollte aber der Fall eintreten, daß sie eine Stadt dieser Kategorie einnehmen, müssen sie diese Stadt in dem Zustand, in dem sie sich nach der Eroberung befand, den Römern ausliefern.

4. Außerdem ist es den Karthagern verboten, in Latium ein Kastell zu erbauen, ja dort auch nur zu übernachten, sollten sie in feindlicher Absicht an Land gegangen sein.

Während das Interesse der Römer eindeutig auf die Abwehr fremden Einflusses in Latium gerichtet war, war das Interesse der Karthager nicht minder deutlich an der Durchsetzung ihrer handelspolitischen Vorstellungen orientiert. Sie waren der Ansicht, es gebe zwar Gebiete, in denen die Tätigkeit nichtkarthagischer Kaufleute nicht nachteilig, jedenfalls nicht vermeidbar sei, es gebe aber auch Gebiete, in denen eine Konzentrierung des Handels in karthagischer Hand vorteilhaft sei. Zu diesen Gebieten gehörte der Raum jenseits des „Schönen Vorgebirges".

Wo aber ist das „Schöne Vorgebirge" zu lokalisieren? In einer Flut von Veröffentlichungen haben sich viele Fachleute mit diesem Problem beschäftigt, und dennoch ist noch kein Ende des Streits abzusehen. Im allgemeinen wird heute entweder im Promunturium Apollinis (= Kap Farina = Ras Sidi Ali el-Mekki) oder im Promunturium Mercuri (= Kap Bon = Ras el-Tib) das „Schöne Vorgebirge" gesehen. Da von der richtigen Lokalisierung dieses Vorgebirges weitgehend das Verständnis der von Karthago gegenüber Rom verfolgten Handelspolitik abhängt, müssen wir uns mit dieser Frage etwas ausführlicher beschäftigen.

Das „Schöne Vorgebirge" ist auch im 2. Karthagisch-römischen Vertrag erwähnt: „Jenseits des ‚Schönen Vorgebirges' [und jenseits] von Mastía Tarsēion [dürfen] die Römer nicht dem Seeraub nachgehen und auch nicht Handel treiben und auch nicht eine Stadt gründen" (Polybios). Während im 1. Vertrag nur festgelegt war, die Römer dürften nicht über das „Schöne Vorgebirge" hinausfahren, wurde im 2. Vertrag die Fahrtgrenze durch zwei Punkte bestimmt: zum einen wiederum durch das „Schöne Vorgebirge", zum andern durch Mastia, die Stadt der Tartessier, die heute im allgemeinen mit der Vorläuferin der späteren karthagischen Gründung Carthago Nova gleichgesetzt wird. Weiterhin ist in diesem 2. Vertrag u. a. davon die Rede, daß Karthago jedem Römer als Handelsplatz offensteht: „In Karthago soll er alles sowohl tun als auch verkaufen [dürfen], was [zu tun und zu verkaufen] auch dem [karthagischen] Bürger erlaubt ist" (Polybios).

Polybios lokalisiert das „Schöne Vorgebirge" folgendermaßen: „Das ... ‚Schöne Vorgebirge' ist dasjenige, das unmittelbar vor Karthago in etwa nördlicher Richtung liegt". Ein Blick auf die Landkarte zeigt, daß damit nur das Kap Farina gemeint sein kann – wenn für Polybios die Wendung „in nördlicher Richtung" dieselbe Bedeutung besessen hat, die sie für uns besitzt. Gerade dies wird gelegentlich bestritten, jedoch kaum zu Recht. Polybios hatte ein Bild der geographischen Verhältnisse Tunesiens, das im wesentlichen dem unseren entspricht. Im übrigen ist daran zu erinnern, daß Polybios den Golf von Tunis aus eigener Anschauung kannte. Somit *scheint* die Frage nach der Lage des „Schönen Vorgebirges" bereits an diesem Punkt entschieden zu sein.

Doch sie ist es nicht. Schuld daran ist Polybios, der dem Text des 1. Vertrags einen Kommentar beigefügt hat, in dem er den Sinn des Fahrtverbots zu erläutern sucht und in dem davon die Rede ist, daß die Römer über das „Schöne Vorgebirge" hinaus „in etwa südlicher Richtung" nicht fahren dürfen, „da sie [d. h. die Karthager] wünschten, daß sie [d. h. die Römer] ... das Gebiet weder der Byssatis noch der Kleinen Syrte kennenlernten". Ist hier nicht mit klaren Worten ausgesprochen, daß das Gebiet der tunesischen Ostküste und das Gebiet der Kleinen Syrte zum Sperrgebiet erklärt worden sind? Sicherlich! Daß dementsprechend das „Schöne Vorgebirge" mit dem Kap Bon identifiziert werden muß, da im Falle der Gleichsetzung des „Schönen Vorgebirges" mit dem Kap Farina Karthago ja – entgegen einer Bestimmung des 2. Vertrags – in die Sperrzone fiele? Gewiß! Es erhebt sich jedoch die Frage, ob Polybios in seinem Kommentar die Intention des Vertragstextes getroffen hat. Und diese Frage wird nur der rückhaltlos bejahen, dessen Ausgangspunkt nicht so sehr der Vertragstext ist als vielmehr das Vertrauen in die Glaubwürdigkeit, ja fast die Unfehlbarkeit des Polybios. Der Ausgangspunkt der Interpretation hat aber nun einmal der Vertragstext zu sein. Spricht der Vertragstext nicht deutlich genug, hat man sich nach Gesichtspunkten umzusehen, die außerhalb des Vertragstextes liegen. Und erst an letzter Stelle sind die Kommentatoren um ihre Meinung zu befragen.

Im Vertragstext aber steht, daß die Römer und ihre Bundesgenossen nicht über das „Schöne Vorgebirge" hinausfahren dürfen – und dies bedeutet deswegen mit hoher Wahrscheinlichkeit „über Kap Farina hinaus", weil das Kap Farina weit eher als markante Fahrtgrenze anzusehen ist als das Kap Bon. Von Italien kommende Schiffe, die in das Gebiet westlich von Kap Farina vordringen wollten, mußten am Kap Farina vorbeifahren. Dagegen mußten Schiffe, die in die Gegenden südlich des

Kaps Bon fahren wollten, keineswegs das Kap Bon passieren – es gab durchaus die nicht selten genutzte Möglichkeit, von einer der Städte Siziliens aus direkt einen der Häfen der tunesischen Ostküste anzusteuern. Und weiter: Wie sollen die Römer in Libyen, d. h. an der tunesischen Ostküste, Handel treiben können – eine Möglichkeit, die ihnen ja im 1. Vertrag ausdrücklich eingeräumt wird! –, wenn sie nicht die Häfen südlich des Kaps Bon anlaufen dürfen? Ein Letztes kommt hinzu: der Name Kalòn akrōtērion. Wie bereits erwähnt wurde, trug das Kap in der Antike auch die Bezeichnung Promunturium Apollinis. Da aber Apollo – und zwar ausschließlich Apollo – bereits in sehr früher Zeit den Beinamen Pulcher trug, konnte das Kap auch als Promunturium Pulchri (= das Vorgebirge des Schönen) bezeichnet werden. Diese Bezeichnung dürfte auch – in altlateinischer Form (* Promontousiom * Polkroi) – in den Vertragstexten gestanden sein. Polybios scheint jedoch in * Polkroi nicht den Genitiv eines substantivierten Adjektivs (Promunturium Pulchri), sondern eine adjektivische Beifügung zu Promunturium gesehen zu haben (Promunturium Pulchrum). Und statt Kaloŷ akrōtērion (das Vorgebirge des Schönen) zu übersetzen, übersetzte er Kalòn akrōtērion (das Schöne Vorgebirge). Da aber an der Lage des Promunturium Pulchri (= Ršršp) kein Zweifel besteht – es handelt sich, wie gesagt, um das Kap Farina –, ist auch von dem polybianischen Ausdruck Kalòn akrōtērion her die Identifizierung beider Vorgebirge so gut wie sicher.

Aus den bisherigen Ausführungen ergibt sich, daß sich die Römer im 1. Karthagisch-römischen Vertrag verpflichteten, nicht in westlicher Richtung über das Kap Farina hinaus zu fahren.

Was aber bezweckten die Karthager mit diesem Verbot? Sicherlich beabsichtigten sie nicht, die Römer von der Meerenge von Gibraltar fernzuhalten; denn dazu wäre es notwendig gewesen – wie dies denn auch im 2. Vertrag geschah –, auch an der spanischen Küste einen Grenzpunkt festzulegen. Das Fahrtverbot richtete sich allein gegen das Anlaufen von Häfen und Plätzen an der afrikanischen Nordküste. Jeder fremde Einfluß sollte von dieser Küste – d. h. vom „Schönen Vorgebirge" im Osten bis zu den „Säulen des Herakles" im Westen – ferngehalten werden. „D ten – ferngehalten werden. „Die Absperrung der nordafrikanischen Küste gegen jeden fremden Einfluß findet eine plausible Erklärung nur dann, wenn die karthagische Herrschaft erst im Werden begriffen und das Land noch nicht karthagische Provinz oder zumindest Bündnergebiet geworden war." (Werner) Die Karthager wünschten nicht, daß die Römer – und andere fremde Völker – in diesem Gebiet ihren Einfluß durch Handelsgeschäfte oder Städtegründungen geltend machten. In „Libyen", auf Sardinien und im westlichen Sizilien herrschten jedoch andere Verhältnisse.

Zwar war der karthagische Einfluß hier so stark, daß die Karthager diese Gebiete wie disponible Gebiete in den Vertragstext aufnehmen konnten, doch war zu berücksichtigen, daß es sich im Grunde um Gebiete der punischen Bundesgenossen, nicht um abhängige Gebiete handelte. Außerdem war Karthago – jedenfalls damals – nicht daran interessiert, die Handelsmöglichkeiten und damit die Aufstiegsmöglichkeiten seiner Bundesgenossen zu beschränken. Vielleicht aber spielte bei der Gewährung der Handelskonzession an die Römer auch der Gedanke eine Rolle, daß die Handelsinteressen Roms in absehbarer Zeit vermutlich nicht sehr weit über Latium hinausgehen würden, so daß man in der großartig sich gebärdenden Konzession eher ein Stück propagandistischer Vertragsrhetorik als ein Entgegenkommen gegenüber römischen Wünschen und Bedürfnissen zu sehen hat. Und vielleicht stand hinter der Gewährung der Handelskonzession auch der Versuch, gewisse Dinge langfristig zu regeln.

Natürlich vertraten auch die Römer beim Abschluß des Vertrags ihre Interessen, und die Karthager erklärten sich mit der Respektierung dieser Interessen einverstanden. Die Römer waren verständlicherweise vor allem bestrebt, die Anerkennung ihres gegenwärtigen Besitzstandes durch den Vertragspartner zu erreichen. Sie beherrschten zu dieser Zeit die latinischen Küstenstädte Ardea, Antium, Circei, Tarracina und einige weitere, namentlich nicht genannte Städte. Zwar werden diese Städte in den einleitenden Sätzen des Vertrags als „Bundesgenossen" bezeichnet, im weiteren Verlauf ist aber – zutreffender – von „Untergebenen" die Rede. Daß Ardea, Antium, Circei und Tarracina namentlich genannt werden, hat seinen Grund wohl darin, daß diese Städte als Küstenstädte dem Zugriff einer die See beherrschenden Macht besonders stark ausgesetzt waren und durch die namentliche Nennung in besonderer Weise geschützt werden sollten. Merkwürdigerweise – so scheint es – bezogen die Römer aber auch latinische Städte in den Vertrag ein, die nicht von ihnen abhängig waren. Auch diesen Städten wird im Vertrag ein gewisser Schutz vor etwaigen karthagischen Übergriffen eingeräumt – ein gewisser Schutz insofern, als die Römer durchaus mit der Möglichkeit eines militärischen Angriffs rechneten. Dennoch handelt es sich – vom Vertragstext her gesehen – um einen echten Schutz; denn den Karthagern wird verboten, bei der Durchführung einer militärischen Aktion in Latium auch nur *eine* Nacht an Land zu verbringen. Und an *einem* Tag wird auch den Karthagern nur in seltenen Fällen die Erstürmung einer – dazu noch im Landesinnern gelegenen – Stadt gelungen sein. Der absolute Schutz der abhängigen Städte, der bedingte Schutz der unabhängigen Städte, das Bauverbot für Kastelle und das Übernachtungsverbot – dies alles zeigt deutlich, daß es den Römern darauf ankam, jeden fremden Einfluß von Latium fernzuhalten. Der bedingte Schutz der unabhängigen Städte wurde also nicht um derentwillen, sondern um Roms willen in den Vertrag aufgenommen. „Das läßt den Abschluß des 1. römisch-punischen Vertrages in eine Zeit datieren, in der Rom nicht nur gegenüber einer auswärtigen Macht eine defensive Haltung einzunehmen gezwungen, sondern auch gegenüber einem Teil Latiums in eine abwartende Verteidigungsstellung gedrängt war. Einerseits sieht sich Rom nicht in der Lage, einer karthagischen Festsetzung in Latium militärisch zu begegnen, andererseits erhebt es Anspruch auf nicht abhängige Latiner, welcher Anspruch sein Motiv darin findet, daß diese Latiner einst unter Roms Hegemonie gestanden haben, Rom selbst aber nicht in der Lage ist, die Wiederherstellung seines alten Besitzstandes mit Waffengewalt durchzusetzen. Dieser Zustand entspricht der allgemeinen Schwächeperiode Roms nach dem Sturz der Könige, als sich der überwiegende Teil der einstmals abhängigen Latiner unter der Führung des etruskerfreundlichen Tusculum gegen die alte Hegemonialmacht verbündet hatte, diese aber in den sich entwickelnden Kämpfen als in der Defensive stehend erscheint."

Die polybianische Datierung des Vertrags ins Jahr 508/7 ist sekundärer Art und daher mehr als suspekt. Die Behauptung, die Vereinbarung sei geschlossen worden „nach der Entmachtung der Könige", dürfte aber das Richtige treffen. Insbesondere aus der Verwendung des alten, vorvolscischen Namens Tarracina ist weiterhin zu ersehen, daß die volscische Expansion die latinische Küste – jedenfalls Tarracina – noch nicht erreicht hatte. Da diese Expansion in die sechziger Jahre des 5. Jh. zu setzen ist, ist der Vertrag *vor* diesen Jahren abgeschlossen worden. Der Zeitpunkt, der mit Sicherheit *nach* dem Abschluß liegt, der Beginn der römischen Republik, läßt sich bisher kaum mit der wünschenswerten Sicherheit oder doch Wahrscheinlichkeit fixieren, so daß eine nähere Eingrenzung der Zeit des Zustandekommens der karthagisch-römischen Vereinbarungen nicht möglich ist.

Aristoteles berichtet von der Existenz karthagisch-etruskischer Handelsverträge, und man darf annehmen, daß es vergleichbare Verträge auch mit anderen Handel treibenden Staaten – z. B. den sikeliotischen und italiotischen Städten – gegeben hat. Der 1. Karthagisch-römische Vertrag ist in die Tradition dieser karthagisch-etruskischen Verträge zu stellen. Die Karthager trugen mit dem Abschluß dieses Vertrags der neuen Situation Rechnung, die dadurch entstanden war, daß die Vertreter der führenden Schicht Roms den etruskischen König der Stadt – der Tradition nach Tarquinius Superbus – verjagt und eine neue Form des politischen Lebens begründet hatten. Sie waren offensichtlich daran interessiert, im System der bilateralen Verträge keine Lücke entstehen zu lassen, und knüpften daher kurze Zeit nach der Begründung des römischen Freistaats mit den neuen Herren Roms Verhandlungen an, die zum Abschluß des 1. Karthagisch-römischen Vertrags führten.

Aus dem Inhalt dieses Vertrags ist deutlich zu erkennen, wie stark das Machtgefälle war, das zwischen Karthago und Rom bestand. Und anscheinend ist aus ihm auch zu ersehen, daß der politische Einfluß des punischen Vororts in Mittelitalien beträchtlich war. Insofern scheinen der 1. Karthagisch-römische Vertrag und die Goldbleche von Pyrgoi als Zeugnisse zu verstehen zu sein, die denselben historischen Zusammenhang beleuchten.

Die Karthager scheinen sich strikt an die Bestimmungen dieses Vertrags gehalten zu haben. Jedenfalls finden wir an keiner Stelle der römischen Überlieferung ein Wort darüber, daß sie in der Zeit der frühen Republik in Latium eine militärische Operation durchgeführt hätten. Die Römer werden ohnehin kaum in Versuchung gekommen sein, gegen die Bestimmungen des Vertrags zu verstoßen; denn ihr Interesse lag in den nächsten eineinhalb Jahrhunderten in Latium, nicht etwa an der afrikanischen Nordküste.

10

DER FELDZUG DES HAMILCAR (480)

Im Jahre 480 fuhr Hamilcar, der Sohn des Hanno, als Befehlshaber einer gewaltigen Streitmacht von Karthago nach Panormos. In einer dreijährigen Rüstungszeit war angeblich eine Armee von 300000 Mann aufgestellt und eine Flotte von 200 Schlachtschiffen ausgerüstet worden. Die Söldnerwerber des karthagischen Staats hatten während dieser Zeit in fast allen Ländern des westlichen Mittelmeers erfolgreich die Werbetrommel gerührt: in Nordafrika, Spanien, Gallien, Ligurien, Korsika und Sardinien – darüber hinaus anscheinend sogar in Schwarz-Afrika. Außerdem stachen über 3000 Frachtschiffe in See, um Pferde, Rüstungsgüter und Lebensmittel nach Sizilien zu bringen – die Schiffe, die die Pferde und die Streitwagen transportierten, gingen allerdings bei der Überfahrt in einem Sturm verloren. Von Panormos aus rückten Heer und Flotte in Richtung Himera vor. Westlich von Himera errichtete Hamilcar ein Schiffslager und ein Heerlager. Dann zog er mit seinen Elitetruppen gegen die Stadt – die entgegenziehenden Himeraier überwand er ohne nennenswerte Schwierigkeiten. Auch die Truppen des Theron von Akragas, der seit der Absetzung und Vertreibung des Tyrannen Terillos von Himera (um 483) der eigentliche Herr der Stadt war, konnten das Blatt nicht wenden. Theron wandte sich daher an Gelon, den Tyrannen von Syrakosai, und bat um Hilfe. Der Hilferuf des Theron erreichte Gelon nicht unvorbereitet. Er zog in Eilmärschen mit 50000 Infanteristen und über 5000 Kavalleristen in Richtung Himera. Offensichtlich war es die Absicht des Hamilcar gewesen, Zeit und Ort der Landung der karthagischen Streitkräfte geheimzuhalten. Wäre dies nicht der Fall gewesen, hätten die griechischen Alliierten ihre Truppen wohl bereits zum Zeitpunkt der Landung der karthagischen Verbände an einem strategisch günstigen Ort vereinigt. So aber waren sie gezwungen gewesen, ihre Truppen zu dislozieren; denn niemand hatte voraussehen können, an welchem Punkt die Offensive des Karthagers einsetzen würde.

War bisher fast alles nach dem Wunsch des Hamilcar verlaufen, so wendete sich das Blatt mit dem Erscheinen der syrakosischen Truppen rasch. Diodoros behauptet, Gelons Kavalleristen hätten über 10000 furagierende „Karthager“ gefangengenommen – diese Zahl erscheint nicht zu hoch, bedenkt man, daß Hamilcar, dessen Pferde bei der Überfahrt nach Sizilien verlorengegangen waren, kaum über eine nennenswerte Kavallerie verfügte, die die Furageure hätte schützen können. Unter diesen Umständen mußte es das Bestreben des karthagischen Feldherrn sein, sich durch die Kavalleristen der sizilischen Verbündeten zu verstärken. Und in der Tat erfahren wir, daß Hamilcar die Kavallerie der Selinuntier – und sicherlich nicht nur die der Selinuntier! – nach Himera beordert hatte. Der Bote, der die Antwort der Selinuntier an Hamilcar überbringen sollte, wurde jedoch von den Leuten Gelons abgefangen. Gelon verstand es, das auf diesem Weg erlangte Wissen geschickt einzusetzen. Seine Kavalleristen sollten sich für die von Hamilcar erwarteten selinuntischen Verbündeten ausgeben, in das karthagische Schiffslager reiten, den Feldherrn töten und das Schiffslager in Brand stecken. Und der Plan gelang.

Allerdings kennt Herodotos die Version des Diodoros, nach der Hamilcar von den syrakosischen Kavalleristen getötet wurde, als er dem Poseidon ein großartiges Opfer darbrachte, nicht. Er bringt vielmehr zwei abweichende Darstellungen: nach der einen (sikeliotischen) Darstellung verschwand Hamilcar nach der verlorenen Schlacht spurlos, nach der anderen (karthagischen) Darstellung stürzte er sich in die Flammen des Opferfeuers, als er seine Leute fliehen sah. Vielleicht ist der karthagischen Version, die auch Herodotos als „wahrscheinlich" bezeichnet, der Vorzug vor den anderen Versionen zu geben; denn die sikeliotisch-herodotische Darstellung scheint die karthagisch-herodotische nur zu variieren, und die diodorische folgt ganz der progelonischen und proalliierten Tendenz der Gelon-Kapitel des diodorischen Berichts und ist daher schwerlich vertrauenswürdig.

Doch wie dem auch sei – die Alliierten, die in der Minderzahl waren, erkämpften einen eindeutigen Sieg. Wenn Diodoros allerdings behauptet, auf karthagischer Seite seien nicht weniger als 150000 Mann gefallen, so ist gegenüber dieser Behauptung einige Skepsis angebracht. Der Rest des karthagischen Heeres kapitulierte und wurde in die Gefangenschaft geführt. Und der Teil der karthagischen Truppen, der auf 20 Schlachtschiffen zu entkommen suchte, ging in einem Sturm zugrunde – nur wenige erreichten „in einem kleinen Boot"(!) Karthago.

Möglicherweise hat Diodoros recht, wenn er behauptet, in Karthago habe man mit einer Invasion des Gelon in Nordafrika gerechnet. Doch gingen die Pläne des Gelon kaum über Sizilien und Unteritalien hinaus.

Die Friedensverhandlungen wurden in Syrakosai geführt – auf karthagischer Seite von „bevollmächtigten Gesandten". Nach der Darstellung des Diodoros waren die Friedensbedingungen Gelons äußerst milde: sie umfaßten die Zahlung von Reparationskosten in Höhe von 20000 Talenten Silber und die Übernahme der Kosten für die Errichtung von zwei Tempeln, in denen die Vertragsurkunden deponiert werden sollten. Die karthagischen Gesandten versprachen angeblich darüber hinaus, Damarete, der Gemahlin Gelons, einen goldenen „Kranz" im Wert von 100 Talenten zu übergeben, da sie maßgeblich am Zustandekommen des von den Karthagern dringend gewünschten Friedensvertrags beteiligt gewesen sei. Bestimmungen über territoriale Abgrenzungen scheint der Friedensvertrag nicht enthalten zu haben. Vielleicht drang Gelon u. a. deswegen nicht auf Gebietsabtretungen, weil diese nicht ihm, sondern seinem Schwiegervater Theron von Akragas zugute gekommen wären.

Wie war es zu dieser Auseinandersetzung, die mit einem kläglichen Fiasko der karthagischen Sizilienpolitik endete, gekommen? Könnten wir einem sizilischen Legomenon des Herodotos trauen, wäre der eigentliche Motor des Unternehmens Terillos, der von Theron von Akragas ausgeschaltete Tyrann von Himera, gewesen. Dieser habe nicht nur seinen Schwiegersohn Anaxilaos von Rhegion, sondern auch seinen Gastfreund Hamilcar zu einem Rachefeldzug bewogen. Doch abgesehen davon, daß Hamilcar zum Zeitpunkt des Sturzes des Terillos noch nicht Feldherr, sondern „nur" Angehöriger der einflußreichen Führungsschicht gewesen war – ist es glaubhaft, daß der karthagische Staat während einer dreijährigen Rüstungszeit Unsummen von Geld und ein beachtliches Quantum an Energie investiert und die Möglichkeit eines militärischen Mißerfolgs mit allen Konsequenzen materieller, personeller und damit auch politischer Art in Kauf genommen hat, nur um einem depossedierten griechischen Tyrannen einer sikeliotischen Polis zur Wiedererlangung seiner früheren Stellung zu verhelfen? Dies ist kaum wahrscheinlich. Hinter der Aktion des Jahres 480 müssen vielmehr weitreichende karthagische Pläne gestanden sein – daß diese Pläne expansiver Art gewesen sind, dürfte nicht zweifelhaft sein. Was Gelon – jedenfalls nach dem Bericht des Herodotos – als das Ziel der karthagischen Politik bereits zur Zeit der Auseinandersetzung mit Dorieus bezeichnet hat, nämlich die Herrschaft über ganz Sizilien, scheint zumindest in den späteren 80er Jahren des 5. Jh. in der Tat angestrebt worden zu sein. Unter diesen Voraussetzungen wird die karthagische Regierung die Bitte des Terillos um eine Intervention gerne aufgegriffen haben – eröffnete sich doch dadurch die Möglichkeit, einen strategischen und propagandistischen Ansatzpunkt im griechischen Teil Siziliens zu gewinnen.

Genügt aber diese Interpretation der politischen Ziele Karthagos? Oder sind noch andere Umstände in die Überlegung einzubeziehen? Ephoros und Diodoros berichten, Xerxes habe, nachdem er sich entschlossen hatte, gegen Griechenland zu Feld zu ziehen, mit den Karthagern einen Offensivpakt geschlossen: während *er* gegen die Griechen des Mutterlands ziehe, sollten *sie* die Griechen Siziliens und Unteritaliens angreifen. Handelt es sich hier um einen Reflex griechischer Propaganda, die sich nach Salamis und Plataiai in der Übersteigerung der persischen Gefahr nicht genug tun konnte? Oder hat Diodoros die damalige politische Konstellation zutreffend wiedergegeben? Die Antwort fällt schwer. Betrachtet man allerdings die politische Lage des Jahres 483 von persischer Sicht aus, so scheint es nur folgerichtig gewesen zu sein, wenn Xerxes versucht hat, Gelon und seine Verbündeten, die einzige, ins Gewicht fallende Kraft, die als Verstärkung der mutterländischen Griechen in Frage kam, vom griechischen Kriegsschauplatz fernzuhalten. Um dieses Ziel zu erreichen, empfahl es sich, Karthago, den „natürlichen" Gegner der auf der Seite Gelons stehenden Griechen, als Verbündeten zu gewinnen. Ferner ist daran zu erinnern, daß die Städte des phoinikischen Mutterlandes – also auch Tyros, die Mutterstadt Karthagos – in der großen Auseinandersetzung des Jahres 480 auf persischer Seite standen. Auch diese Tatsache mag bei den Verhandlungen des Jahres 483 eine Rolle gespielt haben; denn das Verhältnis der Pietät, das die Tochterstadt an die Mutterstadt band, bestand zu dieser Zeit sicherlich. Und schließlich werden die persischen Gesandten nicht versäumt haben, die Karthager darauf hinzuweisen, daß sie in ihrem eigenen Interesse handelten, wenn sie ihre Herrschaft über ganz Sizilien ausdehnten. So scheint die Annahme nicht von der Hand zu weisen zu sein, daß die politische und militärische Situation des Jahres 480 einem großangelegten persisch-karthagischen Plan entsprochen hat.

Im übrigen ist noch zu erwähnen, daß sich die karthagischen Behörden – unter der Voraussetzung der Historizität des persischen Bündnisangebots – in keiner beneidenswerten Lage befanden, als sie zu den persischen Vorschlägen Stellung beziehen mußten. Welche Konsequenzen würde Xerxes ziehen, wenn Karthago das „gemeinsame (militärische und politische) Vorgehen" (Diodoros) verweigerte und wenn Griechenland – und vielleicht auch der Machtbereich des Gelon – in eine persische Satrapie verwandelt sein würde? Denn an einen Sieg der antipersisch orientierten griechischen Staaten glaubten wohl, von einigen griechischen Politikern abgesehen, nur wenige! Was zunächst als blanker karthagischer Imperialismus ausgesehen hat, erweist sich bei näherem Zusehen als ein Vorgang, der von politischen Zwängen nicht völlig frei gewesen ist.

Der Schock von Himera scheint in Karthago lange nachgewirkt zu haben – es dauerte sieben Jahrzehnte, bis sich die Karthager zu einem erneuten militärischen Eingreifen auf Sizilien entschlossen. Die politischen Energien vor allem der führenden Schichten wandten sich in der Folgezeit anderen Zielen zu – insbesondere dem Ausbau der Macht in Afrika und der Ausweitung der Handelsbeziehungen im mittelmeerischen und teilweise im ostatlantischen Bereich.

11

DIE KARTHAGISCHE SIZILIEN-POLITIK IN DER ZEIT NACH HIMERA (480–410)

Die karthagische Politik gegenüber den griechischen Staaten Siziliens und Unteritaliens war in der Zeit von 480 bis 410 gekennzeichnet durch die Haltung einer vorsichtigen Distanz. Karthago gab den Gegnern von 480 keinen Vorwand, seine nicht gerade zahlreichen sizilischen Stützpunkte – vor allem Motye, Panormos und Solus – anzugreifen.

Die griechischen Verbündeten Karthagos waren bald nach der Katastrophe von Himera in das Lager der Sieger übergewechselt. Zu den „früher feindlich gesinnten Städten und Dynasten" (Diodoros), die Gelon um Aufnahme in die Bundesgenossenschaft gebeten hatten, hatten mit ziemlicher Sicherheit die Selinuntier und Anaxilaos von Rhegion gehört; denn die Selinuntier werden von Diodoros unter den syrakosischen Bundesgenossen des Jahres 466 aufgeführt, und Anaxilaos scheint bald nach der entscheidenden Schlacht des Jahres 480 eine seiner Töchter als Unterpfand der neuen Waffenbrüderschaft dem Hieron, dem Bruder des Gelon, zur Frau gegeben zu haben. Da einerseits Karthago sich mit seinem bescheidenen sizilischen Besitz begnügte und sich jeder Einmischung in die Verhältnisse der griechischen Städte enthielt und da andererseits Gelon auf fast ganz Sizilien eine überragende Position einnahm, herrschte auf der Insel in der Zeit nach Himera tiefer Friede.

Auch als im Jahre 476 die Himeraier gegen das harte Regiment des Thrasydaios, des Sohns des Theron, revoltierten, zeigten die Karthager keinerlei Interesse, in die Auseinandersetzungen zwischen den Himeraiern und Theron einzugreifen.

Hätte der Autor einer scholiastischen Notiz recht, wäre der Sieg, den Hieron und die Kymaier im Jahre 474 vor der Küste von Kyme über die „Etrusker, die die Herrschaft zur See innehatten" (Diodoros), errangen und den Pindaros neben die Siege von Salamis, Plataiai und Himera stellte, zugleich ein Sieg über die mit den Etruskern verbündeten Karthager gewesen. Dies ist jedoch äußerst unwahrscheinlich. Zwar waren in der Vergangenheit zwischen Karthagern und Etruskern manche Fäden hin- und hergelaufen, doch hätte eine Beteiligung der Karthager an der Auseinandersetzung des Jahres 474 eine völlige Neuorientierung der karthagischen Außenpolitik zur Voraussetzung gehabt – und davon ist nicht das Geringste bekannt. Im übrigen hätte sich Timaios den Hinweis auf den erneuten Angriff der karthagischen „Barbaren" kaum entgehen lassen, hätten die Karthager tatsächlich bei Kyme mitgekämpft. Und schließlich hätte aller Wahrscheinlichkeit nach Hieron die Karthager in der Inschrift seines Weihegeschenks für den olympischen Zeus nicht unerwähnt gelassen, wären sie im Jahre 474 auf der Seite seiner Gegner gestanden.

In der Folgezeit hatten weder der Demokratisierungsprozeß, der besonders stark seit der Abschaffung der Tyrannis in Syrakosai (466/65) in Gang kam und in dessen Verlauf die innenpolitischen Verhältnisse der griechischen Städte Siziliens völlig umgestaltet wurden, noch die innergriechischen militärischen Auseinandersetzungen noch die Konzentrierung der sikulischen Kräfte unter der Führung des Duketios auf die karthagische Außenpolitik einen Einfluß.

Ein besonders deutlicher Beweis für die politische Abstinenz der Karthager im außerpunischen sizilischen Raum ist der Symmachievertrag, den die elymische Stadt der Segestaier aller Wahrscheinlichkeit nach im Jahre 458/57 mit Athen schloß. Während sich Segesta in bedrohlichen Situationen früher nach westphoinikischer bzw. punischer Hilfe umgesehen hatte – umgekehrt hatten auch die Karthager „auf die Bundesgenossenschaft der Elymer vertraut" (Thukydides) –, entschloß sich die Stadt nunmehr, die östliche Großmacht, die sich anschickte, auf handelspolitischem Sektor die Vorrangstellung der Stadt Korinthos und ihrer dorischen Partner in Italien und auf Sizilien zu brechen, um Hilfe zu bitten. Die Karthager scheinen diesen Schritt der Segestaier nicht als unfreundlichen Akt betrachtet zu haben, sie begnügten sich mit dem sicheren Besitz ihrer „kolonialen Gründungen" (Herodotos).

Über eine westsizilische Auseinandersetzung des Jahres 454 berichtet Diodoros: „In Sizilien brach zwischen den Segestaiern und den Lilybaiten eine militärische Auseinandersetzung wegen des Gebiets aus, das beim Fluß Mazaros lag". Nun ist seit langem erkannt, daß diese Notiz in der vorliegenden Form nicht zutreffen kann; denn Lilybaion wurde von den Karthagern erst im Jahre 397 anstelle des von Dionysios I. zerstörten Motye gegründet. Der an sich schon mißliche Ausweg, an die Stelle von Lilybaion die Vorgängerin Motye zu setzen, ist deswegen kaum gangbar, weil Diodoros von einer anhaltenden Feindschaft zwischen den angesprochenen Städten spricht (die Annahme einer anhaltenden Feindschaft zwischen Segesta und Motye leidet wegen der traditionell freundschaftlichen Beziehungen zwischen elymischen und punischen Städten an beträchtlicher Unwahrscheinlichkeit) und weil Motye kaum ohne

Rücksprache mit Karthago in eine militärische Auseinandersetzung eintreten konnte – von einem militärischen Engagement Karthagos oder doch einer politischen Rückendeckung durch Karthago ist aber nichts bekannt. Daher scheint die Stadt, die im Jahre 454 in einem feindschaftlichen und in den Jahren nach 454 in einem gespannten Verhältnis zu Segesta stand, nicht Motye gewesen zu sein.

Motye – und damit zumindest indirekt Karthago – war aber auch nicht in eine Auseinandersetzung mit Akragas verwickelt, von der Pausanias berichtet. Der Periegetes verwechselt hier Motye mit dem akragantinischen Kastell Motyon und lokalisiert die punische Stadt überdies an der Stelle des im südöstlichen Teil der Insel gelegenen Motyka.

Im übrigen zeigt schon eine Bemerkung des Diodoros zum Jahr 442, nach der zu dieser Zeit in Sizilien Frieden herrschte, weil die Karthager mit Gelon Frieden geschlossen hatten (und weil die Syrakosier die unbestrittene Führung über die sikeliotischen Städte innehatten), daß sich die Karthager bis zu diesem Zeitpunkt an die Abmachungen des Jahres 480 gehalten hatten – wäre dies nicht der Fall gewesen, hätte Diodoros dies sicherlich vermerkt.

Auch nachdem sich die Syrakosier – jedenfalls nach dem Zeugnis des Diodoros – im Jahre 439 das Ziel gesteckt hatten, „ganz Sizilien mit einer Politik der kleinen Schritte zu gewinnen", gingen die Karthager nicht aus ihrer Reserve heraus, sondern warteten ab, welche konkreten Schritte die Syrakosier unternehmen würden. Die unmittelbar bedrohten ionischen Städte Rhegion und Leontinoi suchten damals – im Jahre 440/39 (?) – Hilfe bei Athen. Als sich im Jahre 433 die Situation aufs neue zuspitzte, erneuerten sie die Symmachieverträge mit der führenden griechischen Macht des Ostens (433/32).

Mit besonderem Interesse werden die Karthager das erste militärische Eingreifen der Athener in Sizilien verfolgt haben. Einer der vielen sizilischen Grenzkonflikte hatte im Jahre 427 zu einer militärischen Auseinandersetzung zwischen Syrakosai und Leontinoi geführt, in deren Verlauf die Leontiner und ihre Bundesgenossen athenische Hilfe erbeten hatten. Sogar die dorischen Kamarinaier schlossen sich den Athenern an (427). Und auch Segesta erneuerte die alten Beziehungen zu Athen (427/26). Die Karthager mußten nunmehr damit rechnen, daß sich die militärischen Auseinandersetzungen in unmittelbarer Nachbarschaft ihrer Verbündeten abspielen würden. Doch scheint der Konflikt nicht auf das karthagische Gebiet Siziliens übergegriffen zu haben. Zwei Jahre lang – von 426 bis 424 – dauerte der mit beachtlicher Energie geführte Krieg, in dessen Verlauf die kleineren sikeliotischen Städte zwischen den Mühlsteinen Athen und Syrakosai zerrieben zu werden drohten. Bald nach dem Beginn der Auseinandersetzungen wurde deutlich, daß es für Athen nicht in erster Linie um die Freiheit der Leontiner und ihrer Bundesgenossen ging, sondern um die Niederringung der Syrakosier und die Übernahme der Vorherrschaft in Sizilien. Es lag ganz im Interesse Karthagos, daß weder Syrakosai noch Athen aus den Kämpfen dieser Jahre als Sieger hervorging, daß vielmehr die kleineren sikeliotischen Städte auf der Konferenz von Gela (424) ihre relative Unabhängigkeit bewahren konnten.

Die Gefahr eines erdrückenden Einflusses einer Sizilien beherrschenden Macht schien sowohl für die kleineren sikeliotischen Städte als auch für die sikulischen, sikanischen und elymischen Gemeinden als auch für die karthagischen Stützpunkte gebannt zu sein. Da entstand aus einem der nunmehr schon traditionellen Konflikte zwischen Segesta und Selinus eine Entwicklung, die auch unter welthistorischen Gesichtspunkten von Bedeutung werden sollte. Die expansionslüsternen Selinuntier gestatteten sich gegenüber den Segestaiern Übergriffe, die diese mit Gegenmaßnahmen beantworteten (416). Als der Konflikt schließlich in einer regulären Schlacht ausgetragen wurde, erwiesen sich die Kräfte der Segestaier denen der Selinuntier als unterlegen. Die Elymer waren daher gezwungen, sich um Hilfe umzusehen, wollten sie nicht den Rest ihres Handlungsspielraums verlieren. Doch wohin wandten sie sich? Sie wandten sich zunächst keineswegs an Athen, sondern – ein Novum! – an Akragas und Syrakosai. Warum? Anscheinend sahen die Segestaier seit der 1. Sizilischen Expedition (427–424) die Politik der Athener in einem anderen Licht als in der Zeit vor diesem Ereignis. Zum einen hatten sie sich über die Absichten der Athener aus unmittelbarer Nähe Informationen beschaffen können, und zum anderen werden Nachrichten über die Art der Herrschaft der Athener im Bereich des Seebunds auch nach Segesta gelangt sein. Überdies hatte das letztlich wenig erfolgreiche Eingreifen der östlichen Großmacht auf dem sizilischen Kriegsschauplatz allzu hohe Erwartungen gedämpft. Die Segestaier scheinen sich darüber im klaren gewesen zu sein, daß eine Intervention der Athener zu ihren Gunsten einen Solidarisierungseffekt zumindest der dorischen Städte Siziliens nach sich ziehen würde. Sie wandten sich aber – wiederum: zunächst – auch nicht an Karthago, da ihnen die karthagische Sizilienpolitik der letzten Jahrzehnte bekannt war. Warum aber gingen sie die Akragantiner *und* die Syrakosier um Hilfe an? Die Akragantiner allein um ein Eingreifen zu bitten, war deswegen kaum möglich, weil die Syrakosier mißtrauisch jede Machtverschiebung in Sizilien beobachteten und vermutlich eine Vergrößerung der akragantinischen Machtsphäre nicht geduldet hätten. Außerdem war es fraglich – so dachten wohl die Segestaier –, ob Akragas im Falle eines Sieges anders verfahren würde als Selinus. Aus dem zuletzt genannten Grund empfahl es sich auch nicht, die Syrakosier allein um Hilfe zu bitten. So verfielen die Segestaier auf den Ausweg, sowohl die Akragantiner als auch die Syrakosier um den Abschluß von Bündnisverträgen zu ersuchen – sie taten dies wohl in der Hoffnung, daß die Rivalität zwischen beiden Städten im Falle eines glücklichen Ausgangs des Unternehmens zu einer für Segesta vorteilhaften Zügelung des Machtstrebens beider Städte beitragen würde. Und in der Tat berichtet Diodoros, daß im nächsten Jahr (415) zwischen den Syrakosiern und den Akragantinern grundsätzliche politische Differenzen bestanden, die sogar so weit gingen, daß die Akragantiner erklärten, sie würden auf der Seite der Athener gegen die Syrakosier kämpfen. Aller Wahrscheinlichkeit nach bestanden diese Differenzen schon im Jahre 416. Zu dieser Annahme sind wir um so eher berechtigt, als wir wissen, daß Akragas bereits im Jahre 422 auf athenischer Seite stand. Der Plan der Segestaier zerschlug sich jedoch – aus welchen Gründen, ist unbekannt. Aber auch jetzt reisten die segestaiischen Gesandten noch nicht nach Athen, sondern nach Karthago. Wir wissen nicht, in welchem Maße die karthagischen Senatoren versucht waren, auf die Bitte der Segestaier einzugehen. Sie beschlossen jedenfalls – über die Stärke der oppositionellen Fraktion sind wir nicht informiert –, an der traditionellen Sizilienpolitik festzuhalten und sich nicht auf ein sizilisches Abenteuer einzulassen. Nunmehr – nach den diplomatischen Mißerfolgen in Akragas, Syrakosai und Karthago – sahen die Segestaier keinen anderen Weg mehr, als Athen um eine Intervention zu bitten. Sie lösten damit (ohne sich dessen bewußt zu sein) eine Entwicklung aus, die zu einer einschneidenden Änderung der politischen Verhältnisse führen und die fast noch deutlicher den Osten als den Westen betreffen sollte.

Diodoros erzählt, die Segestaier hätten nicht nur „in der eigenen Stadt", sondern auch „von den Nachbarstädten" Geld geliehen, um die Athener über ihre wahren finanziellen Verhältnisse zu täuschen, und Thukydides berichtet ergänzend, darunter seien „die in der Nähe gelegenen phoinikischen und griechischen Städte" zu verstehen. Ob die Segestaier tatsächlich von griechischen Städten geliehen haben, ist mehr als fraglich. Wichtig ist in diesem Zusammenhang, daß auch zu dieser Zeit zwischen Segesta und den punischen Städten Motye, Panormos und Solus enge Beziehungen bestanden, die von Segesta allerdings nicht zu militärischen Kooperationsverträgen ausgeweitet werden konnten.

Wir wissen auch nicht, ob die von einem eventuellen Hilfegesuch der Syrakosier an die Karthager handelnde Passage einer bei Thukydides überlieferten Rede des syrakosischen Politikers Hermokrates historisch ist. Daher ist es müßig, die Frage zu stellen, ob aus dieser Passage möglicherweise auf den Beginn einer allmählichen Neuorientierung der karthagischen Außenpolitik zu schließen ist.

Als der Kampf um Sizilien bereits entbrannt war, schickten die athenischen Feldherrn Nikias und Lamachos im Frühling des Jahres 414 nach Karthago eine Gesandtschaft, die einen „Kooperationsvertrag" (Thukydides) abschließen sollte. Sie erreichte aber offensichtlich nichts. Noch immer saßen im karthagischen Senat mehr „Tauben" als „Falken". Die maßgebenden Männer waren wohl der Ansicht, der große griechische Krieg sei die beste Garantie für die Sicherheit der sizilischen Verbündeten. Sie waren nicht bereit, ein gefährliches sizilisches Wagnis auf sich zu nehmen.

Wie auch immer man über die karthagische Sizilien-Politik der Jahre von 480 bis 410 urteilen mag – dies eine ist sicher: diese Politik hat den punischen Städten Motye, Panormos und Solus eine Zeit ungestörten Wachstums und Wohlstands beschert; denn nur in dieser nordwestlichen Ecke Siziliens herrschte sieben Jahrzehnte lang Friede. Außerdem bildeten diese Städte, die nie aus dem karthagischen Bundesgenossenverband auszubrechen suchten, sichere Stützpunkte für den Handel Karthagos – vor allem mit Etrurien, Sardinien und Spanien.

12

DIE FELDZÜGE DES HANNIBAL UND DES HIMILCO (410–405)

Im Jahre 410 entschloß sich Karthago zu einer folgenschweren Änderung seiner Sizilien-Politik. Die bisherige isolationistische Politik wurde von einer interventionistischen abgelöst. Der Bruch der karthagischen Sizilien-Politik ist m. E. weniger auf eine Änderung der innenpolitischen Verhältnisse Karthagos zurückzuführen als auf die fortgesetzte, von den griechischen Städten Selinus und Syrakosai ausgehende Bedrohung der elymischen Städte, der traditionellen Partner Karthagos in Sizilien – eine Bedrohung, die letztlich auch den punischen Städten Siziliens galt.

Der alte segestaiisch-selinuntische Konflikt war durch die große athenisch-syrakosische Auseinandersetzung nicht beigelegt worden. Da die Segestaier auf der Seite der Verlierer gekämpft hatten und bei einem starren Festhalten an ihrer Position ein Eingreifen der Syrakosier befürchteten, signalisierten sie im Jahre 410 die Bereitschaft, auf das zwischen ihnen und den Selinuntiern umstrittene Gebiet freiwillig zu verzichten, um wenigstens die Unabhängigkeit ihrer Stadt und die Sicherheit des restlichen Territoriums gewährleistet zu wissen. Die Selinuntier lehnten jedoch den Kompromißvorschlag der Segestaier ab und besetzten nicht nur das strittige Areal, sondern auch zweifelsfrei segestaiisches Territorium. Die Segestaier sahen sich in die Situation des Jahres 416 zurückversetzt. Nur eine starke auswärtige Macht konnte die selinuntische Bedrohung abwenden. Der Kreis der Mächte, die um Hilfe angegangen werden konnten, hatte sich aber gegenüber 416 entscheidend verkleinert. An Syrakosai sich zu wenden, wäre unter den gegebenen Verhältnissen utopisch gewesen. Die Angelegenheit einem gemischtsikeliotischen Schiedsgericht zu unterbreiten, hatte sich bereits vor sechs Jahren als undurchführbar erwiesen. Die Athener erneut zu einem Eingreifen zu bewegen, wäre aufgrund der veränderten Machtverhältnisse ganz und gar aussichtslos gewesen. So blieb nur noch *eine* Macht, die jedem sizilischen Gegner entgegenzutreten vermochte und die überdies in der Vergangenheit nie in einem feindschaftlichen, meist in einem freundschaftlichen Verhältnis zu Segesta gestanden war: Karthago. Aber hatte nicht Karthago im Jahre 416 das segestaiische Hilfegesuch abgelehnt? Sicherlich. Doch hatten die Segestaier damals noch die Trumpfkarte Athen in der Hand gehabt, so daß sie nicht mit der gebotenen Dringlichkeit in Karthago zu verhandeln gezwungen gewesen waren. Dies hatte sich geändert. Nunmehr werden sie mit der Energie von Ertrinkenden ihre Argumente in Karthago vorgetragen haben. Überdies scheint es, daß sie gegenüber 416 ihr Angebot erhöhten; denn Diodoros spricht von einem „Übereignen" der Stadt an Karthago – ein Ausdruck, der auf einen Verzicht auf die Hoheitsrechte hindeutet. Bei einem positiven Ausgang des geplanten Unternehmens würde sich demnach – dies scheinen die Segestaier behauptet zu haben – der Umfang des unter karthagischer Herrschaft stehenden sizilischen Gebiets nicht unbeträchtlich vergrößern. Doch war dies kaum der entscheidende Grund, der die karthagischen Politiker zu einer Intervention in Sizilien bestimmte. Sie waren wohl deswegen – nach langen und hitzigen Debatten – zu einem Eingreifen in Sizilien bereit, weil sie sich zu der mehrheitlichen Meinung durchgerungen hatten, den expansiven Bestrebungen der griechischen Städte, vor allem der Selinuntier, müsse nunmehr ein Riegel vorgeschoben werden. Einzelne karthagische Politiker – wie Hannibal – werden sich auch von persönlichen Motiven haben leiten lassen. Sicherlich spielte bei den Überlegungen der karthagischen Senatoren eine wichtige Rolle die Frage, wie sich Syrakosai in einer eventuellen militärischen Auseinandersetzung zwischen Selinus und Karthago verhalten werde; denn die Senatoren planten keineswegs, einen Krieg zu führen, in dem es um die Herrschaft über ganz Sizilien ging – sie beabsichtigten vielmehr nur, im westlichen Teil der Insel ruhige, der Entwicklung der unter karthagischem Einfluß stehenden Städte förderliche Verhältnisse zu schaffen. Überdies hatte der erst drei Jahre zurückliegende Sieg der Syrakosier über die Athener seine Wirkung auch auf die karthagischen Politiker nicht verfehlt. Die karthagische Führung war also bestrebt, Syrakosai zu einer neutralen Haltung in der kommenden Auseinandersetzung zu bewegen. Dies schien deswegen ein nicht ganz aussichtsloses Unterfangen zu sein, weil die Syrakosier zum einen den Krieg gegen Katane und Naxos noch nicht beendet hatten und zum anderen einen bedeutenden Teil ihrer Streitkräfte zum Kampf gegen Athen abgestellt hatten. Die Devise hieß also: wenn nötig, Krieg gegen Selinus – aber möglichst nicht gegen Syrakosai! Da die Karthager mit dem baldigen Ausbruch eines sizilischen Kriegs rechneten, wählten sie, sobald sie den Segestaiern die gewünschten Zusagen gegeben hatten, einen Feldherrn. Die Wahl fiel auf den Sufeten Hannibal. Dieser war der Sohn des Gisgo, der – Ironie des Schicksals! – als Exilierter in Selinus gelebt hatte und dort gestorben war. Hannibal, von dem der antikarthagisch eingestellte Timaios sagt, er sei „von Natur aus antigriechisch eingestellt" gewesen, unternahm einen zunächst überraschend erscheinenden Schritt: er schickte – wahrscheinlich nach der von den Selinuntiern abgelehnten rerum repetitio – Gesandte nach Syrakosai, die die Syrakosier um eine schiedsrichterliche Tätigkeit in der Streitsache Segesta-Selinus bitten sollten. Das Vorgehen des Hannibal war klug berechnet. Lehnten die Syrakosier die Übernahme der schiedsrichterlichen Aufgabe ab (obwohl die Selinuntier mit diesem Verfahren einverstanden sein würden), hatten die Karthager zumindest ihren guten Willen demonstriert und aufgrund der syrakosischen Absage einen größeren Handlungsspielraum gewonnen als die Syrakosier, die bei einer eventuellen militärischen Unterstützung der Selinuntier als die zum Krieg treibende Macht hingestellt werden konnten. Waren die Syrakosier grundsätzlich zur Übernahme dieser Aufgabe bereit, erklärten sie sich damit zu einer über den Parteien stehenden Macht, die kaum in eine zukünftige militärische Auseinandersetzung zwischen Segesta und Selinus eingreifen konnte. In diesem Fall waren folgende Möglichkeiten denkbar. Sollten die Selinuntier mit der Konstituierung eines syrakosischen Schiedsgerichts einverstanden sein, konnte der syrakosische Schiedsspruch für sie negativ oder positiv ausfallen: fiel er im Sinne der Selinuntier negativ aus, war die Angelegenheit nach den Wünschen der Segestaier und der Karthager entschieden – damit aber war nach Lage der Dinge nicht zu rechnen; fiel er im Sinne der Selinuntier positiv aus, war die Sache der Segestaier und der Karthager verloren – offensichtlich hatte Hannibal jedoch Grund zu der Annahme, daß dieser Fall nicht eintreten werde. Sollten die Selinuntier aber die Konstituierung eines syrakosischen Schiedsgerichts ablehnen, standen sie vor aller Welt als die Macht da, die den Krieg, der nunmehr unvermeidlich werden würde, gewollt hatte. Und auf das Eintreten just dieses Falles hatte – wenn wir Diodoros glauben dürfen – Hannibal gehofft. Und er hatte sich wenigstens insofern nicht getäuscht, als die Selinuntier in der Tat nicht bereit waren, sich dem Spruch eines syrakosischen Schiedsgerichts zu unterwerfen. Allerdings war den karthagischen Gesandten – und damit auch Hannibal – deswegen kein voller Erfolg beschieden, weil die Syrakosier in ihrer Antwort auf die karthagische Anfrage keine klare Stellung bezogen und das Problem der schiedsrichterlichen Tätigkeit umgingen. Sie erklärten lediglich, sie wollten sowohl an der Bundesgenossenschaft mit den Selinuntiern festhalten als auch die friedlichen Beziehungen zu den Karthagern nicht aufgeben. Die Syrakosier waren sich wohl im klaren darüber, daß sie mit dieser Antwort zu keiner Lösung des anstehenden Problems beitrugen. Sie wollten es mit keiner Seite verderben und gingen zunächst auf Zeitgewinn aus. Doch sei dem, wie auch immer – dies eine steht jedenfalls fest: auch den

Syrakosiern war zum damaligen Zeitpunkt an einer militärischen Auseinandersetzung mit den Karthagern nicht gelegen. Vielleicht war ihr vorsichtiges Taktieren auch durch die Tatsache bedingt, daß sie bei der Seeschlacht von Kynossema (Ende 411) auf der Seite der Verlierer gekämpft hatten; ob die Schlacht von Kyzikos (Mai 410) schon geschlagen worden war bzw. die Nachricht von der Niederlage der Peloponnesier und Syrakosier schon nach Syrakosai und Karthago gedrungen war, ist unsicher. Da die Einschaltung von Syrakosai – wie erwartet – zu keinem greifbaren Erfolg geführt hatte, begann Hannibal zu handeln. Er schickte 5000 libysche und 800 campanische Kavalleristen nach Segesta – über den Zweck dieser Truppenverlegung konnte niemand im Zweifel sein. Mit Hilfe dieser Verstärkungen errangen die Segestaier über die Selinuntier einen Sieg. Die Folge war, daß die Selinuntier die Syrakosier unter Hinweis auf den zwischen ihnen bestehenden Bündnisvertrag um militärische Unterstützung baten. Doch auch die Segestaier schickten Gesandte an ihre Vormacht mit der Bitte um die Entsendung weiterer Verbände – sie waren sich darüber im klaren, daß die Selinuntier zu einem Revancheschlag ausholen würden. Sowohl die Selinuntier als auch die Segestaier waren zu der Überzeugung gelangt, daß nur eine Ausweitung des Konflikts eine Chance zur Durchsetzung ihrer Ansprüche bot. Die Verbündeten beider Parteien sagten ihre Hilfe zu, der „karthagische Krieg" begann. Die Karthager haben den karthagisch-sikeliotischen Krieg der Jahre 409–405 zwar nicht geplant, aber in Kauf genommen. Ihr Ziel ist es gewesen, dem wachsenden Einfluß der Sikelioten, vor allem der Selinuntier, im westlichen Sizilien entgegenzutreten – die elymische Pufferzone sollte unter allen Umständen erhalten bleiben.

Nachdem Hannibal während des Sommers des Jahres 410 und des Winters des Jahres 410/9 in Karthago und in Libyen Truppen ausgehoben und in Spanien Söldner angeworben hatte, stach er im Frühling des Jahres 409 mit angeblich 100000 Infanteristen und 4000 Kavalleristen, 60 Schlachtschiffen und 1500 Lastschiffen in See und landete nach kurzer Zeit beim Vorgebirge Lilybaion. Die Schiffe ließ er in Motye vor Anker gehen, um – wie Diodoros berichtet – die Syrakosier davon zu überzeugen, daß sein Feldzug nicht gegen Syrakosai gerichtet sei. Noch immer also war es das Bestreben des karthagischen Feldherrn, die Syrakosier aus dem Kriegsgeschehen herauszuhalten und den Konflikt auf das westliche Sizilien zu begrenzen. Natürlich war er aber auf ein Eingreifen der Syrakosier vorbereitet – sonst hätte er kaum derart starke militärische Verbände nach Sizilien übergesetzt. Nach dem Eintreffen der sizilischen Bundesgenossen brach er nach Selinus auf, um die Stadt zu belagern. Die Selinuntier, die durch Spione von der Landung des karthagischen Heeres

Kenntnis erhalten hatten, hatten sogleich Boten nach Syrakosai geschickt und um die Entsendung bundesgenössischer Truppen gebeten. Als die Stadt bereits belagert wurde und als noch immer keine bundesgenössischen Truppen eingetroffen waren, schickten die Selinuntier erneut Boten nach Akragas, Gela und Syrakosai, um die Dringlichkeit ihrer Bitte zu unterstreichen. In Akragas und in Gela erklärte man, man wolle auf die syrakosischen Truppen warten, um vereint gegen die karthagischen Belagerer vorzugehen. In Syrakosai verstand man sich zwar dazu bereit, den Krieg gegen die ionischen Städte zu beenden, um freie Hand gegen die Karthager zu bekommen, zog auch die Truppen in der Stadt zusammen, ließ sich im übrigen aber viel Zeit und tröstete sich – jedenfalls nach außen hin – mit dem Gedanken, daß Selinus zwar erobert, aber nicht geplündert werden würde. Wenn nicht alles trügt, hatte das diplomatische Vorgehen des Hannibal, der deutlich zu verstehen gegeben hatte, die karthagische Aktion beschränke sich auf westsizilische Gegner, einen vollen Erfolg davongetragen. Das syrakosische Zögern mag aber auch aus dem Wissen der Syrakosier um die Überlegenheit der karthagischen Truppen zu erklären sein. Nach einer nur neuntägigen Belagerung fiel die Stadt, die Hannibal seinen Truppen zur Plünderung freigegeben hatte. 16000 Menschen sollen bei der Eroberung von Selinus ums Leben gekommen, mehr als 5000 Selinuntier in die Hand der Sieger gefallen und nur 2600 Bewohner der Stadt nach Akragas entkommen sein.

Etwa zur Zeit des Falls von Selinus traf die syrakosische Vorhut – 3000 „Elite-Soldaten" (Diodoros) – in Akragas ein. Abgesandte dieser Einheit forderten Hannibal auf, die Gefangenen zum Rückkauf freizugeben und die Tempel nicht anzutasten. Eine in maßvollem Ton vorgetragene Bitte, aus der zu ersehen ist, daß den Syrakosiern an einer Ausweitung des Konflikts nicht gelegen war! Doch der Sieger blieb in diesem Falle hart: er verweigerte die Möglichkeit des Rückkaufs der Gefangenen und erwiderte außerdem, die Götter würden aus Selinus ausziehen, da sie an den Selinuntiern Anstoß genommen hätten. Den geflohenen Selinuntiern gab Hannibal jedoch die Möglichkeit, nach Selinus zurückzukehren, wenn sie bereit seien, die geforderte „Abgabe" (Diodoros) an Karthago zu bezahlen.

Mit der Zerstörung von Selinus und der Neuordnung der westsizilischen Verhältnisse war die vom karthagischen Staat gestellte Aufgabe des karthagischen Feldherrn erfüllt. Was nunmehr folgte – die Zerstörung von Himera –, konnte Hannibal nicht als politisch notwendige Aktion deklarieren. Dies war eine großenteils emotional bedingte, nicht einmal so sehr auf die Wiederherstellung der Ehre Karthagos als vielmehr der seiner eigenen Familie ausgerichtete Tat. In der Schlacht von

Himera (480) war sein Großvater Hamilcar ums Leben gekommen, wegen der Niederlage von Himera war sein Vater Gisgo in der Verbannung gestorben, und wegen dieses dunklen Punktes in der Geschichte der Familie wird auch Hannibal in seinen jüngeren Jahren manches Ungemach erlitten haben. So zog er mit seinen Streitkräften, zu denen – was zu beachten ist, weil es auf die politische Einstellung der nichtsikeliotischen Bevölkerung Siziliens ein Licht wirft – noch 20000 Sikaner und Sikuler stießen, quer durch die Insel in Richtung Himera. Die Zerstörung dieser Stadt sollte einen Schlußstrich unter ein dunkles Kapitel der Geschichte seiner Familie ziehen! Den Himeraiern kamen die 3000 syrakosischen „Elite-Soldaten" (Diodoros) zu Hilfe, die nach Akragas gezogen waren, außerdem 1000 weitere Bundesgenossen (darunter wahrscheinlich vor allem Akragantiner). Sie standen unter dem Befehl des Syrakosiers Diokles. Die Belagerung von Himera war für die karthagische Seite mit größeren Verlusten verbunden als die Belagerung von Selinus. Allein bei einem Ausfall der Himeraier fielen, wie Timaios berichtet, 6000 auf karthagischer Seite kämpfende Soldaten – auf himeraiischer Seite waren es 3000. Nach dieser Schlacht trafen bei Himera die 25 sikeliotischen Schiffe ein, die bisher auf spartanischer Seite im Ägäischen und Ionischen Meer gekämpft hatten und die wahrscheinlich nach dem Fall von Selinus zurückbeordert worden waren. In der Stadt selbst breitete sich das Gerücht aus, die Syrakosier und ihre Bundesgenossen würden nunmehr mit ihrer ganzen Streitmacht in Richtung Himera marschieren, Hannibal aber würde unter Ausnützung der militärischen Situation mit seiner Flotte, die bisher vor Motye ankerte, einen Angriff auf Syrakosai unternehmen. War das Gerücht von Diokles ausgestreut worden, in dessen Augen die Lage von Himera hoffnungslos war und der die syrakosischen Interessen höher wertete als die himeraiischen? Trifft diese Vermutung das Richtige, wollte Diokles möglicherweise ein Doppeltes erreichen: zum einen die Erhaltung des Vertrauens auf die Politik der sikeliotischen Vormacht und zum anderen ein gewisses Verständnis für den Abzug der syrakosischen Truppen. Jedenfalls bewog er die syrakosischen Kapitäne, nach Syrakosai zu fahren – allerdings sollte die Flotte zuerst die Bevölkerung der Stadt in zwei Etappen nach Messana evakuieren. Er selbst zog mit seinen Truppen – unbelästigt von Hannibal – in Richtung Syrakosai ab. Die Himeraier waren mit dem Vorgehen der Syrakosier keineswegs einverstanden, waren aber nicht in der Lage, ihre Vorstellungen durchzusetzen. Gerade in dem Augenblick, als die Flotte, die die zweite Hälfte der Bevölkerung an Bord nehmen sollte, in Sicht kam, gelang den Karthagern die Eroberung der Stadt. Hannibal ließ die Stadt dem Erdboden gleichmachen, auch die Tempel wurden – im Gegensatz zu den Tempeln von Selinus – nicht verschont. Die gefangengenommenen männlichen Himeraier – es waren etwa 3000 – ließ er an dem Ort, an dem sein Großvater Hamilcar „von Gelon ermordet worden war", wie Diodoros sich ausdrückt, foltern und töten. Die Schande seiner Familie war – seiner Meinung nach – gelöscht.

Nunmehr erklärte Hannibal den Feldzug für beendet. Er löste das Lager auf, schickte die sizilischen Bundesgenossen – die sizilischen Punier, die Elymer, die Sikaner und die Sikuler – und die campanischen Söldner, die allerdings mit der ihnen zuteil gewordenen Behandlung unzufrieden waren, nach Hause, ließ hinreichend starke Verbände zum Schutz der Bundesgenossen in Sizilien zurück und segelte – wahrscheinlich von Himera aus – nach Karthago.

Hannibal hatte seine Ziele vollkommen erreicht. Es war ihm gelungen, die selinuntischen Aggressoren zu vernichten und damit die Voraussetzung für eine friedliche Entwicklung im westlichen Sizilien zu schaffen. Außerdem war Segesta anscheinend stärker an Karthago gebunden worden, waren Sikaner und Sikuler als Bundesgenossen gewonnen worden, und war Selinus auf den Status einer tributpflichtigen Stadt herabgedrückt worden. Und schließlich war die Ehre der magonidischen Familie in vollem Umfang wiederhergestellt worden. Vom Standpunkt des Hannibal und vom Standpunkt aller Karthager aus war das sizilische Problem gelöst. Vielleicht auch vom Standpunkt der Syrakosier aus.

Doch sollte die von Hannibal herbeigeführte Lösung nur von äußerst kurzer Dauer sein. Die neuerliche Störung der bestehenden Verhältnisse ging von dem Syrakosier Hermokrates, dem Gegenspieler des Diokles, aus, über den das Urteil der Verbannung gesprochen worden war und der sich daher – wie seine Kollegen – gezwungen gesehen hatte, den Oberbefehl über die damals in der Ägäis operierende syrakosische Flotte abzugeben. Nach seiner Absetzung war er im Jahre 408 von Miletos aus nach Messana gefahren. Dort hatte er – mit Hilfe der ihm vom Satrapen Pharnabazos zur Verfügung gestellten Gelder – eine private Streitmacht ausgerüstet, um seinem Wunsch auf Rückkehr nach Syrakosai Nachdruck zu verleihen. Als ein entsprechender Versuch fehlgeschlagen war, war er in die halbzerstörte Stadt Selinus gezogen, um dort ein größeres Machtzentrum aufzubauen. Mit der Besetzung von Selinus stellte Hermokrates die von Karthago im westlichen Sizilien errichtete Ordnung in Frage; denn Selinus war eine tributpflichtige Stadt. Er trieb aber die Provokation Karthagos auf die Spitze, als er in die Gebiete von Motye, Panormos und anderer Städte einfiel und den Truppen dieser Städte, die sicherlich von den in Sizilien stationierten karthagischen Verbänden unterstützt wurden, regelrechte Schlachten lieferte. Die Durchführung dieser militärischen Aktionen, die dem Condottiere den Beifall vieler Sikelioten – darunter vieler Syrakosier – einbrachte, scheint nicht unwesentlich durch die Tatsache erleichtert worden zu sein, daß sich unter seinen 6000 Söldnern etwa 1000 Himeraier und vermutlich auch eine größere Zahl von Selinuntiern befanden. Als er sich jedoch im nächsten Jahr, im Jahre 407, mit List den Zugang zu Syrakosai verschafft hatte – offensichtlich, um sich zum Tyrannen aufzuschwingen –, wurde er von den herbeieilenden Syrakosiern getötet. Unter den halbtoten Komplizen des Hermokrates, die das gefährliche Abenteuer überlebten, befand sich Dionysios, der Sohn des Hermokritos (?), der spätere Tyrann der Stadt.

Wie aber reagierten die Karthager auf die provokatorischen Aktionen des Hermokrates im westlichen Sizilien? Wenn wir bei Diodoros eine Antwort auf diese Frage suchen, suchen wir vergebens. Und doch ist die Annahme äußerst unwahrscheinlich, daß die Karthager über diese Ereignisse einfach hinweggegangen sind. Immerhin bringt Diodoros einen Hinweis darauf, daß die Karthager sehr wohl zurückgeschlagen haben; er spricht nämlich davon, daß sich die Syrakosier im Jahre 407 in Karthago „über . . . den (!) Krieg" beschwert haben. Im Text des Diodoros muß demnach ein Stück ausgefallen sein, in dem von karthagischen Aktionen auf Sizilien die Rede gewesen ist. Die Karthager scheinen auf die Demarche der Syrakosier eine zweideutige Antwort gegeben zu haben. Gleichzeitig betrieben sie in Afrika gewaltige Rüstungen, „da sie das Ziel verfolgten, alle Städte der Insel zu unterwerfen", wie Diodoros sagt. Über die politischen Hintergründe dieser Rüstungen können wir uns wegen des fehlenden Materials kein genügend deutliches Bild machen. Vermutlich aber hingen die neuen Pläne der Karthager mit Vorgängen wie den Plünderungszügen des Hermokrates zusammen. Aus der Bemerkung des Diodoros geht jedenfalls hervor – und wir werden Diodoros in diesem Punkt folgen müssen –, daß die maßgebenden karthagischen Politiker, unter denen sich wahrscheinlich auch Hannibal befand, zu der Überzeugung gelangt waren, daß sizilische Teillösungen keine Lösungen seien. Eine neue Auseinandersetzung zwischen Karthagern und Sikelioten stand bevor. Wiederum wählten die Karthager Hannibal zum Feldherrn – Hannibal erbat sich aber aus Altersgründen einen Kollegen, der ihm auch in der Person des Himilco, des Sohns des Hanno, der aus demselben Geschlecht stammte wie er selbst, gewährt wurde. Die Aushebungen und Werbungen von Soldaten wurden dieses Mal in einem noch größeren Rahmen durchgeführt als im Jahre 410. In Afrika wurden die wehrfähigsten Männer Karthagos, die kriegstauglichen Männer der punischen Verbündeten und der Libyer ausgehoben, außerdem wurden die Männer der verbündeten Stämme und Könige – der Maurusier, der

Numider und anderer bis zur kyrenaiischen Grenze hin wohnenden Völker – zu den Waffen gerufen. In Spanien und auf den Balearen wurde von vornehmen Karthagern die Werbetrommel gerührt, auch in Italien wurden wiederum Campaner angeworben. Die Gesamtzahl der auf karthagischer Seite ins Feld ziehenden Soldaten belief sich nach Timaios auf 120000 Mann – Ephoros bringt auch hier wieder die unglaubwürdigere Zahl (300000).

Ehe aber diese Truppen im Frühling des Jahres 406 nach Sizilien übersetzten, gründeten die Karthager nach dem Bericht des Diodoros mit Hilfe von karthagischen und anderen afrikanisch-punischen Siedlern die Kolonie Therma (etwa auf halbem Weg zwischen Solus und dem zerstörten Himera). War Therma zunächst keine Zivil-, sondern eine Militärsiedlung, deren Aufgabe es war, in vorgeschobener Position zum Schutz der punischen Städte Siziliens beizutragen?

Bevor die 120 Trieren und die über 1000 Lastschiffe die Häfen Karthagos verließen, fuhr zu Beginn des Frühlings des Jahres 406 eine Vorausabteilung von 40 karthagischen Schiffen – unter dem Befehl des Himilco? – nach Sizilien. Vermutlich war diese Vorausabteilung nicht nur mit der Aufgabe betraut, als Aufklärungsgeschwader zu fungieren, sondern hatte auch den Auftrag, sikeliotische Schiffe, die den Übergang der Hauptmacht behindern könnten, zu versenken. In der Nähe von Eryx traf sie auf die etwa gleich starke syrakosische Flotte, die auf die Nachricht von ihrer Überfahrt hin herbeigeeilt war, um eine Schlacht zu schlagen. Die Karthager verloren 15 Schiffe. Auf die Nachricht von der Niederlage der Vorausabteilung hin lief Hannibal selbst mit 50 Schiffen aus, um die Scharte auszuwetzen und die Überfahrt zu sichern. Er hatte Erfolg.

Da die Sikelioten mit der baldigen Invasion rechneten, trafen sie ihre Vorbereitungen. Die Syrakosier baten die Italioten und die Spartaner, die sicher schon im Jahre 407 von den offenkundigen Absichten der Karthager ins Bild gesetzt worden waren, um Waffenhilfe – ob man allerdings von den Spartanern, die in der Endphase des Peloponnesischen Kriegs alle ihre Kräfte konzentrieren mußten, eine Unterstützung erwarten konnte, werden auch die Syrakosier selbst bezweifelt haben. Außerdem schickten sie an alle (griechischen) Städte Siziliens Gesandte, die „zum Kampf für die gemeinsame Freiheit" (Diodoros) aufriefen. Die Akragantiner, bisher wichtige Handelspartner der Karthager, „Grenznachbarn der Epikrateia der Karthager" (Diodoros), befürchteten, der erste karthagische Stoß werde sie treffen. Und dies war in der Tat der Fall.

Die karthagischen Truppen landeten auf Sizilien (beim Vorgebirge

Lilybaion?), und marschierten in Richtung Akragas. Aus den Verhandlungen vor Beginn der Belagerung ergibt sich, daß die karthagischen Führungsspitzen nicht jede sikeliotische Stadt in gleicher Weise als Feind Karthagos betrachteten; denn sonst wäre es unverständlich, daß Hannibal die Akragantiner – wahrscheinlich unter Hinweis auf die bisherigen, relativ engen Beziehungen – aufforderte, mit ihnen zusammenzuarbeiten. Der Hauptstoß des karthagischen Angriffs sollte zweifellos der Macht gelten, die in der Vergangenheit immer wieder eine antikarthagische Aktivität entfaltet hatte: Syrakosai. Sogar neutrale sikeliotische Städte, die mit Karthago freundschaftliche Beziehungen zu pflegen beabsichtigten, sollten – dies stellte Hannibal jedenfalls den Akragantinern in Aussicht – durchaus ihre ungeschmälerten Rechte behalten. Da die Akragantiner, die 1500 Soldaten unter der Führung des Spartaners Dexippos und die bereits bekannten 800 Campaner in Sold genommen hatten, auf die Vorschläge des karthagischen Feldherrn nicht eingingen – und dieser wird kaum mit einer anderen Entscheidung gerechnet haben –, begannen die Karthager, die Belagerung der Stadt in Angriff zu nehmen.

Wohl in diese Zeit der Belagerung von Akragas – genauer gesagt: in die Monate Mai bis Juli des Jahres 406 – ist ein Dokument zu setzen, nach dem die Athener von Hannibal und Himilco F[reundschaft und Bundesgenossenschaft] (Z. 11) erbeten haben. Ohne Zweifel sind in dieser Inschrift karthagische Gesandte erwähnt, die nach Athen gekommen waren. Daraus aber ohne weiteres zu schließen, „daß die Initiative zu dieser Annäherung offenkundig von Karthago ausgegangen war“ (Stroheker), geht kaum an. Was konnten die Karthager von einem Bündnisvertrag mit den Athenern erwarten? Höchstens das Versprechen, bei den ionischen Städten Naxos und Katane auf die Wahrung der Neutralität hinzuwirken. Was aber konnten sich die Athener vom Abschluß eines Beistandspakts mit den Karthagern erhoffen? Die Zusage, dafür Sorge zu tragen, daß die Syrakosier unter keinen Umständen auf den östlichen Kriegsschauplatz zurückkehrten. Waren auch die Ziele beider Mächte bis zu einem gewissen Grad gleichgerichtet, so hatten doch unzweifelhaft die Athener das weitaus stärkere Interesse am Zustandekommen einer Vereinbarung. Ihnen, nicht den Karthagern, stand seit der Niederlage von Notion (Frühjahr 407) das Wasser bis zum Hals. Aus dem stärkeren Interesse auf die ursprüngliche Initiative zu schließen, ist allerdings nicht statthaft, wenngleich einem derartigen „Schluß“ eine gewisse Wahrscheinlichkeit zukommt. Die Annahme, daß die Initiative auf die athenische Seite zurückzuführen ist, legt sich auch durch die Beobachtung nahe, daß die Karthager bereits vor dem Abschluß des Bündnisvertrags

(Z. 11) von den Athenern anerkannte Leistungen vollbracht haben; denn sonst würden diese die Karthager nicht als [„Wohltäter der Athen]er" (Z. 6f.) bezeichnet haben, und sonst würden die karthagischen Gesandten kaum als [„Männer, die sich um den Demos der Athener ver]dient gemacht haben" (Z. 18f.), geehrt worden sein. Die anerkannte Leistung der Karthager wird darin bestanden haben, daß sie die von den Athenern gewünschte Bereitschaft zum Abschluß eines Bündnisvertrags zum Ausdruck gebracht haben. So scheint dies die Reihenfolge der Ereignisse gewesen zu sein: die Athener, die nach dem bedrückenden Mißerfolg von Notion ihre letzten militärischen und diplomatischen Reserven zu mobilisieren gezwungen waren, schickten 407 oder 406 Gesandte nach Karthago oder nach Sizilien, die wegen des Abschlusses eines Bündnisvertrags vorfühlen sollten; die karthagischen Gesandten, die im zweiten Drittel des Jahres 406 in Athen eintrafen, signalisierten die Bereitschaft der Karthager zum Abschluß dieses Paktes; die Athener beschlossen daraufhin, Gesandte zu Hannibal und Himilco nach Sizilien zu entsenden, die die Verhandlungen zu Ende führen sollten. Daß der Vertrag auch tatsächlich geschlossen worden ist, mag aus der Tatsache zu ersehen sein, daß das athenische Psephisma nicht im Archiv verschwunden, sondern in Stein geschlagen worden ist. Inwieweit der Vertrag reale Folgen gezeitigt hat, ist allerdings schwer zu durchschauen. Doch lehrt das in Frage stehende Dokument jedenfalls dies, daß die politischen Aktivitäten der Karthager (und der Athener) äußerst weiträumig gewesen sind, und außerdem – erneut – dies, daß der angeblich unüberbrückbare Graben, der Karthager und Griechen getrennt hat, nur eine Erfindung mancher griechischer Politiker und Historiker gewesen ist.

Beim Bau der Belagerungswerke verwendete Hannibal auch Grabsteine, die aus den vor der Stadt liegenden Nekropolen stammten. Dies schaffte offensichtlich bei einem Teil des Heeres Unbehagen, und als schließlich eine Seuche im Heer wütete und als gar Hannibal selbst an der ansteckenden Krankheit starb, da galt es weithin als ausgemacht, daß dies eine Strafe der Götter für die frevelhafte Zerstörung der Grabanlagen sei.

Nach dem Tod des Hannibal übernahm Himilco die alleinige Führung der karthagischen Truppen. Um der im Heer sich ausbreitenden defätistischen Stimmung entgegenzuwirken, ließ er dem Bʿl Ḥmn einen Jungen und dem Poseidon eine große Zahl von Tieren opfern. Im übrigen setzte er die Belagerung der Stadt mit unverminderter Energie fort.

Die Syrakosier, die sich wie die anderen Sikelioten darüber im klaren waren, daß der Kampf „ums Ganze" (Diodoros) ging, wählten Daphnaios zum Feldherrn und zogen mit den Bundesgenossen aus Italien, Messana,

Kamarina, Gela und dem Binnenland – wahrscheinlich vor allem aus Akrai und Kasmenai – in Richtung Akragas. Insgesamt waren es mehr als 30000 Infanteristen und 5000 Kavalleristen. Hinzu kam eine Flotte von 30 Schiffen. Himilco, der wohl eine Schlacht unter den Mauern von Akragas vermeiden wollte, schickte den griechischen Truppen etwa die Hälfte seiner Truppen entgegen. Diese karthagischen Einheiten unterlagen jedoch in einer Schlacht, die am südlichen Himeras geschlagen wurde. Mehr als 6000 Mann fielen. Die griechischen Truppen besetzten nunmehr das Lager, das die Iberer und ein Teil der Libyer auf Befehl des Himilco aufgegeben hatten. In dieses Lager zogen auch die Truppen, die bisher in der Stadt gelegen waren. Die Soldaten dieser Einheiten waren über die Entscheidung ihrer Feldherrn, die zurückkehrenden geschlagenen Feinde nicht anzugreifen, äußerst erbittert: sie steinigten vier der fünf Feldherrn. Auch dem Dexippos warfen sie Verrat vor. Trotz dieser Mißhelligkeiten gelang Daphnaios die Blockade des karthagischen Lagers, so daß sich für die Versorgung der karthagischen Verbände ernste Schwierigkeiten ergaben. Doch Himilco landete einen äußerst erfolgreichen Coup: mit Hilfe eines Geschwaders von 40 Schiffen, das er von Motye und Panormos herbeirief, kaperte er einen syrakosischen Getreidetransportzug und versenkte acht der begleitenden Schlachtschiffe. Die Moral der Truppe war gerettet. Sogar die bisher auf akragantinischer Seite kämpfenden Campaner gingen – durch 15 Talente bestochen, wie Diodoros behauptet – zu den Karthagern über. Nun wuchsen die Schwierigkeiten auf der gegnerischen Seite. Die italiotischen Kommandanten zogen mit ihren Truppen ab – sie behaupteten, ihre Amtszeit sei abgelaufen. In einer bald danach einberufenen Krisensitzung einigten sich die restlichen Kommandanten darauf, die Stadt wegen der kritischen Versorgungslage zu evakuieren und die sikeliotischen Truppen zurückzuziehen. Himilco behinderte den Abzug nicht. Er nahm von der Stadt Besitz, zerstörte sie aber nicht, da er in ihr sein Winterquartier aufzuschlagen beabsichtigte.

Der Mißerfolg schuf im Lager der verbündeten Griechen neue Zwietracht. Die Akragantiner und andere Sikelioten bezichtigten die syrakosischen Feldherrn – vor allem Daphnaios – des Verrats. Doch auch unter den Syrakosiern selbst erhob die Hydra der Zwietracht ihr Haupt. Unter den schärfsten Kritikern der Feldherrn befand sich Dionysios, der im Jahre 407 auf der Seite des Hermokrates gekämpft hatte. Er benützte den unleugbaren Mißerfolg, um die führenden Politiker von Syrakosai der Oligarchie zu verdächtigen und sein Ansehen beim Demos zu stärken. Seine Agitationen hatten zunächst den Erfolg, daß er zu einem der Feldherrn der Stadt gewählt wurde.

Noch während des Winters des Jahres 406/5 baten die Geloer die Syrakosier um Truppenverstärkung. Daraufhin wurde Dionysios mit 2000 Infanteristen und 400 Kavalleristen nach Gela entsandt. Auch das politische Leben dieser Stadt war zu dieser Zeit durch die Auseinandersetzungen zwischen den Angehörigen einer vermögenden Oberschicht – waren sie zu Kompromissen mit Karthago bereit? – und den Vertretern des Demos geprägt. Dionysios setzte eine radikale Lösung dieser Probleme im Sinne des Demos durch und kehrte, nachdem er das Versprechen gegeben hatte, mit stärkeren Verbänden zurückzukehren, nach Syrakosai zurück.

Dort erklärte er, Himilco habe zu ihm während seines Aufenthalts in Gela einen Unterhändler gesandt, der mit ihm angeblich wegen der Rückgabe der Gefangenen habe verhandeln sollen, der ihm aber in Wirklichkeit eine Bestechungssumme angeboten habe, die höher gewesen sei als die, die seine Kollegen angenommen hätten – diese Summe sollte er erhalten, wenn er mit den Karthagern kollaboriere oder wenigstens über das Geschehen keine Nachforschungen anstelle. Der Erfolg seiner angeblichen oder tatsächlichen Enthüllungen war, daß die Syrakosier ihn zum „bevollmächtigten Feldherrn" wählten. Mag es sich mit der Wahrheit der Behauptungen des Dionysios verhalten haben wie auch immer – daß Himilco mit dem Syrakosier Verbindung aufgenommen hat, daran ist kaum zu zweifeln. Vielleicht aber hatte der karthagische Feldherr nur versucht, sich über die Persönlichkeit und die Ziele des Dionysios ein Bild zu verschaffen.

Zu Beginn des Sommers des Jahres 405 brach Himilco von Akragas auf – die Stadt war vor dem Abmarsch gründlich zerstört worden –, plünderte in den Gebieten der Geloer und der Kamarinaier und begann mit der Belagerung von Gela. Als die Stadt bereits dem Untergang geweiht schien, kam Dionysios, der sich inzwischen zum Tyrannen aufgeschwungen hatte, mit einem Heer von 30000 Infanteristen und 1000 Kavalleristen bei Gela an – unter seinem Oberbefehl waren Sikelioten, Italioten und Söldner vereinigt. Die Flotte bestand aus 50 Schlachtschiffen. Dionysios verfolgte den Plan, die Karthager bei Gela unter Einsatz der Land- und der Seestreitkräfte zu bezwingen. Himilco gelang es jedoch, den taktischen Schachzügen des Syrakosiers zu begegnen und mit seinen numerisch überlegenen Truppen den Sieg zu erringen. In der Nacht nach der Schlacht zog Dionysios mit den besiegten Soldaten und den evakuierten Zivilisten von Gela ab. Gela war eine Beute der Karthager geworden. Auf dem Rückweg zwang der Tyrann die Kamarinaier, ihre Stadt zu verlassen und mit ihm nach Syrakosai zu ziehen. Die Niederlage der verbündeten Griechen bedeutete eine Erschütterung der Position des Dionysios: die Italioten gingen nach Hause, die Geloer und die Kamarinaier überhäuften Dionysios mit Vorwürfen, und die syrakosischen Kavalleristen planten gar einen Mordanschlag auf den Tyrannen.

Über die Ereignisse der nächsten Zeit sind wir nicht informiert, da der Text des Diodoros eine Lücke aufweist. Die verlorengegangenen Kapitel des diodorischen Berichts dürften vom Vorrücken der Karthager nach Syrakosai, vom Beginn der Belagerung der Stadt und vom Ausbruch einer Seuche unter den belagernden Truppen gehandelt haben. Diese Seuche scheint – jedenfalls nach der Version des Diodoros – Himilco gezwungen zu haben, vor der Erreichung des eigentlichen Kriegsziels, der Niederringung der Syrakosier, eine Beendigung der militärischen Auseinandersetzung vorzuschlagen. Dionysios nahm den Vorschlag mit großer Erleichterung an, und beide schlossen unter folgenden Bedingungen Frieden: 1. Karthagisches Gebiet sind die Territorien der alten westphoinikischen sizilischen Kolonien, der Elymer und der Sikaner. 2. Von Karthago abhängig und tributpflichtig sind Himera, Selinus, Akragas, Gela und Kamarina. 3. Autonom sind Messana, Leontinoi und alle Sikuler – d. h. die potentiellen Gegner von Syrakosai. 4. Syrakosai steht unter der Herrschaft des Dionysios. 5. Die Kriegsgefangenen und die Schiffe sind von beiden Seiten herauszugeben. Aus den Bestimmungen des Friedensvertrags von 405 ist zu ersehen, daß die Karthager fast auf der ganzen Linie ihre Vorstellungen durchgesetzt hatten. Ganz Sizilien – mit Ausnahme von Syrakosai – stand nunmehr, teils direkt, teils indirekt, unter karthagischer Herrschaft. Die Stärke der karthagischen Position wird vor allem aus der Tatsache ersichtlich, daß in den Friedensvertrag auch eine Bestimmung aufgenommen worden war, die die innenpolitischen Verhältnisse von Syrakosai betraf: die Regelung, daß Syrakosai unter der Herrschaft des Dionysios, eines Tyrannen, zu stehen habe. Allem Anschein nach erhofften sich die Karthager von dieser Bestimmung eine Konsolidierung der karthagisch-syrakosischen Beziehungen und behielten sich außerdem – bei einer Änderung der innenpolitischen Verhältnisse von Syrakosai – ein Interventionsrecht vor. Offensichtlich war Dionysios – ob zu Recht oder zu Unrecht, mag dahingestellt bleiben – für die Karthager zu einem Garanten der neugeschaffenen Ordnung Siziliens geworden.

13

DIE FELDZÜGE DES HIMILCO UND DES MAGO (397–392)

Der Bericht des Diodoros über die sizilischen Unternehmungen des Himilco und des Mago in den Jahren 397–392 gewährt nur einen ungenügenden Einblick in den Verlauf und die Hintergründe der militärischen und diplomatischen Aktionen dieser Jahre. Was aber mit völliger Deutlichkeit auch aus dieser unbefriedigenden Darstellung hervorgeht, ist dies, daß die neue militärische Auseinandersetzung zwischen Karthagern und sizilischen Griechen in erster Linie von Dionysios, in keinem Fall aber von Karthago gesucht worden ist. Der syrakosische Tyrann bedurfte außenpolitischer Erfolge, um seine Stellung, die zeitweise prekär war, zu stärken. Bei der Verfolgung seiner Pläne kam ihm zustatten, daß unter der griechischen Bevölkerung der Insel – zumindest teilweise – eine starke Unzufriedenheit über die drückende karthagische Übermacht herrschte. So fiel es ihm nicht schwer, nicht nur die Bürger der Städte, die in besonderer Weise unter den Folgen des verlorenen Krieges zu leiden hatten, sondern auch die Syrakosier für den Gedanken einer Revanche zu gewinnen. Eine Auseinandersetzung mit Karthago bedurfte aber sorgfältiger Vorbereitungen. Es galt zunächst, in Syrakosai eine sichere Zufluchtsstätte zu schaffen und die Stadt zu einer uneinnehmbaren Festung auszubauen – diesen Zwecken diente die Befestigung der Nesos und (einige Jahre später) der Epipolai. Dann aber war es erforderlich, die territoriale Basis der Macht zu verbreitern – diesem Zweck diente der Versuch, die autonomen Städte zu unterwerfen. Daß Dionysios gerade die autonomen Städte zum Objekt seiner expansiven Bestrebungen bestimmte, wird – von den geographischen Verhältnissen abgesehen – seinen Grund vor allem darin gehabt haben, daß er hoffen konnte, Karthago werde bei einem Angriff auf diese Gruppe von politischen Gebilden weniger energisch reagieren als bei einem Angriff auf die vom Gegner unterworfenen oder gar mit ihm „verbündeten" Städte. Bereits im Jahre 404 belagerte er das sikulische Herbessos, und nur eine Revolte der Syrakosier hinderte ihn daran, die Belagerung zu Ende zu führen. In äußerster Bedrängnis rief er die 1200 campanischen Kavalleristen zu Hilfe, die Himilco mit der Aufgabe betraut hatte, für die Loyalität „der

Ortschaften Siziliens" (Diodoros) Sorge zu tragen. Es gelang dem Tyrannen, sich der Unterstützung dieser unsicheren Kantonisten zu versichern und sich aus seiner mißlichen Lage zu befreien. Im nächsten Jahr (403) fuhr Dionysios fort, den Friedensvertrag des Jahres 405 zu brechen. Er brachte die sikulische Stadt Henna und die ionischen Städte Katane, Naxos und Leontinoi teils mit List, teils mit Drohungen, teils mit Gewalt unter seine Herrschaft – nur das sikulische Herbita vermochte er nicht zu bezwingen.

Es stellt sich die Frage, warum Karthago eine derartige Mißachtung der Vereinbarungen des Jahres 405 hingenommen hat. Abgesehen davon, daß das Schicksal der „autonomen" Städte die Interessen Karthagos weniger stark berührte als das der unterworfenen und „verbündeten" Städte, und abgesehen davon, daß karthagische Kriegsvorbereitungen häufig einen längeren Zeitraum in Anspruch nahmen, scheint der eigentliche Grund der Inaktivität darin gelegen zu sein, daß die Seuche, die das karthagische Heer im Jahre 405 nach Nordafrika eingeschleppt hatte, eine große Zahl von Opfern gefordert hatte und immer noch forderte. Möglicherweise wurden damals auch Auseinandersetzungen innenpolitischer Art ausgetragen, die ein entschiedenes außenpolitisches Handeln verhinderten.

Hatte Dionysios bisher nur einige wichtige Voraussetzungen für eine neue Auseinandersetzung mit Karthago geschaffen, so ging er im Jahre 402 an die planmäßige Vorbereitung des Krieges. Seit dem Jahr 399 forcierte er seine diesbezüglichen Anstrengungen, da er wußte, daß der Kampf sich gegen „die mächtigsten der Bewohner Europas" (Diodoros) richten werde. Diodoros berichtet, Dionysios habe damals seine Rüstungen nicht nur deswegen verstärkt, weil er in Rechnung stellte, daß die militärische Potenz Karthagos infolge der Seuche stark geschwächt worden war, sondern auch deswegen, weil er beobachtete, daß ziemlich viele griechische Bürger, die früher in den nunmehr von Karthagern beherrschten griechischen Städten gewohnt hatten, aus dem „freien" griechischen Osten in die „unfreie" karthagische Epikrateia zogen, dort ihren Besitz und ihre Rechte wiedererlangten, zu einer Kollaboration mit den Karthagern bereit schienen und somit seiner Verfügung entzogen waren; im Falle eines baldigen Kriegseintritts jedoch, so hoffte Dionysios, würden alle in der karthagischen Epikrateia lebenden Griechen auf seine Seite treten. Als die Rüstungen beendet waren, glich Syrakosai einem Waffenarsenal, und lag in den Häfen der Stadt eine Flotte von mehr als 310 Schiffen. Mit der Zusammenziehung der Truppen – es waren Syrakosier, Bürger der unterworfenen Städte, griechische (vor allem spartanische) und nichtgriechische Söldner – wartete Dionysios jedoch bis zum Jahr 398. Da er – wohl nicht zu Unrecht – die Befürchtung hegte, die Messanier und die Rheginer würden bei Kriegsausbruch auf die Seite seiner Gegner treten, suchte er sie durch die Abtretung eines Grenzstreifens bzw. durch das Angebot des „Wechselheiratsrechts" und das Versprechen weiterer Unterstützung wenn nicht zum Abschluß eines Bündnisvertrags, so doch zur Wahrung einer neutralen Haltung zu veranlassen. Die Rheginer lehnten jedoch dankend ab – an ihre Stelle traten die Lokrer –, die Messanier allerdings fanden sich zu einer Kooperation bereit. Den offiziellen Kriegsbeschluß der Syrakosier vermochte Dionysios ohne Schwierigkeiten herbeizuführen. Er verwies in seiner Rede vor der syrakosischen Volksversammlung auf die traditionelle Griechenfeindlichkeit der Karthager, auf die Gunst der Stunde und auf die Solidaritätspflicht gegenüber den unterjochten Sikelioten und stellte damit den syrakosisch-karthagischen Krieg unter das Motto „Freiheit der Griechen". Die Ausschreitungen, die Syrakosier und andere Sikelioten im Anschluß an den Kriegsbeschluß an den in Syrakosai und in den unfreien sikeliotischen Städten wohnenden Karthagern begingen, erinnern an die Judenpogrome einer späteren Zeit, wenngleich Diodoros sie nicht durch die Zugehörigkeit der Karthager zu einer bestimmten Rasse, sondern durch die „Grausamkeit" der Sieger gegenüber den Besiegten motiviert sein läßt. Dionysios aber beschloß, den Karthagern ein Ultimatum zu stellen: würden sie innerhalb eines bestimmten Zeitraums den sikeliotischen Städten die Freiheit nicht zurückgeben, herrsche zwischen Syrakosai und Karthago Krieg. Über die Antwort der Karthager dürfte sich der Tyrann im klaren gewesen sein.

Im nächsten Jahr (397) führte Dionysios sein Vorhaben durch. Die Karthager, die völlig abgerüstet hatten, beugten sich den Forderungen des Griechen nicht. Nachdem sie in den vergangenen Jahren eine Vogel-Strauß-Politik betrieben hatten – ihre Inaktivität ist durch das Wüten der Seuche kaum völlig zu entschuldigen –, entfalteten sie nunmehr eine fieberhafte Aktivität. Sie verfolgten die weiteren Aktionen der Syrakosier gebannten Blicks und schickten schleunigst einige Senatoren nach „Europa" (Diodoros) – d. h. wohl: nach Spanien –, um Söldner zu werben.

Dionysios aber eröffnete die militärischen Auseinandersetzungen, indem er mit seinen Truppen an der Südküste entlang in Richtung Motye zog. Motye aber war die Stadt, die für die Karthager das Tor zu Sizilien bedeutete. Er versprach sich von der Eroberung dieser Stadt eine Vorentscheidung im Ringen um die Herrschaft über Sizilien. Seine Hoffnungen auf eine Unterstützung durch die Sikelioten der karthagischen Epikrateia wurden nicht enttäuscht; denn Kamarinaier, Geloer, Akragantiner, Selinuntier und schließlich auch Himeraier schlossen sich seinem Zug an. Die Stärke seines Heeres belief sich auf 80000 Infanteristen und über 3000 Kavalleristen, die Stärke seiner Flotte auf fast 200 Schlachtschiffe und 500 Lastschiffe. Während sein Bruder und Admiral Leptines die Aufgabe übernahm, die Belagerung der äußerst stark befestigten und vor allem wegen ihrer Insellage schwer einnehmbaren Stadt Motye in die Wege zu leiten, zog Dionysios mit der Infanterie in das Gebiet der karthagischen „Verbündeten", um sämtliche Stützpunkte des Feindes in seine Hand zu bekommen. Die elymischen Erykiner und die sikanischen Gemeinden gaben angesichts der Übermacht des Feindes jeden Widerstand auf und gingen zu Dionysios über. Doch die punischen Städte Panormos und Solus, die elymischen Städte Segesta und Halikyai und die nunmehr von den Campanern beherrschte, ehemals elymische Stadt Entella hielten – trotz der düsteren Perspektiven – den Karthagern die Treue. Dies spricht dafür, daß diese Städte mit der Art, in der die Karthager in der Vergangenheit ihre hegemoniale Funktion ausgeübt hatten, durchaus einverstanden waren. Aus welchen strategischen oder politischen Überlegungen heraus Dionysios gerade Segesta und Entella belagerte, während er das Gebiet von Halikyai, Panormos und Solus nur verwüstete, ist unbekannt.

Die Karthager, die wiederum Himilco zum Feldherrn ernannt hatten, hatten ihre Rüstungen noch nicht abgeschlossen. Dennoch war es natürlich möglich, einzelne maritime Aktionen durchzuführen. Eine dieser Aktionen, die der dem Himilco unterstellte Admiral – wahrscheinlich Mago – leitete, wurde ein voller Erfolg: fast alle im Hafen von Syrakosai vor Anker liegenden Schiffe wurden zerstört. Sollte Himilco tatsächlich – wie Diodoros behauptet – die Hoffnung gehegt haben, Dionysios werde nach dem erfolgreichen Abschluß dieser karthagischen Blitzaktion einen Teil seiner vor Motye liegenden Flotte nach Syrakosai zurückbeordern, so sah er sich allerdings in dieser Hoffnung getäuscht. Dionysios zog kein Schiff seiner Flotte von Motye ab. Himilco selbst erzielte bei einem gewagten Unternehmen, in dessen Verlauf er sogar in den Hafen von Motye einfuhr, nur einen Teilerfolg. Immerhin aber wird die Verteidigungsbereitschaft der Bewohner der belagerten Stadt durch die Aktion des karthagischen Feldherrn erhöht worden sein. Sie kämpften lange Zeit mit dem Mut der Verzweiflung, konnten aber letzten Endes den Fall der Stadt nicht verhindern. Die Sieger wüteten grausam.

Da es schien, als seien die noch offenstehenden militärischen Probleme in diesem Jahr nicht mehr zu bewältigen – die Belagerung von Segesta und Entella hatte ergebnislos abgebrochen werden müssen –, kehrte Dionysios mit dem Gros des Heeres nach Syrakosai zurück. Zuvor aber hatte der Tyrann folgende Sicherheitsvorkehrungen getroffen: der Syrakosier Biton war zum Besatzungskommandanten von Motye ernannt worden, Leptines war beauftragt worden, mit Hilfe einer Flotte von 120 Schiffen einen etwaigen karthagischen Landungsversuch auf Sizilien zu verhindern, und der Thurier Archylos war angewiesen worden, die Belagerung von Segesta und Entella wiederaufzunehmen.

Zwar hatte Dionysios im Jahre 397 beachtliche Erfolge errungen, doch wird er nicht daran gezweifelt haben, daß die eigentliche Auseinandersetzung noch bevorstand.

Im nächsten Jahr gelang es Dionysios, die Halikyaier durch Einschüchterung aus der gegnerischen Allianz herauszubrechen. Bei den Segestaiern, die anscheinend über starke Befestigungsanlagen verfügten, zeitigte diese Methode keinen Erfolg.

Die Karthager, die im vergangenen Jahr den Fall von Motye nicht hatten verhindern können, wollten nunmehr die Entscheidung erzwingen. Nach dem Bericht des Ephoros verfügten sie im Jahre 396 über ein Potential von über 300000 Infanteristen, 4000 Kavalleristen, 400 Streitwagen, 400 Schlachtschiffen und mehr als 600 Lastschiffen. Nach dem glaubwürdigeren Bericht des Timaios dagegen setzten die Karthager mit „nur“ etwa 100000 Mann von Afrika nach Sizilien über, zu denen dann noch 30000 Mann der sizilischen „Verbündeten“ stießen. Als Landeplatz bestimmte Himilco Panormos, da die gesamte Süd- und Westküste Siziliens unter griechischer Kontrolle stand und da er bei der Landung kein Risiko eingehen wollte. Von Panormos aus setzten sich Heer und Flotte in Richtung Motye in Bewegung. Eryx wurde „durch Verrat“, wie Diodoros sich ausdrückt, wiedergewonnen – vielleicht ein Zeichen dafür, daß die prokarthagische Partei in Eryx stärker war, als es den Griechen recht sein konnte. Das Blatt begann sich zu wenden. Dionysios, der mit seinen Truppen bei Segesta stand, gab der Forderung der Sikelioten nach einer Entscheidungsschlacht nicht nach. Er begründete seinen Entschluß mit dem Hinweis auf die weite Entfernung von den Nachschubbasen und die schlechte Versorgungslage des Heeres. Die entscheidende Auseinandersetzung müsse, so argumentierte er, an einem anderen Ort ausgefochten werden. Da er nach Syrakosai aufbrach, ist anzunehmen, daß er hier die Entscheidung suchen wollte. Ob dieser Entschluß richtig war, ist fraglich. Vor seinem Abmarsch versuchte er, die Sikaner für ein Bündnis zu gewinnen, doch gelang ihm dies nur bei wenigen – und auch diese wenigen stimmten nur zu, um Racheaktionen der griechischen Soldateska zu entgehen. Außerdem fanden die Halikyaier nunmehr wieder den Mut, sich offen für die Sache der Karthager zu erklären. Als schließlich Himilco auch Motye zurückerobert hatte, war der sizilische

Westen wieder fest in karthagischer Hand. Es zeigte sich, daß die punischen, elymischen und sikanischen „Verbündeten" Karthagos nur zu einem geringen Teil und nur unter dem Zwang der Verhältnisse ins Lager der Feinde übergewechselt waren, der überwiegende Teil hatte auch unter schwierigen Umständen Karthago die Treue gehalten.

Die Karthager begannen vermutlich noch in diesem Jahr mit dem Aufbau der Stadt Lilybaion, die an die Stelle der alten phoinikischen Kolonie Motye treten sollte. Sie waren zu Recht der Ansicht, daß eine am Vorgebirge Lilybaion erbaute, stark befestigte Stadt ihren strategischen Interessen besser dienen würde als das Inselstädtchen Motye.

Der weitere Plan des Himilco sah vor, Syrakosai zu isolieren, um dann zum tödlichen Schlag auszuholen. Der bedeutendste syrakosische Verbündete war Messana – die griechischen Städte an der sizilischen Südküste hatten sich von den Verlusten des letzten Krieges noch nicht erholt. Es galt daher, zunächst Messana zu bezwingen. Beherrschte Himilco diese Stadt, die über einen großen Hafen verfügte, hatte er nicht nur den mächtigsten Bundesgenossen der Syrakosier ausgeschaltet, sondern konnte auch sowohl italiotischen als auch peloponnesischen Geschwadern den Weg nach Syrakosai versperren. Auf dem Weg nach Messana schloß er mit den Himeraiern und den Bewohnern des Kastells Kephaloidion „Freundschaft" und brachte Lipara in seine Gewalt. In Messana jedoch setzten sich die „Falken" durch, obwohl die Stadt keine Hilfe von den Bundesgenossen erhielt, obwohl die Verteidigungsanlagen der Stadt in einem bedenklichen Zustand waren und obwohl die messanischen Kavalleristen sich in Syrakosai befanden. Himilco, der überdurchschnittliche taktische Fähigkeiten besaß, konnte sich rasch in den Besitz der Stadt setzen. Er hielt sich allerdings nicht lange in Messana auf, sondern brach bald – nach einer gründlichen Zerstörung der Stadt – in Richtung Syrakosai auf, wenngleich im Landgebiet von Messana einige Widerstandsnester noch nicht ausgehoben worden waren. Die Sikuler, die im allgemeinen keinen Grund hatten, für Dionysios Sympathien zu hegen, traten alle – mit Ausnahme der Assoriner – auf die karthagische Seite.

Dionysios verfolgte den Plan, im ostsizilischen Hinterland – in Aitne, in Leontinoi und an einigen Orten des syrakosischen Landgebiets – stark befestigte Widerstandszentren auszubauen, um nötigenfalls über sichere Zufluchtsstätten zu verfügen. Außerdem ergriff er eine Maßnahme, zu der man nur in Zeiten der äußersten Not Zuflucht nahm: er schenkte den in Syrakosai lebenden Sklaven die Freiheit und bemannte mit ihnen 60 Schiffe. Und schließlich gelang es ihm, weitere 1000 spartanische Söldner zu gewinnen. Um den karthagischen Vorstoß nach Syrakosai aufzufangen, zog er mit 30000 Infanteristen, über 3000 Kavalleristen und 180 Schiffen zum Berg Tauros. Das militärische Potential des Tyrannen war arg geschrumpft!

Himilco und Mago rückten mit Heer und Flotte zu der Anhöhe Tauros vor, die in karthagischem Auftrag von den bisher in Naxos wohnenden Sikulern besetzt worden war. Da aber ein Ausbruch des Ätna erst kürzlich einen breiten Küstenstreifen verwüstet hatte, sah sich Himilco gezwungen, das Heer im Westen um das Gebirgsmassiv herumzuführen. Dionysios versuchte den Umstand, daß die beiden karthagischen Truppengattungen getrennt vorrücken mußten, zu einem Angriff auf die karthagische Flotte auszunützen. Diesen Angriff führte Leptines in der Nähe von Katane. In der hitzigen Schlacht verloren die Sikelioten mehr als 20000 Mann und über 100 Schiffe – eine katastrophale Niederlage!

Im Stab des Dionysios kam es nach der Niederlage zu heftigen Auseinandersetzungen über das weitere militärische Vorgehen. Da die meisten nichtsyrakosischen Sikelioten ihre Interessen nicht gewahrt sahen, verließen sie Dionysios, der Syrakosai zu verteidigen entschlossen war. Nunmehr stand Syrakosai fast allein gegen die gewaltige karthagische Übermacht. Dionysios richtete dringende Hilferufe an die Italioten, die Lakedaimonier und die Korinthier und rührte außerdem in der Peloponnesos gewaltig die Werbetrommel. Währenddessen lief die karthagische Flotte in den großen Hafen von Syrakosai ein – es waren (nach dem Bericht des Ephoros?) fast 2000 Schiffe: 250 Schlachtschiffe, über 1000 mit Segeln ausgestattete Lastschiffe und über 500 Schleppschiffe –, und bezog das karthagische Heer vor den Mauern der Stadt beim Tempel des Zeus sein Lager. Da der karthagische Feldherr sich auf eine langdauernde Belagerung einrichtete, ließ er strategisch wichtige Plätze befestigen – bei dieser Gelegenheit zerstörte er syrakosische Grabanlagen, darunter die Grabmäler des Gelon und der Damarete – und sorgte für den Nachschub, der aus Sardinien und Afrika kam. Angeblich plünderte er auch die Tempel der Demeter und der Kore. Diese – angebliche – Plünderung führte nach dem Urteil des frommen Timaios zu einem Umschwung der Verhältnisse. Nicht nur, daß die Karthager in einem Scharmützel 25 Schiffe verloren, in ihrem Heer brach außerdem – wie im Jahre 413 im athenischen und im Jahre 405 im eigenen Heer – eine Seuche aus, die schrecklich wütete. Dionysios nützte den Umstand, daß sich die karthagische Position verschlechtert hatte: er wagte einen kombinierten Angriff der Flotte und des Heeres und errang einen eindeutigen Sieg. In seiner Verzweiflung tat Himilco nunmehr einen Schritt, der die Karthager bei den Völkern des westlichen Mittelmeers sicher viele Sympathien kostete: er verließ Syrakosai mit den karthagischen Bürgern allein und segelte nach Karthago zurück. Timaios behauptet, dies sei im Einverständnis mit Dionysios geschehen – doch scheint es sich hier um eine Erfindung des antidionysisch eingestellten Tauromeniers zu handeln. Nach dem Abzug der Karthager brachen auch die Sikuler auf und zogen in ihre Wohnsitze zurück. Von den übrigen Verbänden rafften sich allein die Iberer zu einem entschlossenen und gemeinsamen Vorgehen auf und traten mit Dionysios in Verhandlungen. Der Tyrann sagte ihnen zu, sie als Söldner in seine Dienste zu nehmen. Der Rest des Heeres wurde in die Gefangenschaft geführt.

Himilco scheint in Karthago nicht zum Tode verurteilt worden zu sein. Er beging aber Selbstmord, indem er jede Nahrungsaufnahme verweigerte.

Der Aufstand, der in Afrika vor allem wegen des Verrats des Himilco an den afrikanischen „Verbündeten" ausbrach und an dem sich angeblich 200000 Aufständische beteiligten, verlief nach einiger Zeit im Sande.

Innerhalb kürzester Zeit hatten sich die Hoffnungen der Karthager auf eine in ihrem Sinne liegende Regelung der sizilischen Verhältnisse zerschlagen. Das Ziel war greifbar nahe gewesen, doch nunmehr schien es in weite Ferne gerückt.

Es dauerte drei Jahre, bis die Karthager auf Sizilien wieder aktiv zu werden wagten. In der Zwischenzeit hatte Dionysios seine Macht beträchtlich erweitert. Noch im Jahre 396 war er maßgeblich am Wiederaufbau von Messana und an der Gründung von Tyndaris beteiligt gewesen und hatte eine Reihe von sikulischen Städten in seine Machtsphäre einbezogen: Menaion und Morgantina hatte er erobert, Henna, Solus und Kephaloidion hatte er durch Verrat in seine Gewalt gebracht und mit den Beherrschern von Kentoripa und Agyrion und mit den Herbitaiern und Assorinern hatte er Bündnisverträge, mit den Herbessinern einen Friedensvertrag geschlossen. Außerdem war Himera in seine Hand gefallen. Im Jahre 394 allerdings hatte er einige Mißerfolge und Rückschläge hinnehmen müssen: der Versuch der Eroberung von Tauromenion war fehlgeschlagen, und die Messanier und Akragantiner hatten die militärische Zusammenarbeit mit ihm aufgekündigt.

Diese Mißerfolge – großenteils eine Reaktion sikulischer und sikeliotischer Kräfte gegen die expansive Politik des Tyrannen – werden Mago in seiner Absicht, das verlorene karthagische Terrain wiederzugewinnen, bestärkt haben. Im Jahre 393 setzte er nach Sizilien über. Es hat den Anschein, als habe er in diesem Jahr nur die Voraussetzungen für ein bedeutenderes Unternehmen, das zu einem späteren Zeitpunkt in Angriff genommen werden sollte, schaffen wollen. Er versuchte, das politische Image Karthagos zu verbessern, indem er gegenüber den untergebenen Städten eine äußerst entgegenkommende Politik betrieb und indem er den Gegnern des Dionysios Schutz und Hilfe gewährte. Der Vorbereitung einer größeren Aktion diente auch der Abschluß von Bündnisverträgen mit den „meisten Sikulern" (Diodoros) – ein Erfolg, der angesichts der Ereignisse des Jahres 396 erstaunlich ist, der aber im Blick auf die expansive Politik des Dionysios verständlich wird. Die Messanier allerdings scheinen sich in der Zwischenzeit mit Dionysios arrangiert zu haben. Andernfalls wäre es kaum verständlich, daß Mago das Gebiet ihrer Stadt plünderte.

Dionysios hielt nunmehr den Zeitpunkt für gekommen, den neuen karthagischen Aktivitäten entgegenzutreten. In der Nähe von Abakainon – die Stadt war mit Karthago verbündet – stellte er sich einer militärischen Auseinandersetzung, in der er siegte. Die Karthager verloren 800 Mann.

Erst im nächsten Jahr (392) setzten die Karthager mit einem Heer von 80000 Soldaten – die Soldaten stammten aus Afrika, Sardinien und dem nichtitaliotischen Italien – nach Sizilien über. Da die Karthager „mit nur wenigen Schlachtschiffen" (Diodoros) in Sizilien landeten, ist anzunehmen, daß Mago einen strategischen Plan verfolgte, der weithin von den früheren karthagischen Feldzugsplänen abwich. Offensichtlich sollte die Flotte dieses Mal keine wesentliche Rolle spielen, die Entscheidung sollte vielmehr auf dem Schlachtfeld fallen. Dionysios zog mit 20000 Syrakosiern und Söldnern dem Mago entgegen, der in der Nähe von Agyrion sein Lager aufgeschlagen hatte. Der Bericht des Diodoros über die folgenden Ereignisse zeichnet sich nicht gerade durch besondere Klarheit aus. Sicher ist, daß es Mago nicht gelungen war, Agyris, den Tyrannen von Agyrion, auf die karthagische Seite zu ziehen, und sicher ist weiterhin, daß die Entscheidung nicht auf dem Schlachtfeld fiel. Diodoros behauptet, die Karthager hätten sich deswegen gezwungen gesehen, Dionysios den Abschluß eines Friedensvertrags vorzuschlagen, weil sie nicht in der Lage gewesen seien, die Nachschubprobleme zu lösen. Ob dies die ganze Wahrheit ist, erscheint fraglich. Auch die Bemerkung des Agyrinaiers „Im übrigen aber lauteten die Bestimmungen des Vertrags ähnlich wie die Bestimmungen früher abgeschlossener Verträge ..." ist nicht sehr aufschlußreich. Diese Worte sind vermutlich in der Weise zu interpretieren, daß die Karthager in den punischen, elymischen und sikanischen Städten bzw. Territorien das letzte Wort zu sagen haben sollten. Die im Vertrag des Jahres 405 als tributpflichtig bezeichneten griechischen Städte scheinen jedoch nicht mehr zum karthagischen Herrschaftsbereich gehört zu haben. Wichtig ist, daß der Vertrag auch einen Paragraphen enthielt, nach dem die Sikuler in Zukunft der Herrschaft des

Dionysios unterstellt sein sollten. Daß sich Mago zur Aufnahme dieses Passus in den Vertrag bereit erklärte, zeigt, in welch prekärer Situation er sich befand. Die Sikuler, die bisher größtenteils treue Bundesgenossen der Karthager gewesen waren, waren nunmehr den imperialistischen Zielen des Dionysios ausgeliefert. Die Enttäuschung, die man in Karthago nach der Rückkehr des Mago empfand, muß groß gewesen sein.

14

DIE FELDZÜGE DES MAGO UND DES HIMILCO (382–374 ODER 373)

Mit Besorgnis werden die Karthager nach dem Mißerfolg des Jahres 392 die Aktivitäten Dionysios' I., des gefährlichsten Gegners ihrer Sache, verfolgt haben. Der syrakosische Tyrann stieß seit dem Jahr 390 in Räume vor, die bisher nur in geringem Maße oder überhaupt nicht dem syrakosischen Einfluß offengestanden waren: im Jahre 390 schloß er ein Bündnis mit den Lucanern, den entschiedenen Feinden der Italioten; im Jahre 389 oder 388 besiegte er die Italioten am Fluß Elleporos, zwang Rhegion zur Kapitulation, eroberte und zerstörte Kaulonia; im Jahre 388 oder 387 nahm und vernichtete er Hipponion; im Jahre 387 oder 386 eroberte er Rhegion; etwa in diesen Jahren – zwischen 390 und 386 – errichtete er den Flottenstützpunkt Lissos; im Jahre 385/84 schloß er in der Absicht, den Molosser Alketas, den Sohn des Tharyps, auf den epeirotischen Thron zurückzuführen, ein Bündnis mit den Illyriern, das er allerdings im nächsten Jahr wieder löste; im Jahre 384/83 schließlich plünderte er das Heiligtum der Leukothea von Pyrgoi – Pyrgoi war der Hafen der etruskischen Stadt Agylla – und schleppte nicht weniger als 1500 Talente nach Syrakosai. Diodoros bringt diesen Raubzug mit antikarthagischen Plänen des Dionysios in Verbindung – und Diodoros dürfte in diesem Punkt nicht irren. Dionysios schaffte nicht zuletzt mit der etruskischen Beute von Pyrgoi die materielle Voraussetzung für die Wiederaufnahme des Krieges gegen die Karthager. Vielleicht aber gingen die Intentionen des Tyrannen über die Beschaffung materieller Mittel hinaus, vielleicht war es seine Absicht, „mit diesem Unternehmen den stärksten potentiellen Gegner an der Westseite Italiens, der sich bei einer Wiederaufnahme des Kampfes gegen die Karthager, wie einst in der archaischen Zeit, mit diesen zusammenfinden konnte“ (Stroheker), auszuschalten. In dieser Annahme bestärkt uns Strabon, der davon spricht, daß sich das Unternehmen dieses Jahres nicht nur gegen Pyrgoi und Agylla, sondern auch gegen das etruskische Korsika richtete. Andererseits würde man vermutlich zu weit gehen, nähme man an, die militärischen und politischen Aktivitäten des Dionysios in den Jahren 390–384/83 seien ausschließlich von dem Ziel bestimmt gewesen, die

Voraussetzungen für eine aussichtsreiche Wiederaufnahme des Kampfes um den karthagischen Teil Siziliens zu schaffen. Die Pläne Dionysios' I. scheinen vielgestaltig gewesen zu sein, seine politischen Vorstellungen waren kaum auf Karthago fixiert. Karthago war zwar der mächtigste Gegenspieler des syrakosischen Tyrannen, aber eben doch nur einer seiner Gegenspieler.

Es scheint, daß sich die Karthager über die westsizilischen Pläne des Dionysios keinen Täuschungen hingegeben haben. Zu einer realistischen Beurteilung der Lage dürften die beeindruckenden Erfolge, die Dionysios in den letzten Jahren errungen hatte, ebenso beigetragen haben wie die Erfahrungen, die die Karthager bisher mit dem Tyrannen gemacht hatten. Außerdem führt auch die Tatsache, daß die karthagische Regierung – im Gegensatz zu analogen Fällen in früheren Jahren – für die Durchführung der Rüstungen keines langen Zeitraums bedurft hat, zu der Annahme, daß die Karthager von der Offensive des Dionysios nicht überrascht worden sind.

Vermutlich in der zweiten Hälfte des Jahres 383 gelang es Dionysios, einen Teil der westsizilischen karthagischen „Verbündeten" aus dem Bündnis mit der punischen Vormacht zu lösen und dem eigenen Bündnissystem einzugliedern. Er war sich aller Wahrscheinlichkeit nach darüber im klaren, daß sein Vorgehen eine neue militärische Auseinandersetzung mit Karthago zur Folge haben würde. Wer waren nun „die den Karthagern unterstellten Städte" (Diodoros), die angeblich gerne bereit waren, die Fahne zu wechseln? Daß alle unter karthagischem Einfluß stehenden sizilischen Städte zum Abfall zumindest geneigt waren, ist kaum wahrscheinlich, auch wenn Diodoros davon spricht. Die punischen Städte Siziliens werden nach wie vor nicht bereit gewesen sein, gegenüber ihrer Schutzmacht die Treue zu brechen. Wahrscheinlich waren es einige sikanische – vielleicht auch einige elymische – Städte, die auf die Seite des Dionysios traten.

Die Karthager forderten durch Gesandte die Wiederherstellung des früheren Zustands und erklärten, nachdem die ablehnende Antwort des Dionysios überbracht worden war, den Krieg. Da sie wußten, daß den Italioten die Herrschaft des Dionysios verhaßt war, suchten sie diese zu einem Angriffspakt zu gewinnen – und ihr Vorhaben gelang. Offensichtlich spielten weder bei den Karthagern noch bei den Italioten rassische Gesichtspunkte eine Rolle, wenn es darum ging, einen gemeinsamen Feind zu bekämpfen. Die Karthager nutzten aller Wahrscheinlichkeit nach den Winter des Jahres 383/82, um die erforderlichen Rüstungen durchzuführen.

„Viele Zehntausende" karthagischer Soldaten (Diodoros), Bürger und Söldner, setzten schließlich – vermutlich im Frühling des Jahres 382 – nach Sizilien und Unteritalien über, sie standen unter dem Oberbefehl des Sufeten und Generals Mago – anscheinend desselben Mago, der bereits im letzten Krieg den Oberbefehl geführt hatte. Der Landeplatz auf Sizilien war wahrscheinlich Panormos, der Landeplatz in Unteritalien ist unbekannt. Dionysios befand sich nunmehr in der mißlichen Lage, seine Truppen teilen zu müssen – die Karthager und die Italioten hatten ihn in die Zange genommen. Zunächst schienen die Karthager im Kampf um ihre sizilischen Gebiete zu unterliegen; denn in der Schlacht von Kabala siegte Dionysios über Mago. Mehr als 10000 karthagische Soldaten fielen – unter ihnen auch Mago –, nicht weniger als 5000 wurden gefangengenommen.

Unter dem Eindruck der Niederlage baten die Karthager um den Abschluß eines Friedensvertrags. Dionysios antwortete, er sei dazu bereit, wenn die Karthager alle sizilischen Städte aufgäben und die entstandenen Kriegskosten trügen. Diese Forderungen schienen den Emissären der karthagischen Seite zu hart. Sie erwiderten – „mit der üblichen Verschlagenheit" (Diodoros) –, sie könnten über die Aufgabe der sizilischen Städte nicht selbst entscheiden, diese Entscheidung müsse vielmehr nach Rücksprache mit den zuständigen Stellen in Karthago gefällt werden; Dionysios möge ihnen daher einige Tage Waffenstillstand gewähren. Auf diese Bitte ging Dionysios ein. Nach dem Ablauf des Waffenstillstands aber – inzwischen waren wohl auch die entsprechenden Weisungen aus Karthago eingegangen – widersetzten sich die Karthager den Forderungen des Dionysios und wagten – unter der Führung des Himilco, des Sohns des Mago – bei Kronion eine neue Schlacht. Der Sieg, den sie in dieser Schlacht errangen, war eindrucksvoll. Mehr als 14000 Sikelioten – unter ihnen auch Leptines, der Bruder des Dionysios – waren gefallen. Nach der Schlacht kehrten die karthagischen Truppen nach Panormos zurück.

Obwohl es nun den Karthagern möglich gewesen wäre, Dionysios harte Forderungen zu stellen, „trugen sie ihr Glück menschlich" (wie Diodoros im Anschluß an Ephoros sich ausdrückt) und schlugen dem syrakosischen Tyrannen den Abschluß eines Friedensvertrags unter folgenden Bedingungen vor: 1. Beide Teile sollten behalten, was sie vorher besessen hatten. 2. Die Karthager sollten jedoch zusätzlich Stadt und Land der Selinuntier und außerdem den Teil des akragantinischen Gebiets erhalten, der sich auf der rechten Seite des Lykos befinde. 3. Dionysios sollte den Karthagern 1000 Talente Kriegsentschädigung zahlen. Der Tyrann stimmte – sicherlich mit einem Gefühl der Erleichterung –

den karthagischen Vorschlägen zu. Die Friedensbedingungen lassen erkennen, daß die Ziele der Karthager – was Sizilien angeht – keineswegs expansiver Art waren. Wie meist in der Vergangenheit begnügten sie sich mit der Herrschaft über das westliche Sizilien und waren bestrebt, gegenüber den Sikelioten einen modus vivendi zu finden.

(Nach der Darstellung des Diodoros hat es den Anschein, als seien die Schlachten von Kabala und Kronion im Jahre 382 geschlagen worden und als sei der Friede bereits im Jahre 382 – unmittelbar nach der Schlacht bei Kronion – geschlossen worden. Der Annahme, der Friede sei im Jahre 382 geschlossen worden, stehen aber gewichtige Argumente entgegen. Zunächst ist in Rechnung zu stellen, daß der Agyrinaier bei der Darstellung der dritten militärischen Auseinandersetzung zwischen Dionysios und den Karthagern auf das Werk des Ephoros als Vorlage zurückgegriffen hat – und Ephoros berichtet vielfach knapp, summarisch, ungenau. Dann ist zu berücksichtigen, daß Diodoros in einem späteren Abschnitt seines Werkes darüber informiert, daß die Karthager im Jahre 379/78 einen Feldzug nach Unteritalien unternommen haben. Brach damals ein neuer Krieg zwischen den Karthagern und Dionysios aus – daß der eigentliche Gegner der Karthager während dieser süditalienischen Expedition Dionysios war, ist kaum zweifelhaft –, oder handelte es sich um eine Fortsetzung der Kämpfe von 382? Die Annahme, nach einem Zeitraum von nur 3–4 Jahren (382–379/78) sei ein neuer Krieg ausgebrochen, ist natürlich nicht auszuschließen, doch auch nicht gerade wahrscheinlich, zumal Diodoros nichts vom Ausbruch eines neuen Krieges berichtet und zumal der Kriegsschauplatz des Jahres 379/78 (Unteritalien) einem der Kriegsschauplätze des Jahres 382 entspricht. Schließlich ist noch auf eine weitere Notiz einzugehen, die Diodoros unter dem Jahr 374/73 bringt. Nach dieser Notiz gaben die Spartaner, die Korkyra in ihre Gewalt zu bringen beabsichtigten, vor – sie taten dies, um den Argwohn des korkyraiischen Demos zu zerstreuen –, sie würden „nach Sizilien“ fahren. Dies lag zwar nicht in ihrer Absicht, doch mußte ihre Aussage so glaubhaft erscheinen, daß sie zumindest nicht ohne weiteres als Bluff zu durchschauen war. Und ihre Aussage war deswegen nicht völlig unglaubwürdig, weil in der Tat auf Sizilien gekämpft wurde und weil eine der kämpfenden Parteien die spartanische Hilfe wenn nicht tatsächlich erbeten hatte, so doch hatte erbeten haben können. Daß dies nur Dionysios hätte getan haben können – daran kann kein Zweifel bestehen. Und daß die Gegner des Dionysios nur die Karthager gewesen sein können, ist ebenfalls nicht zweifelhaft.

So spricht alles dafür, daß die Kämpfe zwischen den Karthagern und Dionysios noch im Jahre 374/73 andauerten, daß also der Friede zwischen beiden Parteien frühestens im Jahre 374 geschlossen worden ist. Als spätester Termin kommt vermutlich der Herbst des Jahres 373 in Frage, da Dionysios bereits im Frühling des Jahres 372 den Spartanern ein Geschwader von neun Schiffen zu Hilfe schicken konnte – er war offensichtlich nicht mehr in Auseinandersetzungen mit Karthago verwickelt.)

15

DER FELDZUG DES HANNO (368–362?)

Zwischen den Karthagern und Dionysios herrschte nicht lange Friede. Wiederum war es der syrakosische Tyrann, der die Initiative zu einer neuen Auseinandersetzung ergriff. Diodoros berichtet unter dem Jahr 368/67: „In Sizilien beschloß der Tyrann Dionysios, da er über bedeutende Streitkräfte verfügte und da er sah, daß die Karthager wegen der Epidemie, die bei ihnen geherrscht hatte, und wegen des Abfalls der Libyer für einen Krieg nicht gut gerüstet waren, gegen sie zu Felde zu ziehen." Von dieser Seuche, die in Karthago ausgebrochen war, und vom Abfall der Libyer (und der Bewohner Sardiniens) spricht Diodoros bereits an einer früheren Stelle – u. zw. unter dem Jahr 379/78. Nun ist von vornherein kaum wahrscheinlich, daß im Verlauf des einen Jahres 379/78 sowohl diese Epidemie überwunden worden ist als auch die Libyer und die Bewohner Sardiniens wieder unter die karthagische Botmäßigkeit gebracht worden sind. Wäre dies der Fall gewesen, könnte Diodoros jedenfalls kaum behaupten, Dionysios habe sich im Jahre 368/67 – etwa zehn Jahre später – zu einer neuen militärischen Auseinandersetzung entschlossen, weil er diese für Karthago mißlichen Umstände ins Kalkül gezogen habe. Man wird also davon auszugehen haben, daß Epidemie und Abfall im Jahre 379/78 noch nicht überwunden waren. Ja es scheint, daß Karthago von beiden Unglücksfällen in diesem Jahr noch gar nicht betroffen gewesen war. Vermutlich geschah dies erst in der Zeit nach dem Abschluß des Friedensvertrags von 374 oder 373. Bei dieser Annahme läßt sich die Begründung, die Diodoros für den erneuten Ausbruch der Feindseligkeiten gibt, aufrechterhalten.

Die Gründe für den Aufstand der libyschen und sardinischen „Verbündeten" sind nicht überliefert. Sicherlich spielte eine Rolle – und darauf weist auch Diodoros hin –, daß sich Karthago aufgrund der in der Stadt wütenden Epidemie in einem geschwächten Zustand befand. Vielleicht sind die eigentlichen Ursachen darin zu sehen, daß sich sowohl die Libyer als auch die Sarden – denn diese dürften in erster Linie mit dem Ausdruck „die Bewohner Sardiniens" (Diodoros) gemeint sein – als Lastträger der Karthager fühlten. Die fortgesetzte Beanspruchung der Kräfte dieser „Verbündeten" durch die zahlreichen Kriege dieser Zeit scheint ein Gefühl der Erbitterung erzeugt zu haben, das in einem Augenblick der karthagischen Schwäche in offene Rebellion umschlug. Die Karthager hatten es offensichtlich versäumt, die „Verbündeten" von der Notwendigkeit oder gar Vorteilhaftigkeit der von ihnen geführten Kriege zu überzeugen.

Dionysios scheint sich von der Niederlage von Kronion in relativ kurzer Zeit erholt zu haben. Bereits im Jahre 368 stand ihm – jedenfalls nach dem Bericht des Diodoros – wieder eine Streitmacht von 30000 Infanteristen, 3000 Kavalleristen und 300 Trieren zu Gebote. Um den Schein des Rechts zu wahren, bediente er sich des Vorwurfs der Grenzverletzung. Sein Vorwurf richtete sich aber nicht gegen alle, die im karthagischen Herrschaftsbereich Siziliens wohnten, sondern nur gegen „die Phoiniker der Epikrateia" (Diodoros): es scheint, daß er zwischen die punischen und die nichtpunischen Bewohner der karthagischen Epikrateia einen Keil zu treiben beabsichtigte. Sollte er dies in der Tat geplant haben, dürfte er keinen allzu großen Erfolg erzielt haben; denn als er in der karthagischen Epikrateia einmarschierte, traten nur das griechische Selinus und das campanische Entella auf seine Seite. Vermutlich zog Dionysios von Selinus hypsasaufwärts nach Entella und von dort quer durch das elymische Gebiet nach Eryx, um nach der Einnahme dieser Stadt Lilybaion zu belagern. Offensichtlich sollte Lilybaion, das karthagische Einfallstor nach Sizilien, von den rückwärtigen elymischen Versorgungsbasen abgeschnitten werden. Nach kurzer Zeit jedoch gab der Tyrann die Belagerung der Stadt auf, da er die Aussichtslosigkeit des Unternehmens erkannte. Die Karthager hatten nämlich – wahrscheinlich erst nach Kriegsbeginn – starke Truppenverbände in die Stadt geworfen. Einen weiteren schweren Mißgriff tat Dionysios, als er einer (gezielten?) Falschmeldung Glauben schenkte, nach der die Schiffswerften von Karthago – und mit ihnen die karthagischen Schlachtschiffe – einem Brand zum Opfer gefallen waren. Er schickte daher – nach dem Bericht des Ephoros – 170 Schlachtschiffe nach Syrakosai zurück und ließ nur die besten 130 Trieren im Hafen von Eryx ankern. Diese Situation nützten die Karthager, die unter dem Oberbefehl des Hanno des Rab standen. Sie erschienen mit 200 Schiffen überraschend im Hafen von Eryx und kaperten die meisten Schiffe der Feinde. Da kurze Zeit später der Winter anbrach, schlossen beide Seiten einen Waffenstillstand.

Nicht lange danach (367) starb Dionysios, der über Jahrzehnte hinweg der gefährlichste Gegner der Karthager gewesen war. Er hatte sich zum Ziel gesetzt, die Karthager ins Meer zu werfen. Dies war ihm nicht gelungen. Karthago hatte zäh und erfolgreich seine sizilischen Positionen verteidigt.

Über den weiteren Verlauf der Kämpfe in der Zeit Dionysios' II. ist nichts bekannt.

(Die Tatsache des Friedensschlusses bringt Diodoros unter dem Jahr 359/58. Doch führt die Berücksichtigung des summarischen Charakters des 5. Kapitels des 16. Buchs des Diodoros zu der Annahme, daß der Friede nicht erst im Jahre 359/58 geschlossen worden ist. Andererseits wird der Friedensvertrag auch nicht unmittelbar nach der Machtübernahme Dionysios' II. im Jahre 367 zustande gekommen sein – wäre dies der Fall gewesen, wäre es unverständlich, daß Diodoros dieses Ereignis erst unter dem Jahr 359/58 erwähnt. Und in der Tat erfahren wir aus dem 7. Brief Platons, daß auf Sizilien noch im Herbst des Jahres 366 gekämpft wurde. Verhandlungen waren allerdings bereits im Sommer dieses Jahres in Aussicht genommen worden, wegen des eigenmächtigen Vorgehens des Dion – Dion, der Schwager Dionysios' II., hatte ohne Wissen des Tyrannen auf einen Ausgleich mit den Karthagern hingearbeitet – jedoch nicht aufgenommen worden. Philistos, der Gegner des Dion und entschlossene Feind der Karthager, wird nach der Ausschaltung des Dion zur Weiterführung der Kampfhandlungen geraten haben. Erst im Jahre 362 scheint der Friede geschlossen worden zu sein.)

Der Inhalt des Friedensvertrags ist nicht überliefert. Im wesentlichen werden die Abmachungen des letzten Friedensvertrags übernommen worden sein, doch scheint Karthago sein Herrschaftsgebiet im Norden Siziliens erweitert zu haben; denn wenn Therma im Jahre 360 unter karthagischer Herrschaft stand, dann dürfte dieser Zustand eher auf eine Vereinbarung des zuletzt genannten Friedensvertrags als auf eine solche des Friedensvertrags von 374 bzw. 373 zurückzuführen sein. Im Süden dürfte nach wie vor der Lykos die Grenze gebildet haben.

Daß die karthagische Politik dieser Jahre äußerst weit ausgriff, ist aus einem Proxeniedekret der Boioter für den Karthager Nobas, den Sohn des Hasdrubal, zu erschließen. Die Boioter scheinen dieses Dekret im Jahre 362 oder 361 beschlossen zu haben, um ihrer Dankbarkeit gegenüber dem Karthager Ausdruck zu geben. Vielleicht war ihnen Nobas in den vergangenen Jahren beim Aufbau einer leistungsfähigen Flotte behilflich gewesen. Jedenfalls dürfte dem Dekret eine konkrete Unterstützung der Boioter durch die Karthager – nicht allein durch Nobas – vorausgegangen sein, die sich vor allem gegen die Spartaner, die gemeinsamen Gegner der Boioter und der Karthager, richtete.

16

DIE KARTHAGISCH-GRIECHISCHEN BEZIEHUNGEN IN DER ZEIT DES DION

Die Karthager scheinen – was Sizilien angeht – in den nächsten Jahren keine neuen Pläne verfolgt zu haben, und Dionysios II. war offensichtlich entweder nicht willens oder nicht in der Lage, eine Änderung der aufgrund der Abmachungen von 362 (?) herrschenden Verhältnisse herbeizuführen. Daß aber nicht alle Griechen sich mit der Erhaltung des Status quo abfinden konnten, zeigt das Beispiel Platon. Platon ging – jedenfalls in der Zeit nach 354 – von der Überzeugung aus, Sizilien sei in Gefahr, und zwar in Gefahr, eine Beute der Karthager oder Oscer zu werden. Dieser Gefahr müsse zielstrebig durch eine Erhöhung der Kampfbereitschaft der sikeliotischen Städte begegnet werden – es scheint fast, als habe es daran, zumindest in den Augen Platons, gefehlt. Als Ziel der sikeliotischen Karthago-Politik sei die Enteignung und die Unterjochung der Punier zu betrachten. Um dieses Ziel zu erreichen, sei es allerdings erforderlich, die innenpolitischen Verhältnisse von Syrakosai zu ändern, die zerstörten sikeliotischen Städte wiederaufzubauen, den unter der syrakosischen Hegemonie stehenden sikeliotischen Städten eine relative Autonomie zu gewähren und eine – staatsrechtlich zu fundierende – Solidarität dieser Städte herbeizuführen.

Wenn auch Platon behauptet, diese Ziele hätten ganz und gar denen des Dion entsprochen, so sieht die Wirklichkeit doch anders aus. Dion betrieb keine antikarthagische Politik. Bereits in der Zeit Dionysios' I. hatte er – bei der Erfüllung diplomatischer Missionen und vermutlich auch bei Begegnungen, die auf eigene Initiative zurückgegangen waren – Kontakte zu punischen Politikern geknüpft. Die Karthager hatten anscheinend ein gewisses Vertrauen zu ihm gewonnen, das auch durch die militärischen Auseinandersetzungen, die im Jahre 368 aufgenommen wurden, nicht völlig zugeschüttet worden zu sein scheint. Sonst wäre es kaum verständlich, daß Dion – offensichtlich in realistischer Einschätzung der Art seiner Beziehungen zu Karthago – im Jahre 366 an die karthagischen „Behörden" (?) (Plutarchos) schrieb, sie sollten die in Aussicht genommenen Friedensverhandlungen mit Dionysios II. nur unter seiner Beteiligung führen, „da sie alles unfehlbar durch ihn erreichen würden" (Plutarchos). Wie es scheint, beabsichtigte Dion – unter Ausnützung der früher geknüpften Kontakte –, das besondere Wohlwollen der Karthager zu gewinnen, vermutlich in der Absicht, seine Position in Syrakosai zu stärken.

Wie gut seine Beziehungen zu Karthago waren, dürfte auch aus zwei Episoden seiner sizilischen Expedition (357) zu ersehen sein. Als er auf der Fahrt von Zakynthos nach Sizilien die Höhe von Kap Pachynos erreicht hatte, ging er nicht in der Nähe des Kaps an Land, sondern segelte trotz der nautischen Schwierigkeiten um Pachynos herum – aller Wahrscheinlichkeit nach nicht in erster Linie deshalb, „weil er fürchtete, in einer so geringen Entfernung von den Feinden zu landen" (Plutarchos), sondern weil er das karthagische Gebiet erreichen wollte. Die Expedition dürfte mit den Karthagern abgesprochen gewesen sein. Auch bei der zweiten Anfahrt – die beabsichtigte Landung war durch einen Sturm vereitelt worden – ging Dion nicht im griechischen Teil der Insel an Land (obwohl dies bei den herrschenden Windverhältnissen möglich gewesen wäre), sondern in Herakleia Minoa, einer von den Karthagern beherrschten Stadt. Es war sicherlich kein Zufall, daß Dion in einer Stadt landete, die seinem „Gastfreund" und „Freund" Synalos (Plutarchos) unterstellt war. Synalos unterstützte ihn denn auch aufs kräftigste. Auch nach der Einnahme von Syrakosai scheint sich die Einstellung des Dion gegenüber den Karthagern nicht geändert zu haben – jedenfalls sind aus seiner Zeit keinerlei karthagerfeindliche Maßnahmen bekannt. So deutet alles darauf hin, daß Dion bestrebt war, sich mit den Karthagern zu arrangieren. Diese Politik entsprach völlig den Wünschen der Karthager, die auch in den Jahren nach der Vertreibung Dionysios' II. (357) keinen Versuch unternahmen, die von Parteikämpfen geschüttelte Stadt Syrakosai anzugreifen.

17

DER 2. KARTHAGISCH-RÖMISCHE VERTRAG (348)

Im Jahre 348 entschlossen sich die beiden Mächte Karthago und Rom zu einer neuen vertraglichen Formulierung ihrer gegenseitigen Beziehungen. Seit dem Abschluß des 1. Vertrags hatten sich die Verhältnisse in manchen Punkten entscheidend geändert.

Karthago hatte zwar im Jahre 480 durch die Niederlage von Himera einen beträchtlichen Rückschlag seiner sizilischen Bestrebungen hinnehmen müssen, hatte aber diesen Rückschlag durch die Entfaltung politischer Aktivitäten insbesondere in Nordafrika, Südiberien und Sardinien kompensieren können. Die Kämpfe mit dem syrakosischen Tyrannen Dionysios I. (405–367), in die Karthago gegen seine Absicht verwickelt worden war, hatten zwar enorme Anstrengungen gekostet, doch war es dem Tyrannen nicht gelungen, die Karthager und deren Bundesgenossen aus dem westlichen Teil Siziliens hinauszudrängen. Dion, der Schwager und Schwiegersohn Dionysios' I., hatte in der Zeit zwischen 357 und 354 eine Politik des Ausgleichs mit Karthago betrieben, und diese Politik des Ausgleichs scheint erst durch Dionysios II. aufgegeben worden zu sein. Karthago befand sich jedenfalls am Vorabend der Unterzeichnung des Vertrags von 348 auf einem Höhepunkt seiner Macht.

Rom dagegen hatte – was die Entfaltung seiner Macht angeht – in der Zeit nach der Unterzeichnung des 1. Karthagisch-römischen Vertrags keine wesentlichen Fortschritte zu erzielen vermocht. Eher im Gegenteil! Im 5. Jh. waren die Kräfte der relativ unbedeutenden Stadt ganz in Anspruch genommen von dem Bestreben, gegenüber etruskischen und latinischen Nachbarn die Unabhängigkeit zu wahren. Der keltische Vorstoß des Jahres 387/86 hatte gar die Existenz Roms bedroht. Doch langsam hatte sich nach der Niederlage an der Allia das Blatt zu wenden begonnen. Der Einfluß Roms in Latium war gewachsen. Aufgrund einer Klausel des im Jahre 358 geschlossenen Vertrags hatten die Römer den alleinigen Oberbefehl über die römisch-latinischen Streitkräfte erhalten. Außerdem hatten sie mit den Hernicern, die die südöstlich von Latium liegenden Gebiete bewohnten, und mit den Samniten, die weite Teile Mittelitaliens beherrschten, Friedensverträge geschlossen (358 bzw. 354), darüber hinaus mit den etruskischen Städten Caere (353), Tarquinii

(351) und Falerii (351). Doch obwohl Rom damit im Südosten, im Osten und im Norden von Latium neutrale Zonen geschaffen hatte, gärte es im Latinischen Bund. In den Jahren um 350 kam es zu Reibereien zwischen Römern und Latinern – vielleicht hatten die Römer die Zügel zu straff angezogen. Die Latiner weigerten sich im Jahre 349, ihre Truppen weiterhin dem römischen Oberbefehl zu unterstellen. Ein Teil der latinischen Städte arbeitete offen mit den Kelten zusammen, die erneut gegen Rom marschierten. Den Römern gelang es zwar, sich der Kelten zu erwehren, es gelang ihnen aber nicht, die politische Suprematie über den Latinischen Bund sogleich wiederherzustellen. Die Unzufriedenheit, die im Bund herrschte, wurde im Jahre 348 noch geschürt durch Gesandte, die die Bürger der volscischen, aber in Latium gelegenen Stadt Antium an die Vertreter der latinischen Städte geschickt hatten. Dergestalt stellte sich die Situation – von der römischen Seite aus betrachtet – im Jahr des Abschlusses des 2. Karthagisch-römischen Vertrags dar. Rom war die führende Macht in Latium, aber seine Stellung war alles andere als unangefochten.

Während der 1. Karthagisch-römische Vertrag sehr klar in zwei Hauptteile – nach den vertragschließenden Parteien – gegliedert ist, hat der 2. Karthagisch-römische Vertrag einen komplizierteren Aufbau. Er ist nach Sachrubriken in drei Hauptteile gegliedert, die ihrerseits nach den beiden Kontrahenten unterteilt sind.

Der erste Hauptteil enthält allgemeine Verkehrsbestimmungen. Während sich die Römer verpflichten, bestimmte Verkehrsgrenzen einzuhalten, binden sich die Karthager an gewisse Verhaltensmaßregeln gegenüber den latinischen Städten.

In den zweiten Hauptteil sind Bestimmungen aufgenommen, die Verstöße gegen die Interessen der Vertragspartner verhindern oder doch sanieren sollen (sog. Adikema-Bestimmungen).

Im dritten Hauptteil werden spezielle Handels- und Verkehrsfragen geregelt.

Der Vertrag ist in dem Schema abgefaßt, in dem die Karthager – nicht die Römer – ihre Verträge zu schließen pflegten.

Zunächst fällt auf, daß im Gegensatz zum 1. Vertrag die vertragschließenden Parteien nicht einfach die Karthager und die Römer und die beiderseitigen Bundesgenossen sind, sondern einerseits „das Volk der Karthager und Tyrier und Itykaier" und andererseits „die Römer und die Bundesgenossen der Römer". Drei – offensichtlich gleichberechtigte – Partner schließen demnach auf punischer bzw. phoinikischer Seite den Vertrag: Karthago, Tyros und Ityke – so jedenfalls steht es im Vertragstext des Polybios, und daß Polybios selbst dieser Ansicht gewesen ist, geht eindeutig aus der Einleitung hervor, die er dem Vertrag vorangestellt hat. Es erhebt sich jedoch die Frage, ob Polybios hier das Richtige bewahrt hat; denn die Erwähnung der Tyrier, die zu dieser Zeit im westlichen Mittelmeerbecken keinerlei Interessen zu vertreten hatten, macht stutzig. Zudem sind in keinem der übrigen uns bekannten karthagisch-ausländischen Verträge die Tyrier erwähnt. Und überdies war das Verhältnis von Karthago zu Tyros seit dem 7. Jh. – soweit wir wissen – in höherem Maße von der Haltung der Pietät als von der Bereitschaft zu konkreter politischer Zusammenarbeit geprägt. Aus diesen und anderen Gründen wird es sich empfehlen, „Karchēdónioi Týrioi" („Karthager und Tyrier") in „Karchēdónioi kýrioi" („karthagische Bürger") zu emendieren. Auf punischer Seite bleiben demnach die Karthager und die Itykaier als Vertragspartner übrig. Warum aber die Bürger von Ityke, die im 1. Vertrag nicht genannt sind? Offensichtlich haben die Karthager die Itykaier deswegen im Vertragstext – wie später im „Eid des Hannibal" – eigens erwähnt, um ihnen gewissermaßen eine Reverenz zu erweisen; denn Ityke war älter als Karthago und hatte immer noch eine beträchtliche Bedeutung. Aus der Nennung des Namens ist aber nicht zu folgern, daß Ityke von Karthago unabhängig war – das Gegenteil war der Fall; denn der Vertrag wurde von der karthagischen Regierung allein geschlossen – dies geht aus den Bestimmungen des Vertrags hervor, die ausschließlich die karthagische Herrschaft betreffen. Ityke ist so wenig autonom wie die im Vertrag genannten Bundesgenossen der Römer. Im 1. Vertrag war Ityke nicht genannt worden, da es damals völlig selbständig neben Karthago gestanden war. In der Zwischenzeit war es aber von der aufstrebenden punischen Vormacht in eine untergeordnete Stellung gedrängt worden.

Im Gegensatz zum 1. Vertrag ist im 2. Vertrag die Fahrtgrenze, die die Römer und ihre Bundesgenossen zu beachten haben, durch *zwei* Punkte bestimmt: durch das Schöne Vorgebirge und durch einen Ort, den Polybios als Mastía Tarsēion bezeichnet. Mastia ist als Stadt der Mastiener oder Massiener an der spanischen Südküste auch andernorts belegt. Die Stadt lag irgendwo „im Großraum Cartagena" (Koch). Die Nennung von Mastia setzt voraus, daß im Jahre 348 zumindest das Gebiet südwestlich von Mastia karthagische Interessensphäre war. Dadurch, daß Karthago für Rom – und wohl auch für Massalia – das Gebiet westlich des Schönen Vorgebirges und südwestlich von Mastia schloß, schloß es auch die Meerenge von Gibraltar.

Weiterhin ist von Bedeutung, daß der 2. Vertrag – wiederum im Gegensatz zum 1. Vertrag – keine „Untergebenen" der Römer kennt. Es gab im Jahre 348 – nach den Worten des Vertrags! – nur „nicht Untergebene“, die nach zwei Kategorien unterteilt sind: die eine Gruppe stand in keinem Vertragsverhältnis zu Rom, die andere Gruppe besaß einen schriftlich fixierten Friedensvertrag mit Rom. Zumindest juristisch betrachtet, war demnach Rom zur Zeit des Abschlusses des 2. Vertrags in einer schwächeren Position als zur Zeit des Abschlusses des 1. Vertrags. Ob diese juristische Sicht der politischen Wirklichkeit entsprach, ist allerdings eine andere Frage. Nun ist erstaunlich, daß Rom die Städte Latiums, mit denen kein Vertragsverhältnis bestand, als zu seiner Interessensphäre gehörend betrachtete. Dies geht aus dem Paragraphen des Vertrags hervor, der die Karthager verpflichtete, eine Stadt der bezeichneten Kategorie im Falle ihrer Eroberung an die Römer auszuliefern. Rom eröffnete damit den Karthagern die Möglichkeit, an der latinischen Küste Plünderungszüge durchzuführen, und knüpfte daran Forderungen, die in seinem Interesse lagen – und sein Interesse war es offensichtlich, das Gebiet dieser Städte seinem Staatsgebiet zu inkorporieren. Um welche Städte aber handelte es sich hier? Da alle latinischen Städte Latiums zum damaligen Zeitpunkt vertraglich mit Rom verbunden waren, wird vor allem an die zwar in Latium gelegene, aber von Volscern bewohnte Stadt Antium und an Satricum, eine Colonie von Antium, gedacht gewesen sein. Ein karthagischer Angriff auf Antium und Satricum, die politischen Gegner Roms, lag ganz im Interesse der Römer. – Doch Rom legte offensichtlich auch keinen Wert darauf, den Schutz der Städte Latiums vertraglich zu fixieren, mit denen ein Vertragsverhältnis bestand; denn im Vertragstext ist nur Folgendes vorgesehen: „Wenn aber irgendwelche Karthager irgendwelche überwältigen, mit denen die Römer einen schriftlich fixierten Friedensvertrag geschlossen haben, die ihnen aber in keiner Weise unterstellt sind, sollen sie (diese) nicht in die Häfen der Römer führen“ (Polybios). So bestätigt der Vertragstext, was wir aufgrund der annalistischen Berichte bereits wissen: die Beziehungen zwischen Rom und den latinischen Bundesgenossen – an diese ist hier in erster Linie zu denken – waren im Jahre 348 äußerst gespannt. Ein karthagischer Angriff auf die eine oder andere latinische Stadt widersprach den römischen Interessen nicht – eher war das Gegenteil der Fall.

Eine weitere beachtenswerte Veränderung gegenüber dem 1. Vertrag liegt darin vor, daß nunmehr Sardinien und Libyen den römischen Kaufleuten verschlossen werden. Dies hat auch Polybios (ungefähr!) richtig gesehen, wie aus seinem Kommentar zum 2. Vertrag hervorgeht. Die römische Position hatte sich auch in diesem Punkt gegenüber den Zeiten des 1. Vertrags verschlechtert. Karthago kann mit dieser Bestimmung nur den Zweck verfolgt haben, den gesamten sardinischen und libyschen Handel in der „Hauptstadt“ zu konzentrieren. Dies war nur deswegen möglich, weil diese „Provinzen" inzwischen weitgehend der Direktive Karthagos unterstellt worden waren.

Bisher habe ich vom Jahr 348 als dem Jahr des Abschlusses des 2. Karthagisch-römischen Vertrags gesprochen, als sei dieses Datum über jeden Zweifel erhaben. Dies ist nicht der Fall. Polybios gibt keine Datierung, er spricht nur davon, daß dieser Vertrag *nach* dem des Jahres 508/7 unterzeichnet worden ist. Livius allerdings berichtet, daß im Jahre 348 ein Vertrag zwischen Karthagern und Römern geschlossen worden ist. Er schreibt: „Im selben Jahr [348] wurde Satricum von den Antiaten als Kolonie deduziert und die Stadt wiederaufgebaut, die die Latiner zerstört hatten. Und mit den karthagischen Gesandten wurde in Rom ein Vertrag geschlossen, als sie erschienen waren, um Freundschaft und Bundesgenossenschaft zu erbitten." Daß aber der 2. Vertrag des Polybios dem hier erwähnten Vertrag entspricht, sagt Livius nicht. Auch Diodoros erwähnt für dieses Jahr den Abschluß eines karthagisch-römischen Vertrags, bezeichnet aber diesen Vertrag als den *ersten* Vertrag, der zwischen Karthagern und Römern geschlossen worden ist. Da aber eindeutig nachzuweisen ist, daß der von Polybios überlieferte 1. Vertrag in eine wesentlich frühere Zeit als das Jahr 348 zu datieren ist, muß Diodoros hier einem Irrtum erlegen sein. Weil aufgrund der Zeugnisse des Diodoros und des Livius feststeht, daß im Jahre 348 ein karthagisch-römischer Vertrag geschlossen worden ist, und weil die im Vertragstext vorausgesetzte historische Situation der aus den annalistischen Berichten bekannten historischen Situation des Jahres 348 entspricht, wird vernünftigerweise niemand daran zweifeln können, daß das Jahr 348 tatsächlich als das Jahr des Abschlusses des 2. Karthagisch-römischen Vertrags anzusehen ist.

Aus den Berichten des Livius und des Orosius geht hervor, daß karthagische Gesandte nach Rom gereist waren, um dort den 2. Vertrag zu unterzeichnen. Ist daraus zu schließen, daß die Initiative zum Abschluß dieses Vertrags von Karthago ausgegangen ist? Gewiß nicht mit absoluter Sicherheit! Denn es besteht die Möglichkeit, daß römische Gesandte bereits vorher Sondierungsgespräche in Karthago geführt hatten. Außerdem haben wir ja gesehen, daß sich Rom zur Zeit des Vertragsabschlusses in keiner beneidenswerten Lage befand: die Führung über den Latinischen Bund stand auf dem Spiel. Und überdies geht ja aus dem Vertragstext hervor, daß die Römer es verstanden, ihre außenpolitischen Schwierigkeiten in der Weise in den Vertrag einzubringen, daß sie in den Karthagern zumindest potentielle Mitkämpfer in Latium gewannen. Spricht dies nicht dafür, daß die Römer es gewesen sind, die die Initiative zum Abschluß dieses Vertrags ergriffen haben? Sicherlich wird man diese

Möglichkeit nicht ausschließen können. Trotzdem scheint mir jedenfalls die Initiative zum Abschluß auch der Vereinbarungen von 348 – also nicht nur der Vereinbarungen des 5. Jh. – auf karthagischer Seite gelegen zu sein, und zwar aus folgenden Gründen. Zum einen wissen wir von römischen Aktivitäten in Karthago nichts, können sie höchstens vermuten. Und zum anderen können wir auf einen livianischen Text verweisen, der in diesem Zusammenhang von Interesse ist. Danach war im Lauf des Jahres 349 eine griechische Flotte vor der Küste Latiums aufgetaucht, deren Besatzungen das Ziel verfolgten, Handelsschiffe aufzubringen und Plünderungszüge in küstennahen Gebieten durchzuführen. Livius fand in seinen Vorlagen keine Angabe darüber, zu welchem griechischen Staat diese Flotte gehörte. Seine Vermutung aber war: „Am ehesten möchte ich glauben, daß es die Tyrannen Siziliens gewesen sind; denn das entferntere Griechenland war zu dieser Zeit durch einen inneren Krieg geschwächt und zitterte bereits vor der Macht der Makedonen." Die Vermutung des Livius scheint in der Tat das Richtige zu treffen. Eine mutterländische griechische Macht dürfte sicherlich hier nicht in Betracht zu ziehen sein. Da nach den Angaben des Livius die vor Latium operierenden Marinestreitkräfte beachtlich stark waren, kann es sich bei dem Staat, dem diese Kräfte zur Verfügung standen, auch kaum um *irgendeine* der unteritalischen oder sizilischen Griechenstädte gehandelt haben. In Frage kommt nur die Flotte von Syrakosai, jedoch nicht die Flotte der zu dieser Zeit von Parteikämpfen geschüttelten Stadt, sondern die Flotte des syrakosischen Tyrannen Dionysios II. Dionysios II. aber residierte damals nicht in Syrakosai, sondern im unteritalischen Lokroi. Von dort aus hatte er vermutlich Verbindung mit dem volscischen Antium aufgenommen – vielleicht von den Antiaten und den revoltierenden Latinern herbeigerufen. Und von der Basis Antium aus wird er die Küste von Latium bedroht haben. Die Karthager aber, die schon in früheren Zeiten die Klingen mit Dionysios II. gekreuzt hatten, glaubten einer Expansion des Tyrannen nicht untätig zusehen zu können und nahmen daher mit den Römern, ihren früheren Vertragspartnern, Kontakte auf.

Ich gebe zu, daß diese Erklärung nur eine von mehreren möglichen ist – doch scheint sie mir jedenfalls die wahrscheinlichste zu sein. Gegen diesen Lösungsversuch wird man kaum einwenden können, daß von einem gemeinsamen Kampf von Karthagern und Römern gegen Dionysios II. im Vertragstext nicht die Rede ist; denn zum einen waren ja die Karthager aufgrund der Bestimmungen des Vertrags zu einem Eingreifen in Latium durchaus berechtigt, und zum anderen war im Jahre 348 der Abschluß einer gegen Dionysios II. gerichteten offensiven Militärallianz nicht erforderlich, da die Flotte des Tyrannen in diesem Jahr nicht mehr vor der Küste Latiums kreuzte. Karthago ging es damals darum, alte Verbindungen zu erneuern, um gegen eventuelle weiterausgreifende Aktivitäten Dionysios' II. besser gerüstet zu sein. Daß es bei dieser Gelegenheit auch die vertragliche Fixierung seiner Handelsinteressen einer Revision unterzog, lag ganz auf der Linie seiner bisherigen Politik.

Wichtiger jedoch als die Beantwortung der Frage, wer die Initiative zum Abschluß des 2. Karthagisch-römischen Vertrags ergriffen hat, ist die Feststellung der Tatsache, daß in der Mitte des 4. Jh. Karthago und Rom die gleiche Interessenlage verband und daß beide Mächte – jedenfalls nach dem Wortlaut des Vertrags – tatkräftig zusammenarbeiteten. Es verwundert uns aber kaum, wenn wir feststellen, daß die in der Zeit nach dem 2. Römischen Krieg schreibenden römischen Annalisten diese Zusammenarbeit nicht näher erwähnten – sie hätten ja zugeben müssen, daß die Römer in einer kritischen Phase ihrer Geschichte zu einem nicht unwesentlichen Teil vom karthagischen „Erbfeind“ unterstützt worden sind.

18

DIE AUSEINANDERSETZUNGEN MIT DEN GRIECHEN IN DER ZEIT DES TIMOLEON (345–339?)

Mit dem Eingreifen des Korinthiers Timoleon in die unteritalischen und vor allem die sizilischen Verhältnisse nahmen die friedlichen Beziehungen zwischen Karthago und Syrakosai ein jähes Ende.

In Syrakosai hatten sich nach der Rückkehr Dionysios' II. (347) drei „Parteien“ gebildet: die des alten und neuen Tyrannen, die des Syrakosiers Hiketas, des Tyrannen von Leontinoi, und schließlich die der Gegner jeder Tyrannis. Die zuletzt genannte Gruppe war es gewesen, die im Jahre 346 oder 345 die Mutterstadt Korinthos um die Entsendung eines Feldherrn, der die politischen Verhältnisse der Stadt neu ordnen sollte, gebeten hatte. Hiketas hatte zum Schein die Gesandtschaft dieser Gruppe durch die Entsendung eigener Gesandter unterstützt, insgeheim aber, in gewisser Weise die Außenpolitik des Dion fortsetzend, seine Hoffnungen auf eine enge Zusammenarbeit mit Karthago gerichtet.

Während nun im Jahre 345 der umstrittene korinthische Politiker Timoleon mit einer Flottille von zehn Schiffen von Griechenland nach Unteritalien übersetzte, um dem Auftrag seiner Heimatstadt und der Bitte eines Teils der Syrakosier zu entsprechen, lagen in unteritalischen Gewässern karthagische Schiffe, die eine Landung der Truppen des Timoleon auf Sizilien verhindern sollten. Die Karthager hatten sich veranlaßt gesehen, diese Maßnahme zu ergreifen, weil ihnen allein durch eine Unterstützung der Politik des Hiketas eine Fortsetzung der Politik der friedlichen Koexistenz garantiert zu sein schien. Der Abschluß eines Bündnisses mit Hiketas hatte ihnen die Möglichkeit einer indirekten Einflußnahme auf die politischen Verhältnisse in Syrakosai eröffnet – und dies war als ein durchaus erstrebenswertes Ziel erschienen. Über das Bündnis mit Hiketas die Macht über Syrakosai an sich zu reißen, war jedoch nicht in ihrer Absicht gelegen.

Nachdem Timoleon in den Hafen von Metapontion eingelaufen war, landete dort auch ein Schiff, das karthagische Gesandte an Bord hatte. Sie beschworen – natürlich im Auftrag des karthagischen Staates, nicht in dem des Hiketas – Timoleon, nicht nach Sizilien überzusetzen und einen Krieg vom Zaune zu brechen. Offensichtlich machten die Karthager deutlich, daß sie bei einem Übersetzen der Flottille des Timoleon nach Sizilien den Kriegsfall für gegeben ansehen würden. Sie werden sich auf ihr Bündnis mit Hiketas berufen haben, der bereits in einem offiziellen Schreiben an die Korinthier, das vor dem Auslaufen des Timoleon in Korinthos eingetroffen war, auf die neue Konstellation hingewiesen hatte. Die Karthager wünschten – abgesehen von der Ablösung Dionysios' II. durch Hiketas – keine Änderung der politischen Verhältnisse auf Sizilien. Das Eingreifen eines – wenn auch kleinen – korinthischen Expeditionskorps auf der Insel bedeutete aber im günstigsten Falle zumindest eine Beunruhigung der politischen Szene, im ungünstigsten Falle die Auslösung einer politischen und militärischen Kettenreaktion. Daher kam alles darauf an, die Truppen des Timoleon am Betreten sizilischen Bodens zu hindern. Der Korinthier kümmerte sich aber nicht um die nachdrücklichen Vorstellungen der Karthager und segelte rasch zu den Rheginern weiter, die ihm ihre Unterstützung angeboten hatten. Durch die Schnelligkeit seines Vorgehens hoffte er den Gegner an einer schwachen Stelle zu überraschen.

In Rhegion kam es zu einem Gespräch zwischen Timoleon und den Gesandten des Hiketas, an denen sich auch die „Befehlshaber" der Karthager (Plutarchos) beteiligten. Die Gesandten des Hiketas wiederholten die Forderungen der Gesandten der Karthager. Timoleon ging zunächst zum Schein darauf ein – ein Blick auf 20 in der Nähe von Rhegion ankernde karthagische Schiffe ließ diese Haltung als geraten erscheinen –, segelte aber dann – unter Anwendung einer List – unbemerkt aus Rhegion ab und landete glücklich in Tauromenion. Die Offiziere der karthagischen Schiffe hatten sich einer groben und folgenreichen Fahrlässigkeit schuldig gemacht.

Die aufgebrachten Karthager schickten nun zu Andromachos, dem Tyrannen von Tauromenion, einen Gesandten, der mit bestimmten Worten die Ausweisung der Korinthier verlangte – doch ohne Erfolg. Der Krieg war ausgebrochen.

Bereits vor der Landung des Timoleon in Unteritalien hatten die Karthager Truppen nach Sizilien übergesetzt – offensichtlich in erster Linie deswegen, weil sie eine Ausweitung des zunächst rein innersyrakosischen Konflikts befürchteten oder doch für möglich hielten. 50000 oder 60000 Infanteristen, einige Tausend Kavalleristen, 150 Schlachtschiffe, 300 Kampfwagen, über 2000 Zweigespanne und eine bedeutende Menge an Rüstungsgütern und Lebensmittelvorräten standen dem karthagischen Feldherrn Mago für die Durchsetzung der karthagischen Interessen zur Verfügung. Die prokarthagische Stimmung wurde in den „verbündeten“ Städten Siziliens durch entgegenkommende Maßnahmen gehoben, und die Differenzen, die zwischen der karthagischen Regierung und verschiedenen sizilischen – vielleicht sowohl sikeliotischen als auch sikulischen – Tyrannen bestanden, wurden ausgeräumt. Doch manche Städte, sogar solche, die innerhalb der karthagischen Epikrateia lagen, fanden sich nicht dazu bereit, den Karthagern zu Willen zu sein. Zu ihnen gehörte die von Campanern bewohnte Stadt Entella. Die Entelliner suchten zwar bei anderen Städten, von denen sie wußten oder annahmen, daß sie keine Sympathien für die Karthager empfanden, um Unterstützung nach, doch keine der um Hilfe angegangenen Städte – von Galaria abgesehen – wagte, sich auf ihre Seite zu stellen. Auch die Campaner von Aitne blieben zu Hause, nachdem sie erfahren hatten, daß das Hilfskorps der Galariner bis auf den letzten Mann niedergehauen worden war. Die Karthager legten offensichtlich Wert darauf, die geballte Macht ihres Staates all denen vor Augen zu stellen, die mit dem Gedanken spielten, den karthagischen Interessen zuwiderzuhandeln.

Die karthagische Regierung stand also gleichsam Gewehr bei Fuß, als Hiketas, durch die Landung des Timoleon beunruhigt, um die Entsendung einer größeren Zahl karthagischer Schlachtschiffe bat. Die Lage des Tyrannen war zu dieser Zeit zwar keineswegs prekär – im Gegenteil: hatte er doch drei Tage vor der Landung des Timoleon in Rhegion Syrakosai eingenommen und Dionysios II. auf die Nesos zurückgeworfen (345)! –, doch fehlte es ihm offensichtlich an Schiffen, mit deren Hilfe er die Flottille des Timoleon vernichten und die Kräfte des Dionysios einschnüren konnte.

Als sich Hiketas die Aussicht eröffnete, seine Macht auch über die Stadt Adranon auszudehnen – ein Teil der Adraniten hatte ihn, ein anderer Teil Timoleon zu Hilfe gerufen –, suchte er diese Gelegenheit zu ergreifen, erlitt aber in der Nähe dieser Stadt eine empfindliche Niederlage (345/44). Noch schwerer wog, daß die siegreichen Truppen des Timoleon *vor* den geschlagenen Truppen des Hiketas Syrakosai erreichten und sich eines Teils der Stadt bemächtigten.

Das Blatt begann sich zugunsten des Timoleon zu wenden. Der Korinthier hatte sich nicht nur in Syrakosai festsetzen können, es gelang ihm auch, Adranon und Tyndaris auf seine Seite zu ziehen und so seine Streitkräfte erheblich zu vergrößern. Ein weiterer Erfolg war der Anschluß des Mamerkos, des Tyrannen von Katane. Außerdem traten die Besatzungen vieler ostsizilischer Kastelle auf seine Seite.

Dionysios war durch die Erfolge des Timoleon derart beeindruckt, daß er sich zur Übergabe der Nesos entschloß (345/44). Innerhalb von

50 Tagen hatte Timoleon die militärischen und politischen Verhältnisse Siziliens in einer vorher kaum für möglich gehaltenen Weise verändert.

Die Korinthier sahen nunmehr, daß die Chancen einer erfolgreichen Durchführung der sizilischen Expedition gestiegen waren, und ließen daher weitere zehn Schiffe – und überdies neue finanzielle Mittel – in Richtung Sizilien abgehen. Die korinthische Flottille kam jedoch zunächst nur bis Thurioi, da die karthagische Flotte das Übersetzen nach Sizilien verhinderte.

In Syrakosai erzielte Hiketas keine Fortschritte. Ein Attentat auf Timoleon, der sich damals in Adranon aufhielt, schlug fehl. In dieser Situation glaubte der Tyrann nur noch durch einen verstärkten Einsatz karthagischer Kräfte eine Wende herbeiführen zu können. Auf seine Bitte hin lief die gesamte karthagische Flotte in den Großen Hafen von Syrakosai ein und bezog das karthagische Heer in der Stadt Quartier. In der Tat gerieten die Truppen des Timoleon, die auf der Nesos belagert wurden, bald in eine bedrängte Situation, doch gelang es ihnen immer noch, von der Nachschubbasis Katane aus die Versorgung notdürftig aufrechtzuerhalten. Daher beschlossen Hiketas und Mago, den Versuch zu unternehmen, sich Katanes zu bemächtigen. Sie segelten mit den Eliteeinheiten von Syrakosai ab. Diesen Umstand nützte Neon, der Befehlshaber der Belagerten. Er wagte einen Ausfall und eroberte die Achradina. Auf die Nachricht von diesem Rückschlag kehrten Hiketas und Mago zurück – und begingen damit aller Wahrscheinlichkeit nach einen schweren strategischen Fehler.

Einen weiteren Mißgriff tat der – dem Mago offensichtlich untergeordnete – Admiral Hanno. Statt die korinthischen Verstärkungen am Betreten Siziliens zu hindern, versuchte er, die Widerstandskraft der auf der Nesos eingeschlossenen Feinde dadurch zu brechen, daß er ihnen einen vollständigen Sieg über ihre Landsleute vorgaukelte. Inzwischen setzten die Korinthier nach Sizilien über. Timoleon zog die neuen Truppen an sich und eroberte mit ihrer Hilfe Messana (344/43). Danach marschierte er nach Syrakosai, um dort die Entscheidung zu suchen.

Die Erfolge des Timoleon, der sicherlich eifrig mit der Freiheitsparole arbeitete, sind nicht weniger erstaunlich als die Mißerfolge des Hiketas. Dem Syrakosier war es offensichtlich nicht gelungen, die Kräfte, die ihm zunächst zur Verfügung gestanden waren, zusammenzufassen und gegen den Korinthier zu führen. Dennoch war seine Lage bis zu diesem Zeitpunkt keinesfalls aussichtslos. Da geschah das Unerwartete: Mago zog die gesamten Streitkräfte von Syrakosai ab und segelte in das Gebiet der karthagischen Epikrateia. Die Gründe, die Mago dazu bestimmt haben, seinen syrakosischen Bundesgenossen zu verlassen, sind uns nicht bekannt. Die Gegner der Karthager konnten sich seinen Entschluß nur mit der Annahme erklären, er habe sich – aus Furcht vor der wachsenden Macht des Timoleon – zu einer unüberlegten Handlung hinreißen lassen. Wahrscheinlich aber rechnete Mago damit, daß sich die beiden griechischen Gegner entweder einen erbitterten Kampf liefern oder – und dies war eher zu erwarten – ein Abkommen treffen würden. Im einen Fall würde – so legte sich Mago wohl die Dinge zurecht – auch der Sieger geschwächt aus der Auseinandersetzung hervorgehen, im anderen Fall würde eine für die karthagischen Truppen nicht ungefährliche Situation entstehen. Jedenfalls nahm er Fraternisierungstendenzen, die bei Soldaten der griechischen Heere zu beobachten waren, zum Anlaß, um gegenüber Hiketas den Abzug der karthagischen Truppen zu rechtfertigen. Der Usurpationsversuch, den ein gewisser Hanno – vielleicht! – zu dieser Zeit in Karthago unternahm, spielte beim Entschluß des Mago kaum eine Rolle.

Kurze Zeit nach dem Abzug des Mago brachen die Truppen des Timoleon den Widerstand der Truppen des Hiketas und bemächtigten sich der ganzen Stadt (344/43). Zum Zeichen der Wiederherstellung der Demokratie ließ der Sieger die Burg schleifen und alle anderen Bauwerke, die an die Herrschaft der Tyrannen erinnerten, zerstören, nur die Statue des Himera-Siegers Gelon soll – aus propagandistischen Gründen – vor der Zerstörung bewahrt worden sein.

Timoleon hatte zwar den Auftrag, den ihm die demokratische „Partei" der Syrakosier erteilt hatte, erfüllt. Doch konnte er seine politischen Pläne nicht auf das Gebiet begrenzen, das von den Stadtmauern von Syrakosai eingeschlossen wurde – dies schon deswegen nicht, weil Hiketas, der sich mit einer beträchtlichen Streitmacht nach Leontinoi zurückgezogen hatte (344/43), eine latente Gefahr für das demokratische Syrakosai darstellte. Er unternahm daher im Jahre 343 den Versuch, Leontinoi in seine Gewalt zu bekommen. Es gelang ihm nicht.

In Engyon hatte Timoleon größeren Erfolg. Leptines, der Tyrann von Engyon und wohl der Verbündete des Hiketas, erklärte sich zur Übergabe der Stadt bereit. Auch Apollonia – diese Stadt war ebenfalls unter der Herrschaft des Leptines gestanden – öffnete dem Korinthier die Tore. Ein verzweifelter Versuch des Hiketas, die Abwesenheit des Timoleon von Syrakosai durch einen Angriff auf die Stadt zu nützen, brachte keinen Erfolg (343/42). Einige Zeit später stimmte Hiketas einem Abkommen mit Timoleon zu, in dem ihm gestattet wurde, als Privatmann in Leontinoi zu leben.

In Karthago stieß das Verhalten des Mago auf heftige Kritik. Mago hatte in den Augen seiner Kritiker nicht nur keinen Erfolg gehabt, sondern auch das Vertrauen faktischer und potentieller Partner in die karthagische Bündnistreue stark erschüttert. Außerdem war er nicht in der Lage, den Raubzügen des Timoleon, die dieser zur Auffüllung der Kriegskasse in der karthagischen Epikrateia durchführen ließ, wirkungsvoll entgegenzutreten. Und schließlich konnte er nicht verhindern, daß Timoleon auch im karthagischen Gebiet Siziliens beträchtliche politische Erfolge erzielte. Dem Korinthier gelang es nicht nur, Entella, eine Stadt, die seit einiger Zeit von prokarthagisch orientierten Kräften beherrscht wurde, in seine Hand zu bekommen – auch elymische, sikanische und sikulische „Verbündete" waren anscheinend bereit, ihre politische Position zu überdenken. Die sikeliotischen Städte – auch die, die in der karthagischen Epikrateia lagen – schlossen sich ihm ohne Ausnahme an (343/42). Unter diesen Umständen sahen die karthagischen Politiker keine andere Möglichkeit, als der Gefahr, die von Timoleon ausging, mit einer anderen Führungsspitze und mit verstärkten Kräften zu begegnen. Sie hoben neue Truppen in Karthago und in Libyen aus und warben außerdem in ihren traditionellen Rekrutierungsgebieten Iberer, Kelten und Ligurer an.

Im Frühling des Jahres 342 setzten die karthagischen Truppen unter der Führung des Hasdrubal und des Hamilcar nach Sizilien über. Sie landeten in Lilybaion. Zusammen mit den Truppen und den Rüstungsgütern, die bereits auf der Insel stationiert bzw. deponiert waren, standen ihnen über 70000 Infanteristen, 10000 Kavalleristen, 200 Schlachtschiffe, über 1000 Lastschiffe, 10000 Kampfwagen und 10000 Zweigespanne zur Verfügung. Plutarchos behauptet, ihr Ziel sei es gewesen, „die Griechen aus ganz Sizilien zu vertreiben". Diese Behauptung wird jedoch eher auf die Aussagen zeitgenössischer oder späterer griechischer Propagandisten als auf die Absichten der karthagischen Führung zurückzuführen sein. Die wirklichen Ziele der Karthager dürften bescheidener gewesen sein: die Wiederherstellung des Zustands von 362 (?).

Über die strategischen Pläne der karthagischen Feldherrn sind wir nicht informiert. Vielleicht aber läßt sich aus der Tatsache, daß der eine der beiden Feldherrn die karthagische Armee zum Fluß Krimisos führte und von dort weiterzumarschieren beabsichtigte, schließen, daß geplant war, bei Panormos die Nordküste der Insel zu erreichen, von dort nach Messana vorzurücken und von Norden her Syrakosai anzugreifen. Ob die Flotte unter dem Kommando des anderen der beiden Feldherrn ebenfalls an der Nordküste oder aber an der Südküste vorrücken sollte, ist unbekannt.

Als in Syrakosai die Nachricht von der Ankunft der Karthager eintraf, hatte Timoleon Schwierigkeiten, eine schlagkräftige Truppe aufzustellen. Wenn auch die Behauptung des Plutarchos, nur 2000 Infanteristen und

1000 Kavalleristen („von so vielen Zehntausenden") hätten sich dem Timoleon zur Verfügung gestellt, mit Reserve aufzunehmen ist, so kann doch kein Zweifel daran bestehen, daß die Griechen zahlenmäßig den Karthagern weit unterlegen waren. Timoleon entschloß sich, die Karthager nicht bei Syrakosai zu erwarten, sondern ihnen entgegenzuziehen – angeblich, um das Land der Bundesgenossen zu schonen, vielleicht aber eher, um das Überraschungsmoment für sich auszunützen. Und dies gelang in der Tat, da die Fernaufklärung der Karthager versagte. Als am 24. Thargelion des Jahres 342 ein Teil der karthagischen Truppen über den Krimisos setzte, griff Timoleon unverhofft an und errang – trotz der zahlenmäßigen Unterlegenheit seiner Truppen – einen glänzenden Sieg. Von den 2500 Mann der „heiligen Schar" sollen alle niedergehauen worden sein. Von den übrigen auf karthagischer Seite kämpfenden Soldaten sollen über 10000 gefallen und 15000 gefangengenommen worden sein. Die Beute war reich.

Die Reste des geschlagenen karthagischen Heeres retteten sich nach Lilybaion. Angeblich wagten sie nicht, nach Afrika überzusetzen, da sie den Zorn der Götter fürchteten – vielleicht warteten sie auch nur auf neue Instruktionen. Schließlich scheinen sie doch nach Karthago zurückgekehrt zu sein.

Die Karthager besannen sich nun des Gisgo, der vielleicht der Sohn des Hanno und sicher der Bruder des Hamilcar war, die beide hingerichtet worden waren. Sie riefen ihn aus der Verbannung und ernannten ihn zum Feldherrn. Sicherlich wäre Gisgo, der mit 70 Schiffen übersetzte, auch auf dem sizilischen Kriegsschauplatz erschienen, wenn Hiketas und Mamerkos *nicht* um ein erneutes Eingreifen der Karthager gebeten hätten. Die Motive dieser Politiker sind schwer durchschaubar, doch scheint aus ihrer Handlungsweise immerhin so viel hervorzugehen, daß sie die Lage der Karthager auf Sizilien keineswegs als hoffnungslos ansahen. Dies war sie auch nicht; denn es ist zu bedenken, daß zumindest die Flotte, das wichtigste Instrument der karthagischen Kriegführung, noch völlig intakt war. Die folgenden Kämpfe waren anscheinend mehr als Nachhutgefechte zu Krimisos. Bei Messana – die Stadt sollte offensichtlich wieder auf die karthagische Seite gezogen werden – errang Gisgo einen Sieg über die Söldner des Timoleon, ebenso bei Iaitos. Dagegen erlitt Hiketas eine Niederlage am Fluß Damyrias – er wurde nicht lange danach in Leontinoi von den eigenen Soldaten dem Timoleon ausgeliefert, der ihn hinrichten ließ. Auch Mamerkos verlor die Schlacht, die am Fluß Alabos geschlagen wurde – er wurde, nachdem er sich in Messana den Truppen des Timoleon ergeben hatte, von den Syrakosiern zum Tode verurteilt.

Bald nach der Niederlage des Mamerkos am Alabos baten die Karthager um Frieden (339 ?). Offensichtlich waren sie zu der Überzeugung gelangt, daß bei einem Festhalten am ursprünglichen Kriegsziel militärische Anstrengungen zu unternehmen seien, die zum etwaigen Erfolg in keinem rechten Verhältnis stünden. Die Friedensbedingungen waren folgende: 1. Alle griechischen Städte Siziliens sind frei. 2. Die Grenze zwischen der karthagischen Epikrateia und dem sikeliotischen Gebiet wird vom Lykos (und vom nördlichen Himeras?) gebildet. 3. Wer die Absicht hat, die karthagische Epikrateia zu verlassen und nach Syrakosai zu ziehen, darf die Familie und das Vermögen mitnehmen. 4. Die Karthager gewähren den Tyrannen, die gegen Syrakosai Krieg führen, keine Unterstützung. Aus diesen Bestimmungen ist zu ersehen, daß Gisgo nicht ohne Erfolg auf Sizilien operiert hat; denn das karthagische Gebiet wurde gegenüber den Abmachungen des Jahres 362 (?) nicht verkleinert. Die Karthager hatten vor den Erfolgen des Timoleon zurückweichen müssen, doch bedeutete der Friedensschluß des Jahres 339 (?) keine wesentliche Minderung ihrer Macht. Sie werden auch die Aufbauarbeit im griechischen Teil der Insel – hier ist besonders der Wiederaufbau von Akragas und Gela zu erwähnen – keinesfalls mit Mißgunst verfolgt haben, solange sie sicher sein konnten, daß die Steigerung der wirtschaftlichen und militärischen Macht der sikeliotischen Städte nicht zu einer neuerlichen Aggression benützt werden würde.

19

DER 3. KARTHAGISCH-RÖMISCHE VERTRAG (343)

Polybios kennt keinen Vertrag, der in die Zeit zwischen dem 2. Vertrag und dem sog. Pyrrhos-Vertrag zu setzen wäre. Doch stellt Livius zum Jahr 306 fest: „Und mit den Karthagern wurde im selben Jahr der Vertrag zum dritten Mal erneuert, und ihren Gesandten, die zu diesem Zweck gekommen waren, wurden freundlich Geschenke überreicht". Livius ist also der Ansicht, daß es sich beim Vertrag des Jahres 306 um die dritte Erneuerung der karthagisch-römischen Abmachungen, d. h. um den 4. Vertrag, handelt. Ist – wie ich annehme – der 2. Vertrag im Jahre 348 geschlossen worden, muß der 3. Vertrag in der Zeit zwischen 348 und 306 geschlossen worden sein. Diese Annahme wird bestätigt durch einen Text, der sich in der Perioche des Livius findet. Es heißt dort: „Zum zweiten Mal kämpfte man gegen Pyrrhos mit zweifelhaftem Ausgang. Mit den Karthagern wurde der Vertrag zum vierten Mal erneuert." Danach betrachtet Livius den Vertrag, der zur Zeit des Pyrrhos geschlossen worden ist, als den fünften – d. h.: die beiden genannten Livius-Stellen stützen sich gegenseitig. Livius vertritt demnach die Meinung, daß in der Zeit vor dem Ausbruch des 1. Römischen Kriegs fünf karthagisch-römische Verträge geschlossen worden sind. M. E. hindert nichts daran, diese Auffassung zu übernehmen. Wenn aber in die Zeit zwischen 348 und 306 ein Vertrag zu datieren ist, dann kommt aufgrund des uns zur Verfügung stehenden Materials nur das Jahr 343 in Frage; denn zu diesem Jahr berichtet Livius u. a.: „Und der Ruhm dieses Ereignisses [gemeint ist der Sieg der Römer über die Samniten bei Suessula] blieb nicht allein auf Italien beschränkt – nein, auch die Karthager schickten Gesandte nach Rom, um mit dem Geschenk eines goldenen Kranzes zu gratulieren, der im Tempel des Iuppiter aufbewahrt werden sollte; er besaß ein Gewicht von 25 Pfund." Sicherlich – vom Abschluß eines Vertrags ist hier nicht ausdrücklich die Rede. Doch ist die Annahme nicht abwegig, daß die Karthager diese Gelegenheit benützten, um die alten Bindungen vertraglich zu festigen, zumal ja in Rechnung zu stellen ist, daß sie zu dieser Zeit auf Sizilien mit enormen Schwierigkeiten zu kämpfen hatten, da ihnen der Korinthier Timoleon hart zusetzte. In dieser Situation empfahl es sich, freundschaftliche Beziehungen zu vertiefen, wo immer dies möglich war. Daher scheint mir der Ansatz des 3. Karthagisch-römischen Vertrags ins Jahr 343 – faute de mieux – am ehesten das Richtige zu treffen. Inhaltlich wird sich dieser Vertrag – wenn überhaupt eine Neufassung vorgenommen worden ist – kaum wesentlich von dem des Jahres 348 unterschieden haben.

20

KARTHAGO UND DIE DURCH ALEXANDROS D. GR. VERÄNDERTE WELT

Alexandros der Große (336–323) führte für die Länder, die zwischen dem Adriatischen Meer und dem Indischen Ozean lagen, eine neue Zeit herauf. Der Schatten des großen Makedonen fiel jedoch auch auf viele Länder, die außerhalb dieses Bereichs lagen. So war auch für Karthago in mancher Hinsicht eine neue Situation entstanden.

Daß sich die Gewichte im östlichen Mittelmeer gewaltig zugunsten der griechischen Kultur in ihrer hellenistischen Form verschieben würden, ahnten wohl alle Karthager, als sie erfuhren, daß Alexandros 332 Tyros, die Mutterstadt, eingenommen und zerstört hatte. Die Karthager hatten sich vor der Zerstörung von Tyros zwar bereit erklärt, die Kinder, Frauen und Alten der Tyrier in ihrer Stadt aufzunehmen, waren aber nicht dazu zu bewegen gewesen, militärische Hilfe zu leisten, obwohl die Tyrier darum gebeten zu haben scheinen. Das Abenteuer einer militärischen Intervention erschien ihnen wohl zu riskant. Sie werden sich in ihrer Meinung bestätigt gesehen haben, als sie zur Kenntnis nehmen mußten, daß Ägypten, die 6. Satrapie des persischen Reichs, dem makedonischen König im gleichen Jahr 332 in die Hände gefallen war. Als im nächsten Jahr Alexandros mit den griechischen Städten der Kyrenaia einen Vertrag über Freundschaft und Bundesgenossenschaft schloß, war Makedonien fast schon zum Nachbarn Karthagos geworden. Ob der makedonische König im Jahre 331 konkrete Vorstellungen über die künftigen Beziehungen Makedoniens zu Karthago hatte, wissen wir nicht. Daß aber auf dem langen und beschwerlichen Weg von Alexandreia zur Oase Siwa und zurück nach Alexandreia gelegentlich das Wort „Karthago“ durch seinen Kopf geisterte, ist einigermaßen wahrscheinlich. Doch riefen die drängenderen Aufgaben Alexandros zunächst in den Osten.

Von konkreten Plänen des Königs gegenüber Karthago verlautet erst etwas aus der Zeit nach dem Abschluß des Indienfeldzugs. Im Jahre 324/23 plante Alexandros u. a., eine Flotte von 1000 Schlachtschiffen in Syrien, Phoinikien, Kilikien und auf Zypern auf Kiel zu legen – er beabsichtigte, mit Hilfe dieser Flotte die Länder des westlichen Mittelmeerbeckens, vor allem Karthago, zu erobern. Auch eine bis zu den Säulen des Herakles führende nordafrikanische Küstenstraße wurde projektiert.

Daß die von Alexandros ausgehende Bedrohung der Existenz des karthagischen Staates von den Karthagern auch als solche erkannt wurde, dafür mag als Beweis die karthagische Gesandtschaft dienen, die aller Wahrscheinlichkeit nach bei Alexandros eintraf, als dieser sich auf dem Weg von Ekbatana nach Babylon befand. Und dies mag auch die von Frontinus, Iustinus und Orosius tradierte Erzählung illustrieren, die besagt, daß der Karthager Hamilcar im Auftrag der karthagischen Behörden bis in die Umgebung des Königs vordrang und dort erfolgreich Spionage trieb.

Mit der Inbesitznahme Ägyptens durch den Satrapen Ptolemaios, der den Satrapen Kleomenes ablöste, änderte sich die Lage insofern, als Ptolemaios Ägypten nicht als eine der vielen Satrapien des makedonischen Reichs ansah, sondern als sein ureigenes Herrschaftsgebiet, in dem er mehr und mehr in die Rolle eines Pharao hineinwuchs. Der Tod des makedonischen Königs hatte in Karthago sicher ein Gefühl der Erleichterung ausgelöst, doch sollte sich bald zeigen, daß auch der neue Satrap Ägyptens für Karthago kein angenehmer Gesprächspartner war.

Das Feld, auf dem die divergierenden Interessen aufeinandertrafen, war die Kyrenaia. In Kyrene waren in der Zeit nach dem Tod des Alexandros heftige Unruhen ausgebrochen. Oligarchen und Demokraten kämpften um die Macht in der Stadt. Der zunächst auf Kyrene beschränkte innenpolitische Kampf weitete sich bald zu einer militärischen Auseinandersetzung der gesamten Kyrenaia aus, da die kyrenaiischen Verbannten die Unterstützung des spartanischen Freibeuters Thibron fanden. In ihrer Bedrängnis riefen die Kyrenaier Libyer und Karthager zu Hilfe, und beide sagten zu. Die Karthager scheinen die Kyrenaier unterstützt zu haben, um eine Militärdiktatur des Thibron zu verhindern. Darüber hinaus werden sie sich von einer Wiederherstellung der früheren Verhältnisse die Schaffung einer Pufferzone zwischen karthagischem und ägyptischem Gebiet erhofft haben. Die Interessen Karthagos und Kyrenes lagen damals auf derselben Linie. Einige kyrenaiische Münzen, die bezeichnenderweise die Aufschrift ΚΥΡΑΝΑΙΩΝ („[Prägung] der Kyrenaier") – nicht die Legende ΔΑΜΩ ΚΥΡΑΝΑΙΩΝ („[Prägung] des Demos der Kyrenaier") – tragen und auf deren Rückseite die kyrenaiische Silphionstaude zusammen mit der karthagischen Palme dargestellt ist, scheinen in diese Zeit der Zusammenarbeit Kyrenes mit Karthago zu datieren zu sein. Die Niederlage der kyrenaiisch-karthagisch-libyschen Koalition gegen Thibron begrub jedoch alle Hoffnungen der Verbündeten.

Da trat eine überraschende Wendung ein. In dem von Thibron belagerten Kyrene brach erneut eine Revolution aus, die die Demokraten ans Ruder brachte. Ein Teil der geflüchteten Oligarchen wandte sich an Ptolemaios mit der Bitte um Rückführung nach Kyrene. Diese Gelegenheit benützte der Satrap, um starke Truppenverbände unter der Führung des Makedonen Ophellas in die Kyrenaia zu entsenden. Ophellas gelang es, Ruhe und Ordnung wiederherzustellen. Diodoros stellt dazu lakonisch fest: „Die Kyrenaier und die umliegenden Städte verloren auf diese Weise ihre Freiheit und gerieten unter die Herrschaft des Ptolemaios." Seit dieser Zeit war Ägypten unmittelbarer Nachbar Karthagos geworden. Damit war sicherlich die in den Augen der Karthager am wenigsten wünschenswerte Lösung des kyrenaiischen Problems Wirklichkeit geworden. Die Karthager fügten sich aber in die neuen Verhältnisse. Solange es in Libyen nicht um „karthagische" Kerngebiete ging – dies scheint in den nächsten Jahren der wichtigste Grundsatz der karthagischen Ostpolitik gewesen zu sein –, war Karthago nicht willens, in eine totale Konfrontation mit Ägypten einzutreten. Außerdem bedurften die sizilischen Verhältnisse der besonderen Aufmerksamkeit der karthagischen Regierung.

Es stellt sich nunmehr die Frage, ob sich die Politik, die der neue Nachbar Karthagos gegenüber Karthago verfolgte, zumindest in ihren Grundzügen erfassen läßt. Hier hilft möglicherweise eine Notiz Strabons weiter. Strabon schreibt: „Nach dem See [gemeint ist der See von Tauorga] taucht die Ortschaft Aspis auf, die zugleich der schönste Hafen an der Syrte ist. Ganz in der Nähe liegt Euphrantas Pyrgos, der Grenzpunkt zwischen dem ehemals karthagischen Gebiet und der Kyrenaia, als diese sich unter der Herrschaft des Ptolemaios befand." An dieser Stelle ist deutlich ausgesprochen, daß zu der Zeit, als sich die Herrschaft des Ptolemaios – niemand zweifelt daran, daß es sich um Ptolemaios I. handelt – über die Kyrenaia erstreckte, die Grenze zwischen dem karthagischen und dem ptolemaiischen Gebiet nicht, wie meist, bei Philainon Bomoi, sondern bei Euphrantas Pyrgos, etwa 200 km weiter westlich, verlief. Wann und warum war der Einfluß Karthagos im Gebiet der Großen Syrte zurückgedrängt worden? Zur Beantwortung dieser Fragen ist zunächst darauf hinzuweisen, daß nach dem Bericht des Arrianos eine der Bestimmungen des Friedensvertrags von Triparadeisos – die Konferenz von Triparadeisos fand wahrscheinlich im Jahre 320 statt – Folgendes besagte: „Dem Ptolemaios solle gehören: Ägypten und Libyen [gemeint ist wohl die Kyrenaia] und der größte Teil des jenseits von diesem Gebiet liegenden Landes und was er etwa in Richtung Sonnenuntergang als speererworbenes Land hinzugewinnen werde." Deutlich sind hier vier Kategorien von Territorien unterschieden: 1. Ägypten, 2. die Kyrenaia, 3. ein Gebiet, das jenseits der Kyrenaia liegt, aber bereits im Jahre 320 zum Herrschaftsgebiet des Ptolemaios gehört, und 4. das Gebiet, das Ptolemaios erst in der Zukunft erobern wird. Damit ist klar ausgesprochen, daß bereits im Jahre 320 ein Territorium unter ptolemaiischer Herrschaft stand, das jenseits von Philainon Bomoi lag – und wer möchte nunmehr daran zweifeln, daß dies der Küstenstrich zwischen Philainon Bomoi und Euphrantas Pyrgos war? Allerdings läßt sich kaum entscheiden, auf welchem Weg dieses karthagische Gebiet unter ptolemaiische Herrschaft gekommen ist. Doch mag hier die Feststellung der Tatsache genügen, daß Ptolemaios im Jahre 322 eindeutig eine expansive – um nicht zu sagen: imperialistische – Haltung gegenüber dem karthagischen Nachbarn eingenommen hat.

(Welches Interesse war mit dem landwirtschaftlich kaum nutzbaren Küstenstrich zwischen Philainon Bomoi und Euphrantas Pyrgos verbunden? Der Küstenstrich selbst hatte kaum nennenswerte Bedeutung – die drei einzigen größeren Städte zwischen der Großen und der Kleinen Syrte, Leptis, Oea und Sabratha, lagen alle westlich von Euphrantas Pyrgos. Was diesen Küstenstrich – von seiner logistischen Bedeutung im Hinblick auf einen gegen Karthago gerichteten Feldzug einmal abgesehen – in den Augen des Ptolemaios als nicht uninteressant erscheinen lassen konnte, war vielleicht der Endpunkt des Küstenstrichs: Euphrantas Pyrgos; denn von hier aus konnte man ohne allzu große Schwierigkeiten in das Gebiet der Dschofra-Oasen und von dort in den Fezzan gelangen – vom Fezzan führte dann der uralte Handelsweg in das Herz Afrikas, zum Tschadsee. Im Fezzan selbst wurden vor allem zwei Dinge gewonnen: Gold und Edelsteine. Das Interesse Ptolemaios' I. am Saharagold wird vor allem dann verständlich, wenn man bedenkt, daß dieser Herrscher – soweit wir wissen – nicht über den ersten Katarakt nach Süden vorgedrungen ist, um sich Zugang zu den Goldgruben des Wadi Allaqi zu verschaffen. Dies geschah erst zur Zeit Ptolemaios' II.

Daß es in den Jahren nach 322 zu keiner Zuspitzung der Beziehungen zwischen Karthago und Ägypten gekommen ist, wird nicht zuletzt daran gelegen sein, daß Ptolemaios zu einer Reihe von Auseinandersetzungen mit seinen makedonischen Rivalen gezwungen war – in nicht weniger als fünf Koalitionskriegen (320, 318/17, 315–311, 302/1, 288–286) spielte er eine zentrale Rolle, von den anderen diplomatischen und militärischen Aktivitäten auf Zypern, in Syrien, in Phoinikien, an der südlichen und westlichen Küste Kleinasiens und im griechischen Mutterland einmal abgesehen. Doch dürfen diese nicht mit Karthago in Zusammenhang stehenden Aktivitäten nicht darüber hinwegtäuschen, daß Ptolemaios – jedenfalls bis zum Jahr 320 und zumindest grundsätzlich – eine antikarthagische Haltung eingenommen hat. Wäre dies nicht der Fall gewesen, wäre es unverständlich, daß im Frieden von Triparadeisos ausdrücklich festgelegt wurde, Ptolemaios sollten alle Gebiete zufallen, die „er etwa in Richtung Sonnenuntergang als speererworbenes Land hinzugewinnen werde". Daß dieser Passus in den Friedensvertrag aufgenommen wurde, geht sicherlich auf die Initiative Ptolemaios' I. zurück, der als Sieger aus dem 1. Koalitionskrieg hervorgegangen war. Der Lagide gewann dadurch eine vertraglich gesicherte Rückenfreiheit bei künftigen antikarthagischen Aktivitäten. Die Westpläne des Alexandros waren noch nicht völlig ad acta gelegt.)

Nach dem Erfolg des Jahres 322 blieb Ophellas als Provinzstatthalter des Ptolemaios in der Kyrenaia zurück. In Kyrene baute er sich – wahrscheinlich im Jahre 309 – eine von Ptolemaios unabhängige Stellung auf. Bemerkenswert ist, daß auch er, der einer der „Gefährten" des Alexandros gewesen war, die alexandrische Westpolitik – wenn auch in einem bescheideneren Rahmen – weiterverfolgt hat. Im Jahre 308 endeten diese politischen Träume mit seinem tragischen Ende vor den Mauern Karthagos.

In den ersten Jahren des 3. Jh. gab Ptolemaios I. dem Agathokles, dem „bevollmächtigten Feldherrn" von Syrakosai, der im Jahre 304 den Königstitel angenommen hatte, die Hand seiner Tochter oder Stieftochter Theoxene. Was hat Ptolemaios mit dieser Verbindung zu erreichen versucht? Denn daß diese Heirat – wie fast alle anderen dynastischen Verbindungen dieser Zeit – ein politisches Ziel verfolgt hat, ist so gut wie sicher. Mir scheint, die Zusammenarbeit des Ptolemaios mit Agathokles ist zustande gekommen „vielleicht im Hinblick auf den gemeinsamen Gegensatz zu Karthago, dessen Nachbar der Lagide nach dem Tod des Ophellas wieder geworden war" (Berve). Diese Annahme wird durch eine Notiz des Diodoros gestützt, nach der Agathokles während der letzten Jahre seines Lebens – Agathokles starb im Jahre 289 – zu einem neuen großangelegten Feldzug gegen Karthago gerüstet hat.

Überblicken wir alle Zeugnisse, die die Politik Ptolemaios' I. gegenüber Karthago beleuchten, so können wir kaum daran zweifeln, daß Ptolemaios I. seine antikarthagische Politik niemals aufgegeben hat, wenngleich es – abgesehen vielleicht von den mit „Euphrantas Pyrgos" stichwortartig genannten Ereignissen – zu direkten militärischen Auseinandersetzungen aus verschiedenen Gründen nicht gekommen ist.

Die Karthager begegneten dieser gefährlichen, ausgreifenden Politik mit der Haltung der Defensive. Sie hatten im Osten keine territorialen Interessen und waren sogar bereit, auf den erwähnten Küstenstrich –

zeitweilig – zu verzichten, wenn dadurch die Gier des ptolemaiischen Raubtiers gestillt werden konnte. Im übrigen war es auch einer Großmacht wie Karthago kaum möglich, sich sowohl auf Sizilien als auch im Bereich des östlichen Mittelmeers militärisch zu engagieren, zumal fortwährend die Gefahr bestand, daß sich die hellenistischen Mächte – oder doch ein Teil der hellenistischen Mächte – zu einer gegen Karthago gerichteten Koalition zusammenfinden würden. Unter diesen Umständen war es das Klügste, sich aus den Händeln der östlichen Mächte herauszuhalten und sich dem Ausbau des Reichs im Bereich des westlichen Mittelmeers zu widmen.

21

DIE AUSEINANDERSETZUNGEN MIT DEN GRIECHEN IN DER ZEIT DES AGATHOKLES

Die letzten Jahrzehnte des 4. Jh. waren in Karthago von lebhaften innenpolitischen Auseinandersetzungen erfüllt, die durch die Rivalitäten der herrschenden Familien hervorgerufen wurden. Die politisch brisanten Situationen, die aus diesem Grunde entstanden, wurden verschärft durch Revolten der afrikanischen Nachbarn. Zu diesen Schwierigkeiten traten schließlich militärische Niederlagen auf dem sizilischen Kriegsschauplatz, ja auf dem Boden Afrikas. Zum ersten Mal in der Geschichte Karthagos standen griechische Truppen vor den Mauern der Stadt. Nicht mehr und nicht weniger als die Existenz des karthagischen Staates stand auf dem Spiel.

Die militärische Bedrohung des karthagischen Staates ging im wesentlichen von einem Mann aus, der als Sohn eines rheginischen Exilierten in Therma, einer Stadt der karthagischen Epikrateia, geboren worden war, der später das syrakosische Bürgerrecht erhalten hatte und der in Syrakosai vom Töpfer zu einem der reichsten Männer der Stadt aufgestiegen war: von Agathokles, dem Sohn des Karkinos. Seine ersten militärischen Sporen hatte sich der junge Mann in den Kämpfen verdient, die die Syrakosier gegen die Akragantiner und die Bruttier geführt hatten. Nach einem Zerwürfnis mit den syrakosischen, oligarchisch gesinnten Feldherrn Sosistratos und Herakleides hatte er sein militärisches und politisches Glück in Kroton, Taras und Rhegion versucht. Als jedoch in Syrakosai die demokratische „Partei" über die oligarchische „Partei" gesiegt hatte, war er dorthin zurückgekehrt.

Die Karthager wurden deswegen in den Kampf der syrakosischen Gruppen hineingezogen, weil sie von den verbannten Oligarchen, die vorwiegend in Gela Aufnahme gefunden hatten, um Unterstützung gebeten worden waren und sich deren Bitte nicht verschließen zu können glaubten. Es war das erste Mal, daß sich die Karthager dazu bereit erklärten, eine politische Gruppe einer griechischen Stadt im Kampf um die Wiedereinsetzung in die früheren Rechte aktiv zu unterstützen. Es scheint, daß sich die führenden Männer Karthagos von einer Zusammenarbeit mit den oligarchischen „Kollegen" von Syrakosai größere Vorteile versprachen als von einer Unterstützung der Führer der demokratischen „Partei". Die syrakosischen Oligarchen dürften weit eher an einer Politik der friedlichen Koexistenz gegenüber dem karthagischen Nachbarn interessiert gewesen sein als der unruhige Demos. Im übrigen müssen zu dieser Zeit – um das Jahr 322 – die Kräfte in Karthago die Oberhand gewonnen haben, die der Ansicht waren, eine interventionistische Politik diene eher den karthagischen Interessen als eine defensive Politik. Betrieben die Karthager zu dieser Zeit doch auch in der Kyrenaia – jedenfalls zunächst – eine risikofreudige Politik!

In den folgenden sizilischen Kämpfen – die Kämpfe wurden teilweise bei Gela ausgetragen – konnte keine der beiden Seiten eine Entscheidung herbeiführen. Erst nachdem der Korinthier Akestoridas – gemäß dem Beschluß, der zur Zeit des Timoleon gefaßt worden war – zum Feldherrn gewählt und im Sinne seines Auftrags tätig geworden war, wurde eine Lösung der innenpolitischen Krise von Syrakosai gefunden. Diese Lösung entsprach eher den Erwartungen der Oligarchen. Voraussetzung für das Zustandekommen dieser Regelung war allerdings der Abschluß eines Friedensvertrags mit den Karthagern. Der Inhalt des Vertrags ist nicht überliefert. Doch wird man annehmen dürfen, daß die Karthager die Restituierung der früheren Rechte und des früheren Besitzes der Oligarchen, die Zusage einer karthagofreundlichen Politik und – vielleicht – die Zahlung von Reparationskosten verlangten, jedoch keine neuen Gebietsforderungen stellten.

Die Karthager hatten ihr Ziel erreicht. Doch sollte sich bald herausstellen, daß sie sich ihres Sieges nicht lange erfreuen konnten, da Agathokles, der in den vorangegangenen Kämpfen zwar nicht das Amt eines Feldherrn innegehabt hatte, der aber doch an der Organisation des antioligarchischen Widerstands maßgeblich beteiligt gewesen war, noch vor dem Zustandekommen der Friedensregelung Syrakosai verlassen, sich ins Landesinnere zurückgezogen und sich in Morgantina eine militärische Machtstellung aufgebaut hatte, von der aus er nicht nur den Syrakosiern, sondern auch den Karthagern zusetzte. Nach der Einnahme von Leontinoi wagte er sogar, Syrakosai zu belagern. Oligarchische Politiker werden es gewesen sein, die den karthagischen Feldherrn Hamilcar baten, er möge Truppen nach Syrakosai schicken, die die Aufhebung der Belagerung durchsetzen sollten. Als Agathokles die Aussichtslosigkeit seines Unternehmens erkannte, bat er Hamilcar, zwischen ihm und den Syrakosiern zu vermitteln. Und in der Tat kam etwa im Jahre 319/18 eine Einigung zwischen beiden Parteien zustande. Es ist keineswegs unwahrscheinlich, daß Agathokles bei dieser Gelegenheit sich verpflichten mußte, in Zukunft keine antikarthagische Politik zu treiben. Hamilcar wird diese feierliche Versicherung als Preis für seine Vermittlertätigkeit verlangt haben. Wahrscheinlich mußte Agathokles auch seinen innenpolitischen Gegnern gewisse Zusicherungen geben – sonst wären diese kaum bereit gewesen, den geplanten Vereinbarungen zuzustimmen.

Wiederum schienen die Karthager einen Erfolg ihrer Sizilienpolitik verbuchen zu können. Und wiederum zeigte es sich bereits nach wenigen Jahren, daß sie die Situation falsch eingeschätzt hatten, weil sie Agathokles falsch eingeschätzt hatten. Bereits nach kurzer Zeit war es dem unternehmungsfreudigen Politiker gelungen, seine Wahl zum Feldherrn und „Wächter des Friedens" (Diodoros) zu bewerkstelligen und aufgrund dieser Ämter eine beherrschende Stellung in der von innenpolitischen Auseinandersetzungen geschüttelten Stadt Syrakosai einzunehmen. Allzu ehrgeizige Pläne konnte er jedoch noch nicht in die Tat umsetzen, da bisher auch das oligarchische Gremium der Sechshundert über eine starke Position verfügte. Im Jahre 316/15 endlich schob Agathokles die letzten Hindernisse auf dem Weg zur Tyrannis beiseite. In einem blutigen Staatsstreich – an einem Tag sollen mehr als 4000 Syrakosier umgebracht worden sein – ergriff er die Macht. Nach einem großartigen Auftritt in der Volksversammlung ließ er sich zum „bevollmächtigten Feldherrn" wählen und übernahm den „Schutz der Stadt" (Diodoros). Die Karthager werden die Vorgänge in Syrakosai aufmerksam verfolgt haben, konnten jedoch keine diplomatischen Schritte gegen das Vorgehen des Agathokles unternehmen, da die Gestaltung der innenpolitischen Verhältnisse von Syrakosai kaum Gegenstand eines gültigen karthagisch-syrakosischen Vertrags war. Selbst als der Tyrann Heer und Flotte aufrüstete und Städte und Plätze des Landesinnern unterwarf, konnten die Karthager keinen Einspruch erheben, da in dem wohl immer noch gültigen Timoleon-Vertrag nur die Freiheit griechischer, nicht auch sikulischer Städte vereinbart war.

Anders stellte sich die Lage einige Zeit später – im Jahre 315/14 – dar. Agathokles, der in der Zwischenzeit die militärische Basis seiner Macht erheblich verbreitert hatte, wagte nunmehr, auch gegen griechische Städte vorzugehen. Er besetzte ein Kastell, das zu Messana gehörte, und erpreßte von den Messaniern für die Rückgabe des Kastells 30 Talente. Doch gab er nicht nur das Kastell nicht zurück, sondern versuchte sogar, die ihm günstig erscheinende Gelegenheit beim Schopf zu packen und sich der Stadt Messana selbst zu bemächtigen. Da dieser Versuch fehlschlug, segelte er zu dem messanischen Kastell Mylai, das er zur Übergabe zwang. Im Sommer des Jahres 314 unternahm er einen erneuten Versuch, Messana zu erobern. Doch erschienen während der

Belagerung – von den Messaniern gerufen? – karthagische Gesandte, die ihn auf die Vertragswidrigkeit seines Tuns hinwiesen. Sie zwangen Agathokles, mit den Messaniern einen Friedensvertrag zu schließen und Mylai zurückzugeben. Der Tyrann sah im Augenblick keine Möglichkeit, seine Pläne weiterzuverfolgen, und wich daher vor dem Willen Karthagos zurück. Spätestens seit den beiden Belagerungen von Messana werden sich viele karthagische Politiker bezüglich der Gefährlichkeit des Unruhe stiftenden syrakosischen Tyrannen keinen Illusionen mehr hingegeben haben.

Eine neue Entwicklung schien sich auf Sizilien anzubahnen, als die in Akragas lebenden syrakosischen Exulanten im Jahre 314/13 die Initiative ergriffen und die Städte Akragas, Gela und Messana für den Abschluß einer gegen Agathokles gerichteten Koalition gewannen. Aus Furcht, ein siegreicher Feldherr werde sich zum Tyrannen aufschwingen, baten die dorischen Städte die Spartaner um die Entsendung eines Feldherrn. Akrotatos, der Sohn des Königs Kleomenes, fand sich bereit, den Auftrag – wenn auch ohne Billigung der Ephoren – zu übernehmen. Auch die Tarantiner sagten – auf Bitten des Akrotatos – ihre Unterstützung zu. Schwerwiegende Differenzen führten jedoch nach einiger Zeit dazu, daß der Spartiate bei Nacht und Nebel Sizilien verlassen mußte. Die Tarantiner riefen daraufhin ihre Flotte zurück. Die Griechen hatten erneut bewiesen, daß sie zu einer innergriechischen Lösung ihrer Probleme nicht fähig waren.

Die Alliierten sahen sich nunmehr gezwungen, Hamilcar zu bitten, zwischen ihnen und Agathokles zu vermitteln. Man könnte sich fragen, warum sie nicht früher die Karthager eingeschaltet hatten. Zum einen werden sie davon ausgegangen sein, daß sich die Karthager nicht zu offensiven militärischen Aktionen gegen Agathokles verstehen würden, solange der syrakosische Tyrann nicht offensichtlich gegen bestehende Verträge verstoßen hatte, und zum anderen werden sie aus „nationalen" Gründen bestrebt gewesen sein, eine Lösung der politischen Fragen des griechischen Sizilien mit griechischen Kräften zu erstreben – ihre Gegner sollten möglichst nicht in die Lage versetzt werden, sie dem Vorwurf der Zusammenarbeit mit den „Barbaren" auszusetzen. Die wesentlichen Punkte der von Hamilcar vermittelten Vereinbarung zwischen den Alliierten und Agathokles sahen Folgendes vor: 1. Die griechischen Städte Himera, Selinus und Herakleia gehören – wie bisher – zum karthagischen Herrschaftsbereich. 2. Die übrigen griechischen Städte sind autonom. 3. Die Syrakosier – nicht Agathokles! – besitzen die Hegemonie über die unter 2) genannten Städte. Die Hegemonie-Klausel ist die eigentliche Überraschung dieses Vertrags; denn Agathokles konnte diese

Klausel dazu mißbrauchen, die militärischen Kräfte der Bundesgenossen seinen Zielen dienstbar zu machen – offensichtlich gelang ihm mit der Aufnahme dieses Punktes in den Vertragstext ein bedeutender Erfolg. Weniger erstaunlich ist, daß sich Hamilcar nochmals ausdrücklich bestätigen ließ, daß Himera, Selinus und Herakleia zur karthagischen Machtsphäre gehörten, obwohl er doch Mittler, nicht Partner des Vertrags war. Er hielt es wohl für klug, die karthagischen Besitzansprüche vor allen Mißdeutungen zu schützen. Das Problem der syrakosischen Exulanten scheint im Vertrag nicht berührt worden zu sein.

Die Macht des Agathokles erweiterte sich – erwartungsgemäß, bedenkt man die Hegemonie-Klausel – zusehends. Die Kräfte vieler Bundesgenossen, die Vorteile reicher Einkünfte und die Kampfkraft starker Truppen standen ihm zu Gebote. Und er rüstete weiter auf – angeblich, weil er einen Angriff der Karthager befürchtete. In der Tat waren in Karthago hitzige Diskussionen ausgebrochen, die schließlich zu einem Verweis für den Vermittler des zwischen den Alliierten und Agathokles geschlossenen Vertrags führten. Diese Maßnahme war nicht unverständlich, bedenkt man, daß der genannte Vertrag offensichtlich die Position des Agathokles in einem bedeutenden Maße stärkte. Und es müssen nicht unbedingt die „Falken" gewesen sein, die auf eine Verurteilung der diplomatischen Aktivitäten des Hamilcar drängten.

Die Akragantiner und die Geloer waren in der Folgezeit anscheinend bestrebt, sich mit Agathokles zu arrangieren. Die syrakosischen Exulanten jedenfalls scheinen im Jahre 312/11 beide Städte großenteils verlassen zu haben und nach Messana gezogen zu sein, weil sie bei den Messaniern eine stärkere Unterstützung ihrer Politik zu finden hofften. Agathokles gelang es jedoch, unter Ausübung massiven Drucks das Bündnis zwischen der Stadt Messana und der syrakosischen Exilregierung zu sprengen. Die Messanier wiesen die Exulanten aus und überantworteten die Stadt dem Tyrannen. Dies hinderte ihn jedoch nicht daran, 600 messanische und tauromenitische Gegner seiner Politik abschlachten zu lassen.

Überhaupt scheint Agathokles damals gewillt gewesen zu sein, im griechischen Teil der Insel reinen Tisch zu machen, um von einer gesicherten ostsizilischen Basis aus den Krieg in die karthagische Epikrateia zu tragen. Als er aber nach Akragas zog, um aus der verbündeten eine unterworfene Stadt zu machen, mußte er feststellen, daß die verantwortlichen Politiker Karthagos nicht geschlafen, sondern seinen Weg sehr genau verfolgt hatten; denn plötzlich tauchte eine Flotte von 60 karthagischen Schiffen in der Nähe von Akragas auf, die es ihm geraten erscheinen ließ, dieses Vorhaben vorläufig zurückzustellen. Daß er aber grundsätzlich nicht mehr bereit war, karthagischem Druck zu weichen, und daß er es auf eine Herausforderung Karthagos anlegte, demonstrierte er dadurch, daß er nach dem Abbruch der Belagerung von Akragas in die karthagische Epikrateia zog, das flache Land der Plünderung preisgab und eine Reihe von Kastellen einnahm. Die Beziehungen zwischen Karthago und dem von Agathokles beherrschten Syrakosai waren damit unter den Nullpunkt gesunken.

Die sikeliotischen Exulanten, deren Anführer Deinokrates war, sahen nun keine andere Möglichkeit mehr, als den Versuch zu unternehmen, den bereits erkennbaren Einsatzwillen der Karthager zu verstärken. Sie baten die Karthager, nicht zuzulassen, daß Agathokles „ganz Sizilien" (Diodoros) – und das sollte bedeuten: auch die karthagische Epikrateia – seiner Herrschaft unterwerfe. Die Karthager, denen bereits das Vorgehen des Agathokles in ihrem Herrschaftsgebiet einen hinreichenden Anlaß zum Eingreifen bot, liefen nunmehr mit 50 Schiffen in den Großen Hafen von Syrakosai ein – Agathokles war zu dieser Zeit mit der Durchführung einer Strafaktion in Kentoripa beschäftigt. Die Besetzung des Großen Hafens hatte aber zunächst keine tiefgreifenden Auswirkungen auf den Ablauf der militärischen Ereignisse.

Auf dem strategisch wichtigen Hügel Eknomon bauten die Karthager eine Festung – vermutlich, um einen Stützpunkt zu gewinnen, von dem aus sie rasch nach Akragas und Gela, aber auch ins Landesinnere und an die Nordküste gelangen konnten. Von Eknomon aus war jedoch auch auf die ostsizilischen Verhältnisse leichter Einfluß zu nehmen als etwa von Lilybaion aus. Die Errichtung des karthagischen Brückenkopfs kam Agathokles sehr ungelegen. Er zog mit seinem ganzen Heer nach Eknomon, um die Karthager in einer entscheidenden Schlacht zu bezwingen. Doch diese stellten sich dem Kampf nicht, so daß dem Tyrannen – ein Sturm auf die Befestigungsanlagen schien wenig Erfolg zu versprechen – nichts anderes übrig blieb, als nach Syrakosai zurückzukehren. Wenn er sich zuhause als Sieger im Felde feiern ließ, dann wohl deswegen, um die Stimmung seiner Leute zu heben; denn er selbst wird am besten gewußt haben, daß bisher erst die Ouvertüre gespielt worden war.

Die Karthager waren entschlossen, im nächsten Jahr (310) aufs Ganze zu gehen. An Menschen und Material stand dem Feldherrn Hamilcar, dem Sohn des Gisgo, ursprünglich folgendes Potential zur Verfügung: 2000 Karthager, 10000 Libyer, 1000 etruskische Söldner, 1000 balearische Schleuderer, 130 Schlachtschiffe, eine große Anzahl von Lastschiffen, 200 etruskische Zweigespanne, Rüstungsgüter, Lebensmittel und Geld. Gegenüber früheren sizilischen Expeditionen war die Zahl der Kombattanten relativ klein, doch war wohl von Anfang an geplant, auf Sizilien weitere Verbände auszuheben und anzuwerben.

Bei der Überfahrt verlor Hamilcar in einem Sturm 60 Schlachtschiffe und 200 Getreideschiffe – unter den Soldaten, die über Bord gingen, befanden sich auch viele vornehme Karthager. In kurzer Zeit gelang es dem tüchtigen Feldherrn jedoch, eine Armee von etwa 40000 Infanteristen und fast 5000 Kavalleristen aus dem Boden zu stampfen. Die psychologischen Auswirkungen dieses Erfolgs waren beträchtlich.

Agathokles befürchtete den Abfall vieler Städte und Kastelle – wahrscheinlich nicht zu Unrecht. Vielleicht gehörten auch die Geloer zu denen, die auf die karthagische Seite überzugehen beabsichtigten, zumal sie mit rascher karthagischer Hilfe rechnen konnten, da Hamilcar sein Lager auf geloischem Gebiet – bei Eknomon – aufgeschlagen hatte. Um die geloischen Soldaten und das geloische Geld nicht an die Karthager zu verlieren, besetzte Agathokles mit Hilfe einer List die Stadt, ließ über 4000 Geloer hinrichten und bemächtigte sich des gesamten geprägten und ungeprägten Edelmetalls seiner Bundesgenossen. Daraufhin ließ er in der Stadt eine Besatzung zurück und schlug auf dem linken Ufer des Himeras – gegenüber von Eknomon – ein Lager auf. Ein Angriff seiner Truppen auf das Lager der Karthager endete jedoch – im Juni des Jahres 310 – mit einer fürchterlichen Niederlage. 7000 Griechen fielen. Auf karthagischer Seite hatte sich insbesondere die balearische Spezialtruppe ausgezeichnet. Von vielleicht entscheidender Bedeutung aber war die glückliche Fügung gewesen, daß während des Angriffs der Truppen des Agathokles neue karthagische Einheiten gelandet waren – die Truppen des Tyrannen waren großenteils zwischen zwei Mühlsteinen zerrieben worden.

Nach dem Sieg von Eknomon zog Hamilcar nach Gela. Dorthin hatte sich Agathokles zurückgezogen, um die karthagischen Truppen durch die Belagerung der Stadt festzuhalten – den Syrakosiern sollte Gelegenheit gegeben werden, ihre Ernte einzubringen. Hamilcar sah jedoch bald, daß Gela in kurzer Zeit nicht zu erobern war. Er bemühte sich daher, andere Städte und Kastelle auf seine Seite zu ziehen. Dies glückte ihm auch weitestgehend – anscheinend nicht nur infolge seiner militärischen Überlegenheit, sondern auch aufgrund seiner diplomatischen Gewandtheit. Die Sikelioten ließen sich unschwer von ihm gewinnen – die Alternative Agathokles war auch wenig verlockend! Die Kamarinaier, Leontiner, Katanaier, Tauromeniten, Messanier, aber auch die sikulischen Abakaininer und die Bewohner vieler anderer Städte traten auf seine Seite. Schließlich war ganz Sizilien – mit Ausnahme von Syrakosai – in karthagischer Hand.

Agathokles gelang es, nach Syrakosai zurückzukehren. Da er mit einer längerdauernden Belagerung rechnete, traf er die Vorkehrungen, die ihm ein Durchhalten zu versprechen schienen. Vielleicht bestand der entscheidende Fehler des sonst tüchtigen karthagischen Feldherrn Hamilcar darin, daß er den Rückzug des Tyrannen nach Syrakosai nicht verhinderte.

Verwegenheit und Kaltblütigkeit in einem bewies Agathokles, als er den Plan faßte und ausführte, mit den tüchtigsten seiner Soldaten nach Afrika überzusetzen, um durch einen Angriff auf das Zentrum des Gegners den Würgegriff, an dem Syrakosai zu ersticken drohte, zu lockern. Kein griechischer oder nichtgriechischer Gegner der Karthager hatte je Derartiges gewagt. In seinem Entschluß wurde er angeblich durch die Annahmen bestärkt, die Karthager seien kampfunerfahrene Leute und die afrikanischen Bundesgenossen der Karthager warteten nur auf eine Gelegenheit zur Aufkündigung des Gehorsams. Diese Hoffnungen sollten sich nur teilweise erfüllen. Natürlich fehlten auch das Überraschungsmoment und der Reichtum des Landes in seinem Kalkül nicht. Das Unternehmen, das er streng geheim hielt, bereitete er durch eine Reihe einschneidender Maßnahmen vor, die die Festigung der Treue der Stadt, die Auffüllung der Kriegskasse und die Stärkung der Kampfkraft der Truppen zum Ziel hatten: seinen Bruder Antandros ernannte er zum „Schützer der Stadt" (Diodoros), die Familien riß er – durch die Zuweisung eines Teils der Familienmitglieder zu den „Afrikakämpfern" – nach Möglichkeit auseinander, die Oppositionellen brachte er um, den Besitz der Waisen, den Schmuck der Frauen, das Vermögen der Begüterten und einige wertvolle Weihegeschenke zog er ein und den kriegsverwendungsfähigen Sklaven schenkte er die Freiheit. Da die Karthager am 14. August 310 die Hafenausfahrt von Syrakosai nicht bewachten – sie waren mit allen ihren Schiffen einer sich der Stadt nähernden Getreideflotte entgegengefahren –, gelang es Agathokles, mit 60 Schiffen aus dem Hafen auszufahren und Kurs auf Afrika zu nehmen. Die karthagische Flotte nahm sofort die Verfolgung auf, bekam aber erst nach einer Fahrt von sechs Tagen und sechs Nächten die syrakosische Flotte – bei Tagesanbruch – zu Gesicht. Mit Mühe gelang Agathokles die Landung bei den sog. Steinbrüchen, die sich südwestlich des Kaps Bon befanden. Um die Kampfbereitschaft der Soldaten zu steigern und um außerdem keine Kräfte für die Bewachung des Schiffslagers abstellen zu müssen, ließ der Tyrann die Schiffe in Flammen aufgehen. Und um den Soldaten, bei denen sich Mutlosigkeit auszubreiten begann, neuen Mut zu geben, zog er gegen die „karthagische" Stadt Megale Polis und gegen die Stadt Leukos Tynes, die beide erobert, geplündert und zerstört wurden.

Die Karthager, die durch Boten über die militärische Lage auf Sizilien informiert worden waren, sahen sich zu einem raschen und entschlossenen Handeln genötigt. Nachdem die Senatoren allen Kapitänen eine Rüge erteilt hatten, wählten die Bürger Hanno und Bomilcar zu gleichberechtigten Feldherrn. Sie trafen diese Wahl, da sie der Meinung waren, die Rivalität beider Feldherrn, deren Familien seit langer Zeit verfeindet waren, werde der Sicherheit der Stadt nützlich sein. Durch die Anwendung des Prinzips der Kollegialität sollten etwaige monarchische Bestrebungen von vornherein unterdrückt werden. Um eine rasche Entscheidung zu erzwingen, nahm man sich nicht einmal die Zeit, auf die Aufgebote des flachen Landes und der verbündeten Städte zu warten, sondern begnügte sich mit den Kräften, die in Karthago selbst zur Verfügung standen. 40000 Infanteristen und 1000 Kavalleristen führten Hanno und Bomilcar dem Feind entgegen. Den rechten Flügel – hier stand auch die „heilige Schar" – befehligte Hanno, den linken Bomilcar. Vor der Phalanx wurden die Kavalleristen und die Streitwagen aufgestellt – mit diesen Waffengattungen sollte der Angriff eröffnet werden. Agathokles gab seinem Sohn Archagathos das Kommando über 2500 Infanteristen auf dem rechten Flügel, daneben stellte er 3500 Syrakosier, dann folgten 3000 griechische Söldner und schließlich 3000 Samniten, Etrusker und Kelten. Den linken Flügel befehligte Agathokles selbst, umgeben von seinen Getreuesten. Der „heiligen Schar" der Karthager stellte er 1000 Hopliten entgegen. Die 500 Bogenschützen und Schleuderer verteilte er auf beide Flügel.

Die Schlacht entwickelte sich in der üblichen Weise bis zu dem Zeitpunkt, zu dem Hanno fiel. Sein Tod scheint einen Wendepunkt bedeutet zu haben – dies vor allem deswegen, weil Bomilcar nach dem Tod seines Kollegen offensichtlich nicht in der Lage war, die erforderlichen Befehle zu erteilen. Aus dem zunächst geordneten Rückzug eines Teils des von Bomilcar befehligten Flügels entstand bald eine wilde Flucht, die ihr Ende nicht einmal im Lager, sondern erst in der Stadt fand. Die Verluste waren relativ gering. Auf karthagischer Seite sollen nicht mehr als 1000 Mann gefallen sein, auf griechischer etwa 200.

Die Auswirkungen der Niederlage auf die inneren Verhältnisse der Stadt Karthago waren verständlicherweise beträchtlich. Es ist bezeichnend, daß die Karthager die ersten Konsequenzen auf religiösem Gebiet zogen. Die religiöse Neubesinnung vollzog sich in einem Rückgriff auf Formen altkarthagischer Religiosität. Zunächst beschloß man, dem Mlqrt von Tyros Geld und Weihegeschenke zu übersenden – hatte man doch seit langer Zeit dem Gott der Mutterstadt nicht mehr, wie es früher üblich gewesen war, den Zehnten aller Staatseinkünfte überwiesen, sondern sich, trotz der gesteigerten Einnahmen, zu weniger kostspieligen Zeichen der Pietät entschlossen! Auch die anderen Götter von Tyros konnten sich der neuen Anhänglichkeit der Karthager erfreuen. Außerdem bat man, Nachbildungen der goldenen Götterschreine der karthagischen Tempel in tyrischen Heiligtümern aufstellen zu dürfen, damit die Gläubigen dazu angehalten würden, für das Wohlergehen der Tochterstadt zu beten. Vor allem aber hielt man es für erforderlich, Bʿl Ḥmn wieder zu versöhnen. Eine Kommission überprüfte die mit dem Kult des Gottes zusammenhängende Opferpraxis und kam zu dem – kaum jemanden überraschenden – Ergebnis, daß in der Vergangenheit manche untergeschobenen Kinder dem Gott geopfert worden waren. Daher wurden nunmehr 200 Kinder aus den vornehmsten Familien zu Ehren des Gottes geschlachtet. Viele Familien, die im Verdacht standen, in früheren Zeiten den Gott um sein Opfer betrogen zu haben, erklärten sich freiwillig dazu bereit, dem Willen des Gottes Genüge zu tun – daher mußten weitere 300 Kinder sterben. All diese Maßnahmen sollten der Wiederherstellung der „althergebrachten Ehrungen der Götter" (Diodoros) dienen – davon versprach man sich die Rettung und das Wohlergehen der Stadt.

Doch neben den Göttern sollte auch Hamilcar Hilfe bringen. Eine karthagische Abordnung ersuchte den auf Sizilien kommandierenden General, der bedrängten Stadt zu Hilfe zu eilen. Hamilcar befahl den Mitbürgern, die bei ihm eingetroffen waren, die Niederlage vor Freund und Feind zu verheimlichen. Er schickte einige von ihnen als Gesandte nach Syrakosai, die die Syrakosier zur Übergabe der Stadt auffordern sollten – die „Afrikakämpfer" seien umgekommen, und ihre Schiffe seien verbrannt worden. Zum Beweis ließ er die Schiffsschnäbel der Flotte des Agathokles vorzeigen, die die Karthager erbeutet und ins Lager des Hamilcar geschickt hatten. Die „Vorsteher" (Diodoros) – d.h. wohl Antandros – mißtrauten jedoch den Aussagen der Gesandten und schickten sie unverzüglich zurück. Kurze Zeit später beriefen sie eine Volksversammlung ein, in der die aktuelle Lage erörtert wurde. Bei dieser Gelegenheit vertrat ein gewisser Diognetos – seine Gegner behaupteten, er sei von Hamilcar und den Exulanten bestochen worden – die Meinung, man solle die Stadt den Karthagern übergeben. Seine Zuhörer waren mehr als verblüfft. Natürlich drang er mit seiner Meinung nicht durch, doch machte er immerhin deutlich, daß nicht nur einem großen Teil der syrakosischen Oligarchen, sondern auch einem Teil des syrakosischen Demos an einer totalen Konfrontation mit Karthago nichts gelegen war. Möglicherweise war gerade diese Volksversammlung für Antandros der Anlaß, energisch durchzugreifen. Um unter den Belagerten nicht die Stimmung der Kriegsmüdigkeit aufkommen zu lassen, trieb er die wirklichen und die vermeintlichen Oppositionellen – es sollen nicht weniger als 8000 Syrakosier gewesen sein – aus der Stadt. Hamilcar nahm die Verbannten auf. Der karthagische General beabsichtigte nunmehr, die Belagerung der Stadt zu forcieren, da er den erzielten psychologischen und militärischen Vorteil zu nützen gedachte. Zuvor aber schickte er erneut eine Gesandtschaft nach Syrakosai, die dem Antandros und seinen Anhängern die persönliche Sicherheit garantierte, falls er die Stadt übergebe. Antandros erklärte sich denn auch in der folgenden Kriegsratssitzung zur Übergabe der Stadt bereit, doch drang der Aitoler Erymnon, ein Söldnerführer, mit dem Vorschlag durch, man solle zunächst sichere Nachrichten über das, was in Afrika vorgefallen sei, abwarten.

Hamilcar war mit den letzten Vorbereitungen zum Sturm auf die Stadt beschäftigt, als ein dreißigrudriges Schiff des Agathokles in Syrakosai einlief und die Nachricht vom Sieg des Tyrannen überbrachte. Ein schwerer Rückschlag für die karthagische Sache!

Aller Wahrscheinlichkeit nach hatte Hamilcar bisher keine Truppen nach Karthago entsandt, da er gehofft hatte, als Bezwinger von Syrakosai an der Spitze des ganzen Heeres in die Heimat zurückkehren zu können. Da diese Hoffnung – jedenfalls vorläufig – getrogen hatte, schickte er nunmehr 5000 Mann nach Nordafrika.

Hier war Agathokles Herr des flachen Landes. Er hatte die befestigten Ortschaften in der Nähe von Karthago mit Gewalt genommen und auch die Herrschaft über mehrere Städte gewonnen, die sich ihm teils aus Furcht, teils wegen ihrer antikarthagischen Einstellung ergeben hatten. Nachdem er bei Tynes, dem mißgünstigen libyschen Nachbarn Karthagos, ein Lager aufgeschlagen hatte, zog er gegen die an der tunesischen Ostküste gelegenen Städte. Er eroberte Neapolis, zog schließlich Adrymes auf seine Seite und gewann außerdem den libyschen Dynasten Ailymas zum Bundesgenossen. Nach der Erstürmung von Thapsos fielen auch die restlichen Küstenstädte in seine Hand – teils durch Eroberung, teils durch Übereinkunft. Die Küstenstädte, die größtenteils von Libyphoinikern bewohnt wurden, waren weit davon entfernt gewesen, dem Griechen ihre Tore zu öffnen.

Nach der Eroberung des Küstengebiets brach Agathokles ins Landesinnere auf. Offensichtlich hatte er sich zunächst den Rücken freikämpfen wollen, bevor er an die Unterwerfung des karthagischen Hinterlandes ging. Erst nach der Eroberung auch dieses Gebiets – dies sah wohl bereits damals sein Plan vor – sollte der entscheidende Stoß gegen Karthago, das Zentrum der feindlichen Macht, geführt werden.

Zu der Zeit, als sich Agathokles bereits auf dem Weg ins Landesinnere befand, starteten die Karthager, die durch die von Hamilcar zurückbeorderten Truppen verstärkt worden waren, eine Gegenoffensive. Sie belagerten Tynes und gewannen eine beträchtliche Anzahl der befestigten Ortschaften zurück. Außerdem besetzten und befestigten sie einen Hügel, der gegenüber von Leukos Tynes lag; von diesem gesicherten Punkt aus war es möglich, die Verbindung zwischen dem Stützpunkt des Agathokles in Tynes und den Truppen des Agathokles an der tunesischen Ostküste empfindlich zu stören, wenn nicht gar zu unterbrechen. Und schließlich teilten sie ihre in Afrika stehenden Truppen: während ein Teil der Truppen bei Leukos Tynes stationiert blieb, zog ein anderer Teil in die höher gelegenen Gebiete, um die Bundesgenossen, die auf die Seite des Agathokles getreten waren, wiederzugewinnen. Und dies gelang – wenn auch nicht vollständig. Offensichtlich war es das Bestreben der karthagischen Führung, eine Vereinigung der bei oder in Tynes stationierten und der in Osttunesien stehenden Einheiten des Agathokles zu verhindern, um – nach der Wiedergewinnung der bundesgenössischen Streitkräfte – zwei getrennte Vorstöße gegen die Zentren der feindlichen Macht unternehmen zu können.

Als Agathokles von den Erfolgen der Karthager erfuhr, änderte er seine Marschroute und zog dem Feind entgegen. Seine Truppen griffen die überraschten fouragierenden Karthager an, töteten über 2000 Mann und machten viele Gefangene. Die karthagische Gegenoffensive war zum Stehen gebracht worden. Allerdings mußte Agathokles die Erfahrung machen, daß die Zuverlässigkeit der von ihm gewonnenen Bundesgenossen nicht allzu hoch zu veranschlagen war; so war beispielsweise Ailymas, der Dynast der Libyer, von ihm abgefallen. Es gelang dem Syrakosier jedoch, in einer Schlacht, in der Ailymas und viele Libyer fielen, die militärischen Nachteile, die ihm entstanden waren, wieder auszugleichen.

Auf Sizilien trat im Laufe des Jahres 309 eine überraschende Wende ein. Hamilcar hatte sich zu einem Generalangriff auf Syrakosai entschlossen. Mit angeblich 120000 Infanteristen und 5000 Kavalleristen – diese waren unter das Kommando des Deinokrates gestellt – zog er gegen die Stadt. Der Angriff endete jedoch mit einem völligen Fiasko. Hamilcar wurde gefangengenommen, entehrend behandelt und umgebracht. Die geschlagenen Truppen sammelten sich erst am Tage nach dem mißlungenen Angriff wieder. Es kam – sicherlich bei der Frage der Schuldzuweisung – zu scharfen Auseinandersetzungen zwischen dem „karthagischen" und dem griechischen Teil des Heeres, die zur Folge hatten, daß die auf Sizilien operierenden militärischen Kräfte der Gegner des Agathokles in Zukunft nicht mehr einem gemeinsamen Oberkommando unterstellt waren. Die karthagischen Truppen betrauten mit der Führung des Heeres ein Kollegium angesehener karthagischer Offiziere, die griechischen Truppen ernannten Deinokrates zum Feldherrn. Antandros aber beendete dieses Kapitel der karthagisch-syrakosischen Auseinandersetzungen damit, daß er dem toten Hamilcar den Kopf abschlagen und zu Agathokles nach Afrika schicken ließ.

Die Niederlage der Karthager provozierte eine Neubesinnung der griechischen Städte Siziliens. Doch führte diese Neubesinnung nicht zum Versuch der Zusammenfassung aller griechischen Kräfte zum Kampf gegen den punischen „Erbfeind", sondern zum Versuch der Bildung einer neuen hegemonialen Macht. Da Syrakosai nach wie vor unter karthagischer Belagerung stand, sah Akragas eine Chance, die alte Rivalin in ihrer Stellung als führende Macht Siziliens abzulösen. Die Sterne standen günstig. Die Syrakosier, die bereits durch innerparteiliche Kämpfe einen bedeutenden Substanzverlust erlitten hatten, waren durch die langdauernde Belagerung erheblich geschwächt. Deinokrates, der Chef eines bunten Haufens von Exilierten, war nicht ernstlich zu fürchten. Die auf Sizilien operierenden Karthager hatten eine eindeutige Niederlage hinnehmen müssen und hatten daher einen großen Teil ihrer Schlagkraft verloren. Die in Nordafrika kämpfenden Karthager schienen eine Beute des Agathokles zu werden. Vor allem aber war zu erwarten, daß die Städte Siziliens – insbesondere die griechischen Städte Siziliens – freudig die Parole der Freiheit aufgreifen würden, da sie die karthagische Bevormundung ablehnten. Dies waren jedenfalls die Vorstellungen der führenden akragantinischen Politiker, die es verstanden, ihre Meinung in einen Beschluß der Akragantiner umzusetzen. Xenodikos wurde von ihnen mit der Führung des „Freiheits"-Kriegs beauftragt. Zunächst „befreite" Xenodikos die Geloer – vermutlich wurde eine prokarthagische Gruppe der Stadt außer Gefecht gesetzt. Die Geloer erklärten sich bereit, die Unternehmungen des Xenodikos zu unterstützen. Ihr Schritt wirkte wie eine Initialzündung. In vielen Teilen der Insel begannen sich die Kräfte zu regen, die weder eine syrakosische noch eine karthagische Hegemonie wünschten. Die Hennaier schlossen sich Xenodikos an. Die Herbessiner kämpften auf seiner Seite mit Erfolg gegen die karthagische Besatzung ihrer Stadt.

Etwa zu dieser Zeit wagte ein Teil der syrakosischen Soldaten einen Ausfall aus der Stadt, besetzte das Kastell Echetla und verwüstete die neatinischen und kamarinaiischen Gebiete. Es scheint, daß dieser Ausfall nicht nur vom Hunger diktiert, sondern auch als politische Demonstration konzipiert worden war. Xenodikos griff ein, gewann die genannten Städte für seine Politik und eroberte auch Echetla. In vielen Städten und Orten mußten die karthagischen Funktionäre das Feld räumen.

Die Nachricht von der Niederlage und dem Tod des Hamilcar beflügelte die Soldaten des Agathokles zwar für den Augenblick, doch zeigte sich bald, daß weder das Offizierskorps noch die Mannschaft geschlossen hinter dem Feldherrn stand. Anlaß der offenen Revolte war die Ermordung des Lykiskos, eines hohen Offiziers, durch Archagathos, den Sohn des Agathokles. Diese Tat, die im Anschluß an ein Gelage begangen worden war, enthüllte mit einemmal die Unzufriedenheit und die Spannungen, die im Heer des Agathokles geherrscht hatten. Die Heeresversammlung verlangte den Tod des Archagathos – ersatzweise den des Agathokles. Außerdem forderten die Soldaten die Zahlung des rückständigen Solds, wählten neue Feldherrn, die sie aus dem Lager führen sollten, und stellten schließlich „die beiden Dynasten" (Diodoros) in Tynes – dort hatte Agathokles offensichtlich sein Hauptquartier aufgeschlagen – unter Bewachung. Die Karthager versuchten, die Gunst der Stunde zu nutzen. Sie stellten durch Agenten denen, die auf ihre Seite treten würden, die Zahlung von hohen Prämien und von höherem Sold in Aussicht. Es hatten sich auch bereits viele Offiziere des griechischen Heeres gefunden, die den Übertritt zu organisieren bereit waren. In dieser äußerst gefährlichen Situation setzte Agathokles alles auf eine Karte. Er inszenierte das Schauspiel des rücktrittswilligen Feldherrn in einer Szene, die an sein Auftreten in der syrakosischen Volksversammlung vor der Übernahme der Funktion eines „bevollmächtigten Feldherrn" erinnert, mit Erfolg. Die Sympathien der Soldaten flogen ihm aufs neue zu. Um die Disziplin seiner Truppen zu festigen und um die militärische Situation zu nützen, rückte Agathokles gegen die konsternierten karthagischen Streitkräfte vor. In dieser Schlacht verloren viele Karthager ihr Leben. Ein geringer Trost war es, daß über 200 Opponenten des Agathokles auf die karthagische Seite überwechselten.

Vermutlich noch im Jahre 309 – Diodoros bringt dieses Ereignis unter dem Jahr 308/7 – unternahmen die Karthager den Versuch, durch eine neue Offensive den toten Punkt zu überwinden. Sie planten, die abgefallenen Numider durch die Ausübung militärischen Drucks wieder zur Raison zu bringen. Agathokles durchschaute anscheinend ihre Absicht. Er ließ einen Teil seiner Truppen unter dem Kommando des Archagathos bei Tynes zurück und folgte mit 8000 Infanteristen, 800 Kavalleristen und 50 libyschen Zweigespannen dem karthagischen Heer. Die Karthager hatten zwar im Gebiet der numidischen Zuphonen teilweise Erfolg, erlitten aber – wie es scheint – gegen die Truppen des Agathokles eine eindeutige Niederlage. Auf ihrer Seite hatten sich besonders die griechischen Kavalleristen ausgezeichnet, die unter dem Kommando eines gewissen Klinon gestanden waren – sie waren aber größtenteils niedergehauen worden. Das karthagische Lager zu nehmen glückte Agathokles jedoch nicht.

Bisher war keiner der beiden Seiten im Kampf um Nordafrika ein entscheidender Durchbruch gelungen. War die Wende durch den Einsatz neuer Kräfte herbeizuführen? Ob die Karthager derartige Überlegungen anstellten, wissen wir nicht. Daß Agathokles aber einen derartigen Versuch unternahm, ist uns bekannt. Da aus verschiedenen Gründen von Sizilien keine Verstärkungen zu erwarten waren, verfiel der Tyrann auf den Gedanken, Ophellas, dem ptolemaiischen Gouverneur der Kyrenaia, den Abschluß eines antikarthagischen Pakts vorzuschlagen. Er schickte den Syrakosier Orthon nach Kyrene, der Ophellas mit der Aussicht auf die Herrschaft über Nordafrika zu ködern vermochte. Von großem Wert waren die athenischen Verbindungen, über die Ophellas verfügte. Sehr viele Athener – aber auch andere Griechen – erklärten sich bereit, sich dem Zug des Ophellas in den goldenen Westen anzuschließen. Sie erhofften fruchtbare Landlose und ein Stück aus dem Kuchen des karthagischen Reichtums.

Als Ophellas, in gewisser Weise der Erbe der alexandrischen Westpläne, im Jahre 308 Kyrene verließ, folgten ihm mehr als 10000 Infanteristen, 600 Kavalleristen, 100 Streitwagen, 300 Wagenlenker und Wagenkämpfer und 10000 sog. Nicht-Kombattanten, die vielfach Kind und Kegel mitgebracht hatten, so daß der Zug einem Zug von Auswanderern glich. Nach einem äußerst beschwerlichen Marsch von über zwei Monaten kam Ophellas bei Agathokles an. Agathokles aber ließ den nichtsahnenden Bundesgenossen durch seine Soldaten angreifen und ermorden – es ist möglich, daß er von Anfang an Ophellas nur die Aufgabe zugedacht hatte, für Truppennachschub zu sorgen. Das führerlose „kyrenaiische" Heer schloß sich dem Tyrannen an, der dadurch sein militärisches Potential beträchtlich vergrößerte.

Karthago war in verstärktem Maße bedroht. In der Stadt scheinen verschiedene Ansichten darüber bestanden zu haben, wie man dieser Bedrohung begegnen könne. Bomilcar, der immer noch das Amt des Feldherrn versah, war offensichtlich der Meinung, das oligarchische Regime sei nicht in der Lage, die anstehenden Probleme zu lösen. Er führte – gestützt auf die bescheidene Macht von 500 Karthagern und 1000 Söldnern – einen Staatsstreich durch, der ihm eine Stellung verschaffen sollte, die viele Griechen mit dem Wort „Tyrannis" zu umschreiben pflegten. Der Versuch endete kläglich – Bomilcar wurde, entgegen dem eidlich gegebenen Wort, entehrend behandelt und getötet. Das alte Regime saß fester im Sattel denn je.

Agathokles verfolgte offensichtlich den Plan, Karthago vollständig zu isolieren, um die Stadt wenn schon nicht zur Kapitulation, so doch zur Aufgabe ihrer Sizilien-Politik zu zwingen. Als ihn daher im Jahre 307 die Nachricht erreichte, Ityke sei von ihm abgefallen, handelte er rasch. Er zog in die Nähe von Ityke, nahm ungefähr 300 überraschte Itykaier gefangen und benützte sie als lebendigen Schild bei der Belagerung der Stadt. Trotz der verzweifelten Gegenwehr der Itykaier – die Itykaier waren sogar gezwungen, bei der Abwehr der Angriffe ihre Mitbürger zu töten – konnte Agathokles die Stadt nach kurzer Zeit einnehmen. Er wütete grausam. Um sein Herrschaftsgebiet abzurunden, griff er Hippu Akra an. Da auch diese Stadt nicht zur Übergabe bereit war, wurde sie belagert und nach einer siegreichen Seeschlacht eingenommen. Sein Machtgebiet reichte an der Küste nunmehr – sah man von Karthago ab – vom Kap Blanc bis zur Kleinen Syrte, und im Landesinneren beherrschte er die Gebiete der Libyer und teilweise auch die Gebiete der Numider.

Da aber die Nachrichten, die aus Sizilien einliefen, immer ungünstiger wurden, sah sich Agathokles gezwungen, auf der Insel einzugreifen. Um die in Afrika gewonnene Position nicht aufs Spiel zu setzen, ließ er den größten Teil des Heeres unter dem Kommando des Archagathos zurück und fuhr mit nur 2000 Soldaten nach Sizilien. Dort hatte der Akragantiner Xenodikos in der Zwischenzeit mit der Parole der Autonomie bedeutende Erfolge erzielt. Aber auch die Anhänger des Agathokles hatten nach der Niederlage des Hamilcar insofern einige Fortschritte zu verzeichnen gehabt, als sie eine Anzahl von Kastellen zurückerobert hatten. Leptines und Demophilos, die Generale des Agathokles, hatten es sogar gewagt, Syrakosai zu verlassen und Xenodikos eine Schlacht anzubieten. Auf der Seite der Generale des Agathokles hatten 8200 Infanteristen und 1200 Kavalleristen, auf der des Xenodikos über 10000 Infanteristen und fast 1000 Kavalleristen gekämpft. Und die Truppen des Agathokles hatten gesiegt! Xenodikos war nach Akragas geflohen, und alle schönen Träume von der „Autonomie auf der ganzen Insel“ (Diodoros) waren ausgeträumt. Diese Schlacht war bereits geschlagen worden, bevor Agathokles im Gebiet von Selinus landete. Er scheint rasch die siegreichen Truppen des Leptines und des Demophilos an sich gezogen zu haben. Nunmehr konnten – so schien es – die sizilischen Verhältnisse in seinem Sinn geregelt werden. Zunächst zwang er die Herakleoten, die die karthagische Herrschaft abgeschüttelt hatten, auf seine Seite zu treten. Dann zog er, da es sich nicht empfahl, auf der von Akragas und Gela kontrollierten südlichen Küstenstraße zu marschieren, lykosaufwärts an die Nordküste der Insel. Dort gewann er die Thermiten, in deren Stadt eine karthagische Besatzung gelegen war, durch Vertrag. Danach brach er –

Himera wurde anscheinend umgangen – nach Kephaloidion auf. Da die Stadt ihre Tore nicht öffnete, wurde sie mit Gewalt genommen. Leptines blieb als „Schützer" (Diodoros) – besser gesagt: als Standortkommandant – zurück. Das nächste Ziel lag im Landesinneren: Kentoripa. Die Einnahme dieser Stadt, die durch Verrat gewonnen werden sollte, gelang jedoch nicht. Auch Apollonia sollte durch Verrat fallen – und auch hier führte der Verrat nicht zum Ziel. In diesem Fall aber ließ Agathokles nicht locker. Er nahm die Stadt mit Gewalt – wenn auch unter großen Verlusten –, ließ die meisten Apolloniaten niederhauen und plünderte ihren Besitz. In kurzer Zeit hatte Agathokles mindestens vier Stützpunkte in seine Gewalt gebracht: an der Südküste Herakleia, an der Nordküste Therma, Kephaloidion und Apollonia.

Diese Erfolge trugen dazu bei, daß die Gegner des Agathokles – und dies waren in erster Linie die Exilierten – alle Winkel Siziliens verließen, um sich dem Mann anzuschließen, der allein noch den endgültigen Sieg des Tyrannen verhindern zu können schien: Deinokrates. Deinokrates, der sich von den Aktionen des Xenodikos ferngehalten hatte, sammelte unter dem Banner der Freiheit eine kampfstarke Armee von fast 20000 Infanteristen und 1500 Kavalleristen. Da Agathokles über geringere Streitkräfte gebot, wich er einem Kampf aus. Der Ausgang des fast unmenschlichen Ringens um die Herrschaft über Sizilien schien nunmehr wieder völlig offen.

Auch in Afrika entwickelten sich die Dinge nicht zugunsten des Agathokles. Zunächst erzielte zwar Eumachos, einer der Offiziere des Archagathos, einigen Erfolg auf einem Zug, der ins Landesinnere führte und der eher der Beute wegen als aus militärischen Gründen im engeren Sinn unternommen wurde. Tokai, Phelline, Meschela, Hippu Akra und Akris waren die Stationen dieses Zugs. Alle diese Städte mußten mit Gewalt genommen werden – dies zeigt deutlich, welche Stimmung im Lande herrschte. Bereits das nächste Unternehmen, das Eumachos noch tiefer ins Landesinnere führte, erwies sich aber als ein Fehlschlag. Bei dem Versuch, sich der Stadt Miltine zu bemächtigen, wurde Eumachos zurückgeschlagen und verlor einen beträchtlichen Teil seiner Truppen. Nach der Überwindung eines von Katzen bevölkerten Gebirges eroberte er zwar zunächst eine der drei Pithekussai („Affen-Städte") genannten Städte – die beiden anderen verzichteten nunmehr auf weiteren Widerstand –, sah sich jedoch bald genötigt, diese unfreundliche Gegend rasch zu verlassen, da die Einheimischen starke Truppenverbände zusammenzogen. Er kehrte zu Archagathos zurück, dessen Hauptquartier sich nach wie vor in Tynes befand.

Etwa um diese Zeit faßten die karthagischen Senatoren den Entschluß, zu einer Generaloffensive überzugehen. Drei Heeresabteilungen – insgesamt 30000 Mann – sollten von Karthago aus in die Küstenregion, in das Binnenland und in das Hochland marschieren, um Archagathos zu einer Teilung seiner Streitkräfte zu zwingen – die dislozierten Kräfte des Gegners würden, so hofften die Karthager, leichter zu überwinden sein als seine vereinigten Kräfte. Den Befehl über die erste Armee erhielt Adherbal, den über die zweite Hanno und den über die dritte Himilco. Die Rechnung der Karthager ging auf. Sie gewannen den größten Teil des Landes fast mühelos zurück – nicht zuletzt deswegen, weil die früheren Bundesgenossen zu der energischen Führung der Vormacht wieder Vertrauen faßten. Auch Archagathos teilte sein Heer. Die Heeresgruppe, die an der Küste eingesetzt werden sollte, befehligte Archagathos selbst, die Heeresgruppe, die im Binnenland kämpfen sollte, kommandierte Aischrion, und die Heeresgruppe, die in den gebirgigen Gegenden operieren sollte, führte Eumachos, der auf diesem Sektor bereits einige Erfahrungen gesammelt hatte. Bald stellten sich karthagische Erfolge ein. Die Truppen des Hanno brachten denen des Aischrion eine vernichtende Niederlage bei: über 4000 Infanteristen und etwa 200 Kavalleristen – darunter Aischrion – fielen, zahlreiche Soldaten gerieten in Gefangenschaft, und die übrigen flohen zur Heeresgruppe des Archagathos. Noch schlimmer traf es die Truppen des Eumachos. Von 8000 Infanteristen sollen nur 30 und von 800 Kavalleristen nur 40 ihr Leben gerettet haben. Auf die Nachricht von diesen vernichtenden Niederlagen hin kehrte Archagathos schleunigst nach Tynes zurück und bat den Vater um die Entsendung neuer Truppen.

Die Griechen gerieten in eine zusehends bedrängtere Situation: fast alle Bundesgenossen fielen von ihnen ab, und sie selbst wurden aus Belagerern zu Belagerten. Himilco hielt nordwestlich von Tynes die Zugänge ins Landesinnere besetzt, und Adherbal kontrollierte das Gelände südöstlich von Tynes. Archagathos saß in einer Falle.

Auf Sizilien hatte sich die Lage des Agathokles verschlechtert, da es Deinokrates gelungen war, seine Position in noch stärkerem Maße auszubauen. Dennoch war der Tyrann entschlossen, mit der kleinen Flotte von 17 Schlachtschiffen nach Nordafrika zu fahren, um Archagathos Hilfe zu bringen. Das Kommando auf Sizilien sollte Leptines übernehmen. Da trat – jedenfalls für die karthagische Seite – eine überraschende Wendung ein; denn in diesen Tagen der Vorbereitung der neuen Expedition trafen 18 Schiffe der verbündeten Etrusker – ein Beweis einer neuen politischen Konstellation! – in Syrakosai ein. Mit ihrer Hilfe gelang es Agathokles, über die vor der Stadt liegende karthagische Flotte – sie bestand aus 30 Schiffen – einen Sieg zu erringen. Die Karthager verloren ihren – namentlich nicht bekannten – Admiral und fünf Schiffe samt der

Mannschaft, die übrigen 25 Schiffe dürften in einen Hafen der karthagischen Epikrateia gesegelt sein. Der Vorwurf der Nachlässigkeit scheint der karthagischen Führung auf Sizilien nicht erspart werden zu können.

Mit einem Schlag war die langdauernde Blockade von Syrakosai aufgehoben. Güter aller Art wurden in die Stadt gebracht, und die Stimmung der Syrakosier besserte sich zusehends. Agathokles nützte den ihm entstandenen Vorteil, indem er Leptines beauftragte, das feindliche Gebiet – vor allem das der Akragantiner – zu plündern. Der Tyrann wählte Akragas als bedeutendstes Ziel des Raubzugs, weil er darüber informiert war, daß in Akragas nach der Niederlage des Xenodikos starke Gegensätze aufgebrochen waren, die die Widerstandskraft der Stadt schwächten. Und er täuschte sich in der Beurteilung der Lage nicht. Die Truppen des Leptines erkämpften gegen die zahlenmäßig fast gleichwertigen Akragantiner einen klaren Sieg. Die etruskische Hilfe und die eigene Tatkraft hatten die Lage des Agathokles erheblich verbessert.

In Afrika hatten die Karthager in der Zwischenzeit zwar keine weiteren militärischen Fortschritte erzielt, doch war es ihnen gelungen, die Moral der Truppen des Archagathos empfindlich zu treffen. Daher sah Agathokles, der nach Afrika übergesetzt war, die vordringlichste Aufgabe darin, den Truppen durch das Erlebnis eines militärischen Erfolgs neues Selbstvertrauen zu geben – ein schwieriges Unterfangen, bedenkt man, daß er nur noch über ein Heer von 6000 griechischen Infanteristen, 6000 samnitischen, etruskischen und keltischen Infanteristen und 1500 Kavalleristen gebot, sieht man von den fast 10000 Libyern ab, die als unsichere Kantonisten galten.

Die Karthager setzten zunächst auf den Faktor Zeit und ließen sich in keinen Kampf ein mit „Leuten, die an ihrer Rettung verzweifelten" (Diodoros), änderten aber nach einiger Zeit ihre Meinung, da Agathokles ihr Lager zu erstürmen sich anschickte. Die Schlacht endete mit einer empfindlichen Niederlage des Agathokles: er verlor etwa 3000 Mann.

Agathokles sah sich nunmehr außerstande, den Kampf in Afrika fortzusetzen, zumal ihn die letzten libyschen Bundesgenossen verließen. Eine vertraglich annehmbare Lösung anzustreben, schien ihm aussichtslos, da er – wenn wir Diodoros glauben dürfen – überzeugt war, die Karthager würden bis zur Vernichtung seiner Streitkräfte kämpfen. Am liebsten hätte er den Rest seiner Truppen nach Sizilien eingeschifft, doch dazu fehlten die Schiffe. Daher beschloß er, das Heer in Afrika zurückzulassen und mit nur wenigen Vertrauten, unter denen sich sein jüngerer Sohn Herakleides befand, nach Sizilien zu fahren. Und dies gelang ihm auch – allerdings unter Zurücklassung des Herakleides –, und zwar zur Zeit des Untergangs der Plejaden während des Winters.

Als dies im Lager bekannt wurde, ergriffen die wütenden Soldaten die Söhne des Agathokles und brachten sie um. Daraufhin wählten sie neue Führer, die in Verhandlungen mit den Karthagern traten. Das Ergebnis der Verhandlungen war dies: 1. Die besetzten Städte sind den Karthagern zu übergeben. 2. Die Truppen des Agathokles erhalten 300 Talente. 3. Diejenigen, die in karthagische Dienste zu treten wünschen, werden in das karthagische Heer aufgenommen – sie erhalten den üblichen Sold. 4. Denjenigen, die dies nicht wünschen, wird Solus als Aufenthaltsort zugewiesen. Aus den Bestimmungen des Vertrags wird deutlich, daß die Karthager vor allem bestrebt waren zu verhindern, daß die Truppen, die bisher auf der syrakosischen Seite in Afrika gekämpft hatten, je wieder dem Agathokles zur Verfügung stünden. Nicht zuletzt deshalb scheinen sie den Unterlegenen weit entgegengekommen zu sein. Darüber hinaus werden sie sich von ihrer großzügigen Haltung positive Auswirkungen auf die öffentliche Meinung vor allem der sizilischen Griechen erhofft haben. Trotz der günstigen Vertragsbedingungen gab es einige griechische Stadtkommandanten, die im Vertrauen auf die Hilfe des Agathokles ihre Städte nicht den Karthagern übergaben. Die Karthager nahmen daraufhin diese Städte mit Gewalt, kreuzigten deren Kommandanten und zwangen die Gefangenen, am Wiederaufbau des Landes zu arbeiten.

Agathokles war nicht bereit, mit den Karthagern in Friedensverhandlungen einzutreten – im Gegenteil! Er suchte neue Geldquellen zu erschließen, um die notwendigen Voraussetzungen für eine Fortsetzung des Kampfes gegen Karthago zu schaffen. Das erste bedauernswerte Opfer seiner Pläne war die verbündete Stadt Segesta. Die Bewohner der Stadt wurden gezwungen, ihr gesamtes Vermögen dem Tyrannen zu übergeben, der anscheinend vor der Anwendung der Folter, der Versklavung von jungen Frauen und Kindern und der Ermordung von Bundesgenossen nicht zurückschreckte. Auch in den anderen Städten seines Herrschaftsbereichs trieb er Gelder ein. Außerdem sicherte er diese Städte durch Besatzungen, da er aufgrund des afrikanischen Mißerfolgs mit einer Abfallbewegung rechnete. In der Tat ging Pasiphilos, einer seiner Offiziere, auf die Seite des Deinokrates über. Dies war deswegen ein bedeutender Rückschlag für die Bestrebungen des Agathokles, weil er mit Pasiphilos zugleich auch eine Anzahl von Städten und einen Teil der Truppen verlor. Nunmehr erst begann der Tyrann zunächst an der Durchführbarkeit seiner Pläne zu zweifeln, um sie dann völlig aufzugeben. Er nahm mit Deinokrates Verhandlungen auf und erklärte sich bereit, seine monarchische Stellung aufzugeben, Syrakosai den Syrakosiern zurückzugeben und die Exilierung des Deinokrates aufzuheben, wenn ihm die Herrschaft über seine Geburtsstadt Therma und über Kephaloidion belassen werde. Deinokrates aber zog die Verhandlungen in die Länge, so daß Agathokles mit einem Zustandekommen des Vertrags nicht mehr rechnete und die Gespräche abbrach.

Die Phase der Depression wich bald einer Phase des tatkräftigen Handelns. Agathokles erkannte, daß er im Augenblick einem Zweifrontenkrieg nicht gewachsen war. Er suchte sich daher Rückenfreiheit zu verschaffen, um den Kampf mit seinen sizilischen Feinden aufnehmen zu können. Deswegen schickte er Gesandte nach Karthago, die einen Friedensvertrag aushandeln sollten. Der Vertrag kam im Jahre 306 unter folgenden Bedingungen zustande: 1. Die Karthager erhalten die Herrschaft über alle Städte Siziliens zurück, die früher zu ihrem Machtbereich gehört haben. 2. Die Karthager bezahlen an Agathokles Gold im Wert von 300 (karthagischen) Talenten Silber und liefern außerdem 200000 Scheffel Getreide. Damit war als Grenze der karthagischen Epikrateia wiederum der Lykos festgesetzt worden. Auch Herakleia Minoa wurde wieder karthagisch.

Der Krieg gegen Agathokles hatte den Karthagern zwar keine territorialen Verluste gebracht, doch scheint ihr politisches Gewicht gegenüber der Vorkriegszeit geringer geworden zu sein.

In den folgenden Jahren wandte Agathokles sein Interesse den Verhältnissen auf Sizilien, in Unteritalien und im Ionischen Meer zu. Die Karthager, die keine neue Auseinandersetzung mit dem König – so nannte sich Agathokles seit 304 – wünschten, waren es zufrieden. Wie lange dieser Zustand geordneter nachbarschaftlicher Beziehungen anhielt, wissen wir nicht. Doch ist möglich, daß Agathokles bereits in der Zeit um 295 – in dieser Zeit heiratete er die ptolemaiische Prinzessin Theoxene – erneut antikarthagische Pläne schmiedete. In seinen letzten Jahren jedenfalls – er starb im Jahre 289 – rüstete er zu einem neuen, großangelegten Feldzug gegen Karthago. Er ließ eine Flotte von 200 Tetreren und Hexeren auf Kiel legen. Angeblich hatte er aus den Fehlern seiner früheren afrikanischen Expeditionen gelernt und wollte Karthago dieses Mal nicht nur vom Land her, sondern auch von der See her einschließen, um die Stadt in die Knie zu zwingen. Sein Tod ersparte Karthago eine erneute, existenzbedrohende Auseinandersetzung mit den sizilischen Griechen.

22

DER SOG. PHILINOS-VERTRAG (306)

Polybios, der sich – wie viele andere – für die Probleme, die mit dem Ausbruch der ersten beiden karthagisch-römischen Kriege zusammenhingen, lebhaft interessierte, war der Überzeugung, die Schuld am Ausbruch dieser Kriege sei nicht auf römischer, sondern auf karthagischer Seite gelegen. In dieser Überzeugung störte ihn allerdings eine Notiz über den Abschluß eines karthagisch-römischen Vertrags, die er im Werk des Historikers Philinos von Akragas fand; denn diese Notiz ließ die Kriegsschuldfrage – soweit sie den 1. Römischen Krieg betraf – in einem anderen Licht erscheinen. Polybios stand also vor der Notwendigkeit, entweder sein Geschichtsbild in einem entscheidenden Punkt zu revidieren oder die Notiz des Akragantiners zu eliminieren. Er ging den zweiten Weg.

Das Kernstück dieses von Philinos erwähnten Vertrags – setzen wir seine Existenz einmal voraus – bestand in der Zusage der Römer, keine politische oder militärische Tätigkeit in Sizilien zu entfalten, und in der Verpflichtung der Karthager, in Italien nicht einzugreifen. Der Vertrag hatte demnach in erster Linie die Abgrenzung der beiderseitigen Interessensphären zum Ziel. Gegenüber den früheren Verträgen bestand die wesentliche Neuerung darin, daß nunmehr auch das östliche Sizilien in das karthagische Kontrollgebiet einbezogen wurde. Der Vertrag enthielt sicherlich noch weitere Bestimmungen. Diese Bestimmungen sind jedoch nicht überliefert.

Anders als Polybios ist ein großer Teil der modernen Historiker der Ansicht, daß der zur Diskussion stehende Vertrag kein Hirngespinst des Philinos gewesen ist. Zu dieser Ansicht führt nicht nur die Berücksichtigung der Tatsache, daß Polybios in manchen Punkten seinem Vorgänger Philinos nicht gerecht geworden ist, sondern vielmehr auch die Heranziehung anderer antiker Texte. Livius schreibt zum Jahr 272 u. a.: „Die Flotte der Karthager kam den Tarantinern zu Hilfe. Aufgrund dieses Vorgehens ist von diesen der Vertrag verletzt worden." Diese angebliche Vertragsverletzung bezieht sich eindeutig auf den sog. Philinos-Vertrag; denn Livius berichtet an einer anderen Stelle, Hanno, einer der Gegenspieler des Hannibal, habe vor dem Ausbruch des 2. Römischen Kriegs gesagt: „... von Taras, d. h. von Italien, hatten wir uns nicht ferngehalten, obwohl wir vertraglich dazu verpflichtet gewesen waren." Aus diesen beiden Stellen geht klar hervor, daß zumindest ein Teil der dem Livius vorliegenden Überlieferung der Überzeugung war, es habe ein Vertrag existiert, der den Karthagern ein Eingreifen in Italien verbot. Hat ein derartiger Vertrag existiert, ist es der sog. Philinos-Vertrag gewesen – daran besteht kein Zweifel. Eine weitere Nachricht verdanken wir Servius, dem kenntnisreichen Kommentator der Aeneis des Vergilius. Servius schreibt: „... in einem Vertrag ist vorgesehen gewesen, daß weder die Römer an den Küsten der Karthager noch die Karthager an den Küsten der Römer landen." Es kann kaum zweifelhaft sein, daß unter den „Küsten der Karthager" das karthagische Interessengebiet Sizilien mitzuverstehen ist und daß dementsprechend auch diese Aussage mit dem sog. Philinos-Vertrag in Zusammenhang zu bringen ist. Wenn Polybios demgegenüber geltend macht, im Aerarium der römischen Aedilen seien nur drei Vertragstexte gefunden worden und unter diesen Texten habe sich der Text des Philinos nicht befunden, so kann dieses Argument die Existenz des sog. Philinos-Vertrags nicht widerlegen. Mehrere Möglichkeiten sind denkbar, die zur Erklärung dieses Tatbestands – wenn das Nichtvorhandensein des Vertragstexts überhaupt ein Tatbestand gewesen ist – in Erwägung gezogen werden können. Gelegentlich wird beispielsweise die Meinung vertreten, der sog. Philinos-Vertrag sei ein Geheimabkommen gewesen – und der Text eines Geheimabkommens werde natürlich nicht auf ehernen Tafeln eingraviert. Doch scheint es mir in diesem Fall klüger, sich nicht auf das Feld der Hypothesen zu begeben und die Frage nach der Art und Weise der Tradierung des sog. Philinos-Vertrags offen zu lassen.

Livius datiert die dritte Erneuerung der karthagisch-römischen Abmachungen ins Jahr 306: „Und mit den Karthagern wurde im selben Jahr der Vertrag zum dritten Mal erneuert ..." Demnach ist der sog. Philinos-Vertrag im Jahre 306 geschlossen worden. Gegen diese – zunächst naheliegend zu sein scheinende – Lösung wenden aber manche Fachleute ein, die Römer hätten zu einem solch frühen Zeitpunkt Italien noch nicht als ihr Interessengebiet betrachten können. Schließlich seien damals die Samniten noch nicht endgültig besiegt gewesen, und schließlich sei der tarantinische Konflikt noch nicht einmal am Horizont sichtbar gewesen. Bei dieser Argumentation wird m. E. die Art karthagischer Vertragspolitik nicht in Rechnung gestellt. Die Karthager nahmen vielfach in ihre Verträge Punkte auf, die im Augenblick nicht aktuell waren, die aber in Zukunft sehr wohl eine Rolle spielen konnten. Es genügt, in diesem Zusammenhang etwa daran zu erinnern, daß im 2. Karthagisch-römischen Vertrag den Römern verboten worden war, südwestlich von Mastia Seeraub zu treiben oder Handelsgeschäften nachzugehen oder eine Stadt zu gründen. Die Römer dachten im Jahre 348 sicher nicht einmal im Traume daran, derartiges zu tun – und dennoch wurden diese Punkte in den Vertrag aufgenommen. Sie wurden deswegen aufgenommen, weil die Karthager gegen möglichst viele Eventualitäten gewappnet sein wollten. Ihre politischen Planungen waren weithin langfristig. Daher besteht keine ernste Schwierigkeit, den sog. Philinos-Vertrag in das Jahr 306 zu datieren. Daß der Vertrag jedenfalls in der Zeit nach dem Abschluß der Verträge von 348 und 343 geschlossen worden ist, geht schon daraus hervor, daß in ihm nicht mehr Latium, sondern Italien als römische Interessensphäre bezeichnet wird.

Die historische Einordnung des Vertrags bereitet Schwierigkeiten. Vielleicht aber ist es möglich, auf einige Fakten hinzuweisen, die zur Erklärung der Frage beitragen können, warum die karthagisch-römischen Beziehungen gerade damals einer neuen vertraglichen Regelung unterzogen worden sind. Im Jahre 306 war der schreckliche Krieg zwischen den Karthagern und dem syrakosischen Tyrannen Agathokles mit dem Abschluß eines Friedensvertrags beendet worden. Der Krieg gegen Agathokles hatte den Karthagern zwar keine territorialen Verluste auf Sizilien gebracht, scheint jedoch ihr politisches Gewicht gegenüber der Vorkriegszeit verringert zu haben. Immerhin konnte es Agathokles in den nächsten Jahren nicht wagen, eine neue Auseinandersetzung mit Karthago vom Zaune zu brechen. Er wandte daher sein Interesse den Verhältnissen im nicht-karthagischen Teil Siziliens, in Unteritalien und im Ionischen Meer zu. Unter diesen Umständen scheint es durchaus verständlich, daß die Karthager bestrebt waren, ihre Sizilien-Politik auf eine neue und vertraglich geregelte Grundlage zu stellen. Sie wollten ihre Herrschaft in Sizilien, die sie mit Mühe gerettet hatten, gegen alle eventuellen Aggressoren schützen. Den Römern als Gegenleistung das Versprechen zu geben, in Italien militärisch nicht einzugreifen, fiel ihnen nicht schwer, da sie gegenüber italischen Mächten noch nie eine expansive Politik verfolgt hatten.

23

DIE AUSEINANDERSETZUNGEN MIT DEN GRIECHEN IN DER ZEIT DES PYRRHOS

Als die Karthager am Ende der neunziger Jahre von den letzten Plänen des Agathokles hörten, wurden sie von tiefer Unruhe ergriffen. Die Jahre des Friedens schienen sich dem Ende zuzuneigen. Der Tod des Tyrannen verhinderte zwar den Ausbruch einer totalen Konfrontation, löste aber nicht alle Probleme der karthagisch-sikeliotischen Beziehungen. Die Karthager, die sich offensichtlich von einem militärischen Engagement im östlichen Teil der Insel eine größere Sicherheit bei der Wahrung ihrer berechtigten Interessen versprachen, wurden immer tiefer in die griechisch-griechischen Auseinandersetzungen hineingezogen, bis sie schließlich – aufgrund des Eingreifens des epeirotischen Königs Pyrrhos – auf den Stützpunkt Lilybaion zurückgeworfen wurden und Gefahr liefen, sämtliche sizilischen Positionen zu verlieren.

In die neuen Kämpfe ließen sich die Karthager anscheinend durch den Segestaier Menon verwickeln, der Archagathos, einen Enkel des Agathokles, umgebracht und anschließend den Oberbefehl über das bei Aitne stehende syrakosische Heer übernommen hatte. Als die Syrakosier neue Truppen unter dem Kommando des Hiketas ins Feld stellten, taktierte Menon ausweichend – offensichtlich ging er einer entscheidenden Schlacht aus dem Wege, um nichts aufs Spiel zu setzen und zunächst die Ankunft der von ihm herbeigerufenen karthagischen Truppen abzuwarten. Als Segestaier verfügte er sicherlich über gute Kontakte zu karthagischen Politikern – und daß er diese Kontakte zum Schaden der Syrakosier ausnützte, läßt sich zu einem großen Teil aus dem Haß erklären, den er gegen die Feinde seiner Heimat empfand. Die Karthager scheinen in dem Angebot des Menon eine Chance gesehen zu haben, allen revanchistischen Gelüsten der Syrakosier einen Riegel vorzuschieben. Die militärischen Auseinandersetzungen zwischen den Truppen der Karthager und des Menon einerseits und denen des Hiketas andererseits dürften keinen allzu großen Umfang angenommen haben. Die Syrakosier erkannten bald die militärische Überlegenheit des Gegners an und baten um die Einstellung der Feindseligkeiten. Die Karthager erklärten sich einverstanden, forderten aber die Stellung von

400 Geiseln und die Rückberufung der – sicherlich überwiegend oligarchisch gesinnten – Verbannten, die vornehmlich in Karthago und in der karthagischen Epikrateia gelebt haben dürften. Bedauerlicherweise ist nicht überliefert, für welche Leistung der Syrakosier die Geiseln mit ihrem Leben die Garantie übernehmen mußten. Vermutlich aber hatten sich die Syrakosier verpflichtet, auf jedes offensive Vorgehen gegen die Karthager und deren Bundesgenossen zu verzichten und an den Truppen des Menon keine Rache zu üben. Von den repatriierten syrakosischen Verbannten werden die Karthager die Durchsetzung einer karthagerfreundlichen Politik erwartet haben. Doch wie dem auch sei – sicher ist, daß die karthagische Position auf Sizilien nach dieser Auseinandersetzung erheblich stärker geworden war.

Die Gründe, die nach einiger Zeit zu einer erneuten karthagisch-syrakosischen Auseinandersetzung führten, sind unbekannt. Die Karthager verfolgten aber zu dieser Zeit kaum die Absicht, eine direkte Herrschaft über griechische Gebiete der Insel zu errichten – vielleicht wurden sie von einer griechischen Stadt oder einer griechischen Gruppe um eine Intervention gebeten. Die bedeutendsten Kontrahenten des griechisch-griechischen Kampfes dieser Jahre waren die Tyrannen von Syrakosai und von Akragas, Hiketas und Phintias. Es scheint aber, daß die Karthager zu der Zeit, als Hiketas Phintias bei Hybla besiegte, noch nicht in die Kämpfe eingegriffen hatten. Einige Zeit später jedoch standen sie den Syrakosiern am Fluß Terias gegenüber und errangen einen eindeutigen Sieg. Allerdings können wir aus der Tatsache, daß diese Schlacht am Terias geschlagen worden ist, nicht den – oder die – Verbündeten der Karthager erschließen. Doch besteht immerhin die Möglichkeit, in den Mamertinern die Bundesgenossen der Karthager zu sehen.

Syrakosai war in diesen Jahren nicht in der Lage, den Einfluß Karthagos auf Sizilien zurückzudrängen – dazu bedurfte es einer stärkeren Macht. Erst als der epeirotische König Pyrrhos auf Sizilien eingriff, begann sich das Blatt zu wenden.

Die Frage, welche Ziele Pyrrhos – vor seiner Abfahrt von der Balkanhalbinsel – im Westen zu realisieren beabsichtigte, ist in der Forschung umstritten. Zwar berichten einige antike Autoren, Pyrrhos habe von Anfang an seine Herrschaft nicht nur über große Teile Italiens, sondern auch über Sizilien, ja das karthagische Afrika ausdehnen wollen, doch spricht der Umstand, daß Pyrrhos im Blick auf Sizilien keine Initiative entwickelte, daß er im Gegenteil zögerte, nach Sizilien zu gehen, eher für die Annahme, daß er kein ausgearbeitetes Konzept mit der Überschrift „Sizilien und Nordafrika" in der Tasche trug, als er den Boden Italiens betrat.

Obwohl Pyrrhos in der römisch-tarantinischen Auseinandersetzung sowohl bei Herakleia (280) als auch bei Ausculum (279) über die Römer gesiegt hatte, waren die italischen Probleme weder im Sinne seiner Bundesgenossen noch in seinem eigenen Sinne gelöst. In dieser Situation trafen Gesandte der syrakosischen Tyrannen Thoinon und Sosistratos bei Pyrrhos ein, die ihn aufforderten, zugunsten der Syrakosier auf Sizilien einzugreifen. Beide hatten wegen des Drucks, der von den Mamertinern auf Syrakosai ausgeübt wurde, ihre Rivalitäten zurückgestellt und sich dazu entschlossen, den Schwiegersohn und den Gemahl der Schwägerin des Agathokles um eine Intervention zu bitten. Und Pyrrhos sagte schließlich zu.

Sobald die Karthager vom Zweck der Gesandtschaft der syrakosischen Tyrannen Kenntnis erhalten hatten, entwickelten sie eine intensive diplomatische und militärische Aktivität; denn es schien keine Frage zu sein, daß Pyrrhos im Fall eines Eingreifens auf Sizilien sich nicht mit der Beseitigung der mamertinischen Gefahr begnügen, sondern alles daran setzen würde, auch den auf der Insel herrschenden karthagischen Einfluß zurückzudrängen oder auszuschalten. Daher schlossen sie im Jahre 279/78 mit den Mamertinern, den künftigen Gegnern des Pyrrhos, und den Römern, den bisherigen Gegnern des Pyrrhos, Bündnisse ab. Im einzelnen wurden zwischen den Karthagern und den Römern folgende Vereinbarungen getroffen: 1. Sowohl die Karthager als auch die Römer haben das Recht, mit Pyrrhos einen schriftlichen Bündnisvertrag zu schließen. 2. Schließt einer der beiden Vertragspartner mit Pyrrhos einen schriftlichen Bündnisvertrag oder schließen beide Vertragspartner mit Pyrrhos schriftliche Bündnisverträge, dann ist in diesem Vertrag oder in diesen Verträgen sicherzustellen, daß im Fall eines Angriffs auf das Gebiet eines der beiden (derzeitigen) Vertragspartner der nichtangegriffene (derzeitige) Vertragspartner das Recht (und die Pflicht) zur Hilfeleistung hat. 3. Im Fall einer Hilfeleistung haben die Karthager Schiffe zur Verfügung zu stellen, und zwar sowohl für den Hin- als auch für den Rücktransport – gleichgültig, ob es sich um „römisches" oder „karthagisches" Gebiet handelt. 4. Jeder der beiden Vertragspartner hat für seine Truppen den Unterhalt zu leisten. 5. Die Karthager haben die Pflicht, den Römern nötigenfalls bei einer Auseinandersetzung zur See zu Hilfe zu kommen. 6. Keiner der beiden Vertragspartner hat das Recht, von den Schiffsbesatzungen des anderen Vertragspartners den Kampf zu Lande zu verlangen.

Offensichtlich verfolgten die Karthager beim Abschluß dieses Vertrags in erster Linie den Zweck, die Römer daran zu hindern, mit Pyrrhos einen Vertrag zu schließen, der gegen ihre Interessen gerichtet wäre. Die Kräfte des Pyrrhos sollten in Italien gebunden und von Sizilien ferngehalten werden.

Der Vertrag wird in der zweiten Hälfte des Jahres 279 oder in der ersten Hälfte des Jahres 278 geschlossen worden sein. Bereits vor dem Abschluß des Vertrags hatten die Karthager eine 130 Schiffe starke, unter dem Kommando des Mago stehende Flotte in die Gewässer der Tibermündung entsandt, um ihren Willen zur Zusammenarbeit mit den Römern zu dokumentieren.

Nachdem Pyrrhos in Italien zwei Jahre und vier Monate Krieg geführt hatte, versuchte er, mit 8000 Infanteristen, einer unbekannten Zahl von Kavalleristen und einer ebenfalls unbekannten Zahl von Elefanten nach Sizilien überzusetzen. Da aber die Karthager, die die Machtergreifung eines neuen Agathokles verhindern wollten, Syrakosai zu Wasser und zu Land eingeschlossen hatten und da außerdem die Mamertiner Messana in ihrer Gewalt hatten, war Pyrrhos gezwungen, einen anderen Hafen anzusteuern. Bereits vor der Abfahrt des Pyrrhos hatten die Karthager in Kooperation mit 500 Römern eine italiotische, auf der Seite des Epeiroten stehende Stadt – möglicherweise Lokroi – angegriffen, waren aber gescheitert. Sie begnügten sich daher damit, von sizilischen Basen aus eine Landung der Truppen des Pyrrhos zu verhindern. Dies gelang ihnen nicht: Pyrrhos landete sicher in Tauromenion, begrüßt von Tyndarion, dem Tyrannen der Stadt. Wiederum – wie bereits zur Zeit des Timoleon – hatte die karthagische Flotte die Invasion nichtsizilischer Truppen nicht zu verhindern vermocht. Pyrrhos schloß mit Tyndarion ein Bündnis, verstärkte sich durch tauromenische Truppen und fuhr weiter nach Katane. Auch in Katane wurde er freundlich aufgenommen. Er ließ hier seine Truppen an Land gehen – sie sollten von hier aus in Richtung Syrakosai vorrücken. Er selbst segelte mit der Flotte südwärts weiter, jeden Augenblick das Erscheinen der karthagischen Flotte erwartend. Doch kein karthagisches Schiff tauchte am Horizont auf. Pyrrhos ging ungefährdet im Kleinen Hafen an Land. Thoinon übergab ihm die Nesos, Sosistratos die Stadt. Zur Begründung des Nichteingreifens der Flotte scheint von karthagischer Seite die Erklärung verbreitet worden zu sein, die Flotte habe deswegen eine Schlacht vermieden, weil sie nicht über die nötige Gefechtsstärke verfügt habe, da 30 Schiffe für eine andere wichtige Aufgabe abkommandiert gewesen seien. Wahrscheinlich fürchtete Mago, bei einem Angriff auf die Flotte des Pyrrhos zwischen zwei Fronten zu geraten; denn die Syrakosier verfügten über eine starke Flotte, die vermutlich großenteils bereits von Agathokles auf Kiel gelegt worden war. Pyrrhos, der sicherlich nicht damit gerechnet hatte, auf so einfache Weise nach

Syrakosai zu gelangen, war nunmehr in der Lage, sein militärisches Potential erheblich zu vergrößern. Die beiden Tyrannen stellten das Heer – es umfaßte 10000 Mann –, die Flotte – sie bestand aus 140 Schiffen –, die Gelder der Staatskasse und das gesamte Rüstungsmaterial dem Epeiroten zur Verfügung. Herakleides, der Tyrann von Leontinoi, schloß sich ebenfalls dem Pyrrhos an und unterstellte 4000 Infanteristen und 500 Kavalleristen seinem Oberbefehl. Viele andere Städte – die Städte wurden damals großenteils von Tyrannen beherrscht – folgten seinem Beispiel. Die Bereitwilligkeit, mit der viele Sikelioten Pyrrhos unterstützten, ist erstaunlich. Vielleicht wäre sie weniger groß gewesen, wenn die Karthager nicht offen mit den mamertinischen und römischen „Barbaren" paktiert hätten und wenn nicht Pyrrhos der Ruf eines genialen Feldherrn vorausgeeilt wäre. Die Tage des Timoleon schienen zurückzukehren.

Vermutlich im Frühling des Jahres 277 zog Pyrrhos westwärts. Er hatte sich entschlossen, sich zunächst gegen den bedeutenderen der beiden „sizilischen" Gegner zu wenden. Das nächste größere Ziel war Akragas – Gela war ja von den Mamertinern eingenommen und von Phintias geschleift worden. Pyrrhos befand sich noch auf dem Weg nach Akragas, als Gesandte der Stadt Henna bei ihm eintrafen und ihm berichteten, sie hätten die karthagische Besatzung davongejagt. Entschuldigend fügten sie hinzu, sie hätten nur gezwungenermaßen mit den Karthagern kollaboriert – die karthagische Besatzung hätte sie nur davor bewahren sollen, daß sie erneut dem verhaßten Phintias in die Hände fielen. Als Pyrrhos vor Akragas ankam, übergab ihm Sosistratos die Stadt und mit ihr 8000 Infanteristen und 800 Kavalleristen, außerdem nicht weniger als 30 andere „Städte" (Diodoros), deren Herr er gewesen war. Damit verfügte der „König Siziliens" (Iustinus) über ein Heer von 30000 Infanteristen und 2500 Kavalleristen, eine Flotte von über 200 Schiffen und eine beachtliche Anzahl von Elefanten. Mit dieser Streitmacht fiel er in der karthagischen Epikrateia ein. Er gewann die Stadt Herakleia, in der eine karthagische Besatzung lag, und nahm die Stadt Azonai. Danach traten die Selinuntier, die Halikyaier, die Segestaier und die Bewohner vieler anderer Städte auf seine Seite. Gewaltige Anstrengungen und viel Zeit erforderte die Erstürmung der Festung Eryx. Der Erfolg, den Pyrrhos hier errang, dürfte Freund und Feind tief beeindruckt haben. Die Iaitiner jedenfalls öffneten dem Pyrrhos freiwillig die Tore ihrer Stadt. Damit war das letzte Hindernis auf dem Weg nach Panormos überwunden. Panormos wurde mit Gewalt genommen. Nachdem er auch das offenbar auf dem Monte Castellaccio (bei Palermo) gelegene Fort Heirkte erobert hatte, beherrschte er die gesamte karthagische Epikrateia – mit Ausnahme von Lilybaion. Diesen letzten Stützpunkt gedachten die Karthager unter keinen Umständen aufzugeben. Da sie die See beherrschten, fiel es ihnen nicht schwer, Truppen, Waffen und Lebensmittel in die Stadt zu schaffen. Sie richteten sich auf eine lange Belagerung ein. Gleichzeitig schickten sie Gesandte zu Pyrrhos, die ihre Bereitschaft zum Ausdruck brachten, Frieden zu schließen, auf das Gebiet ihrer Epikrateia – mit Ausnahme von Lilybaion – zu verzichten und Reparationskosten zu zahlen. Wenn wir Diodoros trauen dürfen, war Pyrrhos bereit, unter diesen Bedingungen Frieden zu schließen. Seine „Freunde" und die Vertreter der sizilischen Städte bestanden jedoch darauf, den Karthagern auch den letzten sizilischen Stützpunkt zu nehmen. Der König schloß sich schließlich den Argumenten seiner Ratgeber an und begann mit der Belagerung der Stadt. Nach zwei Monaten sah er ein, daß alle Anstrengungen, die Stadt zu erobern, vergeblich sein würden. Daher hob er die Belagerung auf. Vermutlich führte er seine Streitkräfte nunmehr in die Winterquartiere.

Der Abbruch der Belagerung von Lilybaion scheint der Wendepunkt dieses karthagisch-griechischen Kriegs gewesen zu sein. Von nun an begann der Stern des Pyrrhos, der über Sizilien aufgegangen war, zu sinken. Dennoch schmiedete der Epeirote anscheinend Pläne, die denen der letzten Jahre des Agathokles ähnelten: er wollte mit Hilfe einer gewaltigen Flotte die Herrschaft zur See erringen und die Karthager in Afrika in die Knie zwingen. Das kleine Problem Lilybaion würde sich dann von selbst erledigen.

Vielleicht war Pyrrhos bereits nach der Eroberung von Panormos ostwärts gezogen, um mit den Mamertinern abzurechnen. Jedenfalls siegte er über die verhaßten „Barbaren" und zerstörte viele ihrer Kastelle. Die Niederlage der Mamertiner kann aber nicht allzu niederschmetternd gewesen sein – die rauhen Gesellen waren bald wieder bereit, gegen Pyrrhos zu kämpfen.

Nach dem Abbruch der Belagerung von Lilybaion scheint Pyrrhos alle Kräfte auf die Vorbereitung der Invasion Nordafrikas konzentriert zu haben. Über eine große Zahl von Schiffen verfügte er bereits, doch benötigte er noch viele und gut ausgebildete Matrosen – und natürlich beträchtliche finanzielle Mittel. Beides, Soldaten und Gelder, hatten die sizilischen Städte ihm zur Verfügung zu stellen. Da anscheinend viele Politiker vieler Städte für die Pläne des Königs keine Begeisterung aufzubringen in der Lage waren, entstanden die ersten Reibereien. Der König antwortete auf die Nachlässigkeit der Städte mit Strenge. Die Spannungen verschärften sich. Den Höhepunkt erreichte diese Entwicklung, als Pyrrhos, „der sich aus einem Volksführer zu einem Tyrannen wandelte"

(Plutarchos), Thoinon hinrichten ließ, da er vermutete, dieser hege dieselbe Gesinnung wie Sosistratos, der sich auf die Seite der Karthager geschlagen hatte. Die Sikelioten, die weder an der Durchführung eines afrikanischen Feldzugs noch am Status von Untertanen eines hellenistischen Königs interessiert waren, fielen von Pyrrhos ab und wandten sich teils den Karthagern, die mit neuen Truppen auf Sizilien gelandet waren, teils den Mamertinern zu. Die Ablehnung der Politik und der Person des Pyrrhos muß tief und verbreitet gewesen sein! Der König sah sich gezwungen, seine Afrikapläne aufzugeben. Da die Samniten und Tarantiner Pyrrhos baten, nach Italien zurückzukehren, hatte er wenigstens die Möglichkeit, vor den Sikelioten sein Gesicht zu wahren. Als er im Jahre 275 unter Segel ging, soll er das berühmte Wort gesprochen haben: „Freunde, welchen Kampfplatz überlassen wir Karthagern und Römern" (Plutarchos)!

Die Karthager und Mamertiner waren aber nicht gewillt, dem Epeiroten einen ungestörten Abschied zuzubilligen. Während die Karthager ihn in der Nähe der Meerenge angriffen und viele seiner Schiffe versenkten, drangen die Mamertiner, die mit 10000 Mann bereits vor Pyrrhos nach Unteritalien übergesetzt waren, in unwegsamem Gelände auf die Truppen des Pyrrhos ein und töteten viele. Dennoch gelang es Pyrrhos, mit 20000 Infanteristen und 3000 Kavalleristen Taras zu erreichen.

Die Maßlosigkeit der Politik des Pyrrhos hatte die Karthager vor dem Verlust ihrer sizilischen Epikrateia bewahrt, ja ihre Position scheint nach der Abfahrt des Pyrrhos noch stärker geworden zu sein als sie vor der Landung des Pyrrhos gewesen war. Zunächst waren allerdings noch einige Auseinandersetzungen mit den Syrakosiern auszutragen, in deren Verlauf es Hieron gelang, sich an die Spitze des syrakosischen Staates zu stellen. Diese Auseinandersetzungen, deren Einzelheiten unbekannt sind, wurden spätestens im Jahre 271 (?) (Schlacht am Kyamosoros) beendet. Welche Maßnahmen die Karthager im einzelnen trafen, um die sizilischen Verhältnisse zu regeln, ist unbekannt. Sie werden jedenfalls ihre Epikrateia in deren früheren Grenzen wiederhergestellt haben.

Die Römer griffen anscheinend nicht aktiv in das sizilische Kriegsgeschehen ein – sie waren allerdings auf Grund des Vertrags auch nicht dazu verpflichtet.

24

DER 1. RÖMISCHE KRIEG (264–241)

Der Punkt, an dem sich der erste militärische Konflikt zwischen Karthagern und Römern entzündete, war Messana. Die Macht aber, die den Konfliktherd Messana geschaffen hatte, war weder Karthago noch Rom gewesen, sondern Syrakosai – genauer gesagt: Hieron (II.), der im Jahre 275/74 die Herrschaft über die Stadt an sich gerissen hatte. Bereits seit dem 4. Jh. hatten die Syrakosier versucht, Messana in ihren Machtbereich einzugliedern. Keiner dieser Versuche war von einem dauerhaften Erfolg gekrönt worden. Dies hinderte indes Hieron nicht daran, die fast schon traditionelle Politik der Syrakosier gegenüber den Messaniern weiterzuverfolgen.

Eine neue Note erhielt der Kampf um Messana insofern, als seit der Mitte der 80er Jahre nicht mehr griechische Bürger, sondern oscische Soldaten die Herren von Messana waren. Diese sog. Mamertiner – sie trugen diesen Namen nach dem italischen Kriegsgott Mamers – waren Söldner des Agathokles gewesen. Sie hatten sich nach dem Tod ihres Brotgebers in den Besitz von Messana gesetzt und die bisherigen Einwohner ermordet oder vertrieben. Das negative Image dieser Landsknechte diente den Zielen des Hieron, der in die Rolle eines Vorkämpfers für die Sache der Griechen schlüpfen und so seine machtpolitischen Ziele besser verbergen konnte. Nachdem er in einer ersten Auseinandersetzung – im Jahre 271 (?) – am Kyamosoros unterlegen war, siegte er im Jahre 269 in der Schlacht am Longanos. Wenn nunmehr Karthago intervenierte und Hieron an der Inbesitznahme von Messana hinderte, so entsprach dies den Traditionen seiner Politik. Hieron sah sich gezwungen, dem karthagischen Druck zu weichen und nach Syrakosai zurückzukehren, da die karthagischen Streitkräfte seinen Streitkräften überlegen waren.

Hieron hatte seine Pläne nur aufgeschoben, nicht aufgehoben. Im Jahre 264 nahm er den Kampf gegen die Mamertiner von neuem auf. Er zog nach Messana und begann, die Stadt zu belagern. Die Mamertiner baten die Karthager daraufhin erneut um Schutz, den diese auch gewährten. Ein Offizier namens Hanno sicherte die Stadt durch eine Besatzung. Hieron ging wieder nach Syrakosai zurück.

Waren die bisherigen Auseinandersetzungen nach den traditionellen Spielregeln der sizilischen Machtkämpfe verlaufen, so erhielt die Auseinandersetzung des Jahres 264 eine neue Dimension durch das Eingreifen der Römer.

Die Kriegsschuldfrage

Da Rom mit dem Übergreifen nach Sizilien den ersten, aber entscheidenden Schritt zur Erringung der Weltherrschaft getan zu haben schien, wurden bereits in der Antike die mit diesem Ereignis zusammenhängenden Fragen – vor allem die Kriegsschuldfrage – lebhaft erörtert. Und die Diskussion über die Vorgänge der Jahre 270–264 ist auch heute noch nicht abgeschlossen. Daß die modernen Historiker in vielen Fragen, die den Ausbruch des 1. Römischen Kriegs betreffen, zu keiner Einigung gelangen, hängt vor allem damit zusammen, daß die antiken Historiker diese Ereignisse tendenziös dargestellt haben. Vertraute man allein den Ausführungen des Polybios, würde man sich weitgehend den Ansichten des frühen Annalisten Q. Fabius Pictor anschließen; denn Polybios scheint bei der Abfassung der Kapitel, in denen er den Ausbruch des 1. Römischen Kriegs behandelt, vor allem auf das Werk des Pictor, der um 200 sein Werk in proromischem Sinn abgefaßt hat, zurückgegriffen zu haben. Folgte man allein der Darstellung, die Diodoros gegeben hat, würde man sich der karthagischen Sicht der Dinge anschließen; denn Diodoros hat entweder das Werk des Philinos von Akragas oder das des Silenos von Kale Akte, die beide in einem karthagerfreundlichen Sinn geschrieben haben, als Vorlage benützt. Übernähme man nur die Aussagen des byzantinischen Schriftstellers Zonaras, würde man sich den „nationalrömischen“ Standpunkt eines Annalisten zu eigen machen; denn Zonaras hat das Werk des Cassius Dio exzerpiert, der seinerseits auf ein Werk eines Annalisten zurückgegriffen hat. Die Mehrzahl der modernen Historiker bringt allerdings der Darstellung des Polybios das größte Vertrauen entgegen – dies vor allem deswegen, weil Polybios sich als Historiker eines guten Rufes erfreut und weil der frühannalistische Historiker Pictor, dessen Werk Polybios als Vorlage gedient hat, eine höhere Glaubwürdigkeit beanspruchen zu können scheint als sein annalistischer (bei Zonaras zu Wort kommender) Kollege.

Polybios berichtet über die Vorgänge, die zum Ausbruch des 1. Römischen Kriegs geführt haben, Folgendes: Die Mamertiner von Messana, die durch ihre Raubzüge einen großen Teil Siziliens unsicher gemacht hatten, wurden von Hieron in der Schlacht am Longanos geschlagen. Hieron ging nach dieser Schlacht nach Syrakosai zurück, wo er zum

König ausgerufen wurde. Die Mamertiner aber, die nach der Strafexpedition der Römer gegen die Campaner von Rhegion nicht mehr auf die Unterstützung durch ihre campanischen Kumpane rechnen konnten, sahen sich nach auswärtiger Hilfe um. In der Stadt gab es jedoch zwei Parteien: Die „einen" wandten sich an die Karthager, die eine Besatzung in die Burg von Messana legten, die „anderen" schickten eine Gesandtschaft zu den Römern, damit diese den Schutz der Stadt übernähmen. Der römische Senat zögerte. Sprachen einerseits moralische Gründe gegen die Annahme eines Hilfegesuchs von Räubern, so legten politische Gründe den Versuch nahe, die Karthager daran zu hindern, sich in Messana festzusetzen. Da sich der Senat zu keinem Entschluß durchringen konnte, kam die Sache vor die Volksversammlung, die sich von den Consuln bestimmen ließ, dem Ansuchen der Mamertiner stattzugeben. Der Consul Ap. Claudius Caudex wurde mit einem Heer nach Messana geschickt. Die Mamertiner aber übergaben ihm ihre Stadt, nachdem sie sich vorher der karthagischen Besatzung entledigt hatten. – Es stellt sich jedoch die Frage, ob sich die Ereignisse in der geschilderten Form abgespielt haben.

Zunächst fällt auf, daß Polybios nicht erklärt, warum Hieron nach dem Sieg am Longanos die Frucht des Siegs nicht gepflückt hat, d.h. Messana nicht in Besitz genommen hat. Weiterhin ist zu bemängeln, daß Polybios – aus welchen Gründen auch immer – zwei Ereignisse in eines zusammenzieht, nämlich die beiden Auseinandersetzungen des Hieron mit den Mamertinern in den Jahren 269 und 264. Dadurch wird der Eindruck erweckt, als seien die beiden Hilfegesuche unmittelbar nach der Schlacht am Longanos an die Karthager bzw. die Römer gerichtet worden. In Wirklichkeit lag zwischen der Schlacht am Longanos und dem Hilfegesuch an die Römer ein Zeitraum von fünf Jahren. Des weiteren ist darauf hinzuweisen, daß die Römer nicht erst seit 264, sondern bereits seit 269 eine antikarthagische Politik hätten treiben müssen, entspräche es der Wahrheit, daß sie sich davor fürchteten, die Karthager, im Besitz von Messana, würden einen Angriff auf Syrakosai planen; denn bereits im Jahre 269 – und nicht erst im Jahre 264 – hatten die Karthager eine Besatzung nach Messana gelegt. Nichts deutet aber darauf hin, daß die Römer, die ja im Jahre 279/78 einen Symmachievertrag mit den Karthagern geschlossen hatten, vor dem Jahr 264 eine antikarthagische Politik getrieben haben. Hinzu kommt, daß Polybios – aus leicht durchschaubaren Gründen – die karthagische Machtsphäre vergrößert, wenn er davon spricht, daß die Karthager nicht allein ganz Libyen, sondern auch große Teile Spaniens unterworfen hätten und überdies alle Inseln im Sardinischen und Tyrrhenischen Meer beherrschten. Es war jedoch unmöglich, daß im Jahre 264 irgendein römischer Senator in der geschilderten Form – und darauf kommt es hier an! – Karthago als schreckenerregendes, länderfressendes Ungeheuer darstellte; denn in Spanien beherrschten die Karthager allenfalls den Küstenstreifen von Cádiz bis Kap Nao, und Elba lag außerhalb ihres Einflußbereichs. Außerdem ist die Vorstellung von der aggressiven Politik Karthagos mehr als suspekt: wenn die Karthager je daran gedacht haben, ganz Sizilien – von Italien zu schweigen – in ihren Machtbereich einzugliedern, dann lagen die Zeiten dieser Politik weit zurück; wenn hinsichtlich der Aggressivität außenpolitischer Pläne eine Änderung eingetreten ist, dann auf römischer, nicht auf karthagischer Seite; und wenn sich jemand bedroht fühlen mußte, dann die Karthager, nicht die Römer. Und schließlich scheint der ganze Passus, der auf den fundamentalen Gegensatz Karthago – Rom abgestellt ist, eher ein Produkt einer späteren Betrachtungsweise als eine Wiedergabe politischer Argumente des Jahres 264 zu sein. Aus den genannten Gründen ist dem Bericht des Polybios über die Gründe, die zum Ausbruch des 1. Römischen Kriegs geführt haben, mit Mißtrauen zu begegnen. Dieses Mißtrauen muß sich ja bereits dann einschleichen, wenn man sich vergegenwärtigt, daß Polybios hier nicht als überparteilicher Historiker, sondern als Bewunderer der expansiven römischen Politik berichtet, der zudem – jedenfalls bis zu einem gewissen Grad – von den Aussagen des römischen Annalisten Pictor abhängig ist, der seinerseits die Dinge ebenfalls von einem römischen Standpunkt aus darstellt.

Ist aber den Aussagen des Polybios zu mißtrauen, was waren dann die Motive, die die Römer zu einem Eingreifen in Sizilien veranlaßt haben?

Könnte man auf die Aussagen mancher in nachchristlicher Zeit schreibender antiker Historiker bauen, wäre die Frage nach den Motiven, die Rom bei der Annahme des mamertinischen Hilfegesuchs bewegten, verhältnismäßig klar zu beantworten. Während Florus von der „Begierde" des römischen Volkes nach der „außerordentlich fetten Beute" Sizilien spricht und während Ampelius als Prämie des Kriegs den „Besitz Siziliens und Sardiniens, außerordentlich fruchtbarer Inseln", bezeichnet, bescheinigt Cassius Dio sowohl Römern als auch Karthagern die „Gier nach immer mehr" und die „Furcht" – diese Haltungen hätten beide Mächte in den Strudel des Krieges hineingerissen. Es ist aber klar, daß derartige Erwägungen nicht über die politischen Beweggründe des Jahres 264 aufklären, wenngleich sie – was aber jeweils erst zu erweisen ist – durchaus ins Schwarze treffen können. Der einzige, einigermaßen sichere Weg, auf dem man zum Ziel einer Aussage über die politischen Motive der Römer am Vorabend des 1. Römischen Kriegs gelangen kann, besteht darin, die Fakten in ihrem gegenseitigen Verhältnis zu sehen und die entsprechenden Schlüsse daraus zu ziehen. Erstens: Zunächst ist auf die Tatsache hinzuweisen, daß die Römer im Jahre 264 mit einem Heer von nur zwei Legionen nach Sizilien übergesetzt sind. Anscheinend haben sie damals damit gerechnet, daß die kommenden Auseinandersetzungen – jedenfalls die Auseinandersetzungen des Jahres 264 – von begrenztem Umfang sein würden. Zweitens: Aus den in diesem Punkt glaubwürdigen Berichten des Diodoros und des Zonaras erfahren wir, daß eine römische Vorhut vor dem Eintreffen des Caudex Messana besetzt hat. Warum berichtet Polybios bzw. der hinter Polybios stehende Pictor davon nichts? Offensichtlich deshalb, weil hier nichts Geringeres behauptet wird als dies, daß die Feindseligkeiten von römischer Seite – und zwar ohne Kriegserklärung – eröffnet worden sind. Drittens: Als Caudex sich bereits in Rhegion befand, schickten die Karthager eine Gesandtschaft an die Römer, um den Ausbruch des Krieges zu vermeiden. Nirgendwo wird deutlicher als hier, daß die Karthager den Krieg nicht gewollt haben. Viertens: Vor der Überfahrt von Rhegion nach Messana brachte Caudex durch einen Boten gegenüber Hieron zum Ausdruck, das römische Volk wolle keinen Krieg gegen ihn führen. Entspricht diese Notiz des Diodoros der Wahrheit – und es gibt keinen vernünftigen Grund, daran zu zweifeln –, verfolgte Rom (jedenfalls zu diesem Zeitpunkt) die Absicht, nicht mit Hieron, sondern mit Karthago in eine Auseinandersetzung einzutreten. Damit fällt die Hypothese, nach der die Römer sich nur gegen Hieron zu wenden beabsichtigten und erst im Verlaufe der militärischen Operationen wider Erwarten und Willen in einen Krieg gegen die Karthager hineingezogen wurden. In Wirklichkeit wußten sie, daß eine militärische Auseinandersetzung mit Karthago bevorstand. Über das Ausmaß der bevorstehenden Kämpfe scheinen sie sich jedoch im unklaren gewesen zu sein.

Das Eingreifen der Römer auf Sizilien war sicher nicht von der Sorge um die Freiheit der oscischen Söldner bestimmt. Befanden sie sich aber vielleicht angesichts der Größe der karthagischen Gefahr in einem Zustand der Angst – wie Polybios bzw. Pictor uns glauben machen möchte –, so daß man nicht von einem römischen Angriffskrieg sprechen könnte, sondern von einem römischen „Verteidigungskrieg" sprechen müßte? Die bisherigen Ausführungen haben gezeigt, daß auch diese Annahme wenig wahrscheinlich ist. Das tatsächliche Vorgehen der Römer legt eher den Gedanken nahe, daß der Gewährsmann des Diodoros und seine Nachfolger so unrecht nicht hatten, wenn sie von der „Habgier" als dem bestimmenden römischen Motiv sprachen. War diese „Habgier" im Jahre 264 auch begrenzt, so war sie doch vorhanden. Im Verlauf der folgenden Auseinandersetzungen verfolgte Rom mit zunehmender Intensität die Absicht, sich der Schätze großer Teile Siziliens zu bemächtigen. Wirtschaftliche Gründe waren es demnach vor allem, die Sizilien zum Objekt des römischen Imperialismus werden ließen.

Der Verlauf

Vom Ausbruch des Krieges bis zum Sieg der Römer bei Mylai (264–260)

Fast schlagartig setzte im Jahre 264 die militärische Auseinandersetzung zwischen Karthago und Rom ein. Die dominierende Seemacht und die stärkste Landmacht des westlichen Mittelmeerraums stürzten sich in ein militärisches Abenteuer, dessen Folgen nicht abzusehen waren.

Die Auseinandersetzungen begannen mit der Landung des Militärtribunen C. Claudius in Messana. Diese Landung war diplomatisch bestens vorbereitet worden. Wäre es anders gewesen, hätte C. Claudius in der anschließenden Volksversammlung der Mamertiner kaum so auftreten können, wie er aufgetreten ist. Er forderte die Mamertiner auf, Hanno, den karthagischen Besatzungskommandanten der Stadt, der sich auf die Akropolis zurückgezogen hatte, vor die Volksversammlung zu zitieren. Zunächst weigerte sich der Karthager zu erscheinen – entweder fand er es unter seiner Würde, sich dem Verlangen des Römers zu beugen, oder er befürchtete einen Angriff auf seine Freiheit oder sein Leben. Er kam dann aber doch, da er von der Besorgnis erfaßt wurde, die Mamertiner könnten sein Nichterscheinen als unfreundlichen Akt ansehen und sich aus Verärgerung und Erbitterung endgültig den Römern in die Arme werfen. Vielleicht konnte er durch sein Auftreten das drohende Auseinanderbrechen der karthagisch-mamertinischen Allianz verhindern! Nach einer langen und erregt geführten Debatte, die zu keiner Annäherung der Standpunkte führte, ergriff ein Römer – nicht etwa ein Mamertiner – den karthagischen Besatzungskommandanten und ließ ihn ins Gefängnis abführen. Die Mamertiner stimmten zu. Natürlich hatte C. Claudius diese Maßnahme mit den führenden Mamertinern abgesprochen, sonst hätte er einen derartigen Schritt nicht wagen können. Die Handlungsweise der Römer stellte eine neue Provokation dar, durch die sich die Karthager zur Ergreifung energischer Gegenmaßnahmen genötigt sahen. Zunächst aber mußten sie Messana räumen – sie werden dazu gezwungen worden sein, da die Römer und die Mamertiner Hanno gegenüber der Besatzung als Faustpfand benützt haben dürften.

In Karthago wurde Hanno kein freundlicher Empfang zuteil: die zuständige Behörde verurteilte ihn wegen seines Mißerfolgs zum Tode.

Außerdem beschlossen die Senatoren, einen Gesandten, der ein Ultimatum der Regierung überbringen sollte, nach Rom zu schicken und – entsprechend der wichtigsten Bestimmung des sog. Philinos-Vertrags – den Abzug der römischen Truppen aus Messana und ganz Sizilien bis zu einem bestimmten Termin zu verlangen. Sollten die Römer dieser Aufforderung nicht nachkommen, befänden sie sich mit den Karthagern im Kriegszustand. Zugleich ließen sie ihre Flotte auslaufen, die Kurs auf Sizilien nahm.

Als die Römer den im Ultimatum genannten Termin verstreichen ließen, ohne der karthagischen Aufforderung nachzukommen, kreuzte die Flotte der Karthager, die unter der Führung des Hanno, des Sohns des Hannibal, stand, in der Meerenge auf. Der Stützpunkt der Flotte befand sich beim Vorgebirge Pelorias, das Heer schlug ein Lager bei Syneis auf. Die Karthager gingen nun daran, Messana zu belagern. Sie wurden dabei – sicherlich zur Überraschung vieler Zeitgenossen – von Hieron unterstützt, der mit ihnen ein Bündnis geschlossen und sein Lager am Chalkidischen Berg aufgeschlagen hatte. „Aus ihrer Sicht ergab sich durch diese Allianz die Möglichkeit, die eigene Position gegenüber Rom entscheidend zu stärken und vielleicht zu erreichen, daß der Senat dem Druck der verbündeten Mächte nachgab" (Welwei). Im übrigen beherrschten sie mit ihrer Flotte die Meerenge und achteten darauf, daß weder Soldaten noch Lebensmittel nach Messana gelangen konnten.

Inzwischen marschierte Caudex, der eine der Consuln des Jahres 264, nach Rhegion. Als er nach Messana übersetzen wollte, wurde er jedoch von Hanno, der mit quantitativ und qualitativ überlegenen Kräften operieren konnte, zurückgeschlagen. Da er sich aber durch diesen Mißerfolg nicht entmutigen ließ und offensichtlich einen neuen Landungsversuch vorbereitete, griff Hanno zu einem letzten Mittel, um eine Fortsetzung der militärischen Auseinandersetzungen zu verhindern. Er schickte die Gefangenen und die Trieren, die ihm in der Straße von Messana in die Hände gefallen waren, an Caudex zurück und forderte ihn auf, die zwischen beiden Mächten bestehenden Verträge zu respektieren. Die großzügige Geste des Hanno stieß jedoch bei Caudex auf keine Gegenliebe. Er verweigerte die Annahme der Gefangenen und der Schiffe und gab damit zu verstehen, daß er den Kampf fortzusetzen gedenke. Empört ließ Hanno ihm daraufhin die Antwort zukommen, „er werde sogar verhindern, daß die Römer einst auch nur ihre Hände im Meer wüschen" (Zonaras). Mit dieser Drohung brachte er zum Ausdruck, daß er entschlossen war, die Macht der Römer auf Italien zu beschränken. Dennoch glückte es Caudex nach einiger Zeit, nachts und unbemerkt in den Hafen von Messana zu gelangen. Um das Überraschungsmoment zu nützen, griff er alsbald Hieron an, der – aus welchen Gründen auch immer – keine karthagische Unterstützung erhielt. Der Erfolg gab Caudex recht. Zwar unterlag die Kavallerie, doch war der Sieg der Infanterie ausschlaggebend. Hieron floh zunächst in die Berge und ging später nach Syrakosai zurück.

Nunmehr wagte Caudex einen Angriff auf das ausgezeichnet befestigte karthagische Lager. Er wurde jedoch zurückgeschlagen. Die Libyer, die „Verbündeten" der Karthager, setzten – offensichtlich ohne Befehl des karthagischen Feldherrn – den zunächst zurückweichenden Römern nach, wurden aber schließlich ins Lager zurückgejagt. Dieser römische Teilerfolg soll, wie Cassius Dio und Zonaras berichten, die Karthager so nachhaltig beeindruckt haben, daß sie nicht mehr wagten, ihr Lager zu verlassen. In Wirklichkeit war es Caudex, der eine weitere Auseinandersetzung vor Messana nicht riskieren zu können glaubte. Er zog vielmehr in Richtung Syrakosai ab, um den Bundesgenossen der Karthager in die Knie zu zwingen. Die Kämpfe bei Syrakosai brachten aber keine Entscheidung. Als der Consul erkannte, daß mit einer Eroberung der Stadt zum gegenwärtigen Zeitpunkt nicht gerechnet werden konnte, und als er sah, daß die Verknappung der Lebensmittel und der Ausbruch einer Seuche die Schlagkraft des Heeres zu beeinträchtigen begannen, zog er von Syrakosai ab und kehrte nach Rhegion zurück. In Messana aber blieb weiterhin eine römische Besatzung stationiert. Hatten die karthagischen Truppen in der Zwischenzeit ganz oder teilweise ihr Lager bei Syneis geräumt? Wir wissen es nicht.

Die Karthager, die für eine Auseinandersetzung mit der Vormacht Italiens keineswegs hinreichend gerüstet waren, konnten mit dem Verlauf des ersten Kriegsjahres im großen und ganzen zufrieden sein. Die Römer hatten keine entscheidenden Erfolge errungen, und Hieron war treu zur Allianz gestanden. Und das Problem Messana – so war zu hoffen – würde auch bald bewältigt werden.

Über die Maßnahmen, die die Karthager im Winter des Jahres 264/63 trafen, um der Gefahr aus dem Norden zu begegnen, sind wir nicht informiert. Es scheint aber, daß sie die Zielstrebigkeit und die Energie des Feindes nicht unterschätzten und alles taten, um ihre militärische und politische Position in ihrer Epikrateia behaupten zu können. Sollten sie allerdings den Versuch unternommen haben, Hieron für eine gemeinsame strategische Planung zu gewinnen, so hatten sie damit offensichtlich wenig Erfolg. Die unzureichende Zusammenarbeit beider Bündnispartner sollte sich als eine der Schwachstellen im Kampf gegen die Römer erweisen.

Im nächsten Jahr (263) zogen beide Consuln, M'. Valerius Maximus Messala und M'. Otacilius Crassus, nach Sizilien, da in Italien – anders als im Vorjahr – keine militärischen Aufgaben zu lösen waren. Sie verfügten über vier Legionen (etwa 16000 Infanteristen und 1200 Kavalleristen), hinzu kamen die Truppen der Bundesgenossen. Die beiden Consuln zogen mit ihren Heeren teils gemeinsam, teils getrennt durch die Gebiete der Bundesgenossen des Hieron und erreichten, daß sich die größere Anzahl der Bundesgenossen des Syrakosiers ihnen anschloß. – Sie fühlten sich nunmehr stark genug, um auch Syrakosai selbst bezwingen zu können. In dieser bedrängten Situation, in der die Herrschaft auf dem Spiele stand, vollzog Hieron eine Kehrtwendung. Er gab das Bündnis mit den Karthagern auf und schloß mit den Römern einen Separatfrieden unter folgenden Bedingungen: 1. Verzicht auf die Herrschaft über die Bundesgenossen, die bereits auf die römische Seite getreten waren; 2. Zahlung von 100 Talenten Reparationskosten; und 3. Rückgabe der römischen Kriegsgefangenen. Den Römern war ein bedeutender Erfolg geglückt. Das Bündnis zwischen den Karthagern und dem unumstrittenen Beherrscher von Syrakosai – ein derartiges Bündnis hatte es bisher nicht gegeben – hatte seine Belastungsprobe nicht bestanden und war zerbrochen.

Die Römer wandten sich nunmehr gegen die Städte der karthagischen Epikrateia, die sie aber – von wenigen Ausnahmen abgesehen – nicht gewinnen konnten. Die Karthager scheinen die Städte ihres Herrschaftsgebiets in einen hervorragenden Verteidigungszustand gesetzt zu haben. Die Segestaier jedoch, die Jahrhunderte lang treue Verbündete der Karthager gewesen waren, gingen auf die Seite der Römer über. Ihnen folgten die Halikyaier. Zonaras berichtet, die Segestaier hätten die in ihrer Stadt anwesenden Karthager ermordet und den Römern ihre Tore geöffnet, weil sie sich wie die Römer als Nachkommen des Aeneas betrachtet hätten. In der Tat scheint die Troia-Legende bei den Übergabe-Verhandlungen eine Rolle gespielt zu haben. Doch gab es wahrscheinlich handfestere politische Gründe, die die Segestaier bestimmten, den Bündnispartner zu wechseln. Wir kennen sie aber nicht.

Da der Winter nahte, verließen die Consuln die Insel und fuhren nach Rhegion zurück. Es war ihnen nicht nur gelungen, aus dem Feind Hieron einen Freund zu machen, sie hatten auch einige ostsizilische Basen gewonnen und überdies mit der Machtübernahme in Segesta einen Dorn in das Fleisch der karthagischen Epikrateia gedrückt.

Im Herbst des Jahres 263 entschlossen sich die Karthager, die bisherige rein defensive Kriegführung zugunsten einer überwiegend offensiven Strategie aufzugeben. Daher setzten sie den größeren Teil ihrer Truppen nach Sardinien über, um von dieser Mittelitalien näher liegenden

Operationsbasis aus dem Feind zuzusetzen. Sie hofften, daß die Römer dadurch gezwungen würden, den sizilischen Kriegsschauplatz zu verlassen oder doch weniger starke Verbände nach Sizilien zu schicken. In beiden Annahmen sahen sie sich aber getäuscht; denn die Feinde organisierten mit hinreichenden Kräften ein gut funktionierendes Warn- und Verteidigungssystem und führten dennoch im Frühling des Jahres 262 wiederum starke Verbände – genauer gesagt: vier Legionen –, an deren Spitze die Consuln L. Postumius Megellus und Q. Mamilius Vitulus standen, nach Sizilien. Ihr Ziel war Akragas. Fiel Akragas, war man dem Vorhaben der Eroberung des westlichen Teils Siziliens ein gutes Stück näher gekommen! Die Karthager hatten aber die Stadt, deren Bürger anscheinend im Jahre 264 mit ihnen ein Bündnis geschlossen hatten, unter der Führung des Hannibal, des Sohns des Gisgo, zu einer mächtigen Festung ausgebaut, die die Römer nicht einzunehmen verstanden. Im übrigen schickte die Regierung, nachdem sie die Nachricht von der Belagerung von Akragas erhalten hatte, ein starkes Aufgebot nach Sizilien, das der Feldherr Hanno in Empfang nahm. Nach der Befestigung von Herakleia rückte Hanno in die Nähe von Akragas vor. Als er sah, daß die in Akragas eingeschlossenen Truppen sich in großer Not befanden, hielt er – nach einer langen Zeit des Zögerns – den Zeitpunkt für gekommen, eine entscheidende Auseinandersetzung herbeizuführen. Er beabsichtigte, die Feinde zwischen seiner Phalanx und den Truppen, die in Akragas lagen, in die Zange zu nehmen. Da die Consuln die Gefährlichkeit ihrer Lage erkannten, nahmen sie die Schlacht nicht sofort an, sondern schickten ein starkes Detachement in einen Hinterhalt, um zu einem späteren Zeitpunkt ihrerseits die in ihr Lager zurückkehrenden Karthager anzugreifen. Sie errangen einen klaren Sieg. Auch Hannibal, der in der Zwischenzeit das Lager der Römer bestürmte, wurde zurückgeschlagen. Während Hanno nach Herakleia floh, versuchte Hannibal, sich mit seinen Truppen aus Akragas abzusetzen – die Versorgungslage ließ ihm kaum eine andere Wahl. Sein Vorhaben glückte größtenteils. Die Römer plünderten nach dem Abzug der Karthager die Stadt und verkauften sämtliche Bewohner in die Sklaverei. Daraufhin zogen sie in das Winterlager nach Messana.

In Karthago war die Empörung über das neuerliche Versagen des Hanno groß. Man betraute an seiner Stelle Hamilcar mit dem Amt des Generals. Dieser ging – vermutlich im Frühling des Jahres 261 – nach Sizilien, während der Admiral Hannibal – wohl von Panormos aus – die Küste Italiens zu verheeren suchte. Dessenungeachtet zogen die Consuln des Jahres 261, L. Valerius Flaccus und T. Otacilius Crassus, nach Sizilien. Daß sie dort keine Erfolge erzielen konnten, lag sicherlich auch an der umsichtigen und energischen Kriegführung des Hamilcar. Welchen Wert Hamilcar auf militärische Zucht legte und mit welcher Härte er bei seinen Soldaten durchgriff, läßt sich daraus ersehen, daß er den keltischen Söldnern, die darüber unzufrieden waren, daß sie bisher nur einen Teil ihres Soldes erhalten hatten, eine Art „Himmelfahrtskommando" übertrug: sie sollten eine von den Römern besetzte Stadt zurückerobern – die Römer aber waren vor dem Angriff der Kelten von angeblichen Überläufern gewarnt worden. So kam es, daß sämtliche Kelten von den Römern, die bestens instruiert und vorbereitet waren, erschlagen wurden.

Nach dem Abzug der Consuln von Sizilien beteiligte sich auch Hamilcar an der Verwüstung der italienischen Küstenstriche. Seine Erfolge gaben einer Anzahl sizilischer Städte den Mut, auf die karthagische Seite zu treten.

Die Römer, die in Italien den Wert einer tüchtigen Kriegsmarine zu spüren bekamen, entschlossen sich zur Anwendung einer neuen Strategie. Sie wollten sich nicht mehr damit begnügen, mit ihrem Heer in Sizilien zu operieren – mit diesem Mittel hatten sie bisher keinen Durchbruch erzielt –, sondern beschlossen, den Feind mit dessen eigener Waffe, einer Flotte, zu schlagen. Mit der Durchführung des Schiffbauprogramms wurde Cn. Cornelius Scipio Asina, der eine der Consuln des Jahres 260, betraut. Er legte 20 Trieren und 100 Penteren auf Kiel. Dem anderen Consul dieses Jahres, C. Duilius, wurde das Kommando über das Heer anvertraut. Scipio, der mit 17 Schiffen zunächst nach Messana vorausgefahren war und dem dort die Übergabe der Stadt Lipara zugesagt worden war, tappte bei dieser Stadt in eine Falle. Der Unterbefehlshaber Bodo, der auf Befehl des Hannibal mit 20 Schiffen von Panormos nach Lipara gesegelt war, schloß die römische Flotte im Hafen von Lipara ein. Daraufhin flohen die römischen Landratten an Land. Scipio aber ergab sich Bodo, der mit dem gefangenen Consul und den erbeuteten Schiffen sofort nach Panormos zurückfuhr. Von dort scheint der prominente Gefangene bald nach Karthago gebracht worden zu sein. Nunmehr übernahm Duilius, der sich auf dem Weg nach Sizilien befunden hatte, das Oberkommando über die Flotte, die inzwischen in Messana angekommen war. Auf die Nachricht hin, daß die Karthager die Gegend von Mylai verwüsteten, entschloß sich Duilius, Hannibal in der Nähe dieses Ortes eine Seeschlacht anzubieten. Hannibal, der 130 Schiffe befehligte, nahm an. Und das Sensationelle geschah. In ihrer ersten großen Seeschlacht schlugen die Römer die Beherrscher der Meere. Wesentlich trug zu diesem Erfolg allerdings bei, daß die Römer es verstanden, aus einer Seeschlacht eine Art Landschlacht zu machen, indem sie mit

Hilfe von Enterhaken und Enterbrücken eine Verbindung zu den karthagischen Schiffen herstellten und auf deren Verdecken in den Nahkampf eintraten. Die Karthager verloren 50 Schiffe, unter denen sich auch die Heptere des Admirals, die einst dem Pyrrhos gehört hatte, befand. Hannibal selbst entkam mit Mühe auf einem kleineren Schiff. In Karthago entging er nur deswegen der Verurteilung zum Tode, weil er vor dem Staatsgerichtshof der Einhundertvier geschickt taktierte.

Hamilcar hatte in der Zwischenzeit dem römischen Stützpunkt Segesta hart zugesetzt. Auch der Militärtribun C. Caecilius, der den Belagerten hatte zu Hilfe kommen wollen, hatte die Lage der Stadt nicht zu erleichtern vermocht – er war in eine Falle geraten und hatte viele seiner Leute verloren. Erst der siegreiche Duilius, der den Befehl über das Heer, das er in Rhegion verlassen hatte, wiederum in eigener Person übernommen hatte, erreichte – „[nach n]eun [Tagen]" (Duilius-Inschrift) – die Aufhebung der Belagerung der Stadt.

Vielleicht wich Hamilcar in der Zeit nach dem Mißerfolg von Segesta nach Panormos aus. Jedenfalls erfuhr er dort, daß zwischen den Römern und ihren (sizilischen?) Bundesgenossen Differenzen in der Frage entstanden waren, wem die Ehrenpreise für Tapferkeit vor dem Feind zuerkannt werden sollten. Die Bundesgenossen, verärgert über die anscheinend wenig konziliante Haltung der Römer, hatten sogar ein eigenes Lager zwischen Therma und Paropos bezogen. Diese Situation des Zerwürfnisses nützte Hamilcar aus. Er griff die römischen Bundesgenossen an. Fast 4000 Feinde verloren in dieser Schlacht ihr Leben.

Vom Sieg der Römer bei Mylai bis zum Abzug der Römer aus Afrika (260–255)

Der römische Sieg bei Mylai änderte die Situation in Sizilien nicht von Grund auf. Karthago hatte keine größeren Schwierigkeiten, die Verluste an Menschen und Material auszugleichen. Daß sich in der punischen Metropole keineswegs Resignation ausbreitete, daß man vielmehr neue Anstrengungen unternahm, um die römische Gefahr zu bannen, ist auch daraus zu ersehen, daß Hanno, der Nachfolger des Hannibal – wahrscheinlich im Frühling des Jahres 259 – an der Spitze einer starken Flotte nach Sardinien fuhr. Sollten die Karthager aber damit gerechnet haben, daß sie Sardinien nach wie vor als gesicherte Basis ihrer militärischen Aktionen betrachten konnten, so sahen sie sich bald eines Besseren belehrt; denn L. Cornelius Scipio, der eine der beiden Consuln des Jahres 259, tauchte an der Spitze einer Flotte, deren Selbstvertrauen durch Mylai gestärkt worden war, ebenfalls im Tyrrhenischen Meer auf. Der

Kampf ging nun nicht mehr allein um die Herrschaft in Sizilien, sondern um die Vorherrschaft im Bereich des westlichen Mittelmeers. Polybios schreibt nicht zu Unrecht: „Die Römer wagten sich aufs Meer hinaus – und schon griffen sie nach Sardinien." Scipio verfolgte den Plan, zunächst Korsika in die römische Machtsphäre einzubeziehen, um dann von dieser Basis aus in Sardinien eingreifen zu können. Sein Plan gelang. Nach der Einnahme von Aleria – vielleicht hatten die Karthager mit den Bürgern von Aleria ein Bündnis geschlossen – fiel es ihm nicht schwer, auch den Rest der Insel in seine Gewalt zu bekommen. Als er von Korsika nach Sardinien übersetzte, tauchten zwar karthagische Schiffe am Horizont auf, drehten aber bald wieder ab. Sie konnten mit den weit zahlreicheren römischen Schiffen keinen Kampf aufnehmen. Vermutlich handelte es sich bei der karthagischen Flottille nur um eine Küstenpatrouille. Der Consul gelangte unbehindert in die Nähe von Olbia. Als allerdings die Flotte des Hanno in der Nähe von Olbia erschien, hielt Scipio es für das klügste, nach Rom zurückzukehren – angeblich waren seine Schiffe mit zu wenigen Marinesoldaten besetzt. Im Sommer des Jahres 259 scheint er jedoch erneut nach Sardinien gefahren zu sein und dort mit Erfolg gekämpft zu haben. In einer Landschlacht – der Ort dieser Schlacht ist unbekannt – besiegte er den karthagischen Admiral Hanno, der in dieser Schlacht sein Leben verlor. Der Senat gewährte daraufhin Scipio – anscheinend – einen Triumph „(aufgrund des Siegs) über die Punier und Sardinien mit Korsika" (Triumphal-Fasten), den er in der ersten Februarhälfte des Jahres 258 feierte.

Auf Sizilien setzte Hamilcar im Jahre 259 seine offensiven militärischen Aktionen fort. Wahrscheinlich in diesem Jahr bemächtigte er sich erneut der Stadt Kamarina, und zwar durch Verrat – auch Henna gewann er auf diese Art. Andere Städte nahm er mit Gewalt. Vor allem aber baute er Drepana zu einer starken Festung aus, verpflanzte die Bewohner von Eryx in die neue Festungsstadt und stapelte dort Vorräte aller Art. Drepana sollte – wie Herakleia und andere Orte – einer der Punkte sein, an deren Unbezwingbarkeit der Widerstand der Römer zerbrechen sollte. Hamilcar verstand es – jedenfalls im Jahre 259 –, seinen Gegner C. Aquillius Florus in die Defensive zu drängen. Die Römer verzeichneten in diesem Jahr auf Sizilien nur Rückschläge. Den Winter des Jahres 259/58 verbrachte Florus nicht auf dem Kontinent, sondern auf der Insel, um mit besserer Aussicht auf Erfolg einen weiteren Zerfall der römischen Macht zu verhindern.

Im nächsten Jahr (258) unternahmen die Römer verstärkte Anstrengungen, um das auf Sizilien verlorengegangene Terrain zurückzugewinnen. Beide Consuln, A. Atilius Caiatinus und C. Sulpicius Paterculus, gingen diesmal nach Sizilien. Sie versuchten, den karthagischen Stier bei den Hörnern zu packen, und marschierten daher nach Panormos; denn dort lagen die karthagischen Streitkräfte – es war etwa Mitte April – in den Winterquartieren. Da die Karthager sich jedoch auf keine offene Feldschlacht einließen und da die Stadt stark befestigt war, sahen sich die Römer gezwungen, ihr Glück andernorts zu versuchen. Sie eroberten Hippana, Myttistraton, Kamarina, Henna und andere, unter karthagischer Herrschaft stehende Orte. Das nächste Ziel war Lipara. Doch Hamilcar kam den Römern, die unter der Führung des Caiatinus dorthin segelten, zuvor, besetzte die Stadt und vernichtete in einem überraschenden Angriff viele Feinde.

Die Wege des Caiatinus und des Paterculus hatten sich vermutlich bei Panormos getrennt. Während Caiatinus quer durch Sizilien gezogen war, war Paterculus nach Sardinien gefahren. Dort hatte er weite Gebiete der Insel verwüstet. Der neue und – wenn wir Orosius glauben dürfen – alte Admiral Hannibal hatte seinen Streifzügen zu geringen Widerstand entgegenzusetzen vermocht. Als Paterculus gar – wie einst Agathokles – nach Afrika zu segeln schien, ließ auch Hannibal die Anker lichten, um die Heimat zu schützen. Ein widriger Südwind ließ jedoch beide nach Sardinien zurückkehren. Die Beobachtung der Reaktion des Hannibal brachte Paterculus schließlich auf den Gedanken, eine erneute Abfahrt vorzutäuschen und die karthagische Flotte in eine Falle zu locken. Dies gelang. Die Römer versenkten den größten Teil der gegnerischen Schiffe und bemächtigten sich des restlichen, an den Strand gesteuerten Teils. Hannibal hatte nämlich infolge schlechter Sichtverhältnisse den Hafen von Sulkoi nicht erreicht und war mit der Mannschaft, die an Land gegangen war, in die Stadt geflüchtet. Dort scheinen ihn die aufgebrachten Karthager ermordet zu haben. Das Jahr endete auf Sardinien jedoch nicht mit einem Erfolg der Römer, sondern mit einem Erfolg der Karthager: Hanno, der Nachfolger des Hannibal, brachte den nunmehr allzu sorglos operierenden Römern an einem uns unbekannten Ort eine Niederlage bei. Am Ende des Jahres war ein Ende des Krieges weiter entfernt denn je zuvor.

Im nächsten Jahr (257) konzentrierten die Römer ihre Heeres- und Marinestreitkräfte im sizilischen Raum. Während der Consul Cn. Cornelius Blasio anscheinend den Befehl über die Truppen übernahm, die bisher unter dem Kommando des Proconsuls Caiatinus gestanden waren, führte der Consul C. Atilius Regulus den Befehl über die Flotte. Das einzige bedeutendere militärische Ereignis dieses Jahres war die Seeschlacht von Tyndaris. Die Karthager, die unter dem Kommando des Hamilcar zur fraglichen Zeit von Lipara, wie es scheint, abgesegelt waren – mit welchem Auftrag, ist nicht bekannt –, waren offensichtlich über die Position der römischen Flotte, die bei Tyndaris ankerte, nicht orientiert. Sie fuhren daher, als sie in die Nähe des römischen Ankerplatzes kamen, in gelockerter Formation. Regulus bemerkte dies und gedachte diesen Umstand – und auch den Vorteil, daß die römische Flotte der karthagischen zahlenmäßig weit überlegen war – zu nutzen. Er errang jedoch nur einen Teilerfolg: die Römer kaperten zehn karthagische Schiffe und versenkten acht, die Karthager zerstörten neun römische Schiffe – das Schiff des Regulus entkam mit knapper Not. Trotz des mäßigen Erfolgs erkannten die Senatoren Regulus die Ehre eines Triumphs zu: „Der Consul Regulus hat aufgrund eines Siegs zur See einen Triumph über die Punier gefeiert" (Triumphal-Fasten).

Die Heeresstreitkräfte der römischen Seite verharrten weitgehend in der Defensive – ob dieses Verhalten auf eine Order des Senats zurückging, sei dahingestellt. Über die operativen Ziele, die die Karthager in diesem Jahr verfolgten, sind wir nicht orientiert. Doch was auch immer die Ziele beider Mächte gewesen sein mögen – was sich im Jahre 257 auf Sizilien ereignete und was nicht, war letztlich eine Phase der Ruhe vor dem Ausbruch des Sturms.

Das nächste Jahr, das Jahr 256, sollte einen der Höhepunkte der militärischen Auseinandersetzungen des 1. Römischen Kriegs bringen. In diesem Jahr landete zum ersten Mal eine römische Flotte an der Küste Afrikas. Die Römer verfolgten die Absicht, den Krieg nach Afrika hinüberzutragen, um die Karthager zur Räumung Siziliens zu zwingen. Um dieses Ziel zu erreichen, war es vor allem erforderlich, das Kriegsinstrument Flotte zu stärken. Die Durchführung des neuen römischen Flottenbauprogramms blieb natürlich den Karthagern nicht verborgen. Auch die karthagische Führung unternahm alle Anstrengungen, um die Schlagkraft der Flotte zu erhöhen. Die Feinde sollten in einer entscheidenden Seeschlacht besiegt und dadurch am Übersetzen nach Afrika gehindert werden. Dies waren die Ausgangspositionen beider Seiten im Frühling des Jahres 256. Die Römer, die im Sommer dieses Jahres in ihrem Stützpunkt Eknomon die letzten Vorbereitungen zu der vor ihnen liegenden Auseinandersetzung trafen, verfügten angeblich über 330 Schiffe, denen die Karthager, die über Lilybaion nach Herakleia Minoa und von dort in Richtung Eknomon fuhren – wiederum angeblich – 350 Schiffe entgegenzusetzen hatten. Wenn auch diese Zahlen des Polybios überhöht zu sein scheinen, so ist doch sicher, daß zumindest die Römer noch nie eine stärkere Flotte aufgeboten hatten. Dies ist verständlich, bedenkt man, daß sie der Überzeugung waren, vom Ausgang der Seeschlacht dieses Jahres hänge großenteils der Ausgang des Krieges ab.

Die Seeschlacht von Eknomon wurde in erster Linie deswegen zugunsten der Römer entschieden, weil der unter dem Oberbefehl des Hamilcar kämpfende, stärkere linke Flügel der karthagischen Flotte nicht in der Lage war, die „1. Flotte" des Consuls L. Manlius Vulso Longus und die „2. Flotte" des Consuls M. Atilius Regulus zu überwinden. Anscheinend hatten die Karthager – trotz der Erfahrungen von Mylai – noch kein geeignetes Gegenmittel gegen die gefürchteten römischen „Raben" gefunden. Die Niederlage des Hamilcar zog die Niederlage des unter dem Kommando des Hanno kämpfenden rechten Flügels nach sich. Während die Römer den Verlust von nur 24 Schiffen zu beklagen hatten, hatten die Karthager nicht nur über 30 Schiffe durch Versenkung, sondern auch 64 Schiffe samt der Mannschaft durch Kaperung verloren.

Nach der Schlacht fuhren die Römer nach Messana, um dort die letzten Vorbereitungen zur Überfahrt zu treffen. Hier traf nach einiger Zeit Hanno, der eine der beiden unterlegenen karthagischen Admirale, ein, um Friedensvorschläge zu unterbreiten. Zonaras behauptet, Hamilcar, der andere Admiral, habe mit dieser Gesandtschaft nur den Zweck verfolgt, Zeit zu gewinnen, da er auf die Entsendung neuer Streitkräfte aus Karthago gehofft habe. Dies erscheint fraglich. Jedenfalls scheinen sich die Römer auf keine lange Diskussion der karthagischen Vorschläge eingelassen zu haben; sie setzten den errungenen militärischen Vorteil nicht aufs Spiel. Hamilcar und Hanno unternahmen nunmehr einen letzten verzweifelten Versuch, die römische Flotte, die aus Messana abgesegelt war, an der Überfahrt nach Afrika zu hindern. Sie wandten in dieser Schlacht die „Einkreisungs"-Taktik an, hatten damit jedoch keinen Erfolg, da es den Römern gelang, auf der Seite des Hanno durchzustoßen. Hanno fuhr unmittelbar nach dieser erneuten Schlappe nach Karthago, um die Stadt vor dem zu erwartenden römischen Angriff zu schützen, Hamilcar dagegen blieb auf Sizilien zurück.

Inzwischen fuhren die Römer nach Afrika, sammelten sich in der Nähe des Kaps Bon und gingen bei Aspis an Land. Sie nahmen Aspis mit Gewalt, bestimmten die Stadt zur vorläufigen Operationsbasis, verheerten das umliegende Land und machten 20000 Gefangene. Von Rom traf die Order ein, Vulso solle mit dem größten Teil der Flotte und den Gefangenen nach Rom zurückkehren und Regulus solle in Afrika überwintern. Offensichtlich war daran gedacht, im nächsten Jahr den entscheidenden Schlag gegen Karthago zu führen. Regulus blieb also mit 15000 Infanteristen, 500 Kavalleristen und 40 Schiffen in Afrika zurück. Die Karthager wählten als neue Feldherrn zunächst nur Hasdrubal, den Sohn des Hanno, und Bostar, schickten dann aber nach Sizilien und ließen den – wie man meinte – erfahrenen Hamilcar kommen, der als dritter gleichberechtigter Feldherr in Afrika fungieren sollte. Hamilcar brachte 5000 Infanteristen und 500 Kavalleristen mit. Das „Triumvirat" beschloß, sich nicht auf die Verteidigung Karthagos zu beschränken und den Römern nicht die Herrschaft über das flache Land zu überlassen. Die erste militärische Auseinandersetzung wurde bei der Stadt Adys (?) ausgetragen. Sie endete – offensichtlich infolge der taktischen Unfähigkeit des Hamilcar – zuungunsten der Karthager. Die Folge war, daß die Römer sich als die Herren des flachen Landes betrachten konnten. Sie bemächtigten sich schließlich der Stadt Tynes und bezogen dort – wie seinerzeit die Truppen des Agathokles – ihr Standquartier. Zu allem Unglück revoltierten nunmehr auch noch die Numider. Die Landbevölkerung floh entsetzt und verstört in die Stadt. In der Stadt aber herrschte Mutlosigkeit, zumal sich in ihr auch eine Hungersnot ausbreitete. In dieser bedrängten Situation baten die Karthager um die Aufnahme von Friedensverhandlungen. Anführer der Dreiergesandtschaft, die im Lager des Regulus eintraf, war Hanno, der Sohn des Hamilcar. Regulus stellte jedoch Begingungen, die denen entsprachen, die nach einer völligen Kapitulation hätten gestellt werden können. Enttäuscht und erbittert kehrten die Gesandten zurück. Der Senat beschloß, den Krieg fortzuführen.

Um diese Zeit landete in Karthago eine beträchtlich große Truppe griechischer Söldner – die Auseinandersetzungen zwischen Ptolemaios II. und Antigonos Gonatas scheinen sich bereits dem Ende zugeneigt zu haben oder bereits eingestellt worden zu sein. Unter diesen Söldnern befand sich der Spartiate Xanthippos, ein erfahrener Offizier, der sich das Vertrauen der karthagischen Führung erwarb. Xanthippos erkannte, daß die Niederlage der Karthager nicht auf ein zu geringes Kriegspotential zurückzuführen war – er war im Gegenteil von der Größe dieses Potentials, vor allem der Stärke der Kavallerie und der Zahl der Elefanten, beeindruckt –, sondern auf die Unfähigkeit der Feldherrn. Unter dem Einfluß des Xanthippos entschloß sich die karthagische Führung zu einer offensiven Kriegführung. Etwa 12000 Infanteristen, 4000 Kavalleristen und nahezu 100 Elefanten stellten die Karthager ins Feld.

Die Schlacht, die im Frühling des Jahres 255 in der Nähe von Tynes geschlagen wurde, wurde in erster Linie durch den Umfassungsangriff der überlegenen karthagischen Kavallerie entschieden. Die Verluste der Römer waren niederschmetternd. Nur etwa 2000 Mann – sie hatten auf dem rechten Flügel gekämpft – retteten ihr Leben. Es gelang ihnen, sich nach Aspis durchzuschlagen. 500 Mann – unter ihnen befand sich Regulus – gerieten in karthagische Gefangenschaft.

Nachdem die Nachricht von der Katastrophe des Regulus in Rom eingetroffen war, beschlossen die Senatoren, die bisherige, Afrika betreffende Strategie aufzugeben und sich damit zu begnügen, die Männer, die sich nach Aspis durchgeschlagen hatten, herauszuholen. Die unter dem Kommando der Consuln Ser. Fulvius Paetinus Nobilior und M. Aemilius Paullus durchgeführte Befreiungsaktion wurde ein voller Erfolg. Die aus 200 Schiffen bestehende karthagische Flotte unterlag der 350 Schiffe umfassenden römischen Flotte in der Nähe des Kaps Bon deutlich. Die Karthager scheinen 24 Schiffe, die Römer neun Schiffe verloren zu haben. Doch bei der Rückfahrt ereilte die Römer in der Nähe von Kamarina eine fürchterliche Katastrophe – Polybios bezeichnet diese Katastrophe als die größte Schiffahrtskatastrophe der Geschichte. Von 364 Schiffen verloren die Römer 284 – angeblich aufgrund eines Fehlverhaltens der Consuln, die nahe an der Südküste Siziliens entlangfuhren, um die Bewohner einiger dort liegender Städte zu beeindrucken und für die römische Seite zu gewinnen.

Vom Abzug der Römer aus Afrika bis zum Sieg der Römer bei den Aegatischen Inseln (255–241)

Der Erfolg bei Tynes und die Katastrophe von Kamarina gaben den Karthagern neuen Auftrieb. Sie verstärkten ihre Rüstungsanstrengungen – sicherlich in der Überzeugung, die Peripetie des Krieges sei eingetreten.

Zunächst aber hatten die Karthager im eigenen Hause, in Nordafrika, Ordnung zu schaffen. Mit dieser Aufgabe wurde Hamilcar betraut. Hamilcar griff hart durch. Er ließ die Führer der Stämme, die zu revoltieren gewagt hatten, ans Kreuz schlagen und forderte als Strafabgaben 1000 Talente Silber und 20000 Rinder ein. Wie lange die Befriedungsaktion im numidischen Hinterland dauerte, ist unbekannt.

Jedenfalls hinderte die Bewältigung dieser Aufgabe die Karthager nicht daran, in Sizilien eine erneute – wenn auch begrenzte – Aktivität zu entfalten. Noch im Jahre 255 griff Carthalo, der anscheinend das sizilische Kommando des Hamilcar übernommen hatte, die in der Zwischenzeit (d. h. in der Zeit von 262 bis 255) wieder besiedelte Stadt Akragas an, eroberte und zerstörte sie. Weitere größere Erfolge scheint Carthalo in diesem Jahr nicht erzielt zu haben – dies wahrscheinlich deswegen, weil die karthagischen Truppen zu dieser Zeit vorwiegend in Nordafrika eingesetzt waren.

Die Römer gaben trotz der gewaltigen Rückschläge ihre Sache keineswegs verloren. Sie legten in der Rekordzeit von drei Monaten 220 Schiffe auf Kiel und fuhren im nächsten Jahr (254) unter dem Kommando der

Consuln Cn. Cornelius Scipio Asina und A. Atilius Caiatinus in Richtung Sizilien. In Messana schloß sich der Rest der Flotte des Jahres 255 ihnen an, so daß sie nunmehr mit 300 Schiffen an der Nordküste Siziliens vorrücken konnten. Daß sie von einer karthagischen Flotte angegriffen würden, war nicht zu befürchten, da die Karthager zu dieser Zeit noch keine größeren Marineeinheiten nach Sizilien entsandt hatten. Kephaloidion fiel ihnen durch Verrat in die Hände. Drepana einzunehmen, gelang ihnen allerdings nicht, da Carthalo der bedrängten Stadt zu Hilfe eilte. Panormos dagegen, die „bedeutendste Stadt der Provinz der Karthager" (Polybios), fiel, und zwar nach der Eroberung der Unterstadt und aufgrund einer Vereinbarung. Diese Vereinbarung besagte, daß einerseits die Bürger von Panormos die Stadt den Römern übergeben und daß andererseits die Römer den Bewohnern von Panormos die Möglichkeit des Freikaufs einräumen sollten. Der Preis betrug 2 Minen (= 200 Drachmen) pro Person. Auf diese Weise erlangten 14000 Bewohner von Panormos die Freiheit – die Römer kassierten demnach 2800000 Drachmen bzw. 466⅔ Talente Silber. 13000 Bewohner konnten den Kopfpreis nicht aufbringen – sie wurden in die Sklaverei verkauft. Der Eindruck des römischen Erfolgs war groß: die Iaitiner verjagten die karthagische Besatzung und übergaben ihre Stadt den Römern. Ihrem Beispiel folgten die Bürger der – punischen! – Stadt Solus und der Städte Petra, Enattara und Tyndaris. Der größte Teil der Nordküste, ein Teil des Binnenlandes und einige Orte an der Südküste befanden sich nunmehr unter römischer Kontrolle. Caiatinus kehrte am Ende des Jahres über Messana nach Rom zurück, Scipio blieb auf Sizilien zurück.

Im Sommer des folgenden Jahres, des Jahres 253, fuhr der Consul C. Sempronius Blaesus an der Spitze sämtlicher Marinestreitkräfte nach Afrika – genauer gesagt: an die tunesische Ostküste und in das Gebiet der Kleinen Syrte. Der Consul Cn. Servilius Caepio scheint auf Sizilien zurückgeblieben zu sein und mit der Belagerung von Lilybaion begonnen zu haben. Blaesus landete an vielen Orten und verwüstete das Land. Was war das Ziel dieser Aktion? Sollte die Invasionsstrategie von 256 wieder aufgegriffen werden? Offensichtlich nicht. Vielleicht sollten die Kräfte Karthagos möglichst geschädigt und in jedem Fall an Afrika gebunden werden, damit das starke karthagische Bollwerk Lilybaion leichter genommen werden konnte. Die Eroberung von Panormos schien die Berechtigung der Hoffnung auf die Bezwingung von Lilybaion erwiesen zu haben.

Den Operationen des Blaesus war kein voller Erfolg beschieden. Als die Flotte gar bei der Insel Meninx (= Djerba) infolge der Unkenntnis der Untiefen und der Gesetze von Ebbe und Flut in Bedrängnis geriet, faßte Blaesus den Entschluß, nach Sizilien zurückzukehren. Polybios behauptet, seine Abfahrt habe einer Flucht ähnlich gesehen. Die Flotte fuhr in Sichtweite an Lilybaion vorbei und ging im Hafen von Panormos vor Anker. Für einen kombinierten Land-See-Angriff auf Lilybaion dürfte die Jahreszeit bereits zu weit vorgerückt gewesen sein, so daß sich Blaesus entschloß, nach Rom zurückzukehren. Er wählte aber nicht den Weg entlang der nordsizilischen und italischen Küste, sondern die Route übers offene Meer. In der Nähe des Palinurischen Vorgebirges geriet die Flotte in einen Sturm, der über 150 Schiffe zerstörte.

Der Verlust von etwa drei Fünfteln der Kriegsflotte führte in Rom zu einer Neuorientierung der Strategie. Man war des kostspieligen Kriegsinstruments Flotte müde geworden. In Zukunft sollte die Flotte nicht mehr auf Sizilien und in Afrika eingesetzt werden. Den Schutz Italiens sollte und konnte – so dachte man in Rom – auch eine zahlenmäßig bescheidene Flotte gewährleisten. Alle Hoffnungen setzte man wieder auf die Legionen, das traditionelle Kriegsinstrument.

Die Karthager scheinen sich in diesem Jahr völlig in die Defensive zurückgezogen zu haben. Vermutlich waren ihre Kräfte weitgehend auf die Beruhigung der numidischen Verhältnisse und auf die Durchführung eines neuen Rüstungsprogramms konzentriert.

Im folgenden Jahr (252) änderte sich die militärische Lage nur unwesentlich. Die Consuln dieses Jahres, C. Aurelius Cotta und P. Servilius Geminus, waren nicht in der Lage, auf Sizilien eine Wende herbeizuführen, wenn ihnen auch die Eroberung einiger Orte – allerdings unter erheblichen Komplikationen – gelang. Im Fall der nicht unbedeutenden Stadt Himera war der Erfolg insoweit begrenzt, als sich die Römer keines einzigen Bewohners der Stadt bemächtigen konnten – den Karthagern war es gelungen, unter dem Schutz der Nacht alle Himeraier zu evakuieren. Im Fall von Therma verloren die Offiziere einer 1000 Mann starken römischen Einheit – aufgrund einer List des Torwächters der Stadt? – ihr Leben, bevor die Stadt fiel. Und im Fall von Lipara hatte der Militärtribun P. Aurelius Pecuniola, der entgegen dem Befehl des Cotta die Stadt zu erstürmen versucht hatte, eine große Zahl von Leuten verloren, bevor Cotta selbst sich der Stadt bemächtigen konnte. Heirkte zu nehmen, gelang den Römern nicht, obwohl sie 40000 Infanteristen und 1000 Kavalleristen ins Feld stellten. Zur Belagerung von Lipara hatten die Römer übrigens syrakosischer Schiffe bedurft. Vielleicht wurde bereits damals manchem Römer klar, daß der Entschluß, auf eine leistungsfähige Flotte zu verzichten, eine Fehlentscheidung gewesen war.

Aus der Lage der umkämpften Orte ist zu ersehen, daß die Römer im Jahre 252 das Ziel verfolgt hatten, möglichst die gesamte sizilische Nordküste – und darüber hinaus die Liparischen Inseln – zu besetzen, um von dieser gesicherten Linie aus gegen die karthagischen Stützpunkte vorzugehen. Ihre Rechnung war teilweise aufgegangen: die Küste vom Kap Pelorias bis nach Panormos stand nunmehr unter römischer Kontrolle. Heirkte aber, das den Zugang in die karthagische Epikrateia versperrte, war nicht gefallen. Die Karthager hatten zwar einige Rückschläge erlitten, aber die wichtigen Festungsstädte und Forts Heirkte, Drepana, Lilybaion, Selinus und Herakleia befanden sich nach wie vor in ihrer Hand. Zur Durchführung offensiver Aktionen scheinen ihre Kräfte in diesem Jahr allerdings nicht gereicht zu haben.

Dies sollte sich im nächsten Jahr (251) ändern. In diesem Jahr fuhr der karthagische Feldherr Hasdrubal mit über 30000 Infanteristen und Kavalleristen und 140 Elefanten nach Lilybaion. Sein Ziel war die Rückeroberung von Panormos. Nachdem er die in Herakleia stationierten Truppen an sich gezogen hatte, marschierte er – wahrscheinlich erst im Jahre 250 – über Selinus in Richtung Panormos. Der eine Consul des Jahres 251, C. Furius Pacilus, war zu diesem Zeitpunkt mit seinen Truppen bereits nach Italien zurückgekehrt, der andere, L. Caecilius Metellus, hatte sein Hauptquartier in Panormos aufgeschlagen. Die Ankunft des Hasdrubal traf Metellus, der zu dieser Zeit ein proconsularisches Kommando innehatte, nicht unvorbereitet. Da er in taktischer Hinsicht dem karthagischen Feldherrn überlegen war, errang er einen eindeutigen Sieg. 20000 „Karthager" und 26 Elefanten verloren in der Schlacht von Panormos ihr Leben, viele „Karthager" gerieten in Gefangenschaft, und 104 Elefanten fielen – z. T. mit ihren „indischen" Lenkern – in römische Hände. Hasdrubal floh mit dem Rest des Heeres nach Lilybaion und wurde in Abwesenheit vom karthagischen Staatsgerichtshof der Einhundertvier zum Tode verurteilt. Später wurde er gepfählt.

Der Sieg brachte eine gewaltige Stärkung des Selbstvertrauens der römischen Armee, das nach Tynes auf einen Tiefpunkt gesunken war. Vor allem die Tatsache, daß es dieses Mal gelungen war, gegen den Angriff der Elefanten wirksame Abwehrwaffen einzusetzen, gab den Offizieren und Soldaten der römischen Seite neue Zuversicht. Auf karthagischer Seite herrschte tiefe Niedergeschlagenheit. Verschiedene Schriftsteller berichten, die Karthager hätten eine Gesandtschaft nach Rom geschickt, die Verhandlungen über die Beendigung des Krieges und den Austausch der Gefangenen aufnehmen sollte. Mit den Gesandten sei der gefangene Consul Regulus nach Rom gereist, von dem die Karthager die Übernahme einer Vermittlerrolle erwartet hätten. Regulus aber habe zur Fortsetzung des Krieges geraten, obwohl er sich darüber im klaren gewesen sei, daß er damit sein Leben verwirkt habe. Wenn auch in der Forschung die Regulus-Geschichte weitgehend – und zu Recht – als Legende betrachtet wird, so ist doch die Nachricht, die Karthager seien nach der Schlacht bei Panormos an einer Beendigung des Krieges interessiert gewesen, nicht ohne weiteres in das Reich der Fabel zu verweisen. Auch in anderen Fällen von schweren Niederlagen hatten die Karthager versucht, einen Schlußstrich unter die Vergangenheit zu ziehen, für den Augenblick gewisse Nachteile in Kauf zu nehmen und die entstandenen Einbußen durch Aktivitäten auf neuen Feldern auszugleichen. Dies entsprach ihrem kaufmännischen Geist. Die damaligen Verhandlungen zerschlugen sich vermutlich vor allem deswegen, weil die Römer – wie seinerzeit Pyrrhos – auf der Räumung ganz Siziliens bestanden haben dürften. Zur Aufgabe aller sizilischen Stützpunkte konnten sich die Karthager jedoch nicht bereit finden. Der Krieg ging weiter.

Die wichtigste Entscheidung, die im Jahre 250 – unter dem Consulat des C. Atilius Regulus und des L. Manlius Vulso Longus – in Rom getroffen wurde, war die Aufhebung des Beschlusses von 253, nach dem der Bau von Schiffen, die außerhalb der italienischen Küstengewässer eingesetzt werden sollten, verboten worden war. Nunmehr wurden 50 Schiffe auf Kiel gelegt. Die Römer hatten wohl erkannt, daß ohne den Einsatz einer schlagkräftigen Flotte eine Stadt wie Lilybaion nicht erobert werden konnte. Der Erfolg von Panormos mag bei den Anstrengungen, die der Bau der neuen Flotte erforderlich machte, beflügelt haben.

Die beiden seeerfahrenen Consuln fuhren etwa Ende Juni 250 mit 120 Schiffen in Richtung Lilybaion – auch die auf Sizilien stationierten Verbände hatten Order erhalten, dorthin zu marschieren. Fiel Lilybaion, hatten die Römer den Karthagern den höchsten sizilischen Trumpf aus der Hand genommen – und die Karthager hatten nicht mehr viele sizilische Trümpfe in der Hand! Daß sie Lilybaion unter allen Umständen zu halten bedacht waren, leuchtet ein. Der Stadtkommandant Himilco, dem neben den wehrfähigen Bürgern der Stadt etwa 10000 griechische und keltische Söldner zu Gebote standen, traf alle erdenklichen Gegenmaßnahmen gegen die Angriffe der Römer. Als die Lage der Stadt an einen kritischen Punkt gelangt war und einige der Söldnerführer bereits mit den Römern Gespräche wegen der Übergabe aufgenommen hatten, hatten es die Karthager der Loyalität des achaiischen Söldners Alexon zu verdanken, daß die Stadt nicht durch Verrat fiel. Alexon und Hannibal, der Sohn des Feldherrn Hannibal, der in Sulkoi ermordet worden war, beruhigten die griechischen und keltischen Söldner und festigten die militärische Disziplin.

In der Zeit nach der Überwindung dieser gefährlichen Situation – in Karthago hatte man von diesen Vorgängen noch nichts erfahren – traf wertvolle Unterstützung in Lilybaion ein. Hannibal, der Sohn des Hamilcar, ein enger Freund des Feldherrn Adherbal, fuhr mit 50 Schiffen und 10000 Mann kühn durch die feindlichen Linien hindurch und gelangte unbelästigt in den Hafen von Lilybaion. Die Abwehrkräfte der Belagerten wurden dadurch erheblich gestärkt. Dennoch waren sie zunächst nicht in der Lage, die Belagerungsbauten der Feinde zu zerstören. Ihre diesbezüglichen Bemühungen hatten erst zu einem späteren Zeitpunkt Erfolg. Auf diesen Erfolg der Belagerten hin begnügten sich die Belagerer mit der Anlage von Wall und Graben und hofften, die Zeit werde das Ihrige tun. Als die Nachricht von dem Rückschlag, den die Truppen bei Lilybaion hatten hinnehmen müssen, in Rom eintraf, hoben die Römer in aller Eile etwa 10000 Matrosen aus und schickten sie – im Jahre 249 unter der Führung des Consuls P. Claudius Pulcher – auf dem Landweg nach Lilybaion. Bald nach der Ankunft in Lilybaion beschloß Pulcher, nach Drepana zu segeln, da er der Überzeugung war, er könne gegenüber Adherbal das Überraschungsmoment ausnützen – Adherbal wußte seiner Meinung nach nichts von der Ankunft der neu ausgehobenen Matrosen. Den karthagischen Posten von Drepana blieb jedoch die Ankunft der römischen Flotte nicht verborgen. Adherbal traf rasch die Vorbereitungen zur Schlacht – er wollte die augenscheinlich beabsichtigte Einschließung der Stadt vermeiden. Die Karthager siegten in dieser Seeschlacht von Drepana dank der erfahreneren Marinetruppen, des besseren Schiffsmaterials und der überlegenen Taktik des Adherbal. 93 Schiffe fielen – großenteils samt der Besatzung – den Karthagern in die Hände, mit etwa 30 Schiffen floh der Consul. Später wurde Pulcher wegen Hochverrats verurteilt.

Doch trotz der schweren Niederlage ließen die Römer in ihren Kriegsanstrengungen nicht nach. L. Iunius Pullus, der andere Consul des Jahres 249, führte 60 Schiffe und eine große Anzahl von Transportschiffen nach Sizilien, um die vor Lilybaion liegenden Truppen mit dem nötigen Nachschub zu versehen. In Messana stießen die Reste der „lilybaiischen“ Flotte und die übrigen „sizilischen“ Einheiten zu ihm – offensichtlich war geplant, den großen Nachschubtransport mit allen zur Verfügung stehenden Schlachtschiffen zu schützen. Mit 120 Schlacht- und fast 800 Lastschiffen fuhr Pullus nach Syrakosai weiter – es scheint, daß er der Ansicht war, die sizilische Südroute sei wegen der Lage des karthagischen Flottenstützpunktes Drepana weniger gefährlich als die sizilische Nordroute. Von Syrakosai aus schickte er die Hälfte der Lastschiffe unter der Führung der „Quaestoren“ in Richtung Lilybaion voraus, um den Belagerern möglichst rasch den nötigen Nachschub zuführen zu lassen. Er selbst blieb in Syrakosai zurück, um die Nachzügler seiner

Flotte und weitere Getreidelieferungen der binnenländischen Bundesgenossen abzuwarten.

Wohl bereits vor der Abfahrt der „lilybaiischen" Flotte nach Messana hatte Adherbal Carthalo, der mit 70 Schiffen nach Sizilien gekommen war, den Befehl gegeben, mit 100 Schiffen die vor Lilybaion ankernde römische Flotte anzugreifen. Dem Angriff des Carthalo auf das römische Schiffslager war jedoch nur ein Teilerfolg beschieden gewesen, obwohl Himilco die Aktionen der Flotte durch einen Ausfall aus der Stadt unterstützt hatte.

Nach dem Eintreffen der Nachricht von der Abfahrt der ersten Abteilung der römischen Flotte von Syrakosai rückte Carthalo mit 120 Schiffen in Richtung Herakleia vor. In der Nähe von Gela begegneten sich beide Geschwader. Da sich die römische Flotte, die unter der Führung der „Quaestoren" stand, nicht in der Lage sah, einen Kampf mit der Flotte des Carthalo aufzunehmen, ankerte sie bei der zu ihrem Kontrollgebiet gehörenden Stadt Phintias – einer Stadt, die über keinen Hafen, sondern nur über eine Reede verfügte. Der Angriff des Carthalo auf das römische Schiffslager brachte jedoch nur einen Teilerfolg. Nach dem Abschluß des Angriffs legte sich Carthalo an der Mündung des Halykos auf die Lauer, um das Auslaufen der Römer abzuwarten und um dann erneut anzugreifen.

Als Pullus mit der zweiten Abteilung der römischen Flotte in Syrakosai aufbrach, war er über die Vorgänge in der Nähe von Phintias noch nicht informiert. Carthalo, der durch seine Späher, die vielleicht auf dem M. Desusino postiert waren, von der Anfahrt des Pullus unterrichtet worden war, fuhr ihm entgegen, um möglichst weit von der ersten Abteilung der römischen Flotte entfernt den Kampf aufzunehmen. Als die karthagischen Schiffe in der Nähe der römischen Flotte auftauchten, erkannte Pullus, daß er den Kräften des Carthalo unterlegen war. Er unternahm daher den Versuch, nach Syrakosai zurückzukehren. In der Nähe von Kamarina wurde ihm aber klar, daß er den Gedanken an eine weitere Flucht aufgeben müsse. Er gab daher den Befehl, in der Nähe des Ufers, an der Steilküste von Kamarina, zu ankern. Carthalo hielt es für geraten, an dieser Stelle nicht anzugreifen. Er ging daher in der Nähe eines Vorgebirges, das zwischen beiden Abteilungen der römischen Flotte lag, vor Anker und beobachtete die Bewegungen der römischen Flotte. Da die karthagischen Steuerleute aber die Anzeichen eines gefährlichen Sturms erkannten, gab Carthalo seine Position auf, fuhr mit letzter Kraft um das Kap Pachynos herum und ankerte in syrakosischem Gebiet. Die römische Flotte aber ging in dem hereinbrechenden Unwetter fast vollständig zugrunde. Die Erfahrung der karthagischen Steuerleute hatte die karthagische Flotte vor einem ähnlichen Unglück bewahrt.

Die Folge der beiden Katastrophen von Drepana und Kamarina war, daß die Römer sich wiederum von der See zurückzogen. Die karthagische Thalassokratie war erneut unangefochten.

Pullus suchte der Gefahr der Resignation dadurch zu begegnen, daß er in der karthagischen Epikrateia offensive Aktionen startete. Es gelang ihm auch, sich – im Oktober des Jahres 249 – der Stadt Eryx zu bemächtigen.

Im allgemeinen jedoch traten in der nächsten Zeit an der Kriegsfront keine größeren Änderungen ein – auch nicht, als der neue Admiral Hamilcar der Blitz – wahrscheinlich im Frühling des Jahres 247 – auf Sizilien eintraf. Hamilcar mußte zunächst sogar einen leichten Rückschlag hinnehmen; denn dem römischen Consul N. Fabius Buteo gelang es, sich der kleinen, bei Drepana gelegenen Insel Pelias zu bemächtigen. Nach diesem Mißerfolg arbeitete Hamilcar auf das Zustandekommen eines Vertrags über den Austausch von Kriegsgefangenen hin. Der Vertrag kam zustande.

Nach der Niederschlagung einer Meuterei der Söldner – mit derartigen Problemen hatte bereits Carthalo zu kämpfen gehabt – verwüstete Hamilcar die italienische Küste bis hinauf nach Kyme. Zwar hatten bereits Adherbal im Jahre 250 und Carthalo im Jahre 248 ähnliche Streifzüge unternommen, doch scheint Hamilcar bei der Durchführung dieser Aktionen die größeren Erfolge erzielt zu haben. Seine Erfolge erklären sich teilweise auch durch die Gewinnung eines günstig gelegenen Stützpunkts – mitten im feindlichen Gebiet –, des Forts und des Hafens Heirkte. Hier setzte er sich im Jahre 247/46 fest und von dieser Basis aus bereitete er seine Aktionen vor. Diese richteten sich übrigens nicht nur gegen die italienische Küste, sondern auch gegen die in Panormos stationierten römischen „Nachbarn". Karthager und Römer lieferten sich hier fast drei Jahre lang verbissene und wechselvolle Kämpfe.

Nach dieser Zeit gab Hamilcar Heirkte auf und eroberte die Stadt Eryx zurück – die römischen Forts auf der Spitze und am Fuß des Berges vermochte er allerdings nicht zu nehmen. Mit der Verlegung der Operationsbasis von Heirkte nach Eryx dürfte er den Zweck verfolgt haben, Drepana einen wirkungsvolleren Schutz zu gewähren. Auch bei Eryx entwickelte sich – wie bisher bei Panormos – ein erbittert geführter Kleinkrieg, der zwei Jahre lang, von 244 bis 242, dauerte.

Die Entscheidung in dem Ringen, das die Kräfte der beiden Feinde bis zur Erschöpfung anspannte, fiel aber nicht auf dem Land, sondern zur See. In Rom hatte sich nämlich die bittere Erkenntnis durchgesetzt, daß bei einem Festhalten an den bisherigen Methoden der Kriegführung ein Ende des Krieges nicht abzusehen war. Nur mit Hilfe einer starken Flotte schien die Entscheidung herbeigeführt werden zu können. So ging man im Winter des Jahres 243/42, sechs Jahre nach der zweiten Katastrophe von Kamarina, daran, eine Flotte von 200 Penteren auf Kiel zu legen. Diese Schiffe wurden übrigens nach dem Modell der Pentere des Hannibal des Rhodiers gebaut, die im Jahre 250 bei Lilybaion den Römern in die Hände gefallen war. Der römische Staat war allerdings nicht mehr in der Lage, dieses kostspielige Flottenbauprogramm zu finanzieren. Römische Privatleute sprangen – nach der Gewährung einer staatlichen Garantie für den Fall des Erfolgs – in die Bresche. Mit dieser Flotte fuhr C. Lutatius Catulus, der eine der Consuln des Jahres 242, zu Beginn des Sommers dieses Jahres nach Sizilien. Er verstand es, den Überraschungseffekt, den das Auftauchen der römischen Flotte auslöste, zu nützen, und bemächtigte sich sowohl des Hafens von Drepana als auch der Reede von Lilybaion. Wie wenig man auf karthagischer Seite mit dem Auftauchen der römischen Flotte gerechnet hatte, zeigt die Tatsache, daß die karthagische Flotte nach Karthago zurückgekehrt war. Nach seiner Ankunft begann Catulus zwar mit der Belagerung der Stadt Drepana, gab aber in seinen Planungen der zu erwartenden Auseinandersetzung mit der karthagischen Flotte den Vorrang. Die Karthager waren nunmehr in Zugzwang. Wollten sie die Gefahr einer Niederlage oder einer Kapitulation ihrer in Eryx stationierten Truppen vermeiden, mußten sie Nachschub heranschaffen. Sie rüsteten eine Flotte aus und stellten sie unter den Befehl des Hanno. Hanno segelte – im Frühling des Jahres 241 – zunächst zur Heiligen Insel. Er hatte den Plan, von dort aus, unbemerkt vom Feind, zum Anlegeplatz von Eryx zu fahren, die Nachschubgüter auszuladen, Hamilcar und dessen fähigste Söldner an Bord zu nehmen und dann dem Catulus die Schlacht anzubieten. Der Consul wurde jedoch von der Anfahrt der karthagischen Flotte verständigt. Er bemannte daraufhin die Schiffe mit den tüchtigsten Soldaten des Heeres und segelte zu der der sizilischen Westküste vorgelagerten Insel Aigussa. Und als Hanno am Tag nach der Ankunft der römischen Flotte bei Aigussa – es war der 10. März 241 – mit günstigem Wind Kurs auf Tonnara di Bonagia nahm, zögerte Catulus nicht lange und fuhr trotz der für ihn ungünstigen Windverhältnisse dem Karthager entgegen, da er eine Vereinigung der Truppen des Hanno mit denen des Hamilcar vermeiden wollte. Die Schlacht endete mit einer Niederlage der Karthager – und diese Niederlage fiel deutlich aus: 50 Schiffe wurden versenkt und 70 Schiffe samt der Mannschaft genommen – fast 10000 „Karthager" fielen in die Hände der Feinde. Der Rest der Flotte fuhr zur Heiligen Insel zurück.

Die Vernachlässigung der Flotte hatte sich bitter gerächt. Die Römer hatten die Karthager mit deren eigenen Waffen geschlagen: mit vorzüglich gebauten Schiffen, mit trainierten Ruderern, mit tapferen Soldaten, mit geschulten Kapitänen und mit einer überlegenen Taktik.

Der Friedensvertrag

Als die Nachricht von der Niederlage in Karthago eintraf, waren die Meinungen über das weitere Vorgehen gespalten. Schließlich führte die Überlegung, daß die weitere Unterstützung der auf Sizilien kämpfenden Truppen fast unmöglich geworden war, zu dem Entschluß, den Krieg zu beendigen. Dieser Entschluß war letztlich aber der Ausdruck einer weitverbreiteten Kriegsmüdigkeit. Man betraute Hamilcar mit der Aufgabe, Friedensverhandlungen einzuleiten, und gab ihm zu diesem Zweck unbeschränkte Handlungsfreiheit. Hamilcar, der im Felde nicht besiegt worden war, übernahm den ihm erteilten Auftrag und schickte Gesandte zu Catulus, der einem vorläufigen Vertrag folgenden Inhalts seine Zustimmung gab:

„Unter diesen Bedingungen soll Freundschaft sein zwischen Karthagern und Römern – vorausgesetzt, daß auch das römische Volk es gutheißt: Die Karthager sollen ganz Sizilien räumen und keinen Krieg gegen Hieron führen und nicht gegen die Syrakosier oder die Bundesgenossen der Syrakosier die Waffen ergreifen. Die Karthager sollen den Römern sämtliche Kriegsgefangenen ohne Lösegeld zurückgeben. An Geld sollen die Karthager den Römern in 20 Jahren 2200 euboiische Talente zahlen" (Polybios).

Die römische Volksversammlung nahm jedoch diesen Vertrag nicht an, sondern schickte ein Gremium von Decemviri nach Sizilien, das sich an Ort und Stelle über die Sachlage informieren sollte. Die Decemviri änderten die Hauptpunkte des Präliminarvertrags nicht, verschärften jedoch in einigen untergeordneten Punkten die den Karthagern auferlegten Bedingungen. So setzten sie die Frist für die Zahlung der Reparationskosten auf die Hälfte herab, so verlangten sie die zusätzliche, sofortige Zahlung von weiteren 1000 Talenten, so ordneten sie die Räumung auch aller zwischen Sizilien und Italien liegenden Inseln an, so legten sie das Verbot fest, im Hoheitsgebiet des Vertragspartners Truppen anzuwerben, so setzten sie die Bestimmung durch, nach der kein Vertragspartner die Bundesgenossen des anderen in seine Freundschaft aufnehmen dürfe, und so dehnten sie die Friedensgarantie auf alle Bundesgenossen beider Vertragspartner aus. Der endgültige Vertrag sah Folgendes vor: „Die

Karthager sollen <sowohl ganz Sizilien als auch> alle Inseln räumen, die zwischen Italien und Sizilien liegen. Von beiden Seiten soll für die beiderseitigen Bundesgenossen die Sicherheit garantiert werden. Keiner von beiden soll im Herrschaftsgebiet des anderen Anordnungen treffen oder von Staats wegen bauen oder Truppen werben oder die Bundesgenossen des anderen in das Verhältnis der Freundschaft aufnehmen. Die Karthager sollen innerhalb von zehn Jahren 2200 Talente bezahlen, sogleich aber 1000. Die Karthager sollen alle Kriegsgefangenen ohne Lösegeld den Römern zurückgeben" (Polybios).

Das wesentliche Ergebnis des 1. Römischen Kriegs faßt der Verfasser des Ineditum Vaticanum knapp folgendermaßen zusammen: „Und sie (die Römer) bekamen Sizilien in ihre Gewalt, um das der Kampf gegangen war." Sicherlich war die Räumung Siziliens die sichtbarste Folge der Niederlage bei den Aegatischen Inseln. Weniger sichtbar war vielleicht für manche karthagischen Politiker, daß das Jahr 241 die Peripetie in der Geschichte der Stadt bedeutete. Die Gewichte im westlichen Mittelmeerraum verschoben sich stark zugunsten der aufstrebenden römischen Macht und zuungunsten des karthagischen Staats.

Daß aber Karthago in eine tiefe Krise geraten war, das konnte keiner übersehen, der die Ereignisse nach dem Krieg verfolgte.

25

DER LIBYSCHE KRIEG UND DER VERLUST SARDINIENS (241–238)

Der Krieg war verloren. Doch bald sollte sich zeigen, daß das Ende der Schrecken noch nicht gekommen war. Eine neue Gefährdung des karthagischen Staats ging von den Söldnern aus. Daß sie ein existenzbedrohendes Ausmaß annahm, hing nicht zuletzt mit der Tatsache zusammen, daß die meisten Söldner Libyer waren. Allein den libyschen Söldnern war es möglich, der Revolte eine Basis zu geben, die zur Vernichtung des karthagischen Staats ausreichend zu sein schien. Sie allein waren in der Lage, eine Meuterei von Söldnern in einen „Libyschen Krieg" hinüberzuführen.

Der Anlaß der Revolte war die Weigerung der zuständigen staatlichen Stellen, den Söldnern den ihnen zustehenden Sold auszubezahlen. Sie begründeten ihre Weigerung mit der augenblicklichen Insolvenz der Staatskasse. Es hat jedoch den Anschein, als wäre bei einer Anspannung aller Kräfte eine Lösung des Problems möglich gewesen.

Über die mißliche Lage der Staatsfinanzen war auch Gisgo, der Nachfolger des Hamilcar, informiert. Da er Schwierigkeiten voraussah – die Stimmung der Truppen scheint schon damals gereizt gewesen zu sein –, ordnete er an, die Söldnertruppen sollten sich abteilungsweise und in zeitlichen Abständen von Lilybaion aus nach Karthago einschiffen – er wollte den karthagischen Behörden zur Beschaffung der Gelder und zur Entlassung der einzelnen Kontingente Zeit verschaffen. Doch die zuständigen Stellen gingen auf die Pläne des Gisgo nicht ein. Sie ließen vielmehr die gesamten, aus libyschen, iberischen, keltischen, balearischen, ligurischen und halbgriechischen Abteilungen bestehenden Söldnertruppen in Karthago sich sammeln, da sie die trügerische Hoffnung hegten, sie könnten mit ihnen über eine geringere Soldzahlung handelseinig werden – und zur Erreichung dieses Ziels hielten sie es offensichtlich für erforderlich, mit allen Söldnern gleichzeitig zu verhandeln, da nur eine Lösung praktikabel erschien, die vorsah, daß der Sold aller Söldner des gleichen „Dienstgrads" um den gleichen Betrag gekürzt wird.

Die ersten Zusammenstöße mit karthagischen Zivilisten waren noch nicht durch das Soldproblem verursacht. Sie führten aber dazu, daß die karthagischen Behörden die Führer der Söldner aufforderten, mit ihren Truppen in Sikka Quartier zu beziehen, bis die restlichen Verbände in Afrika gelandet und die erforderlichen Gelder beschafft seien. Die Söldner – jeder von ihnen hatte zur Befriedigung der dringendsten Bedürfnisse einen Gold-Stater erhalten – erklärten sich mit diesem Plan einverstanden, wollten aber ihre „Habe" – und dazu zählten auch Frauen und Kinder – in Karthago zurücklassen, da sie mit einem nur kurzfristigen Aufenthalt in Sikka rechneten. Diesem Vorhaben stimmten jedoch die karthagischen Behörden nicht zu, da sie befürchteten, die Söldner würden in diesem Fall vorzeitig nach Karthago zurückkehren oder gar überhaupt nicht abziehen. Die Söldner fügten sich murrend.

In der Muße von Sikka errechnete ein Teil der Söldner Beträge, die weit höher lagen als die staatlich garantierten Summen. Alle aber erinnerten sich daran, daß die karthagischen Feldherrn in kritischen Situationen mit Versprechungen nicht gegeizt hatten. Die Erwartungen waren hochgesteckt.

Bald traf auch der Rest der Söldner in Sikka ein. Als nun Hanno, der Feldherr Libyens, nicht nur die übertriebenen Hoffnungen dämpfte, sondern sogar von einer Reduzierung des Soldes sprach, war der Eklat da. In verschiedenen Versammlungen wurde aufgeregt die neue Situation diskutiert. Hanno versuchte, über die Führer der einzelnen Söldnergruppen die Gemüter zu besänftigen. Dies glückte ihm nicht, da die Führer, die sich in einer schwierigen Situation befanden, ihre Truppen nicht mehr vollständig unter Kontrolle hatten. Das Mißtrauen wuchs auf allen Seiten. So nahmen die Söldner an, es sei absichtlich keiner ihrer sizilischen Generale, die ihnen seinerzeit Versprechungen gemacht hatten, mit dieser Mission beauftragt worden, sondern ein Unbeteiligter. Erregt brachen sie – ihre Zahl betrug über 20000 – in Richtung Karthago auf und errichteten in der Nähe von Tynes ein Lager: die karthagischen Behörden sollten bei den kommenden Verhandlungen unter Druck gesetzt werden. Und die Rechnung der Söldner ging auf. Die zuständigen karthagischen Instanzen behandelten die Söldner außerordentlich entgegenkommend und versprachen, nicht nur den vereinbarten Sold zu bezahlen, sondern auch die Nachforderungen zu erfüllen, soweit es in ihrer Macht stünde.

Doch damit gaben sich die Söldner nun nicht mehr zufrieden. Sie stellten neue Forderungen. So sollten die Karthager den Wert ihrer während des Krieges verendeten Pferde ersetzen. Als auch diese Nachforderung bewilligt war, kam die Frage einer Ausgleichszahlung für das Getreide, dessen Zuteilung noch geschuldet war, zur Sprache. Die Söldner verlangten, daß die Umrechnung auf der Grundlage des während des

Krieges erzielten Höchstpreises zu erfolgen habe. In diesem Fall scheinen die karthagischen Behörden keine eindeutigen Zusagen mehr gegeben, sondern nur ihre Bereitschaft zum Ausdruck gebracht zu haben, alles Menschenmögliche zu tun, um die Wünsche der Söldner zu erfüllen. In strittigen Punkten sollte einer der Feldherrn, die auf Sizilien den Oberbefehl geführt hatten, entscheiden – dies war einer der Wünsche gewesen, die die Söldner bereits gegenüber Hanno geäußert hatten. Da ihnen Hamilcar wegen der Niederlegung des Oberbefehls und wegen des Fernbleibens von den Verhandlungen nicht genehm war, erkannten sie Gisgo als Vermittler an.

Nach einiger Zeit – die genaue chronologische Abfolge der Ereignisse ist völlig ungewiß – kam Gisgo zu Schiff bei Tynes an. An Bord hatte er die Gelder, die eine Lösung aller entstandenen Probleme zu garantieren schienen. Gisgo zahlte den rückständigen Sold aus, schob aber die Vergütung für die Pferde und das Getreide hinaus – offensichtlich war er der Meinung, über diese Frage mit den Söldnern noch verhandeln zu können. Dies nahmen Spendius, ein übergelaufener campanischer Sklave, und Mathos, ein Libyer, zum Anlaß, um gegen die Karthager zu hetzen. Mathos fürchtete insbesondere, daß die Karthager nach der Abreise der übrigen Söldner mit den libyschen Söldnern hart ins Gericht gehen würden, um ihre Herrschaft in Libyen zu stabilisieren. Es gelang den beiden Rädelsführern rasch, den größten Teil der Söldner für sich zu gewinnen. Der Terror, den beide auszuüben imstande waren, ging schließlich so weit, daß Offiziere und gemeine Soldaten, die in einer Diskussion auch nur den Mund aufzutun wagten, gesteinigt wurden. Polybios berichtet, das einzige Wort, das alle verstanden hätten, sei „wirf!" gewesen. Der nächste Schritt war, daß sich die Söldner von ihren alten Führern trennten und Mathos und Spendius zu Feldherrn wählten.

In der Tat scheint Gisgo den Versuch unternommen zu haben, zwischen die libyschen Söldner und die übrigen Söldner einen Keil zu treiben; denn allein jenen war die Vergütung für die Verpflegung noch immer nicht ausbezahlt worden. Als sie sich bei Gisgo darüber beschwerten, goß dieser Öl in das Feuer der Leidenschaften, indem er antwortete, sie sollten sich diese Gelder bei ihrem „Feldherrn" Mathos holen. Daraufhin plünderten die wütenden Söldner das Gepäck der Karthager, rissen die zurückbehaltenen Gelder an sich, setzten Gisgo und seine Begleiter fest und verschworen sich zum Kampf gegen Karthago. Der Bruch war unheilbar geworden.

Sowohl Hanno als auch Gisgo scheinen den Ernst der Lage nicht begriffen zu haben.

Beide Seiten mußten nunmehr versuchen, sich um Verstärkungen zu bemühen, um dem zu erwartenden Kampf um Sein oder Nicht-Sein begegnen zu können.

Mathos erkannte klar, daß seine Pläne wesentlich leichter zu realisieren sein würden, wenn es gelänge, aus einer Söldnerrevolte einen Volkskrieg zu machen. Daher schickte er Gesandte an die Städte Libyens – die Emporia an der tunesischen Ostküste scheinen nicht unter diese Bezeichnung gefallen zu sein –, um die Bewohner dieser Städte zum gemeinsamen Kampf für die Freiheit aufzufordern. Die Verwendung der Freiheitsparole war nur deswegen möglich, weil sich weite Teile Libyens von Karthago ausgebeutet fühlten. Erstaunlich ist die Tatsache, daß die Gesandten des Mathos u. a. nicht nur in die libyphoinikische Stadt Hippu Akra, sondern sogar in die punische Stadt Ityke gingen. Offensichtlich hatten sie Grund zu der Annahme, daß der Versuch einer Einbeziehung dieser Städte in die antikarthagische Front nicht von vornherein zum Scheitern verurteilt war. Spätere Ereignisse zeigen, daß derartige Überlegungen nicht absurd waren. Die Stimmung im Lande war insbesondere deswegen weithin antikarthagisch, weil die Karthager während des letzten Krieges auf die Ressourcen Libyens zurückgegriffen hatten. Sie hatten nicht nur den Tribut der Städte verdoppelt, sondern auch die Hälfte der Feldfrüchte eingefordert. Überdies waren die jeweiligen Feldherrn Libyens – unter ihnen Hanno – unnachgiebig und unerbittlich vorgegangen. „Daher bedurften die Männer nicht einmal einer Aufforderung zum Abfall, sondern nur eines Boten" (Polybios). Die libyschen Frauen verpflichteten sich eidlich, nichts von ihrem Eigentum zu verheimlichen und ihren Schmuck für die Kriegskasse des Mathos zu opfern. Die Summen, die eingingen, waren beträchtlich. Fast alle libyschen Kommunen beteiligten sich am Aufstand und schickten Truppen und Lebensmittel in das Lager des Mathos.

So erfolgversprechend die Aussichten der Libyer schienen, so deprimierend war die Lage der Karthager. Der langdauernde Römische Krieg hatte die Kräfte Karthagos erschöpft; die Landtruppen, auf deren Schlagkraft die Stadt sich bisher gestützt hatte, standen großenteils im gegnerischen Lager; die Seestreitkräfte waren bei den Aegatischen Inseln zerschlagen worden; auf die Hilfe von Freunden oder Bundesgenossen bestand wenig Aussicht; die finanziellen Möglichkeiten waren großenteils erschöpft; mit Einkünften aus Libyen war nicht mehr zu rechnen; Rüstungsgüter waren nur in sehr begrenztem Umfang vorhanden; die Zahl einsatzbereiter Schlachtschiffe war relativ gering. Einen Schimmer von Hoffnung gaben nur die Mauern Karthagos, die Überlegenheit zur See und die Wahrscheinlichkeit, daß nicht alle

„Verbündeten" und Untertanen in Afrika, Spanien und auf Sardinien die Sache der Metropole verlassen würden.

Die Hoffnung der Karthager wurde insofern gestärkt, als weder Ityke – hierher war Spendius gezogen – noch Hippu Akra – diese Stadt wurde von Mathos belagert – den Söldnern die Tore öffnete. Zum Feldherrn wurde Hanno bestellt. Seine Wahl war offiziell mit den Erfolgen begründet worden, die er während des Römischen Kriegs in Libyen errungen hatte – so war ihm damals die Einnahme von Hekatompylos geglückt –, in Wirklichkeit wird die Wahl auch ein Ergebnis der Propaganda der antibarqidischen Koalition gewesen sein. Hanno ging tatkräftig ans Werk. Er faßte die waffenfähigen Bürger der Stadt in kampfkräftigen Infanterie- und Kavallerieeinheiten zusammen und trug für die Instandsetzung der noch vorhandenen Trieren, Fünfzigruderer und großen Boote Sorge.

Eines der schwierigsten Probleme war aus finanziellen und politischen Gründen die Anwerbung neuer Söldner. Man wird annehmen dürfen, daß die Karthager auch dieses Mal in ihren traditionellen Rekrutierungsgebieten Spanien, Gallien und Ligurien die Werbetrommel rührten. Sollte jedoch zu diesem Zeitpunkt die karthagisch-römische Affäre, von der noch zu sprechen sein wird, bereits abgeschlossen gewesen sein, dann führten die Karthager sehr wahrscheinlich auch in den Herrschaftsgebieten der Römer – und d.h. vor allem: auf Sizilien – Söldnerwerbungen durch; dies war deswegen möglich, weil die Römer nach den glaubwürdigen Aussagen des Appianos und des Zonaras für die Zeit des Libyschen Kriegs den entsprechenden Paragraphen des Lutatius-Vertrags aufgehoben hatten. Nichts zeigt deutlicher als dies, in welche Schwierigkeiten Karthago geraten war.

Wenn wir einer Aussage des Appianos trauen könnten, hätten die Karthager die Römer sogar um den Abschluß eines Symmachievertrags gebeten; doch unterliegt diese Aussage starken Zweifeln. Wahrscheinlich ist dagegen, daß die Römer eine Gesandtschaft nach Afrika schickten, die zwischen Karthagern und Libyern vermitteln sollte. Die Libyer lehnten jedoch jede Vermittlung ab, boten aber ihre Unterwerfung unter die römische Herrschaft an. Diesen Vorschlag akzeptierten wiederum die Römer nicht. So kehrte die Gesandtschaft unverrichteter Dinge nach Rom zurück.

Da die Libyer – sie hatten angeblich 70000 Mann Verstärkung erhalten – nicht nur die beiden wichtigen Hafenstädte Ityke und Hippu Akra belagerten, sondern auch ihr Lager bei Tynes beibehielten und dadurch den Isthmos von Karthago kontrollierten, waren die Karthager weithin vom libyschen Hinterland abgeschnitten. Gelegentlich erschienen feindliche Abteilungen gar vor den Mauern Karthagos, um die Bewohner der Stadt einzuschüchtern.

Vermutlich im folgenden Jahr (240) schiffte sich Hanno mit relativ starken Verbänden und 100 Elefanten nach Ityke ein. Er errang zwar zunächst – vor allem aufgrund des Einsatzes der Elefantenwaffe – einen klaren Sieg gegen die Belagerer, die sich auf den Djebel Menzel Roul zurückzogen, mußte aber bei einem überraschenden Gegenangriff der Söldner nicht unbeträchtliche Verluste hinnehmen. Einige Tage später soll er auch bei der Stadt Gorza klare Chancen zu einem Sieg nicht genutzt haben.

Mögen auch die Versäumnisse des Hanno von der barqidischen „Partei" übertrieben dargestellt worden sein – die Anschuldigungen fanden jedenfalls bei der Mehrzahl der Karthager Gehör. Besonders die „Menge" (Polybios) erhoffte sich von dem Mann rasche und eindeutige Erfolge, der immer noch den Nimbus der Unbesiegbarkeit besaß: von Hamilcar dem Blitz. Hamilcar trat aus der Reserve, die in letzter Zeit nicht mehr freiwilliger, sondern erzwungener Art gewesen war, heraus und nahm die Wahl zum Feldherrn an. Hanno scheint aber auch weiterhin das Amt des Feldherrn Libyens ausgeübt zu haben.

Möglicherweise griff der „Blitz" erst im Frühling des Jahres 239 in das Kriegsgeschehen ein. Für diese Annahme scheinen die Umstände zu sprechen, daß zunächst neue Söldner anzuwerben und 70 Elefanten zu fangen und abzurichten waren – Vorgänge, die Zeit in Anspruch nahmen. Als Hamilcar Karthago verließ, standen ihm insgesamt ungefähr 10000 Mann – städtische Kavalleristen, Söldner und Überläufer – und die erwähnten 70 Elefanten zur Verfügung. Sein Ziel mußte es sein, die Mauer der Isolierung niederzureißen und für die karthagischen Truppen ein Operationsfeld zu schaffen. Da Mathos alle strategisch wichtigen Punkte zwischen dem See von Tynes und dem Bagradas stark gesichert hatte – bei der einzigen Flußbrücke hatte er sogar eine stadtähnliche Anlage erbauen lassen –, verfiel Hamilcar auf den Gedanken, günstige Wind- und Strömungsverhältnisse abzuwarten und seine Truppen unmittelbar bei der Mündung über den Fluß zu führen. Sein Plan gelang. Zum Erstaunen von Freund und Feind zog er eines Morgens auf dem linken Ufer des Bagradas in Richtung „Stadt an der Brücke". Was nun eintrat, scheint Hamilcar vorausgesehen zu haben. Die etwa 10000 Mann, die in der „Stadt an der Brücke" stationiert gewesen waren, rückten von der einen Seite, und die über 15000 Mann, die unter dem Kommando des Spendius Ityke belagert hatten, von der anderen Seite gegen die karthagischen Truppen vor. Als sie die Karthager in der Zange zu haben glaubten, ließ Hamilcar eine scheinbare Fluchtbewegung durchführen und aus dieser Bewegung heraus die günstigste Formation der einzelnen Truppenteile herstellen. Und sein taktisches Konzept, in dem die Kavalleristen und die Elefanten eine besondere Rolle spielten, setzte sich durch. Gegen 6000 Libyer und Söldner fielen, etwa 2000 wurden gefangengenommen. Der Rest entkam teils in die „Stadt an der Brücke", teils in das Lager bei Ityke. Hamilcar stieß nun nach, nahm zunächst die „Stadt an der Brücke" – die Besatzung floh nach Tynes – und gewann dann den kleineren Teil der Städte des Hinterlands durch Überredung, den größeren Teil mit Gewalt.

Mathos, der die Belagerung von Hippu Akra in eigener Person leitete, bemühte sich um Verstärkungen. Libyer und Numider – die Numider erscheinen hier zum ersten Mal – sollten, so lautete die Botschaft des Mathos, die letzte Chance zur Erkämpfung der Freiheit nicht vergeben. Dem Spendius, der etwa 6000 Mann verschiedener Nationalität befehligte, und dem Autaritos, der etwa 2000 Kelten führte, gab er den Rat, dem Heer des Hamilcar zu folgen und es in günstigen Situationen anzugreifen, in der Ebene aber – wegen der Stärke der feindlichen Kavallerie und der Gefährlichkeit der Elefanten – keine Auseinandersetzung zu wagen.

Durch das Eintreffen der libyschen und numidischen Truppen geriet Hamilcar vor allem deswegen in eine schwierige Lage, weil er sich damals in einer Ebene befand, die ringsum von Bergen eingeschlossen war. Die Berge und die Feinde schienen ein Entkommen unmöglich zu machen. In dieser Situation war es ein beachtlicher kräftemäßiger und ein fast unschätzbarer psychologischer Gewinn, daß Narauas, der Führer der etwa 2000 Numider, zu Hamilcar überging. Hamilcar bot nunmehr Spendius die Schlacht an, und dieser nahm an. Hamilcar siegte – nicht zuletzt aufgrund der Kampfkraft der numidischen Kavallerie. Außerdem erwiesen sich die Elefanten als wichtige Waffe. Angeblich fielen 10000 Feinde und wurden etwa 4000 Feinde gefangengenommen. Spendius und Autaritos retteten sich durch die Flucht.

Nach diesem Sieg bot Hamilcar den Gefangenen den Eintritt ins karthagische Heer an. Ein Teil nahm an, ein Teil lehnte ab. Wer ablehnte, durfte als freier Mann gehen, wurde aber mit unnachsichtiger Behandlung bedroht, falls er noch einmal die Waffen gegen Karthago erhebe. Die „Milde Hamilcars" übte auf die Gefangenen und die Feinde einen großen Eindruck aus. Der Wille zum Widerstand begann an manchen Stellen abzubröckeln. So erreichte Hamilcar zwei Ziele: zum einen führte er eine willkommene Verstärkung der karthagischen Truppen herbei, und zum anderen gelang ihm eine teilweise Zersetzung der Wehrkraft des Feindes.

Etwa zu dieser Zeit leiteten die auf Sardinien stationierten Söldner eine Entwicklung ein, die zum Verlust der Insel und damit zu einem der einschneidendsten Rückschläge in der Geschichte Karthagos führen sollte. Sicherlich waren sie vor der Revolte mit ihren in Afrika operierenden Kollegen in Verbindung getreten – wenn nicht gar Mathos und Spendius die Initiative in dieser Sache ergriffen hatten. Die revoltierenden Söldner schlossen den Provinzstatthalter Bostar – Bostar scheint zu diesem Zeitpunkt der Oberkommandierende der karthagischen Streitkräfte auf Sardinien gewesen zu sein – und andere Karthager zunächst in der Burg einer uns unbekannten Stadt ein und töteten sie dann. Die Karthager sahen sich gezwungen, trotz der schwierigen afrikanischen Verhältnisse Truppen nach Sardinien zu entsenden. Zum Befehlshaber dieser Truppen war ein gewisser Hanno ernannt worden. Seine Soldaten – offensichtlich lauter Söldner – gingen jedoch auf die Seite der Aufständischen über, die daraufhin nicht nur Hanno ans Kreuz schlugen, sondern alle Karthager, die sich auf der Insel aufhielten, unter ausgesuchten Martern umbrachten. Danach gelang es ihnen, die größtenteils punischen Städte, die ihres karthagischen Schutzes beraubt waren, in ihre Gewalt zu bekommen. Die Zentren der Insel standen damit unter ihrer Kontrolle. Erst als die Rebellen den Plan verfolgten, alle Gebiete der Insel ihrer Herrschaft zu unterwerfen und eine Söldner-Republik zu errichten, stießen sie an die Grenzen ihrer Möglichkeiten. Die alteingesessenen Sarden schlossen sich zusammen und jagten die Söldner von der Insel. Sie flohen nach Italien. Die Sarden ihrerseits waren aber nicht gewillt, Sardinien wieder der Herrschaft der Karthager zu unterstellen.

In der Zwischenzeit hatte sich die Lage der Söldner in Afrika keineswegs gebessert. Die Führer begannen überreizt zu reagieren, da sie nachteilige Wirkungen der Propaganda des Hamilcar befürchteten. Auf einer Heeresversammlung, die möglicherweise bei Hippu Akra stattfand, ließen sie gefälschte Briefe der auf Sardinien kämpfenden Kollegen und der Lagerkommandanten von Tynes verlesen, in denen vor einer nachlässigen Bewachung des Gisgo und der anderen Karthager gewarnt wurde. Gewisse Elemente im Lager stünden mit den Karthagern über die Befreiung dieser Gefangenen in Verhandlungen. Autaritos steigerte den aufkommenden Unwillen vieler Söldner, indem er in einer demagogischen Rede – er hielt die Rede in punischer Sprache, um von möglichst vielen verstanden zu werden – dazu aufforderte, alle Brücken einer Verständigung mit Karthago abzubrechen. Die Mehrzahl stimmte ihm begeistert zu, als er vorschlug, Gisgo und die anderen karthagischen Gefangenen – es waren etwa 700 – unter Martern hinzurichten. Zwar versuchten Leute verschiedener Nationalität, wenigstens die grausame und entehrende Behandlung von Gisgo und wohl auch den anderen Todeskandidaten abzuwenden, sie drangen aber nicht durch. Im Gegenteil! Als der Ruf „wirf!" erscholl, wurden sie zu Tode gesteinigt. Die Führer hatten ihren Zweck erreicht: nach dem Massenmord an den Karthagern konnte keiner der Söldner und Libyer mehr mit dem Gedanken spielen, zu den Karthagern überzulaufen – Gnade war nun nicht mehr zu erwarten. Wenn es möglich war, daß der Graben zwischen den kämpfenden Parteien noch verbreitert werden konnte, dann geschah dies dadurch, daß die Rebellen sich weigerten, die Leichen der Ermordeten herauszugeben, daß sie drohten, in Zukunft jeden Herold und jeden Gesandten der Karthager wie Gisgo zu behandeln, und daß sie den Beschluß faßten, von nun an jeden Karthager, der in Gefangenschaft gerate, zu töten und jedem Bundesgenossen der Karthager, der in ihre Hände falle, die Hände abzuhakken und ihn nach Karthago zu schicken.

Nach dem Massaker sandten die Karthager Botschaften an die getrennt operierenden Feldherrn Hamilcar und Hanno: sie sollten ihre Anstrengungen verdoppeln und den Tod der Opfer rächen. Hamilcar sah ein, daß der Weg der „Menschenfreundlichkeit" (Polybios) nicht mehr gangbar war. Er gab Befehl, in Zukunft alle Gefangenen von den Elefanten zertrampeln zu lassen. Im übrigen rief er Hanno zu sich, da er zu der Überzeugung gelangt war, nur der massive Einsatz aller Kräfte an einem Punkt werde eine entscheidende Wende herbeiführen können. Die Hoffnungen stiegen.

Da traten mehrere Ereignisse ein, die das bisher Erreichte in Frage stellten. Zum ersten zeigte sich bald, daß die schwerwiegenden Differenzen, die zwischen beiden Feldherrn bestanden, zu militärischen Mißerfolgen führten. Zum zweiten ging eine wichtige Nachschubsendung, die von den Städten in der Nähe der Kleinen Syrte aus in Richtung Karthago unterwegs war, in einem Sturm zugrunde. Und zum dritten – und dies war das Schlimmste – verzweifelten nach etwa zweijähriger Belagerungszeit sowohl Ityke als auch Hippu Akra, zwei bisher treue Bundesgenossen, an der Sache der Karthager und öffneten den Libyern die Tore. Um das Wohlwollen der neuen Herren zu gewinnen, töteten die Einwohner einer der beiden Städte – vermutlich die Einwohner von Ityke – die etwa 500 Soldaten des karthagischen Hilfskorps, warfen deren Leichen von der Mauer herab und schlugen den Karthagern die Bitte ab, die Ermordeten begraben zu dürfen.

Die Rückschläge der Karthager ermunterten die Feinde zu einer großangelegten Offensive. Sie begnügten sich nun nicht mehr damit, an einzelnen Punkten die karthagische Herrschaft zu brechen, sondern gingen gegen das Zentrum der karthagischen Macht vor, um durch dessen

Vernichtung das Ganze zu gewinnen: sie begannen mit der Belagerung Karthagos. Dieser Gefahr versuchten Hamilcar und Hannibal – Hannibal war Hanno im Kommando gefolgt – dadurch zu begegnen, daß sie die Belagerer von der Zufuhr abschnitten. Der Erfolg ließ jedoch einige Zeit auf sich warten.

In dieser Situation – Ende 239? – waren die Karthager gezwungen, befreundete Staaten – vor allem Rom und Hieron II. – um Unterstützung zu bitten. Die Römer, die die Bestimmungen des Lutatius-Vertrags genau beachteten, waren bereit, das Ihrige zur Lebensmittelversorgung der Stadt beizutragen – ein Zwischenfall, der sich zu Beginn des Krieges ereignet und der das Verhältnis zwischen Karthago und Rom getrübt hatte, war inzwischen längst beigelegt worden. Die Vertragstreue der Römer bewährte sich vor allem in zwei Fällen: zum einen, als sie trotz der Bitten der Söldner nicht auf Sardinien eingriffen, und zum anderen, als sie das Übergabe-Angebot der Itykaier nicht annahmen. In vielleicht noch stärkerem Maße unterstützte Hieron II. die Karthager – er war überzeugt, die Existenz Karthagos sichere auch die Unabhängigkeit seines Reichs. Die Hilfe beider Staaten scheint dazu beigetragen zu haben, daß Karthago die Zeit der Belagerung – 239/38? – überstand.

Hamilcar gelang es nach einiger Zeit, den Ring um die Belagerungstruppen so dicht zu schließen, daß Mathos und Spendius sich genötigt sahen, die Belagerung der Stadt aufzugeben. Bald danach stellten die Führer der Rebellen eine Armee von angeblich 50000 Soldaten auf, die unter dem Befehl des Spendius den Truppen des „Blitzes“ folgen sollte, um zu gegebener Zeit und in günstigem, d. h. gebirgigem Gelände zuzuschlagen. Spendius wurde von dem Libyer Zarzas und dem Kelten Autaritos unterstützt. Mathos blieb anscheinend im Stützpunkt Tynes zurück. Bei den sich in der Folgezeit entwickelnden Gefechten errang Hamilcar Vorteile. Eine Vorentscheidung im Kampf um Nordafrika bahnte sich an, als Hamilcar die völlige Einkesselung der gegnerischen Truppen bei der „Säge“ glückte. Da einerseits die Rebellen in dem für sie ungünstigen Gelände – die Ungunst des Geländes war durch Bauten des Hamilcar noch verstärkt worden – nicht glaubten, eine Schlacht wagen zu können, und da andererseits Hamilcar wußte, daß der Feind wie in einer Falle gefangen war, verstrich einige Zeit, ohne daß Besonderes geschah. Die Führer vertrösteten die Menge durch den Hinweis auf die Hilfe, die von Tynes aus zu erwarten sei. Doch von Tynes kam keine Hilfe. Die Eingeschlossenen gingen – wenn wir Polybios glauben dürfen – dazu über, das Fleisch der Gefangenen und der Sklaven zu essen. Als die Stimmung der Truppe auf den Nullpunkt gesunken war, entschlossen sich Spendius, Zarzas und Autaritos, Hamilcar um Verhandlungen zu bitten. Hamilcar sagte zu. Mit zehn Vertretern der Rebellen, zu denen die erwähnten Führer gehörten, schloß er eine Vereinbarung folgenden Inhalts ab: Die Karthager sollten sich zehn Feinde – als Geiseln? – aussuchen dürfen, die übrigen Rebellen sollten, mit nur einem Chiton bekleidet, freien Abzug erhalten. Nachdem die Vereinbarung ausgefertigt war, erklärte er, er wähle die zehn anwesenden Gesandten. Die Rebellen, die bemerkten, daß ihre Führer abgeführt wurden, griffen nun zu den Waffen, da sie sich rechtswidrig behandelt glaubten – sie hatten ja von dem Inhalt der Vereinbarungen noch keine Kenntnis erhalten. In dem folgenden Gemetzel kamen alle Rebellen – nach Polybios über 40000 – ums Leben.

Unter dem Eindruck des Erfolgs des Hamilcar trat eine große Zahl von Libyern auf die Seite der Karthager über. Hamilcar konnte daher nunmehr daran denken, Tynes, das Bollwerk des Feindes, anzugreifen. Er selbst belagerte die Stadt im Süden, Hannibal im Norden. Hannibal aber ließ unter den Mauern von Tynes Spendius und seine Genossen hinrichten. War es Haß? Wollte er den Feind zu einer unbedachten Handlung reizen? Unachtsamkeit leisteten sich aber nicht die Feinde, sondern Hannibal. Als nämlich Mathos einen Ausfall wagte, erlitt Hannibal eine empfindliche Schlappe, er selbst geriet in Gefangenschaft. Die Rebellen quälten Hannibal grausam und hängten den noch Lebenden an das Kreuz, an dem Spendius bisher gehangen hatte. Außerdem schlachteten sie die 30 vornehmsten Karthager, die sich in ihrer Hand befanden, bei der Leiche des Spendius ab.

Hamilcar sah sich gezwungen, die Belagerung von Tynes abzubrechen. Er zog mit seinen Truppen an die Mündung des Bagradas und schlug dort ein Lager auf. Alles schien nun wieder offen zu sein.

In dieser kritischen Situation war die Mehrheit der Senatoren der Meinung, eine Zusammenfassung aller politischen und militärischen Kräfte sei erforderlich, um den Krieg, der sich nun schon drei Jahre hinzog, zu beenden. Sie wählten daher 30 Männer aus ihrer Mitte, die mit Hanno dem Rab, der wieder auf seinen früheren Posten zurückberufen worden war, und dem letzten Aufgebot der Stadt ins Lager des Hamilcar zogen, um über die zu ergreifenden Maßnahmen zu beraten. Die 30 Senatoren brachten eine – zumindest zur Schau getragene – Verständigung zwischen beiden Generalen zustande.

In der folgenden Zeit stellten sich auf karthagischer Seite wieder Erfolge ein. Mathos verlor viele kleinere Gefechte, so bei Leptis (Minor) – die Gegend der Städte in der Nähe der Kleinen Syrte wird hier zum ersten Mal als Kampfgebiet erwähnt. Mathos, dessen Position immer schwächer wurde, entschloß sich schließlich, alles auf eine Karte zu setzen.

ka

Dies entsprach völlig den Wünschen der karthagischen Feldherrn. Nachdem beide Seiten alle ihre Kräfte – auch die Besatzungstruppen, die in den Städten gelegen waren – an einem uns unbekannten Ort konzentriert hatten, schlugen sie die entscheidende Schlacht. Der Sieg fiel den Karthagern zu. Die meisten Libyer kamen in der Schlacht ums Leben, der Rest floh in eine in der Nähe gelegene Stadt, ergab sich aber bald. Mathos war den Karthagern lebend in die Hände gefallen.

Ganz Libyen kapitulierte. Nur Ityke und Hippu Akra setzten den Kampf fort – sie hatten keine Nachsicht zu erwarten. Bald aber brach Hamilcar den Widerstand der einen, Hanno den der anderen Stadt. Beide Städte erhielten einen Diktatfrieden.

Der Krieg, der drei Jahre und etwa vier Monate gedauert hatte, wurde offiziell durch die Siegesparade der Soldaten und die grausame Tötung des Mathos und der übrigen Gefangenen abgeschlossen.

Wohl kaum ein Karthager dachte bei der Siegesfeier daran, daß nur kurze Zeit später der karthagische Staat erneut von einem harten Schlag getroffen werden würde: vom Verlust Sardiniens. Hatten die Römer zunächst die Aufforderung der Rebellen zu einem Eingreifen auf Sardinien abgelehnt, so verschlossen sie sich einer erneuten Bitte der Söldner, die inzwischen nach Italien geflüchtet waren, nicht mehr und dachten daran, die Hände nach der Insel auszustrecken. Die Kräfte des Karthagischen Staats schienen ja erneut zu wachsen! Nach dem Bekanntwerden der römischen Annexionspläne sandten die Karthager eine Protestnote nach Rom, in der sie auf ihre guten Rechte hinwiesen, und rüsteten sich, um gegen die vorzugehen, „die ihnen die Insel entrissen hatten“ Polybios – und darunter können doch nur die rebellierenden Söldner zu verstehen sein Daraufhin drohten ihnen die Römer in der Form der Wiedererstattungs-Forderung (rerum repetitio) den Krieg an mit der Begründung, die Rüstungen der Karthager richteten sich nicht gegen die Sarden, sondern gegen sie selbst. Die Karthager wären zwar in der Lage gewesen, sich gegen rebellierende Söldner und möglicherweise gegen feindliche Bewohner der Insel durchzusetzen, waren aber außerstande, zum damaligen Zeitpunkt in eine militärische Auseinandersetzung mit der Großmacht Rom einzutreten. Sie wichen daher der Gewalt und verzichteten auf den Besitz der Insel. Überdies hatten sie den Römern Reparationskosten in Höhe von 1200 Talenten zu zahlen – für einen Krieg, der nie stattgefunden hatte.

Selten hat Rom derart offen sein räuberisches Gesicht gezeigt wie bei der Annexion Sardiniens. Viele karthagische Politiker werden aus dem Verhalten Roms ihre Schlüsse gezogen haben.

Vor allem Zonaras weiß zu berichten, daß die Karthager in den Jahren 235 und 233 auf Sardinien neue, gegen Rom gerichtete Aktivitäten entfaltet haben. Seine Nachrichten halten jedoch einer kritischen Nachprüfung nicht stand. Inwieweit die punischen Bewohner Sardiniens an den Aufständen, deren Historizität nicht zu bestreiten ist, beteiligt gewesen sind, ist eine Frage, deren Beantwortung kaum möglich ist.

Wenn auch Korsika weit weniger unter direktem karthagischem Einfluß gestanden war als Sardinien, so gehörte es doch bis zum Ausbruch des karthagisch-römischen Sardinienkonflikts im Jahre 238 zur karthagischen Einflußsphäre. Als nun Sardinien an die Römer fiel, war es nur eine natürliche Folge, daß auch Korsika in den Sog der imperialistischen Bestrebungen Roms geriet. Zwar sind nicht alle Nachrichten, die Zonaras über die Annexion Korsikas bringt, authentisch; doch besteht kein Grund, daran zu zweifeln, daß die Insel in den Jahren 236–231 römischer Kontrolle unterworfen wurde. Daß in diesen Jahren zwischen Sardinien und Korsika manche Fäden hin- und herliefen, sollte man nicht ohne weiteres leugnen.

26

DIE BARQIDEN IN SPANIEN

Spätestens nach der Beendigung des sardinischen Konflikts faßte Hamilcar den Entschluß, in Spanien militärisch einzugreifen. Sollten aber seine diesbezüglichen Pläne Aussicht auf Erfolg haben, war es notwendig, den Oberbefehl über die Streitkräfte in seiner Hand zu vereinigen. Und dies bedeutete: Hanno durfte nicht länger Feldherr Libyens sein. In der Zeit vor der Versammlung des karthagischen Demos, in der die Entscheidung über die Vergabe des Oberbefehls fiel, werden die popularen Parteigänger des „Blitzes" den Boden für einen günstigen Ausgang der Abstimmung bereitet haben. Ihre Aufgabe dürfte nicht mit allzu großen Schwierigkeiten verbunden gewesen sein; denn Hamilcar stand auf dem Höhepunkt seines Ansehens. Das Volk übertrug ihm „die Strategie ganz Libyens", u. zw. „auf<unbegrenzte> Zeit" (Diodoros). Und unter dieser Strategie scheint auch die „Strategie Iberiens" subsumiert worden zu sein.

Im Frühling des Jahres 237 verließ Hamilcar an der Spitze des größten Teils der Streitkräfte Karthago. Sein Ziel war Gades. In seiner Umgebung befand sich sein neunjähriger Sohn Hannibal und sein Schwiegersohn Hasdrubal.

Was aber waren die Ziele, die Hamilcar im fernen Westen zu verfolgen beabsichtigte? In der Antike war die Meinung weit verbreitet, nach der Hamilcar nur deswegen nach Spanien ging, um sich die Mittel zu beschaffen, die für die Wiederaufnahme des Krieges mit den Römern notwendig waren. Das einzige beachtliche Argument, das die antiken und in ihrem Gefolge die modernen Vertreter dieser Meinung ins Feld führen können, nämlich die angebliche Forderung des Hamilcar, Hannibal solle schwören, „nie den Römern wohlgesinnt zu sein" (Polybios), vermag die Faktizität der Revanchepläne des „Blitzes" nicht zu erweisen. Hamilcar wich vielmehr in ein Gebiet aus, an dem Rom bisher keinerlei Interesse gezeigt hatte. Seine Pläne zielten auf die Schaffung einer neuen territorialen und materiellen Basis des karthagischen Staats ab – die Verluste, die mit der Abtretung Siziliens, Sardiniens und Korsikas verbunden waren, sollten in Spanien wieder ausgeglichen werden. Zu diesem Ziel stand das Bestreben nach einer Stärkung des Ansehens und der

Macht des eigenen Hauses und der popularen „Partei" nicht im Widerspruch – dieser Meinung scheint jedenfalls Hamilcar gewesen zu sein.

Spanien – vor allem der südliche Teil des Landes – war den Karthagern kein unbekanntes Gebiet. Seit Jahrhunderten bestanden zwischen Karthago und Spanien enge Handelsbeziehungen, und zeitweise scheinen die Karthager ganze Landstriche auch militärisch kontrolliert zu haben.

Von dem Stützpunkt Gades aus unternahm Hamilcar seine ersten militärischen Aktionen. Daß diese Aktionen expansiver – genauer gesagt: imperialistischer – Art waren, bedarf keiner Erörterungen. Was der Gegner an zahlenmäßiger Stärke voraushatte, glich Hamilcar durch eine überlegene Strategie und eine unübertroffene Taktik aus – ja mehr als dies! Je länger Hamilcar mit seinen erfahrenen Truppen in Spanien kämpfte, desto größer wurden seine Erfolge.

Eine besondere Bedeutung im militärischen Geschehen dieser Jahre scheint eine Auseinandersetzung zwischen den Karthagern und den „Iberern und Tartessiern", wie Diodoros sich ausdrückt, gehabt zu haben. Die „Iberer und Tartessier" wurden von dem Keltiberer Istolatios unterstützt, der sogar die treibende Kraft beim Zustandekommen der keltiberisch-iberisch-tartessischen Koalition gewesen sein dürfte. Die Karthager siegten vollständig. Unter den Gefallenen dieser Schlacht befanden sich auch Istolatios, dessen Bruder, der Unterfeldherr gewesen war, und viele andere Adlige. Die 3000 Gefangenen reihte Hamilcar in sein Heer ein – ähnlich war er ja auch im Libyschen Krieg verfahren.

Eine weitere Auseinandersetzung war mit einem gewissen Indortes zu führen, der ein Heer von 50000 Mann aufgestellt hatte. Der größte Teil dieser Truppen wurde auf der Flucht erschlagen. Die über 10000 Gefangenen wurden – m. A. des Indortes und vermutlich nach der Zahlung von Lösegeld – freigelassen. Die Art der Strafe, die Hamilcar über Indortes verhängte – Blendung, Folterung und Kreuzigung –, spricht dafür, daß Indortes ein Abtrünniger gewesen war. Viele spanische Stämme wurden gewaltsam unterworfen, viele kamen der gewaltsamen Unterwerfung durch Übergabe zuvor.

Hamilcar ließ in diesen Jahren die Verbindung zu Karthago nicht abreißen. Einen großen Teil der gewaltigen Beute schickte er in die Hauptstadt – natürlich behaupteten seine Gegner, er wolle nur das Volk für seine Pläne gewinnen. Und als ein Teil der Numider die Abwesenheit des Hamilcar zu einer Revolte nützen zu können glaubte, beorderte Hamilcar in seiner Eigenschaft als Feldherr Libyens seinen Schwiegersohn Hasdrubal nach Nordafrika. Hasdrubal konnte die Revolte niederschlagen. In der entscheidenden Schlacht fielen 8000 Numider, 2000 wurden gefangengenommen. Die Angehörigen numidischer Stämme, die in irgendeiner Form mit der Revolte in Verbindung gestanden waren, wurden zur Zahlung von „Abgaben“ (Diodoros) verpflichtet.

Nachdem Hamilcar diese Erfolge errungen hatte, gab er den von ihm beherrschten Gebieten in der Neugründung Leuke Akra einen militärischen und administrativen Mittelpunkt.

Sollte Hamilcar der Meinung gewesen sein, Spanien liege außerhalb des römischen Gesichtskreises, täuschte er sich; denn es besteht kein zwingender Grund, an der Historizität der römischen Gesandtschaft, die nach einer Notiz des Cassius Dio im Jahre 231/30 „zur Auskundschaftung“ bei Hamilcar eintraf, zu zweifeln. Als Hamilcar nach den Worten des Cassius Dio den Gesandten gegenüber erklärte, seine spanischen Aktivitäten richteten sich keineswegs gegen römische Interessen, dienten diesen im Gegenteil – nur in Spanien könnten die Karthager die Mittel beschaffen, die sie für die Reparationszahlungen an die Römer benötigten –, da mußten sich die Gesandten – dies berichtet jedenfalls Cassius Dio – mit dieser Erklärung zufrieden geben. Sollte Hamilcar tatsächlich darauf hingewiesen haben, daß die karthagischen Gebietsgewinne in Spanien wegen der Reparationszahlungen erforderlich seien – mir erscheint dies fraglich –, so gab er zumindest insofern eine in den Augen der Römer unbefriedigende Auskunft, als vermutlich im Jahre 231 die letzte Rate zu bezahlen war. Das Erscheinen der römischen Gesandtschaft dürfte bewirkt haben, daß Hamilcar die Größe Rom noch bewußter als bisher in sein politisches Konzept einbezog.

Die Berichte über den Tod des Hamilcar, der im Winter des Jahres 229/28 starb, divergieren. Während Hamilcar nach dem Bericht des Diodoros in einem reißenden Fluß ums Leben kam – der doppelzüngige König der Orisser hatte ihn bei der Belagerung von Helike in eine Falle gelockt –, fiel er nach der Erzählung des Appianos in einer offenen Schlacht. Vertrauenswürdiger scheint der Bericht des Diodoros zu sein.

Hamilcar hatte in Spanien die Grundlagen für die Errichtung einer neuen großen karthagischen Provinz gelegt. Die Gründung von Leuke Akra und die zeitweilige Verbindung mit den Orissern zeigt, daß er bereits weite Teile Südspaniens – in diesen Gebieten lagen wichtige Silber- und Kupferminen – unter karthagische Kontrolle gebracht hatte. Sicherlich hatte die Tatsache, daß vor allem die südspanischen Küstengebiete mit punischen Elementen durchsetzt waren, seine Aufgabe zu einem beträchtlichen Teil erleichtert. Im übrigen hatten seine Erfolge die Zahl seiner karthagischen Gegner weiter zusammenschmelzen lassen.

Sowohl für die karthagischen Truppen als auch die letztlich zuständigen karthagischen Stellen scheint die Frage der Nachfolge des Hamilcar nicht problematisch gewesen zu sein. Nach Lage der Dinge kam für den

Posten des Feldherrn Libyens nur Hasdrubal, der Schwiegersohn des Hamilcar, in Frage. Er allein schien die Garantie zu bieten, daß die erfolgreiche spanische Politik des Hamilcar fortgesetzt wird. Zum Zeitpunkt des Todes seines Schwiegervaters hielt sich Hasdrubal anscheinend nicht in Spanien, sondern in Afrika auf – vielleicht war er noch mit der Lösung numidischer Probleme beschäftigt. Nach dem Eintreffen der Nachricht vom Tod des Hamilcar zog er sofort nach Leuke Akra. Die militärische Lage schien seine Anwesenheit zu erfordern. Die Truppen wählten ihn – vermutlich in Leuke Akra – zum Feldherrn, und in Karthago wurde diese Wahl bestätigt.

Die erste militärische Aktion des Hasdrubal galt der Rächung des Todes des Hamilcar. Zur Durchführung seiner diesbezüglichen Absichten standen ihm 50000 erfahrene Infanteristen, 6000 Kavalleristen und 200 Elefanten zur Verfügung. Der König der Orisser fiel der Rache des Hasdrubal ebenso zum Opfer wie alle anderen, die am Untergang des Hamilcar schuldig gewesen waren – insgesamt waren zwölf Stämme in die Verschwörung verstrickt gewesen. Hasdrubal bemächtigte sich der städtischen Zentren dieser Stämme und drückte sie anscheinend auf die Stufe von tributpflichtigen Städten hinab. Das energische Vorgehen des karthagischen Feldherrn scheint viele iberische Stämme veranlaßt zu haben, sich dem Schutz der karthagischen Vormacht zu unterstellen.

Nach dieser Expedition arbeitete Hasdrubal mehr mit dem Zuckerbrot als mit der Peitsche. Seine Methode hatte Erfolg. Und als er gar eine Tochter eines „Königs der Iberer" (Diodoros) heiratete, stieg sein Ansehen bei den Iberern auf einen neuen Höhepunkt. Die iberischen Fürsten öffneten ihm ihre Häuser, und die stimmberechtigten Angehörigen der iberischen Stämme ernannten ihn – ein einmaliger Vorgang! – zum „bevollmächtigten Feldherrn", d. h. sie übertrugen ihm den militärischen Oberbefehl über alle iberischen Streitkräfte. Kein Wunder, daß ihn seine politischen Gegner des Strebens nach der Monarchie verdächtigten! Er hatte in der Tat in Spanien eine königgleiche Stellung und er tat nichts, um diese Tatsache zu verschleiern – im Gegenteil! Er ließ Münzen prägen, die ihn im Stil hellenistischer Könige zeigten. Doch bezog sich dieser Anspruch sicher nicht auf seine Stellung gegenüber dem karthagischen Staat als ganzem, sondern nur auf seine Stellung gegenüber den Außenbezirken Karthagos – insbesondere gegenüber Spanien –, und auch im Hinblick auf diese Gebiete wird sich Hasdrubal kaum als absoluter „hellenistischer" König betrachtet haben.

Ein herausragendes Ereignis dieser Jahre war die Gründung von Qrtḥdšt (= Carthago Nova). Der Grund für die Verlegung des karthagischen Zentrums von Leuke Akra nach Carthago Nova scheint in erster

Linie in den vorzüglicheren natürlichen Voraussetzungen gelegen zu sein, die dieser Platz für die Anlage eines Hafens bot. Das Verlangen des Hasdrubal, sich gegenüber Hamilcar zu profilieren, scheint zumindest von untergeordneter Bedeutung gewesen zu sein – wenn es überhaupt vorhanden war. Natürlich steckte hinter der Wahl des Namens Qrtḥdšt nicht die politische Absicht der Abnabelung von der Mutterstadt, sondern im Gegenteil der Gedanke der engen Verbindung zwischen Karthago und der spanischen Provinz. Der Aufbau der Stadt ging zügig voran und erregte weithin Bewunderung.

Die fortschreitende Provinzialisierung Spaniens zog schließlich erneut die Aufmerksamkeit der Römer auf sich. Und es scheint, als hätten die Massalioten, die seit langer Zeit an der spanischen Ostküste Interessen hatten, in Rom nachhaltig auf die Veränderung der politischen Verhältnisse in Spanien hingewiesen. Als nun kaum noch ein Zweifel daran bestehen konnte, daß Rom in einen gefährlichen Konflikt mit den Kelten hineingezogen werden würde, hielten die römischen Senatoren den Zeitpunkt für gekommen, eine Abordnung zu Hasdrubal zu schicken. Die Aufgabe dieser Abordnung bestand vor allem darin, vom karthagischen Feldherrn die Zusage zu erwirken, in der drohenden Auseinandersetzung nicht mit den Kelten zu koalieren. Um dieses wichtige Ziel zu erreichen, sahen sich die römischen Politiker zu der vertraglichen Zusicherung gezwungen, die spanischen Pläne des Hasdrubal nicht zu behindern. Das bedeutendste Ergebnis der Gespräche, die vermutlich in der Zeit zwischen Herbst 226 und Frühjahr 225 geführt wurden, bestand – der skizzierten politischen Ausgangslage entsprechend – darin, daß Hasdrubal sich verpflichtete, den Ebro „zum Zweck der Kriegführung" (Polybios) nicht zu überschreiten. Diese Vereinbarung diente den Interessen beider Seiten: die Römer erhielten durch sie die vertraglich gesicherte Gewähr, daß Hasdrubal sich nicht in die zu erwartenden keltisch-römischen Auseinandersetzungen einschaltete, und Hasdrubal, der zu dieser Zeit ja noch im südlichen Spanien stand, erlangte durch sie – was Rom anbelangte – die Möglichkeit, fast die gesamte iberische Halbinsel zu einer karthagischen Provinz zu machen. Sollte dennoch eine der beiden Seiten als Verlierer der Vereinbarungen von 226/25 zu betrachten sein, dann sicher nicht Hasdrubal.

Auch in den nächsten Jahren scheint Hasdrubal mehr mit diplomatischen als mit militärischen Mitteln den karthagischen Einfluß in Spanien vergrößert zu haben. Als Hannibal sich im Jahre 221 zum Einsatz militärischer Mittel gezwungen sah, da waren diese Mittel nicht gegen einen Feind einzusetzen, der im Norden oder im Westen der Iberischen Halbinsel beheimatet gewesen wäre, sondern gegen die Olkaden, die fast in der Nachbarschaft von Carthago Nova wohnten. Offensichtlich war bis zu diesem Zeitpunkt selbst das Gebiet dieses in der Nähe der karthagischen Stützpunkte lebenden Stammes militärisch wenig oder gar nicht durchdrungen gewesen.

Natürlich konnte aber auch Hasdrubal in gewissen Situationen nicht darauf verzichten, das ihm zur Verfügung stehende militärische Potential in die Waagschale zu werfen. Er bediente sich bei der Durchführung militärischer Aktionen der Dienste des Hannibal, wie Appianos – allerdings übertreibend – berichtet. Im übrigen kann er diese Dienste erst seit dem Jahr 224 oder 223 in Anspruch genommen haben; denn erst seit (etwa) dem Herbst des Jahres 224 hielt sich Hannibal wieder in Spanien auf und versah das Amt eines „Unterfeldherrn" (Appianos).

Etwa im Herbst des Jahres 221 wurde Hasdrubal von einem keltischen Sklaven – in den eigenen vier Wänden oder auf der Jagd – ermordet. Das Motiv des Sklaven war Rache, Rache für den Tod seines Herrn, der – zu Recht oder zu Unrecht – von Hasdrubal zum Tode verurteilt worden war.

Die Truppen wählten ihr Idol Hannibal zum Nachfolger des Hasdrubal, und der karthagische Demos bestätigte „einstimmig" (Polybios) die Wahl. Die antibarqidisch eingestellten Senatoren gaben sich aber mit dieser Entscheidung keinesfalls zufrieden. Da sie die Wahl des Hannibal zum Feldherrn nicht mehr rückgängig machen konnten, suchten sie seine Anhänger zu treffen. Diese wurden von ihnen beim zuständigen – offensichtlich oligarchisch eingestellten – Gericht verklagt, da sie die Gelder, die ihnen Hamilcar und Hasdrubal aus Spanien geschickt hatten, behalten hatten. Die Angeklagten wurden dazu verurteilt, diese Beträge an die Staatskasse abzuführen, da es sich bei ihnen um Teile der Kriegsbeute handle, die nicht in den Händen Privater bleiben dürfe. Die Verurteilten wandten sich daraufhin an Hannibal und baten um seine Unterstützung. Wie Hannibal reagiert hat, wissen wir nicht.

Wir kennen auch die Gründe nicht, die Hannibal noch im gleichen Jahr 221 bewogen, in das Gebiet der vielleicht in der Gegend von Alcoy wohnenden Olkaden einzufallen. Vielleicht glaubten die Olkaden – wie die antibarqidischen Politiker Karthagos –, den „Regierungswechsel" zum Anlaß nehmen zu können, um den Druck des barqidischen Gewichts loszuwerden. Hannibal zog vor Althaia, die bedeutendste Stadt der Olkaden, bemächtigte sich ihrer in kurzer Zeit und bewog durch sein energisches Vorgehen auch die übrigen Olkaden, die Waffen niederzulegen. Die geforderten und geleisteten Reparationszahlungen bewegten sich nicht gerade an der unteren Grenze des Üblichen. Den Bundesgenossen, die Karthago die Treue bewahrt hatten, ließ er jedoch die Tribute nach und bestärkte sie dadurch in ihrer bisherigen Haltung. Bei den Truppen aber, die die erste alleinverantwortlich durchgeführte militärische Aktion des Hannibal miterlebt hatten und in großzügiger Weise beschenkt worden waren, begann sich ein starkes Gefühl der Bindung an den Feldherrn zu entwickeln.

Nachdem die Truppen den Winter des Jahres 221/20 in Carthago Nova verbracht hatten, zog Hannibal zu Beginn der guten Jahreszeit in das Gebiet der am mittleren Duero wohnenden Uakkaier. Auch im Fall der Uakkaier kennen wir den Anlaß der Auseinandersetzung nicht. Wir können jedoch vermuten, daß bereits Hasdrubal auch mit diesem Stamm in Verbindung getreten war. Hannibal nahm Helmantike im ersten Ansturm, die Eroberung von Arbukale bedurfte größerer Anstrengungen.

Als sich Hannibal auf dem Rückmarsch befand, sah er sich wider Erwarten den starken Streitkräften der Karpesier gegenübergestellt. Diese waren durch olkadische und uakkaiische, aus Helmantike stammende Flüchtlinge, denen verständlicherweise an einem Eingreifen der Karpesier gelegen war, verstärkt worden. Hannibal, der den Tagos bereits überschritten hatte, zog sich auf das rechte Ufer des Flusses zurück und erwartete dort den Angriff der Feinde. Als diese – es sollen über 100000 Mann gewesen sein – über den Fluß setzten, wurden sie von der Kavallerie und den etwa 40 Elefanten des Hannibal in Empfang genommen. Diese beiden Truppenteile, die von Hannibal meisterhaft eingesetzt wurden, führten die Entscheidung in der Schlacht herbei. Im geeigneten Augenblick ging Hannibal schließlich über den Fluß und schlug die Feinde in die Flucht. Nach wenigen Tagen erfolgte die Kapitulation der Karpesier. Aufgrund dieser Kapitulation, die natürlich ihre Auswirkungen auch auf Stämme hatte, die nicht an den militärischen Ereignissen dieser Kampagne beteiligt gewesen waren, war Hannibal Herr über weite Teile der südebrischen Gebiete geworden.

Im Jahre 219 brach der folgenschwere Konflikt zwischen Hannibal und den Bewohnern der bedeutenden Stadt Saguntum aus. Die mehrheitlich antikarthagisch eingestellten Saguntiner hatten schon vor dem offenen Ausbruch des Konflikts mehrmals Gesandte nach Rom geschickt, um auf die schwierige Lage aufmerksam zu machen und um bei den Römern auf das Ergreifen geeigneter Gegenmaßnahmen hinzuwirken.

Vielleicht war die erste saguntinische Gesandtschaft bereits zu der Zeit nach Rom gereist, als Hannibal gegen die Olkaden gekämpft hatte. Daß sich die Saguntiner an die Römer gewandt hatten, ist nicht erstaunlich: der Versuch der Bildung einer starken antikarthagischen Allianz spanischer Stämme schien wenig Aussicht auf Erfolg zu bieten; der Abschluß eines saguntinisch-massaliotischen Bündnisses versprach keine entscheidende Veränderung der bestehenden Machtverhältnisse; und die Kelten Oberitaliens waren geschlagen worden. So hatte es den Anschein gehabt, als verfügten allein die Römer, die „traditionellen" Gegner der Karthager, über die Mittel, die zur Durchsetzung einer antikarthagischen Politik erforderlich waren. Und die Römer hatten damals die Dinge im Sinne der prorömischen „Partei" der Stadt geregelt.

In der Zeit nach der Niederwerfung der Karpesier war es zwischen den Saguntinern und den benachbarten Torboleten zu Auseinandersetzungen gekommen, in deren Verlauf die Saguntiner torboletische Gebiete annektiert hatten. Hannibal hatte sich daraufhin anscheinend persönlich zu den mit Karthago verbündeten Torboleten begeben, um an der Entschlossenheit seiner Haltung keinen Zweifel aufkommen zu lassen. Dies war für die Saguntiner offensichtlich der Anlaß gewesen, erneut eine Gesandtschaft nach Rom zu schicken, um die Römer zu einem Eingreifen in Spanien zu bewegen. Nunmehr handelten die Römer. Sie schickten – im Herbst des Jahres 220 – P. Valerius Flaccus und Q. Baebius Tamphilus als Gesandte nach Spanien. Die beiden Gesandten, die Hannibal in Carthago Nova antraf, warnten ihn nachdrücklich vor einem Angriff auf Saguntum. Hannibal wies demgegenüber auf das Verhalten hin, das die Römer bereits im Jahre 221 (?) in Saguntum an den Tag gelegt hatten, und ließ im übrigen deutlich erkennen, daß er sich seine Spanien-Politik nicht von Rom vorschreiben ließ.

Unmittelbar nach der Unterredung schickte Hannibal einen Boten nach Karthago. Er erbat von den Senatoren eine Direktive. Auch die römischen Gesandten gingen nach Karthago, um das saguntinische Problem vor dem Senat zur Sprache zu bringen. Die Senatoren, die größtenteils auf der Seite des Hannibal standen – nur Hanno sprach im Sinne der Römer –, lehnten die Forderung der Römer ab und wiesen darauf hin, daß nicht Hannibal, sondern die Saguntiner den Konflikt heraufbeschworen hätten. Mit dieser Antwort kehrte die römische Gesandtschaft nach Rom zurück.

Wahrscheinlich hatte Hannibal die Nachricht von der Entscheidung des Senats abgewartet, bevor er im Frühling des Jahres 219 – vermutlich nur mit einem Teil der etwa 150000 Mann, von denen Livius spricht – nach Saguntum zog, um die Stadt zu belagern. Die Belagerung erwies sich als äußerst langwierig. Hannibal, der bei einem Angriff auf die Stadt an der Hüfte verwundet worden war, sah sich zudem gezwungen, die Leitung der Belagerung für mehrere Wochen Maharbal, dem Sohn des Himilco, zu übergeben, da die Gefahr bestand, die Orisser und Karpesier würden abfallen. Die führenden Männer dieser Völker hatten die karthagischen Offiziere, die im Auftrag des Hannibal Aushebungen vorgenommen hatten, festgesetzt und schienen mit dem Gedanken einer Unterstützung der Saguntiner zu spielen. Durch sein unvermutet rasches Erscheinen in den Gebieten dieser Stämme erstickte Hannibal alle Abfallgelüste im Keime. Während seiner Abwesenheit wurde die Belagerung der Stadt nicht weniger energisch fortgesetzt. Als Hannibal zurückgekehrt war und sich das Ende der Belagerung abzeichnete, versuchte der Saguntiner Alco – ohne Wissen der zuständigen Stellen –, das Schlimmste zu verhüten. Er ging in das Lager des Feindes und bemühte sich, passable Übergabebedingungen auszuhandeln. Hannibal stellte folgende Forderungen: die okkupierten Gebiete der Torboleten sollten zurückgegeben werden, das Gold und das Silber (aus privatem und öffentlichem Besitz) sollten abgeliefert werden, die Saguntiner sollten, mit nur *einem* Gewand bekleidet, die Stadt verlassen und sich an einem vom Sieger bestimmten Platz neu ansiedeln. Diese Forderungen sprengten durchaus nicht den Rahmen des in derartigen Fällen Üblichen. Alco, der die Stimmung in der Stadt genau kannte, war jedoch der Überzeugung, er werde sein Leben verlieren, wenn er diese Forderungen seinen Mitbürgern überbrächte. Er blieb im Lager der Karthager. Daraufhin unternahm der Spanier Alorcus – Alorcus diente im Heer des Hannibal, war aber Gastfreund der Saguntiner – einen Vermittlungsversuch auf der Grundlage der genannten Bedingungen. Seine Bemühungen schlugen fehl, sie steigerten nur den Selbstzerstörungswillen der Belagerten. Wenn Livius nicht irrt, nützte Hannibal den Umstand, daß die saguntinischen Posten wegen des Erscheinens des Alorcus ihren Platz verlassen hatten, zu einem letzten, entscheidenden Angriff auf die Stadt. Saguntum fiel, und zwar im achten Monat der Belagerung, also etwa im Spätherbst oder Frühwinter des Jahres 219. Die Beute war reich. Das Geld legte Hannibal in seine Kriegskasse, die Gefangenen überließ er seinen Soldaten und die Mobilien schickte er nach Karthago.

27

DER 2. RÖMISCHE KRIEG (218–201)

Die Gründe

Bereits in der Antike wurden die Gründe, die den „denkwürdigsten aller Kriege, die je geführt worden sind“ (Livius), verursacht hatten, lebhaft diskutiert. Der Reflex dieser Diskussionen liegt zu einem großen Teil in den Werken griechischer und römischer Historiker vor. Wenn es auch bei der Erforschung vieler Probleme der karthagischen Geschichte mißlich ist, daß wir nur Stimmen von Feinden Karthagos zu Rate ziehen können, so doch ganz besonders in diesem Fall; denn die Berichte, die uns zur Verfügung stehen, lassen erst bei genauerem Zusehen erkennen, daß die Schuldfrage keineswegs so zu beantworten ist, wie die Autoren dieser Berichte behaupten.

Zwar vertreten alle antiken Autoren die Meinung, die Kriegsschuld – dieser Begriff bedürfte allerdings der Präzisierung – sei bei der karthagischen Seite gelegen, nuancieren aber im einzelnen doch beträchtlich.

Q. Fabius Pictor bezieht bemerkenswerterweise Hamilcar nicht in den Kreis der Personen ein, denen er die Schuld am Ausbruch des Krieges zuschiebt. Seiner Meinung nach lösten zwei Faktoren den Krieg aus: die „Habgier und Herrschsucht“ des Hasdrubal und das von keiner der karthagischen „maßgeblichen Persönlichkeiten“ gebilligte Vorgehen des Hannibal gegen Saguntum. Hasdrubal habe wegen der Wachsamkeit seiner innenpolitischen Gegner seine Putschpläne in Karthago nicht verwirklichen können, sei daraufhin nach Spanien zurückgekehrt und habe dort eine von der Zentrale unabhängige Politik betrieben. Worin sich allerdings die gegen Rom gerichtete Politik des Hasdrubal manifestierte, erzählt Pictor – jedenfalls durch das Medium Polybios – nicht. Über Hannibal äußert er sich insofern klarer, als dieser seiner Meinung nach im Falle von Saguntum ein „Unrecht“ begangen hat – d. h. wohl: einen karthagisch-römischen Vertrag gebrochen hat. Welcher Vertrag oder welche Verträge gemeint sind, ist unklar.

Polybios verlagert die Kriegsgründe weiter in die Vergangenheit zurück. Der erste Grund war seiner Ansicht nach der „Groll“ des Hamilcar, der im 1. Römischen Krieg nicht besiegt worden war und der daher den Lutatius-Vertrag als einen Vertrag der Schande betrachtete – einer Schande, die nur durch einen erfolgreichen Revanchekrieg getilgt werden konnte. Als zweite und wichtigste Ursache betrachtet Polybios den Diktat-Frieden, der den Verlust Sardiniens besiegelte – und dies nicht so sehr wegen der unmittelbar aus diesem Frieden resultierenden Empörung der Karthager über das Verhalten der Römer als vielmehr wegen der Verstärker-Funktion, die dieser Diktat-Frieden erzeugte: der militärische Plan des Hamilcar verband sich nunmehr mit der „Empörung" weitester Teile der karthagischen Bevölkerung, und diese Verbindung setzte neue Energien für den Kampf gegen Rom frei. Die beiden genannten Gründe hätten aber nicht zum Ausbruch des Krieges geführt, wäre nicht als dritter Grund der „Erfolg" der barqidischen Spanien-Politik hinzugekommen. Im Vertrauen auf die aus Spanien stammenden Ressourcen nahmen die Karthager die neue Auseinandersetzung mit den Römern auf. Wenn auch nicht zu bestreiten ist, daß Polybios die Schuld am Ausbruch des Krieges allein auf karthagischer Seite sieht, so ist doch zu beachten, daß er diese Schuld nicht als eine moralische Schuld, sondern gleichsam als eine causa efficiens betrachtet, der er sogar die ethische Berechtigung zuerkennt. Hasdrubal und Hannibal aber betrieben seiner Meinung nach keinesfalls eine Rom-Politik, die von der des Hamilcar verschieden war – beide waren im Gegenteil gewissermaßen nur Figuren, die Hamilcar ganz nach seinen Vorstellungen geschnitzt hatte.

Die von Polybios gezogenen Linien werden von Nepos verkürzt wiedergegeben. Er konzentriert die Frage der Kriegsschuld stark auf die Person des Hamilcar.

Die Sicht des Livius entspricht im großen und ganzen der des Polybios. Hasdrubal spielt allerdings bei der Diskussion der Kriegsgründe eine untergeordnete Rolle. Der Angriff des Hannibal auf Saguntum wird dagegen als provozierende erste Kriegshandlung interpretiert.

Spätannalistische, möglicherweise (letztlich) von Pictor abhängige Überlieferung wird bei Appianos greifbar, der behauptet, Hannibal habe den Krieg wegen persönlicher Sicherheitsbedürfnisse vom Zaune gebrochen.

Zonaras schließlich betont – ähnlich wie Livius –, daß der von seinem Vater antirömisch erzogene Hannibal einen Kriegsgrund suchte und ihn in der sog. Saguntum-Klausel fand. Der Angriff auf Saguntum ist nach seiner Interpretation gleichbedeutend mit dem Angriff auf Rom.

Zur Klärung der Frage der Kriegsschuld scheint es erforderlich zu sein, zunächst einige der um den Ebro-Vertrag und um Saguntum kreisenden Probleme zu untersuchen.

Polybios berichtet, die römischen Gesandten, die im Jahre 220/19 in Carthago Nova eingetroffen seien, hätten Hannibal aufgefordert, die Hände von Saguntum zu lassen „und den Fluß Ebro nicht zu überschreiten nach den zur Zeit des Hasdrubal getroffenen Vereinbarungen". Was soll diese merkwürdige Notiz? Ganz offensichtlich ist Polybios der Ansicht, Hannibal würde im Falle eines Angriffs auf Saguntum den Hasdrubal-Vertrag brechen, der das Verbot enthielt, „zum Zweck der Kriegführung" den Ebro zu überschreiten – mit anderen Worten: Polybios meint, Saguntum sei nördlich des Ebro gelegen. Dieser Irrtum ist derart verblüffend, daß moderne Forscher die Meinung vertreten, Polybios könne sich einen derartigen „Schnitzer" nicht geleistet haben: unter dem „Iber" sei nicht der Ebro, sondern der (südlich von Saguntum verlaufende) Sucro (= Júcar) zu verstehen. Die für diese Ansicht vorgebrachten Argumente überzeugen jedoch nicht. Der „Iber" des Polybios ist der Ebro der Moderne. Wenn bei Polybios der Hasdrubal-Vertrag mit dem Saguntum-Problem verquickt erscheint, dann aller Wahrscheinlichkeit nach deswegen, weil das karthagische Vorgehen gegen Saguntum als widerrechtlich charakterisiert werden sollte; denn die Tatsache, daß der Ebro als karthagische Operations-Grenze vertraglich festgelegt worden war, konnte von keiner Seite bestritten werden. Politisch-propagandistische Gründe haben demnach zu einer Verquickung beider Komplexe geführt. In Wirklichkeit hat der Hasdrubal-Vertrag mit dem Saguntum-Problem – und damit mit den Gründen, die zum Ausbruch des 2. Römischen Kriegs geführt haben – nichts zu tun.

Nun behauptet Livius allerdings, Saguntum habe mit dem Hasdrubal-Vertrag sehr wohl etwas zu tun; denn bereits in diesem Vertrag sei vereinbart worden, „daß ... den Saguntinern ..., die zwischen den Herrschaftsbereichen zweier Völker wohnten, die Freiheit bewahrt werde". Diese Behauptung ist jedoch ein Produkt der nachpolybianischen, annalistischen Überlieferung, widerspricht einer klaren Aussage des Polybios und entbehrt der historischen Wahrscheinlichkeit – mit einem Wort: diese Behauptung ist unzutreffend. Die sog. Saguntum-Klausel hat nur in den Köpfen römischer Politiker und Historiker existiert, nicht in der Wirklichkeit.

Es besteht aber kein Zweifel daran, daß Saguntum beim Ausbruch des neuen karthagisch-römischen Konflikts eine entscheidende Rolle gespielt hat, und auch nicht daran, daß vor dem Ausbruch dieses Konflikts eine saguntinisch-römische Annäherung erfolgt ist – die Frage ist nur, zu welcher Zeit und in welcher Form.

Als „äußerst schlagkräftiges Argument" für die Annahme, daß sich die Saguntiner in der „Treue" (fides) der Römer befunden haben, bezeichnet

Polybios die Tatsache, daß sich Saguntum wegen innerstädtischer Auseinandersetzungen an Rom – nicht an Karthago – gewandt hat. Ein anderes Argument bringt Polybios nicht – ein anderes Argument wird auch kaum zur Verfügung gestanden sein. Demnach kann zur Stützung der Behauptung, daß vor der Ausübung der schiedsrichterlichen Tätigkeit der Römer zwischen Rom und Saguntum ein Verhältnis der „Treue" bestanden hat, nur ein Schluß des Historikers Polybios herangezogen werden – und zwar ein Schluß, der alles andere als stringent ist; denn die Saguntiner können sich sehr wohl auch dann an die Römer mit der Bitte um Vermittlung gewandt haben, wenn vor dem Zeitpunkt der Vermittlung eine „Treue"-Beziehung nicht existiert hat. Daher ist der Angabe des Polybios, die Saguntiner hätten sich „bereits mehrere Jahre vor der Zeit des Hannibal" in der „Treue" der Römer befunden, mit Mißtrauen zu begegnen. Berücksichtigt man die Entwicklung der machtpolitischen Verhältnisse in Spanien einerseits und in Italien andererseits, so verstärkt sich dieses Mißtrauen; denn in Saguntum werden erst zu der Zeit stärkere Auseinandersetzungen über den einzuschlagenden außenpolitischen Kurs eingesetzt haben, als sich die karthagische Wolke dem saguntinischen Staatsgebiet näherte, und in Rom wird man vor dem Abschluß der Auseinandersetzungen mit den Kelten kaum an eine Intervention in Spanien gedacht haben, die unerwünschte Komplikationen nach sich ziehen konnte. Daher scheint die Annahme nicht unbegründet zu sein, daß erst im Jahre 221 – in diesem Jahr brachen die karthagisch-olkadischen Kämpfe aus – die ersten Kontakte, die zu einem konkreten Ergebnis geführt haben, aufgenommen worden sind. Besteht diese Ansicht zu Recht, fallen die Übernahme der „schiedsrichterlichen Tätigkeit" durch die Römer und die Begründung des „Treue"-Verhältnisses zeitlich zusammen.

Wir sind nicht darüber informiert, ob in der Folgezeit weitere Vereinbarungen getroffen worden sind. Sollten solche aber zustande gekommen sein, wären sie natürlich in die Zeit vor dem Beginn der Belagerung der Stadt (im Frühling des Jahres 219) zu datieren.

Wenn sich aber das staatsrechtliche römisch-saguntinische Verhältnis – jedenfalls zunächst – auf die Ausübung einer schiedsrichterlichen Tätigkeit durch Abgesandte des römischen Senats beschränkt hat, dann kann die „Treue" kaum im Sinne einer „Übereignung in die Treue hinein" (deditio in fidem) interpretiert werden. Und für die Annahme, daß die „Übereignung" in späterer Zeit von saguntinischer Seite angeboten und von römischer Seite angenommen worden ist, gibt es keinen Beleg.

Nun ist allerdings nicht zu übersehen, daß Polybios und Livius – im Blick auf die Saguntiner – von „Bundesgenossenschaft" bzw. von „Bundesgenossen“ sprechen. Diese Aussage ist jedoch mehr als fraglich – dies schon deswegen, weil der Verdacht nicht unbegründet zu sein scheint, daß die römische Seite das Ziel verfolgt hat, durch die Verwendung des „Bundesgenossen“-Titels das karthagische Vorgehen als widerrechtlich zu charakterisieren. Diese Schuldzuweisung scheint ganz auf der Linie der bereits erwähnten antikarthagischen Äußerungen römischer Politiker und Historiker zu liegen – d. h. auf der Linie von Äußerungen, die weithin als irrig zurückzuweisen sind. Hätten aber Rom und Saguntum in der Tat einen Bündnisvertrag geschlossen, wäre dieser Vertrag aller Wahrscheinlichkeit nach von Anfang an null und nichtig gewesen, da der Hasdrubal-Vertrag, in dem der Ebro doch wohl sowohl für die karthagische als auch für die römische Seite als Interessengrenze festgelegt worden war, den Abschluß von Verträgen, die die Möglichkeit eines militärischen Eingreifens der einen Macht im Einflußbereich der anderen Macht implizierten, verbot. Wer aber annähme, der Beistandspakt sei bereits vor dem Hasdrubal-Vertrag geschlossen worden, müßte wohl auch annehmen, in den Hasdrubal-Vertrag sei eine Saguntum betreffende Klausel aufgenommen worden. Dies aber war nicht der Fall.

So scheinen die Saguntiner weder „Übereignete“ (dediticii) noch „Bundesgenossen“ (socii) der Römer gewesen zu sein. Das zwischen Rom und Saguntum bestehende staatsrechtliche Verhältnis war vermutlich nur das Verhältnis der „Freundschaft“ (amicitia).

Wie bereits angedeutet, ist aber durchaus mit der Möglichkeit zu rechnen, daß die Römer während der diplomatischen Vorgeplänkel des Krieges den Titel „Bundesgenossen“ in die Diskussion einführten und dadurch das römisch-saguntinische Verhältnis enger faßten, als es von den rechtlichen Voraussetzungen her möglich war. Dieses Vorgehen würde auch erklären, warum damals – auf der Grundlage des Lutatius-Vertrags – eine Diskussion über die Frage der beiderseitigen Bundesgenossen geführt wurde. Da die römischen Diplomaten mit dem Hasdrubal-Vertrag nicht operieren konnten – dies war ihnen so klar wie ihren karthagischen Gegenspielern –, zogen sie den Lutatius-Vertrag als Diskussionsgrundlage heran; denn dieser Vertrag enthielt eine Garantieerklärung für die Sicherheit der Bundesgenossen beider Vertragspartner. Offensichtlich versuchten die karthagischen Senatoren nicht, die Behauptung zu widerlegen, daß die Saguntiner „Bundesgenossen“ der Römer gewesen waren – wie hätte ihnen dies auch möglich sein sollen? –, sondern begnügten sich damit, den Nachweis zu erbringen, daß der Name der Saguntiner nicht in der Liste der Bundesgenossen enthalten war, die dem Lutatius-Vertrag beigefügt worden war. Offenbar hielten sie diesen Nachweis als

Rechtfertigung ihres Vorgehens gegen Saguntum für hinreichend. Und es hat den Anschein, als habe ihre Argumentation die römischen Gesandten nicht unbeeindruckt gelassen; denn diese verzichteten auf eine weitere Erörterung der Rechtslage.

Aus den bisherigen Ausführungen ist zu ersehen, daß die Römer keinen Grund, der vor den Normen des internationalen Rechts hätte bestehen können, namhaft machen konnten, als sie im Jahre 218 in den Krieg eintraten, der über die Herrschaft über die Länder des westlichen Mittelmeerraums entscheiden sollte. Diese schlichte Tatsache wurde aber durch die Aussagen römischer Politiker und Historiker vernebelt, die es zum einen für politisch unangebracht hielten, die ungeschminkte Wahrheit zu sagen, und die zum anderen von der ideologisch begründeten Überzeugung durchdrungen waren, nach der jeder Krieg, den Rom führte, ein „gerechter Krieg" war. Daher sind die Aussagen der den römischen Standpunkt vertretenden antiken Autoren über die Gründe, die zum 2. Römischen Krieg geführt haben, wenig erhellend.

Wenn aber die Römer sich gezwungen sahen, vor dem Ausbruch des Krieges mit einem juristischen Scheingrund – der angeblich bestehenden Bündnispflicht gegenüber Saguntum – zu operieren, dann zeigt dies nicht nur, daß sie sich der Unrechtmäßigkeit ihres Tuns bewußt waren, sondern läßt auch ahnen, daß sie sich über die weitreichende Bedeutung ihres Entschlusses völlig im klaren waren.

Hier stellt sich auch die Frage, warum Rom die vielen Monate der Belagerung von Saguntum verstreichen ließ, ohne militärisch zu intervenieren. Vielleicht hatten die Senatoren die Diskussion über die zu ergreifenden Maßnahmen noch nicht abgeschlossen – die Entscheidung, bei der viele Aspekte zu berücksichtigen waren, war außerordentlich schwierig.

Rom, das in den Jahren vor dem Ausbruch des Hannibalischen Kriegs in der Po-Ebene und in Illyrien entscheidende militärische Erfolge errungen hatte, ging nunmehr daran, den letzten Rivalen, der im Bereich des westlichen Mittelmeers noch existierte, in seine Schranken zu weisen. Die Frage, welche territorialen Gewinne die Römer in ihre Planungen einbezogen, ist schwer zu entscheiden. Vielleicht ist aber in diesem Zusammenhang zu erwähnen, daß sie – nach einer Notiz des Polybios – vor dem Beginn des Krieges der Ansicht waren, der Krieg werde in Spanien geführt werden, und vielleicht darf man hinzusetzen: auch um Spanien.

Der Verlauf

Vom Überschreiten des Ebro bis zur Schlacht bei Cannae (218–216)

Nach dem Fall von Saguntum reiste – wie bereits erwähnt – eine römische Gesandtschaft nach Karthago, um die Senatoren in ultimativer Form vor die Wahl zu stellen, entweder den „Friedensbrecher“ Hannibal und seine „Ratgeber“ (Polybios) auszuliefern oder sich als im Kriegszustand befindlich zu betrachten. Der karthagischen Regierung war es natürlich nicht möglich, einer Auslieferung des Hannibal zuzustimmen. Da mit der Ablehnung der Auslieferungsforderung die Würfel schon gefallen waren, konnte die karthagische Seite nur noch das Ziel verfolgen, die Schuld am Ausbruch des Krieges dem Gegner zuzuweisen. Die römischen Gesandten aber gingen auf die Argumente des karthagischen Sprechers nicht ein, „ihr ältester zeigte den Senatoren den Bausch (der Toga) und sagte, er bringe ihnen darin sowohl den Krieg als auch den Frieden; er werde ausschütten und dalassen, was von beidem sie verlangten. Der König der Karthager aber verlangte, was von beidem *ihnen* richtig schiene, das solle er ausschütten. Als der Römer aber sagte, er schütte den Krieg aus, da riefen zu gleicher Zeit mehrere der Senatoren, sie nähmen (ihn) an“ (Polybios).

Die Nachricht von der römischen Kriegserklärung erreichte Hannibal in Carthago Nova. Dorthin war er nach der Eroberung von Saguntum zurückgekehrt. Blenden wir in diese Zeit zurück. Es scheint, daß Hannibal spätestens seit der Eroberung von Saguntum – vermutlich aber bereits seit der Ankunft der römischen Gesandten in Carthago Nova – von der Unausweichlichkeit eines karthagisch-römischen Kriegs überzeugt war. Daß Hannibal aber bereits *vor* der Ankunft der römischen Gesandten in Carthago Nova auf einen Krieg mit Rom hingearbeitet hätte, ist eine Behauptung, die alles andere als wahrscheinlich ist. Von der Aggressivität der römischen Politik überzeugt, hielt er es jedoch nunmehr für das klügste, sich nicht in die Defensive drängen zu lassen, sondern die Initiative zu ergreifen. Und es hat nicht den Anschein, als hätte er seine offensiven Kriegspläne von der Überreichung einer römischen Kriegserklärung abhängig gemacht.

Zunächst aber gewährte Hannibal den Soldaten der spanischen Verbände für den Winter des Jahres 219/18 Heimaturlaub, um durch diese Geste des Entgegenkommens ihre Ergebenheit zu steigern. Danach bereitete er die erforderlichen militärischen Entscheidungen vor. Bei diesen Entscheidungen hatte er davon auszugehen, daß die Römer bei Kriegsbeginn versuchen würden, in Spanien und u. U. auch in Afrika zu landen. Es galt, gegen diese zu erwartenden Angriffe wirkungsvolle Gegenmaßnahmen zu treffen. Dies war jedem Einsichtigen klar. Daß aber die Gegenmaßnahme, die die beste Gewähr für die Sicherheit Spaniens und Afrikas bieten würde, die Bindung und schließlich die Besiegung der römischen Kräfte in Italien sein würde, dies war ein Gedanke, der nur dem genialen Kopf eines Hannibal entspringen konnte. Der Plan der Invasion Italiens dürfte in der Zeit nach dem Eintreffen der ersten römischen Gesandtschaft in Carthago Nova Gestalt angenommen haben. Um den Krieg rasch nach Italien hinüberzutragen – und darauf kam ja alles an! –, war es aber erforderlich, den Landweg über Südfrankreich zu wählen; denn die karthagische Flotte war keinesfalls imstande, Truppen und Material in erforderlicher Zahl und Menge nach Italien zu transportieren. Karthago war in Spanien zu einer Landmacht geworden.

Bereits im Winter des Jahres 219/18 schickte Hannibal Boten zu den Fürsten der keltischen Stämme, deren Gebiete er auf seinem Weg nach Italien durchziehen mußte, insbesondere zu den Fürsten der in den Alpen und in der Po-Ebene wohnenden keltischen Stämme. Diese Boten sollten die unter militärischem Gesichtspunkt bedeutsamen Aspekte dieser Gegenden erkunden, von den Fürsten, deren Gebiete westlich der Alpen lagen, freien Durchzug erbitten und die Fürsten, deren Stämme in der Po-Ebene wohnten, zum Abschluß von Bündnisverträgen auffordern. Sie sparten bei der Erfüllung dieser Aufgaben nicht mit Geschenken und Versprechungen. Von besonderer Bedeutung war natürlich die Antwort auf die Frage, wie die Kelten der Po-Ebene, die vor wenigen Jahren zu einem beträchtlich großen Teil von den Römern unterworfen worden waren und die immer noch unter den Folgen ihrer Niederlagen zu leiden hatten, sich zum Vorschlag einer militärischen Kooperation mit den Karthagern stellen würden. Hannibal war davon überzeugt, daß der Erfolg in Italien zu einem bedeutenden Teil vom Verhalten der Kelten der Po-Ebene abhängen würde. Er fühlte sich daher sehr erleichtert, als endlich die Boten der keltischen Fürsten in Carthago Nova eintrafen und deren Bereitschaft zur Zusammenarbeit signalisierten.

Nach der Rückkehr der Soldaten der spanischen Verbündeten nach Carthago Nova führte Hannibal eine Musterung sämtlicher Abteilungen des Heeres durch. Dann traf er als Feldherr Libyens und Iberiens Abwehrmaßnahmen gegen die zu erwartenden römischen Angriffe auf Afrika und Spanien. Dabei ging er von dem Grundsatz aus, daß in Afrika möglichst spanische und in Spanien möglichst afrikanische Truppen kämpfen sollten. Offensichtlich befürchtete er, daß sich in Krisensituationen einheimische Truppenteile in den schützenden Raum ihrer Städte und Stämme zurückziehen und die karthagische Sache verlassen, wenn nicht gar die antikarthagische Front verstärken würden. Der Libysche Krieg schreckte! So verlegte er 13850 Infanteristen und 1200 Kavalleristen aus den spanischen Stämmen der Thersiten, der Mastiener, der iberischen Oreten und der Olkaden – und dazu 870 Balearer – nach Afrika, u. zw. den größeren Teil dieser Verbände in die sog. Metagonia Afrikas und den kleineren Teil nach Karthago selbst. In den Städten der Metagoniten hob er überdies 4000 junge Männer aus, die er in Karthago stationierte – sie sollten in gleicher Weise die Funktion von Soldaten wie die von Geiseln haben. Nach Spanien beorderte er 12650 Infanteristen, u. zw. 11850 Libyer, 300 Ligurer und 500 Balearer, außerdem 450 libyphoinikische und libysche, 300 lergetische und 1800 numidische Kavalleristen aus den Stämmen der Massylier, der Masaisylier, der Makkoier und der Maurusier. Das Heer wurde außerdem durch 21 Elefanten verstärkt. Die in Spanien stationierte Flotte, die in erster Linie nur defensive Aufgaben wahrnehmen konnte, umfaßte 50 Penteren, 2 Tetreren und 5 Trieren – und von diesen Schiffen waren 18 Penteren und die beiden Tetreren unbemannt. Den Oberbefehl über diese Truppen übertrug Hannibal seinem jüngeren Bruder Hasdrubal. Zwar bezeichnen Polybios und Livius nur Iberien als Befehlsbereich des Hasdrubal, doch unterstand seinem Kommando allem Anschein nach auch Libyen.

Nachdem Hannibal eine Wallfahrt zum Mlqrt von Gades unternommen hatte, um ein Gelübde einzulösen und ein neues Gelübde abzulegen, das er zu erfüllen versprach, „wenn das übrige gut endete" (Livius), brach er etwa Ende April 218 mit ungefähr 90000 Infanteristen und 12000 Kavalleristen von Carthago Nova auf. Er zog auf der Küstenstraße – an Onussa vorbei – zur Mündung des Ebro. In drei Abteilungen setzte er seine Truppen – etwa Ende Mai – über den Fluß. Er befand sich nunmehr in einem Gebiet, dessen Bewohner keineswegs alle gewillt waren, mit fliegenden Fahnen zu ihm überzugehen. Zudem scheint das Auftreten römischer Diplomaten, die hier antikarthagische Stimmung gemacht hatten, nicht ganz ohne Wirkung geblieben zu sein – sie hatten bei den Bargusiern eine freundliche Aufnahme erfahren, waren allerdings von den Volcianern abgewiesen worden. Hannibal konnte sich nicht damit begnügen, sich einen Weg zu den Pyrenäen freizukämpfen; es war vielmehr erforderlich, wenigstens einige der bedeutenderen Widerstandszentren zu nehmen, um zumindest eine teilweise Befriedung dieses Gebiets zu erreichen – dies war nicht zuletzt wegen der dauerhaften Sicherung des Übergangs über die Pyrenäen von Bedeutung. Die Stämme der Ilergeten, Bargusier, Airenosier und Andosiner wurden zwar in relativ kurzer Zeit unterworfen, die Verluste der Karthager waren aber erstaunlich hoch. Hannibal ließ den Offizier Hanno (?) als Statthalter über das Gebiet zwischen Ebro und Pyrenäen zurück und unterstellte ihm 10000 Infanteristen und 1000 Kavalleristen. In den Pyrenäen verließen ihn etwa 3000 Karpesier. Er suchte sie keineswegs mit Gewalt zurückzuhalten, sondern entließ noch weitere 7000 Spanier, von denen er den Eindruck hatte, sie seien unsichere Kantonisten. Der Gewinn dieses Verlusts bestand darin, daß einerseits die Disziplin des Heeres gefestigt wurde und andererseits Hannibal das Wohlwollen der zurückbleibenden Spanier und ihrer Stämme nicht verlor. Mit angeblich 50000 Infanteristen und etwa 9000 Kavalleristen zog er schließlich – etwa Ende Juli – über die Pyrenäen. Die Stimmung der Stämme Südfrankreichs war keineswegs proрömisch. Dies hatten die römischen Diplomaten zu ihrem Schrecken erfahren müssen, als sie auch in der Provence Station gemacht hatten. Die Maßnahmen der Römer gegen die Kelten Oberitaliens waren auch bei den Kelten der Provence nicht unbekannt geblieben. Doch trotz der keineswegs römerfreundlichen Haltung strömten die Soldaten einiger keltischer Stämme in Ruscino zusammen, um notfalls ihre Freiheit mit der Waffe zu verteidigen. Sie waren durch Nachrichten, die aus dem Gebiet zwischen dem Ebro und den Pyrenäen zu ihnen gedrungen waren, verunsichert worden. Hannibal, der bei Iliberri lagerte, beteuerte gegenüber den Fürsten dieser Stämme seine friedlichen Absichten, lud sie zu einer Unterredung ein und überzeugte sie durch Worte und Geschenke. Der Vormarsch zur Rhone ging ohne größere Schwierigkeiten vonstatten.

Etwa am 19. August erreichte Hannibal die Rhone. (Dieses Datum und damit auch die Daten der folgenden Darstellung sind hypothetischer Art.) Er beabsichtigte, möglichst rasch über den Fluß zu gehen, und zog an eine Stelle, an der sich der Fluß noch nicht geteilt hatte – diese Stelle war vier Tagesmärsche von der Mündung entfernt. Auf beiden Seiten des Flusses wohnten Uolker. Ein Teil der am rechten Ufer der Rhone wohnenden Uolker war vor der Ankunft des Karthagers auf die andere Seite des Flusses gegangen, um zusammen mit den dort wohnenden Stammesgenossen dem karthagischen Heer den Übergang zu verwehren. Hatten die Massalioten bei der Organisation des Widerstands ihre Hände im Spiel gehabt? Wir wissen es nicht. Hannibal sah, daß es nicht möglich war, schnurstracks über den Fluß zu gehen – ein derartiger Versuch hätte hohe Verluste gebracht, wenn nicht gar eine Niederlage nach sich gezogen. Ein anderer Weg mußte gefunden werden. Der karthagische Feldherr detachierte zunächst eine Abteilung, die er Hanno, dem Sohn des Bomilcar, unterstellte, und diese Abteilung brach am

21. August nach Einbruch der Dunkelheit auf und überquerte am nächsten Tag an einer Stelle, die 200 Stadien nördlich des Lagers der Karthager lag, unbemerkt den Fluß. Im Morgengrauen des 24. August nahmen dann die Truppen des Hanno – es waren größtenteils Spanier – und das Gros des Heeres, das auf Befehl des Hannibal über den Fluß setzte, die Feinde in die Zange. Die Kelten flohen nach nur kurzer Gegenwehr. Noch am gleichen Tag setzte der Rest des Heeres über.

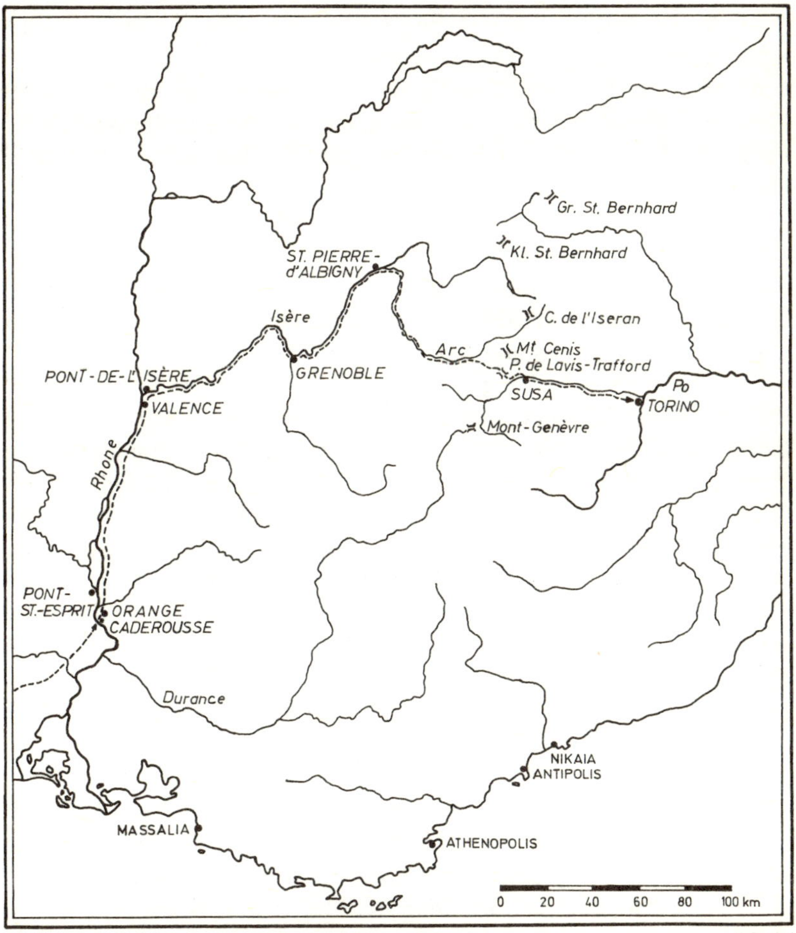

3. Der Alpenübergang des Hannibal

Am 25. August erfuhr Hannibal, daß die römische Flotte – sie stand unter dem Befehl des Consuls P. Cornelius Scipio, dem die spanische

„Provinz" zugefallen war – an der „massaliotischen" Mündung der Rhone vor Anker gegangen war. Er schickte daraufhin 500 numidische Kavalleristen ab, die die Position, die Stärke und die Absicht des Feindes erkunden sollten. Denselben Plan hatte P. Scipio verfolgt, der 300 römische Kavalleristen und eine unbekannte Zahl von keltischen Kavalleristen, die in massaliotischem Kriegsdienst standen, rhoneaufwärts entsandt hatte. Nicht weit von der Stelle des Rhone-Übergangs entfernt trafen die beiden Schwadronen aufeinander, und es entwickelte sich das erste, hitzig geführte Gefecht des 2. Römischen Kriegs. Beide Seiten scheinen sich als Sieger dieses Gefechts betrachtet zu haben.

Am gleichen Tag hielt Hannibal eine Versammlung ab, auf der er dem Heer den Fürsten und die Grafen der in der Po-Ebene wohnenden Boier vorstellte. Die Moral der Truppe bedurfte vor dem gefürchteten Weg über die Alpen dringend der Stärkung.

Am nächsten Tag brachen die 38000 Infanteristen nordwärts auf. Hannibal ließ den Abmarsch durch die Kavallerie decken und wartete das schwierige Übersetzen der 37 Elefanten ab. Vermutlich am übernächsten Tag, am 27. August, verließ er die Stelle des Flußübergangs und zog mit über 8000 Kavalleristen und den Elefanten rhoneaufwärts.

Die römischen Kavalleristen scheinen P. Scipio bereits am 26. August über das Vorgefallene und das Erkundete informiert zu haben; denn der Consul stand bereits am 29. August an der Stelle des Flußübergangs. Betroffen stellte er fest, daß Hannibal es wagte, auf einem Weg, der über Grenoble führen würde, über die Alpen zu gehen, um nach Italien zu gelangen. Sein Plan, Hannibal noch vor dem Betreten des Bodens der Apenninischen Halbinsel zu stellen, hatte sich zerschlagen. Er zog daher zum Ankerplatz zurück, ließ seine Truppen an Bord gehen und unterstellte den größten Teil der Flotte und des Heeres dem Befehl seines Bruders Cn. Scipio, der in Spanien den Kampf mit Hasdrubal aufnehmen sollte. Er selbst schiffte sich mit den restlichen Truppen nach Pisa ein – er beabsichtigte, Hannibal beim Einmarsch in die Po-Ebene anzugreifen.

Warum aber wählte Hannibal den mühsamen und gefährlichen Weg über das Mont-Cenis-Gebiet? Offensichtlich hatte er sich bereits in Spanien für diesen Weg entschieden. Wenn Livius zuverlässig berichtet, wurde er zwar durch die Landung des Heeres des P. Scipio in seinem Entschluß schwankend, durch den Ratschlag der anwesenden keltischen Fürsten Oberitaliens aber in seiner ursprünglichen Absicht bestärkt. Seine Truppen sollten nicht geschwächt in die entscheidenden Auseinandersetzungen in Italien gehen – und zumindest eine Schwächung ihrer Kampfkraft war zu erwarten, wenn er sich den Truppen des P. Scipio zum Kampf stellte. Im übrigen bestand die Gefahr, daß die Truppen der Römer sich durch Verbände der Massalioten und der mit diesen verbündeten Kelten verstärken und so eine beachtliche militärische Macht darstellen würden. Bei der Benützung der Küstenstraße hätte Hannibal außerdem durch massaliotisches Gebiet ziehen müssen – und dies hätte zumindest zusätzliche Schwierigkeiten verursacht, ihm vielleicht gar das Gesetz des Handelns aus der Hand genommen, in jedem Fall aber einen Mehraufwand an Zeit verursacht. Vor allem aber hätte er bei der Wahl dieses Weges von den mit den oberitalischen Kelten mühsam geknüpften Kontakten nicht den geringsten Vorteil gehabt. So zog er rhoneaufwärts.

Nach einem Marsch von vier Tagen, am 30. August, kam Hannibal beim Zusammenfluß der Rhone und der Isère an. In dem Gebiet zwischen Rhone und Isère (auf der sog. Insel) wohnte der mächtige Stamm der Allobrogen, dessen Gefüge damals durch den dynastischen Kampf zweier Brüder auseinanderzubrechen drohte. Von Braneus, dem älteren der beiden Brüder, um Unterstützung gebeten, setzte Hannibal dessen Ansprüche, die auch von der optimatischen „Partei" unterstützt wurden, durch. Er erhielt daraufhin von Braneus alle erdenkliche Unterstützung – Braneus geleitete ihn sogar isèreaufwärts von etwa Pont-de-l'Isère bis etwa St. Pierre-d'Albigny.

Waren bis St. Pierre-d'Albigny keine größeren Schwierigkeiten aufgetreten, so änderte sich dies in den folgenden Tagen und Wochen. Der Kampf gegen die Natur und gegen den nachrückenden Feind setzte dem karthagischen Heer zu. Die feindlich gesinnten Allobrogen besetzten im Tal des Arc – in dieses Tal war Hannibal am 10. September abgebogen – strategisch wichtige Punkte, um von ihnen aus die karthagischen Truppen, die hier vorbeiziehen mußten, anzugreifen. Hannibal erkannte die Absicht der Allobrogen. Er schlug daher vor einer gefährlichen Engstelle ein Lager auf und schickte einige seiner keltischen Führer zur Erkundung aus. Als diese berichteten, die feindlichen Soldaten pflegten nach Einbruch der Dunkelheit größtenteils ihre Stellungen zu verlassen und sich in ein benachbartes Wehrdorf zurückzuziehen, rückte er nachts mit einer Elitetruppe vor und besetzte die feindlichen Stellungen. Die Allobrogen konnten daher am nächsten Tag nur noch den Troß angreifen. Aber auch der Verlust des Trosses hätte verheerende Folgen gehabt. Daher sah sich Hannibal gezwungen, seine Elitetruppe gegen die Allobrogen einzusetzen. Und diese Truppe kämpfte mit Erfolg. Allerdings waren die Einbußen nicht nur auf allobrogischer, sondern auch auf karthagischer Seite hoch. Neben den Verlusten an Menschen schmerzten auf karthagischer Seite vor allem die Verluste an Pferden und Lasttieren. Doch wurden die

Einbußen an Pferden und Lasttieren aufgrund der Einnahme des fast menschenleeren Wehrdorfs zumindest teilweise wieder ausgeglichen. Außerdem erbeutete Hannibal Lebensmittel, die für zwei bis drei Tage die Versorgung des Heeres sicherstellten. Im übrigen war der Abschrekkungseffekt dieses karthagischen Erfolgs hoch.

Nach einem Rasttag setzte das Heer den Aufstieg fort. Am folgenden Tag kamen die Ältesten eines in dieser Gegend wohnenden Bergstamms und baten um die Zusicherung eines friedlichen Durchzugs. Da sie Geiseln stellten, das Heer mit Schlachtvieh versorgten und auch sonst einen vertrauenerweckenden Eindruck hervorriefen, begann das Mißtrauen auf karthagischer Seite zu schwinden. Beim Weitermarsch bediente sich Hannibal sogar ihrer Ortskenntnisse. Doch ein Rest von Mißtrauen war geblieben – und dies, wie sich am übernächsten Tag herausstellen sollte, zu Recht; denn an diesem Tag griffen die Bergbewohner in einer Schlucht insbesondere die Nachhut des Heeres an. Hätte Hannibal nicht schon vorsorglich die Kavallerie und den Troß in die Vorhut und die Schwerbewaffneten in die Nachhut beordert, wären die karthagischen Verluste wahrscheinlich enorm gewesen – Polybios behauptet sogar, das ganze Heer wäre in diesem Falle zugrunde gegangen. So aber waren die Verluste an Menschen, Pferden und Lasttieren zwar nicht gering, aber doch erträglich. Hannibal war gezwungen, mit der Hälfte des Heeres auf felsigem, aber unangreifbarem Gelände die Nacht zuzubringen, um dem Zug der Pferde und Lasttiere Deckung zu gewähren. Als am Morgen von den Feinden nichts mehr zu sehen war, schloß Hannibal zu den Kavalleristen und dem Troß auf. Das Heer marschierte nun in Richtung Paßhöhe weiter, ohne daß die Bergbewohner, die vor allem vor den Elefanten großen Respekt zeigten, den Vormarsch ernstlich behindert hätten. Die Paßhöhe wurde noch an diesem Tage – es war der neunte Tag seit dem Aufbruch in St. Pierre-d'Albigny (18. September) – erreicht. Auf der Höhe des Col du Clapier – genauer gesagt: des Pas de Lavis-Trafford – schlug Hannibal ein Lager auf und gewährte Menschen und Tieren eine Ruhepause von zwei Tagen.

Am folgenden Tag begann der Abstieg, bei dem Hannibal infolge der Geländeschwierigkeiten – feindliche Angriffe waren nunmehr selten und unbedeutend – nicht weniger Leute verlor als beim Aufstieg. Besondere Schwierigkeiten bereiteten am ersten Tag des Abstiegs die Umstände, daß der abschüssige Weg an einer engen Stelle von Steinlawinen verschüttet und mit Alt- und Neuschnee bedeckt war. Da der Versuch einer Umgehung des hinderlichen Wegstücks fehlschlug, biwakierte Hannibal am Bergrücken. Am nächsten Tag ließ er einen Weg freilegen, den die Pferde und Lasttiere passieren konnten. Erst am dritten Tag war der

Durchgang von den Numidern so weit verbreitert worden, daß auch die Elefanten hindurchziehen konnten. Am übernächsten Tag, am 24. September, erreichte er schließlich die Ebene. 12000 libysche und etwa 8000 iberische Infanteristen und 6000 Kavalleristen hatten die Gefahren und Strapazen überlebt.

In der Po-Ebene hatte die Ankunft des Hannibal bereits im Sommer dieses Jahres ihre Schatten vorausgeworfen. Die Boier hatten sich im Vertrauen auf die zu erwartende karthagische Hilfe gegen die römische Herrschaft erhoben und dabei die Unterstützung der benachbarten Insubren gefunden. Die Römer, die schon im vergangenen Jahr die Gründung der Colonien Placentia und Cremona beschlossen hatten, hatten im Frühjahr aus naheliegenden Gründen die Ausführung dieses Beschlusses forciert und in jeder der beiden Städte etwa 6000 Colonisten angesiedelt. Die verbündeten Boier und Insubren hatten jedoch die den Colonisten assignierten Gebiete verwüstet, die Colonisten zusammen mit den IIIviri coloniae deducendae C. Lutatius, C. Servilius und M. Annius verjagt, die Geflüchteten in Mutina belagert und schließlich die Unterhändler der Belagerten, die genannten IIIviri, gefangengenommen, um ein Pfand für das Leben der Geiseln, die sie nach der im Jahre 224 vollzogenen „Übereignung" (deditio) den Römern hatten stellen müssen, in Händen zu haben. Daraufhin war der Praetor L. Manlius, der das militärische Kommando in der Gallia cisalpina führte, in Richtung Mutina marschiert, war aber in einen Hinterhalt der Kelten geraten und geschlagen worden. Die Reste der legio IV hatten sich in ein Dorf namens Tannetum geflüchtet und waren dort eingeschlossen worden. Erst als der Praetor C. Atilius mit einer Legion und 5000 bundesgenössischen Soldaten in Richtung Tannetum vorgerückt war, waren die Kelten abgezogen.

Die Po-Ebene stand weithin in Aufruhr, als Hannibal das Gebiet der Tauriner betrat. Allerdings waren die Kelten der Po-Ebene keineswegs durchgängig antirömisch – und demzufolge prokarthagisch – eingestellt, und dies nicht etwa deswegen, weil die prorömisch orientierten Kelten besondere Sympathien für Rom empfunden hätten, sondern deswegen, weil zwischen den einzelnen keltischen Stämmen starke Spannungen bestanden. In einem solchen Spannungsverhältnis befanden sich auch die Tauriner und die Insubren. Dies war der Grund, dessentwegen die Tauriner nicht zum Abschluß eines Freundschafts- und Bündnisvertrags mit Hannibal bereit waren. Wollte Hannibal nicht zu Beginn seines Feldzugs auf der Apenninischen Halbinsel einen beträchtlichen Prestigeverlust hinnehmen, konnte er sich mit einem erzwungenen Durchzug durch das Gebiet der Tauriner nicht begnügen, sondern mußte deutlichere Zeichen setzen. Er schloß ihre bedeutendste Stadt, die spätere Augusta Taurinorum (Torino), ein und eroberte sie in drei Tagen. Daraufhin erschienen die benachbarten Stämme in seinem Lager und boten ihre Unterwerfung an.

Die weiter östlich wohnenden Kelten hatten zwar bereits im Frühling dieses Jahres ihre Bereitschaft zur Zusammenarbeit mit den Karthagern bekundet, waren aber durch die römischen Truppen, die in der Po-Ebene eine Art Sperrzone errichtet hatten, von Hannibal getrennt. Um möglichst bald den Anschluß der keltischen Stämme, die zum Dienst im römischen Heer gezwungen worden waren, herbeizuführen, rückte Hannibal sogleich weiter nach Osten vor.

P. Scipio war unterdessen in Pisa gelandet, hatte die Legionen des Manlius und des Atilius übernommen und war rasch an den Po gezogen, um eine Vereinigung der karthagischen und der prokarthagisch eingestellten keltischen Streitkräfte zu verhindern.

Als Hannibal hörte, daß P. Scipio mit seinem Heer (bei Placentia?) den Po überschritten hatte und zum Ticinus, einem linken Seitenfluß des Po, vorrückte, war er über das energische Vorgehen seines unmittelbaren Gegenübers überrascht. Bestrebt, eine rasche Entscheidung herbeizuführen, zog er ebenfalls zum Ticinus.

Nachdem die Nachricht von der Ankunft der karthagischen Truppen in der Po-Ebene nach Rom gelangt war, beschlossen die Senatoren, den Consul Ti. Sempronius Longus, der in Lilybaion die Vorbereitungen zur Invasion Nordafrikas betrieb, nach Norditalien zu rufen. Longus schickte – etwa Mitte Oktober – den größten Teil der Kriegsschiffe in ihre Heimathäfen zurück, verpflichtete die Infanteristen und die Kavalleristen eidlich, sich innerhalb von 40 Tagen in Ariminum einzufinden, vertraute den Schutz des vibonensischen Gebiets und der ganzen Küste Italiens dem Legaten Sex. Pomponius an, verstärkte die Flotte des M. Aemilius Lepidus, des Praetors Siziliens, auf 50 Schiffe und brach selbst nach Ariminum auf.

Am zweiten Tag nach dem Übergang der Römer über den Ticinus nahmen die Vorausabteilungen des Heeres des Hannibal und des P. Scipio Fühlung auf. Am folgenden Tag entwickelte sich aus einem Rekognoszierungsritt beider Feldherrn ein Treffen der Kavallerieeinheiten – auf römischer Seite waren auch die Leichtbewaffneten am Kampf beteiligt –, das insbesondere die numidischen Kavalleristen durch die Umzingelung des Feindes zugunsten des Hannibal entschieden.

Die Niederlage der römischen Kavallerie war so deutlich ausgefallen, daß P. Scipio, der verwundet worden war, das Lager abbrach und sich über den Po zurückzog.

Der nachrückende Hannibal bekam zwar die Abteilung, die zur Bewachung der Ticinus-Brücke abkommandiert war, in seine Hand, benützte aber nicht die teilweise schon zerstörte Brücke über den Ticinus, sondern suchte eine günstige Stelle, an der man über den Po gehen konnte. Am nächsten Tag schlug er eine Pontonbrücke über den Fluß, übertrug Hasdrubal, dem Kommandeur der Pioniere, die Aufgabe, die Truppen überzusetzen, und gab sogleich den Gesandten der keltischen Stämme, die zum Po gekommen waren, eine Audienz. Die Gesandten versicherten Hannibal – ihrer früheren Zusage entsprechend – der uneingeschränkten Unterstützung ihrer Stämme. Hannibal aber zog flußabwärts, um möglichst bald die entscheidende Auseinandersetzung mit den Truppen des P. Scipio aufnehmen zu können. Er traf am Tag nach dem Übergang über den Po in der Nähe des römischen Lagers ein und bot am darauffolgenden Tag P. Scipio die Schlacht an. Da dieser die Schlacht nicht annahm und da ein Sturm auf das Lager zu gefährlich erschien, errichtete auch er – etwa 10 km von Placentia entfernt – ein Lager.

In der folgenden Nacht verließen die von den Römern zwangsrekrutierten Kelten – etwa 2000 Infanteristen und fast 200 Kavalleristen – das römische Lager, um zu den Karthagern überzugehen. Hannibal reihte sie nicht sogleich unter seine Truppen ein, sondern schickte sie nach Hause, da er mit dem Multiplikator-Effekt rechnete: die Stämme, deren Angehörige die römische Sache verlassen hatten und die sich nicht vom Verhalten dieser ihrer Angehörigen distanzierten, würden nunmehr gezwungen sein, sich der karthagischen Seite anzuschließen. Zugleich mit den erwähnten keltischen Soldaten erschienen im karthagischen Lager Gesandte der Boier, mit denen Hannibal einen Freundschafts- und Bündnisvertrag schloß. Die von den Boiern gefangengenommenen IIIviri coloniae deducendae beließ er in der Gewalt seiner neuen Bundesgenossen.

P. Scipio erkannte die Gefährlichkeit seiner Lage und verließ daher in der kommenden Nacht sein Lager. Er beabsichtigte, sich auf die Höhen zurückzuziehen, die sich östlich des Trebia, eines rechten Nebenflusses des Po, befanden – im Vertrauen sowohl auf die Vorteile dieses Geländes als auch auf die Treue der in der Nähe wohnenden Bundesgenossen.

Sobald Hannibal bemerkte, daß das römische Heer abgezogen war, schickte er zunächst die numidischen und dann die anderen Kavalleristen nach, die sich jedoch unnötigerweise mit dem In-Brand-Stecken des römischen Lagers aufhielten. So konnte der größere Teil der feindlichen Truppen über den Trebia gehen. Nur der kleinere Teil, der den Übergang nicht mehr bewerkstelligen konnte, wurde entweder getötet oder gefangengenommen.

Hannibal schlug nunmehr westlich des Trebia – etwa 8 km von P. Scipio entfernt – ein Lager auf. Die Mehrzahl der in der Ebene wohnenden

Kelten unterstützte ihn – entgegen den Erwartungen des P. Scipio – in jeder Hinsicht. Die auf dem linken Ufer des Trebia wohnenden Anamarer aber, die mit Hannibal einen Freundschaftsvertrag geschlossen hatten, versuchten auf beiden Schultern Wasser zu tragen. Hannibal ließ daher durch 2000 Infanteristen und etwa 1000 keltische und numidische Kavalleristen in ihrem Gebiet Beute machen. Die Anamarer baten daraufhin eilends um ein Eingreifen der Römer. Longus, der inzwischen mit seinen Truppen von Ariminum an den Trebia gezogen war, schickte den größten Teil der Kavallerie und etwa 1000 Leichtbewaffnete auf die linke Seite des Flusses, um den karthagischen Truppen die Beute abzujagen. Diese mußten sich in die Nähe ihres Lagers zurückziehen. Da beide Seiten Verstärkungen erhielten, drohte sich aus dem Scharmützel eine Schlacht zu entwickeln. Hannibal hielt es jedoch nicht für günstig, zum gegenwärtigen Zeitpunkt eine militärische Entscheidung herbeizuführen, und verbot daher die Verfolgung des Feindes.

Hier stellt sich die Frage, warum Hannibal nicht vor dem Eintreffen des Longus – Longus dürfte Ende November/Anfang Dezember bei P. Scipio eingetroffen sein – das römische Lager angegriffen hat. Hannibal war zwar zweifelsohne – schon im Hinblick auf seine keltischen Bundesgenossen – an einer raschen Entscheidung interessiert, und die wenig kampfstarken Truppen des P. Scipio gaben keinen Anlaß zur Besorgnis. Er wird aber deswegen nicht versucht haben, eine Auseinandersetzung herbeizuführen, weil ein Angriff auf das Lager des P. Scipio keine Aussicht auf Erfolg versprach. Die Römer hatten sich gut verschanzt. Daher war Hannibal gezwungen, die Ankunft der zweiten römischen Heeresgruppe unter Longus abzuwarten. Es war zu hoffen, daß die Römer nach der Ankunft des Longus einer entscheidenden Schlacht nicht mehr ausweichen würden.

Und diese Hoffnung erfüllte sich. Am Abend des Tages, an dem das erwähnte Scharmützel stattgefunden hatte, traf Hannibal die Vorbereitungen für die Schlacht, die am nächsten Tag – es war etwa die Zeit der Wintersonnenwende – geschlagen werden sollte. In seinem Schlachtplan spielte eine Abteilung von 1000 Infanteristen und 1000 numidischen Kavalleristen, die er seinem Bruder Mago unterstellte und die er im Ufergebüsch eines linken Nebenflusses des Trebia in einen Hinterhalt legte, eine besondere Rolle. In aller Frühe schickte er dann die übrigen numidischen Kavalleristen vor den römischen Wall, um die Feinde aus dem Lager zu locken. Longus ließ zunächst die Kavalleristen, dann die etwa 6000 Speerwerfer und schließlich die gesamte Infanterie ausrücken. Die Numider zogen sich – entsprechend der gegebenen Anweisung –

langsam über den Trebia zurück, und das römische Heer folgte. Nunmehr schickte Hannibal die etwa 8000 Lanzenträger und Balearer vor, die den ersten Stoß des römischen Heeres auffangen sollten. Dann stellte er das übrige Heer zur Schlacht auf: die etwa 20000 Iberer, Kelten und Libyer bildeten das Zentrum, die über 10000 Kavalleristen standen auf den Flügeln, und vor den Flügeln der Infanteristen waren die Elefanten postiert. Longus rief die Kavalleristen, die sich gegenüber den numidischen Kavalleristen nicht zu behaupten wußten, zurück, um auch seinerseits die Schlachtordnung herzustellen: es waren etwa 16000 römische und etwa 20000 bundesgenössische Infanteristen und etwa 4000 Kavalleristen. Hannibal ging im Vertrauen auf die größere Kampfkraft seiner Truppen und auf die Überlegenheit seines taktischen Könnens, Longus im Vertrauen auf die höhere Zahl seiner Soldaten ins Gefecht. Als die römischen Leichtbewaffneten, die seit dem frühen Morgen gekämpft hatten, in die Hauptlinie zurückgegangen waren, stießen die karthagischen Kavalleristen, die bei frischen Kräften waren, gegen die feindlichen Flügel vor. Nach kurzer Zeit schlugen sie die römischen Kavalleristen in die Flucht – viele der Fliehenden verloren bei dem Versuch der Überquerung des Trebia ihr Leben. Nunmehr griffen die numidischen Kavalleristen und die Lanzenträger, die hinter die Flügel zurückgezogen worden waren, die feindlichen Flanken an. Außerdem fielen zur gleichen Zeit die Leute des Mago, deren Auftauchen eine Panik verursachte, dem römischen Zentrum in den Rücken. Da der karthagische Druck auf die Flanken und die rückwärtigen Reihen des feindlichen Heeres sich zusehends verstärkte, sahen sich die im Zentrum stehenden Soldaten des ersten Treffens und die Soldaten des zweiten Treffens schließlich gezwungen, durch die karthagischen Linien durchzubrechen, um einer Einschließung zu entgehen. Diesen Durchbruch konnten insbesondere die im karthagischen Zentrum stehenden keltischen Truppen nicht verhindern. Die etwa 10000 römischen Soldaten, die durch die karthagischen Linien gestoßen waren und denen eine Rückkehr ins Lager nicht mehr möglich schien, flohen zu einer trebiaabwärts gelegenen Furt, passierten den Fluß und gelangten schließlich nach Placentia. Den meisten Kavalleristen und den versprengten Infanteristen war es geglückt, an die erwähnte Truppe Anschluß zu finden und ebenfalls Placentia zu erreichen.

Die Verluste auf römischer Seite waren hoch. Auf karthagischer Seite waren zwar relativ viele Kelten, aber wenige Iberer und Libyer gefallen. In den kommenden Wochen kamen jedoch infolge der Unbilden der Witterung viele Menschen und Pferde ums Leben – auch viele Elefanten gingen ein.

Ein geschönter Bericht des Longus hatte in Rom zunächst Glauben gefunden. Doch die bitteren Wahrheiten, daß vom gesamten, auf der Apenninischen Halbinsel stehenden römischen Heer nur noch Reste vorhanden waren und daß alle Kelten auf die karthagische Seite getreten waren, konnten nicht lange verborgen bleiben. Die Senatoren beschlossen Maßnahmen, die der Abwehr möglicher oder wahrscheinlicher Aktionen der nordafrikanischen und der hannibalischen Verbände dienen sollten. Sie schickten Heere nach Sizilien und Sardinien, legten Besatzungen nach Taras und in andere wichtige Städte und rüsteten 60 Penteren aus. Cn. Servilius Geminus und C. Flaminius, die Consuln des Jahres 217, hoben neue Legionen aus, zogen bundesgenössische Streitkräfte zusammen, baten Hieron II., den König von Syrakosai, um Unterstützung – Hieron schickte daraufhin 500 Kreter und 1000 Peltasten – und legten in Ariminum und in Etrurien Lebensmitteldepots an.

Im sizilisch-süditalienischen Raum trugen sich im ersten Kriegsjahr folgende Ereignisse zu. Bereits vor der Ankunft des Longus auf Sizilien ließen die Karthager 20 Penteren mit 1000 Mann Besatzung in Richtung Italien in See gehen. Die Flottille geriet jedoch in einen Sturm, der drei Schiffe in die Sizilische Meerenge trieb. Den übrigen Schiffen gelang es, Kurs auf Lipara und Thermessa zu nehmen. Hieron, der in Messana die Ankunft des Longus erwartete, ließ die drei Schiffe, die vom Kurs abgekommen waren, aufbringen und in den Hafen von Messana schleppen. Von den Gefangenen erfuhr er, daß ein größerer Flottenverband von 35 Schiffen Karthago in Richtung Sizilien verlassen hatte, um die Städte der früheren sizilischen Bundesgenossen, insbesondere Lilybaion, zurückzugewinnen, daß dieser Verband aber vermutlich durch denselben Sturm, in den sie selbst geraten waren, zu den Aegatischen Inseln abgetrieben worden war. Der König informierte den in Lilybaion residierenden Praetor Lepidus von den Aussagen der Gefangenen, und Lepidus ergriff daraufhin die erforderlichen Maßnahmen. So wurde die Anfahrt des karthagischen Flottenverbands rechtzeitig bemerkt. Beide Seiten waren entschlossen, eine Entscheidung herbeizuführen. Während die Karthager sich bemühten, eine Seeschlacht – nach klassischer Manier – zu schlagen, waren die Römer – wie bereits im letzten Krieg – bestrebt, in einer Landschlacht auf Schiffen zu kämpfen. Da es den Karthagern nicht gelang, ihre taktische Konzeption zu verwirklichen, und da die Zahl der römischen Soldaten die der karthagischen Soldaten überstieg, siegten die Römer. Sieben karthagische Schiffe mit 1700 Soldaten und Matrosen fielen in ihre Hände. Unter den Gefangenen befanden sich auch drei Senatoren. Die Römer hatten kein einziges Schiff verloren.

Die Nachricht von diesem Sieg erreichte Longus, dessen Schiffe von der Flotte des Hieron eskortiert wurden, auf dem Weg zwischen Messana und Lilybaion. Da Longus den Karthagern alle Stützpunkte auf den Inseln entreißen wollte, vertraute er den Schutz der Küsten Siziliens Lepidus an und segelte nach Melite hinüber. Die Einwohner der Stadt lieferten ihm den Besatzungskommandanten Hamilcar, den Sohn des Gisgo, und die fast 2000 Mann Besatzung aus und übergaben ihm die Stadt und die Insel. Nachdem in Lilybaion alle karthagischen Gefangenen – m. A. der Angehörigen der senatorischen Schicht – als Sklaven verkauft worden waren, fuhr Longus zu den Liparischen Inseln, da er gehört hatte, daß die erwähnte karthagische Flottille dort ankerte. Diese Flottille war aber inzwischen nach Italien hinübergefahren, hatte das vibonensische Gebiet verwüstet und die Bewohner der Stadt in Schrecken versetzt.

Aufs Ganze gesehen waren die Unternehmungen der karthagischen Marinestreitkräfte im Jahre 218 recht unglücklich verlaufen. Es fehlte an Soldaten, es fehlte offensichtlich an erfahrenen und tüchtigen Offizieren, und es fehlte auch am Glück.

In Spanien wurde in diesem Jahr mit wechselndem Erfolg gekämpft. Cn. Scipio, der sich von seinem Bruder an der Rhone-Mündung getrennt hatte, war zunächst bei Emporion, einer Apoikia der Massalioten, gelandet. Von dort fuhr er bis zur Ebromündung weiter, gewann einige Städte, die sich ihm freiwillig anschlossen, und belagerte die Städte, die sich ihm anzuschließen sich weigerten. Nachdem er die Küstenstädte, die auf die römische Seite getreten waren, durch Besatzungen gesichert hatte, zog er mit seinen Truppen, die durch iberische Bundesgenossen verstärkt wurden, ins Innere des Gebiets zwischen dem Ebro und den Pyrenäen. Bei der Stadt Kissa trat Hanno Cn. Scipio entgegen. Die Karthager unterlagen in dieser Schlacht, Hanno und Andobales, der Führer der verbündeten iberischen Streitkräfte, gerieten in Gefangenschaft, die „Habe" (Polybios), die die Truppen des Hannibal in Spanien zurückgelassen hatten, wurde eine Beute der Römer, und – was das Schlimmste war – alle Stämme dieses Gebiets wurden „Bundesgenossen und Freunde des römischen Volkes". Da Hanno Hasdrubal anscheinend bereits vor der Schlacht zu Hilfe gerufen hatte, dürften seine Kräfte denen des Cn. Scipio zahlenmäßig unterlegen gewesen sein. Hasdrubal, der Hanno hatte unterstützen wollen, konnte in keine entscheidende Auseinandersetzung mit Cn. Scipio eintreten. Er begnügte sich damit, mit etwa 8000 Infanteristen und etwa 1000 Kavalleristen die römischen und römisch-bundesgenössischen Matrosen, die sich an Land begeben hatten, anzugreifen. Nach der erfolgreich durchgeführten Aktion zog er sich über den Ebro zurück und ging ins Winterlager nach Carthago

Nova. Während des Winters traf er Entscheidungen militärischer und diplomatischer Art, die auf die Sicherung der Gebiete südlich des Ebro gerichtet waren.

Hasdrubal und Hanno hatten es offensichtlich nicht verstanden, ihre Aktionen im Hinblick auf den zu erwartenden Angriff der Römer zu koordinieren. Mit der Beschränkung auf die Verteidigung der südlich des Ebro gelegenen Gebiete wurde ein wesentliches Stück der Spanien betreffenden strategischen Konzeption des Hannibal aufgegeben.

Hatte sich Hannibal bisher in erster Linie um die Kooperation der keltischen Stämme bemüht, so warb er nunmehr um die Unterstützung der italischen Bundesgenossen der Römer. Er erklärte den italischen Gefangenen, die Interessen der Karthager und die Interessen der „Italioten" lägen auf einer Linie. Karthager und „Italioten" sollten gemeinsam für die geraubte Freiheit und den verlorenen Besitz der von Rom abhängigen Staaten Italiens kämpfen. Um die Wirkung seiner Worte zu erhöhen, entließ er alle italischen Gefangenen in ihre Heimat, ohne Lösegeld zu verlangen. Der militärische Kampf wurde in verstärktem Maße durch den propagandistischen Kampf ergänzt.

Vermutlich im Mai des Jahres 217 verließ Hannibal die Winterquartiere, um ins eigentliche Italien einzumarschieren. Er wußte, daß Geminus seine Heeresgruppe nach Ariminum und Flaminius die seinige nach Etrurien geführt hatte – sowohl hier wie dort sollte ihm der Weg nach Mittelitalien versperrt werden. Nachdem er über die verschiedenen Routen Erkundigungen eingezogen hatte, entschied er sich für den kürzesten, aber schwierigsten Weg, der durch sumpfiges Gebiet nach Etrurien führte – er hoffte, das Überraschungsmoment ausnützen zu können. Da er die keltischen Infanteristen für Soldaten hielt, die nicht die wünschenswerte militärische Härte hatten und daher unzuverlässig waren, ließ er sie zwischen den vorausziehenden Libyern und Spaniern und den die Nachhut bildenden Kavalleristen, die unter dem Kommando des Mago standen, marschieren. Vier Tage und drei Nächte dauerte angeblich der Marsch durch das unwegsame Gelände. Hannibal, der auf dem einzigen Elefanten ritt, der am Leben geblieben war, zog sich damals eine Entzündung zu, die den Verlust eines Auges zur Folge hatte. In der Gegend von Faesulae erfuhr er, daß Flaminius bei Arretium stand. Vielleicht bestimmte ihn diese Nachricht, nicht nach Pisa zu ziehen, obwohl zu einem früheren Zeitpunkt vereinbart worden war, daß das karthagische Heer und die karthagische Flotte dort Kontakte aufnehmen sollten. Jedenfalls marschierte er in die Gegend südlich von Arretium und verwüstete das Gebiet zwischen Cortona und dem Trasimenischen See – wahrscheinlich die Ebene der Chiana –, um Flaminius dazu zu bewegen, nicht die Ankunft des Kollegen abzuwarten, sondern allein eine Schlacht gegen ihn zu schlagen. Nachdem Flaminius erfahren hatte, daß Hannibal schon in der Gegend südlich von Arretium stand, zog er ihm nach und erreichte ihn in der Nähe des Trasimenischen Sees. Er mußte damit rechnen, daß Hannibal über Clusium nach Rom ziehen würde. Doch Rom war nicht das Ziel des Hannibal. Dies war bereits zu erkennen, als Hannibal am Nordufer des Trasimenischen Sees nach Osten zog; und dies wurde vollends deutlich, als er nach der Schlacht am Trasimenischen See die eingeschlagene Richtung nicht korrigierte.

Die Schlacht selbst verlief völlig nach dem Plan des Hannibal. Hannibal hatte in der Nähe von Terontola den See erreicht, war am Nordufer des Sees entlang ostwärts gezogen und hatte auf einer Anhöhe bei Monte Colognola das Lager aufgeschlagen. Während der kommenden Nacht führte er die Balearer und die Lanzenträger hinter die Hügel, die südwestlich des Weges zwischen Monte Colognola und Torricella liegen, und die Kelten und die Kavalleristen auf die Höhen, die sich nordöstlich des Weges zwischen Monte Colognola und Torricella und östlich und nördlich des Weges zwischen Torricella und Montigeto hinziehen. Als am nächsten Morgen – es war wahrscheinlich der Morgen des 21. Juni – Flaminius seine Truppen in den zwischen Torricella und Monte Colognola gelegenen Kessel hineinführte, wartete Hannibal, bis die Spitze des Zugs in die Nähe des karthagischen Lagers gelangt war, und gab dann das Zeichen zum Angriff. Die Römer waren wie in einer Falle gefangen: im Südosten standen die Libyer und die Iberer, im Südwesten die Balearer und die Lanzenträger, im Nordosten und im Norden die Kelten und die Kavalleristen, und westlich und südlich des Weges zwischen Torricella und Montigeto lag der See. Beinahe 15000 römische Soldaten – darunter Flaminius – fanden den Tod. Etwa 6000 römischen Soldaten gelang der Durchbruch durch die feindlichen Linien – wahrscheinlich an dem Frontabschnitt, an dem die Balearer und die Lanzenträger standen. Sie verschanzten sich zunächst in einem in der Nähe liegenden Dorf, ergaben sich aber am nächsten Tag gegen Zusicherung des Lebens Maharbal, den Hannibal mit den Iberern und den Lanzenträgern detachiert hatte. Insgesamt gerieten über 15000 römische Soldaten in Gefangenschaft. Wiederum entließ Hannibal – wie bereits nach der Schlacht am Trebia – die Soldaten der römischen Bundesgenossen ohne Lösegeld, indem er versicherte, er kämpfe „für die Freiheit der Italioten" (Polybios).

In der anschließenden wichtigen Besprechung, an der neben Hannibal Mago und die „Freunde" (Polybios) teilnahmen, fielen die Entscheidungen über die weiteren militärischen Ziele des Feldzugs und die zur Erreichung dieser Ziele einzuschlagenden Wege. Sollte damals noch der Gedanke eines Marsches auf Rom diskutiert worden sein, so wurde dieser Gedanke nunmehr endgültig begraben.

Nachdem Geminus die Nachricht vom Einmarsch des karthagischen Heeres in Etrurien – anscheinend am Tage der Schlacht am Trasimenischen See – erhalten hatte, schickte er 4000 Kavalleristen unter der Führung des Propraetors C. Centenius nach Etrurien, um die Kavallerie des Flaminius zu verstärken. Als die Schwadron am 23. Juni (?) in der Nähe des Trasimenischen Sees eintraf, schickte ihr Hannibal einen Teil der Kavallerie und der Lanzenträger unter dem Kommando des Maharbal entgegen. Bei dem sich entwickelnden Gefecht verlor die eine Hälfte der römischen Kavalleristen ihr Leben, die andere Hälfte, die sich anscheinend nach Umbrien zurückgezogen hatte, wurde am nächsten Tag gefangengenommen.

In Rom beriet der Senat mehrere Tage ohne Unterbrechung. Man beschloß, unter den gegebenen Umständen auf eine Institution zurückzugreifen, die schon seit langer Zeit aus der Mode gekommen war: auf die Institution der Dictatur. Da aber der Consul Geminus, der nach den ungeschriebenen Gesetzen des römischen Staats allein zur Ernennung eines Dictators berechtigt war, nicht erreichbar war, wählte das Volk – in einem an sich ungesetzlichen Verfahren – einen Dictator und – dies war ein weiterer Verstoß gegen das Staatsrecht – einen magister equitum. Dictator wurde Q. Fabius Maximus, magister equitum M. Minucius Rufus. Sie erhielten vom Senat den Auftrag, alle für die Sicherheit Roms erforderlichen Maßnahmen zu ergreifen. Hannibal zog aber nicht nach Rom, sondern durch Umbrien und das Picenum an die Adria, die er am zehnten Tag nach dem Aufbruch aus dem Lager, das er in der Nähe des Trasimenischen Sees geschlagen hatte, erreichte. Von dort aus schickte er Boten nach Karthago, die über seine Erfolge berichteten. Infolge dieser Nachrichten wuchs die Bereitschaft der Karthager, für die Kriegführung in Italien und in Spanien alle erforderlichen Mittel bereitzustellen.

Nachdem sich die karthagischen Truppen an der picenischen Adriaküste (nördlich des praetutianischen Gebiets) erholt hatten, zog Hannibal durch das Gebiet der Praetutier, der Hadrianer, der Marruviner, der Frentaner, der Daunier (Luceria, Vibinum, Arci) und der Peucetier in das Gebiet der Messapier. Offensichtlich hatte er es für wichtiger gehalten, daß seine Truppen an der picenischen Adriaküste neue Kräfte schöpften, als daß die beiden Legionen des Geminus aufgerieben würden. Als aber Maximus, der selbst zwei Legionen ausgehoben hatte und bei Narnia die Legionen des Geminus übernommen hatte, bei Aecae – etwa 10 km vom

Lager des Hannibal entfernt – ein Lager aufschlug, bot ihm Hannibal eine Schlacht an. Doch Maximus nahm die Schlacht nicht an. Er hoffte, daß sich die Offensive des Hannibal totlaufen würde. Den längeren Atem würden – davon war er überzeugt – die Römer haben, da sie über die besseren Rekrutierungsmöglichkeiten, die größeren materiellen Mittel und die genaueren Ortskenntnisse verfügten. Teilerfolge – etwa über fouragierende karthagische Truppenteile – würden dazu beitragen, die Moral der Truppe nach und nach zu heben.

Nach einiger Zeit verließ Hannibal die Ostküste, um über Samnium – genauer gesagt: durch das Gebiet von Beneventum und über Telesia – nach Campanien zu marschieren. Er verfolgte dabei anscheinend in erster Linie die Absicht, sich vor dem Bezug des Winterlagers der Reichtümer zu bedienen, die das fruchtbare campanische Land darbot. Sein Ziel war das falernische Gebiet, das auf der rechten Seite des Volturnus lag. Nachdem er den Paß in der Nähe des Hügels Eribianos überstiegen hatte, schlug er auf dem rechten Ufer des genannten Flusses ein Lager auf. Von dort versorgte er sich mit den Dingen, deren er im Winter bedurfte.

Maximus war ihm gefolgt, stieg aber nicht in die Ebene hinab, da er die kavalleristische Überlegenheit des Feindes fürchtete. Er erkannte, daß Hannibal auf demselben Weg zurückzukehren beabsichtigte, auf dem er gekommen war. Dieses Mal war er entschlossen, Hannibal anzugreifen, da er das Gelände zu seinen Gunsten nützen zu können glaubte. Er stellte auf die Paßhöhe etwa 4000 Mann und bezog mit den übrigen Truppen auf der den Paß beherrschenden Anhöhe Stellung. Hannibal aber durchschaute die Absicht seines Gegners und durchkreuzte seine Pläne. Er ließ vor Tagesanbruch die Pioniere unter der Führung des Hasdrubal etwa 2000 Ochsen, an deren Hörner Fackeln gebunden worden waren, eine Anhöhe hinauftreiben, die seitwärts zwischen dem Lager und dem Paß gelegen war. Den Lanzenträgern befahl er, während des Aufstiegs der Tiere die Anhöhe zu besetzen. Er selbst brach anschließend ebenfalls auf. Die Spitze seines Zugs bildeten die Schwerbewaffneten, ihnen folgten die Kavalleristen, und den Schluß bildeten die Iberer und die Kelten. Als die römischen Soldaten, die den Paß bewachten, die Ochsen den genannten Weg nehmen sahen, glaubten sie, Hannibal wolle an dieser Stelle durchbrechen. Sie verließen daher den Paß und eilten die Anhöhe hinauf. Dort trafen sie auf die karthagischen Lanzenträger. Nach einem kurzen Geplänkel trennten sich beide Abteilungen und warteten auf den Anbruch des Tages. Auch Maximus blieb mit seinen Truppen im Lager. Hannibal aber zog mit seinen Truppen und der Beute ungefährdet über den Paß.

Der karthagische Feldherr beschloß, das Winterlager bei Gerunium zu errichten. Da die Übergabeverhandlungen mit den Bewohnern von Gerunium scheiterten, wurde die Stadt mit Gewalt genommen. Sie diente fortan als riesiges Versorgungsdepot des karthagischen Heeres.

Rufus, der die Führung der römischen Streitkräfte übernommen hatte, da der Dictator nach Rom gereist war, vertrat schon seit längerer Zeit die Ansicht – und er stand mit dieser Ansicht nicht allein –, daß die römische Kriegführung offensiver werden müsse. Er erzielte auch in der Tat einen bescheidenen Erfolg: die römischen Leichtbewaffneten siegten über 2000 karthagische Lanzenträger, die Hannibal nach der Ankunft des feindlichen Heeres zur Besetzung des Hügels Calena – der Hügel war etwa 5–10 km von Gerunium entfernt – abkommandiert hatte. Dieser Erfolg gab Mut. Rufus stellte die Schwerbewaffneten vor dem Lager, das Hannibal zwischen Gerunium und dem Hügel Calena aufgeschlagen hatte, in Schlachtordnung auf und ließ die Kavalleristen und die Leichtbewaffneten in kleineren Abteilungen die fouragierenden karthagischen Gruppen angreifen. Da sich im karthagischen Lager nur ein kleiner Teil des Heeres befand, geriet Hannibal bei der Verteidigung des Lagers in Schwierigkeiten. Erst Hasdrubal konnte ihn mit den 4000 Mann, die von den Feldern zunächst in das Lager bei Gerunium geflüchtet waren, aus seiner mißlichen Lage befreien. In der Nacht ging Hannibal in das Lager bei Gerunium zurück, das er unter keinen Umständen preisgeben wollte. Rufus hatte unzweifelhaft einen – wenn auch nicht entscheidenden – Erfolg errungen.

Als in Rom der Bericht über die Vorgänge bei Gerunium eintraf – und dieser Bericht stellte die Dinge in einem allzu günstigen Licht dar –, überhäuften die Römer nicht nur Maximus mit Vorwürfen und hoben Rufus in den Himmel, sondern griffen in ihrer Begeisterung auch zu einer Maßnahme, die ein Novum in der Geschichte der Verfassung ihres Staates darstellte: die Volksversammlung beschloß, auch den Rufus mit dictatorischer Macht auszustatten. Zwei „Dictatoren" zur gleichen Zeit! Dies war eine Maßnahme, die nicht nur irregulär, sondern auch widersinnig war.

Nach der Rückkehr des Maximus verstärkten sich die bereits früher bestehenden Spannungen zwischen den beiden führenden Männern. Es entstand die Gefahr der Handlungsunfähigkeit der militärischen Führung Roms. Als Maximus Rufus vor die Wahl stellte, alternierend den Oberbefehl zu führen oder die Truppen zu teilen, stimmte dieser mit Freuden letzterem Vorschlag zu.

Zwischen dem Lager, das Rufus in einer Entfernung von etwa 12 Stadien von dem des Maximus entfernt bezog, und dem Lager des Hannibal lag eine Anhöhe, die Hannibal in den Mittelpunkt eines gegen Rufus gerichteten taktischen Plans stellte. Bei der Verwirklichung dieses Konzepts kam ihm sehr zustatten, daß die Reaktionen des Rufus leicht auszurechnen waren. Er legte unter dem Schutz der Nacht etwa 5000 Leichtbewaffnete und andere Infanteristen und 500 Kavalleristen – in Abteilungen zu je 200 oder 300 Mann – in den Senken, die sich in der Nähe der besagten Anhöhe befanden, in einen Hinterhalt. Im Morgengrauen ließ er durch die Leichtbewaffneten die Anhöhe besetzen, um die ganze Aufmerksamkeit des Feindes auf diesen Punkt zu ziehen. Rufus schickte sogleich die Leichtbewaffneten entgegen – sie sollten die Anhöhe um jeden Preis zu nehmen versuchen. Nach ihnen führte er die Kavalleristen und die Schwerbewaffneten aus dem Lager. Hannibal sandte nunmehr bei Tagesanbruch seinen Leuten fortwährend Verstärkungen zu und folgte mit den Kavalleristen und den restlichen Infanteristen schließlich selbst. Seine Kavalleristen zwangen die römischen Leichtbewaffneten, sich zu den Schwerbewaffneten zurückzuziehen. In diesem Augenblick der Verwirrung gab Hannibal den Soldaten, die im Hinterhalt lagen, den Befehl zum Angriff. Die Schlacht trat in ihre entscheidende Phase. Die Feinde erlitten starke Verluste. Und nur dem Eingreifen des Maximus war es zu verdanken, daß das Heer des Rufus nicht aufgerieben wurde. Hannibal verzichtete auf die Verfolgung des Feindes und kehrte in das Lager zurück. In der folgenden Zeit bezog er die erwähnte Anhöhe in seine Verteidigungsanlagen ein, um keine unliebsamen Überraschungen zu erleben. Im übrigen richtete er seine Aufmerksamkeit auf die Probleme der Überwinterung. Er hatte wohl die Hoffnung, daß das nächste Jahr die positive Entscheidung bringen werde.

Der Verlauf dieser Schlacht stärkte die Position des Maximus an der Front und in der Heimat. Die beiden römischen Lager wurden wieder zusammengelegt, und Rufus respektierte fortan die Entscheidungen seines Kollegen.

Nach halbjähriger Amtszeit legten Maximus und Rufus die Dictatur nieder. Bis zum Amtsantritt der neuen Consuln – die Wahl war auf L. Aemilius Paullus und C. Terentius Varro gefallen – leiteten die bisherigen Consuln Geminus und M. Atilius Regulus die Operationen des Heeres. Nach ihrem Amtsantritt schickten die amtierenden Consuln die Truppen, die zur Ergänzung ausgehoben worden waren, ins Feld und wiesen Geminus und Regulus an, sich unter keinen Umständen auf eine entscheidende Schlacht einzulassen, kleinere Gefechte jedoch mit allem Nachdruck zu führen, um das Selbstvertrauen der großenteils unerfahrenen Soldaten zu stärken. Sie verfolgten aber nicht das Ziel, die Strategie des Maximus fortzusetzen, sondern die Voraussetzungen für „die entscheidenden Kämpfe“ (Polybios) zu schaffen. Für die außeritalischen Fronten wurden folgende Maßnahmen getroffen: Der Praetor L. Postumius Albinus wurde mit einer Legion nach Oberitalien geschickt, um gegen die Kelten der Po-Ebene Krieg zu führen und dadurch möglicherweise die im Heer des Hannibal stehenden Kelten abzuziehen. Die Flotte, die während des Winters in Lilybaion stationiert gewesen war, wurde zurückbeordert. Und das Kommando der in Spanien stehenden Feldherrn – Cn. Scipio hatte als Kollegen seinen Bruder P. Scipio erhalten – wurde prorogiert.

Im Frühling des Jahres 217 verließ Hasdrubal Carthago Nova, um mit den Land- und Seestreitkräften zur Mündung des Ebro vorzurücken. Die Landstreitkräfte waren beträchtlich stark, die Flotte, die Hasdrubal dem Befehl des Hamilcar (?) unterstellt hatte, umfaßte 40 Schiffe. Es hat nicht den Anschein, als habe Hasdrubal beabsichtigt, das Gebiet nördlich des Ebro zurückzuerobern. Seine Pläne scheinen defensiver Art gewesen zu sein. Als Cn. Scipio Nachrichten über die Stärke der karthagischen Landstreitkräfte erhalten hatte, hielt er es für ratsam, den Karthagern nicht zu Wasser *und* zu Lande entgegenzutreten. Er stach von Tarrakon aus mit 35 Schiffen in See und kam am nächsten Tag in der Nähe der Mündung des Ebro an, etwa 80 Stadien vom Ankerplatz der karthagischen Flotte entfernt. Offensichtlich von massaliotischen Fachleuten beraten, entschloß er sich zum Angriff und zur Anwendung der Taktik der „Einkreisung“, die sich der karthagischen Taktik des „Durchbrechens“ als überlegen erweisen sollte: eine erste Linie römischer Schiffe durchstieß die Schlachtlinie der karthagischen Schiffe, wendete und fiel den karthagischen Schiffen, vor denen eine zweite Linie römischer Schiffe auftauchte, in den Rücken. Nachdem der karthagische Admiral zwei Schiffe samt der Mannschaft und die kämpfende Besatzung von vier weiteren Schiffen, deren Ruderwerk zerstört worden war, verloren hatte, durchbrachen die übrigen karthagischen Schiffe die „Einkreisung“ und zogen sich an den Strand zurück, an dem die karthagischen Landtruppen standen. Die römischen Schiffe setzten nach, nahmen eine Anzahl karthagischer Schiffe ins Schlepptau und segelten ab.

Die Karthager verstärkten daraufhin die Anstrengungen, die das Ziel hatten, zur See zumindest ein Gleichgewicht herzustellen. Sie ließen von Karthago eine Flotte von 70 Schiffen auslaufen. Diese Flotte lief zuerst Sardinien an und steuerte dann die Gegend von Pisa an. Der namentlich nicht bekannte Befehlshaber der Flotte hoffte, in Etrurien Kontakt mit Hannibal aufnehmen zu können. Vor allem aber wird er bestrebt gewesen sein, die Verbindungen zwischen Rom und Nordspanien zu stören. Nachdem er aber die Nachricht erhalten hatte, daß 120, unter dem Kommando des Geminus stehende römische Schiffe von Ostia aus in See gegangen waren, führte er die Flotte nach Sardinien und später nach Karthago zurück.

Geminus hatte zunächst versucht, die karthagische Flotte einzuholen. Er hatte Korsika und Sardinien umfahren, jedoch dann erkennen müssen, daß die karthagischen Schiffe einen zu großen Vorsprung gewonnen hatten. Da ihm die Verwirklichung seiner Absicht mißlungen war, war er bestrebt, den Karthagern auf eine andere Weise zu schaden. Er verwüstete zunächst die Insel Meninx, erpreßte dann von den Bewohnern der Insel Kerkenna 10 Talente Silber und ging schließlich an der tunesischen Ostküste an Land, um dort zu plündern. In der Nähe der Küste stationierte karthagische Truppen jagten jedoch die Feinde bald auf die Schiffe zurück. Auf der Rückfahrt nach Lilybaion landete Geminus auf der Insel Kossura und legte eine Besatzung in die Stadt.

Da Cn. Scipio im Balearischen Meer zur See die eindeutige Überlegenheit erlangt hatte, konnte er ungefährdet eine Anzahl von Raubzügen durchführen, und zwar in Onussa, im Gebiet von Carthago Nova, in Loguntica und schließlich auf Ebusos. Die Stadt Ebusos selbst widerstand einer zweitägigen, energischen Belagerung, doch bot das reiche Umland in gewisser Weise Ersatz für den kleinen Mißerfolg. Überdies trafen Gesandte der Balearer, d. h. Gesandte der Bewohner von Mallorca und Menorca, ein, die um Frieden baten. Nach der Rückkehr nach Tarrakon erschienen vor Cn. Scipio die Gesandten aller nördlich und vieler südlich des Ebro wohnenden Stämme, um sich unter die römische Oberhoheit zu begeben. Angeblich stellten mehr als 120 Stämme Geiseln.

Kurze Zeit später erreichte Hasdrubal die Nachricht, daß die nördlich des Ebro wohnenden Ilergeten, die früheren Verbündeten der Karthager, sich gegen die römische Herrschaft erhoben hatten und von römischen Hilfstruppen unter der Führung von Militärtribunen geschlagen worden waren. Offensichtlich war der Aufstand der Ilergeten nicht mit der karthagischen Führung abgesprochen worden. Hasdrubal konnte aber keinen Stamm im Stich lassen, der gegen den gemeinsamen Feind kämpfte. Er ging daher über den Ebro und schlug im Gebiet der Ilerkaonen ein Lager auf. Das Lager der Römer befand sich bei Nova Classis. Die beiden Heere maßen jedoch ihre Kräfte nicht in einer Schlacht, da nordebrische Keltiberer einer Aufforderung des Cn. Scipio folgten und südlich des Ebro drei Städte angriffen und einnahmen, so daß Hasdrubal gezwungen war, über den Ebro zurückzugehen, um die Ruhe in der karthagischen Provinz wiederherzustellen.

Etwa zu dieser Zeit traf P. Scipio in Tarrakon ein. Er führte 20 Kriegsschiffe, 8000 Mann und kriegswichtiges Material mit sich. Die römischen Senatoren verfolgten mit der Entsendung des P. Scipio nach Spanien den Zweck, durch die Stärkung der römischen Präsenz auf dem spanischen Kriegsschauplatz den karthagischen Druck auf dem italischen Kriegsschauplatz zu verringern. Die beiden Scipionen gingen noch in diesem Jahr mit den Landstreitkräften über den Ebro und stießen bis nach Saguntum vor. Größere Erfolge konnten sie aber offenbar nicht erringen.

Die militärische Situation hatte sich im Jahre 217 auf den außeritalischen Kriegsschauplätzen nur unwesentlich zugunsten der Römer verschoben.

Hannibal hatte die feste Absicht, im Jahre 216 im Kampf um Italien die militärische Entscheidung herbeizuführen. Um dieses Ziel zu erreichen, mußte er den Feind zur Aufgabe seiner defensiven Strategie zwingen. Er hatte eine Situation zu schaffen, in der die Consuln nicht mehr umhin konnten, sich ihm in einer Schlacht zu stellen. Für diesen Zweck schien ihm die Besetzung der Burg der kleinen apulischen Stadt Cannae ein geeignetes Mittel zu sein; denn diese Burg diente nicht nur als wichtiges römisches Versorgungsdepot, sondern war auch wegen ihrer strategischen Lage von Bedeutung. Es war anzunehmen, daß die Römer diesen Vorstoß nicht widerspruchslos hinnehmen würden, zumal sich unter ihren Bundesgenossen Unruhe auszubreiten begann. Würden aber die Consuln die Ebene von Cannae als Schlachtfeld akzeptieren, dann würden sie – dies war ein entscheidendes Element im Kalkül des Hannibal – bereits vor dem Beginn der Schlacht einen wesentlichen Teil der Schlacht verloren haben; denn die überlegene karthagische Kavallerie konnte sich in diesem Gelände in idealer Weise entfalten. Entsprechend diesen Überlegungen handelte der karthagische Feldherr.

Die Rechnung des Hannibal ging auf. Am 27. Juli verließen die römischen Truppen ihr Lager bei Larinum. Sie standen unter der Führung des Paullus und des Varro, der Consuln dieses Jahres. Doch auch Geminus, der eine der Consuln des Vorjahres, beteiligte sich am Feldzug. Der Oberbefehl wechselte – Tag für Tag – zwischen Paullus und Varro.

Am nächsten Tag kamen die acht Legionen – eine Zahl, die in früheren Kriegen noch nie erreicht worden war – in der Nähe von Cannae an und rückten am übernächsten Tag – an diesem Tag hatte Varro das Kommando – näher an das karthagische Lager heran. Hannibal griff die Vorhut mit den Kavalleristen und den Leichtbewaffneten an – vielleicht wollte er einen psychologisch wichtigen Vorteil erringen –, hatte aber keinen Erfolg. Am folgenden Tag, dem 30. Juli, bezog Paullus auf dem linken Ufer des Aufidus ein größeres und auf dem rechten Ufer des Flusses ein kleineres Lager. Das kleinere Lager war vom größeren Lager etwa zehn Stadien, vom karthagischen Lager, das sich ebenfalls auf der rechten Seite des Flusses befand, etwas weiter entfernt. Die Soldaten, die im kleineren Lager untergebracht waren, sollten vor allem die auf dem rechten Ufer des Flusses fouragierenden Soldaten der eigenen Seite dekken und die der feindlichen Seite bedrohen. Hannibal verlegte jedoch nunmehr das Lager auf das linke Ufer des Aufidus – vielleicht, um das Selbstvertrauen seiner Soldaten zu stärken und den Feind zum Kampf zu reizen.

Am übernächsten Tag, dem 1. August, bot Hannibal die Schlacht an – er hatte seine Truppen am Fluß aufgestellt –, doch Paullus nahm sie nicht an, da ihm das Gelände und der Zeitpunkt ungünstig erschienen. Hannibal schickte daraufhin die numidischen Kavalleristen bis an den Wall des kleineren römischen Lagers, um Varro, der sich offenbar in diesem Lager befand, zur Annahme des Kampfes zu bewegen. Am folgenden Tag,

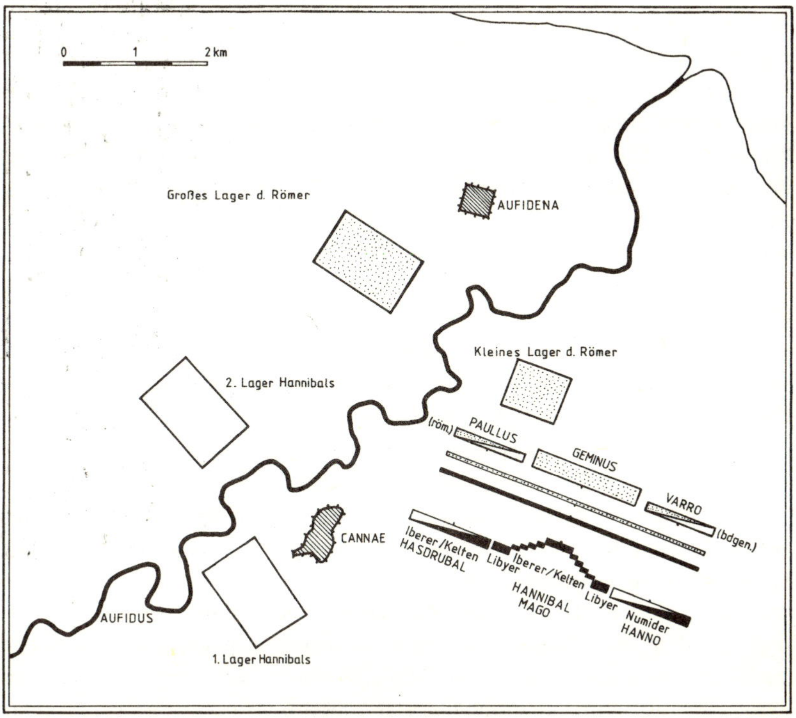

4. Die Schlacht von Cannae
(in Anlehnung an J. Kromayer, Schlachten-Atlas, Röm. Abt. Blatt 8a)

dem 2. August, führte Varro das Kommando, und es war zu erwarten, daß er sich dem Kampf stellen werde. Und so geschah es auch.

Bei Sonnenaufgang führte Varro die Truppen aus beiden Lagern und stellte sie auf dem rechten Ufer des Aufidus in Schlachtordnung auf, und zwar mit Front nach Süden. Den rechten Flügel bildeten die römischen Kavalleristen unter dem Kommando des Paullus. Im Zentrum standen in einem relativ tief aufgestellten Block die Infanteristen unter der Führung des Geminus. Auf dem linken Flügel waren die bundesgenössischen Kavalleristen unter dem Befehl des Varro postiert. Vor der Schlachtlinie standen die Leichtbewaffneten. Insgesamt waren es 80000 Infanteristen und etwas über 6000 Kavalleristen.

Zur gleichen Zeit führte Hannibal die Balearer und die Lanzenträger über den Fluß und stellte sie in vorderster Front auf. Den Platz auf dem linken Flügel erhielten die iberischen und die keltischen Kavalleristen. An sie schloß sich die eine Hälfte der mit römischen Waffen ausgerüsteten libyschen Infanteristen an. Dann folgten die Iberer und die Kelten. Neben diesen stand die andere Hälfte der libyschen Infanteristen. Und auf dem rechten Flügel standen die numidischen Kavalleristen. Den linken Flügel befehligte Hasdrubal, das Zentrum stand unter dem Kommando des Hannibal und des Mago, und den rechten Flügel führte Hanno. Nachdem das Heer in *einer* Linie aufgestellt war, ließ Hannibal die iberischen und die keltischen Infanteristen eine mondsichelförmige Krümmung bilden. Alles in allem standen auf karthagischer Seite etwas über 40000 Infanteristen und ungefähr 10000 Kavalleristen. Aus der Aufstellung der römischen Truppen ist wohl zu erschließen, daß Varro den Plan verfolgte, mit Hilfe der massiert aufgestellten Infanterie das Zentrum des karthagischen Heeres niederzuwalzen – standen hier doch 80000 römischen nur 40000 karthagische Infanteristen gegenüber! Hannibal versuchte dieser Gefahr auf folgende Weise zu begegnen: Die iberischen und keltischen Infanteristen sollten den ersten Stoß der Feinde auffangen und dann langsam zurückweichen. Nunmehr sollten die libyschen Infanteristen in das Geschehen eingreifen. Der Sieg aber würde – darüber war sich Hannibal im klaren – davon abhängen, ob es den Infanteristen gelingen würde, den Durchbruch der feindlichen Walze so lange zu verhindern, bis die Kavalleristen auf den Flügeln gesiegt hätten und in der Lage wären, die römischen Infanteristen im Rücken anzugreifen. Nicht ohne Grund führte er selbst das Kommando in der Mitte.

Nachdem das Vorgeplänkel der Leichtbewaffneten begonnen hatte, stießen zunächst die iberischen und keltischen Kavalleristen, die sich einer unorthodoxen Kampfesweise bedienten – sie kämpften zu Fuß –, auf die römischen Kavalleristen. Sie siegten. Etwa zu dieser Zeit gerieten die Schwerbewaffneten aneinander. Die Iberer und die Kelten wichen erwartungsgemäß in der Mitte zurück. Da die Römer folgten, standen nunmehr die Libyer auf beiden Seiten in ihren Flanken. Der Kampf auf dem rechten karthagischen Flügel dauerte länger als auf dem linken. Daher kam Hasdrubal Hanno zu Hilfe. Nachdem auch dort der Widerstand gebrochen war, übernahm Hanno die Verfolgung der Feinde, während Hasdrubal den römischen Infanteristen in den Rücken fiel. Die karthagische Zange begann sich zu schließen. Paullus, der nach der Niederlage der römischen Kavallerie ins Zentrum gegangen war, fiel. Da nur jeweils die vordersten Glieder der römischen Infanteristen ins Kampfgeschehen eingreifen konnten, nützte ihre numerische Überlegenheit nichts. Immer enger wurde der Raum, auf dem sie kämpfen konnten. Zehntausende Gefallene – unter ihnen auch Geminus – bedeckten schließlich das Schlachtfeld.

Die römischen Verlustzahlen sind nur annähernd festzustellen. Wenn die Behauptung stimmt, daß das römische Heer vor Beginn der Schlacht aus 86000 Mann (80000 Infanteristen und 6000 Kavalleristen) bestand, und wenn die Annahme zutrifft, daß die Zahl der Davongekommenen eher einem römischen und die Zahl der Gefangenen eher einem karthagischen Bericht zu entnehmen ist, dann sind 59500 Mann gefallen und 12000 Mann gefangengenommen worden. 14500 Mann konnten sich dem Zugriff des Todes entziehen und vor dem Gang in die Gefangenschaft retten. Unter ihnen befand sich auch Varro, der mit etwa 50 Kavalleristen nach Venusia entkam.

Auf karthagischer Seite waren etwa 4000 Kelten, etwa 1500 Iberer und Libyer und ungefähr 200 Kavalleristen gefallen.

Am Abend der Schlacht von Cannae existierte auf italischem Boden kein römisches Heer mehr. Damit schien die Entscheidung gefallen zu sein. Was nunmehr folgte, das konnte doch nur noch – so werden viele gedacht haben – die Liquidierung oder jedenfalls die Regionalisierung des römischen Staats sein! Voraussetzung für eine wie auch immer geartete politische Lösung war allerdings die Kapitulation Roms. Wer aber konnte nach dem Tag von Cannae noch ernstlich daran zweifeln, daß die Kapitulation innerhalb weniger Tage oder Wochen vollzogen sein würde? Insbesondere dann, wenn ein möglicherweise noch widerspenstiger Senat oder eine möglicherweise noch widerspenstige Volksversammlung durch einen Marsch der siegreichen Truppen nach Rom die nötige Entscheidungshilfe erhalten würde! Mit einem alsbaldigen Marsch nach Rom rechneten offenbar Freunde wie Feinde des Hannibal. Der Reiteroberst Maharbal, der das Zögern des Hannibal bemerkte, soll gar gesagt haben: „Zu siegen verstehst du, Hannibal, den Sieg zu nutzen, verstehst du nicht" (Livius)! Hannibal zog nicht nach Rom. Warum? Vermutlich deswegen nicht, weil er zum einen der Überzeugung war, eine Belagerung der Stadt zwinge ihn, „entweder seine Mobilität zu opfern oder seine Armee zu zergliedern und die Grundsätze der Organisation und Machtkonzentration zu mißachten" (Donaldson), und weil er zum anderen der Hoffnung war, dem Tag von Cannae würde der Zusammenbruch der römisch-italischen Wehrgemeinschaft folgen – ein Zusammenbruch, der mit der Zerstörung der Fundamente der Macht Roms gleichbedeutend sein würde. Es scheint aber, daß Hannibal – vom karthagischen Standpunkt aus – gut daran getan hätte, einem Rat wie dem des Maharbal zu folgen und möglichst rasch Cannae in Richtung Rom zu verlassen.

In Rom beriefen die Praetoren P. Furius Philus und M. Pomponius (Matho) den Senat in die curia Hostilia. Bei der allgemeinen Panik konnte jedoch kein vernünftiger Beschluß gefaßt werden. Maximus regte daher an, die Sitzung zu vertagen. Zunächst solle man nur dafür sorgen, daß die Senatoren über die militärische Lage zuverlässige Nachrichten erhielten, daß die Bürger ruhig blieben und daß niemand die Stadt verlasse.

Wenige Tage vor der Schlacht von Cannae war eine karthagische Flotte im Gebiet des Hieron gelandet und hatte das Land verwüstet. Der Zweck dieser Aktion hatte vor allem darin bestanden, die in Lilybaion stationierte Flotte des T. Otacilius Crassus nach Ostsizilien zu locken. Wäre Crassus abgefahren, hätte die bei den Aegatischen Inseln ankernde karthagische Flotte versucht, in den Hafen von Lilybaion zu fahren und die Stadt zu nehmen. Und von diesem Stützpunkt aus wäre es möglich gewesen, weitere Erfolge auf Sizilien zu erringen. Crassus hatte jedoch die Absicht der karthagischen Admirale durchschaut und war in Lilybaion geblieben. Er hatte eine Depesche nach Rom geschickt, in der er dargelegt hatte, man bedürfe einer weiteren Flotte, wenn man Hieron zu Hilfe kommen wolle. Diese Depesche traf nach der Nachricht von der Niederlage von Cannae in Rom ein.

In der nächsten Sitzung hatte der Senat für den italischen und den sizilischen Kriegsschauplatz wichtige Entscheidungen zu treffen; denn das Wort „Friede" kam keinem Senator über die Lippen. In die sizilischen Gewässer wurde Philus mit der bei Ostia ankernden Flotte entsandt, und den Oberbefehl über die Reste des in Italien stehenden Heeres sollte M. Claudius Marcellus führen, der bisher die Ostia-Flotte kommandiert hatte. Varro wurde nach Rom zurückbeordert. 1500 Mann der legio III – diese legio hätte nach dem ursprünglichen Plan auf der Ostia-

Flotte zum Einsatz kommen sollen – kommandierte Marcellus zum Schutz Roms ab, den Rest der Legion ließ er unter der Führung der Militärtribunen nach Teanum Sidicinum marschieren. Nachdem er selbst dort eingetroffen war, zog er in Eilmärschen nach Canusium.

Im übrigen hielten es die Senatoren für erforderlich, wieder zum staatsrechtlichen Mittel der Dictatur zu greifen. Ihre Wahl fiel auf M. Iunius Pera. Varro folgte dem bindenden Vorschlag des Senats im Felde und bestellte Pera zum dictator rei gerundae causa. Pera ernannte daraufhin Ti. Sempronius Gracchus zum magister equitum. Die vordringlichste Aufgabe beider Magistrate bestand in der Aushebung neuer Truppen. Doch das noch zur Verfügung stehende „Material" war nicht das beste: es waren zu einem großen Teil Jugendliche, Sklaven und Kriminelle.

Auch nach der Schlacht von Cannae ließ Hannibal die gefangengenommenen Bundesgenossen der Römer frei. Es ist anzunehmen, daß die Maßnahme der Freilassung von römischen Bundesgenossen nie einen größeren propagandistischen Erfolg erzielte als damals. Gegenüber den in Gefangenschaft geratenen Römern erklärte er, er führe gegen den römischen Staat keinen Vernichtungskrieg, es gehe ihm nur um „Ehre und Herrschaft" (Livius). Zehn von den römischen Gefangenen gewählte Vertrauensmänner wurden nach Rom geschickt, um vom Senat die Zustimmung zu den Freilassungsbedingungen des Hannibal zu erwirken. Mit ihnen ging Carthalo, um dem Senat die Friedensbedingungen des Siegers zu unterbreiten. Doch der Senat kaufte weder die Gefangenen frei noch trat er in Friedensverhandlungen ein.

Die entscheidenden Jahre (216–211)

Die wichtigste Folge der Schlacht von Cannae war aus der Sicht des Hannibal der Übertritt vieler römischer Bundesgenossen auf die karthagische Seite. Bald nach der Schlacht verließ Hannibal Apulien, um die Früchte des Sieges zu pflücken. Er zog – an Canusium vorbei – zu der hirpinischen Stadt Compsa, die ihm ein Bürger der Stadt namens Statius Trebius zu übergeben versprochen hatte. In Compsa teilte Hannibal sein Heer: Mago erhielt den Auftrag, die Städte dieser Gegend zu besetzen, er selbst brach nach Neapolis auf. Es gelang ihm zwar, eine Schwadron neapolitanischer Kavalleristen in einen Hinterhalt zu locken und dann in die Flucht zu schlagen – das war aber auch alles. Von einer Belagerung der Stadt, die längere Zeit in Anspruch genommen hätte, sah Hannibal ab.

Das nächste Ziel war die reiche campanische Stadt Capua. Capua war bisher nicht von Rom abgefallen, da zwischen den führenden Schichten beider Städte enge familiäre Beziehungen bestanden und da sich die 300 vornehmsten campanischen Kavalleristen derzeit als römische Besatzungssoldaten in sizilischen Städten befanden. Nachdem aber Gesandte der Stadt, die Varro in Venusia aufgesucht hatten, mit eigenen Augen die demoralisierten Reste des römischen Heeres gesehen hatten, sprach sich die Mehrheit des Senats und das Volk – unter dem maßgebenden Einfluß des Pacuvius Calavius, der im Jahre 217 meddix tuticus gewesen war – für eine Kooperation mit Hannibal aus. Zu dem Gedanken der politischen Opportunität trat der Gedanke der alten campanisch-römischen Rivalität, der nunmehr neue Nahrung erhalten hatte. Und der Traum, Capua werde das Zentrum des neuen Italien werden, war gar nicht so verwegen, wie manche Spätgeborenen meinen. Dieselben Gesandten, die bei Varro gewesen waren, gingen nunmehr zu Hannibal und schlossen mit ihm einen Friedensvertrag unter folgenden Bedingungen: 1. Capua behält seine eigenen Gesetze und seine eigene Verwaltung. 2. Kein karthagischer Feldherr oder Beamter besitzt irgendein Recht über einen campanischen Bürger, und kein campanischer Bürger darf gegen seinen Willen von einem karthagischen Feldherrn oder Beamten zum Kriegsdienst oder zu anderen Diensten herangezogen werden. 3. Hannibal übergibt den Campanern 300 römische Gefangene, die sie selbst aussuchen dürfen. Aus den Bestimmungen des Vertrags ist zu ersehen, daß Hannibal den Wünschen der Campaner weitgehend entgegenkam. Es lag ihm viel daran, die Stadt ohne Anwendung von Gewalt in seine Hand zu bekommen und das Vertrauen ihrer Bewohner zu gewinnen. Im übrigen entspricht die Achtung der Autonomie der italischen Städte völlig dem erklärten politischen Ziel des Hannibal. Capua sollte wohl eine Art Testfall karthagisch-italischer Beziehungen werden.

Nunmehr hielt Hannibal den Zeitpunkt für gekommen, in einer großangelegten Offensive die militärischen Stellungen Roms an allen Fronten zu zerschlagen. Dazu benötigte er zwei Dinge: Geld und Soldaten. Sollte seine Italien-Politik aber glaubhaft bleiben, konnte er beides nicht seinen neuen Bundesgenossen abpressen. Er bedurfte der Unterstützung durch die Heimat. Und um seinen Forderungen an die karthagische Regierung Nachdruck zu verleihen, schickte er nicht einen beliebigen Mann nach Karthago, sondern seinen Bruder Mago, den stellvertretenden Chef der Heeresgruppe Italien. Unter den gegebenen Umständen und bei der Stärke der barqidischen Senatsfraktion hatte es Mago nicht allzu schwer, die Bewilligung der notwendig erscheinenden Mittel und Truppen zu erreichen. Mit überwältigender Mehrheit faßten die Senatoren den Beschluß, 4000 numidische Kavalleristen, 40 Elefanten und 1000 Talente Silber nach Italien zu schicken. Außerdem sollten ein gewisser Carthalo und Mago nach Spanien reisen, um dort 20000 Infanteristen und 4000 Kavalleristen anzuwerben. Mit ihnen sollten die in Italien und Spanien stehenden Verbände aufgefüllt werden.

Die Berichte über die weiteren militärischen Ereignisse des Jahres 216 sind verworren und teilweise unglaubwürdig. Aus den aus diesen Berichten zu destillierenden Fakten ist aber immerhin zu ersehen, daß das militärische Geschehen – zumindest in Italien – zu einem gewissen Stillstand kam. Dieser Stillstand nützte aber auf lange Sicht mehr den Römern als den Karthagern.

Zunächst ging Hannibal nach Nola. Nola aber erklärte sich zur Übergabe nicht bereit. Die Nolaner zogen die Verhandlungen mit Hannibal in die Länge und riefen Marcellus herbei, der in der Zwischenzeit von Canusium nach Casilinum gezogen war. Um das Gebiet von Capua nicht zu berühren, ging Marcellus über Caiatia, das Gebiet von Saticula, das Gebiet von Trebula und die Berge nordöstlich von Suessula nach Nola. Als er dort ankam, war Hannibal bereits nach Nuceria abgezogen – vermutlich war er der Ansicht gewesen, die Zeit würde für ihn arbeiten. Nuceria fiel angeblich deswegen, weil die Lebensmittel zu Ende gegangen waren. Als Hannibal auf dem Rückweg nach Capua erneut den Versuch unternahm, sich der Stadt Nola zu bemächtigen, hatte er keinen Erfolg. Acerrae dagegen fiel in seine Hand – die Bewohner der Stadt waren nachts geflohen. Während Marcellus nordöstlich von Suessula ein Lager aufschlug, traf im karthagischen Lager die Nachricht ein, Pera befinde sich auf dem Weg nach Casilinum. Casilinum war bisher nur von 500 Praenestinern und einigen Römern und Latinern, die die prokarthagisch eingestellten Bewohner des rechtsvolturnischen Teils der Stadt ermordet hatten, gehalten worden. Hannibal war entschlossen, den römischen Stützpunkt, der nur wenige Kilometer von Capua entfernt war, zu nehmen. Er schickte zunächst eine gaetulische Einheit unter Isalcas und dann eine Schwadron Kavalleristen unter Maharbal voraus. Beide wurden angeblich von den Praenestinern zurückgeschlagen. Doch auch ihm selbst gelang die Eroberung der Stadt nicht. Er ließ eine schwache Besatzung vor Casilinum zurück und hoffte, der Hunger werde das Seinige tun. Mit den übrigen Truppen zog er ins Winterquartier nach Capua bzw. in die Gegend von Capua.

Der Herbst hatte zumindest in Campanien nicht die Erfolge gebracht, die Hannibal sich erhofft hatte: Sinuessa, Teanum, Cales, Casilinum, Nola, Neapolis, Cumae und Liternum waren nach wie vor in römischer Hand.

Dagegen trafen aus Sizilien keine guten Nachrichten in Rom ein. Crassus berichtete, Philus sei zwar mit seiner Flotte aus Afrika zurückgekehrt

– Philus hatte offensichtlich, wie im vergangenen Jahr Geminus, in Afrika Raubzüge durchzuführen versucht –, schwebe aber infolge einer Verwundung in höchster Lebensgefahr. Außerdem stünde für die Marinesoldaten und die Matrosen weder Geld noch Verpflegung zur Verfügung. Und wenn auch Hieron, „die einzige Stütze des römischen Volkes" (Livius), dem Crassus die für die Löhnungen erforderlichen Gelder und außerdem Getreide für sechs Monate zur Verfügung stellte, so gelangten doch alarmierende Berichte aus der Umgebung des Königs nach Rom. Gelon, der Sohn und Mitregent des Hieron, hatte in der Zeit nach der Schlacht von Cannae den Versuch unternommen, die syrakosische Außenpolitik neu zu orientieren. Sein baldiger Tod ließ allerdings diese Pläne vorläufig scheitern.

Der Brief, den der auf Sardinien kommandierende Propraetor A. Cornelius Mammula nach Rom schrieb, hatte einen ähnlichen Inhalt wie der des Crassus. Doch die Zentrale konnte auch in seinem Falle keine Hilfe in Aussicht stellen. Die Städte Sardiniens mußten in die Bresche springen.

Allein auf dem spanischen Kriegsschauplatz wendeten sich die Dinge zugunsten der Römer. Die beiden Scipionen hatten sich die Aufgaben in der Weise geteilt, daß Publius die Flotte und Cnaeus das Heer befehligte. Hasdrubal, der willens war, sowohl zu Wasser als auch zu Land offensiv zu werden, bemühte sich um den Wiederaufbau der Flotte und um die Verstärkung der Landstreitkräfte. Als er auf beiden Gebieten erste Fortschritte sah – Karthago hatte ihm immerhin 4000 Infanteristen und 500 Kavalleristen geschickt –, da traf ihn wie ein Schlag der Verrat des Flottenkommandanten Hamilcar (?), der im vergangenen Jahr die Schlacht an der Ebro-Mündung verloren hatte und der daher – wahrscheinlich von den Einhundertvier – aufs schärfste gerügt worden war. Hamilcar (?) wandte sich zu den Tartessiern und reizte sie zu einer Revolte. Hasdrubal war gezwungen, seine die Scipionen betreffenden Pläne zurückzustellen und zunächst sich mit dem tartessischen Problem zu beschäftigen. Bei den folgenden Auseinandersetzungen eroberten die Aufständischen zwar zunächst die Stadt Ascua – die Stadt, in der Hasdrubal ein Depot angelegt hatte, lag in ihrem Gebiet –, mußten sich aber dann der überlegenen militärischen Kunst des Karthagers beugen: sie wurden völlig eingekesselt und großenteils abgeschlachtet. Am nächsten Tag kapitulierte der Stamm.

Neue Unruhen entstanden – und zwar nicht nur bei den Tartessiern, sondern auch bei anderen Stämmen –, als die Nachricht durchsickerte, Hasdrubal werde Spanien verlassen und das Heer auf den Spuren seines Bruders nach Italien führen. Nicht Hasdrubal, sondern die karthagische

Zentrale hatte diesen Plan gefaßt, um in Italien eine rasche Entscheidung herbeizuführen. Ein gewisser Himilco ging mit hinreichend starken Landstreitkräften und einer verstärkten Flotte nach Spanien, um die Nachfolge des Hasdrubal anzutreten. Bevor Hasdrubal aufbrach, trieb er bei den abhängigen Stämmen die Gelder ein, deren er, wie er glaubte, auf seinem Weg nach Italien dringend bedürfen würde.

Die karthagischen Pläne wurden auch im römischen Hauptquartier, das sich nördlich des Ebro befand, bekannt. P. Scipio verließ die Flotte, um wegen der außerordentlichen Bedeutung der zu erwartenden Auseinandersetzung seinen Bruder zu unterstützen. Beide gingen über den Ebro und belagerten die reiche Stadt Ibera, um Hasdrubal zu einer Digression zu verleiten und vom weiteren Vormarsch abzuhalten. Hasdrubal kam aber seinen Bundesgenossen nicht zu Hilfe, sondern zog seinerseits vor eine Stadt, die sich vor kurzer Zeit den Römern angeschlossen hatte. Daraufhin verzichteten die Scipionen auf eine weitere Belagerung von Ibera und wandten sich gegen Hasdrubal selbst. Hasdrubal sah, daß eine Schlacht unausweichlich geworden war. Er stellte ins Zentrum der Schlachtreihe die Spanier, auf den rechten Flügel die Karthager und auf den linken Flügel die Libyer und die Söldner. Den rechten Flügel deckten numidische Kavalleristen, die mit je zwei Pferden ins Gefecht zogen, den linken Flügel maurusische, numidische und andere Kavalleristen. Hinter den Kavalleristen standen die Elefanten. Es scheint, daß Hasdrubal eine Umfassungsschlacht geplant hatte, doch die vorzeitige Flucht der im Zentrum stehenden Spanier machte alle derartigen Pläne zunichte. Die römischen Infanteristen drückten die beiden Backen der karthagischen Zange auseinander. Die Schlacht, die in der Nähe des Ebro geschlagen wurde, endete mit einer eindeutigen karthagischen Niederlage. An eine Verstärkung der in Italien stehenden karthagischen Truppen mit Verbänden, die über die Alpen zogen – und keltische Söldner mitbrachten –, war vorläufig nicht mehr zu denken. Die Auswirkungen dieser Niederlage auf die militärischen und politischen Verhältnisse in Spanien waren bedeutend.

In Rom wurden Albinus, der das gallische Kommando hatte, und Gracchus, der magister equitum war, zu Consuln gewählt.

Mit dem Namen des designierten Consuls Albinus ist die Erinnerung an eine katastrophale Niederlage verbunden, die die Boier den Römern zufügten. Nach dem wohl übertreibenden Bericht des Livius entkamen von 25 000 Mann kaum 10 Mann dem Gemetzel und der Gefangenschaft. Auch Albinus blieb auf dem Schlachtfeld. Rom wurde von einer Kelten-Psychose erfaßt.

Nach dem Amtsantritt des Consuls Gracchus wurden die Kommandobezirke neu verteilt. Die endgültige Verteilung sah Folgendes vor:

Q. Fulvius Flaccus erhielt den Kommandobereich Rom und zusätzlich eine Flotte von 25 Schiffen zum Schutz der mittelitalienischen Küste. Maximus, der nachträglich zum Consul gewählt worden war, übernahm die Truppen des Pera in Teanum. Gracchus, dem die Sklaven aus dem Heer des Pera und 25000 Bundesgenossen zugeteilt wurden, ging ebenfalls nach Teanum. Marcellus erhielt die städtischen Legionen, blieb aber bei Suessula. Apulien wurde der Kommandobereich des M. Valerius Laevinus. Ihm wurden die bisher auf Sizilien stationierten Legionen unterstellt, außerdem erhielt er das Kommando über eine Flotte von 25 Schiffen, mit der er die Küste zwischen Brundisium und Taras schützen sollte. Die bisher in Apulien stehenden Verbände sollte einer seiner Legaten nach Taras führen. Das picenische Gebiet – dort waren zunächst Werbungen durchzuführen – wurde der neue Befehlsbereich des Varro. Die „Provinz" Gallien erhielt Matho. Auf Sizilien wurde Ap. Claudius Pulcher Befehlshaber, Crassus wurde die in Lilybaion stationierte Flotte anvertraut. Q. Mucius Scaevola übernahm auf Sardinien die Truppen des Mammula.

Die Senatoren verfolgten mit den Truppenverschiebungen den Zweck, an den gefährlichsten Punkten die besten Leute einzusetzen. Um die Ausgaben für die zahlenmäßig starken Verbände bestreiten zu können, wurde die Kriegssteuer verdoppelt.

Es war noch Winter, als Hannibal daranging, das kleine, aber unangenehme Problem Casilinum zu lösen. Die Besatzung und die Einwohnerschaft der Stadt waren zwar in den vergangenen Monaten von den in der Nähe lagernden Truppen des Pera teilweise mit dem Notwendigsten versorgt worden, konnten aber nunmehr den Belagerungszustand nicht länger ertragen. Der Besatzungskommandant M. Anicius vereinbarte mit Hannibal die Übergabe der Stadt unter der Bedingung, daß den freien Bürgern die Möglichkeit des Loskaufs zugestanden werde. Der Preis sollte für jede Person sieben Unzen Gold betragen.

Hannibal war während des Winters nicht untätig gewesen. Wie weitgespannt seine Aktivitäten gewesen waren, wurde deutlich, als vermutlich im Frühling des Jahres 215 Xenophanes von Athen, der Gesandte des makedonischen Königs Philippos V., im karthagischen Lager bei Capua eintraf. Er sollte im Auftrag des Königs einen Symmachievertrag mit dem Feldherrn schließen. Damit erhielt der Krieg eine neue Dimension: eine hellenistische Großmacht griff in das Geschehen ein. Der Vertrag enthielt u. a. folgende Bedingungen: 1. Philippos und die Karthager verpflichten sich zu gegenseitiger Hilfeleistung im gegenwärtigen Krieg. 2. Die Hilfeleistung wird bis zum endgültigen Sieg über die Römer gewährt. 3. Der Umfang der Hilfeleistung richtet sich nach dem Bedarf und nach dem Inhalt einer künftigen Vereinbarung. 4. Die Karthager werden mit den Römern keinen Sonderfrieden schließen. 5. Die Römer müssen sich im Friedensvertrag verpflichten, Korkyra, Apollonia, Epidamnos, Pharos, Dimallon, das Gebiet der Parthiner und das Gebiet der Atintanen herauszugeben und die ehemaligen Untertanen des Demetrios von Pharos zurückzugeben. 6. Sollten in Zukunft Rom oder andere Mächte gegen die Karthager oder gegen Philippos einen Angriffskrieg führen, werden beide einander – je nach Bedarf – beistehen.

Hannibal gab mit dem Abschluß dieses Vertrags die Rolle dessen, der in erster Linie den Krieg gegen die Römer führte, nicht auf. Er beabsichtigte, nur bei Bedarf makedonische Hilfe anzufordern und den Friedensvertrag allein zu unterzeichnen. Philippos sollte seine Kräfte – jedenfalls, solange die Dinge in Italien günstig stünden – nur auf einem Nebenkriegsschauplatz einsetzen, um römische Kontingente vom Hauptkriegsschauplatz abzuziehen. Nach dem Wortlaut des Vertrags war allerdings keineswegs ausgeschlossen, daß makedonische Verbände auch in Italien operieren würden.

Über die politische Rolle, die Rom nach den Vorstellungen des Hannibal nach Kriegsende spielen sollte, sagt der Vertragstext naturgemäß nur in beschränktem Umfang etwas aus. Immerhin läßt er aber so viel erkennen, daß Hannibal keineswegs an eine Vernichtung der staatlichen Existenz Roms dachte, daß er aber andererseits jeden römischen Einfluß auf der Balkanhalbinsel ausgeschaltet wissen wollte. Sicher kam Hannibal mit der Aufnahme der die Balkanhalbinsel betreffenden Bestimmungen in den Vertrag einem Wunsch des Philippos entgegen, doch spricht alles dafür, daß diese Bestimmungen ganz seiner eigenen politischen Konzeption entsprachen – daß sie also nicht widerwillig gewährte Konzessionen waren. Wenn man davon ausgeht, daß Hannibal sicher Sizilien, Sardinien und Korsika – um von den kleineren Inseln zu schweigen – den Römern nehmen wollte, und wenn man in Rechnung stellt, daß er mit der Freiheitsparole nicht nur die oberitalischen Kelten, sondern alle römischen Bundesgenossen ansprach, dann wird man kaum fehlgehen, wenn man annimmt, daß sich nach den Vorstellungen des karthagischen Feldherrn der politische Einfluß Roms nach dem Abschluß des Friedensvertrags auf ein Gebiet beschränken sollte, das etwa dem Gebiet entsprechen würde, das Rom vor dem Ausbruch des 3. Samnitischen Kriegs beherrscht hatte. Rom sollte wohl auf den Stand einer italischen Mittelmacht gebracht werden.

Der Beginn der karthagisch-makedonischen Zusammenarbeit stand unter keinem günstigen Stern; denn die Gesandten des Philippos und die der Karthager – und mit ihnen die diplomatischen Schriftstücke – fielen in die Hände der Römer. Erst einer zweiten Gesandtschaft des Philippos, der Herakleitos der Finstere, der Boioter Kriton und der Magnete Sositheos angehörten, gelang es, die Urkunden nach Pella zu bringen.

Die Nachricht von der karthagisch-makedonischen Zusammenarbeit weckte in Rom große Befürchtungen. Die Senatoren ergriffen Gegenmaßnahmen. P. Valerius Flaccus, der bisher die 25 Schiffe umfassende Flotte des Laevinus kommandiert hatte, erhielt den Befehl, die in Taras stationierten Truppen an Bord zu nehmen und sich über die militärischen Absichten des Philippos zu informieren. Sollten die neuen Informationen mit den bisherigen Informationen übereinstimmen, sollte Laevinus seine in Apulien stehenden Verbände nach Taras verlegen und baldmöglichst nach Makedonien übersetzen. Philippos sollte auf der Balkanhalbinsel festgehalten werden.

Sieht man von einigen karthagischen Erfolgen in Süditalien ab, geschah in diesem Jahr auf dem italischen Kriegsschauplatz nichts, was von außerordentlicher Bedeutung gewesen wäre. Es hat den Anschein, als habe Hannibal auf das Eintreffen neuer karthagischer Truppen in Italien gehofft und mit dem weiteren Zerfall der römischen Herrschaft in Italien gerechnet. Im übrigen unternahm er den Versuch, Rom auf internationaler Ebene zu isolieren. Mit Hilfe der Schlingen, die er in Italien und außerhalb Italiens um Rom legte, sollte die militärische Widerstandskraft des Feindes gebrochen werden. Doch seine Rechnung ging aus verschiedenen Gründen nicht auf.

Zunächst wurde Hannibal mit einer Situation konfrontiert, die aufgrund einer Unachtsamkeit seiner capuensischen Bundesgenossen entstanden war. Gracchus, der Sinuessa als Sammelpunkt seiner Truppen bestimmt hatte und der dann ein Lager bei Liternum bezogen hatte, war von den cumanischen Bundesgenossen darauf aufmerksam gemacht worden, daß die Capuenser am gemeincampanischen Fest beim Heiligtum von Hamae teilnehmen würden. Diese Gelegenheit benützte Gracchus, um das capuensische Lager, in dem sich 14000 Soldaten unter der Führung des meddix tuticus Marius Alfius befanden, nachts zu überfallen. 5000 Soldaten fielen, mehr als 2000 Capuenser – unter ihnen Marius Alfius – gerieten in Gefangenschaft. Hannibal, der sein Lager in den Monti di Maddaloni – genauer gesagt: „in der Gegend der Einmündung des Isclero in den Volturnus" (Philipp) – aufgeschlagen hatte, eilte auf die Nachricht von diesem nächtlichen Überfall sofort nach Hamae, fand aber dort keine Feinde mehr vor. Gracchus hatte sich unmittelbar nach dem Überfall hinter die Mauern von Cumae zurückgezogen. Am nächsten Tag zog Hannibal nach Cumae, um die Stadt zu belagern. Gracchus wagte es nicht, sich in einer offenen Schlacht mit Hannibal zu messen, und auch Maximus, der bei Cales stand, verließ sein Lager – angeblich wegen ungünstiger Vorzeichen – nicht. Da die Belagerung sich ziemlich schwierig gestaltete und da Gracchus nicht bereit war, eine Schlacht zu schlagen, kehrte Hannibal in sein Lager in den Monti di Maddaloni zurück. Diese Vorkommnisse irritierten die faktischen und die potentiellen Freunde des Karthagers und gaben den Leuten der feindlichen Seite neue Zuversicht, zumal Nola nach wie vor ein starkes römisches Bollwerk darstellte, von dem aus Marcellus häufig Gebiete der caudinischen und hirpinischen Samniten verwüstete. Es galt daher, dieses Zentrum des römischen Widerstands zu zerschlagen.

Günstiger entwickelten sich die Dinge in Bruttium. Die Bewohner der griechischen Stadt Petelia allerdings waren bisher nicht bereit gewesen, auf die karthagische Seite zu treten. Möglicherweise hatten griechisch-bruttische Spannungen die Peteliner in ihrem Entschluß bestärkt. Als sie durch Gesandte in Rom um Verstärkung gebeten hatten, war ihnen jedoch bedeutet worden, man sehe keine Möglichkeit der Hilfeleistung. Dennoch hatten sie ihre Stadt nicht übergeben, sondern hartnäckig verteidigt. Erst nach einer Belagerung von elf Monaten konnte Himilco, einer der führenden Offiziere des Hannibal, Petelia bezwingen – vielleicht im Sommer des Jahres 215. Anschließend kapitulierte auch die bruttische Stadt Consentia.

Etwa zu dieser Zeit paßte Hannibal die Verwaltung des Bruttischen Bundes den veränderten Umständen an – insbesondere auf den Gebieten des Militärwesens und des Finanzwesens: er errichtete die Militärpräfektur „in Bruttiis" (Livius) und inaugurierte eine bruttische Münzprägung, mit deren Hilfe er in den nächsten 13 Jahren zu einem offenbar beträchtlichen Teil die Kosten seiner Kriegführung bestritt.

Etwa zur gleichen Zeit bemühte sich Hanno um den Anschluß der griechischen Städte, die an der bruttischen Küste lagen. Er ging dabei mit großer Behutsamkeit vor – die Griechen sollten sich möglichst aus Überzeugung, nicht unter militärischem Zwang mit der karthagischen Sache solidarisch erklären. Würde aber der Einsatz militärischer Mittel erforderlich sein, dann sollten diese Mittel möglichst sparsam zur Anwendung gebracht werden. Hanno handelte hier völlig im Einvernehmen mit Hannibal, der die teilweise bestehenden griechisch-römischen Antipathien für seine Zwecke auszunützen gedachte und der außerdem die Auswirkungen seines Vorgehens gegenüber den griechischen Städten Unteritaliens auf die Politik der anderen griechischen Staaten in West und Ost in sein Kalkül einbezog. Ein bedeutendes Hindernis auf dem Wege zu einer gedeihlichen karthagisch-griechischen Zusammenarbeit in Unteritalien stellte allerdings der Umstand dar, daß die Bruttier, die traditionellen Feinde der Italioten, enge Verbündete des Hannibal waren.

Natürlich wäre der Zugang zur Stadt Rhegion aus strategischen Gründen von außerordentlicher Wichtigkeit gewesen. Doch die Rheginer lehnten das Angebot der karthagischen Führung – aus uns unbekannten Gründen – ab.

Dagegen gelang es, Lokroi zu gewinnen. Hamilcar, der mit dieser Aufgabe betraut worden war, ging dabei außerordentlich geschickt vor. Nachdem er sich einer größeren Anzahl von Lokrern bemächtigt hatte, die sich in der Nähe der Stadt aufgehalten hatten – den karthagischen Kavalleristen war eingeschärft worden, bei dieser Aktion jedes Blutvergießen zu vermeiden –, verfügte er über ein Argument, dem auch römerfreundliche Lokrer kein gewichtiges Gegenargument entgegensetzen konnten. Die lokrische Volksversammlung beschloß, den Bündnispartner zu wechseln. Bevor die Lokrer aber Hamilcar in die Stadt aufnahmen, ließen sie die römischen Besatzungstruppen unter dem Kommandanten L. Atilius auf Schiffen nach Rhegion entwischen. Man konnte ja nicht wissen, ob man das Wohlwollen der Römer nicht eines Tages noch brauchen würde. Hamilcar, der über diesen Streich nicht gerade erbaut war, bewilligte den Lokrern ein Bündnis aequo iure (zwischen Gleichrangigen), und Hannibal konkretisierte diese Abmachung in folgender Weise: 1. Die Lokrer sind autonom. 2. Die Karthager haben Zugang zu der Stadt. 3. Der Hafen ist der Verfügung der Lokrer unterstellt. 4. Die Karthager und die Lokrer verpflichten sich zu gegenseitiger Hilfeleistung im Krieg und im Frieden.

Die Bruttier, die sowohl vor Rhegion als auch vor Lokroi gestanden waren, waren mit der entgegenkommenden Behandlung der griechischen Städte keineswegs einverstanden. War ihnen die Beute von Rhegion und von Lokroi entgangen, so sollte ihnen wenigstens die Beute von Kroton in die Hände fallen! Allerdings wagten sie nicht, ohne die Zustimmung des Hannibal zu handeln. Doch Hannibal verwies sie an Hanno, den zuständigen kommandierenden General, und Hanno gab ihnen eine ausweichende Antwort. Die Krotoniaten sollten aus der Nichtbeteiligung der Karthager an der Belagerung der Stadt ersehen, daß die Ziele der Karthager nicht mit denen der Bruttier identisch waren. Wie in den meisten bundesgenössischen Städten der Römer in Mittel- und Süditalien gehörte auch in Kroton die Sympathie der Optimaten den Römern, die der Plebs den Karthagern. Dies war eine Folge der Tatsache, daß Rom in der Vergangenheit mit Hilfe der Optimaten und auf Kosten der Plebs der Städte und Stämme Italiens seine Interessen verfolgt hatte. Daher ist es nicht verwunderlich, daß Vertreter der Plebs den Bruttiern, den Bundesgenossen der Karthager, die Tore der Stadt öffneten. Die Optimaten zogen sich auf die Burg zurück. Da die Bruttier jedoch schließlich erkannten, daß sie sich der Burg und damit der ganzen Stadt nicht bemächtigen konnten, riefen sie Hanno herbei. Hanno versuchte, die divergierenden karthagischen, bruttischen und krotoniatischen Interessen zu berücksichtigen, als er den Vorschlag unterbreitete, die Optimaten sollten der Aufnahme einer bruttischen Kolonie in Kroton zustimmen. Dieser Vorschlag war keineswegs unvernünftig; denn die Zahl der Bewohner der Stadt war seit den Tagen Dionysios' I. stetig zurückgegangen. Doch die alten Ressentiments ließen eine derartige Lösung des Problems nicht zu: die krotoniatischen Optimaten lehnten es kategorisch ab, mit Bruttiern zusammen innerhalb derselben Stadtmauern zu leben. Schließlich halfen die Lokrer aus dem Dilemma. Nachdem sie sich des Einverständnisses des Hannibal versichert hatten, boten sie den krotoniatischen Adeligen an, nach Lokroi überzusiedeln. Diese nahmen an.

In Campanien bestand das vordringlichste Problem darin, den römischen Widerstand in Nola zu brechen. Hannibal verließ das Lager in den Tifata-Bergen und zog vor die Stadt. Auch Hanno kam dorthin und führte neue Truppen, Elefanten und Lebensmittel mit sich, die der Admiral Bomilcar von Karthago nach Lokroi übergesetzt hatte. Nach einem Gespräch, das Hanno mit Billigung des Marcellus mit Herennius Bassus und Herius Pettius, zwei bedeutenden nolanischen Politikern, geführt hatte und das ergebnislos verlaufen war, schloß Hannibal die Stadt ein. In einem Gefecht vor den Mauern der Stadt fielen angeblich über 5000 Karthager und wurden 600 Karthager gefangengenommen. Wie auch immer man den livianischen Bericht über die Belagerung von Nola beurteilen mag – sicher ist, daß Hannibal die Stadt nicht zu nehmen vermochte, und bedeutsam ist, daß einige Tage nach diesem Gefecht 272 numidische und spanische Kavalleristen auf die römische Seite traten. Es war das erste Mal, daß Hannibal in Italien von einem Teil seiner Soldaten verlassen wurde. Der karthagische Feldherr bezog nunmehr in der Gegend von Arpi das Winterquartier – vermutlich wollte er nicht den campanischen Bundesgenossen allein zur Last fallen. Hanno ging mit den Truppen, die er nach Nola geführt hatte, nach Bruttium zurück.

Bereits im Frühling des Jahres 215 sollte Mago, der Bruder des Hannibal, mit 12000 Infanteristen, 1500 Kavalleristen, 20 Elefanten und 1000 Talenten Silber – unter dem Begleitschutz von 60 Schlachtschiffen – von Afrika nach Italien übersetzen. Doch die schlechten Nachrichten, die aus Spanien eingegangen waren, bestimmten die Senatoren, Mago mit diesem beachtlichen Potential nach Spanien zu schicken.

Etwa zur gleichen Zeit trafen in Karthago aber auch Nachrichten aus Sardinien ein, die besagten, auf der Insel sei eine antirömische Stimmung weit verbreitet – diese Nachrichten stammten insbesondere von einem einflußreichen Mann namens Hampsicora. Die Senatoren waren der Ansicht, man dürfe sich diese Chance nicht entgehen lassen. Sie beschlossen, Hasdrubal den Kahlen mit etwa gleich starken Streitkräften, wie sie dem Mago zur Verfügung gestellt worden waren, nach Sardinien zu entsenden. Doch die Flotte des Hasdrubal wurde auf die Balearen verschlagen, und mit den erforderlichen Reparaturarbeiten ging viel Zeit verloren. Ein günstiger Augenblick war vorübergegangen; denn Flaccus hatte inzwischen eine Legion ausgehoben, die unter dem Kommando des T. Manlius Torquatus nach Karalis übergesetzt war. Torquatus hatte nicht nur das Kommando dieser Legion, sondern aller bereits auf Sardinien stehenden Einheiten für den erkrankten Scaevola übernommen – und Torquatus, der bereits im Jahre 235 auf Sardinien gekämpft hatte, verfügte über intime Sardinienkenntnisse. Da auf Sardinien zu Lande zu kämpfen war, bewaffnete Torquatus die Matrosen der Bundesgenossen und bereitete sie auf infanteristische Einsätze vor. Insgesamt stand ihm schließlich ein Heer von 22000 Infanteristen und 1200 Kavalleristen zur Verfügung. Mit diesen Truppen zog er in das Gebiet, das von Hampsicora kontrolliert wurde. Hampsicora hatte sich zu dieser Zeit von seinem Lager entfernt, da er im Gebiet der „felletragenden Sarden" (Livius) Soldaten warb. Sein Sohn Hostus ließ sich jedoch in einen Kampf mit Torquatus ein und unterlag. Etwa 3000 Sarden fielen, ungefähr 800 wurden gefangengenommen. Der Rest des sardischen Heeres floh nach Cornus; denn dorthin hatte sich – so hieß es gerüchtweise – Hostus gewandt. Als aber die Nachricht von der Landung der karthagischen Flotte eintraf, zog sich Torquatus nach Karalis zurück – offensichtlich wollte er sich zunächst ein klares Bild von der Stärke und den Absichten des Feindes machen. Hasdrubal und Hampsicora vereinigten ihre Truppen und zogen in Richtung Karalis. Doch bevor die vereinigten karthagisch-sardischen Truppen Karalis erreichten, stellte sich Torquatus einer Schlacht. Die alliierten Karthager und Sarden erlitten eine fürchterliche Niederlage: 12000 Mann wurden erschlagen, etwa 3700 Mann gefangengenommen. Unter den Gefangenen befanden sich der Feldherr Hasdrubal und zwei karthagische Adelige: Mago, ein naher Verwandter des Hannibal, und Hanno, der Initiator der sardischen Revolte. Hostus war gefallen, und Hampsicora, der entkommen war, beging Selbstmord, nachdem ihm die Nachricht vom Tod seines Sohnes überbracht worden war. Die Reste des Heeres flohen wieder nach Cornus; doch Torquatus nahm die Stadt nach wenigen Tagen ein. Daraufhin unterwarfen sich die Stämme, die auf die karthagische Seite getreten waren, wieder der römischen Herrschaft. Unglück und Unvermögen hatten eine bedeutende Chance zunichte gemacht.

In Spanien erhielt die karthagische Kriegführung infolge der Ankunft des Mago sicherlich einen neuen Auftrieb. Dagegen hatten die römischen Truppen mit manchen Schwierigkeiten zu kämpfen. Es mangelte ihnen an Geld, Nahrung und Kleidung. Flaccus sah sich gezwungen, einen Staatskredit aufzunehmen, um die erforderlichen Ausgaben bestreiten zu können. Zu der Zeit, als die angeforderten Lieferungen schließlich in Spanien eintrafen, waren die drei karthagischen Feldherrn Hasdrubal, Mago und Hannibal, der Sohn des Bomilcar, mit der Belagerung von Iliturgi, einer Stadt, die auf die römische Seite getreten war, beschäftigt. Die Scipionen, die ein Heer von etwa 16000 Mann befehligten, zogen in die Nähe von Iliturgi und forderten Hasdrubal zum Kampf auf. Hasdrubal nahm den Kampf an. Nachdem auch die beiden anderen karthagischen Feldherrn ihre Truppen in die Schlacht geführt hatten, kämpften auf karthagischer Seite – angeblich – 60000 Mann. Dennoch errangen die Römer – wiederum: angeblich – einen eindeutigen Sieg: mehr als 16000 karthagische Soldaten sollen gefallen sein, über 3000 karthagische Soldaten gefangengenommen worden sein, und fast 1000 Pferde und sieben Elefanten erbeutet worden sein. Doch waren die karthagischen Truppen immerhin in der Lage, nach der Schlappe von Iliturgi die Stadt Intibili zu belagern! Livius behauptet allerdings, daß die Schlacht von Intibili weithin der Schlacht von Iliturgi glich: nach seiner Darstellung fanden über 13000 Soldaten der karthagischen Seite den Tod, gerieten über 2000 Mann in Gefangenschaft, und wurden neun Elefanten eine Beute der Römer. Die livianischen Erzählungen von den in diesem Jahr von den römischen Truppen errungenen militärischen Erfolgen scheinen jedoch ebenso übertrieben zu sein wie die livianische Behauptung, die besagt, nunmehr seien fast alle spanischen Stämme auf die römische Seite getreten. Daß die karthagischen Generale in diesem Jahr erfolgreicher operierten als im vergangenen Jahr, ist im übrigen auch aus dem Bericht zu ersehen, den die Scipionen am Ende des Sommers dieses Jahres nach Rom schickten.

Vielleicht noch während des Jahres 215 trat ein Ereignis ein, das manche Mißerfolge des vergangenen Jahres vergessen ließ: der Kriegseintritt von Syrakosai auf karthagischer Seite. Diese folgenschwere Wendung der syrakosischen Außenpolitik war nur aufgrund des Todes des Hieron möglich geworden. Hieronymos, der fünfzehnjährige Enkel und Nachfolger des Hieron, stand unter dem Einfluß seiner Onkel Adranodoros und Zoippos, insbesondere aber des Adranodoros. Adranodoros vertrat die außenpolitische Linie, die zu Lebzeiten des Hieron bereits Gelon vertreten hatte: ein Kurswechsel schien im Interesse von Syrakosai unvermeidlich zu sein. Und als gar Thrason, ein Mitglied des Kronrats und ein entschiedener Verfechter einer prorömischen Politik, zu Recht oder zu Unrecht mit einer Verschwörung in Zusammenhang gebracht wurde, die sich gegen das Leben des Königs gerichtet hatte, da waren die Würfel gefallen. Hieronymos schickte Polykleitos von Kyrene und Philodemos von Argos nach Italien, um mit Hannibal Kontakt aufzunehmen. Hannibal war über diese Wendung der Dinge natürlich erfreut. Er machte dem König große Hoffnungen und ließ mit den syrakosischen Gesandten die syrakosischen Brüder Hippokrates und Epikydes, die das karthagische Bürgerrecht besaßen, und den Kapitän Hannibal nach Syrakosai gehen. Nachdem Polykleitos Bericht erstattet hatte, drängte Hieronymos Hannibal, rasch nach Karthago zu segeln, um die erforderlichen Verhandlungen einzuleiten. Syrakosische Unterhändler sollten ihn begleiten. Etwa zu dieser Zeit trafen Gesandte des Pulcher in Syrakosai ein, die die Lage sondieren sollten. Hieronymos behandelte die Gesandten ausgesprochen unhöflich. Allerdings ist zuzugeben, daß er keinen Grund hatte, sich den Römern gegenüber besonders aufmerksam zu verhalten; denn er wußte – und die römischen Gesandten bestritten dies nicht –, daß Pulcher bereits beim Gerücht vom Tod des Hieron 50 Schiffe von Lilybaion aus in Richtung Syrakosai hatte in See gehen lassen, um die Neigung zu politischem Wohlverhalten zu unterstützen. Bald nach der Abreise der römischen Gesandten fuhren Agatharchos, Onesigenes und Hipposthenes als Unterhändler des Königs mit Hannibal nach Karthago. Die Unterhändler hatten die Weisung, bei den Verhandlungen auf die Zusage einer Teilung Siziliens in einen syrakosischen und einen karthagischen Machtbereich zu drängen. Die Grenze sollte der Himeras bilden. Während Agatharchos und die Karthager noch verhandelten, traf – angeblich auf Veranlassung des Hippokrates und des Epikydes – eine zweite syrakosische Gesandtschaft in Karthago ein, die den Besitz ganz Siziliens für Hieronymos reklamierte. Die Senatoren waren zwar über die Maßlosigkeit der Forderung des jungen Königs erstaunt, stimmten aber seinem Vorschlag dennoch zu, da sie den Abschluß eines karthagisch-syrakosischen Allianzvertrags sehr hoch bewerteten. Nachdem eine zweite römische Gesandtschaft die Forderung ausgesprochen hatte, die zur Zeit des Hieron geschlossenen römisch-syrakosischen Verträge nicht zu verletzen, berief Hieronymos den Kronrat zu der entscheidenden Sitzung ein. Während die anwesenden Syrakosier schwiegen, sprachen sich der Korinthier Aristomachos, der Spartaner Damippos und der Thessaler Autonus für die Beibehaltung der bisherigen Politik aus – allein Adranodoros befürwortete ein Zusammengehen mit Karthago. Doch Hieronymos beschloß, gegen Rom Krieg zu führen.

Etwa um diese Zeit fuhr Zoippos nach Alexandreia, um Ptolemaios IV. wenn nicht für eine antirömische Allianz, so doch für eine antirömische Politik zu gewinnen. Und die Umstände sprechen für die Annahme, daß hinter dieser Gesandtschaft Hannibal gestanden ist. Wäre die Zusammenarbeit mit Alexandreia zustande gekommen, hätte dies der karthagischen Sache sicher in mehrfacher Hinsicht genützt.

Auch das Jahr 214 brachte im militärischen Ringen um Italien keine Entscheidung. Hannibal scheint weiterhin auf die „Salami-Taktik" gesetzt zu haben. Die Römer, die Maximus (IV) und Marcellus (III) zu Consuln gewählt hatten, taten alles, um an den zahlreichen neuralgischen Punkten zumindest keine Einbußen hinnehmen zu müssen. Zu diesem Zweck hoben sie sechs Legionen aus und vergrößerten die Zahl der Legionen auf 18. Außerdem wurden 100 Schlachtschiffe auf Kiel gelegt, um die Zahl von 150 Schiffen zu erreichen – der Makedonische Krieg erforderte große Anstrengungen, und der Sizilische Krieg warf seine Schatten voraus! Doch mit dem Bau von Schiffen war es nicht getan – man bedurfte zahlreicher Matrosen. Mit privaten, aber vom Senat dekretierten Mitteln wurden die hohen Ausgaben für die Schiffsbesatzungen bestritten. Die Kommandos sämtlicher Befehlshaber wurden – anscheinend auf Betreiben des Maximus – verlängert. Neue Kommandos übernahmen Q. Fabius Maximus d. S. (Apulien) und P. Cornelius Lentulus (Sizilien).

Im übrigen scheinen die römischen Behörden in diesen Jahren großen Versorgungsproblemen gegenübergestellt gewesen zu sein. In ihrer Not baten sie – vielleicht im Jahre 214 – Ptolemaios IV., dem Export von Getreide zuzustimmen.

Die Campaner befürchteten, die Römer würden nunmehr darangehen, mit ihren starken Verbänden Capua zurückzuerobern. Sie baten daher Hannibal, die Winterquartiere bei Arpi zu verlassen und näher an Capua heranzurücken. Hannibal bezog daraufhin sein altes Lager in den Monti di Maddaloni. Da jedoch die Gefahr eines unmittelbar bevorstehenden römischen Angriffs auf Capua allem Anschein nach nicht bestand, zog er nach einiger Zeit zum Averner See (bei Baiae), um dort ein Opfer darzubringen. Offensichtlich sollte der Feldzug dieses Jahres unter den besonderen Schutz der Götter gestellt werden. Außerdem wird sich Hannibal über die psychologische Wirkung eines eindrucksvoll gestalteten religiösen Festes auf die Kampfmoral der Soldaten nicht im unklaren gewesen sein und auch aus diesem Grunde die Wallfahrt zum Averner See unternommen haben. Als er sich dort aufhielt, trafen fünf vornehme junge Tarantiner ein, die er zum Teil nach der Schlacht am Trasimenischen See, zum Teil nach der Schlacht bei Cannae entlassen hatte. Sie behaupteten, die Führer des Demos, der in Taras die Macht in Händen habe, zu sein, und boten die Übergabe der Stadt an. Natürlich sagte Hannibal zu, nach Taras zu kommen; denn der Besitz der reichen Stadt war von großer Bedeutung. Doch konnte er nicht ohne weiteres von Campanien abziehen, da die Römer vermutlich in die karthagischen Positionen in Campanien eingerückt wären. Er mußte einen günstigen Zeitpunkt abwarten.

Bereits während des Aufenthalts am Averner See hatte Hannibal das Gebiet von Cumae bis hin zum Misenischen Vorgebirge verwüsten lassen. Nunmehr zog er nach Puteoli. Puteoli war im vergangenen Jahr von Maximus zu einer Festung ausgebaut worden und hatte eine Besatzung von 6000 Mann erhalten. Nach einem erfolglosen dreitägigen Angriff auf die Stadt marschierte er durch das Gebiet von Neapolis in Richtung Nola. Vertreter der Plebs von Nola hatten ihm die Übergabe der Stadt angeboten. Doch Marcellus, der von den Optimaten von Nola alarmiert worden war, kam ihm zuvor. Er führte von Suessula aus 6000 Infanteristen und 300 Kavalleristen in die Stadt, um die Senatoren zu schützen und die römischen Interessen zu wahren. Hannibal fand bei seiner Ankunft Marcellus, der überdies die Truppen des Matho, die im Lager bei Suessula stationiert gewesen waren, herbeigerufen hatte, bereit, eine Schlacht zu schlagen. Er nahm die Schlacht an. Sie brachte jedoch keine Entscheidung. Da unter den gegebenen Umständen an die Eroberung von Nola nicht zu denken war, zog Hannibal ab. Sein Ziel war Taras.

Hannibal konnte nunmehr Campanien verlassen, weil er Hanno in das samnitisch-campanische Gebiet beordert hatte. Vor Beneventum trafen die Heere des Hanno und des Gracchus aufeinander. Gracchus, dessen Heer größtenteils aus Sklaven bestand, denen im Falle eines Erfolgs die Freiheit winkte, siegte. Hanno zog sich daher nach Lucanien zurück. Dort konnte er die Scharte von Beneventum auswetzen. Anschließend ging er nach Bruttium.

Etwa in den Tagen, in denen Hannibal vor Nola stand, traf Maximus bei Casilinum ein, um die Stadt zurückzuerobern. Die Besatzung von Casilinum – es waren 2000 Campaner und 700 „Karthager" – stand unter dem Befehl des Statius Metius. Cn. Magius Atellanus, der meddix tuticus dieses Jahres, verfolgte die Absicht, mit einem Aufgebot von Bürgern und Sklaven das römische Lager anzugreifen, sobald Maximus sich anschicken würde, gegen die Stadt vorzurücken. Der Consul durchschaute diese Absicht und erbat von seinem Kollegen Verstärkung. So kam es, daß beide Consuln mit der Belagerung von Casilinum beschäftigt waren. Dennoch gelang den Römern die Eroberung der Stadt erst dann, als sie sich einer „punischen List" bedienten.

Maximus nützte die Abwesenheit des Hannibal und das Zurückweichen des Hanno dadurch aus, daß er in Samnium Cubulteria, Telesia und Compsa und in Lucanien Fagifulae und Orbitanium zurückeroberte und das lucanische Blanda und das apulische Aecae belagerte. Sein Sohn eroberte in dieser Zeit die apulische Stadt Acuca und verlegte sein Lager in die Nähe von Herdonia.

Inzwischen war Hannibal in die Nähe von Taras gelangt. Doch die Tore der Stadt blieben ihm verschlossen. M. Livius Macatus, der von Laevinus nach Taras geschickt worden war, war drei Tage vor Hannibal angekommen und hatte für die Sicherheit der Stadt gesorgt. Hannibal zog sich daher nach Salapia zurück, um dort das Winterquartier zu beziehen. Von Salapia aus konnte er zu den überseeischen Gebieten leichter Kontakt aufnehmen als von einem Ort aus, der weiter im Landesinneren gelegen wäre.

Auf Sizilien schien im Frühling des Jahres 214 alles, was die Karthager bisher erreicht hatten, wieder in Frage gestellt zu werden; denn Hieronymos wurde in Leontinoi ermordet, als er mit einem Heer von etwa 15000 Mann ausrücken wollte. Die Drahtzieher des Mordes waren oligarchische Politiker gewesen. Adranodoros zog sich zunächst in den Insel-Burg-Komplex von Syrakosai zurück, beugte sich aber bereits am nächsten Tag den Forderungen des Rats und verzichtete auf jede Sonderstellung. Gleichsam im Gegenzug wurde er am darauffolgenden Tag zum Feldherrn gewählt. Die meisten anderen Feldherrn gehörten dem Kreis der Mörder des Hieronymos an – eine Ausnahme stellte Themistos, der Schwiegersohn des Gelon, dar.

Die Situation des Hippokrates und des Epikydes war durch die Vorgänge in Leontinoi und in Syrakosai sehr prekär geworden. Sie hielten es für das klügste, sich den Behörden von Syrakosai zu stellen. Der von ihnen erbetene Geleitschutz für die Fahrt nach Lokroi wurde gerne bewilligt – waren die prorömisch eingestellten Oligarchen doch froh, sich der beiden „Karthager“ auf diese Weise entledigen zu können. Als die beiden Männer jedoch bemerkten, daß es noch eine Chance gab, mit Aussicht auf Erfolg prokarthagische Politik zu betreiben, legten sie auf eine rasche Abfahrt keinen Wert mehr. Beim Militär, bei den Überläufern und beim Demos fanden ihre antioligarchischen und antirömischen Parolen eine von Tag zu Tag sich verstärkende Resonanz.

Diesen Umschwung glaubte Adranodoros – in Zusammenarbeit mit Themistos – für seine monarchischen Pläne nützen zu können. Als seine Pläne jedoch entdeckt wurden, hatte dies zur Folge, daß alle Mitglieder der königlichen Familie den Tod fanden.

Bei der Nachwahl rückten Hippokrates und Epikydes – wider Erwarten – auf die Stellen des Adranodoros und des Themistos. Natürlich konnten sie im Kollegium der Feldherrn ihre außenpolitischen Vorstellungen zunächst nicht zur Geltung bringen. So konnten sie es nicht verhindern, daß eine Gesandtschaft zu Pulcher abging, die um die Gewährung eines zehntägigen Waffenstillstands bat, und daß nach dem Zustandekommen des Waffenstillstandsabkommens eine weitere Gesandtschaft Verhandlungen über die Erneuerung des alten Friedensvertrags aufnahm. Pulcher schickte die Mitglieder der zweiten Gesandtschaft zu Marcellus, der in diesen Tagen auf der Insel eingetroffen war. Marcellus war von der Möglichkeit einer Einigung überzeugt und sandte seinerseits Gesandte nach Syrakosai, die mit den Feldherrn die abschließenden Gespräche führen sollten. Hier aber hatte sich die Situation inzwischen geändert. Hippokrates und Epikydes hatten die letzte Gelegenheit ergriffen, die zur Durchsetzung einer prokarthagischen Politik noch geblieben war. Sie hatten offen vor den Söldnern und den Überläufern darüber gesprochen, daß Syrakosai den Römern ausgeliefert werden solle. Und ihre Worte hatten nicht zuletzt deswegen ein außerordentlich starkes Gewicht erlangt, weil zuvor die Nachricht nach Syrakosai gelangt war, die karthagische Flotte sei bei Kap Pachynos eingetroffen. Als nun Pulcher mit seiner 100 Schiffe umfassenden Flotte bei der Einfahrt zum (Großen) Hafen auftauchte – er hatte zuvor bei Murgo (südlich von Katane) die Entwicklung der syrakosischen Ereignisse beobachtet –, schienen sich die Behauptungen der beiden Feldherrn zu bestätigen. In der anschließenden tumultuarisch verlaufenden Volksversammlung drang jedoch die Meinung der herrschenden „Partei" durch. Man beschloß, Gesandte nach Rom zu schicken, die den zur Zeit des Hieron geschlossenen Friedensvertrag erneuern sollten. Sicher spielte beim Zustandekommen dieses Beschlusses die Furcht vor der Schlagkraft der römischen Truppen eine bedeutende Rolle. Die prokarthagische „Partei" schien in Syrakosai endgültig ausgespielt zu haben.

Da trafen kurze Zeit später leontinische Gesandte in Syrakosai ein, die um die Verlegung einer Schutztruppe nach Leontinoi baten. Hippokrates erhielt den Auftrag, mit den etwa 2000 Überläufern den Schutz von Leontinoi zu übernehmen. Weitere 2000 Söldner – vielleicht Libyer und Iberer – schlossen sich ihm an. Ein Unruhe- und Gefahrenherd schien beseitigt zu sein. Doch Hippokrates, der in Leontinoi keiner militärischen Kontrollinstanz unterworfen war, benützte seine Freiheit, um die römischen Befehlshaber durch Einfälle in das Gebiet der römischen Provinz zu provozieren. Es kam zu einem ersten Zusammenstoß zwischen Truppen des Pulcher und Truppen des Hippokrates. Marcellus protestierte in Syrakosai und verlangte eine Entschuldigung. Außerdem forderte er, die Syrakosier sollten dafür sorgen, daß Hippokrates und

Epikydes Sizilien verließen. Nun wurde dem Epikydes der Boden in Syrakosai zu heiß. Er ging ebenfalls nach Leontinoi. Es gelang ihm, die Leontiner gegen die Syrakosier einzunehmen, indem er darauf hinwies, daß die Syrakosier bei der Erneuerung des hieronisch-römischen Friedensvertrags Entscheidungen getroffen hatten, die nur sie selbst hätten treffen dürfen. Die Syrakosier betrachteten sie in gleicher Weise als ihre Untertanen, wie Hieron dies getan habe. Die Leontiner durch derartige Reden zu gewinnen, fiel Epikydes nicht schwer; denn seine Argumentation entsprach völlig der Wahrheit. Als syrakosische Gesandte im Sinne der Forderungen des Marcellus zu den Leontinern sprachen, erklärten diese, sie fühlten sich an Verträge, die fremde Staaten mit den Römern geschlossen hätten, nicht gebunden. Daraufhin forderten die Syrakosier die Römer zu einem gemeinsamen Vorgehen gegen die Leontiner auf. Dem Angriff des Marcellus und des Pulcher konnten die Leontiner, die die Konsequenzen ihrer Entscheidung offensichtlich zu wenig bedacht hatten, keinen hinhaltenden Widerstand entgegensetzen. Die Stadt fiel, und Hippokrates und Epikydes flohen nach Herbessos.

Doch das Blatt wendete sich erneut. Den Syrakosiern, die mit 8000 Mann von Syrakosai in Richtung Leontinoi aufgebrochen waren, kam am Fluß Mylas ein Bote entgegen, der von der Eroberung der Stadt und von Greueltaten der Eroberer berichtete. Vor allem die syrakosischen Söldner waren über diesen Bericht so stark empört, daß sie den Feldherrn den Gehorsam verweigerten und sich dem Hippokrates und dem Epikydes anschlossen. Diesen gelang es, sich mit Hilfe der Söldner und der in Syrakosai befindlichen Sympathisanten der Stadt Syrakosai zu bemächtigen. Sie wurden alsbald erneut zu Feldherrn gewählt.

Die Römer rückten daraufhin gegen Syrakosai vor und schlugen beim Olympieion ihr Lager auf. Nach einem letzten diplomatischen Versuch, der von vornherein zum Scheitern verurteilt war, begannen sie, die Stadt zu bestürmen – ihre Ziele waren (von der Landseite her) die Hexapyla und (von der Seeseite her) der Stadtteil Achradina. Doch die Syrakosier wehrten – nicht zuletzt mit Hilfe der von Archimedes konstruierten Maschinen – alle Angriffe ab. So waren die Römer den Rest des Jahres gezwungen, sich auf die Blockade der Stadt zu beschränken.

Über das diesjährige Geschehen auf dem spanischen Kriegsschauplatz sind wir nur mangelhaft orientiert. Sicher ist jedoch, daß Hasdrubal und Mago zunächst zwei bedeutende Erfolge über iberische Heere errangen und daß daraufhin manche iberischen Stämme geneigt waren, die Seite der Römer zu verlassen. P. Scipio ging über den Ebro – offensichtlich bezogen die Römer ihre Winterquartiere immer noch in Gebieten nördlich des Ebro – und zog zunächst nach Castrum Album. Dann aber marschierte er weiter zum Mons Victoriae, da die Gegend um Castrum Album weithin von prokarthagischen Truppen kontrolliert wurde. Auch Cn. Scipio zog zum Mons Victoriae, und schließlich traf auch Hasdrubal, der Sohn des Gisgo, der auf den spanischen Kriegsschauplatz entsandt worden war, dort ein. Es waren aber die Römer, die in dieser Gegend zeitweilig – wie es scheint – das militärische Übergewicht gewannen: Kastalon trat auf ihre Seite, und Hasdrubal, der Sohn des Gisgo, konnte weder Iliturgi noch Bigerra erobern. Auch bei Munda, bei Aurinx und an einem uns unbekannten Ort – in dieser Schlacht kämpften auf karthagischer Seite Kelten, die von Mago geworben worden waren – konnten die Karthager keine Erfolge erzielen. Dies hing wohl auch mit der Tatsache zusammen, daß Hasdrubal, der Sohn des Hamilcar, mit einem Teil der Truppen nach Afrika zurückgerufen worden war, um Syphax, den König der westnumidischen Masaisylier, in die Schranken zu weisen. Ein entscheidender Durchbruch gelang aber weder der einen noch der anderen Seite.

Im gleichen Jahr 214 begannen die erwarteten makedonisch-römischen Auseinandersetzungen. Der erste Angriff des Philippos galt Apollonia, einem der wichtigsten Stützpunkte der Römer auf dem Boden der Balkanhalbinsel. Mit 120 Dieren erschien der makedonische König vor der Stadt. Als sich ein rascher Erfolg nicht abzeichnete, fuhr er den Aoos aufwärts. Vermutlich wollte er die dort wohnenden Atintanen in die Schranken weisen, um Apollonia zu isolieren. Diese Absicht konnte er anscheinend nur teilweise verwirklichen. Die Stadt Orikos aber fiel beim ersten Ansturm. Gesandte der Stadt, die Laevinus in Brundisium aufsuchten, brauchten nicht lange um ein Eingreifen des Propraetors zu bitten. Bereits am nächsten Tag traf Laevinus bei Orikos ein und eroberte die Stadt, in der eine nur unbedeutende makedonische Besatzung lag, zurück. Von größerer Bedeutung aber war die Entsetzung von Apollonia, mit der Q. Naevius Crista, ein bundesgenössischer Offizier, betraut worden war. Der überraschende Angriff des Crista auf das makedonische Lager führte zur Flucht des makedonischen Heeres. Da Laevinus mit seiner Flotte bei der Mündung des Aoos erschien und den makedonischen Schiffen den Weg versperrte, sah sich Philippos gezwungen, die Schiffe an Land zu ziehen und in Brand zu stecken. Auf dem Landweg kehrte er nach Makedonien zurück. Der Verbündete der Karthager war schlecht gestartet.

Über die strategischen Ziele, die Hannibal im Jahre 213 verfolgte, sind wir nur insofern informiert, als wir wissen, daß er viel Zeit und Energie darauf verwendete, Taras in seine Hand zu bekommen. Offensichtlich hielt er den Besitz dieser Stadt für außerordentlich wichtig. Nur so ist es erklärlich, daß er sich anscheinend während des ganzen Sommers im Gebiet der Sallentiner aufhielt. Der relativ unbedeutenden sallentinischen Städte konnte er sich zwar bemächtigen – Taras aber blieb ihm verschlossen.

Die römische Seite änderte an der Taktik und der Organisation des Widerstands nicht viel. Zwei neue Legionen wurden ausgehoben, da Marcellus im vergangenen Jahr zwei Legionen in das Gebiet von Syrakosai geführt hatte. Diese Legionen wurden dem Oberbefehl des Stadt-Praetors M. Atilius Regulus unterstellt. Insgesamt standen nun – von den in Spanien operierenden und den cannensischen Legionen abgesehen – 20 Legionen im Feld. Auch die Kommandeurstellen wurden nur zu einem Teil neu besetzt. Der Consul Gracchus ging mit seinem Heer nach Lucanien, der Consul Maximus d. S. mit den Truppen seines Vaters nach Apulien. Die Legionen Maximus' d. S. übernahm Lepidus, er bezog mit ihnen bei Luceria Stellung. Cn. Fulvius Centumalus Maximus führte die Legionen, die bisher in Rom stationiert gewesen waren, nach Suessula. Im sog. gallischen Gebiet übernahm P. Sempronius Tuditanus das Kommando des Matho. Bei den übrigen Heeresgruppen änderte sich nichts: Laevinus stand in Brundisium, Varro im picenischen Gebiet, Lentulus in der römischen Provinz Sizilien, Marcellus im Gebiet von Syrakosai, Scaevola auf Sardinien, und das Kommando über die sizilische Flotte führte nach wie vor Crassus.

Das erste militärische Ziel, das Maximus d. S. im Frühling dieses Jahres in Angriff nahm, war die Eroberung von Arpi. Die Eroberung glückte, obwohl in der Stadt eine Besatzung von 5000 karthagischen und 3000 arpinischen Soldaten lag. Die Arpiner hatten, als sie die Mißlichkeit ihrer Lage erkannt hatten, mit den Römern zu fraternisieren begonnen.

Ansonsten geschah auf dem italienischen Kriegsschauplatz nicht viel, was der Erwähnung wert wäre.

Auf Sizilien eröffneten die Karthager eine bedeutende Offensive. Hannibal hatte in einem Schreiben an die karthagischen Behörden auf die Notwendigkeit einer Invasion hingewiesen, Himilco, der Kommandant der Sizilien-Flotte, hatte diese Ansicht unterstützt, und Gesandte des Hippokrates hatten dringend um militärische Unterstützung gebeten. Die karthagischen Behörden stimmten dem Plan zu. Himilco landete mit 25 000 Infanteristen, 3000 Kavalleristen und zwölf Elefanten bei Herakleia Minoa. Wenige Tage nach der Landung trat Akragas auf seine Seite. Die insgeheim karthagisch gesinnten Städte Siziliens schöpften neuen Mut. In Syrakosai beschloß man, Epikydes solle die Stadt mit nur einem Teil der zur Verfügung stehenden Truppen verteidigen und Hippokrates solle mit dem Rest der Truppen – es waren 10 000 Infanteristen und 500 Kavalleristen – außerhalb der Stadt operieren. Als Hippokrates in der Nähe von Acrillae ein Lager aufschlug, wurde er allerdings von Marcellus angegriffen, der zu spät den Versuch unternommen hatte, Akragas zu halten, und der sich nunmehr auf dem Rückmarsch nach Syrakosai befand. Der Erfolg des Marcellus – wenn man überhaupt von einem Erfolg sprechen kann – hielt sich jedoch in Grenzen. Wenige Tage nach diesem Gefecht errichteten Himilco und Hippokrates am Anapos – acht Meilen von Syrakosai entfernt – ein Lager.

Etwa zu dieser Zeit lief eine Flotte von 55 karthagischen Schiffen – die Flotte stand unter dem Befehl des Bomilcar – im Großen Hafen von Syrakosai ein. Die Belagerer gerieten in Gefahr, zu Belagerten zu werden.

Ungefähr zur gleichen Zeit landete aber auch eine römische Flotte auf Sizilien – näherhin in Panormos –, und diese Flotte, die aus 30 Penteren bestand, hatte die 1. Legion an Bord gehabt. Himilco wollte verhindern, daß diese Legion nach Syrakosai gelangte. Er zog daher in aller Eile auf dem kürzesten Weg in Richtung Panormos. Die Legion marschierte jedoch nicht quer durch die Insel, sondern rückte an der sizilischen Südküste vor und stieß in der Nähe des Kaps Pachynos auf einen Teil der Truppen, die Pulcher ihr entgegengeführt hatte. Sobald Himilco erkannte, daß er die Legion nicht mehr würde abfangen können, zog er nach Syrakosai zurück, um womöglich Marcellus vor dem Eintreffen der neuen römischen Truppen in eine Auseinandersetzung hineinzuziehen. Doch Marcellus ließ sich dazu nicht verleiten. Himilco löste daher sein Lager in der Nähe von Syrakosai auf und bemühte sich, anderwärts Terrain zu gewinnen, was ihm auch gelang. Die Bewohner von Morgantina töteten die römischen Besatzungssoldaten und übergaben ihre Stadt, in der sich ein großes Versorgungsdepot befand, Himilco. Weitere sikulische Städte folgten dem Beispiel von Morgantina. Auch die Bürger von Henna wollten sich auf die karthagische Seite schlagen – Himilco und Hippokrates waren bereits verständigt worden –, doch verhinderten die römischen Besatzungssoldaten unter L. Pinarius diesen Plan, indem sie die wehrlosen Hennaier, die zu einer Volksversammlung ins Stadion gekommen waren, niedermetzelten. Daraufhin traten auch die Sikuler, die bisher noch gezögert hatten, auf die Seite der Karthager.

Bevor der Winter kam, zog sich Himilco nach Akragas und Hippokrates nach Morgantina zurück. Marcellus, der in die Nähe von Henna gezogen war, marschierte über Leontinoi nach Syrakosai zurück und bezog fünf Meilen von den Hexapyla entfernt – bei der Halbinsel Thapsos – das Winterquartier. Die Erfolge, die die Karthager im Jahre 213 auf Sizilien errungen hatten, ließen für das nächste Jahr Gutes erhoffen.

Während es an der spanischen Front ruhig blieb, trugen sich in Afrika Ereignisse zu, die für den weiteren Verlauf des Krieges von großer Bedeutung werden sollten. Die Römer – genauer gesagt: die Scipionen – nahmen mit den afrikanischen Nachbarn der Karthager Verbindung auf, um einen Teil der Kräfte des Feindes in Afrika zu binden. Eine der bedeutendsten politischen Persönlichkeiten Nordafrikas dieser Zeit war Syphax, der bereits im Jahre 214 die karthagische Position in Afrika gefährdet hatte. Sein Territorium reichte wohl vom Fluß Mulucha im Westen bis zum Fluß Ampsaga im Osten, die Hauptstadt seines Reichs war Siga. Zu ihm schickten die Scipionen drei Centurionen als Gesandte, die ihn zum Abschluß eines Bündnisvertrags auffordern sollten: Die Gesandten fanden den König zu einer Zusammenarbeit bereit. Offensichtlich war Syphax durch die Erfolge, die die Römer in Spanien errungen hatten, stark beeindruckt worden. Er sah, daß die Siegeschancen der Römer nicht schlecht standen, und hielt es daher für das klügste, mit ihnen zu kooperieren, um dadurch die Voraussetzungen für den weiteren Aufstieg des masaisylischen Reichs zu schaffen. Da er um die Stärke der karthagischen und die Schwäche der eigenen Infanterie wußte, bat er Q. Statorius, einen der Centurionen, als Militärberater im Lande zu bleiben. Mit den beiden anderen Centurionen gingen drei Gesandte des Syphax zu den Scipionen, die deren Unterschrift unter ein Kooperations-Papier entgegennehmen sollten. Die masaisylischen Gesandten sollten außerdem dafür Sorge tragen, daß die im karthagischen Heer dienenden Numider auf die römische Seite träten.

Die Karthager waren gezwungen zu reagieren – dies schon deswegen, weil Syphax die Gefahr heraufbeschwor, daß die Landverbindung zwischen Karthago und Spanien unterbrochen würde. Sie schickten Gesandte an Gaia, den König der ostnumidischen Massylier. Den Gesandten fiel es nicht allzu schwer, Gaia davon zu überzeugen, daß die Politik des Syphax auf eine Bedrohung des massylischen Reichs hinauslief, zumal Massinissa, der siebzehnjährige, in Karthago erzogene Sohn des Gaia, ganz im Sinne der Karthager sprach. Gaia erklärte sich bereit, zusammen mit den Karthagern gegen Syphax Krieg zu führen. In der Schlacht, die einige Zeit später geschlagen wurde, siegten die verbündeten Karthager und Massylier eindeutig. Syphax konnte sich zu den Maurusiern retten. Er gab aber seine Sache nicht verloren und zog beträchtlich starke Verbände an sich, um mit ihnen nach Spanien überzusetzen. Doch Massinissa verhinderte mit seinen Truppen – die karthagischen Einheiten waren nach Karthago zurückgekehrt – die Realisierung dieses Plans.

Im Jahre 212 bahnte sich auf dem italienischen Kriegsschauplatz eine Entwicklung an, die im folgenden Jahr zu einer Peripetie des militärischen Geschehens führen sollte. Hannibal errang zwar im Laufe des Jahres eine Reihe bedeutender Erfolge, am Ende des Jahres aber war Capua von römischen Truppen eingeschlossen – und den um Capua gelegten Ring sollten die Karthager nicht mehr sprengen können. Der Verlust Capuas aber sollte eine Signalwirkung haben.

In Rom waren unter der Aufsicht des dictator comitiorum habendorum causa C. Claudius Centho die Wahlen durchgeführt worden. Zu Consuln waren (Q.) Flaccus und Pulcher gewählt worden. Neue Kommandobezirke erhielten nur die Praetoren: P. Cornelius Sulla (Rom), C. Claudius Nero (Suessula), Cn. Fulvius Flaccus (Apulien) und M. Iunius Silanus (Etrurien). Die übrigen Befehlshaber behielten ihre Kommandobereiche bei. Auffällig ist, daß in diesem Jahr zum ersten Mal „gegen die Etrusker" (Livius) eine Heeresgruppe zum Einsatz kam. Dies kann wohl nur so erklärt werden, daß im Jahre 213 in Etrurien ernste politische Differenzen oder gar militärische Probleme aufgetreten waren. Insgesamt stellte Rom im Jahre 212 – von den „spanischen" und den cannensischen Legionen abgesehen – 23 Legionen ins Feld. Mit diesem Aufgebot erreichte die Stadt die Grenze ihrer personellen Möglichkeiten. Es hatte sich wiederum als notwendig erwiesen, Jugendliche unter 17 Jahren zu den Fahnen zu rufen.

Zwei Städte standen im Mittelpunkt des militärischen Interesses des Jahres 212: Taras und Capua. Während Hannibal sich der Stadt Taras, der wohl noch immer bedeutendsten griechischen Stadt Unteritaliens, zu bemächtigen suchte, bereiteten die Consuln, die nach dem „latinischen Fest" (27. April) nach Samnium aufgebrochen waren, die Einschnürung Capuas vor. Die Campaner sahen sich bereits gezwungen, Hannibal um Getreidelieferungen zu bitten, da sie von römischen Truppen an der Bestellung der Felder gehindert worden waren. Hannibal betraute mit der Organisation des Getreidetransports Hanno, der daraufhin von Bruttium nach Samnium zog und drei Meilen von Beneventum entfernt ein Lager aufschlug. Hierher ließ er das Getreide bringen, das die in dieser Gegend wohnenden Bundesgenossen zu liefern hatten, und von hier aus sollten die Campaner die wertvolle Fracht nach Capua schaffen. Doch die Bewohner von Beneventum setzten die Consuln, die bei Bovianum standen, von den Vorfällen in der Nähe ihrer Stadt in Kenntnis. Der Consul Q. Flaccus rückte daraufhin nachts in Beneventum ein und entschloß sich alsbald zum Angriff auf das karthagische Lager, dessen militärische Ordnung durch die Anwesenheit vieler Transportarbeiter gestört war. Vielleicht wurde er in seinem Entschluß auch durch den Umstand bestärkt, daß Hanno sich nicht im Lager, sondern mit einem Teil seiner Truppen in Cominium Ocritum befand. Der Handstreich gelang.

Angeblich fielen auf punischer Seite über 6000 Mann und wurden über 7000 Mann – unter ihnen viele campanische Transportarbeiter – gefangengenommen. Außerdem wurden die riesigen Getreidevorräte – von anderen wertvollen Gütern abgesehen – eine Beute des Q. Flaccus. Hanno kehrte auf die Nachricht von der Niederlage hin rasch nach Bruttium zurück. Das Problem der Versorgung Capuas mit Lebensmitteln blieb bestehen.

In der Zwischenzeit ereigneten sich in und um Taras Dinge, die zum Abfall der Stadt von Rom führten. Diesen Ereignissen war der Versuch des tarantinischen Gesandten Phileas vorausgegangen, die tarantinischen und thurischen Geiseln, die in Rom im Tempelbezirk der Libertas gefangengehalten wurden, zu befreien. Die Befreiung war auch geglückt, doch Phileas und die Geiseln waren nur bis Tarracina gekommen. Sie waren nach Rom zurückgebracht, ausgepeitscht und den Tarpeiischen Felsen hinabgestürzt worden. Diese harte Behandlung der Geiseln schuf in Taras und Thurioi Erbitterung. An die Spitze des sich in Taras formierenden Widerstands stellten sich etwa 13 junge Aristokraten, deren Führer Nikon (mit dem Beinamen Perkon) und Philemenos (mit dem Beinamen Kononeus?) waren. Diese nahmen mit Hannibal Kontakt auf und vereinbarten vertraglich – für den Fall der Übergabe der Stadt – folgende Punkte: 1. Die Tarantiner behalten die Eleutherie und die Autonomie. 2. Die Besitzverhältnisse der Tarantiner werden nicht angetastet. 3. Die Tarantiner sind nicht verpflichtet, den Karthagern Abgaben zu zahlen. 4. Die Tarantiner werden nicht gezwungen, gegen ihren Willen eine karthagische Besatzung aufzunehmen. 5. Die römische Besatzung der Stadt wird der Verfügungsgewalt der Karthager unterstellt. Der Vertrag entsprach den politischen Prinzipien des Hannibal – natürlich auch den Wünschen der kooperationsbereiten Tarantiner – und erinnert daher stark an den mit Capua geschlossenen Vertrag. Als Hannibal die Zeit für gekommen hielt – er war drei Tagesmärsche von Taras entfernt –, brach er mit etwa 10000 ausgewählten Infanteristen und Kavalleristen auf und gelangte mit Hilfe des Nikon und des Philemenos und unter dem Schutz der Nacht in die Stadt. Er besetzte die strategisch wichtigen Punkte und war vor allem darauf bedacht, daß bei diesem Vorgang nur Römer und keine Tarantiner ums Leben kamen. Die römische Besatzung, die immer noch unter dem Befehl des Macatus stand, und die prorömisch eingestellten tarantinischen Politiker konnten sich jedoch großenteils auf die Burg von Taras zurückziehen. Die Burg, die die Einfahrt in den Hafen beherrschte, zu nehmen, gelang Hannibal nicht. Er schnitt aber die Belagerten durch Graben, Wall und Mauer ab und schützte dadurch zugleich die Tarantiner und die bescheidene karthagische Besatzung vor römischen Ausfällen. Anschließend verließ er mit dem Gros seiner Truppen die Stadt und schlug am Fluß Galaisos – etwa 40 Stadien von Taras entfernt – ein Lager auf.

Vermutlich hier erreichte ihn ein neuerlicher Hilferuf der Campaner. Beide Consuln stünden bei Beneventum – einen Tagesmarsch von Capua entfernt. Wenn er nicht eingreife, sei Capua verloren – die Stadt, die er sonst immer auf eine Stufe mit Karthago stelle. Hannibal versprach Hilfe und schickte zunächst einmal 2000 Mann nach Capua. Dann brach er in Richtung Beneventum auf.

Da den Römern viel daran gelegen war, die Burg von Taras zu halten, verlegten sie die Hälfte der Besatzung von Metapontion dorthin. Damit war für die Metapontier der letzte Grund weggefallen, der sie noch auf der römischen Seite gehalten hatte. Sie traten zu Hannibal über. Die Herakleoten folgten ihrem Beispiel.

Gleiches zu tun, war auch die Absicht der Thurier – oder doch eines bedeutenden Teils der Thurier. M. Atinius, der Besatzungskommandant der Stadt, ließ sich dazu verleiten, vor den Toren der Stadt eine Schlacht zu schlagen. Er unterlag – zusammen mit den nur lässig kämpfenden Thuriern – den Infanteristen des Hanno und den Kavalleristen des Mago, die in einem Hinterhalt gelegen waren. Doch konnte er sich mit einer kleinen Schar in die Stadt retten. Da er sich während der Zeit seiner Kommandantur Sympathien erworben hatte, ließen ihn die Thurier zusammen mit den übrigen römischen Soldaten zu Schiff entkommen. Dann öffneten sie den Karthagern die Tore.

Während die Karthager am Tarantinischen Golf unübersehbare Fortschritte erzielten, gerieten ihre campanischen Bundesgenossen zunehmend in Bedrängnis. Die Consuln zogen von Beneventum in die Nähe von Capua und nahmen die Einschließung der Stadt in Angriff. Um Beneventum nicht ohne Schutz zu lassen und um im Bedarfsfall über eine Reserve zu verfügen, beauftragten sie Gracchus, die Kavalleristen und die Leichtbewaffneten von Lucanien nach Beneventum zu führen. Doch dazu sollte es – was Gracchus persönlich betraf – nicht kommen. Flavus, der Anführer der prorömischen lucanischen Partei, schlug sich auf die karthagische Seite – offensichtlich sah er hier die größeren Chancen –, nahm mit Mago Kontakt auf, lockte Gracchus bei den sog. Alten Feldern in eine Falle und führte so dessen Untergang herbei. Hannibal ließ Gracchus ehrenvoll bestatten.

Bei Capua erfüllten sich zunächst die Wünsche der Consuln nicht. Bei einem Ausfall der Campaner und der Karthager wurden sie geschlagen und verloren über 1500 Mann. Kurze Zeit später führte Hannibal sein Heer aus dem Gebiet von Beneventum in das Gebiet von Capua. Die

Schlacht, die zwei Tage nach seiner Ankunft geschlagen wurde, wurde aber abgebrochen, da in der Ferne Truppen auftauchten, von denen beide Seiten befürchteten, es handle sich um Truppen des Feindes. Es stellte sich heraus, daß es die Truppen des Gracchus waren, die der Quaestor Cn. Cornelius Lentulus von Lucanien nach Campanien geführt hatte. Die Consuln zogen in der folgenden Nacht in verschiedenen Richtungen ab, Q. Flaccus in die Gegend von Cumae, Pulcher nach Lucanien. Hannibal folgte Pulcher.

In Lucanien traf Hannibal auf eine fast als paramilitärisch zu bezeichnende Einheit von beinahe 16000 Mann, die der Ex-Centurio M. Centenius Paenula anführte. Aus der Schlacht, die zwischen dem Feldherrn und dem Feldwebel geschlagen wurde, entkamen auf römischer Seite kaum 1000 Mann. Außerdem löste sich das gracchische Heer, das aus ehemaligen Sklaven bestand, auf. Lucanien war weithin in karthagischer Hand.

Pulcher zog auf einem anderen Weg – anscheinend auf der Küstenstraße – zurück. In Casilinum stieß er wieder zu seinem Kollegen Q. Flaccus. Die Consuln gaben die Hoffnung auf, noch in diesem Jahr einen entscheidenden Erfolg über Capua erringen zu können, und schufen daher die Voraussetzungen, die nötig waren, um auch während des Winters die Stadt belagern zu können. In Casilinum, in einem Kastell an der Mündung des Volturnus und in Puteoli wurden Getreidevorräte gespeichert, und in die beiden zuletzt genannten Orte Truppen gelegt, die das Meer und den Fluß kontrollieren sollten. Außerdem beorderten sie die Truppen des Nero von Suessula nach Capua.

Hannibal sah Capua nicht unmittelbar gefährdet und unternahm daher den Versuch, das lästige Problem, das darin bestand, daß immer noch eine römische Besatzung in der Burg der Stadt Taras lag, zu lösen. Diesem Vorhaben stellten sich jedoch ernste Schwierigkeiten in den Weg, insbesondere die Tatsache, daß die römische Besatzung ungehindert von der See her mit Truppen und Lebensmitteln unterstützt werden konnte. Die im Hafen liegenden tarantinischen Schiffe konnten nicht auslaufen, um den Nachschub zu unterbinden, da von der Burg aus die Zufahrt zum Hafen leicht unter Kontrolle zu halten war. Hannibal ließ daher die Schiffe auf dem Landweg aufs offene Meer bringen. Die Flotte ging vor der Einfahrt zum Hafen vor Anker und riegelte nunmehr von der Seeseite her die Burg ab. Da Hannibal sah, daß er im Augenblick einen weitergehenden Erfolg nicht erringen konnte, zog er von Taras ab.

Offensichtlich hatten Leute aus Brundisium dem karthagischen Feldherrn die Übergabe der Stadt in Aussicht gestellt; denn er zog von Taras nach Brundisium. Als er sich in der Nähe der Stadt befand, trafen campanische Gesandte ein, die ihn beschworen, Capua nicht im Stich zu lassen. Hannibal beruhigte die Gesandten, indem er darauf hinwies, daß die Römer in diesem Jahr nicht in der Lage gewesen seien, gegenüber Capua entscheidende Erfolge zu erringen. Mit diesem Bescheid kehrten die Gesandten zurück. Hannibal aber bezog das Winterquartier – und zwar im früheren Lager, drei Tagesmärsche von Taras entfernt –, da sich die Hoffnung auf die Einnahme von Brundisium zerschlagen hatte.

Der Kampf um Sizilien trat im Jahre 212 in die entscheidende Phase. Das letzte Stadium dieses Kampfes war – was die karthagische Seite betraf – gekennzeichnet durch Glücklosigkeit, mangelnde Bündnistreue, Verrat, geringe Koordination und Rivalitätsdenken der Generale.

War Marcellus zunächst noch unentschlossen, ob er weiter vor Syrakosai liegen solle – die Stadt wurde von der See her mit allem Nötigen versorgt – oder ob er die Auseinandersetzung mit Himilco und Hippokrates, deren Operationszentrum Akragas war, suchen solle, so entschloß er sich bald, den Hebel in Syrakosai anzusetzen, da er die Chance sah, die Widerstandskraft der Stadt von innen auszuhöhlen. Er bediente sich der Hilfe vornehmer, proromisch gesinnter Verbannter, die eine karthagerfeindliche Stimmung erzeugen und für den Fall der Übergabe der Stadt die Gewährung der Autonomie und der Eleutherie in Aussicht stellen sollten. Ein erster Versuch schlug allerdings fehl, da ein gewisser Attalos bei Epikydes Anzeige erstattete. Die etwa 80 Personen, die an dem Komplott beteiligt waren, wurden hingerichtet.

Dieser Plan war mißlungen. Doch nach einiger Zeit gelang es Marcellus, unter dem Schutz der Nacht – zunächst mit 1000 Mann – beim Turm Galeagra in die Stadt, in der das Fest der Artemis gefeiert wurde, einzudringen. Im Morgengrauen ließ er die Hexapyla aufbrechen und die restlichen Truppen einmarschieren. Epipolai wurde besetzt. Sobald Epikydes vom Eindringen der Römer Nachricht erhalten hatte, verließ er die Nesos, um die Feinde zurückzuschlagen. Er mußte jedoch die Aussichtslosigkeit dieses Vorhabens erkennen und zog sich in den durch Mauern geschützten Stadtteil Achradina zurück. Und nachdem die syrakosischen Verbannten an den Mauern der Achradina, die von römischen Überläufern bewacht wurden, vergeblich versucht hatten, ihre ehemaligen Mitbürger zur Übergabe der Stadt zu überreden, ging Marcellus auf den im Westen der Stadt gelegenen Hügel Euryelos zurück. Das Fort, das den Euryelos krönte und in dem Philodemos von Argos kommandierte, vermochte er allerdings nicht zu nehmen. Zwar versuchte der Tyrannenmörder Sosis im Auftrag des Marcellus, Philodemos auf die römische Seite zu ziehen, doch zog dieser die Gespräche hin, da er auf die Ankunft des Himilco und des Hippokrates hoffte. Marcellus sah schließlich die Nutzlosigkeit seiner Bemühungen ein und schlug zwischen den beiden Stadtteilen Tyche und Neapolis, die er plündern ließ, ein Lager auf. Philodemos aber, der vergeblich auf die Hilfe von Akragas gewartet hatte, kapitulierte nach einiger Zeit gegen freien Abzug; er führte seine Truppen zu Epikydes. Marcellus konnte nunmehr den Euryelos besetzen und war dadurch von der Sorge befreit, zwischen zwei feindliche Linien zu geraten. Er umschloß die Achradina, indem er an drei strategisch günstigen Punkten seine Truppen konzentrierte.

Zur Zeit der Plünderung der Stadtteile Tyche und Neapolis lief der Admiral Bomilcar nachts mit 35 seiner 90 Schiffe aus dem Großen Hafen aus – die römische Flotte lag in dieser Nacht wegen eines Sturms nicht vor Anker –, um aus Karthago Verstärkung zu holen. Bereits nach wenigen Tagen kehrte er mit 100 Schiffen in den Großen Hafen zurück. Die zuständigen karthagischen Stellen taten offenbar alles, um die drohende sizilische Katastrophe zu verhindern.

Etwa in diesen Tagen trafen auch Himilco und Hippokrates vor Syrakosai ein. Sie verschanzten sich am Großen Hafen. Doch das militärische Gewicht verschob sich nicht zugunsten der Karthager und ihrer Verbündeten. Ein Angriff des Hippokrates auf das alte römische Lager, das der Obhut des Legaten T. Quinctius Crispinus anvertraut war, mißlang ebenso wie ein Ausfall des Epikydes auf Stützpunkte des Marcellus. Vor allem aber brach eine Seuche aus, unter der insbesondere das karthagische Heer zu leiden hatte. Himilco und Hippokrates und der größte Teil ihrer Soldaten wurden von ihr dahingerafft. Die Sikuler aber, die im Heer des Hippokrates gedient hatten, hatten rechtzeitig das Lager verlassen und sich in ihre Städte zurückgezogen. Nach dem Untergang des karthagischen Heeres schafften sie Truppen und Lebensmittel in zwei Städte, die nicht weit von Syrakosai entfernt lagen. Sie waren noch nicht bereit, sich den Römern in die Arme zu werfen.

Währenddessen war Bomilcar erneut nach Karthago gesegelt, um Verstärkungen und Lebensmittel zu holen. Er kehrte mit 130 Schlachtschiffen und 700 Lastschiffen nach Sizilien zurück, kam aber infolge ungünstiger Windverhältnisse nicht über Kap Pachynos hinaus. Epikydes befürchtete, daß die widrigen Umstände Bomilcar veranlassen könnten, nach Afrika zurückzusegeln. Er übergab daher das Kommando in der Achradina den Söldnerführern Polykleitos, Philistion und Epikydes Sindon und fuhr Bomilcar entgegen, um ihn aufzufordern, eine Schlacht zu schlagen. Als aber der Tag, an dem die Schlacht geschlagen werden sollte, gekommen war, wich Bomilcar der römischen Flotte aus und segelte an Sizilien vorbei in Richtung

Taras. Die Gründe seines Entschlusses liegen im dunkeln. Epikydes aber fuhr deprimiert nach Akragas.

Eine Folge dieser Vorgänge war der Abfall der Sikuler. Sie nahmen Verbindung mit Marcellus auf, der ihnen die Autonomie und die Eleutherie zusicherte, sofern ihre Gebiete nicht zum Herrschaftsbereich der syrakosischen Könige gehört hatten. Außerdem benutzten sie ihre Verbindungen nach Syrakosai, um die Stellvertreter des Epikydes zu ermorden. Die Volksversammlung von Syrakosai wählte daraufhin neue Feldherrn, aus deren Mitte Gesandte zu Marcellus geschickt wurden. Während deren Abwesenheit ergriffen jedoch die Überläufer, die am meisten um ihr Leben zu fürchten hatten, die Initiative und zogen auch die Söldner auf ihre Seite. Die Feldherrn, die in Syrakosai zurückgeblieben waren, mußten über die Klinge springen. Dann wählten die Überläufer und die Söldner sechs Offiziere, von denen drei in der Achradina und drei auf der Nesos das Kommando führen sollten. Unter ihnen befand sich der Iberer Moericus. Moericus aber war bereit, mit den Römern zu kollaborieren. Er ließ einen römischen Voraustrupp durch das Tor, das in der Nähe der Quelle Arethusa lag, in die Achradina eindringen. Marcellus griff daraufhin die Achradina so stürmisch an, daß auch die Truppen der Nesos zu Hilfe eilten. Diesen Augenblick nützten römische Verbände, um die Nesos zu erobern. Die Syrakosier öffneten nunmehr, nachdem sie die Überläufer hatten entkommen lassen, die Tore der Achradina und baten nur um die Schonung ihres Lebens. Bei der Plünderung der reichen Stadt kamen jedoch viele von ihnen ums Leben, unter ihnen Archimedes.

Der Fall von Syrakosai hatte zur Folge, daß fast alle sizilischen Städte Gesandtschaften an Marcellus schickten, um die Entscheidung des Siegers über ihren zukünftigen Status entgegenzunehmen. Marcellus nahm als Maßstab seiner Entscheidungen das politische Verhalten der Gemeinden in der Vergangenheit.

Das sizilische Spiel war gespielt, doch bei Akragas war noch der Epilog zu sprechen. Die Karthager hatten Hanno zum Nachfolger des Himilco bestellt, und Hannibal hatte an die Stelle des Hippokrates den aus Hippu Akra stammenden Libyphoiniker Muttines nach Sizilien entsandt. Hanno und Epikydes hatten dem tüchtigen Offizier das numidische Kavalleriekorps anvertraut, mit dessen Hilfe er den sizilischen Anhängern der karthagischen Partei neue Zuversicht gegeben hatte. Nach dem Eintreffen der Nachricht vom Fall von Syrakosai beschlossen die Generale, Akragas zu verlassen und an den südlichen Himeras vorzurükken, da sie die letzte Chance zur Rettung Siziliens in einer offenen Feldschlacht sahen. Marcellus nahm die Herausforderung an und zog mit seinen Truppen ebenfalls zum Himeras. Muttines konnte hier zunächst einige Erfolge erringen, mußte aber dann die Gegend am Himeras verlassen und nach Herakleia reiten, da etwa 300 numidische Kavalleristen dorthin desertiert waren – offensichtlich hatten sie die militärische Lage der Karthager pessimistisch eingeschätzt. Hanno und Epikydes aber warteten die Rückkehr des Muttines nicht ab – angeblich wollte der adelsstolze Karthager den Ruhm des Sieges nicht mit einem libyphoinikischen Bastard teilen – und boten auf dem linken Ufer des Himeras dem Marcellus die Schlacht an. Marcellus siegte – dies nicht zuletzt deswegen, weil die numidischen Kavalleristen zu kämpfen sich weigerten. Tausende karthagischer Soldaten fielen, 6000 Mann wurden gefangengenommen, und acht Elefanten wurden erbeutet. Der Rest des geschlagenen Heeres floh nach Akragas, die numidischen Kavalleristen aber zogen sich in andere, in der Nähe liegende Städte zurück. War Sizilien endgültig für Karthago verloren? Es schien so.

In Spanien glückte den Römern im Jahre 212 ein Erfolg, der vor allem unter propagandistischem Gesichtspunkt von Bedeutung war: die Einnahme von Saguntum. Außerdem schlugen sie die Torboleten, die alten Rivalen der Saguntiner, verkauften sie in die Sklaverei und zerstörten ihr städtisches Zentrum.

Über die Ereignisse auf dem östlichen Kriegsschauplatz liegen keine Berichte vor.

Das Jahr 211 war insofern das Jahr der Peripetie des Krieges, als in diesem Jahr Capua, der bedeutendste militärische Stützpunkt Karthagos im nördlichen Süditalien, verlorenging. Der Schlüsselstellung Capuas waren sich selbstverständlich auch die Römer bewußt, die zur Wahrung der Effektivität der Belagerung keinen Wechsel im Oberkommando eintreten ließen: nach wie vor befehligten Q. Flaccus, Pulcher und Nero die vor der Stadt liegenden Truppen. Die Consuln des Jahres 211, Cn. Fulvius Centumalus Maximus – Centumalus war Praetor des Jahres 213 gewesen – und P. Sulpicius Galba Maximus, hielten sich zunächst in Rom auf. Neue Befehlshaber wurden C. Calpurnius Piso (Rom), M. Cornelius Cethegus (Apulien), C. Sulpicius (Westsizilien) und L. Cornelius Lentulus (Sardinien). Die Kommandos des Laevinus, des Silanus, des Tuditanus, des Marcellus und des Crassus wurden prorogiert.

Die Lage Capuas wurde zusehends kritischer. Nur die Kavallerie – nicht jedoch die Infanterie – vermochte bei Ausfällen noch Erfolge zu erzielen. Und der Ring, den die Römer um Capua gelegt hatten, wurde von Tag zu Tag dichter. Allein der Kaltschnäuzigkeit eines Numiders war es zu verdanken, daß der Hilferuf der Campaner Hannibal in Bruttium erreichte. Hannibal zog auf diesen Hilferuf hin mit ausgewählten Truppen und 33 Elefanten in Eilmärschen zunächst in die Nähe von Capua – damals fiel Calatia in seine Hände –, gab den Campanern die erforderlichen taktischen Anweisungen und unternahm dann den Versuch, die Römer durch Angriffe auf das Lager des Pulcher zu einer Schlacht zu verleiten. Dieser Versuch schlug fehl. Die Römer blieben hinter ihren Verschanzungen.

Da faßte Hannibal den überraschenden Entschluß, einen Scheinangriff auf Rom zu unternehmen, um die römischen Truppen – oder doch einen bedeutenden Teil der römischen Truppen – aus den Verschanzungen von Capua zu locken. Nachdem er durch die Gebiete der Samniten, der Paeligner (vorbei an Sulmo), der Marruviner, der Marser und der Aequer (vorbei an Alba) gezogen war, kam er über Amiternum, Foruli, Cutiliae, Reate nach Eretum, um dann – nach Überschreiten des Anio – 40 Stadien von Rom entfernt ein Lager aufzuschlagen. Nach einigen Tagen zog er wieder ab; denn er hoffte, in der Zwischenzeit sei Pulcher von Capua in Richtung Rom aufgebrochen und habe ihm damit die Möglichkeit eines erfolgversprechenden Angriffs auf die rings um Capua errichteten Befestigungsanlagen eröffnet. Er nahm vermutlich denselben Weg, auf dem er gekommen war. Am fünften Tag nach dem Abmarsch erhielt er die Nachricht, Pulcher habe Capua nicht verlassen. Die Digression war vergeblich gewesen! Und ein erneuter Angriff auf den Kessel von Capua versprach nicht mehr Aussicht auf Erfolg als der fehlgeschlagene! Dies bedeutete: Capua war verloren.

Um wenigstens in etwa den zu erwartenden militärischen und propagandistischen Schaden auszugleichen, zog Hannibal in Eilmärschen nach dem Süden, da sich die Gelegenheit der Einnahme von Rhegion zu bieten schien. Doch auch dieses Unternehmen scheiterte.

Die Besatzungskommandanten Bostar und Hanno unternahmen einen letzten Versuch, Hannibal durch ein beschwörendes Schreiben nach Capua zurückzurufen. Dieses Schreiben erreichte Hannibal jedoch nicht, es fiel den römischen Belagerern in die Hände. Die numidischen Boten, die den Brief hätten überbringen sollen, wurden mit über 70 anderen numidischen Schein-Überläufern ausgepeitscht und mit abgehackten Händen nach Capua zurückgeschickt. Der Anblick dieser erbarmungswürdigen Gestalten brach den letzten Widerstand der Campaner, deren Kraft schon vorher durch aristokratisch-demokratische Auseinandersetzungen geschwächt gewesen war. In einer von Seppius Loesius, dem demokratisch gesinnten meddix tuticus, einberufenen Sitzung sprach sich der Senat mehrheitlich für die Übergabe der Stadt aus. Capua kapitulierte. Die Senatoren hatten jedoch vergeblich auf die „Milde des römischen

Volkes" (Livius) gehofft. Sie wurden großenteils, nachdem sie ihren Edelmetallbesitz – 2070 Pfund Gold und 31200 Pfund Silber – abgeliefert hatten, in Teanum und in Cales ausgepeitscht und enthauptet. Weitere „Kriegsverbrecher" – und die Römer setzten deren Zahl nicht zu niedrig an – wurden arrestiert oder deportiert oder in die Sklaverei verkauft. Die übrigen campanischen Bürger wurden ebenfalls hart bestraft: sie verloren die Heimat, das Bürgerrecht, das latinische Recht, den gesamten immobilen und weithin auch den mobilen Besitz. Campanien aber hatte aufgehört, karthagisches Operationsgebiet zu sein.

Auch bei Taras waren keine Fortschritte zu erzielen. Eine Flotte, die von Sizilien in die Gewässer vor Taras verlegt worden war, verhinderte zwar eine Zeitlang die weitere Versorgung der römischen Besatzung von der See her, mußte aber nach einiger Zeit wieder abgezogen werden, da inzwischen auf karthagischer Seite Versorgungsschwierigkeiten aufgetreten waren.

Als Marcellus am Ende des Sommers 211 Sizilien verließ – sein Nachfolger wurde Cethegus –, war der Krieg auf der Insel noch nicht beendet. Im Gegenteil! Die Karthager starteten eine neue Offensive. Sie landeten – vermutlich bei Akragas – 8000 Infanteristen und 3000 numidische Kavalleristen und gewannen die Unterstützung sikulischer Städte, vor allem von Morgantina, Hergetion, Hybla (Geleatis) und Makella. Offensichtlich zog ein bedeutender Teil der Sikuler eine Zusammenarbeit mit den Karthagern einer Zusammenarbeit mit den Römern vor. Die Stoßrichtung der karthagischen Truppen läßt vermuten, daß gewisse Teile des römisch beherrschten Ostens isoliert werden sollten. Die Chancen, dieses Ziel zu erreichen, scheinen nicht schlecht gestanden zu sein; denn die Moral der römischen Truppen war angeknackst. Da gelang es überraschenderweise Cethegus, die sikulischen Städte – mit uns unbekannten Mitteln – auf die römische Seite zu ziehen.

In Italien hatte sich im Jahre 211 das Blatt zuungunsten der Karthager zu wenden begonnen. Ganz anders in Spanien! Die karthagischen Feldherrn hatten bisher den größten Teil des Landes behauptet. Sie hatten sich allerdings nicht in der Lage gesehen, einen entscheidenden offensiven Schlag gegen den Feind zu führen. Die beiden Scipionen aber, die im Winter 212/11 20000 Keltiberer zu den Waffen gerufen hatten, hielten den Zeitpunkt für gekommen, eine Entscheidung herbeizuführen. Ihr Feldzugsplan war zu einem bedeutenden Teil durch die Lage der karthagischen Lager bedingt: während sich das Lager des Hasdrubal, des Sohns des Hamilcar, bei Amtorgis und damit relativ nahe bei den römischen Stützpunkten befand, hatten Mago und Hasdrubal, der Sohn des Gisgo, in größerer Entfernung von den Römern – fünf Tagesmärsche entfernt –

ein gemeinsames Lager bezogen. Um zu verhindern, daß Mago und Hasdrubal, der Sohn des Gisgo, bei einer Niederlage des Hasdrubal, des Sohns des Hamilcar, einer Schlacht auswichen, teilten die Scipionen ihre Truppen: Cnaeus sollte mit einem Drittel des Heeres und den Keltiberern den Barqiden Hasdrubal, und Publius mit den zwei übrigen Dritteln die beiden anderen Generale angreifen. Diesem Plan entsprechend bezogen die römischen Heere Stellung. Als Hasdrubal, der Sohn des Hamilcar, bemerkte, daß Cnaeus seine Hoffnungen weithin auf die Keltiberer setzte, ließ er durch die in seinem Heer dienenden Keltiberer Kontakte zu den Keltiberern der anderen Seite knüpfen. In der Tat gelang es ihm – natürlich mit Hilfe karthagischen Geldes –, die Keltiberer der römischen Seite zum Abzug aus dem Lager zu bewegen. Cnaeus war gezwungen, sich abzusetzen. Der Barqide folgte in geringer Entfernung.

Zur gleichen Zeit wurde der Bewegungsspielraum der Truppen des Publius von den Kavalleristen des Massinissa auf den Lagerbereich beschränkt. Überdies erhielt der römische Feldherr die Nachricht, daß Andobales mit 7500 Suessetanern zur Unterstützung der Feinde heranrücke. Um eine Verstärkung der karthagischen Kräfte zu verhindern und um einer völligen Umklammerung zu entgehen, zog er, nachdem er den Schutz des Lagers dem Legaten Ti. Fonteius anvertraut hatte, dem Spanier entgegen. Im anschließenden Gefecht errangen die Römer zunächst zwar leichte Vorteile, sahen sich aber nach kurzer Zeit von den numidischen Kavalleristen des Massinissa und bald darauf auch von den karthagischen Infanteristen umzingelt. Publius fiel. Von den fliehenden Römern konnte sich nur ein Teil unter dem Schutz der Nacht retten.

Die siegreichen Feldherrn zogen in großer Eile zu Hasdrubal, dem Sohn des Hamilcar, um ihre Truppen mit seinen zu vereinigen und um so leichter den entscheidenden Schlag gegen Cnaeus führen zu können. Cnaeus versuchte zwar, sich möglichst rasch in sichere Gegenden – und das hieß: in Gebiete nördlich des Ebro – zurückzuziehen, wurde aber eingeholt, in einem notdürftig errichteten Lager angegriffen und am neunundzwanzigsten Tag nach dem Tod seines Bruders erschlagen. Der Teil der römischen Truppen, der dem Gemetzel entkam, floh in das Lager, in dem Fonteius das Kommando führte. Nach der Verlegung des Lagers in nordebrisches Gebiet scheinen die Soldaten den Oberbefehl dem Ritter L. Marcius Septimus – nicht dem Fonteius – übertragen zu haben, dem es anscheinend in der Folgezeit gelang, aus einem desolaten „Haufen" eine einigermaßen funktionierende militärische Einheit zu bilden. Die karthagischen Feldherrn aber versäumten es, mit Entschiedenheit nachzustoßen, um den Krieg in Spanien zu beenden.

Bereits zu der Zeit, als Hannibal vor Rom stand, wurden römische Truppen nach Spanien verlegt, um die entstandenen Lücken wenigstens teilweise aufzufüllen. Und nach dem Fall Capuas gingen große Teile der Verbände, die unter Nero gedient hatten, in Puteoli an Bord, um – wiederum unter dem Kommando Neros – nach Spanien zu fahren: 6000 römische und 6000 latinische Infanteristen und 300 römische und 800 latinische Kavalleristen. Nach der Ankunft in Tarrakon ließ Nero auch die Matrosen bewaffnen und zog zum Lager des Septimus, das sich am Ebro befand. Er fühlte sich stark genug, um alsbald zur Offensive überzugehen. Sein Angriff galt Hasdrubal, dem Sohn des Hamilcar, der sein Lager bei den Lapides Atri im Gebiet der Ausetaner – also in der Nähe der Pyrenäen – aufgeschlagen hatte. Und es gelang ihm in der Tat, Hasdrubal dadurch in Bedrängnis zu bringen, daß er den Zugang zu dem Gebiet, in dem sich das karthagische Lager befand, besetzte. Hasdrubal schien wie in einer Falle gefangen zu sein. Er bat um Verhandlungen, die Nero gewährte. Und während er die Verhandlungen in die Länge zog, ließ er Abteilung um Abteilung auf Schleichwegen abmarschieren – sogar die Elefanten entkamen. Als Nero die „punische List" (Livius) bemerkte, war das karthagische Lager leer.

Nach diesem Desaster war es in Rom klar, daß Nero ersetzt werden mußte. Aber durch wen? Keiner der Männer, die für die Übernahme dieser Aufgabe in Frage kamen, bewarb sich. Da stellte sich P. Cornelius Scipio, der etwa 24jährige Sohn des gefallenen P. Scipio, zur Wahl. Er erhielt sämtliche Stimmen. Der Propraetor Silanus sollte ihn als zweiter Oberbefehlshaber nach Spanien begleiten. Noch im selben Jahr stachen sie von Ostia aus mit 30 Penteren, auf denen sich 10000 Infanteristen und 1000 Kavalleristen befanden, in See und nahmen Kurs in Richtung Emporion. Von hier aus rückten Heer und Flotte getrennt nach Tarrakon vor. Scipio bemühte sich, bei den Truppen und den Bundesgenossen ein Klima des Vertrauens und der Zuversicht zu schaffen.

Die karthagischen Generale bezogen die Winterquartiere bei Gades (Hasdrubal, Sohn des Gisgo), Kastalon (Mago) und Saguntum (Hasdrubal, Sohn des Hamilcar).

Hatten die Römer im Jahre 211 im Westen empfindliche Rückschläge hinnehmen müssen, so verhielt sich dies anders im Osten: hier erzielten sie bedeutende Fortschritte. Laevinus gewann die Aitoler für den Abschluß eines Bündnisvertrags und verschob dadurch die militärischen Gewichte zuungunsten des karthagischen Bündnispartners des Philippos. Noch im selben Jahr entriß er den mit Philippos verbündeten und mit den Aitolern verfeindeten Akarnanen Zakynthos (m. A. der Burg), Oiniadai und das Kastell Nasos und übergab den immobilen Besitz dieser Orte – den Vereinbarungen des Bündnisvertrags entsprechend – den Aitolern. Den Winter 211/10 verbrachte er in Korkyra.

Da die römischen Senatoren einige Zeit nach Capua damit rechneten, daß Hannibal in diesem Jahr keine größeren militärischen Aktivitäten mehr entfalten würde, und da sie es daher für überflüssig hielten, daß zwei consularische Heere in Apulien stünden, forderten sie die Consuln auf, durch das Los zu bestimmen, wer von ihnen beiden als Nachfolger des Laevinus von Apulien nach Makedonien gehen sollte. Das Los fiel auf Galba. Doch Galba traf anscheinend erst im nächsten Jahr auf der Balkanhalbinsel ein.

Der Verlust wichtiger militärischer Positionen (211–204)

Daß nicht nur nach unserem Urteil, sondern auch nach dem Urteil der römischen Zeitgenossen im Jahre 211 eine Wende des Kriegsgeschehens eingetreten war, zeigte sich bei den Beratungen über die Sollstärke der römischen Truppen: zum ersten Mal seit Beginn des Krieges wurde die Zahl der Legionen reduziert. Insgesamt sollten – so beschlossen die Senatoren – im Jahre 210 nicht mehr als 21 Legionen im Felde stehen. Nur einer der beiden Consuln, Marcellus, sollte den Krieg gegen Hannibal führen, dem anderen, Laevinus, wurde der Befehl über den östlichen Teil Siziliens und die „sizilische“ Flotte übertragen. In Rom führte L. Manlius Acidinus das Kommando (zwei Legionen), in Capua Q. Flaccus (eine Legion), in Apulien Centumalus (zwei Legionen), in Griechenland Galba, in Etrurien Piso (zwei Legionen), in Gallien C. Laetorius (zwei Legionen), im westlichen Teil Siziliens L. Cincius Alimentus (zwei Legionen) und auf Sardinien P. Manlius Vulso (zwei Legionen). Im übrigen begann sich beim Volk eine gewisse Kriegsmüdigkeit breitzumachen, die in Rebellion umzuschlagen drohte, als die Consuln das Edikt erließen, die erforderlichen Matrosen sollten auf private Kosten – die Staatskasse war leer – in Dienst genommen und für 30 Tage besoldet und verproviantiert werden. Die Unruhen flauten erst wieder ab, als Laevinus, der einige Zeit nach dem 15. März aus dem Osten zurückgekehrt war, bei den Magistraten und den Senatoren mit Erfolg um die Bereitschaft zu außerordentlichen Opfern warb.

Hannibal scheint in diesem Jahr seine Anstrengungen im wesentlichen darauf konzentriert zu haben, die Folgen des Desasters von Capua so gering wie möglich zu halten. Nicht immer glückte dies. So auch im Fall von Salapia. Hier gelang es Blattius, dem gerissenen Exponenten der proрömischen Partei, Dasius, den Verfechter einer prokarthagischen Politik, für den Plan einer Übergabe der Stadt an Marcellus zu gewinnen.

Die samnitischen Städte Marmoreae und Meles konnte Marcellus mit Gewalt nehmen. Auch Centumalus versuchte, die an verschiedenen Orten zutage tretenden Abfalltendenzen zu nutzen. Nachdem führende Politiker Herdonias Kontakt mit ihm aufgenommen hatten, verlegte er sein Lager in die Nähe der Stadt. Hannibal, der von prokarthagisch eingestellten Politikern Herdonias über die Entwicklung der Dinge in Kenntnis gesetzt wurde, eilte jedoch in Gewaltmärschen herbei und bereitete dem Centumalus eine vollständige Niederlage. Unter den Gefallenen befand sich auch der Proconsul. Die Männer, die mit Centumalus Geheimgespräche geführt hatten, wurden hingerichtet, die Stadt wurde in Brand gesteckt, und die Einwohner wurden nach Metapontion und Thurioi umgesiedelt. Marcellus, der in Samnium stand, wollte diese Scharte auswetzen. Er zog in die Nähe der lucanischen Stadt Numistro – dort hatten auch die Karthager ein Lager aufgeschlagen – und bot Hannibal eine Schlacht an. Hannibal nahm die Schlacht an und siegte. Nach der Schlacht zog er über Venusia nach Apulien – vielleicht in Richtung Taras. Marcellus folgte. In Taras änderte sich in diesem Jahr die militärische Situation nicht wesentlich, obwohl der Tarantiner Demokrates als Kommandant einer Flottille von 20 Schiffen den Römer D. Quinctius, der eine gleich große Flottille befehligte, bei Sapriportis – etwa 15 Meilen von Taras entfernt – schlug. Die römische Flottille, deren Heimathafen Rhegion war, hätte den Nachschub für die römische Besatzung der Burg sichern sollen. Im übrigen scheint Hannibal in der Zeit nach dem Fall Capuas in größerem Umfang als bisher feindliches Gebiet verwüstet zu haben – nicht nur, um den Römern zu schaden, sondern auch – ja vielleicht in erster Linie! –, um seine Bundesgenossen zu warnen.

Die Positionen, die Karthago auf Sizilien noch besaß, wurden durch die Unfähigkeit des Generals Hanno verspielt. Er nahm dem bei den Feinden gefürchteten Muttines den Oberbefehl über die numidische Kavallerie und übertrug ihn seinem Sohn. Diese Zurücksetzung ertrug Muttines nicht. Er knüpfte mit Laevinus Verhandlungen wegen der Übergabe von Akragas an – und der Verrat führte zum Ziel. Hanno konnte mit Epikydes und wenigen Begleitern auf einem Boot nach Afrika entkommen. Laevinus ließ die führenden Männer von Akragas auspeitschen und enthaupten und die übrigen Bewohner der Stadt in die Sklaverei verkaufen. Dem Fall von Akragas folgte der Verlust der letzten Bastionen Karthagos auf Sizilien. Die Römer gewannen in kurzer Zeit 20 Städte durch Verrat und sechs Städte durch Gewalt, etwa 40 Städte gingen freiwillig – d. h. durch die Verhältnisse genötigt – auf die römische Seite über.

In Afrika nahm Syphax im Jahre 210 erfolgreich – so berichtete er jedenfalls nach Rom – den Krieg gegen die Karthager auf. Wie erfolgreich auch immer diese Kämpfe gewesen sein mögen – sicher ist, daß die Kräfte Karthagos durch die Bildung einer neuen Front in noch höherem Maße beansprucht wurden. Hinzu kam, daß M. Valerius Messalla, der Flottenbefehlshaber des Laevinus, im Spätsommer dieses Jahres mit 50 Schiffen im Gebiet von Ityke landete, um Beute zu machen und Erkundigungen einzuziehen. Messalla hatte Erfolg. Allerdings mußte er Laevinus, der wegen der Consulwahlen nach Rom gereist war, einen Bericht schicken, der äußerst unangenehme Dinge enthielt: 5000 Numider, deren Führer Massinissa, der Sohn des Gaia, sei, hielten sich in Karthago auf; in ganz Afrika würden weitere Soldaten geworben werden, die nach Spanien gehen und sobald wie möglich unter der Führung des Hasdrubal, des Sohns des Hamilcar, in Italien einmarschieren sollten; die Karthager erhofften vom Einmarsch des Hasdrubal in Italien den Endsieg; und schließlich würde eine große Flotte ausgerüstet werden, mit deren Hilfe Sizilien erobert werden solle – und er glaube, diese Flotte werde bald auslaufen.

Es war schon fast Herbst, als der Admiral Hamilcar mit einer Flotte von 40 Schiffen nach Sardinien übersetzte und zuerst das Gebiet von Olbia und dann, als Vulso mit seinen Truppen bei Olbia eintraf, das Gebiet von Karalis verwüstete und reiche Beute machte. Möglicherweise war dieser Plünderungszug eine Antwort auf die Aktion des Messalla bei Ityke.

In Spanien – jedenfalls im südebrischen Teil Spaniens – scheint keine wesentliche Veränderung der militärischen Situation eingetreten zu sein.

Etwas anders lagen die Dinge in Griechenland. Zwar änderte die Eroberung der am Korinthischen Meerbusen gelegenen Stadt Antikyra durch römische und aitolische Truppen – auf römischer Seite kommandierte zu diesem Zeitpunkt noch Laevinus, auf aitolischer Skopas – am militärischen Kräfteverhältnis nicht viel, doch war insbesondere die Besetzung von Aigina ein beachtlicher Erfolg. Und von beträchtlicher Bedeutung war die Tatsache, daß der pergamenische König Attalos, der für das Jahr 210/9 zum Ehren-Feldherrn des Aitolischen Bundes gewählt worden war, in das Kriegsgeschehen eingriff. Vielleicht waren seine Truppen bereits bei der Eroberung von Aigina eingesetzt worden.

Philippos glückte in diesem Jahr immerhin die Einnahme von Larisa Kremaste und von Echinos.

Anscheinend hatte sich Hannibal im Frühling des Jahres 209 zum Ziel gesetzt, seine Position im nördlichen Apulien und in Samnium, die während des vergangenen Jahres geschwächt worden war, wieder zu stärken. Er hatte keineswegs die Absicht, sich im südlichen Italien einzuigeln, sondern war bestrebt, den Anschluß an Mittelitalien nicht zu verlieren. Von dem ungebrochenen, offensiven Geist, der die karthagische Kriegführung beherrschte, waren offensichtlich auch die römischen Senatoren überzeugt – sie ließen in diesem Jahr ein weiteres Zwei-Legionen-Heer in Italien kämpfen, um Hannibal härter zusetzen zu können. Maximus (V) erhielt als Befehlsbereich die Gegend um Taras, Q. Flaccus (IV) Lucanien und Bruttium, Marcellus das jeweilige Operationsgebiet des Hannibal, C. Hostilius Tubulus Rom, Crispinus, der bereits erwähnte Legat des Jahres 212, Capua, Piso Etrurien, L. Veturius Philo Gallien, Galba Makedonien, Alimentus den östlichen Teil Siziliens, Laevinus den westlichen Teil Siziliens und C. Aurunculeius Sardinien. Der Oberbefehl für Scipio und Silanus wurde nicht auf ein Jahr, sondern bis auf Widerruf prorogiert.

Bei der diesjährigen Aushebung von Truppen und bei der Festsetzung von Abgaben entstand im Lager der Latiner und der Bundesgenossen eine für die römische Sache gefährliche Situation. Ein großer Teil der latinischen Kolonien sah sich außerstande, Truppen zu stellen und Abgaben zu entrichten, und plädierte für den Abschluß eines Friedensvertrags mit Karthago. Es waren dies Sutrium, Nepet, Narnia, Carsioli, Alba, Sora, Interamna, Cales, Suessa, Circei, Setia und Ardea. Die Senatoren werteten dies als offenen Abfall, hielten es aber für das klügste, zum gegenwärtigen Zeitpunkt keine militärischen Sanktionen zu verhängen, sondern die Angelegenheit mit Schweigen zu übergehen. Doch hatten sich im Gefüge der Allianz Risse gezeigt, die für den Bestand des römischen Staats lebensbedrohend waren. Immerhin konnten die Römer mit Genugtuung feststellen, daß der größere Teil der latinischen Kolonien nach wie vor zur gemeinsamen Sache stand. Es handelte sich um Spoletium, Cosa, Placentia, Cremona, Ariminum, Firmum, Hadria, Luceria, Venusia, Brundisium, Paestum, Beneventum, Saticula, Aesernia, Fregellae, Signia, Norba und Pontiae – Städte, die zu einem großen Teil eher an der Peripherie des römischen Machtbereichs lagen und daher des römischen Schutzes in besonderer Weise bedurften.

Natürlich konnten die rebellierenden latinischen Kolonien nicht für Hannibal Partei ergreifen – der größte Teil ihrer wehrfähigen Männer diente im römischen Heer –, ihre Haltung dürfte aber nicht ohne Einfluß auf die innenpolitische Situation anderer Städte Italiens geblieben sein. Ob sich dies im konkreten Fall von Canusium so verhielt, wissen wir nicht. Jedenfalls war ein Teil der Bürger der bisher romtreuen Stadt bereit, mit Hannibal zu kollaborieren. Hannibal verlegte daraufhin sein Lager in die Nähe der Stadt. Als aber Marcellus bei Canusium auftauchte, zog er ab – vermutlich, um ein vorteilhaftes Gelände für eine Schlacht zu gewinnen. Und Marcellus folgte. Die Schlacht, die an einem uns unbekannten Ort geschlagen wurde, endete mit einem vollständigen Sieg des Karthagers. Marcellus zog sich nach Venusia zurück. Seine Niederlage brachte ihm eine Anklage auf Abrogation des Kommandos ein – eine Anklage, die allerdings nicht zum Ziel führte. Hannibal aber marschierte nach Bruttium; denn Kaulonia war von feindlichen Truppen eingeschlossen worden. Bei diesen Truppen handelte es sich um 8000 Mann – nach Livius Verbannte, Verschuldete, Überläufer und Verbrecher –, die Laevinus zu einem großen Teil von Agathyrnon aus nach Bruttium hatte übersetzen lassen. Auf Befehl des Maximus, der Hannibal von Taras fernhalten wollte, hatten sie nach der Verwüstung bruttischer Landstriche mit der Belagerung von Kaulonia begonnen – und in diesem Fall sollte, wie sich bald zeigte, die Rechnung des Consuls aufgehen. Hannibal erreichte zwar die Kapitulation des buntzusammengewürfelten Heeres, war aber nicht zur Stelle, als es um Taras ging.

Vielleicht waren bereits vor dem Sieg des Hannibal über Marcellus Gesandte der Hirpiner, der Volceienter und der Lucaner bei Q. Flaccus erschienen und hatten ihre Städte und deren karthagische Besatzungen dem Consul übergeben. Und auch die bruttischen Brüder Vibius und Paccius, die aber kaum als Repräsentanten aller bruttischen Städte zu betrachten sind, hatten mit Q. Flaccus über Übergabebedingungen verhandelt.

Maximus aber zog nach der Einnahme der sallentinischen Stadt Manduria – der Besitz der Stadt war wegen der Kontrolle des Verbindungswegs zwischen Brundisium und Taras von Bedeutung – nach Taras und schlug bei der Hafeneinfahrt ein Lager auf. Zunächst bereitete er die Bestürmung der Stadt von der See her vor, und dabei kam ihm zustatten, daß ein Auftauchen der karthagischen Flotte nicht zu befürchten war – die karthagische Flotte war zur Unterstützung eines Angriffs des Philippos auf aitolische Positionen nach Korkyra gesegelt. Taras wurde aber nicht mit Gewalt, sondern durch Verrat genommen. Eine in Taras lebende femme fatale, deren Bruder im Heer des Maximus diente, spielte beim Entschluß des Kommandanten der bruttischen Besatzungstruppen, den römischen Truppen den Zugang zur Stadt zu ermöglichen, die entscheidende Rolle. Demokrates und Nikon fielen, Philemenos rettete sich durch die Flucht, und der karthagische Besatzungskommandant Carthalo, der sich wegen der Übergabeverhandlungen waffenlos und im Vertrauen auf die Gastfreundschaft seines Vaters auf den Weg zu Maximus begab, wurde auf dem Weg von einem Soldaten erschlagen. Die römischen Truppen mordeten und plünderten.

Hannibal, der in Gewaltmärschen von Kaulonia herbeigeeilt war, schlug zunächst auf die Nachricht vom Verlust von Taras hin etwa fünf Meilen von der Stadt entfernt ein Lager auf – vielleicht hoffte er, Maximus werde eine Schlacht wagen – und ging dann nach einigen Tagen nach Metapontion zurück. Mit einem fingierten Brief führender metapontischer Politiker versuchte er, den Consul nach Metapontion zu lokken. Doch hielten angeblich ungünstige Auspizien Maximus in Taras zurück. Taras war für Hannibal unwiederbringlich verloren.

Neben der Eroberung von Taras wurde – zumindest auf römischer Seite – die Eroberung von Carthago Nova als das herausragende militärische Ereignis des Jahres betrachtet. P. Scipio, der sich im Jahre 210 offenbar damit begnügt hatte, das nordebrische Gebiet unter Kontrolle zu bekommen, ließ sich bei der Planung der Operationen des Jahres 209 von folgenden Überlegungen leiten: Eine Auseinandersetzung mit den vereinigten karthagischen Streitkräften zu suchen, empfahl sich deswegen nicht, weil der Feind in diesem Fall militärisch eindeutig überlegen sein würde. Einen Vorstoß gegen eine der drei karthagischen Heeresgruppen zu unternehmen, konnte zur Folge haben, daß der Feind bis zum Eintreffen der beiden anderen Heeresgruppen eine hinhaltende Taktik anwandte und dann zu einem vernichtenden Gegenschlag ausholte; daher schien auch dieser Weg nicht gangbar zu sein. So blieb als dritte Möglichkeit, ein unter militärischen Gesichtspunkten bedeutendes Objekt anzugreifen, zu dessen Schutz keiner der drei karthagischen Generale rasch genug heranrücken konnte. Und diese Möglichkeit faßte P. Scipio ins Auge. Seine Wahl fiel auf Carthago Nova. Dic Eroberung dieser Stadt würde – so kalkulierte der römische Feldherr – große Vorteile militärischer, finanzieller und nicht zuletzt politisch-propagandistischer Art bringen. Nachdem er Silanus mit 3000 Infanteristen und 300 Kavalleristen im nordebrischen Gebiet zurückgelassen hatte, überschritt er im Frühling des Jahres 209 mit 25000 Infanteristen und 2500 Kavalleristen den Ebro und kam in kürzester Zeit vor Carthago Nova an. Zur gleichen Zeit lief der Flottenbefehlshaber C. Laelius mit einer Flotte von 35 Schiffen in den Hafen der Stadt ein. Der Stadtkommandant Mago, dem eine Truppe von 1000 Mann und eine Miliz von etwa 2000 Mann zur Verfügung standen, konnte nicht verhindern, daß die Stadt an *einem* Tag – es war der vierte Tag nach der Ankunft der römischen Truppen – erobert wurde. Den entscheidenden Angriff unternahm eine 500 Mann starke römische Einheit, die durch das Watt watete und an einer unbewachten Stelle die Mauer überstieg. Anschließend mordete die Soldateska – auf Befehl des P. Scipio –, bis Mago die Burg übergab. Dem Morden folgte das Plündern. Fast 10000 Bewohner der Stadt fielen in die Hände der Römer; den Bürgern und Bürgerinnen der Stadt und ihren Kindern schenkte P. Scipio die Freiheit, die etwa 2000 nicht-bürgerlichen Handwerker erklärte er zu römischen Staatssklaven, von den übrigen Gefangenen ordnete er die kräftigsten zum Dienst in der Flotte ab und übergab die restlichen den Militärtribunen. Den über 300 Geiseln befahl er, Kontakt mit ihren Angehörigen aufzunehmen, und stellte ihnen die Freiheit in Aussicht, wenn die Führer ihrer Stämme mit den Römern ein Bündnis schlössen. Laelius aber erhielt den Auftrag, als Bote des Erfolgs nach Rom zu fahren – mit ihm fuhren Mago, zwei Mitglieder der karthagischen Regierung, 15 Mitglieder des karthagischen Senats und weitere vornehme Gefangene. Nachdem P. Scipio Carthago Nova durch eine Besatzung gesichert hatte, kehrte er mit dem Heer und der Flotte nach Tarrakon zurück. Er hatte einen giftigen Pfeil in das Fleisch Karthagos geschossen.

Im Osten weitete sich im Jahre 209 das militärische Geschehen aus. Vom karthagischen Standpunkt aus war es bedauerlich, daß die Handlungsfreiheit des Philippos in Griechenland infolge der anhaltenden Bedrohung Makedoniens durch thrakische und illyrische Nachbarn eingeschränkt war. Trotz dieser Behinderung führte Philippos in diesem Jahr in Griechenland erfolgreiche militärische Operationen durch. So schlug er bei Lamia die verbündeten Truppen der Aitoler, des Galba und des Attalos in zwei Treffen. Gesandte Ptolemaios'IV., der Rhodier, der Chier, der Mytilenaier, der Athener und des athamanischen Königs Amynandros, die in Phalara bei Philippos eintrafen, um im makedonisch-aitolischen Konflikt zu vermitteln, erreichten, daß Philippos einer dreißigtägigen Waffenruhe und einer Friedenskonferenz, die in Aigion stattfinden sollte, seine Zustimmung gab. Die Konferenz scheiterte an den unannehmbaren Bedingungen der Aitoler, deren Zuversicht durch die Nachricht von der Ankunft der römischen Flotte bei Naupaktos und des Attalos auf Aigina gestärkt worden war. In der Zeit nach der Konferenz von Aigion erkannte Philippos deutlicher als je zuvor, daß der Einsatz von Marinestreitkräften unerläßlich war, sollte der Krieg weiterhin erfolgreich geführt werden. Er verstärkte die karthagische Flotte, die vor einiger Zeit an den Küsten der Balkanhalbinsel eingetroffen war, mit fünf achaischen Schiffen und plante, auch die Schiffe des bithynischen Königs Prusias, die sich auf dem Weg nach Griechenland befanden, dieser Flotte einzugliedern. Der Korinthische Meerbusen sollte nicht länger ein Tummelplatz der römischen Marine sein! Bei einem Angriff auf die Stadt Elis, in der eine aitolische Besatzung lag, hatte Philippos allerdings keinen Erfolg, da es Galba verstanden hatte, unbemerkt 4000 Mann von Kyllene nach Elis zu führen. Alarmierende Nachrichten über gefährliche Entwicklungen an der Nordgrenze Makedoniens zwangen den König schließlich jedoch, den griechischen Feldzug dieses Jahres abzubrechen. Er kehrte nach Makedonien zurück. Der Krieg auf der Balkanhalbinsel verselbständigte sich mehr und mehr und war nur noch bedingt als Teil der karthagisch-römischen Auseinandersetzung anzusprechen.

Es hat den Anschein, als habe Hannibal im Jahre 208 das Ziel verfolgt, seine Kräfte nicht durch gewagte Aktivitäten zu gefährden, sondern in erster Linie darauf zu achten, seine Positionen zu halten – die Entscheidung sollte seinen Planungen zufolge in einer großangelegten konzertierten Aktion des nächsten Jahres fallen.

Einen Vorgeschmack dessen, was möglicherweise auf Rom zukam, gaben die Unruhen, die bereits im Jahre 209 in Etrurien – insbesondere in Arretium – ausgebrochen waren. Erst als der designierte Consul Marcellus in Etrurien erschien, hielten die Etrusker still. Daß die etruskischen Bundesgenossen Roms genügend Grund hatten, über die Belastungen durch einen Krieg, der im Grunde eine karthagisch-römische und nicht eine etruskische Angelegenheit war, ungehalten zu sein, steht außer Frage. Daß sie aber ohne Kontaktaufnahme mit Hannibal zu revoltieren wagten, ist äußerst unwahrscheinlich. Hannibal wird in Etrurien seine Hände im Spiel gehabt haben. Vielleicht spielte beim Entschluß der führenden Politiker Etruriens, Rom die Gefolgschaft zu verweigern, auch das Wissen um die Italien-Pläne des Hasdrubal, des Sohns des Hamilcar, eine Rolle.

Bei der Verteilung der militärischen Kommandobereiche fiel den Consuln Marcellus (V) und Crispinus Italien – näherhin Apulien und Lucanien/Bruttium – zu, P. Licinius Varus Rom, Q. Flaccus Capua, Q. Claudius Flamen Taras, Tubulus Etrurien, Philo Gallien, Galba die Balkanhalbinsel, Sex. Iulius Caesar Sizilien, Laevinus die 100 Schiffe umfassende „sizilische" Flotte und Auruncuilius Sardinien. Die Kommandos, die P. Scipio und Silanus in Spanien führten, waren bereits im letzten Jahr bis auf Widerruf prorogiert worden. Aus der Verteilung der Flotten ist zu ersehen, daß die Senatoren mit Angriffen der karthagischen Marine – man sprach von 200 Schiffen – auf Italien, Sizilien und Sardinien rechneten.

Die Unruhen in Arretium wurden durch repressive Maßnahmen unterdrückt – so hatten die arretinischen Senatoren 120 Kinder als Geiseln zu stellen. Außerdem erhielt Varro, der einige Zeit nach der Schlacht von Cannae im picenischen Gebiet tätig gewesen war, ein außerordentliches Kommando mit dem Auftrag, eine der beiden städtischen Legionen nach Arretium zu führen. Tubulus sollte mit den ihm anvertrauten Legionen das übrige Etrurien unter Kontrolle halten.

In Süditalien wurde das militärische Geschehen dieses Jahres durch einen Angriff des Crispinus auf Lokroi eröffnet. Nach Taras sollte ein weiterer karthagischer Stützpunkt im Süden des Landes fallen! Doch obwohl Crispinus Teile der „sizilischen" Flotte einsetzte, zeichnete sich kein rascher Erfolg ab. Und als der Consul erfuhr, Hannibal sei bereits – von Metapontion aus? – bis zum Lacinischen Vorgebirge vorgerückt, brach er die Belagerung ab und zog zu seinem Kollegen, der bereits Venusia verlassen hatte und in die Gegend zwischen Venusia und Bantia marschiert war. Sie bezogen dort ihre Lager, da sie hofften, Hannibal werde sich in einen Kampf mit beiden consularischen Heeren einlassen und dann unterliegen. Und Hannibal zog auch in der Tat in die Nähe der römischen Stellungen, nahm aber in dem vom Feind vorgesehenen Gelände die Schlacht nicht an. Die Consuln aber, die einen Erkundungsritt unternahmen, ohne hinreichende Vorsichtsmaßnahmen getroffen zu haben, gerieten in einen Hinterhalt numidischer Kavalleristen. Marcellus fiel, und Crispinus wurde schwer verwundet. Unter dem Eindruck des Unglücksfalls zog Crispinus mit beiden consularischen Heeren ab und schlug ein Lager in den schützenden Bergen auf. Hannibal, im Besitz des Siegelrings des Marcellus, unternahm den Versuch, sich mit Hilfe eines gefälschten Schreibens in den Besitz von Salapia zu setzen. Dieser Versuch scheiterte. Der Listige verlor durch eine List etwa 600 römische Überläufer. Nach dem mißglückten Angriff auf Salapia zog er nach Lokroi, um Alimentus zu zwingen, die Belagerung der Stadt aufzugeben. Alimentus floh nach Sizilien. Möglicherweise befürchtete Crispinus nicht zu Unrecht, Hannibal werde jetzt nach Taras ziehen.

Anscheinend nach der Rückkehr des Alimentus nach Sizilien fuhr Laevinus mit der gesamten Flotte nach Afrika hinüber, landete bei Aspis und plünderte das Gebiet in der Nähe der Stadt. Er hatte kaum wieder Kurs in Richtung Lilybaion genommen, als die karthagische Flotte auftauchte. Bei dem anschließenden Gefecht verloren die Karthager angeblich 18 von 83 Schiffen.

In manchen Teilen Spaniens hatte der Fall von Carthago Nova dazu beigetragen, einen Umschwung der öffentlichen Meinung zugunsten der Römer herbeizuführen. Diese Stimmung auszunützen, verstand P. Scipio meisterhaft. Dabei kam ihm sehr zustatten, daß sich seit der Einnahme der karthagischen Metropole Spaniens zahlreiche Angehörige der spanischen Führungsschicht in seiner Hand befanden. Der erste Politiker, der – bereits im Jahre 209 – gegen die Rückgabe seiner Frau und seiner Söhne ein Bündnis mit den Römern geschlossen hatte, war Edekon, der Fürst der Edetaner, gewesen. Und die Kunde von der entgegenkommenden Behandlung des Edekon durch Scipio hatte sich rasch verbreitet und dazu geführt, daß alle nördlich des Ebro wohnenden

Stämme, die sich bisher nicht den Römern angeschlossen hatten, auf die römische Seite getreten waren. Auch die einflußreichen Fürsten Andobales und Mandonios, die bisher die karthagische Sache unterstützt hatten, hatten bereits während des Winters 209/8 mit P. Scipio Kontakt aufgenommen. Und als nun P. Scipio in Richtung Süden vorrückte, verließen sie mit ihren Truppen das Lager des Hasdrubal, des Sohns des Hamilcar, und schlossen sich dem Römer an. Andere folgten ihrem Beispiel. P. Scipio, der nunmehr gewissermaßen unter Erfolgszwang stand, war bestrebt, Hasdrubal anzugreifen, solange dieser noch keine Verbindung zu den anderen, in größeren Entfernungen operierenden karthagischen Generalen aufgenommen hatte. Hasdrubal aber war ebenfalls keineswegs abgeneigt, eine Schlacht zu schlagen: hätte er Erfolg, würde er nicht nur die gefährlich verlaufende Entwicklung der militärischen und politischen Verhältnisse Spaniens wahrscheinlich aufhalten können, sondern auch in aller Ruhe Spanien in Richtung Italien verlassen können; im Falle eines Mißerfolgs würde ihm vermutlich immer noch der Weg über Gallien nach Italien offenstehen. Problematisch aber waren die militärischen Kräfteverhältnisse. Spätestens seit dem Übertritt bedeutender spanischer Kontingente ins feindliche Lager verfügte P. Scipio über die zahlenmäßig stärkeren Verbände. Unter diesen Umständen erscheint die Annahme nicht unwahrscheinlich, daß Hasdrubal deswegen nach Süden zog, um Anschluß an die militärischen Basen seiner Kollegen zu gewinnen. Er wollte die Schlacht schlagen, aber er wollte sie auf karthagischer Seite nicht allein schlagen. Doch P. Scipio wartete nicht, bis die karthagischen Verstärkungen in der Nähe von Baikula eingetroffen waren, sondern griff an, und zwar mit einer Wucht, die Hasdrubal überraschte. Als der Karthager sah, daß er die Schlacht verlieren werde, gab er das Zeichen zum Rückzug und rettete dadurch den größeren Teil des Heeres. Er zog zum Tagos und von dort zu einem der westlichen Pyrenäenpässe. P. Scipio folgte nicht, sondern kehrte nach der Erledigung der anstehenden Aufgaben nach Tarrakon zurück.

Wenige Tage nach der Schlacht von Baikula konferierten die drei karthagischen Generale an einem uns unbekannten Ort. Sie erreichten in folgenden Fragen Übereinstimmung: Hasdrubal, der Sohn des Hamilcar, sollte – wie vorgesehen – nach Italien aufbrechen; Mago sollte seine Heeresgruppe dem anderen Hasdrubal übergeben und auf den Balearen Söldner werben; Hasdrubal, der Sohn des Gisgo, sollte nach Lusitanien marschieren und das Heer nicht durch eine Schlacht gefährden; und Massinissa, der an der Schlacht von Baikula teilgenommen hatte, sollte mit einer Elitetruppe von 3000 Kavalleristen die karthagischen Interessen im übrigen Spanien vertreten.

Im Osten verlagerte sich in diesem Jahr das militärische Geschehen vornehmlich in küstennahe Gebiete Mittel- und Nordgriechenlands. Zwar ging Philippos bei der Abwehr feindlicher Angriffe mit großer Energie zu Werke, war aber insofern im Nachteil, als er nicht über eine Flotte verfügte, die der römisch-pergamenischen Flotte – Galba hatte 25, Attalos 35 Penteren – Paroli bieten konnte. Die karthagische Flotte, die zahlenmäßig anscheinend schwächer war, hielt sich im Korinthischen Meerbusen auf – vielleicht, um die Achaier vor aitolischen Angriffen zu schützen –, war jedenfalls bei den Kämpfen, die im Norden und Osten Griechenlands ausgetragen wurden, nicht zur Stelle. Man gewinnt fast den Eindruck, als habe der Admiral der karthagischen Balkan-Flotte keinen Wert darauf gelegt, stärker in die Kämpfe in Griechenland einzugreifen, um kein Schiff unnötig zu gefährden; denn die militärischen Kräfte hielten sich auf der Balkanhalbinsel auch ohne größeres karthagisches Engagement die Waage – und viel mehr konnte man unter den gegebenen Umständen ohnehin nicht erwarten. Den römisch-pergamenischen Verbündeten gelang es trotz ihrer maritimen Überlegenheit und der damit verbundenen größeren Beweglichkeit nicht, bedeutende Erfolge zu erringen; denn die Eroberung sowohl von Oreos – die Stadt war durch Verrat gefallen – als auch von Opus konnte von Philippos rückgängig gemacht werden. Der makedonische König war außerdem in der Lage, Chalkis zu halten, die in den Thermopylen postierten aitolischen Truppen zu überrennen, Thronion und die phokischen bzw. dorischen Städte Tithronion und Drymaia zu erobern und außerdem Machanidas, der in Sparta eine tyrannenähnliche Stellung einnahm, in die Schranken zu weisen. Unter diesen Umständen ist es nicht erstaunlich, wenn er den ptolemaiischen und rhodischen Diplomaten in Elateia in aller Kürze erklärte – die Diplomaten hatten vorher mit den Römern, den Aitolern und wohl auch Attalos in Herakleia konferiert –, dem Frieden stünde nicht er im Wege, sondern seine Feinde. Spätestens nach der vorzeitigen Abfahrt der karthagischen Flotte von Aigion – die Flotte segelte aus Angst vor einem römisch-pergamenischen Angriff über die Oxeiischen Inseln in akarnanische Häfen – wird Philippos den Plan gefaßt haben, eine eigene Flotte auf Kiel zu legen. Er tat dies in Kassandreia. Die Flotte sollte 100 Schiffe umfassen.

Vom Jahr 207 erwarteten Freund und Feind eine entscheidende Wende. Die Hoffnungen und Befürchtungen beider Seiten knüpften sich an den Zug des Hasdrubal nach Italien. Hasdrubal, der in Südfrankreich bereits eine beträchtliche Zahl keltischer Soldaten geworben hatte, war im Herbst 208 am Fuß der Alpen angekommen. Nach dem Bezug der Winterquartiere hatte er Kontakt mit den Ligurern aufgenommen und eine Truppe von 8000 Mann geworben, die in der Po-Ebene zu ihm stoßen sollte. Bei der Überquerung der Alpen im Frühling 207 waren keine größeren Schwierigkeiten zu überwinden. Keltische Stämme – wie die Arverner – und alpine Stämme gewährten ihm nicht nur freien Durchzug, sondern waren sogar bereit, unter karthagischer Fahne zu kämpfen. Nachdem er die Po-Ebene erreicht hatte, marschierte er über Placentia in Richtung Ariminum. In Umbrien – dies sah der Plan der Brüder vor – sollten sich beide karthagischen Heere vereinigen.

Bereits vor ihrem Amtsantritt hatten die Consuln des Jahres 207, C. Claudius Nero und M. Livius Salinator, um ihre Aufgabenbereiche, die im Gegensatz zu den vorhergehenden Jahren klar abgegrenzt waren, gelost: Nero hatte Lucanien und Bruttium und damit als Gegner Hannibal erhalten, Salinator Gallien und damit Hasdrubal. In Rom sollte L. Hostilius Cato kommandieren, in Capua Tubulus, in Bruttium Q. Flaccus, in Taras und im Gebiet der Sallentiner Flamen, in Etrurien Varro, in Gallien L. Porcius Licinus, auf Sizilien C. Mamilius Atellus, auf Sardinien A. Hostilius Cato, in Spanien P. Scipio und Silanus und auf der Balkanhalbinsel Galba. Sowohl der Süden als auch der Norden Italiens waren somit durch mindestens drei Heeresgruppen geschützt. Bei dem immensen Bedarf an wehrfähigen Männern verwundert es nicht, daß sich bei den Aushebungen dieses Jahres Schwierigkeiten ergaben. Die Consuln sahen sich daher gezwungen, auch bei den an der Küste wohnenden Kolonisten, denen angeblich eine „hochheilige Befreiung" (vom Kriegsdienst) (Livius) zugestanden worden war, Rekrutierungen durchzuführen.

Hannibal blieb in diesem Jahr länger in den Winterquartieren als in den vorhergehenden Jahren, da er mit einer alsbaldigen Ankunft des Bruders nicht rechnete und da er vor der Vereinigung beider Heere keine bedeutendere militärische Aktion in Angriff nehmen wollte. Auf dem Weg nach Norden stieß er bei Grumentum auf Nero und wahrscheinlich auch auf Q. Flaccus. Es kam zu einer Schlacht, über die keine genaueren Aussagen zu machen sind. Jedenfalls erlitt Hannibal keine größere Niederlage – er marschierte unbehindert in Richtung Venusia ab. Hierher ließ er die unter Hanno stehende Besatzung von Metapontion kommen – vielleicht auch einige bruttische Einheiten – und rückte dann nach Canusium vor. Hier wartete er auf eine Nachricht seines Bruders – doch diese Nachricht traf nie ein. Vier keltische und zwei numidische Kavalleristen, die das Schreiben des Hasdrubal überbringen sollten, verfehlten den Weg und fielen Flamen in die Hände. Dieser ließ den versiegelten Brief dem Consul, der ebenfalls bei Canusium stand, überbringen. Und der Consul handelte rasch und entschlossen. Er schrieb an die Senatoren, sie sollten die städtischen Legionen nach Narnia verlegen, um an der via Flaminia eine Riegelstellung aufzubauen, sie sollten weiterhin die in Capua liegende Legion nach Rom beordern und sie sollten schließlich in Rom neue Truppen ausheben. Er selbst zog in größter Eile mit den tüchtigsten Soldaten – es waren 6000 Infanteristen und 1000 Kavalleristen – durch das larinatische, frentanische, marrucinische und praetutianische Gebiet nach Norden. Hannibal bemerkte den Abzug dieser Truppen anscheinend nicht.

Bereits am Tag nach der Ankunft der neronischen Truppen im Lager des Salinator bei Sena waren Salinator, Nero und Licinus bereit, sich mit Hasdrubal zu schlagen – Nero hatte verständlicherweise für eine rasche Entscheidung plädiert. Doch der erfahrene karthagische General schöpfte Verdacht und nahm die Schlacht nicht an. Aus der Tatsache, daß im consularischen Lager ein zweifaches Schlachtsignal gegeben wurde, schloß er, daß beide Consuln anwesend waren. War Hannibal geschlagen worden? Unter dem Schutz der Nacht zog er nordwestwärts ab – wahrscheinlich, um auf dem linken Ufer des Metaurus die via Flaminia zu erreichen und auf ihr nach Süden vorzudringen. Doch führten mangelnde Ortskenntnis, ungünstiges Gelände und keltische Disziplinlosigkeit dazu, daß das karthagische Heer nicht so rasch und so geordnet vorankam, wie Hasdrubal wünschte. Noch bevor er über den Metaurus gehen konnte, wurde er von den Römern eingeholt. Nun konnte er einer Schlacht nicht mehr ausweichen. Er stellte die zehn Elefanten in die vorderste Linie, die Ligurer in die Mitte der Schlachtreihe, die Kelten auf den linken Flügel und die Spanier auf den rechten Flügel. In der Mitte der römischen Schlachtreihe stand Licinus, auf dem rechten Flügel Nero und auf dem linken Flügel Salinator. Hasdrubal, entschlossen, „zu siegen oder zu sterben" (Polybios), ging mit den Spaniern gegen den linken Flügel der Römer vor. Der Kampf blieb unentschieden, bis Nero, der seine Truppen auf dem rechten Flügel wegen eines ungünstigen Geländes in zu geringem Maße einsetzen konnte, über den linken Flügel hinausging und die Spanier im Rücken angriff. Als Hasdrubal sah, daß die Schlacht verloren war, ritt er mitten in eine Cohorte hinein und fiel im Kampf. Mit dem Heer des Hasdrubal verloren die Karthager eine ihrer größten Hoffnungen.

Nero ritt in Eile nach Canusium und ließ den Kopf des Hasdrubal vor das karthagische Lager werfen. Hannibal aber hielt es unter den gegebenen Umständen für erforderlich, alle Truppen in Bruttium zu konzentrieren. Die metapontischen und lucanischen Bundesgenossen durch Besatzungstruppen zu schützen, schien nicht mehr möglich. Sie mußten mit ihm nach Bruttium ziehen.

Auch in Spanien stand die Sache der Karthager unter keinem günstigen Stern. Zwar brachten Mago und Hanno, der Nachfolger des Hasdrubal, des Sohns des Hamilcar, neue Truppen auf dem spanischen Kriegsschauplatz zum Einsatz – Balearer, Afrikaner und Keltiberer –, wurden aber dennoch von Silanus, der eine Heeresgruppe von etwa 10000 Infanteristen und 500 Kavalleristen befehligte, geschlagen. In dieser Schlacht waren die neuformierten keltiberischen Einheiten unter dem Kommando des Mago gestanden, und die karthagischen Truppen, die zu spät in das Geschehen hatten eingreifen können, unter dem Befehl des Hanno. Mago floh – er kam nach einem Ritt von neun Tagen in der „gaditanischen Provinz" (Livius) des Hasdrubal, des Sohns des Gisgo, an –, und Hanno geriet in Gefangenschaft. Die in der Schlacht erlittenen Verluste waren bedeutend. Von noch größerer Bedeutung aber waren die psychologischen Auswirkungen auf die Stämme Zentralspaniens – der Osten der Iberischen Halbinsel stand ohnehin schon unter römischem Einfluß.

Um den Erfolg der römischen Waffen zu vervollständigen, rückte P. Scipio gegen Hasdrubal vor, der zu dieser Zeit bemüht war, die karthagischen Positionen in der Baetica zu festigen. Hasdrubal aber wich einer Auseinandersetzung aus und zog sich nach Gades zurück, nachdem er seine gesamten Streitkräfte in die Städte der Verbündeten gelegt hatte. P. Scipio hielt es unter diesen Umständen für das klügste, den Rückmarsch anzutreten. Um aber nicht den Anschein der Resignation zu erwecken, ließ er durch seinen Bruder, den Legaten L. Scipio, die bedeutende Stadt Orongis – die Stadt lag im Gebiet der Maisesser – belagern. Die Stadt fiel. Die karthagischen Besatzungssoldaten und etwa 300 prokarthagisch eingestellte orongitanische Bürger wurden in Gefangenschaft geführt.

Die militärische Lage in Spanien hatte sich im Lauf des Jahres 207 entschieden zuungunsten der Karthager verändert.

Wir wissen nicht, ob im Jahre 207 eine karthagische Flotte in den Gewässern der Balkanhalbinsel kreuzte. Jedenfalls aber hatten die Karthager die Hoffnung längst aufgegeben, daß Philippos sie in der Auseinandersetzung mit den Römern entlasten würde. Der makedonische König und seine Verbündeten standen zwar nach wie vor in militärischen Auseinandersetzungen mit den Aitolern und ihren Verbündeten, blickten aber kaum nach dem Westen. Philippos fiel in Aitolien ein und zerstörte Thermos, das Zentrum des Aitolischen Bundes. Und der achaiische Feldherr Philopoimen errang bei Mantineia einen eindeutigen Sieg über den Spartaner Machanidas. Bereits vor dieser Schlacht, die frühestens im Juli geschlagen worden sein dürfte, hatten Gesandte der neutralen Staaten mit den Aitolern und den Diplomaten des makedonischen

Königs konferiert, um deren Zustimmung zur Beendigung des Krieges zu erreichen. Philippos war dazu bereit gewesen, die Aitoler nicht. Den Römern konnte dies nur recht sein.

Die Niederlage am Metaurus bestimmte auch im Jahre im Jahre 206 das militärische Geschehen in Italien, sofern von einem solchen überhaupt die Rede sein konnte. Hannibal entwickelte keine bedeutendere Initiative, und die Römer reduzierten ihre Truppen. Nachdem die Gefahr aus dem Norden abgewendet war, konnten die Consuln dieses Jahres – L. Veturius Philo, der Praetor des Jahres 209, und Q. Caecilius Metellus – im Süden, in Bruttium, operieren. Von Bruttium abgesehen, waren die einzigen Gebiete, in denen die Römer Probleme teils militärischer, teils administrativer Art zu bewältigen hatten, Etrurien, Umbrien und Gallien – d. h. Gebiete, in denen der Zug des Hasdrubal bei antirömisch eingestellten Gruppen, Städten und Stämmen Hoffnungen auf eine Änderung der politischen Verhältnisse geweckt hatte. Salinator war bereits im Jahre 207 aufgrund eines Senatsbeschlusses nach Etrurien gereist, um an Ort und Stelle festzustellen, welche etruskischen oder umbrischen Städte Hasdrubal in irgendeiner Form unterstützt hatten und welche mit dem Gedanken an einen Abfall geliebäugelt hatten. Im Jahre 206 ging er als Proconsul nach Etrurien.

In Gallien hatte Q. Mamilius Turrinus Strafexpeditionen gegen abtrünnige keltische Stämme durchzuführen und im Gebiet von Placentia und Cremona für die Wiederherstellung gesicherter Verhältnisse Sorge zu tragen. Die übrigen Kommandobezirke wurden folgendermaßen verteilt: M. Caecilius Metellus erhielt Rom, Tubulus Capua, Flamen Taras, C. Servilius Geminus Sizilien und Ti. Claudius Asellus Sardinien. Auf der Iberien- und der Balkanhalbinsel behielten die bisherigen Generale ihre Kommandos.

Hannibal schien zu resignieren. Vielleicht aber war er auch „nur“ – wie die führenden Kreise in Karthago – der Meinung, Italien sei bereits verloren, und es sei daher sinnlos, sich hier weiter stark zu engagieren; vielmehr müsse man nunmehr alle Anstrengungen darauf konzentrieren, Spanien zu behalten. Doch sei dem, wie auch immer – die Heimat unterstützte ihn in diesem Jahr nicht. Dennoch wagten die Consuln nicht, den Versuch zu unternehmen, Hannibal den entscheidenden Stoß zu versetzen. Sie begnügten sich mit Plünderungszügen – so etwa im Gebiet von Consentia. Außerdem gelang es ihnen, die letzten Verbündeten des Hannibal in Lucanien zu veranlassen, aus der Allianz mit Karthago auszuscheiden.

Hatte es am Ende des Jahres 207 den Anschein gehabt, als sei Spanien für Karthago bereits verloren, so schien sich die Situation im Frühling des Jahres 206 grundlegend zu ändern. Hasdrubal und Mago hatten mit Hilfe der Gelder, die aus Karthago eingetroffen waren, im „jenseitigen Spanien" (Livius) eine große Zahl von Iberern in karthagische Dienste genommen und ein Heer von etwa 50000 Infanteristen und 4500 Kavalleristen aus dem Boden gestampft. Mit diesem zahlenmäßig starken Heer zogen die beiden Generale nach Ilipa, in der Hoffnung, P. Scipio werde die Herausforderung annehmen – und unterliegen. Der römische Feldherr nahm die Herausforderung an – und siegte. Er siegte vor allem aufgrund einer überlegenen Taktik – vielleicht auch aufgrund der größeren Erfahrung der römischen und italischen Truppen. Die geschlagenen karthagischen Truppen flohen zunächst in ihr Lager. Als die spanischen Bundesgenossen auf die feindliche Seite übergingen, verließ Hasdrubal das Lager und marschierte auf der rechten Seite des Baetis in Richtung Golf von Cádiz. Ein römischer Angriff auf den karthagischen Zug zwang aber zur Errichtung eines Notlagers, in das sich nur noch etwa 6000 Mann retten konnten. Aus diesem Notlager floh zunächst Hasdrubal, dann Mago nach Gades. Die Soldaten gingen teils zu den Römern über, teils schlugen sie sich auf eigene Faust durch.

Schon bald nach der Schlacht von Ilipa ging der Blick des P. Scipio über die Meerenge von Gibraltar nach Afrika hinüber. Afrika – dies waren für den römischen General, sah man von Karthago ab, vor allem die Numider Massinissa und Syphax. Massinissa hatte bereits in der Zeit nach Ilipa Kontakte mit Silanus aufgenommen, und mit Syphax suchte P. Scipio über Laelius in Verbindung zu treten. Da der masaisylische König auf einem persönlichen Gespräch mit P. Scipio bestand, ließ dieser Septimus in Tarrakon und Silanus in Carthago Nova zurück und fuhr von Carthago Nova aus – in seiner Begleitung befand sich Laelius – nach Siga. Der Zufall fügte es, daß Hasdrubal etwa zur gleichen Zeit im Hafen der Stadt einlief. Es kam zu jener berühmten Dreier-Begegnung, an deren Historizität man fast zweifeln möchte. Die entscheidenden Gespräche wurden natürlich nicht unter sechs Augen, sondern jeweils unter vier Augen geführt – zwischen Hasdrubal und Syphax einerseits und P. Scipio und Syphax andererseits. Der schlaue Numider scheint den Römern Hoffnungen auf eine Zusammenarbeit gemacht zu haben, in Wirklichkeit aber schloß er sich enger an die Karthager an, die in der nächsten Zeit seinen Kampf um ganz Numidien unterstützten.

In Spanien waren noch nicht alle Reste der karthagischen Herrschaft vernichtet. Unter den Städten, die nicht bereit waren, ihre Tore den Römern zu öffnen, befanden sich Ilurgeia und Kastax. Mit beiden Städten hatte P. Scipio noch alte Rechnungen zu begleichen, die aus der Zeit der Niederlagen des Vaters und des Onkels herrührten. Er selbst und Laelius nahmen Ilurgeia ein und richteten in der Stadt ein unmenschliches Blutbad an. Septimus sollte Kastax belagern. Die Stadt fiel aber erst, als P. Scipio vor ihren Mauern stand. Sie fiel durch Verrat. Septimus sollte nunmehr, während P. Scipio nach Carthago Nova zurückkehrte, den Widerstand der letzten feindlichen Städte – diese Städte lagen südlich des Baetis – brechen. Unter ihnen war Ostippo – eine Stadt, die seit jeher auf karthagischer Seite gestanden war. In ihrer Verzweiflung und in ihrem Haß faßten die Bewohner von Ostippo den Beschluß, dafür zu sorgen, daß bei der Eroberung der Stadt keine Person und kein Wertgegenstand in die Hände der Römer fielen. Und sie handelten dementsprechend.

Daß die militärische Position Karthagos in Spanien vor dem Zusammenbruch stand, zeigte sich, als Bürger der alten phoinikischen Kolonie Gades in Carthago Nova eintrafen und mit P. Scipio über den Verrat der Stadt verhandelten. Der General schickte auf dieses Anerbieten hin Septimus mit einigen Cohorten und Laelius mit einer Pentere und sieben Trieren in die Nähe von Gades. Laelius landete bei Karteia. Die Situation änderte sich jedoch insofern, als Mago die Verschwörung entdeckte und die Verschwörer durch einen gewissen Adherbal nach Karthago bringen ließ. Daraufhin kehrten Laelius und Septimus nach Carthago Nova zurück.

Mago aber hielt weiteren Widerstand für sinnvoll und forderte in Karthago neue Verstärkungen an. Um seinen Forderungen Nachdruck zu verleihen, verwies er auf einen Aufstand der Ilergeten und eine Meuterei, die im römischen Heer ausgebrochen war.

In Gades befand sich auch Massinissa, der entschlossen war, sich auf die römische Seite zu schlagen. In einer Geheimkonferenz auf dem Festland sicherte er P. Scipio jede mögliche Unterstützung zu. Der Römer nahm dieses Angebot natürlich an, war sich aber vermutlich darüber im klaren, daß er nicht mit beiden numidischen Trümpfen – Massinissa und Syphax – würde stechen können.

Mago hatte nach der Niederschlagung der Meuterei und der Niederlage der Ilergeten die Hoffnung aufgegeben, in Spanien noch einmal Fuß fassen zu können. Als er die Rückkehr nach Karthago vorbereitete, erreichte ihn ein Schreiben des Senats, in dem er aufgefordert wurde, mit seiner Flotte nach Italien zu fahren, Kelten und Ligurer in Sold zu nehmen und die von ihm befehligten Streitkräfte Hannibal zuzuführen. Die führenden Politiker Karthagos waren keineswegs kriegsmüde!

Bevor Mago Spanien verließ, verlor er Gades, den letzten und wichtigsten Stützpunkt Karthagos an der spanischen Südküste. Er konnte zwar der Sufeten und des Schatzmeisters der Stadt habhaft werden – sie mußten ihre Unbotmäßigkeit am Kreuz büßen –, die Stadt selbst aber blieb für immer für Karthago verloren. Über die von Puniern bewohnte Insel Ebusos fuhr Mago nach Mallorca und von dort – die Bewohner der Insel hatten ihm einen unfreundlichen Empfang bereitet – nach Menorca. Hier bezog er das Winterquartier.

Während des Jahres 205 verhielt sich Hannibal aus mehreren Gründen ruhig: zum einen waren seine militärischen Kräfte aufgrund der Rückschläge der letzten Jahre zusammengeschrumpft; zum anderen wütete in seinem Heer – wie übrigens auch bei den römischen Truppen, die in Bruttium stationiert waren – eine verheerende Seuche; und zum dritten waren die Verstärkungen, die Mago bringen sollte, noch nicht eingetroffen. P. Scipio, der sich selbst als den eigentlichen Gegenspieler des karthagischen Generals sah, war umso rühriger. Er hatte nicht nur den Consulat des Jahres 205 erreicht, sondern auch – „außerhalb des Losverfahrens" (Livius) – die Zuweisung des Kommandobezirks Sizilien, des Sprungbretts nach Afrika. Allerdings gingen nicht alle Träume des jungen Mannes in Erfüllung. Er hatte den Wunsch geäußert, man möge ihm den Befehlsbereich Africa bereits in diesem Jahr übertragen. Und seinen Wunsch scheint er mit folgenden Argumenten begründet zu haben: Erstens: Bei einer Invasion in Afrika wird Hannibal Italien verlassen. Zweitens: Bei einer Kriegführung in Afrika muß Afrika – nicht Italien – die Kriegslasten tragen. Drittens: Bei einem Sieg in Afrika fällt Karthago, das Zentrum des Feindes, den Römern wie eine reife Frucht in den Schoß. Seine senatorischen Gegner – unter ihnen vor allem Maximus und Q. Flaccus – dürften demgegenüber vor allem darauf hingewiesen haben, daß Hannibal gefahrloser in Italien als in Afrika zu bekriegen und besiegen sei. Selbst die Drohung des P. Scipio, er werde die Angelegenheit vor die Volksversammlung bringen, falls der Senat seinem Plan nicht zustimme, vermochte die Mehrheit der Senatoren nicht zu beeindrucken – ganz im Gegenteil! P. Scipio mußte zurückstecken. Er erhielt lediglich die Erlaubnis, „nach Afrika überzusetzen, wenn er der Meinung sei, dies geschehe zum Vorteil des Staates" (Livius). Außerdem wurde ihm nicht bewilligt, auf Staatskosten Aushebungen vorzunehmen und eine Flotte auszurüsten. Auf diese beiden Punkte hatte er jedoch kein allzu großes Gewicht gelegt, da ihm zugesichert worden war, er dürfe Freiwillige zu den Waffen rufen und die Hilfsbereitschaft der Bundesgenossen in Anspruch nehmen. Und in der Tat unterstützten ihn die Etrusker (Caere, Tarquinii, Populonia, Volaterrae, Arretium, Perusia, Clusium und Rusellae), die Umbrer (besonders Camerinum), die Sabiner (vor allem Reate, Nursia und Amiternum), die Marser, die Paeligner und die Marruciner.

Zum Kollegen des P. Scipio war P. Licinius Crassus Dives, der Praetor des Jahres 208, gewählt worden. Er erhielt – wie Q. Metellus – den Distrikt Bruttium zugewiesen. In Rom kommandierte Cn. Servilius Caepio, in Capua Tubulus, in Taras Flamen, in Etrurien Salinator, in Gallien Sp. Lucretius, auf Sardinien Cn. Octavius, in Spanien – seit Ende 206 – L. Cornelius Lentulus und Acidinus, der Praetor des Jahres 210, und in Makedonien – nach der Ablösung des Galba – Tuditanus, der Praetor des Jahres 213.

Da P. Scipio in diesem Jahr nur in begrenztem Umfang jenseits des Libyschen Meeres tätig werden konnte, beschränkte er sich im wesentlichen darauf, alle Voraussetzungen dafür zu schaffen, daß seine Truppen im nächsten Jahr auf nordafrikanischem Boden optimal einsetzbar sein würden. Was aber bereits jetzt möglich war, das war die Durchführung eines Raubzugs an der afrikanischen Küste. Mit dieser Aufgabe wurde Laelius betraut. Laelius fuhr mit vermutlich 30 Schiffen nach Nordafrika und landete im Hafen von Hippo Regius. Während er in der völlig ungeschützten Umgebung der Stadt plünderte, traf Massinissa, der anscheinend im Jahre 206 nach Afrika zurückgekehrt war und der sich in letzter Zeit in den zwischen den Emporia und dem Gebiet der Garamanten liegenden Landstrichen aufgehalten hatte, bei ihm ein, um durch ihn P. Scipio zu einem raschen Eingreifen in Afrika zu drängen. In Karthago hatte die Nachricht von der Landung der römischen Flotte helle Aufregung verursacht – es verbreitete sich schon das Gerücht, P. Scipio stehe in Afrika! Man beschloß, die Stadt möglichst auf einen Belagerungszustand vorzubereiten, weitere Truppen auszuheben und zu werben und die Flotte in Richtung Hippo Regius fahren zu lassen. Es stellte sich allerdings bald heraus, daß nicht P. Scipio, sondern nur Laelius den Boden Afrikas betreten hatte. Dennoch bewirkte der Schock, den das Gerücht von der Landung des P. Scipio ausgelöst hatte, die Entfaltung neuer Aktivitäten. Man schickte Gesandte zu Syphax und zu anderen nordafrikanischen Fürsten, um die militärische Zusammenarbeit zu aktualisieren. Auch zu Philippos reiste eine Gesandtschaft. Sie stellte dem Makedonen die Zahlung von 200 Talenten für den Fall in Aussicht, daß er auf Sizilien oder in Italien lande. Die Mitglieder dieser Gesandtschaft werden bald erkannt haben, daß der karthagische Finanzminister diese Summe nie werde überweisen müssen.

Auch Hannibal und Mago wurden aufgefordert, alles zu tun, um eine Invasion des P. Scipio in Afrika zu verhindern. Um die Position beider Generale zu stärken, ließen die Senatoren zwei Flotten, die Nachschub bringen sollten, auslaufen. Die 100 Lastschiffe, die Soldaten, Nahrungsmittel und Geld geladen und Kurs auf Bruttium genommen hatten, wurden aber nach Sardinien abgetrieben und größtenteils eine Beute des Octavius. Der Konvoi, der die ligurische Küste ansteuerte, traf jedoch bei Mago ein, dessen Flottille bei Savo, einem Ort zwischen Albingaunum und Genua, ankerte. Mago erhielt 6000 Infanteristen, 800 Kavalleristen, sieben Elefanten und 25 Schlachtschiffe – überdies eine bedeutende Geldsumme zur Anwerbung von Söldnern. Wenn er die größtmögliche Truppenstärke erreicht habe, solle er – so wurde ihm mitgeteilt – nach Italien marschieren, um den Anschluß an Hannibal zu gewinnen. Mago berief daraufhin eine Versammlung von Kelten und Ligurern ein. In dieser Versammlung warb er – unter Verwendung der Freiheitsparole – um eine tatkräftige Unterstützung der militärischen Pläne Karthagos. Das Echo war zwiespältig. Die Kelten wiesen darauf hin, daß zwei römische Heeresgruppen bereitstünden, um in ihr Gebiet einzudringen, falls sie offen die Seite der Karthager ergriffen; sie könnten seinen Kampf nur insgeheim unterstützen. Die Ligurer dagegen waren bereit, Truppen zu stellen, baten jedoch um zwei Monate Zeit. Während dieser Zeit ließ Mago bei den keltischen Stämmen Söldner werben. Da seine Bemühungen Erfolg hatten, erteilte der Senat dem Salinator den Auftrag, mit seinen Truppen nach Ariminum vorzurükken, um dort zusammen mit Lucretius eine Riegelstellung gegen Mago aufzubauen. Die Situation ähnelte der des Jahres 207. Doch der Riegelstellung des Jahres 205 sollten die Römer nie bedürfen.

In Bruttium verschlechterte sich die Lage des Hannibal noch weiter: Lokroi ging verloren. Lokrische Kriegsgefangene, die Angestellte der karthagischen Besatzungstruppe der Stadt gewesen waren, hatten in Rhegion gegenüber exilierten Landsleuten die Bereitschaft bekundet, im Falle ihres Loskaufs die Stadt ihnen und den Römern in die Hände zu spielen. Die Verbannten erklärten sich mit Freuden damit einverstanden und nahmen Kontakt mit P. Scipio auf, der sich in Syrakosai aufhielt. Dieser fand ebenfalls Gefallen an dem Plan und beauftragte den legatus pro praetore Q. Pleminius, der in Rhegion stationiert war, das Unternehmen zu leiten. Die Stadt fiel. Der karthagische Besatzungskommandant Hamilcar konnte sich jedoch in einer der beiden Burgen der Stadt halten und Hannibal zu Hilfe rufen. Hannibal eilte herbei. Doch auch P. Scipio fuhr an der Spitze der Flotte von Messana nach Lokroi. Seine Truppen gelangten unbehindert in die Stadt. Als Hannibal erkennen mußte, daß der Feind – wohl auch zahlenmäßig – überlegen war, zog er sich zunächst ins Lager und dann zum Lacinischen Vorgebirge zurück. Der karthagischen Besatzungstruppe gelang es, die Stadt zu verlassen und ihm zu folgen.

Im Osten sollte in diesem Jahr der Krieg zu Ende gehen. In den vergangenen beiden Jahren hatten sich die Römer wenig um den östlichen

Kriegsschauplatz gekümmert, so daß sich die Aitoler bereits im Jahre 206 gezwungen gesehen hatten, mit Philippos – entgegen einer Bestimmung des Bündnisvertrags – einen Separatfrieden zu schließen. Tuditanus, der mit 10000 Infanteristen, 1000 Kavalleristen und 35 Schlachtschiffen nach Dyrrhachion übergesetzt war, kam zu spät. Nachdem es bei Dimallon und bei Apollonia zu unbedeutenden Kampfhandlungen gekommen war, zogen Philippos und Tuditanus in Phoinike, der Hauptstadt des Epeirotischen Bundes, den Schlußstrich unter einen Krieg, der keiner der beiden Parteien Vorteile zu bringen versprach. Philippos handelte gegen den Sinn und den Buchstaben des Vertrags des Jahres 215 – Hannibal war längst seinem Blickfeld entschwunden.

Das Ende des Krieges (204–201)

Da auf der Iberienhalbinsel und auf der Balkanhalbinsel die militärischen Auseinandersetzungen beendet waren, konzentrierte sich zu Beginn des Jahres 204 das Interesse der Karthager und der Römer auf Norditalien einerseits und auf Süditalien – Sizilien – Nordafrika andererseits – d. h. konkret: auf die Aktivitäten des Mago und des P. Scipio. Während aber die Karthager offensichtlich nicht – oder noch nicht – in der Lage waren, in beiden Räumen genügend Kräfte zu stationieren, stellten die Römer vier Heeresgruppen in den Norden und vier Heeresgruppen in den Süden. In Etrurien führten der Consul Cethegus, der Praetor des Jahres 211, und Salinator und in Gallien L. Scribonius Libo und Lucretius das Kommando. In Bruttium befehligten der Consul Tuditanus, der Praetor des Jahres 213, und Crassus und auf Sizilien P. Scipio und M. Pomponius Matho. Außerdem sollte Octavius mit einer Flotte von 40 Schiffen die Küste Italiens – vermutlich vor einem Angriff der Flotte des Mago – schützen. Die aufregendste Frage aber lautete, insbesondere für die karthagische Seite: Wird P. Scipio in diesem Jahr nach Afrika übersetzen? Diese Frage dürfte im römischen Senat bereits in der Sitzung, in der die Provinzen verteilt worden waren, mit einem eindeutigen Ja beantwortet worden sein, doch scheint diese Entscheidung der Geheimhaltungspflicht unterworfen worden zu sein. Dennoch hätte nicht viel gefehlt – und P. Scipio wäre nie mit einem römischen Heer in Nordafrika gelandet. Fast wäre er über der Pleminius-Affäre gestrauchelt! Er hatte Pleminius, der sich in Lokroi wie ein Tyrann der übelsten Sorte gebärdet hatte und immer noch gebärdete, gedeckt und daher seinen senatorischen Feinden neuen Anlaß zu Angriffen auf seine Person und seine Stellung gegeben. Vor allem Maximus war entschlossen, diesen Skandal als Handhabe zu benutzen, um das afrikanische Kommando des

P. Scipio in letzter Minute zu verhindern. Schließlich drang jedoch die Ansicht einer gemäßigten Gruppe von Senatoren durch, deren Sprecher der Consular Q. Metellus war. Nach dieser Ansicht sollte P. Scipio nur dann seines Kommandos entsetzt werden, wenn nachgewiesen sei, daß die Untaten des Pleminius und seiner Soldateska auf Befehl oder mit Billigung des Proconsuls geschehen seien. Ein unter dem Vorsitz des Praetors Matho arbeitender Ausschuß sollte an Ort und Stelle den Tatbestand feststellen. Das Ergebnis der Untersuchung war negativ – die Lokrer wagten nicht, den hohen Herrn einer Mitschuld zu bezichtigen.

Auf karthagischem Territorium standen zu Beginn des Winters 205/4 Kontingente, die zahlenmäßig den zu erwartenden Invasionstruppen weit unterlegen waren. Der Zustand der Verteidigungsfähigkeit der Stadt war daher bedenklich. Dies begann sich erst zu ändern, als es der karthagischen Führung – genauer: Hasdrubal, dem Sohn des Gisgo – gelang, mit dem masaisylischen König Syphax ein Bündnis zu schließen. Das Unterpfand des karthagisch-masaisylischen Bündnisses war Sophoniba, die Hasdrubal dem Syphax zur Frau gab. Die militärische Potenz des masaisylischen Reichs war beachtlich – dies läßt sich schon aus der Tatsache erschließen, daß es Syphax gelungen war, seinen massylischen Rivalen Massinissa zum Räuberhauptmann zu degradieren.

Hasdrubal unternahm nunmehr einen letzten diplomatischen Vorstoß, um P. Scipio von Afrika fernzuhalten. Er bat Syphax, Gesandte nach Syrakosai zu schicken, die den Proconsul vor einer Invasion Afrikas mit dem Hinweis auf das Bestehen der karthagisch-numidischen Allianz warnen sollten. Syphax entsprach der Bitte. Für P. Scipio aber bestand das Problem nicht darin, ob er den Invasionsplan zur Disposition stellen sollte oder nicht, sondern darin, wie er verhindern könnte, daß die Tatsache des Abschlusses des karthagisch-numidischen Bündnisses in der Öffentlichkeit bekannt würde. Er schickte die Gesandten alsbald zu Syphax zurück und bediente sich außerdem des Mittels der Desinformation. Danach beorderte er die gesamten, auf Sizilien stationierten Streitkräfte nach Lilybaion. Nachdem er dort die letzte Entscheidung über die Zusammensetzung des Afrikakorps getroffen hatte, schiffte er die Truppen auf etwa 400 Lastschiffen ein – nur 40 Schlachtschiffe deckten den Transport. Bereits am Morgen des zweiten Tages befand sich die Flotte in der Nähe des Kaps Bon. Da P. Scipio aber „einen anderen, unterhalb... gelegenen Landeplatz anzusteuern" (Livius) befahl, segelte sie weiter und landete am dritten Tag beim Kap Farina. Einige Tage nach der Landung rückte der Proconsul mit dem Heer und der Flotte in Richtung Ityke vor. Etwa eine Meile von der Stadt entfernt schlug er das

Lager auf. Bald traf Massinissa, dessen gesamte Streitmacht aus etwa 200 Kavalleristen bestand, bei ihm ein.

Bei der ersten Berührung der feindlichen Mächte auf afrikanischem Boden zogen die Karthager den kürzeren. Hanno, der Sohn des Hamilcar, der das Kommando über die Kavallerie übernommen hatte, ließ sich von Massinissa aus der befestigten Stadt Salaeca/Locha, die etwa 15 Meilen vom römischen Lager entfernt war, herauslocken, tappte beim „Turm des Agathokles" (Appianos) in eine Falle und erlitt eine eindeutige Schlappe. Salaeca/Locha und andere Städte und Dörfer fielen in römische Hand.

P. Scipio war nunmehr fest entschlossen, Ityke als Stützpunkt für alle Operationen zu Wasser und zu Land zu gewinnen. Er belagerte daher die Stadt mit allen ihm zur Verfügung stehenden Kräften. Hasdrubal, der Sohn des Gisgo, rückte erst dann nach Ityke vor, als Syphax zu ihm gestoßen war. Nach der Ankunft der zahlenmäßig überlegenen karthagisch-numidischen Truppen brach der Proconsul die Belagerung der Stadt ab – etwa 40 Tage lang hatte er Ityke berannt – und bezog das Winterquartier. Zufuhr traf aus Italien, Sizilien und Sardinien ein.

In Bruttium fanden im Jahre 204 zwischen karthagischen und römischen Truppen Auseinandersetzungen statt, die fast nur noch lokale Bedeutung hatten. Im Gebiet von Kroton stießen Hannibal und Tuditanus zusammen – vielleicht hatte Hannibal sein Lager verlassen, um seine letzten italischen Bundesgenossen zu verteidigen. Hannibal siegte. Tuditanus, der zunächst unter dem Schutz der Nacht abgezogen war, verstärkte sich mit den Truppen des Crassus und rückte erneut gegen Hannibal vor. Hannibal wich wiederum einer Schlacht nicht aus. Den Ausgang dieser Schlacht wertete Tuditanus als Sieg. Wie auch immer diese Wertung zu beurteilen sein mag – sicher ist, daß weitere bruttische Städte Hannibal verlorengingen, so etwa Consentia und Clampetia.

Im Gegensatz zu den Truppen, die in Bruttium stationiert waren, waren die Truppen, die in Norditalien standen, weithin ohne Beschäftigung – Mago wagte nicht, nach Süden vorzurücken, obwohl in Etrurien eine fast durchweg prokarthagische Stimmung herrschte. Cethegus hatte genügend Zeit, gegen etruskische Politiker, die sich einer antirömischen Gesinnung verdächtig gemacht hatten, Schauprozesse zu führen.

Während des Winters 204/3 verwandten die Karthager große Mühe darauf, ihre Flotte zu verstärken – nicht zuletzt deswegen, um den Römern bei Ityke die Zufuhr abschneiden und sie dadurch zur Aufgabe der Belagerung der Stadt zwingen zu können. Inwieweit zu dieser Zeit konkrete Vorstellungen über Einsätze der Flotte an den Küsten überseeischer Gebiete entwickelt wurden, wissen wir nicht. Die römischen Senatoren sahen sich jedenfalls für diesen Fall vor; sie betrauten mit dem Schutz der Küsten Italiens M. Marcius Ralla, mit dem Schutz der Küsten Siziliens Matho und mit dem Schutz der Küsten Sardiniens Octavius. Im übrigen massierten sie nach wie vor ihre Kräfte im norditalienischen Raum, um auf alle etwaigen Aktivitäten des Mago antworten zu können: in Etrurien und Ligurien sollte der Consul Geminus, der Praetor des Jahres 206, kommandieren; den Wiederaufbau Genuas sollte Lucretius bewerkstelligen; in Ariminum sollte P. Quinctilius Varus das Kommando führen; und Cethegus sollte in Gallien den Oberbefehl übernehmen.

Während dieser Zeit spielten sich vor den Mauern von Ityke Ereignisse ab, die zu einer katastrophalen Schlappe der karthagisch-numidischen Streitkräfte führen sollten. P. Scipio hatte die Hoffnung nicht aufgegeben, Syphax auf seine Seite zu ziehen. Er schickte häufig Gesandte ins numidische Lager, um dieses Ziel zu erreichen – die Lager der Karthager, der Numider und der Römer waren nicht weit voneinander entfernt. Syphax aber ging – aus Gründen der Loyalität oder aus Gründen politischer Berechnung – auf die Avancen des Römers nicht ein, unternahm vielmehr – sicher in Übereinstimmung mit Hasdrubal – den Versuch, die Zustimmung des P. Scipio zu einer Friedenslösung zu gewinnen, die vorsah, daß sich die Karthager aus Italien und die Römer aus Afrika zurückzögen und daß für die zwischen Italien und Afrika liegenden Gebiete der Status quo gelte. Ein keineswegs unvernünftiger Vorschlag! Doch P. Scipio hatte anderes im Sinn. Er gab sich – unter Anwendung einer „punischen List" – den Anschein, als sei er an einer Friedensregelung interessiert; in Wirklichkeit ließ er durch seine Unterhändler und deren Begleiter insbesondere die Verhältnisse im Lager des Syphax erkunden. Als er genügend Informationen gesammelt hatte, brachte er den Plan, der seit einiger Zeit feststand, zur Ausführung: Laelius und Massinissa steckten das numidische Lager, er selbst das karthagische Lager in Brand. Durch Feuer und Schwert fielen auf karthagischer und numidischer Seite Tausende. Hasdrubal und Syphax entflohen der gespenstischen Szene, Hasdrubal zunächst in eine Stadt unbekannten Namens, dann anscheinend nach Anda und von dort nach Karthago, Syphax nach Abba. P. Scipio nahm die Übergabe der Stadt, in die sich Hasdrubal zunächst zurückgezogen hatte, entgegen. Nach der Eroberung zweier weiterer Städte kehrte er in sein Lager zurück.

Der Plan des Hasdrubal und des Syphax, P. Scipio auf der itykaiischen Landzunge von der See und vom Land her einzuschließen, war im Feuer der beiden Lager verbrannt. Die karthagischen Senatoren aber waren verschiedener Ansicht, wie der bedrohlichen Situation zu begegnen sei. Ein Teil war der Meinung, man solle Waffenstillstands- und Friedensverhandlungen erbitten; ein anderer, man solle Hannibal zurückrufen; und ein dritter, man solle den Krieg mit den in Afrika zur Verfügung stehenden Kräften und mit gesteigerter Energie fortsetzen. Diese Meinung, die von Hasdrubal unterstützt wurde, setzte sich durch. Syphax wurde aufgefordert, weiterzukämpfen. Der masaisylische König, der zunächst nach Cirta zurückkehren wollte, wurde nicht zuletzt durch den Umstand, daß über 4000 keltiberische Söldner bei Abba eintrafen, zur Fortsetzung des Kampfes bewogen. Bereits 30 Tage nach dem Fiasko von Ityke – etwa Mai/Juni – standen wiederum 30000 Karthager, Numider und Keltiberer im Feld. Sie hatten das Lager auf den Großen Feldern bezogen. P. Scipio zögerte nicht, die Herausforderung anzunehmen. Er zog in fünf Tagen zu den Großen Feldern. Wenige Tage später fand die Schlacht statt. Hasdrubal und Syphax stellten die Keltiberer in das Zentrum, die Karthager auf den rechten und die Numider auf den linken Flügel. Auf der anderen Seite befehligte P. Scipio die Infanterie, vermutlich Laelius auf dem rechten Flügel die italische und Massinissa auf dem linken Flügel die numidische Kavallerie. Die Niederlage des karthagischen Heeres zeichnete sich ab, als beide Flügel – hier standen ja eher Rekruten als Soldaten – immer weiter zurückwichen. Dies hatte zur Folge, daß die Keltiberer, ihres Schutzes beraubt, größtenteils niedergehauen wurden. Hasdrubal floh nach Karthago, Syphax vermutlich nach Cirta.

Um zu verhindern, daß Syphax unbehelligt neue Truppen ausheben könne, folgten Laelius und Massinissa mit den numidischen Streitkräften und einem Teil der römischen Verbände den Spuren des Königs. P. Scipio fand kaum Widerstand, als er die Städte des Bagradas-Tals nahm. Er schickte den größten Teil der Beute in sein Basis-Lager und marschierte dann in die Nähe von Tynes – er nahm dort „die Befestigungsanlage bei Tynes" (Polybios) –, um einerseits der karthagischen Bevölkerung seine militärische Stärke augenfällig zu demonstrieren und andererseits einen Ausgangspunkt für einen Angriff auf Karthago zu gewinnen.

Die Niederlage auf den Großen Feldern hatte anscheinend zur Folge, daß Hasdrubal abgesetzt wurde. Der Verlust Spaniens und die Niederlagen bei Ityke und auf den Großen Feldern – das war zu viel! Sein Nachfolger wurde ein gewisser Hanno, Sohn des Bomilcar. Dennoch gewannen im karthagischen Senat die Tauben nicht die Oberhand. Die Befürworter einer Fortsetzung des Krieges konnten darauf hinweisen, daß der Staat noch vier hohe Trümpfe in der Hand hielt: das Heer des Hannibal, das Heer des Mago, die Flotte und die begründete Hoffnung auf die Reserven des Syphax. Die Senatoren beschlossen daher, den Versuch zu unternehmen, mit Hilfe der Flotte die Aufgabe der Belagerung von Ityke zu erzwingen, und außerdem Hannibal und Mago zurückzurufen.

Als P. Scipio von seinem Lager in der Nähe von Tynes aus bemerkte, daß die karthagische Flotte in Richtung Ityke auslief, brach er das Lager ab und marschierte eilends nach Ityke. Um seine Schlachtschiffe nicht dem Angriff der überlegenen feindlichen Flotte auszusetzen, stellte er die Lastschiffe in die vorderste Front. Die karthagischen Schiffe sollten wie gegen eine Mauer anrennen. Seine Rechnung ging aber nur zum Teil auf. Dem karthagischen Admiral Hamilcar gelang es immerhin, etwa 60 Lastschiffe zu erbeuten. Der Belagerungszustand blieb allerdings bestehen.

Laelius und Massinissa hatten in der Zwischenzeit ohne größere Schwierigkeiten eine beachtliche Anzahl massylischer Orte – mit der bedeutenden Ausnahme von Cirta – eingenommen. Syphax aber hatte sich auf masaisylisches Gebiet zurückgezogen und dort ein Heer ausgehoben, das zahlenmäßig kaum weniger stark war als die numidischen Truppen, die auf den Großen Feldern gekämpft hatten. Mit diesem Heer zog er in die Nähe des römisch-massylischen Lagers. Er verfolgte die Absicht, durch einen Sieg über Laelius und Massinissa seine ostnumidischen Positionen zurückzuerobern, unterlag jedoch und geriet in Gefangenschaft. Massinissa eilte nach Cirta und erreichte mit Hilfe des königlichen Faustpfands, das er in Händen hatte, die Übergabe der Stadt. Noch am selben Tag heiratete er Sophoniba, die Frau seines Todfeindes – angeblich um zu verhindern, daß sie in römische Hände fiele. Anschließend eroberten Laelius und Massinissa die massylischen Städte, in denen noch Besatzungen des Syphax lagen. In Castra Cornelia angekommen, mußte Massinissa erkennen, daß P. Scipio keineswegs bereit war, auf das Verfügungsrecht über Sophoniba, die zur „Beute des römischen Volkes" (Livius) gehörte, zu verzichten. Er ließ daher seiner Frau Gift bringen, damit sie selbst entscheiden könne, ob sie in die Hände der Römer fallen wolle oder nicht. Sophoniba nahm das Gift.

Die Nachricht von der Niederlage und der Gefangennahme des Syphax traf kurze Zeit nach dem Teilerfolg, den die Flotte bei Ityke errungen hatte, in Karthago ein und bewirkte bei allen Schichten der Bevölkerung tiefe Niedergeschlagenheit. Und als gar P. Scipio erneut das Lager bei Tynes bezog, zerbrach der Wille der Senatoren zu weiterem Durchhalten. Sie schickten die 30 Mitglieder des Regierungsausschusses zum Proconsul, um die Aufnahme von Friedensverhandlungen zu erbitten. P. Scipio erklärte sich – vorbehaltlich der Zustimmung der zuständigen römischen Gremien – mit dem Abschluß eines Friedensvertrags unter folgenden Bedingungen einverstanden: 1. unentgeltliche Rückgabe aller Kriegsgefangenen, Überläufer und Deserteure; 2. Rückberufung der in Italien und Gallien stehenden Heere; 3. Verzicht auf Spanien; 4. Rückzug von allen zwischen Italien und Afrika liegenden Inseln; 5. Auslieferung aller Schlachtschiffe bis auf 20; 6. Zahlung von 5000 Talenten Silber; 7. Stellung von Geiseln. In Karthago nahm man diese Vorschläge an und schickte – etwa im September des Jahres 203 – Gesandte nach Rom, die karthagischerseits die Friedensverhandlungen führen sollten. Andere Gesandte gingen zu P. Scipio, um den Waffenstillstandsvertrag unter Dach und Fach zu bringen.

In der Zwischenzeit waren die Boten bei Hannibal eingetroffen, die ihn zur Rückkehr auffordern sollten. Hannibal sah vermutlich ebenso deutlich wie die maßgebenden Politiker in Karthago, daß ein längerer Aufenthalt auf der Apenninischen Halbinsel, die er vor 15 Jahren betreten hatte, sinnlos geworden war. Er schiffte sich wahrscheinlich noch im Herbst des Jahres 203 nach Afrika ein.

Andere Boten waren mit demselben Auftrag zu Mago gereist. Sie trafen ihn im Gebiet der ingaunischen Ligurer an. Dorthin hatte er sich zurückgezogen, nachdem er im Gebiet der Insubren von Cethegus und Varus geschlagen und überdies schwer verwundet worden war. Bald nach der Ankunft der Boten fuhr er von der ligurischen Küste ab. Während der Fahrt starb er – südlich von Sardinien – an seiner Verwundung.

Etwa zu dieser Zeit fiel in Rom im Senat und in der Volksversammlung die Entscheidung über die Friedensbedingungen, die P. Scipio formuliert hatte. Beide Gremien stimmten dem Entwurf zu, und die Vertreter des römischen Staats beschworen ihn. Daraufhin fuhren die römischen Gesandten Laelius und Q. Fulvius Gillo, die die Eidesleistung der karthagischen Regierung entgegennehmen sollten, nach Afrika zurück. Sie gingen in Castra Cornelia an Land. Die karthagischen Gesandten, die zusammen mit ihren römischen Kollegen Rom verlassen hatten, reisten nach Karthago weiter.

In Karthago aber scheint sich in der Zwischenzeit ein bedeutsamer Meinungsumschwung – wahrscheinlich aufgrund der Ankunft der Heere des Hannibal und des Mago – vollzogen zu haben. Und als nun überdies die Gesandten berichteten, der Senat und das Volk von Rom habe die von P. Scipio formulierten Artikel des Friedensvertrags in ihrer ganzen Strenge bestätigt, da wählte der karthagische Senat „statt des Friedens den Krieg“ (P. Rylands). Hannibal und P. Scipio wurden von dieser Entscheidung verständigt.

Vermutlich kurze Zeit vor der Rückkehr der Gesandten – und d. h. während der Zeit des Waffenstillstands – war der größere Teil einer

Flotte von 200 Frachtschiffen, die Octavius von Sizilien nach Afrika geführt hatte, von einem Sturm an die Gestade der Insel Aigimuros (Ile Zembra) und der kleinere Teil dieser Flotte in das Gebiet der Heißen Quellen in der Nähe von Karthago getrieben worden. Weder die Senatoren noch die einfachen Bürger Karthagos hatten dem Angebot des Aiolos widerstehen können. Sie hatten beschlossen, die Schiffe, die im Golf von Tunis gestrandet waren, aufzubringen. P. Scipio hatte daraufhin eine Protestgesandtschaft, der L. Sergius, L. Baebius und L. Fabius angehört hatten, nach Karthago geschickt. Die Gesandten hatten aber nach Castra Cornelia zurückkehren müssen, ohne von der Volksversammlung eine Antwort erhalten zu haben.

Hannibal war bei Leptis Minor gelandet und dann nach Adrymes gezogen. Vermutlich schickte er noch im Jahre 203 Gesandte zu Tychaios, einem Verwandten des Syphax, und bat um die Entsendung eines Kavalleriekorps. Tychaios kam mit 2000 Kavalleristen. Er wußte, daß Massinissa ihm keine Chance geben würde.

Massinissa war bereits nach dem Abschluß des Waffenstillstandsvertrags mit den numidischen Truppen und mit zehn Abteilungen römischer Kavalleristen und Infanteristen aufgebrochen, um seine Herrschaft im massylischen Reich zu befestigen und überdies masaisylisches Gebiet zu annektieren. Er hatte beachtliche Erfolge errungen.

In ähnlicher Weise hatte P. Scipio nach dem Bruch des Waffenstillstandsabkommens einen Streifzug durch das karthagische Hinterland unternommen, eine Anzahl von Städten eingenommen und deren Bewohner in die Sklaverei verkauft.

Die entscheidende Schlacht des 2. Römischen Kriegs wurde wahrscheinlich etwa im Oktober des Jahres 202 – d. h. zu einem relativ späten Zeitpunkt des Jahres – geschlagen. Aus dieser Tatsache ist wohl zu ersehen, daß Hannibal bestrebt war, Zeit zu gewinnen, um die Zahl und die Schlagkraft seiner Truppen zu erhöhen. Bei der Verfolgung dieser Absicht ließ er sich auch durch eine Intervention der Mitglieder einer Regierungsdelegation nicht stören, die darauf hinwiesen, daß P. Scipio eine Stadt nach der anderen zerstöre, und die ihn baten, rasch einzugreifen. Er antwortete den Vertretern der Regierung, den Zeitpunkt seines Eingreifens bestimme er selbst.

P. Scipio erhielt aufgrund eines Senatsbeschlusses einen Kollegen „mit gleichrangigem Kommando" (Livius): Ti. Claudius Nero, den Consul des Jahres 202. Nero sollte mit einer Flotte von 50 Penteren nach Afrika übersetzen, wurde aber bei der Ausrüstung der Flotte von den Senatoren, die mehrheitlich der scipionischen Fraktion angehörten, nur unzulänglich unterstützt, so daß sich die Abfahrt der Flotte stark verzögerte.

Als er dann schließlich über Cosa, den portus Loretanus, Populonia, Elba und Korsika in die Nähe der Insani montes gelangt war, geriet er in einen Sturm, der einen Teil der Flotte zerstörte. Mit den Schiffen, die den Sturm überstanden hatten, fuhr er nach Karalis. Er sollte seinen Kollegen P. Scipio in Afrika nie zu Gesicht bekommen. P. Cornelius Lentulus Caudinus jedoch, der Befehlshaber Sardiniens, traf mit 50 Schlachtschiffen und 100 Lastschiffen in der Zeit nach der entscheidenden Schlacht in Castra Cornelia ein.

Vermutlich im Herbst des Jahres 202 verließ Hannibal Adrymes und zog in die Nähe von Zama: wahrscheinlich wollte er auf Massinissa treffen, bevor dieser zu P. Scipio stieß, und vielleicht wollte er überdies die Voraussetzungen dafür schaffen, daß Vermina, der Sohn des Syphax, seine Truppen unter Vermeidung zu großer Risiken zu ihm führen konnte. Von Zama aus sandte Hannibal einen Boten zu P. Scipio – der damalige Aufenthaltsort des P. Scipio ist unbekannt – und bat um eine Unterredung. Der Römer stimmte einer Begegnung zwar zu, ließ aber Hannibal über Zeit und Ort der Begegnung noch im ungewissen – vermutlich auch deswegen, weil er zunächst die Ankunft des Massinissa abwarten wollte. Und in der Tat traf kurze Zeit später – anscheinend am Tag nach der Abfertigung des karthagischen Boten – Massinissa mit ungefähr 6000 Infanteristen und etwa 4000 Kavalleristen bei P. Scipio ein. Hannibal war es nicht gelungen, die Vereinigung der römischen und der numidischen Truppen zu verhindern. P. Scipio rückte nunmehr nach Naraggara vor und schlug in der Nähe der Stadt an einem strategisch und versorgungstechnisch günstig gelegenen Ort das Lager auf. Dann ließ er Hannibal mitteilen, er sei zu einer Begegnung bereit. Nachdem diese Botschaft im karthagischen Lager bei Zama eingetroffen war, marschierte Hannibal in die Nähe von Naraggara und errichtete, nicht mehr als 30 Stadien vom Feind entfernt, das neue Lager.

Am folgenden Tag trafen sich Hannibal und P. Scipio in der Mitte der Ebene, die sich zwischen beiden Lagern erstreckte – sie waren nur von einem Dolmetscher begleitet. Der Inhalt der von ihnen geführten Gespräche läßt sich nicht mit Sicherheit feststellen. Doch scheint immerhin eine gewisse Wahrscheinlichkeit dafür zu sprechen, daß Hannibal den endgültigen Verzicht Karthagos auf alle früheren außerafrikanischen Besitzungen unter der Bedingung angeboten hat, daß sich die Römer aus Afrika zurückziehen, und daß P. Scipio dieses Angebot entschieden zurückgewiesen und die völlige Kapitulation Karthagos verlangt hat. Unter diesen Umständen mußten die Gespräche scheitern.

Am nächsten Tag führten beide Feldherrn ihre Heere zur Schlacht heraus. Hannibal teilte seine infanteristischen Truppen in drei Abteilungen: in das erste Treffen stellte er die Söldner, die nicht in Italien unter ihm gedient hatten – es waren etwa 12000 Mann: Ligurer, Kelten, Balearer und Maurusier; das zweite Treffen bildeten die Karthager und Libyer, die ebenfalls nicht in Italien gekämpft hatten; im dritten Treffen schließlich standen – in einem Abstand von mehr als einem Stadion – seine Veteranen. Offensichtlich sollten die Soldaten des dritten Treffens zu einem späteren Zeitpunkt in die Schlacht eingreifen und die Entscheidung herbeiführen; denn von der schon zahlenmäßig unterlegenen Kavallerie konnte Hannibal nicht erwarten, daß sie in dieser Schlacht die Rolle spielen würde, die sie vielfach in früheren Schlachten gespielt hatte. Die karthagischen Kavalleristen stellte er auf den rechten, die numidischen auf den linken Flügel. Vor der Schlachtreihe postierte er über 80 Elefanten, die in der Eröffnungsphase der Schlacht eine wichtige Aufgabe zu erfüllen hatten. P. Scipio stellte das in der üblichen Weise in drei Treffen gegliederte Heer dergestalt auf, daß sich – entgegen der Gewohnheit – die Manipel des zweiten und dritten Treffens nach den Manipeln des ersten Treffens ausrichteten. So entstanden Gassen, durch die die Elefanten, die nicht zurückgeworfen werden konnten, durchbrechen sollten, ohne größeren Schaden anrichten zu können. Die Leichtbewaffneten nahmen ihren Platz zunächst zwischen den Manipeln des ersten Treffens ein. Die numidischen Kavalleristen standen unter der Führung des Massinissa auf dem rechten Flügel, die italischen unter dem Kommando des Laelius auf dem linken.

Hannibal verfolgte anscheinend den Plan, durch den Einsatz der beiden vorderen Treffen die Einheiten der ersten beiden römischen Treffen so zu schwächen, daß das dritte römische Treffen würde eingreifen müssen. Im geeigneten Augenblick würden dann die frischen und kampferfahrenen Kräfte des dritten Treffens, die im übrigen aufgrund ihrer zurückgezogenen Stellung den etwaigen Versuch einer Umfassung durch die feindlichen Verbände vereitelt haben würden, in die Schlacht geworfen werden, um die Entscheidung zu erzwingen. Möglicherweise gab Hannibal bereits vor dem Beginn der Schlacht seinen Kavallerie-Offizieren den Befehl, Massinissa und Laelius vom Schlachtfeld wegzulocken, um eine Verquickung des Kampfes der Infanterie mit dem der Kavallerie zu verhindern. Und die einleitende und die erste Phase der Schlacht verliefen denn auch im großen und ganzen dem skizzierten Plan entsprechend, wenngleich sich Hannibal vom Ansturm der Elefanten eine größere Wirkung erhofft haben mochte. Das Verhängnis kündigte sich erst an, als die Söldner, die nach hartem Kampf auf die Unterstützung der im zweiten Treffen stehenden Karthager und Libyer gewartet hatten, auf die Leute der eigenen Seite einzuhauen begannen, da sie sich wegen der ausbleibenden Unterstützung verraten glaubten. Mit dem Mut der Verzweiflung wehrten sich die Karthager – und wohl auch die Libyer – gegen die anstürmenden Söldner und gegen die Soldaten des nachdrängenden ersten römischen Treffens. Dennoch löste sich ihr Treffen – wie das der Söldner – nach einiger Zeit auf. Die Reste beider Treffen ließ Hannibal an den Flügeln des dritten Treffens Stellung beziehen. Da P. Scipio die Soldaten des ersten Treffens von der Verfolgung der Feinde zurückrief, entstand eine Gefechtspause. Während dieser Pause ließ der römische Feldherr die Soldaten des zweiten und dritten Treffens auf die Flügel vorrücken. Und nun begann die zweite Phase der Schlacht. Die Veteranen des Hannibal hielten sich zwar hervorragend, wurden aber schließlich dennoch geschlagen, da sie im Rücken von Massinissa und Laelius, die von der Verfolgung der Feinde auf das Schlachtfeld zurückgekehrt waren, energisch und erfolgreich attackiert wurden. So verloren die Karthager die Schlacht, den Krieg und die Großmachtstellung. Hannibal floh in Begleitung weniger Kavalleristen in einem 48-Stunden-Ritt nach Adrymes – der Weg nach Adrymes war sicherer als der nach Karthago. Von Adrymes reiste er dann nach einiger Zeit in die Hauptstadt.

P. Scipio kehrte nach der Plünderung des karthagischen Lagers nach Castra Cornelia zurück. Um einen möglicherweise noch vorhandenen Rest von Widerstandswillen zu brechen, ließ er Octavius mit dem Heer in Richtung Karthago vorrücken und steuerte selbst mit der durch die Schiffe des Lentulus Caudinus verstärkten Flotte den Hafen der feindlichen Hauptstadt an. Er war nicht mehr weit von Karthago entfernt, als ihm ein mit Bändern und Ölzweigen geschmücktes karthagisches Schiff entgegenfuhr. Es hatte zehn Gesandte an Bord, die um Frieden baten, wie Hannibal es geraten hatte. Sie erhielten von P. Scipio den Bescheid, sie sollten sich in seinem Lager bei Tynes einfinden. Nachdem er durch das Defilee seiner Flotte die Bewohner Karthagos einzuschüchtern versucht hatte, kehrte er nach Castra Cornelia zurück. Auch Octavius wurde dorthin zurückbeordert.

Auf dem Marsch nach Tynes erfuhr P. Scipio, daß Vermina, der Sohn des Syphax, mit vielen Infanteristen und noch mehr Kavalleristen in Richtung Karthago zog, um seinen Verbündeten zu Hilfe zu kommen. Der römische General detachierte die gesamte Kavallerie und einen Teil der Infanterie, um den Anschluß des Vermina an die Karthager zu verhindern. In einer Schlacht, die „am ersten Tag des Saturnalien-Festes“ (Livius) – d. h. am 17. Dezember 202 – geschlagen wurde, unterlag Vermina. Er selbst entkam jedoch seinen Feinden.

Den 30 karthagischen Gesandten, die im römischen Lager bei Tynes eintrafen, nannte P. Scipio folgende Bedingungen für die Gewährung eines dreimonatigen Waffenstillstandsvertrags: 1. Die Karthager ersetzen den Schaden, der den Römern während des früheren Waffenstillstands durch die Wegnahme ihrer Lastschiffe und deren Fracht entstanden ist. 2. Die Karthager kommen während der Zeit des Waffenstillstands für die Verpflegung und Besoldung der römischen Truppen auf. 3. Die Karthager stellen – bis zum Abschluß des Friedensvertrags – 150 jugendliche, vom römischen Feldherrn ausgewählte Geiseln. 4. Die Römer stellen vom ersten Tag des Waffenstillstands an alle Plünderungen ein. Der von P. Scipio in Aussicht gestellte Friedensvertrag enthielt folgende Bestimmungen: 1. Die Römer und die Karthager sind Freunde und Bundesgenossen. 2. Die Karthager behalten die Autonomie. 3. Die Karthager erhalten die Besatzungsfreiheit. 4. Die Karthager behalten die in Afrika liegenden Städte und Gebiete, die Sklaven, das Vieh und den sonstigen Besitz, soweit sie über diesen Besitz zum Zeitpunkt des Übersetzens des P. Scipio nach Afrika und innerhalb der Phoinikischen Gräben verfügt haben. 5. Die Städte, die Gebiete, die Häuser und der sonstige Besitz, der dem Massinissa oder seinen Vorfahren gehört hat und der innerhalb des noch zu bezeichnenden karthagischen Gebiets liegt, ist an Massinissa zurückzugeben. 6. Die Karthager geben die Kriegsgefangenen, Überläufer und Deserteure zurück. 7. Die Karthager rufen die noch in ligurischem (und keltischem) Gebiet stehenden Truppen zurück. 8. Die Karthager liefern alle Schlachtschiffe bis auf zehn Trieren den Römern aus und unterhalten in Zukunft eine Flotte von höchstens zehn Schlachtschiffen. 9. Die Karthager überstellen alle Elefanten den Römern und richten in Zukunft keine Elefanten zu militärischen Zwecken ab. 10. Die Karthager verpflichten sich, gegen einen nichtafrikanischen Feind nicht außerhalb Afrikas Krieg zu führen. 11. Die Karthager verpflichten sich, gegen einen afrikanischen Feind nur mit römischer Erlaubnis Krieg zu führen. 12. Den Karthagern ist es verboten, in ligurischem und keltischem Gebiet Söldner zu werben. 13. Den Karthagern ist es verboten, Feinde Roms militärisch zu unterstützen. 14. Die Karthager zahlen 10000 euboiische Talente Kriegskostenentschädigung, u. zw. in jährlichen Raten von 200 Talenten. 15. Die Karthager stellen 100 vom römischen Feldherrn ausgewählte Geiseln, die nicht jünger als 14 Jahre und nicht älter als 30 Jahre sind. 16. Außerdem werden für die Erfüllung verschiedener Vereinbarungen Fristen festgesetzt.

Der karthagische Senat nahm die Vorschläge des P. Scipio – nicht zuletzt auf Drängen des Hannibal – an. Eine besondere Schwierigkeit bereitete allerdings die Erfüllung der römischen Forderung nach Rückgabe des erbeuteten Schiffsguts, da nicht mehr mit Sicherheit festzustellen war, welche Personen sich in seinen Besitz gesetzt hatten und dementsprechend regreßpflichtig zu machen waren. Man beschloß, P. Scipio die Schätzung des Werts der Schiffsladungen zu überlassen und diese Summe aus öffentlichen Mitteln zu bezahlen.

Nachdem diese Beschlüsse gefaßt worden waren, schickte der Senat erneut Gesandte zu P. Scipio. Der römische Feldherr gewährte nunmehr – wie angekündigt – einen dreimonatigen Waffenstillstand. Damit die Frage der Entschädigung geklärt werden konnte, beauftragte er die Quaestoren, den Betrag der verlorengegangenen staatlichen Güter zu errechnen, und forderte die Privatleute auf, den Wert der verlorengegangenen privaten Güter zu beziffern. Die Schadenssumme belief sich auf 25000 Pfund Silber. Im übrigen schränkte P. Scipio den diplomatischen Verkehr Karthagos für die Zeit des Waffenstillstands stark ein: Karthagische Gesandte durften nur nach Rom reisen, und Gesandte, die nach Karthago kamen, durften die Stadt nicht eher verlassen, als P. Scipio über die Personen und die Anliegen dieser Gesandtschaften informiert war.

Vermutlich dieselben karthagischen Gesandten, die zu P. Scipio gekommen waren, reisten nunmehr nach Rom, um karthagischerseits die Verhandlungen über den Abschluß des Friedensvertrags zu führen. Sie wurden vom Jüngeren Philo, von Ralla und von L. Scipio begleitet. In Rom erhielten sie vom Dictator C. Geminus den Bescheid, sie müßten sich gedulden, bis die neuen Consuln, die noch nicht gewählt worden seien, ihr Amt angetreten hätten. Nach der Wahl der curulischen Beamten und nach der Verteilung der Amtsbezirke wurde im Senat über die Beendigung des Krieges diskutiert. Die karthagische Sache wurde insbesondere von dem antibarqidischen Politiker Hasdrubal dem Bock vorzüglich vertreten. Die Senatoren stimmten jedenfalls dem Abschluß eines Friedensvertrags alsbald zu. Die Wirksamkeit dieser Entscheidung vermochte der Einspruch des Consuls Cn. Lentulus nicht zu gefährden, da auch das Volk auf Antrag der Volkstribunen M'. Acilius Glabrio und Q. Minucius Thermus dem Abschluß eines Friedensvertrags zustimmte. Die Senatoren faßten daraufhin den Beschluß, Scipio solle aufgrund eines Gutachtens von zehn Gesandten den Frieden zu Bedingungen schließen, die ihm angemessen zu sein schienen. Im übrigen wurde den karthagischen Gesandten auf deren Bitten hin die Freilassung von 200 in Rom lebenden Kriegsgefangenen zugesagt. Die Freilassung sollte ohne Zahlung eines Lösegelds erfolgen – eine Geste der Großzügigkeit.

In Afrika wurde schließlich der Friede unter den genannten Bedingungen geschlossen. Sinnbildhafter Ausdruck des mit dem Abschluß dieses Vertrags besiegelten Niedergangs Karthagos war der Brand, den P. Scipio auf hoher See an die karthagische Flotte hatte legen lassen.

Noch einmal reisten die karthagischen Gesandten nach Rom, um bei der Ratifizierung des Friedensvertrags durch den Senat und das Volk anwesend zu sein. Massinissa aber erhielt von P. Scipio nicht nur die Herrschaft über das Reich seines Vaters, sondern auch über die Städte und Gebiete zugesprochen, die Syphax beherrscht hatte und die unter die Gewalt des römischen Volkes gekommen waren. Der Konflikt war vorprogrammiert.

DER KLIENTELSTAAT ROMS (201–149)

Die politische Bewegungsfreiheit des karthagischen Staats war durch die Bestimmungen des Friedensvertrags des Jahres 201 stark eingeschränkt worden. Erschwerend kam hinzu, daß an der Westgrenze des karthagischen Staatsgebiets ein Mann stand, der den Traum eines großnumidischen Reichs träumte: Massinissa, der Sohn des Gaia. Daß sich Massinissa jedem Versuch seiner Nachbarn, verlorengegangene Positionen zurückzugewinnen, entgegenstellen würde – darüber war man sich allenthalben im klaren, in Rom so gut wie in Karthago und anderswo. Ja es sollte sich zeigen, daß die expansiven Bestrebungen des numidischen Königs auch vor den Grenzen Karthagos nicht Halt machten. Doch verfolgte Massinissa seine Ziele – was Karthago betraf – keineswegs überhastet. Von kleineren Zwischenfällen abgesehen, herrschte zwischen beiden Nachbarstaaten bis in die 60er Jahre hinein zwar nicht ein spannungsfreies, aber doch auch kein hochexplosives Verhältnis. Massinissa war in den ersten Jahrzehnten nach dem 2. Römischen Krieg weithin damit beschäftigt, die divergierenden numidischen Stammesinteressen zusammenzufassen und ein Bodenkultivierungsprogramm durchzuführen. Die traditionelle Weidewirtschaft sollte stärker als bisher durch eine Agrarwirtschaft ergänzt werden. Vielleicht standen hinter diesem Kultivierungsprogramm auch politische Interessen. Bauern sind leichter zu regieren als Nomaden!

Bereits bald nach dem 2. Römischen Krieg – um das Jahr 200 – stellte Massinissa territoriale Forderungen, und zwar unter Berufung auf die Bestimmung des Friedensvertrags, die besagte, Karthago müsse die Gebiete herausgeben, die früher numidisch gewesen waren. Die Karthager erkannten diese Forderungen nicht ohne weiteres an. Sie baten die Römer, ohne deren Einverständnis sie ihr Staatsgebiet militärisch ja ohnehin nicht schützen durften, um Vermittlung. Die Römer aber entschieden im Sinn des Massinissa. Nach der Erledigung des strittigen territorialen Problems schlossen die Karthager und der numidische König einen Vertrag, in dem die beiderseits interessierenden Fragen geregelt wurden.

Im übrigen scheinen die Karthager die Verpflichtung des zwischen Karthago und Rom bestehenden Bündnisses ernst genommen und den ehemaligen Feind während des 2. Makedonischen Kriegs unterstützt zu haben.

Die innenpolitische Szene Karthagos wurde nach wie vor von den traditionellen politischen Gruppierungen beherrscht. Die barqidische „Partei" verlor keineswegs ihren Einfluß – im Gegenteil! Für das Jahr 196 wurde der Mann, der die Hauptfigur des verlorenen Krieges gewesen war, zum Sufeten gewählt: Hannibal, der Sohn des Hamilcar. Hannibal betrachtete die Ordnung des zerrütteten Finanzwesens als vordringliche Aufgabe. Als er hierbei mit dem Finanzminister, der der aristokratischen „Partei" angehörte und der kurz vor der Aufnahme in das Kollegium der Einhundertvier stand, in Konflikt geriet, benützte er diese Gelegenheit, um eine Änderung der Staatsverfassung herbeizuführen – eine Änderung, die einer Revolution gleichkam: waren bisher die Mitglieder des Kollegiums der Einhundertvier auf Lebenszeit bestellt worden, so sollten sie in Zukunft jährlich gewählt werden, wobei die Möglichkeit der Kontinuation des Amtes ausgeschlossen sein sollte. Dies bedeutete nichts anderes als die Stürmung eines Bollwerks des innenpolitischen Gegners. Die aristokratischen Gegner des Hannibal gingen in ihrem Haß so weit, daß sie sich in würdeloser Weise an ihre römischen Gastfreunde wandten, um die Hilfe des römischen Staats bei der Ausschaltung des „ersten Manns im Staat" (Livius) zu erlangen; sie verdächtigten Hannibal der gegen Rom gerichteten Kollaboration mit Antiochos. Die römischen Senatoren aber beschlossen – angeblich gegen den Widerstand des Africanus –, Cn. Servilius (Caepio), M. Claudius Marcellus und Q. Terentius Culleo als Gesandte nach Karthago zu schicken. Sie sollten sich an Ort und Stelle ein Bild über die politischen Zustände machen. Hannibal gab sich über die Absichten dieser Gesandten, die im Lauf des Jahres 195 in Karthago eintrafen und die vorgaben, wegen der Schlichtung von Grenzstreitigkeiten zwischen den Karthagern und Massinissa gekommen zu sein, keinen Illusionen hin. Um der gefährlich sich zuspitzenden Situation zu entrinnen, verließ er an einem Hochsommertag dieses Jahres – bei Anbruch der Dämmerung – die Stadt und reiste über sein zwischen Thapsos und Acholla liegendes Landgut nach Kerkenna und von dort über Tyros, Antiocheia und Daphne nach Ephesos, wo er von Antiochos freundlich aufgenommen wurde. Die romhörige „Partei" hatte einen bedeutenden Sieg errungen.

Doch Hannibal gab sich nicht geschlagen. Im Herbst des Jahres 194 schickte er – mit ausdrücklicher Billigung des seleukidischen Königs – den Tyrier Ariston, dessen Bekanntschaft er in Ephesos gemacht hatte, nach Karthago. Ariston sollte die Möglichkeiten einer Rückkehr sondieren – kaum, wie die spätere Überlieferung zu berichten weiß, die Karthager in eine seleukidisch-römische Auseinandersetzung hineinziehen. Doch Ariston, der in erster Linie mit den führenden barqidischen Politikern konferierte, erregte das Mißtrauen der senatorischen Feinde des Hannibal. Er sah sich gezwungen, Karthago bei Nacht zu verlassen. Die besorgten Senatoren schickten Gesandte nach Rom, die jeden etwa aufkommenden Argwohn der römischen Politiker zerstreuen sollten. Und sie taten – aus ihrer Sicht – gut daran; denn die römischen Senatoren hielten die Angelegenheit für so bedeutend, daß sie ihrerseits – im Jahre 193 – P. Cornelius Scipio, C. Cornelius Cethegus und M. Minucius Rufus als Gesandte nach Karthago reisen ließen.

Der Mißerfolg der Mission des Ariston entmutigte Hannibal nicht. Er bat Antiochos, ihm eine Flotte, mit deren Hilfe er im Jahre 192 seine Rückkehr erzwingen wollte, zur Verfügung zu stellen. Und der König sagte zu. Doch der Ausbruch des seleukidisch-römischen Kriegs verhinderte das Auslaufen dieser Flotte.

Während dieses Krieges genügten die Karthager ihrer Bündnispflicht, indem sie im Jahre 191 sechs Schlachtschiffe, die dem Oberbefehl des Admirals C. Livius Salinator unterstellt wurden, ins östliche Mittelmeer entsandten. Darüber hinaus boten sie die Lieferung von 1000000 Scheffeln Weizen und von 500000 Scheffeln Gerste an und außerdem die sofortige Bezahlung der gesamten restlichen Reparationssumme. Kein Römer sollte auch nur den leisesten Zweifel am politischen Standort der karthagischen Regierung haben! Die Römer nahmen zwar das Angebot der Lieferung von Getreide an – allerdings nur gegen Bezahlung –, lehnten aber das Anerbieten der sofortigen Tilgung der restlichen Schuld ab. In Karthago sollte das Bewußtsein der Abhängigkeit erhalten bleiben! Diese Zahlen zeigen u. a., daß die Finanzreform des Hannibal ihre Wirkung getan hatte. Karthago befand sich unzweifelhaft in einem wirtschaftlichen Aufschwung.

Im Jahre 182 kam Massinissa der Gedanke, er könne auf ein weiteres Gebiet Anspruch erheben. Kurzerhand besetzte er den strittigen Landstrich. Die Karthager beschwerten sich in Rom. Eine römische Gesandtschaft, die auf diese Beschwerde hin nach Afrika gereist war, sah sich nicht in der Lage, den Streit zu schlichten, und verwies die Sache an den Senat. In der Tat war die Rechtsfrage in diesem Fall kompliziert: das umstrittene Gebiet hatte zunächst den Karthagern gehört, war dann von Gaia okkupiert, in der Folgezeit von Syphax dem Gaia abgejagt und von jenem schließlich den Karthagern zurückgegeben worden. Im folgenden Jahr (181) entschied der römische Senat wohl zugunsten des Massinissa. Und es hat den Anschein, als sei diese Entscheidung – nach dem Wortlaut der einschlägigen Bestimmung des Vertrags des Jahres 201 – vertretbar gewesen. Möglicherweise aber bewirkte sie bei manchen karthagischen Politikern eine gewisse Irritation.

Eine derartige Irritation würde auch besser die Tatsache erklären, daß die karthagischen Senatoren im Jahre 174, am Vorabend des 3. Makedonischen Kriegs, eine Delegation des Perseus empfingen. Daß die Delegierten gebeten wurden, nachts vor dem Senat zu erscheinen – die Sitzung fand im Tempel des ʾšmn statt –, spricht nicht gerade für das gute Gewissen der Senatoren. Und es ist verständlich, daß Massinissa die römischen Gesandten, die in diesem Jahr zuerst zu ihm und dann zu den Karthagern reisten, insbesondere auf diesen Punkt hinwies.

Überhaupt scheinen sich die Spannungen zwischen den Karthagern und Massinissa seit dem Jahr 174 verschärft zu haben. Massinissa verließ nunmehr die Grundlage des Vertrags des Jahres 201 und besetzte in den nächsten beiden Jahren über 70 Städte und Dörfer. Die karthagischen Senatoren beschlossen daraufhin im Jahre 172 nach nächtelangen Beratungen im Tempel des ʾšmn, eine Gesandtschaft nach Rom zu schicken, die sich bitter über die Übergriffe des Massinissa beschweren und die Möglichkeiten des Schutzes der karthagischen Interessen erkunden sollte. Die Gesandten baten die Senatoren, entweder eine eindeutige Grenzlinie zwischen dem karthagischen und dem numidischen Territorium zu ziehen oder den Karthagern die militärische Verteidigung ihrer territorialen Interessen zu gestatten oder ein für allemal einen Teil des karthagischen Staatsgebiets dem numidischen Staatsgebiet zuzuschlagen. Nach dem eindrucksvollen Auftritt der karthagischen Gesandten forderten die Senatoren Massinissa durch Gulussa, der vor dem Senat den Standpunkt seines Vaters vertreten, aber keine genauen Instruktionen besessen hatte, auf, er möge in naher Zukunft Gesandte nach Rom schicken, die zu den gegen ihn erhobenen Vorwürfen Stellung nehmen könnten. Im übrigen hielten sie nach wie vor an den Grenzen des Jahres 201 fest. Offensichtlich war es den Römern kurz vor dem Ausbruch des 3. Makedonischen Kriegs darum zu tun, die Karthager nicht auf die Seite der Feinde zu treiben und die Welt von der Aufrichtigkeit und Ehrenhaftigkeit der römischen Politik zu überzeugen. Ob die von den Römern angeregten Verhandlungen vor dem Senat zustande gekommen sind, wissen wir nicht. Und wir wissen auch nicht, ob Massinissa die strittigen Gebiete je herausgegeben hat. Es ist wohl eher wahrscheinlich, daß er dies nicht getan hat.

Jedenfalls hielten es beide Seiten für zweckmäßig, die Römer im Krieg gegen Perseus zu unterstützen. Über den Umfang der karthagischen Hilfe des Jahres 171 sind wir nicht informiert, da der diesbezügliche Text des Livius verlorengegangen ist. Massinissa schickte seinen Sohn Misagenes mit 1000 Infanteristen, 1000 Kavalleristen und 22 Elefanten nach Thessalien. Sein Sohn Gulussa scheint indessen die Karthager vor dem römischen Senat verdächtigt zu haben, eine Flotte auf Kiel zu legen, die sie gegen Rom zum Einsatz zu bringen beabsichtigten. Bereits während des 3. Makedonischen Kriegs ergaben sich anscheinend – wenn nicht zwischen der karthagischen Regierung und Massinissa, so doch zwischen führenden karthagischen Politikern und Massinissa – ernsthafte Differenzen. Wäre es anders gewesen, wäre es unverständlich, daß Masgabas, der Sohn des Massinissa, unmittelbar nach Kriegsende die römischen Senatoren bat, die Geiselstellung des Hanno, des Sohns des Hamilcar, durchzusetzen. Offensichtlich hatte Hamilcar in einem Sinne agitiert, der Massinissa äußerst ungelegen war. Vielleicht war dieser Hamilcar gar identisch mit Hamilcar dem Samniten, der von Appianos als einer der Führer der demokratischen „Partei" bezeichnet wird.

Nach dem 3. Makedonischen Krieg scheint Massinissa – einige Zeit lang zumindest – die faktischen Grenzen des karthagischen Staats respektiert zu haben; denn als er bei der Verfolgung des abtrünnigen Vasallen Aphther, der in die Nähe von Kyrene zurückgewichen war, durch die Gegenden der Emporia zu ziehen beabsichtigte, bat er um eine Durchzugserlaubnis und erkannte dadurch die karthagische Oberhoheit über die genannten Gebiete an.

Kurze Zeit später jedoch – etwa in der Mitte der 60er Jahre – setzte der numidische König die massiven Angriffe auf karthagische Positionen fort. Die Ziele seiner Angriffe waren nunmehr die Städte und Gegenden an der Kleinen Syrte und die Emporia mit ihrem Hinterland. Möglicherweise hatte er – wie dann wahrscheinlich auch die Römer – die Weigerung der Karthager, den Durchzug durch das Gebiet der Emporia zu gestatten, als feindlichen Akt interpretiert, um seinen Übergriffen den Schein der Legitimität zu geben. Es gelang ihm rasch, sich zum Herrn des flachen Landes zu machen, der Städte konnte er sich jedoch nicht bemächtigen. Die empörten Karthager schickten Jahr für Jahr – wie natürlich auch Massinissa – Gesandte nach Rom, um ein Eingreifen der Römer zu erbitten. Doch Jahr für Jahr kehrten die Gesandten mit negativen Bescheiden nach Karthago zurück. Wahrscheinlich im Jahre 162/61 schließlich entschied der Machtspruch der Römer, daß die Karthager alle genannten Städte und Gebiete – und diese Städte und Gebiete waren von enormer wirtschaftlicher und politischer Bedeutung – an Massinissa abzutreten hatten. Außerdem hatten sie gar noch eine „Entschädigung" von 500 Talenten für die Einkünfte zu bezahlen, die Massinissa seit Beginn des Streits entgangen waren. Dies war der schwerste Schlag, der Karthago seit dem Ende des 2. Römischen Kriegs getroffen hatte.

Es ist verständlich, daß nach dieser Demonstration der neuen römischen Außenpolitik – einer Außenpolitik, die dem Tag von Pydna folgte – die politischen Richtungskämpfe in Karthago an Schärfe zunahmen. Insbesondere wird die national-demokratische „Partei“, an deren Spitze Hamilcar der Samnite und Carthalo standen, an Einfluß gewonnen haben – vermutlich auf Kosten der proprömischen „Partei“, die von Hanno dem Rab geleitet wurde. Die Anhänger einer dritten Fraktion – ihr Sprecher war Hannibal der Star – waren der Ansicht, durch ein Zusammengehen mit Massinissa seien die Probleme der karthagischen Politik zu meistern.

Nachdem die Römer im Jahre 157 (?) erneut zwischen den Karthagern und Massinissa zu vermitteln gesucht hatten – offensichtlich ohne großen Erfolg –, glaubte der General Carthalo im Jahre 153 eine günstige Situation nützen und zumindest in einer relativ unbedeutenden Angelegenheit offensiv vorgehen zu können. Die Situation war seiner Meinung nach deswegen günstig, weil die Römer den 2. Keltiberischen Krieg (154–133) zu führen hatten und weil Massinissa sich auf den spanischen Kriegsschauplatz begeben hatte, um einem seiner Söhne, der von iberischen Truppen eingeschlossen worden war, zu Hilfe zu kommen. Er griff Numider an, die in einem umstrittenen Gebiet ihre Zelte aufgeschlagen hatten, und verjagte sie. Im übrigen bemühte er sich, unter den libyschen Bauern gegen die Numider Stimmung zu machen.

In der Folgezeit scheinen weitere Scharmützel ausgetragen worden zu sein, die schließlich durch das Eingreifen einer römischen Gesandtschaft zugunsten des Massinissa beendet wurden. Die Mitglieder dieser Gesandtschaft trafen aber keine juristische Entscheidung.

Einige Zeit später wagte Massinissa einen erneuten Vorstoß gegen karthagisches Gebiet. Dieses Mal rückte er gegen die Großen Felder und das Gebiet der 50 Städte, das seinen Mittelpunkt in Maktar hatte, vor. Wiederum nahmen die Karthager ihre Zuflucht zu den Römern. Doch diese zögerten die Entsendung einer Gesandtschaft so lange hinaus, bis zu erwarten war, daß der numidische König seine militärischen Ziele erreicht hatte. Erst im Jahre 152 (?) reisten zehn Gesandte – unter ihnen M. Porcius Cato und wahrscheinlich auch P. Cornelius Scipio Nasica – nach Afrika. Sie verlangten die bedingungslose Unterwerfung unter ihren Schiedsspruch. Massinissa, der mit den Urteilen römischer Gesandter die besten Erfahrungen gemacht hatte, erklärte sein Einverständnis. Die Karthager aber forderten unmißverständlich die Anwendung der Bestimmungen des Vertrags des Jahres 201. Diese klare Sprache stellte ein Novum dar – ein Novum, über dessen möglicherweise gefährliche Konsequenzen sich die karthagischen Politiker im klaren gewesen sein dürften. Die römischen Gesandten kehrten unverrichteter Dinge nach Rom zurück. Cato aber gewann nunmehr die Überzeugung, daß das Problem Karthago einer radikalen Lösung zugeführt werden müsse. Und mit dieser Ansicht stand er keineswegs allein – ja es scheint, als habe seit dem Jahr 152 eine große Zahl von Senatoren ein energisches Vorgehen gegen Karthago gebilligt.

Noch im Jahre 151 allerdings verhinderte Nasica, daß seine Senatskollegen die äußersten Maßnahmen ergriffen – „noch scheine ihm kein gerechter Grund zur Eröffnung eines Krieges vorzuliegen“ (Livius-Perioche). Als die Nachricht in Rom bekannt wurde – bei der Überbringung dieser Nachricht spielte Gulussa, der Sohn des Massinissa, eine wichtige Rolle –, daß Karthago aufrüste und daß Arcobarzanes, der Enkel des Syphax, mit einem beachtlich starken numidischen Aufgebot auf karthagischem Boden stehe, regte er – im Widerspruch zu Cato – an, erneut zehn Gesandte nach Karthago zu schicken, die an Ort und Stelle die Lage erkunden sollten. Diese Gesandten mußten feststellen, daß die national-demokratische Fraktion stark an Boden gewonnen hatte. Während die karthagischen Senatoren zusagten, sie würden sich dem Urteilsspruch der römischen Gesandten unterwerfen, mobilisierte Gisgo, der Sohn des Hamilcar, der damals möglicherweise Sufet war, die Massen. Und deren Aufmarsch machte den römischen Gesandten deutlich, daß die Karthager zum Äußersten entschlossen waren.

Vermutlich im gleichen Jahr 151 setzten die National-Demokraten in einer Abstimmung die Verbannung von etwa 40 führenden Mitgliedern der pronumidischen „Partei“ durch. Sie verpflichteten überdies die gesamte Volksversammlung eidlich, den Verbannten jede Möglichkeit der Rückkehr zu verwehren. Die Verbannten wandten sich an Massinissa und baten ihn um eine Intervention. Massinissa schickte daraufhin seine beiden Söhne Gulussa und Micipsa nach Karthago. Der damalige General aber – versah Carthalo noch dieses Amt? – verweigerte den Prinzen den Zutritt zur Stadt. Und als sich Gulussa mit seiner Begleitung auf den Rückweg begab, wurde er von Hamilcar dem Samniten überfallen. Im Gegenzug begann Massinissa mit der Belagerung der Stadt Horoskopa.

In Karthago aber setzten im Anschluß an die neuerliche karthagisch-numidische Konfrontation die entscheidenden Beratungen ein. Hatten die Karthager bisher – getreu den Bestimmungen des Vertrags des Jahres 201 – keine ernsthafte militärische Auseinandersetzung mit Massinissa ausgetragen, so entschlossen sie sich nunmehr, der numidischen Expansion militärisch zu begegnen.

Wahrscheinlich im Frühling des Jahres 150 – die letzten Geiseln waren von Rom nach Karthago zurückgekehrt und die letzten Tributzahlungen waren an Rom geleistet worden – verließen 25000 Infanteristen und 400 städtische Kavalleristen Karthago, um unter der Führung des Generals Hasdrubal mit der Waffe in der Hand die Interessen Karthagos – und zwar ohne die Zustimmung der Römer – zu vertreten. Ihnen schlossen sich 6000 numidische, unter dem Kommando der Offiziere Hagasis und Subas stehende Kavalleristen an – die Offiziere hatten sich aus einem uns unbekannten Grund mit den Söhnen des Massinissa entzweit. Zu diesem Aufgebot stießen schließlich noch weitere 26600 Mann, die auf dem flachen Land rekrutiert worden waren. Mit diesem starken Heer von 58000 Mann marschierte Hasdrubal Massinissa, der über ein Heer von 52000 Mann gebot, entgegen. Der 88jährige Massinissa aber zog sich in eine unbewohnte, von Hügeln eingesäumte Ebene zurück, die seinen taktischen Bedürfnissen entsprach. In dieser – nicht lokalisierbaren – Ebene trafen die beiden Heere aufeinander. Massinissa siegte. Als Hasdrubal erfuhr, daß P. Cornelius Scipio Aemilianus sich im Zelt des Massinissa befand – er war von L. Licinius Lucullus, dem Gouverneur des Diesseitigen Spanien, mit dem Auftrag, Massinissa um die Stellung von Elefanten zu ersuchen, nach Afrika geschickt worden und hatte der Schlacht von einem Hügel aus zugesehen –, bat er ihn, zwischen den Karthagern und Massinissa zu vermitteln. In dem vom Jüngeren Scipio arrangierten Gespräch erklärte sich Hasdrubal bereit, endgültig auf die Städte und Gegenden an der Kleinen Syrte und auf die Emporia und deren Hinterland zu verzichten und 200 Talente sofort und 800 Talente später zu zahlen. Dies war ein Angebot, das der Lage angemessen war. Als aber Massinissa darüber hinaus die Rückgabe der Überläufer forderte, brachen die Vertreter des karthagischen Staats das Gespräch ab und zogen sich zurück. Bei einer Zustimmung zur Forderung des Massinissa, hätten die Karthager u. a. die Leute des Hagasis und des Subas ausliefern müssen – und dies hätte bedeutet, daß sie insbesondere bei den numidischen Nachbarn, die zu Massinissa in Opposition standen, jeden Kredit verspielt hätten. Dies aber konnten sich die Karthager – schon im Hinblick auf den völlig unzureichenden Ausbau der städtischen Kavallerie – nicht leisten. So ging der Krieg weiter. Massinissa schloß die Karthager in ihrem Lager ein. Anfangs hatte Hasdrubal noch auf ein Einschreiten der römischen Gesandten, die nach Afrika gekommen waren, gehofft. Doch diese griffen – weisungsgemäß – nicht ein und trugen dadurch dazu bei, daß die Reste der karthagischen Armee, von Durst, Hunger und einer Seuche geschwächt, schließlich bedingungslos kapitulierten. Nunmehr verstanden sich die Karthager dazu, die Überläufer auszuliefern, eine Summe von 5000 Talenten innerhalb von 50 Jahren zu zahlen und den Verbannten – gegen den geleisteten Eid – die Rückkehr zu gestatten. Die Überlebenden, die nur mit einem Hemd bekleidet sein durften, hatten mitten durch die Reihen der Feinde hindurch abzuziehen. Doch damit nicht genug: Gulussa schickte in seiner Rachsucht den Elendsgestalten seine Kavalleristen nach, die viele von ihnen niedermachten. Hasdrubal und einige Vornehme waren unter den wenigen, die sich nach Karthago durchschlagen konnten. Viele werden der Meinung gewesen sein, das Ende der staatlichen Existenz Karthagos sei bereits gekommen.

29

DER 3. RÖMISCHE KRIEG (149–146)

Die Gründe

Nach den Aussagen der antiken Historiker ist es die Furcht gewesen, die zum Ausbruch des 3. Römischen Kriegs geführt hat – die Furcht Roms vor Karthago. Diese Auskunft erschien aber vielen modernen Historikern als vage, schief oder gar verkehrt. Sie hielten eine Kritik der Furcht-Theorie um so eher für berechtigt, als diese Theorie in der Antike keineswegs allein das Feld der Diskussionen, die um den 3. Römischen Krieg geführt wurden, beherrscht hat. So wurde in der Moderne behauptet, aus merkantilen Gründen hätten die Römer den Untergang Karthagos beschlossen. Doch findet diese Hypothese, hinter der eher die ökonomisch-politische Wirklichkeit des ausgehenden 19. und des beginnenden 20. Jh. als die politische Situation des 2. vorchristlichen Jahrhunderts steht, an den antiken Zeugnissen keinen Rückhalt. Sie dürfte heute kaum noch Anhänger haben. Dagegen strahlt eine andere Hypothese noch immer einen gewissen verführerischen Glanz aus – die Hypothese, die besagt, Rom habe Karthago nicht wegen Karthagos, sondern wegen Numidiens zerstört: der Zweck der Zerstörung Karthagos sei die Unterbrechung des Prozesses der numidischen Großmachtbildung gewesen. Doch ist auch in diesem Fall zu betonen, daß kein antiker Autor einen derartigen Gedanken geäußert hat. Im übrigen scheinen die Anhänger dieser Hypothese die Breite des Instrumentariums, über das Rom verfügte, um Massinissa notfalls in die Schranken zu weisen, zu unterschätzen. So wird es sich empfehlen, den Aussagen der antiken Autoren mehr Vertrauen zu schenken, als dies bisher vielfach geschehen ist.

Im Verlauf der Diskussionen der Vorkriegszeit setzte sich in Rom eine politische Linie durch, die mit dem Namen Cato verbunden war. Cato aber befürwortete die radikale Lösung des karthagischen Problems: die Zerstörung der Stadt. Was aber waren seine Gedanken? Soweit wir dies feststellen können, war er mißtrauisch gegen jedes Zeichen von Unruhe – die Ereignisse im Osten und im Westen des Mittelmeers hatten seine Sinne geschärft! Und Zeichen des Aufbegehrens waren das Vorgehen des Carthalo im Jahre 153 und das Verhalten der karthagischen Regierung im Jahre 152 (?). Insbesondere die persönlichen Erfahrungen des Jahres 152 (?) scheinen Cato zu der Ansicht geführt zu haben, die Römer müßten eine neue Afrika-Politik einschlagen. Seiner Meinung nach war es nicht mehr möglich, die antagonistischen Kräfte Nordafrikas mit dem bisher angewandten Mittel der schiedsrichterlichen Entscheidungen zu tarieren. Und war nicht der wirtschaftliche Wiederaufstieg Karthagos, dessen Zeichen man in Stadt und Land sehen konnte, eine deutliche Stütze für die Annahme, daß Karthago auch in militärischer Hinsicht in der Lage war, gewisse politische Entwicklungen rückgängig zu machen? In diese Gedanken mischten sich Bilder der Vergangenheit – vielleicht auch Bilder persönlicher Art – und verstärkten die Vorstellung einer drohenden Gefahr. Die Agitationen Catos trafen in der römischen Öffentlichkeit auf eine Schicht, in der die Furcht vor Karthago tief saß – zumal es der Censorier verstand, die räumliche Nähe der „vor den Toren" stehenden Gefahr (Appianos) plastisch ins Bewußtsein zu rufen.

Doch Cato vertrat nur die Meinung *einer* „Fraktion" des römischen Senats. Der Sprecher einer anderen „Fraktion" war Scipio Nasica. Nahm Scipio Nasica aber wirklich, wie die antiken Autoren behaupten, die Cato diametral entgegengesetzte Position ein? Es scheint nicht; denn die Gründe, die ihn bewogen, in den Jahren 152 (?) – 150 den Widerpart Catos zu übernehmen, dürften nicht grundsätzlicher, sondern „nur" religiös-rechtlicher Art gewesen sein: nachdem die Karthager im Jahre 150 eindeutig den Vertrag des Jahres 201 verletzt hatten, hielt er seine bisherigen Bedenken für gegenstandslos und stimmte der Kriegserklärung zu. Das Wort vom „Wetzstein" Karthago, dessen Rom aus innen- oder außenpolitischen Gründen bedürfe, scheint von späteren Historikern – vielleicht zuerst von Poseidonios – mit einem früheren (polybianischen?) Bericht über den zeitweiligen Widerstand des Scipio Nasica gegen Catos Zerstörungspläne in einen unhistorischen Zusammenhang gebracht worden zu sein.

Im Jahre 150 fielen die entscheidenden Beschlüsse. Die römischen Senatoren kamen nicht nur überein, mit den Karthagern Krieg zu führen, sondern auch, die Stadt Karthago in diesem Krieg zu zerstören. Zugleich vereinbarten sie, den Kriegsbeschluß zunächst geheimzuhalten. Im nächsten Jahr begründeten sie in der Öffentlichkeit den Kriegsbeschluß mit den Sicherheitsinteressen Roms – und dies nach der karthagischen Vertragsverletzung des Jahres 150 nicht einmal zu Unrecht! Mag auch dem modernen Historiker die Behauptung, der 3. Römische Krieg sei ein den Römern aufgezwungener Verteidigungskrieg gewesen, als eine Äußerung eines geradezu pervertierten Denkens erscheinen – die römischen Senatoren dachten darüber anders.

Das Vorspiel

Die schwere und demütigende Niederlage, die Massinissa den Karthagern zugefügt hatte, führte zu einer Verschiebung der innenpolitischen Kräfteverhältnisse Karthagos. Der Einfluß der demokratischen „Partei" ging zurück. Ihren Exponenten, den beiden Generalen Carthalo und Hasdrubal, wurde die Hauptschuld an dem Desaster zugeschrieben; sie wurden zusammen mit anderen Angeklagten – vermutlich von den Einhundertvier – zum Tode verurteilt. Anscheinend war dieses Urteil auch gefällt worden, um den Zorn der Römer über den Bruch des Vertrags von 201 zu beschwichtigen. Und gegenüber Rom eine Geste der Devotion zu zeigen, erschien erforderlich; denn der römische Senat hatte nach dem Eintreffen der Nachricht von der Auseinandersetzung zwischen Karthago und Massinissa die Aufstellung einer neuen Armee angeordnet – und jedermann diesseits und jenseits des Libyschen Meers war sich darüber im klaren, gegen wen diese Armee möglicherweise eingesetzt werden sollte, wenngleich der Senat den Zweck der Mobilmachung nicht bekanntgab.

Der nächste Schritt der karthagischen Regierung war die Entsendung einer Gesandtschaft nach Rom, deren Aufgabe es war, sowohl das Verhalten des Massinissa anzuklagen als auch das eigene Verhalten zu entschuldigen. Die Gesandtschaft erzielte keinen Erfolg; denn die Entscheidung, die Lebensgrundlagen Karthagos zu zerstören, war längst gefallen. Mit einer sibyllinischen Antwort des römischen Senats kehrten die Gesandten nach Karthago zurück. Diese Antwort war keineswegs dazu angetan, die Karthager zu beruhigen.

In dieser Situation – vermutlich im Winter des Jahres 150/49 – trafen die Itykaier, die punischen Rivalen der Karthager, eine Entscheidung, die den weiteren Gang der Ereignisse entscheidend beeinflussen sollte: sie übergaben ihre Stadt den Römern. Nach dieser Entscheidung proklamierte der römische Senat den Kriegsbeschluß und vertraute den Consuln des Jahres 149 die Kriegführung an: M'. Manilius erhielt den Oberbefehl über das Heer, L. Marcius Censorinus den Oberbefehl über die Flotte. Das Heer umfaßte 80000 Infanteristen und etwa 4000 Kavalleristen, die Flotte 50 Penteren, 100 leichte Schiffe und viele Lastschiffe verschiedenen Typs. Zunächst steuerten die Consuln Lilybaion an.

Das römische Vorgehen löste in Karthago tiefe Niedergeschlagenheit aus; denn die Stadt war auf eine Kraftprobe mit Rom – sieht man von dem relativ gut gefüllten Waffendepot ab – in keiner Weise vorbereitet. Das Heer war in der Auseinandersetzung mit Massinissa aufgerieben worden; eine Flotte, die diesen Namen verdiente, existierte nicht; das militärische Potential der Weltmacht Rom war erdrückend; und außerdem war mit dem Abschluß eines römisch-numidischen Pakts zu rechnen. Nur von einem diplomatischen Schritt war noch Rettung zu erhoffen. Gisgo mit dem Beinamen Strytános, Hamilcar, Misdes, Gillimas und Mago reisten als bevollmächtigte Gesandte nach Rom, um unter allen Umständen zu verhindern, daß die römischen Truppen gegen Karthago gerichtete militärische Aktionen starteten. Um jedes römische Mißtrauen zu zerstreuen und den römischen Wünschen weitgehendst entgegenzukommen, boten sie die „Übereignung" (deditio) an. Der Praetor eröffnete ihnen daraufhin den Bescheid des Senats: Der Senat garantiere den Karthagern Autonomie, Eleutherie und die Unversehrtheit des staatlichen und privaten Besitzes, wenn sie innerhalb von 30 Tagen 300 Söhne der Mitglieder des Senats und der Regierung als Geiseln den Consuln in Lilybaion überstellten und wenn sie den Anordnungen der Consuln Folge leisteten.

Die vage Formulierung „die Anordnungen der Consuln" weckte zwar das Mißtrauen der Karthager, sie hielten es aber unter den gegebenen Umständen für unumgänglich, den Forderungen des Senats zu entsprechen. Noch vor dem Ende der 30-Tage-Frist schickten sie die geforderten 300 Geiseln nach Lilybaion. Dort erhielten die Vertreter der karthagischen Regierung, die die Geiseln begleitet hatten, zu ihrer Verblüffung von den Consuln die Auskunft, sie könnten die restlichen Forderungen in Ityke in Erfahrung bringen; denn dorthin würden sie, die Consuln, mit ihren Truppen fahren.

Die Karthager hatten kaum eine andere Wahl, als erneut Gesandte zu den Consuln zu schicken – diesmal nach Ityke. Im Lager von Ityke – das an der Stelle des Lagers des Scipio aufgeschlagen worden war – führten ihnen die Consuln die Stärke der römischen Truppen vor, und Censorinus verlangte schließlich die Ablieferung sämtlicher Waffen, nach Appianos mit folgender Begründung: „Wozu brauchen die, die in lauterer Gesinnung den Frieden wünschen, Waffen?" Auf den zaghaft vorgebrachten Einwand, man müsse sich doch gegen den zum Tod verurteilten Hasdrubal schützen, der an der Spitze eines Heeres von 20000 Mann stünde, erwiderten die Consuln, dies möge man nur ihrer Sorge überlassen. Daraufhin stimmten die Gesandten, notgedrungen, einer totalen Entwaffnung zu. P. Cornelius Scipio Nasica Serapio und Cn. Cornelius Scipio Hispanus reisten mit den Gesandten nach Karthago, um die Waffen in Empfang zu nehmen.

Dem Zug der mit über 200000 Rüstungen, etwa 2000 Katapulten und einer großen Zahl von Wurfspießen und Wurfgeschossen beladenen Wagen, der sich von Karthago in Richtung Ityke in Bewegung setzte, folgten die Gesandten, die bedeutendsten Männer der Regierung und des Senats, Priester und weitere bekannte Persönlichkeiten der Stadt. Die Honoratioren der Stadt wollten durch ihren devoten Aufmarsch wohl das Mitgefühl der Consuln wecken und sie veranlassen, keine weiteren Forderungen zu stellen.

Dieses Ziel wurde nicht erreicht, ja konnte nicht erreicht werden, da die Consuln an den geheimen Senatsbeschluß, der die Zerstörung Karthagos vorsah, gebunden waren. Einige Zeit nach der Rückreise der Honoratioren der Stadt ersuchten die Consuln die karthagische Regierung, Regierungsmitglieder nach Ityke zu entsenden, die über die letzte römische Forderung in Kenntnis gesetzt werden sollten. 30 Regierungsmitglieder – anscheinend die gesamte Regierung – reisten daraufhin nach Ityke. Ihnen eröffnete Manilius die entscheidende römische Forderung: die Karthager sollten ihre Stadt verlassen und 80 Stadien von der Küste entfernt eine neue Stadt bauen. Das Meer als Quelle des Reichtums und der Macht sollte den Karthagern in jedem Falle – ob sie nun die Forderung annähmen oder ablehnten – und für alle Zukunft verschlossen bleiben! Nachdem die Gesandten ihre Bestürzung überwunden hatten, warfen sie sich als demütige Bittsteller zu Boden. Dann unternahm Banno Tigillas den Versuch, den Consuln wenigstens die Erlaubnis abzuringen, mit dem römischen Senat in neue Verhandlungen eintreten zu dürfen. Doch auch diese Bitte wurde abschlägig beschieden. Daraufhin kehrten die meisten Gesandten nach Karthago zurück, einige ergriffen jedoch aus Furcht vor der zu erwartenden Reaktion ihrer Mitbürger unterwegs die Flucht. Censorinus aber rückte mit 20 Penteren in die Nähe Karthagos vor.

Nachdem der Senat und die vor dem Rathaus wartende Menge von der Entscheidung der Römer in Kenntnis gesetzt worden waren, gingen die Wogen der politischen Emotionen hoch. Der Mob stürzte sich auf die Gesandten, die die Unglücksbotschaft überbracht hatten, und vergriff sich an den Italikern, die in der Stadt lebten. Es scheint kaum noch einen Politiker gegeben zu haben, der sich unter den veränderten Umständen für die Erhaltung des Friedens aussprach – mag auch der eine oder andere der Überzeugung gewesen sein, die Erfüllung der römischen Forderung sei einem aussichtslosen Krieg vorzuziehen. Noch am Tag der Rückkehr der Gesandten beschloß der Senat, gegen Rom Krieg zu führen. Und um die Zahl der Soldaten zu vergrößern, schenkte er allen wehrfähigen Sklaven die Freiheit. Zu Feldherrn aber wählten die

Karthager den zum Tod verurteilten Hasdrubal, dessen Befehlsbereich das flache Land sein sollte, und Hasdrubal, einen Enkel des Massinissa, dem das Kommando in der Stadt anvertraut wurde.

Der Verlauf

Zu den vordringlichsten Sorgen der karthagischen Regierung gehörten die Rekrutierung neuer Truppen und die Forcierung der Rüstungen. Tag und Nacht arbeiteten Männer und Frauen auf öffentlichen und sakralen Plätzen an der Herstellung neuer Waffen.

Die Consuln aber zögerten mit dem Angriff auf die Stadt, da sie der Meinung waren, die Kriegsbegeisterung werde nach einiger Zeit einer nüchternen Lagebeurteilung weichen, die ihnen ein leichteres Spiel gewähren würde. Im übrigen scheinen sie zu dieser Zeit bestrebt gewesen zu sein, ihre militärische Basis zu verbreitern – dies war insbesondere im Hinblick auf die Versorgung der Truppen mit Lebensmitteln von Bedeutung. Sie gewannen in kurzer Zeit – wie es scheint, ohne die Anwendung von Gewalt – Adrymes, Leptis Minor, Thapsos und Acholla zu Ityke hinzu. Den Rest des Landes beherrschte jedoch Hasdrubal, der bei Nepheris eine feste Stellung bezogen hatte und der von hier aus die Landverbindung zwischen Ityke und den genannten Städten kontrollierte.

Bemerkenswerterweise fiel in diesen Wochen ein Schatten auf die römisch-numidischen Beziehungen. Als die Consuln Massinissa aufforderten, ein numidisches Kontingent gegen Karthago ins Feld zu stellen, antwortete dieser ausweichend, er werde dieses Kontingent stellen, wenn er höre, daß sie dessen bedürften. Anscheinend war er jedoch nach kurzer Zeit der Meinung, seine Antwort sei nicht am Platze gewesen; denn er ließ bei den Consuln anfragen, ob sie bereits seine militärische Unterstützung wünschten. Die Consuln antworteten nunmehr pikiert, sie würden ihn wissen lassen, wann sie seiner Hilfe bedürften. Was war geschehen? Die Römer hatten Massinissa vor der Landung in Afrika nicht über ihre Pläne informiert. Massinissa fühlte sich daher übergangen und reagierte gereizt. Vor allem aber wird ihm das römische Unternehmen im Hinblick auf die weitere Entwicklung der militärischen und politischen Verhältnisse in Nordafrika mehr als verdächtig erschienen sein; denn die Römer würden, falls sie sich in Nordafrika festsetzten – und daran war nach Lage der Dinge nicht zu zweifeln –, ein weitaus unangenehmerer Nachbar sein als die Karthager, die er vor kurzem in die Knie gezwungen hatte. Das römische Engagement in Afrika bedeutete nichts anderes als die völlige Infragestellung seiner politischen Pläne.

Nachdem die Consuln in Ityke die letzten Vorbereitungen getroffen hatten, zogen sie zu Wasser und zu Land vor Karthago, um mit der Belagerung der Stadt zu beginnen. Manilius griff vom Isthmos her an, Censorinus von der südlichen Flanke der Stadt her – genauer gesagt: an der Stelle, an der die nicht allzu hohe und nicht allzu starke Mauer, die vom Isthmos zu den Häfen führte, eine sanfte Biegung machte. Da sie ein leichtes Spiel zu haben glaubten, waren sie vom Widerstand, auf den sie stießen, überrascht und wichen zurück. Auch ein zweiter Angriff schlug fehl. Nun befürchteten sie, ihre auf dem Isthmos stehenden Truppen könnten von den Truppen des Hasdrubal – Hasdrubal stand jenseits des Sees von Tunis – eingeschlossen werden. Sie beschlossen daher, die Belagerung Karthagos zu unterbrechen und zunächst sichere Stützpunkte zu errichten. Censorinus schlug ein Lager unter den Mauern der Stadt – am See von Tunis – auf, Manilius an der Straße, die von Karthago ins Landesinnere führte. Manilius wählte diese Lage offensichtlich aus zwei Gründen: zum einen wollte er von hier aus die Belagerung Karthagos betreiben und zum anderen die Verbindung zwischen Karthago und dem Hinterland unterbrechen. Offensichtlich waren die Consuln zu dieser Zeit noch der Meinung, es sei nicht erforderlich, gegen die bei Nepheris stehenden Truppen des Hasdrubal offensiv vorzugehen – das Problem der Existenz dieser Truppen würde sich nach der Eroberung der Stadt in kurzer Zeit von selbst lösen. Allerdings gab der karthagische Kavalleriegeneral Hamilcar Phameas bereits jetzt eine Probe der beträchtlichen Schlagkraft der karthagischen Verbände: als Censorinus an das Südufer des Sees von Tunis fuhr, um dort Holz fällen zu lassen – das Holz wurde zur Anfertigung von Belagerungsmaschinen benötigt –, griff Hamilcar ihn an und tötete 500 seiner Leute. Dies führte jedoch nicht dazu, daß die Consuln ihre Strategie änderten. Sie berannten erneut die Stadt – wiederum ohne Erfolg. Nach einiger Zeit aber gab Manilius die Hoffnung auf, vom Isthmos her einen erfolgreichen Angriff gegen die Stadt vortragen zu können. Auf der Seite des Censorinus jedoch stiegen die Erfolgschancen. Mit Hilfe zweier riesiger Rammböcke – der eine dieser Rammböcke wurde von angeblich 6000 Infanteristen, der andere von zahlreichen Matrosen bedient – gelang es dem Consul, die Mauer an einer Stelle zum Einsturz zu bringen. Während der folgenden Nacht besserten die Karthager jedoch den beschädigten Teil der Mauer großenteils aus und zerstörten überdies bei einem Ausfall die Belagerungsmaschinen der Feinde. Diese drangen zwar am nächsten Tag durch die noch bestehende Mauerlücke, wurden aber von den Karthagern zurückgeworfen. Einer der Militärtribunen der 4. Legion, P. Cornelius Scipio Aemilianus, der Adoptivsohn des ältesten Sohns des berühmten Scipio, sicherte den Rückzug.

In der folgenden Zeit erzielten die Römer keinen Durchbruch, sie mußten im Gegenteil kleinere Rückschläge hinnehmen: während der „Hundstage" brach im Lager des Censorinus eine Seuche aus, die ihn zwang, sein Lager vom ungesunden See von Tunis an das gesündere offene Meer zu verlegen; brennende Boote, die die Karthager gegen das römische Schiffslager treiben ließen, richteten beträchtlichen Schaden an; und einem nächtlichen Angriff auf das Lager des Manilius wäre vermutlich ein noch größerer Erfolg beschieden gewesen, hätte nicht Scipio mit einer Schwadron Kavalleristen den Angriff abgewehrt. Manilius ließ auf diesen Vorfall hin eine Mauer um das Lager bauen. Außerdem ließ er am Meer einen befestigten Landeplatz anlegen, damit die Schiffe, die Nachschub brachten, sicher landen konnten.

Die Erstürmung Karthagos glückte den Consuln des Jahres 149 nicht. Um wenigstens einige anderweitige Erfolge zu erringen, brach Manilius – Censorinus war inzwischen zur Überwachung der Wahlen nach Rom gereist – mit 10000 Infanteristen und 2000 Kavalleristen zu einem Plünderungszug ins Landesinnere auf. Doch auch hier hielten sich seine Erfolge in Grenzen, da Hamilcar ihm hart zusetzte. Nachdem er die Beute in Sicherheit gebracht hatte, brach er erneut auf – dieses Mal zum Hauptquartier des Hasdrubal, das sich in der Nähe von Nepheris befand. Hasdrubal rückte dem Feind zunächst entgegen, zog sich aber nach einem Gefecht, das auf beiden Seiten viele Opfer gefordert hatte, in seinen hochgelegenen Stützpunkt zurück – um erneut anzugreifen, als die abziehenden Römer bei der Überquerung des Oued Bou Abid ihre Schlachtordnung auflösten. Die Verluste der Römer waren hoch. Sie wären noch höher gewesen, hätte nicht Scipio mit den von ihm geführten Kavalleristen den Übergang gedeckt. Scipio war es auch, der nach der Überquerung des Bachs nochmals zurückkehrte, um vier eingeschlossene Manipel „herauszuhauen". Als die stark angeschlagenen Truppen sich auf dem Rückweg befanden, wurden sie auch von Hamilcar angegriffen und beim Betreten des Lagers zudem noch von den in Karthago stationierten Truppen, die einen Ausfall wagten.

In römischen Augen konnte die militärische Lage Nordafrikas am Ende des Jahres 149 keinesfalls als zufriedenstellend erscheinen. Um den Krieg, dessen bisherige Führung zweifellos zu einem Prestigeverlust geführt hatte, im nächsten Jahr beenden zu können, waren vielleicht neue Strategien zu entwickeln, sicher aber zusätzliche Kräfte einzusetzen. Was lag näher, als Massinissa aufzufordern, nunmehr Seite an Seite mit Rom gegen Karthago zu kämpfen! Doch die Gesandten, die diese Aufforderung des römischen Senats dem numidischen König überbringen sollten, fanden ihn nicht mehr lebend an. Auch Scipio, den der König als Ratgeber zu sich gerufen hatte – im familiären und im staatlichen Bereich waren wichtige Entscheidungen zu fällen –, traf erst kurze Zeit nach seinem Tod am numidischen Hof ein. Sterbend hatte Massinissa, der wohl sein politisches Werk in Gefahr gesehen hatte, seine Söhne beschworen, den Anordnungen des Scipio Folge zu leisten. Scipio teilte – entgegen den numidischen Gesetzen der Thronfolge? – die Herrschaft unter die drei ehelichen Söhne des Verstorbenen, die im übrigen alle den Königs-Titel führen durften. Micipsa erhielt das „Innenministerium", Gulussa das „Kriegsministerium" und Mastanabal das „Justizministerium".

Für die Fortsetzung der karthagisch-römischen Auseinandersetzungen aber war von Bedeutung, daß Gulussa sich Scipio anschloß und sich als „Bundesgenosse des römischen Volkes" in das Lager des Manilius begab. Wie wertvoll seine militärische Hilfe war, wurde binnen kurzem daran deutlich, daß es ihm gelang, die Kreise des Hamilcar wirksam zu stören. Möglicherweise war dies einer der Gründe, die Hamilcar bestimmten, auf die römische Seite überzugehen. Dies geschah, als Manilius erneut das Fort bei Nepheris angriff, um die Scharte des vergangenen Jahres auszuwetzen. Zusammen mit Hamilcar gaben einige Offiziere und etwa 2200 Kavalleristen die Sache der Heimat auf und schlossen sich dem Feind an. Die restlichen Offiziere und deren Schwadronen hielt Hanno der Fisch vom Verrat zurück. Der Übergang des Hamilcar veranlaßte Manilius, der bereits 14 Tage bei Nepheris gelegen war und nichts erreicht hatte und der außerdem einen erneuten Angriff des Hasdrubal beim Abzug seiner Truppen befürchtet hatte, mit dem Gefühl der Befriedigung und ohne Angst vor einer Attacke den Rückzug anzutreten. Scipio, Hamilcar und Gulussa wählten einen Umweg und plünderten in der Mega Barathron genannten Ebene. In der Gegend von Tynes stießen sie wieder zum Heer.

In diesen Tagen erfuhr der Consul, daß sich sein Nachfolger L. Calpurnius Piso Caesoninus auf dem Weg nach Nordafrika befand. Er schickte daraufhin Scipio und Hamilcar, gleichsam die „Vorzeigestücke" seines Amtsjahres, nach Rom voraus. Nach einiger Zeit reiste er nach – kaum in dem Bewußtsein, den Erwartungen der Heimat gerecht geworden zu sein.

Zu Beginn des Frühlings des Jahres 148 kamen Piso und L. Hostilius Mancinus, der als Legat des Piso Befehlshaber der Flotte war, vor Karthago an. Beide verfolgten offensichtlich den Plan, Karthago vollständig zu isolieren, um dadurch die Übergabe der Stadt zu erzwingen. Sie setzten daher weder die Belagerung der Stadt fort noch griffen sie Hasdrubal an, sondern waren bemüht, alle städtischen Zentren in ihre Gewalt zu bekommen.

Es war kein gutes Omen, daß ein zu Wasser und zu Land vorgetragener Angriff gegen Aspis fehlschlug. Die Eroberung von Neapolis, einer anderen wichtigen Stadt der Halbinsel Bon, gelang jedoch. Während des ganzen Sommers lag Piso dann vor Hippu Akra, war jedoch nicht imstande, die Stadt zu nehmen. Die Hippakriten verließen vielmehr zweimal die schützenden Mauern ihrer Stadt und verbrannten den Belagerungspark des Consuls. Bei diesen Aktionen wurden sie von karthagischen Truppen, die offensichtlich vor Beginn der Belagerung in die Stadt gelegt worden waren, unterstützt. Als Piso die Aussichtslosigkeit seines Unternehmens einsah, bezog er bei Ityke das Winterquartier.

Es war kein Wunder, daß die Zuversicht der Karthager nach den beiden Kriegsjahren 149 und 148 gewachsen war: die zunächst unbewaffnete Stadt hatte sich gehalten, die Truppen des Hasdrubal waren unbesiegt geblieben, Aspis und Hippu Akra hatten die römischen Angriffe abgewehrt, und außerdem war der Numider Bithyas mit 800 Mann von Gulussa zu ihnen übergegangen. Diese Erfolge gaben ihnen Mut, im Hinterland militärische und diplomatische Aktivitäten zu entfalten. Überdies war ihnen nicht verborgen geblieben, daß Micipsa und Mastanabal den Römern zwar eifrig Geld und Waffen versprachen, ihre Versprechungen aber bisher in keiner Weise erfüllt hatten. Die beiden Könige waren bestrebt, die weitere Entwicklung abzuwarten – und wer weiß, wie ihr Bruder Gulussa dachte! Dies veranlaßte die Karthager, den Versuch zu unternehmen, die bei den numidischen Königen – und auch bei den unabhängigen Maurusiern – bestehenden Vorbehalte gegenüber der römischen Politik zu verstärken. Sie wiesen darauf hin, daß die Numider und die Maurusier – im Falle einer entscheidenden karthagischen Niederlage – die nächsten Opfer des römischen Expansionsstrebens sein würden. Und es ist durchaus möglich, daß ihre Argumente bei den Genannten einen gewissen Eindruck hinterließen! Außerdem wußten die Karthager, daß die Römer einen Mehrfrontenkrieg zu führen hatten. Weder in Spanien noch in Makedonien war die Entscheidung gefallen – in Makedonien jedenfalls zu dem Zeitpunkt noch nicht, als die Karthager den Andriskos aufforderten, den Krieg unter allen Umständen fortzusetzen.

Diese mit Hoffnung erfüllten Wochen und Monate wurden allerdings durch ein schockierendes innenpolitisches Ereignis verdüstert: durch die Ermordung des Generals Hasdrubal, der in der Stadt den militärischen Oberbefehl führte. Sein Kollege und Namensvetter beschuldigte ihn im Senat, er habe die Sache Karthagos an seinen Onkel Gulussa – und damit an die Römer – verraten. Da Hasdrubal sich nicht zu verteidigen wußte und damit den Anschein einer Schuld gab, wurde er auf der Stelle von den Senatoren mit Stuhlbeinen erschlagen. Vielleicht wäre dem Neffen des Gulussa dieses Schicksal erspart geblieben, wäre die innenpolitische Atmosphäre nicht durch den Verrat des Hamilcar vergiftet gewesen. Vermutlich hatte Hasdrubal, der General des flachen Landes, den Vorwurf des Landesverrats gegen Hasdrubal, der zumindest im Augenblick seiner Wahl zum General der Stadt Mitglied der demokratischen, nicht der pronumidischen „Partei" gewesen sein dürfte, zu Unrecht erhoben. Jedenfalls führte er nach der Ermordung seines Kollegen das alleinige militärische Kommando in der Stadt und auf dem Land.

Ein weiteres Ereignis, das den Gang der Dinge wesentlich beeinflussen sollte, trug sich nicht in Karthago, sondern in Rom zu: das Volk wählte Scipio, der sich um das Amt eines Aedilen beworben hatte, nicht zum Aedilen, sondern zum Consul. Dem amtierenden Consul Sp. Postumius Albinus Magnus, der u. a. auf die Bestimmung der lex Villia annalis hingewiesen hatte, nach der die Erreichung des 42. Lebensjahrs eine der Voraussetzungen für die Übernahme des Consulats war – eine Voraussetzung, die Scipio nicht erfüllte –, waren Parolen entgegengeschrien worden, die aus der Idee der Volkssouveränität geboren waren. Der Senat hatte sich schließlich gezwungen gesehen zu veranlassen, daß die der Wahl Scipios entgegenstehenden gesetzlichen Regelungen für ein Jahr außer Kraft gesetzt wurden. Damit waren die Voraussetzungen für die Wahl Scipios zum Consul des Jahres 147 geschaffen worden. Doch als Consul war Scipio noch nicht Oberbefehlshaber Nordafrikas; denn sein Kollege C. Livius Drusus verlangte, das Los solle über den Oberbefehl entscheiden. Erst als einer der Volkstribunen durchsetzte, daß das Volk die Entscheidung über die Vergabe des Oberbefehls fälle, bestand kein Zweifel mehr darüber, wer im Jahre 147 das Oberkommando in Afrika führen würde; denn das Volk gab natürlich Scipio den Vorzug. Im übrigen veranlaßte der Senat, daß die entstandenen Verluste durch Neuaushebungen ausgeglichen würden, und ließ außerdem Scipio bei der Anwerbung von Freiwilligen völlig freie Hand. So gewann der neue Oberbefehlshaber auch die Streitkräfte von Städten und Königen für den Krieg gegen Karthago.

Während Scipio im Frühling des Jahres 147 nach Afrika übersetzte, war Piso bemüht, im Landesinneren Erfolge zu erzielen, und Mancinus, in den Verteidigungsanlagen von Karthago eine brüchige Stelle zu entdecken. Dem Flottenbefehlshaber gelang es in der Tat, ein von den Verteidigern vernachlässigtes Stück der nördlichen Umfassungsmauer ausfindig zu machen. Er ließ einen seiner Männer die Mauer besteigen. Die Karthager bemerkten jedoch die Gefahr, öffneten das nächstgelegene Tor und stürzten sich auf die etwa 500 Römer, die vor der Mauer postiert waren. Diese schlugen sie jedoch zurück und drangen mit ihnen in die Stadt ein. Mancinus ließ nunmehr weitere 3000 Soldaten, die sich in der Eile angeblich nicht einmal bewaffneten, die Schiffe verlassen und nachrücken. Da es jedoch zu dämmern begann, war es für die Römer nicht ratsam, allzuweit vorzudringen. Sie besetzten in der Nähe der Mauer einen geeignet erscheinenden Platz, an dem sie die Nacht zubringen konnten. Bald wurde es Mancinus klar, daß er und seine Leute am nächsten Tag mit einem Angriff der Karthager zu rechnen hatten, dem sie nicht gewachsen sein würden. Er schickte daher Eilboten zu Piso und an die itykaiischen Behörden und bat um rasche Hilfe.

Es traf sich, daß Scipio am selben Abend bei Ityke landete. Um Mitternacht wurde er von der Nachricht des Mancinus in Kenntnis gesetzt. Er kündigte daraufhin den Karthagern durch einige Gefangene, denen er die Freiheit schenkte, sein Kommen an, schickte mehrmals Boten an Piso ab, die diesen zur Eile mahnen sollten, und fuhr schließlich in der Morgendämmerung mit den neuausgehobenen und den itykaiischen Truppen in Richtung Karthago ab.

Die Karthager, die bei Sonnenaufgang mit dem Angriff begonnen hatten, waren nahe daran, die Römer über die Mauer zu jagen. Da kreuzte Scipio – für die Karthager nicht unerwartet – vor der Stadt auf. Als die Karthager nunmehr ein wenig zurückwichen, ergriffen die bedrängten Römer die Chance, sich zu den Schiffen des Scipio zurückzuziehen.

Wahrscheinlich führte dieser Vorfall dazu, daß die Karthager ihr Verteidigungssystem überprüften. Vor allem aber riefen sie, anscheinend durch den Namen Scipio beeindruckt, Hasdrubal in die Nähe der Stadt.

Scipio, der sicherlich über den stümperhaft vorgetragenen Angriff auf Karthago aufgebracht war, schickte Mancinus sofort nach Rom zurück. Dessen Nachfolger wurde (Sex. Atilius) Saranus.

Der Consul war mit der Absicht nach Afrika gekommen, alle Kräfte auf die Belagerung Karthagos zu konzentrieren und dadurch den Krieg zu beenden. Er schlug daher auf dem Isthmos das Lager auf. Hasdrubal und Bithyas aber, die schon wegen der Sicherung des Nachschubs nicht alle Truppen hinter die Mauern der Stadt zurückverlegen konnten, bezogen ebenfalls vor der Stadt – genauer gesagt: fünf Stadien von der Stadt entfernt – mit 6000 Infanteristen und etwa 1000 Kavalleristen ein Lager. Die übrigen, bei Nepheris stationierten Truppen wurden dem Befehl eines gewissen Diogenes unterstellt.

Nach der Festigung der militärischen Disziplin unternahm Scipio den Versuch, in die Vorstadt Megara einzudringen. Anscheinend verfolgte er die Absicht, über Megara ins Zentrum der Stadt vorzudringen. Und in der Tat gelang es ihm bei einem nächtlichen Angriff, 4000 Mann in die

Vorstadt zu führen – ein Spezialtrupp hatte mit Hilfe von Brettern ein außerhalb der Stadt stehendes Privatgebäude mit der Mauer verbunden, Megara betreten und ein Tor geöffnet. Der nächtliche Überfall löste eine Panikstimmung aus. Selbst Hasdrubal verließ mit seinen Truppen das Lager und verschanzte sich – wie die übrigen Karthager – auf der Byrsa. Scipio aber fürchtete nunmehr die Unwegsamkeit des Geländes und einen Hinterhalt der Karthager und zog sich aus Megara zurück.

Am nächsten Morgen ließ Hasdrubal die römischen Gefangenen auf der Stadtmauer – im Angesicht der Feinde – grausam foltern und die fast zu Tode Gefolterten in die Tiefe stürzen. Anscheinend war sein Handeln nicht von unkontrollierten Emotionen bestimmt, sondern von der Absicht, eine friedliche Beendigung der Belagerung zu verhindern. Die Senatoren nahmen allerdings dieses Vorgehen nicht unwidersprochen hin – noch waren nicht alle Stimmen der Vernunft verstummt! Hasdrubal ließ jedoch einige von ihnen – vermutlich unter dem Vorwand, sie zersetzten die Wehrkraft – ergreifen und hinrichten. Die Zeit seiner Schreckensherrschaft begann.

Scipio aber ging daran, Karthagos Verbindung mit dem Hinterland völlig zu unterbrechen. Nachdem er das verlassene Lager des Hasdrubal in Brand gesteckt hatte, zog er – etwa die Weite eines Wurfgeschosses von der Stadt entfernt – vom Meer bis zum See von Tunis einen ungefähr 25 Stadien langen Graben und weiter westlich einen weiteren, parallel verlaufenden Graben. Beide Gräben verband er mit zwei in der Nähe der Ufer ausgehobenen Quergräben, so daß die Anlage die Gestalt eines Rechtecks erhielt. Nachdem er dieses Rechteck umpfählt hatte, warf er auf seiner Rückseite und seinen Querseiten einen Wall auf, auf der Karthago zugewandten Seite aber errichtete er eine 12 Fuß hohe Mauer und in der Mitte dieser Mauer einen Turm, der es ermöglichte, das Leben und Treiben in der Stadt zu beobachten. Nach 20 Tagen und Nächten war dieses Fort, dessen Bau die Karthager durch häufige Angriffe zu verhindern gesucht hatten, fertiggestellt. Es diente mehreren militärischen Zwecken zugleich: dem einer sicheren Defensivstellung, dem einer vorgeschobenen Offensivstellung und dem einer kaum überwindbaren Riegelstellung.

Nicht allzulange nach dem Bau des Forts zeigten sich in Karthago die ersten Versorgungsschwierigkeiten, die dadurch, daß sich große Teile der Landbevölkerung hinter die Mauern der Stadt zurückgezogen hatten, noch vergrößert wurden. Bithyas, der den Auftrag der Sicherung der Versorgungstransporte erhalten hatte, war nunmehr gezwungen, die Lebensmittel auf Lastschiffen nach Karthago zu schicken. Und nur noch selten wagte es ein Kaufmann, den Hafen von Karthago anzusteuern. Im übrigen scheinen die Lebensmittel, die die Stadt erreichten, auf Anordnung des Hasdrubal nur an die kämpfende Truppe – sie war 30000 Mann stark –, nicht an die Zivilbevölkerung verteilt worden zu sein. Kritisch war die Lage zu diesem Zeitpunkt jedoch noch nicht.

Da unternahm Scipio den Versuch, auch die letzte Öffnung Karthagos zur Außenwelt zu schließen. Da es nicht möglich war, mit Hilfe der Flotte die Zufahrt zum Hafen zu sperren, ließ er von der „Zunge", einem Landstreifen, der – von Karthago aus gesehen – in südwestlicher Richtung verlief und teilweise das Meer vom See von Tunis trennte, in Richtung Hafeneinfahrt einen Damm im Meer aufschütten, der auf dem Meeresgrund 96 Fuß und auf der Oberfläche 24 Fuß breit war. Als Scipio mit dieser Arbeit begann, ergriffen die Karthager keine Gegenmaßnahmen, da sie die Aufschüttung eines derart gewaltigen Dammes für äußerst zeitraubend, wenn nicht gar für unmöglich hielten. Als aber die Arbeit gut voranschritt und ein Angriff auf das Bauwerk nicht mehr erfolgversprechend zu sein schien, sah sich Hasdrubal genötigt, nach einer neuen Lösung zu suchen. Er ließ vom Handelshafen zum Meer in östlicher Richtung eine Fahrrinne ausheben und zu gleicher Zeit – unter größter Geheimhaltung – eine Flotte bauen. Als alle Vorbereitungen beendet waren, ließ er an einem Morgen die Mauer durchbrechen und fuhr mit 50 Trieren und vielen verschiedenartigen leichten Schiffen aufs Meer hinaus. Der Zweck der Fahrt war rein demonstrativer Art: nachdem die Karthager die Verblüffung und Bestürzung der Feinde ausgekostet hatten, fuhren sie in die Stadt zurück. Es wäre aber klüger gewesen, es nicht bei der Demonstration der Findigkeit und Energie bewenden zu lassen, sondern den Überraschungseffekt auszunützen und das Schiffslager, das zudem nicht bewacht war, anzugreifen.

Erst am übernächsten Tag liefen die Karthager aus, um eine Seeschlacht gegen die Römer, die inzwischen gewarnt waren, zu schlagen. Nachdem sie den ganzen Tag gekämpft und insbesondere aufgrund des Einsatzes von wendigen Schiffen Vorteile errungen hatten, zogen sie sich am Abend zurück, um die Entscheidung auf den nächsten Tag zu verschieben. Beim Einlaufen entstand jedoch ein Gedränge, so daß die Schlachtschiffe gezwungen waren, außerhalb des schützenden Hafens an einer Mole festzumachen. Diesen Umstand nützten die Römer zu einem Angriff, bei dem sich insbesondere fünf sidetische Schiffe durch die Anwendung eines Kniffs auszeichneten. Nunmehr waren sie es, die den Karthagern, die bei Einbruch der Nacht in den Hafen einliefen, beträchtliche Verluste beibrachten. Auf diese Weise endete die letzte Seeschlacht, die zwischen Karthagern und Römern geschlagen wurde.

Scipio hatte die Bedeutung der Mole als eines Sprungbretts zum Hafen erkannt. Bereits zu Beginn des nächsten Tages ordnete er an, sie zu besetzen und die auf ihr errichteten Anlagen, die ein Sich-Festsetzen der Römer verhindern sollten, abzubrechen. Nachdem die Römer einen Teil dieser Anlagen bereits zum Einsturz gebracht hatten, wateten und schwammen die Karthager nachts zu der Mole, um die Belagerungsgeräte der Feinde zu zerstören. Sie griffen mit einer derartigen Verbissenheit an, daß die Römer verstört flohen. Die Panik, die sich sogar innerhalb des römischen Lagers ausbreitete, war so stark, daß Scipio sich gezwungen sah, den Befehl zu geben, jeden zu erschießen, der aus dem Lager fliehe.

Doch der Erfolg der Karthager im Kampf um die Mole war nicht von Dauer. Die Römer bauten neue Belagerungsgeräte, schütteten gegenüber den von den Karthagern erbauten Türmen Dämme auf, griffen die Türme an und jagten die verteidigenden Karthager in die Stadt zurück. Scipio zog nunmehr um die ganze Mole einen Graben, errichtete eine Mauer, die die Höhe der Stadtmauer Karthagos erreichte, besetzte sie angeblich mit 4000 Mann und ließ von ihr aus die Stadt unter Beschuß nehmen.

Zu Beginn des Winters 147/46 beschloß der Consul, die karthagischen Truppen, die weithin noch das Binnenland beherrschten, anzugreifen und zu vernichten – dies vor allem deswegen, weil Diogenes immer noch in der Lage war, Karthago über das Meer mit Lebensmitteln zu versorgen. Während er seine Offiziere in verschiedenen Gegenden des karthagischen Hinterlands operieren ließ, fuhr er selbst mit der Flotte über den See von Tunis in Richtung Nepheris und schickte C. Laelius, den Sohn des C. Laelius, mit einem Teil des Heeres auf dem Landweg dorthin. Nur zwei Stadien vom Lager des Diogenes entfernt schlug er ein Lager auf. In der Folgezeit pendelte er zwischen Nepheris und Karthago hin und her, da er Karthago und das Fort des Diogenes zur gleichen Zeit und unter persönlicher Aufsicht belagern wollte. Mit der Aufgabe, das Kastell des Diogenes anzugreifen, betraute er Laelius und Gulussa. Nachdem er schließlich die Nachricht erhalten hatte, die Mauer des Lagers sei an zwei Stellen zum Einsturz gebracht worden, reiste er dorthin, um die entscheidenden Aktionen selbst zu leiten. Als die ersten Römer im Kastell standen, flohen die Karthager. Den Fliehenden warf sich insbesondere Gulussa mit seinen Kavalleristen und Elefanten entgegen. Angeblich fielen etwa 70000 Soldaten und Zivilisten, gerieten etwa 10000 Mann in Gefangenschaft und entkamen nur ungefähr 4000 Mann. Nach einer Belagerung von weiteren 22 Tagen fiel auch die in der Nähe des karthagischen Forts gelegene Stadt Nepheris. Der Fall des karthagischen Forts und der Stadt Nepheris hatte zur Folge, daß die Hoffnungen der Bewohner der karthagotreuen Städte des Binnenlandes auf eine erfolgreiche Abwehr der römischen Aggression auf ein Minimum sanken: entweder übergaben sie ihre Städte freiwillig den römischen Offizieren oder leisteten nur geringen Widerstand. Das gesamte karthagisch beherrschte Gebiet Afrikas war in kurzer Zeit in römischer Hand. Im Hafen Karthagos aber lief kein einziges Schiff mehr ein, das Lebensmittel geladen hatte. Die Not wuchs.

In dieser Situation – wahrscheinlich im November oder Dezember des Jahres 147 – bat Hasdrubal, dem die Tatsachen der Niederlagen der Maurusier und der Leute des Diogenes noch nicht bekannt waren, in einer persönlichen Unterredung Gulussa, er möge als Unterhändler zu Scipio gehen und um Gnade für die unglückliche Stadt bitten. Alle Forderungen, die nicht auf eine Zerstörung der Stadt hinausliefen, seien die Karthager zu erfüllen bereit. Nachdem Gulussa Scipio von diesem Gespräch berichtet und zu einer harten Haltung geraten hatte, ließ der Consul am übernächsten Tag dem General durch den König folgende Antwort übermitteln: er garantiere im Falle der Übergabe der Stadt ihm, seiner Frau, seinen Kindern und den Gliedern von zehn verwandten oder befreundeten Familien die persönliche Sicherheit, außerdem den Besitz von zehn Talenten und 100 Sklaven – von einer Möglichkeit, die Stadt zu retten, war nicht die Rede. Hasdrubal wies das Angebot empört und mit pathetischen Worten zurück.

Das Jahr 146 sollte die Entscheidung bringen. Scipio, dessen afrikanisches Kommando verlängert worden war, plante vermutlich zunächst, über den Handelshafen in die Stadt einzudringen. Mit dieser Absicht des Feindes wird auch Hasdrubal gerechnet haben. Er steckte eines Nachts einen Teil der Gebäude, die um den Handelshafen lagen, in Brand – wahrscheinlich, weil er die Verteidigungslinie enger ziehen wollte. Die karthagischen Truppen sicherten die Gegend in der Nähe der Brandstelle, um ein Eindringen der Feinde zu verhindern. Da ihre Aufmerksamkeit auch am folgenden Tag ganz auf den Handelshafen konzentriert war, bemerkten sie nicht, daß eine Einheit des Laelius die Mauer, die den Militärhafen umgab, erstieg. Weitere römische Einheiten folgten nach – die entkräfteten karthagischen Soldaten, die auf der Mauer postiert waren, leisteten keinen nennenswerten Widerstand. Über den Militärhafen rückte Scipio zur Agora vor. Hier verbrachte er mit seinen Truppen die Nacht. Bei Tagesanbruch ließ er 4000 frische Soldaten nachrücken, die aber erst in die Kämpfe eingriffen, nachdem sie den Tempel des Ršp geplündert hatten. Das nächste Ziel Scipios mußte die Byrsa sein, in die sich zahlreiche Karthager geflüchtet hatten. Dorthin führten von der Agora drei Straßen, auf deren beiden Seiten eng aneinandergebaute, sechsstöckige Häuser standen. Sowohl durch die Straßen als auch über die Dächer bahnten sich die römischen Soldaten in einem blutigen Kampf den Weg zur Byrsa. Nachdem sie dort angekommen waren, ließ Scipio den zwischen Agora und Byrsa liegenden Stadtteil in Schutt und Asche legen und eine neue, militärischen Zwecken dienende Straße bauen, die die Agora mit der Byrsa verband.

Sechs Tage und sechs Nächte dauerte das Morden, Brennen und Planieren. Szenen des Grauens spielten sich ab. Erst am siebten Tag erschienen einige Schutzflehende, bekränzt mit Ölzweigen aus dem Tempel des ʾšmn, vor Scipio. Sie boten die Übergabe der Burg an und stellten eine einzige Bedingung: die Garantie des nackten Lebens für alle, die die Burg zu verlassen wünschten. Scipio willigte ein, nahm aber die Überläufer aus. Daraufhin verließen 50000 Männer und Frauen durch eine zu diesem Zweck geschaffene Mauerlücke die Byrsa. Sie wurden unter Bewachung gestellt. Die etwa 900 Überläufer aber, die an ihrer Rettung verzweifeln mußten, verschanzten sich zusammen mit Hasdrubal, der Frau des Hasdrubal und zwei Söhnen des Hasdrubal im hochgelegenen Tempel des ʾšmn. Dort setzten sie den Kampf fort. Als sie aber schließlich von der Anstrengung, der Schlaflosigkeit, dem Hunger und dem Wissen um die Aussichtslosigkeit ihres Kampfes fast überwältigt waren, verließen sie den heiligen Hain und stiegen auf das Dach des Tempels. Hasdrubal aber floh heimlich als Schutzflehender zu Scipio. Scipio ließ ihn vor sich auf den Boden sitzen und zeigte ihn in dieser Stellung den Überläufern. Einige von ihnen traten an den Rand des Daches, baten um Ruhe und verwünschten ihren bisherigen Oberbefehlshaber. Dann steckten sie den Tempel in Brand. Die Frau des Hasdrubal aber trat mit ihren beiden Söhnen aus der Schar der Überläufer hervor und rief ihren Mann bei dessen Namen. Als dieser schwieg, verfluchte sie ihn. Dann dankte sie Scipio für sein früher ihnen unterbreitetes Angebot und nahm mit vorwurfsvollen und höhnenden Worten Abschied von ihrem Mann. Nachdem sie ihre beiden Söhne getötet und in die Flammen geworfen hatte, stürzte sie sich zuletzt selbst ins Feuer – „in einem Akt der Nachahmung der Königin, die Karthago gegründet hat" (Florus).

Als Scipio über die in Flammen stehende Stadt blickte, kamen ihm die Tränen. Auf die Frage seines Lehrers Polybios, warum er weine, antwortete er, er denke an die Zerbrechlichkeit des Glücks – vielleicht werde Rom eines Tages ein ähnliches Schicksal erleiden. Und er zitierte das Wort des Dichters:

„Kommen wird einst der Tag, an dem die heilige Ilios zugrunde geht und Priamos und das Volk des lanzenkundigen Priamos."

Der Zerstörung der Stadt ließ Scipio die Plünderung folgen – von der Plünderung ausgenommen waren Gold, Silber und Weihegeschenke. Dann verbrannte er nach väterlicher Sitte die Rüstungen, die Kriegsgeräte und die beschädigten Schiffe zu Ehren des Mars und der Minerva.

Nachdem die Siegesnachricht in Rom eingetroffen war, schickte der Senat Decemviri nach Afrika, die zusammen mit Scipio die nötigen Entscheidungen treffen sollten. Sie faßten folgende Beschlüsse: Scipio zerstört, was von Karthago noch steht; der Boden Karthagos darf nicht mehr bewohnt werden; das Gebiet der Byrsa und der Vorstadt Megara wird verflucht; die karthagotreuen Städte werden ebenfalls zerstört; die prorömischen Städte werden mit der Zuweisung von Grund und Boden belohnt; den übrigen Bewohnern des Landes wird eine Grund- und Kopfsteuer auferlegt; das karthagische Territorium wird in Zukunft von römischen Promagistraten verwaltet.

Der karthagische Staat hatte zu existieren aufgehört.

30

DIE VERFASSUNG

Die antiken Autoren, die zur Frage der karthagischen Verfassung Stellung nahmen, äußerten sich weitgehend positiv. Diese positive Sicht dürfte z. T. mit der Tatsache zusammenhängen, daß die „gemischte Verfassung" seit Platon bei vielen Staatstheoretikern eine geradezu kanonische Geltung besaß – und in Karthago schien diese Form der Verfassung verwirklicht zu sein.

Ähnlich wie Aristoteles, Cato und Cicero sah auch Polybios in der Existenz von Königen, Senat und Menge das Charakteristikum der karthagischen Verfassungswirklichkeit.

In der Forschung wurde gelegentlich bestritten, daß unter den von den antiken Autoren als „Könige" bezeichneten Funktionären des karthagischen Staats durchgängig Sufeten (šptm) zu verstehen sind. Derartige Zweifel scheinen unbegründet zu sein. Die Spur des Sufetats läßt sich bis in die Zeit des Hannibal (410), vielleicht sogar bis in die Zeit des Hamilcar (480) zurückverfolgen. Möglicherweise standen jedoch bereits im 6. Jh. Sufeten an der Spitze des karthagischen Staats. Jedenfalls besitzen wir auch für die zweite Hälfte des 6. Jh. keinen Grund für die Annahme, daß während dieses Zeitraums ein monarchisch regierender König die Geschicke des karthagischen Staats gelenkt hat. Im Gegenteil! Als die innenpolitischen Feinde des Malchus zu einem Gegenschlag gegen den Eroberer der eigenen Vaterstadt ausholten, da klagten sie ihn an, er habe nach dem (monarchischen) Königtum „gestrebt" – dies berichtet jedenfalls Iustinus. Mit anderen Worten: auch nachdem Malchus in Karthago eine führende Stellung errungen hatte, hatte er keine Monarchie errichtet. Auch zu dieser Zeit war der karthagische Staat im wesentlichen oligarchisch strukturiert. Was die Zeit vor der Mitte des 6. Jh. angeht, so verliert sich jede Spur der karthagischen Verfassungswirklichkeit im Nebel. Eine gewisse Wahrscheinlichkeit spricht allerdings für die Annahme, daß die Stadt nach der politischen Abnabelung von der Mutterstadt zunächst monarchisch regiert worden ist. Diese Annahme gründet sich auf die Berücksichtigung der vermutlich bis zu einem gewissen Grad beispielgebenden ostphoinikischen Verfassungsstrukturen. Inwieweit die Dido-Legende in diesem Zusammenhang ins Spiel gebracht werden kann, ist eine offene Frage.

Bei Diodoros und Diogenes Laertios ist das karthagische Königtum der historisch faßbaren Zeit näherhin charakterisiert als „gesetzmäßiges Königtum“, und der Verfasser des fingierten Briefs des Hannibal an die Athener bezeichnet diesen als „König der Karthager, der ... aufgrund des Gesetzes der Bürger herrscht“. Man könnte zunächst vermuten, daß in diesen Texten zum Ausdruck gebracht werden soll, das karthagische Königtum sei nicht ein absolutes, sondern ein konstitutionelles Königtum gewesen. Wahrscheinlich spielt dieser Gedanke auch tatsächlich hier herein. Den eigentlichen Gegensatz zum „gesetzmäßigen Königtum“ stellt aber – jedenfalls bei Diogenes Laertios – nicht die „unumschränkte Herrschaft“, sondern das „blutmäßige Königtum“ dar. In diesem Punkt unterscheidet sich – nach der Meinung des Diogenes Laertios – das karthagische Königtum wesentlich vom spartanischen und makedonischen Königtum. In Karthago eröffnet nicht die königliche Geburt, sondern das persönliche Engagement innerhalb des Rahmens der Verfassung den Zugang zum Königtum – ein Engagement, das ohne den Besitz und den Einsatz eines bedeutenden Vermögens nicht zu denken ist.

Neben dem Begriff „König“ haben die antiken Autoren die Begriffe consul, praetor und meddix tuticus verwendet, um gewisse Aspekte des karthagischen Sufetats zum Ausdruck zu bringen.

Die Umschreibungen des Sufetats mit Funktionsbezeichnungen des griechischen, römischen und oscischen Staatsrechts lassen vom Wesen des Sufetats mehr erahnen als erkennen. Zu diesen Umschreibungen treten jedoch einzelne Notizen antiker Autoren, die es uns ermöglichen, wenigstens einige Charakteristika des Sufetats einzufangen.

Daß der Sufetat – zumindest in der historisch faßbaren Zeit – jährlich besetzt wurde, geht aus einer Notiz des Nepos hervor, sofern man diese Notiz als glaubwürdig betrachtet. Die Aussage dieser Notiz wird jedoch durch eine Bemerkung des Zonaras gestützt. Vollends zur Sicherheit wird diese Annahme, wenn man die verhältnismäßig zahlreichen epigraphischen Dokumente berücksichtigt, in denen nach der št (= Jahr) von Sufeten datiert ist.

Die Feststellung der Zahl der jährlich amtierenden Sufeten bereitet Schwierigkeiten. Daß der Doppelsufetat zumindest zeitweise in Geltung gewesen ist, läßt sich vielleicht bereits aus den Stellen ersehen, in denen die Sufeten mit den spartanischen Königen und den römischen Consuln auf eine Stufe gestellt werden. Deutlich ist dies von Nepos ausgesprochen. Bestätigt wird diese Annahme durch karthagische Dokumente, in denen nach zwei Sufeten datiert ist. Doch scheint die Zweizahl nicht vom Beginn des Sufetats bis zu seinem Ende beibehalten worden zu sein. Zeitweise dürften vier Sufeten die Geschicke des karthagischen Staats gelenkt haben.

Über die Befugnisse der Sufeten sind wir nur zu einem Teil informiert. Aus der Wiedergabe der Amtsbezeichnung Sufet mit „König" lassen sich nur vage Rückschlüsse auf die Machtvollkommenheiten der Inhaber dieses Amtes ziehen. Offensichtlich vertraten sie als „oberste Behörde" (Livius) die staatlichen Belange nach außen hin. Sie scheinen im zwischenstaatlichen Verkehr über bedeutende Machtbefugnisse verfügt zu haben; sonst wäre die Verwendung des Wortes „König" unverständlich. In welchem Maß sie staatlichen Kontrollen unterworfen waren, läßt sich am Titel „König" nicht ablesen. Wie schon der Name špṭ bzw. meddix tuticus vermuten läßt, stand das Gerichtswesen weithin unter ihrer Befugnis. In der Tat berichtet Livius von einem Ereignis des Jahres 193 u. a.: „... als die Sufeten sich niedergelassen hatten, um Recht zu sprechen ..." Weiterhin besaßen die Sufeten das Recht zur Einberufung des Senats, zur Leitung der Verhandlungen im Senat und zur Vorlage von Anträgen an den Senat. Bei der Gesetzgebung spielten die Sufeten ebenfalls eine entscheidende Rolle. So berichtet Livius, daß Hannibal im Jahr seines Sufetats in einer Volksversammlung „... sofort ein Gesetz beantragte und durchsetzte, sobald er merkte, daß seine Rede offene Ohren fand." Aller Wahrscheinlichkeit nach hatten die Sufeten auch das Recht, die Volksversammlung einzuberufen. Dies geht zwar nicht unmittelbar aus einem Bericht des Livius über eine Zusammenkunft der Volksversammlung in der Zeit des Sufetats des Hannibal hervor, doch legen Text und Kontext diese Annahme nahe – ganz abgesehen davon, daß wir keinen „Beamten" kennen, der sonst für diese Aufgabe in Frage gekommen wäre. Auch die Staatsfinanzen scheinen letzten Endes von den Sufeten überwacht worden zu sein – allerdings wurden sie bei der Ausübung ihrer Tätigkeit durch einen Quaestor unterstützt. Zur Durchsetzung der staatlichen Belange bedienten sich die Sufeten der Polizeikräfte, deren oberste Chefs sie selbst gewesen zu sein scheinen. Wie bedeutend die Stellung gewesen ist, die die Sufeten – allerdings auch die Rabs – innegehabt haben, läßt sich schließlich auch daraus ersehen, daß sie – wie die Rabs – im republikanischen Karthago das Amt ausgeübt haben, das in alt-ostphoinikischer Zeit dem König reserviert gewesen zu sein scheint: das Amt des Erweckers des Gottes (Mlqrt).

Die bedeutendste Funktion bei der Gestaltung der Politik übten die Mitglieder des Rats aus, die die Bezeichnung h'drm (= die Mächtigen) getragen zu haben scheinen. Aristoteles vergleicht sie mit den spartanischen Geronten. Sie spielten insbesondere bei den Entscheidungen über Krieg und Frieden die zentrale Rolle. Außerdem verfügten sie in Zeiten militärischer Auseinandersetzungen über beträchtliche Kompetenzen. Allem Anschein nach betrug ihre Zahl 300.

Innerhalb des Senats gab es einen „heiligeren Rat", eine Regierungsmannschaft, von der Livius sogar sagt: „ihre Macht ist außerordentlich groß, so daß von ihr sogar der Senat beherrscht wird". Zu diesem „heiligeren Rat" zählten anscheinend 30 Senatoren, die jährlich gewählt worden sein dürften. Möglicherweise hat diese Institution zur Zeit des Aristoteles noch nicht existiert – dieser erwähnt sie jedenfalls nicht.

Als ein besonderes Kennzeichen der karthagischen Volksversammlung (ʿm) betrachtet Aristoteles den Umstand, daß sie das Recht besaß, Entscheidungen zu fällen. Sie besaß dieses Recht allerdings „nur" in folgenden beiden Fällen: 1. Die Sufeten und die Senatoren entschlossen sich, einen Senatsbeschluß der Volksversammlung zur Abstimmung vorzulegen – in diesem Fall hatte die Volksversammlung das Recht und wohl auch die Pflicht, die betreffende Angelegenheit zu entscheiden. 2. Die Sufeten einerseits und die Senatoren andererseits (vielleicht auch: der eine Sufet einerseits und der andere Sufet und die Senatoren andererseits) konnten sich in der Frage der Überweisung bzw. Nichtüberweisung eines Senatsbeschlusses an die Volksversammlung nicht auf eine gemeinsame Linie einigen – in diesem Fall hatte die Volksversammlung das Recht, jedoch wohl nicht die Pflicht, über die betreffende Frage zu befinden. Die Mitglieder der Volksversammlung hatten das Recht der freien Meinungsäußerung. Zu der Zeit, als der 2. Römische Krieg ausbrach, hatte die Volksversammlung – sicherlich unter dem Einfluß der barqidischen „Partei" – eine starke politische Bedeutung erlangt, nach den Worten des Polybios sogar „den bedeutendsten Einfluß bei den Entscheidungen". Bereits in der Zeit des Aristoteles aber – und aller Wahrscheinlichkeit nach auch in der Zeit vor Aristoteles – bestand eines der wesentlichen Rechte der Volksversammlung darin, die „Beamten" – jedenfalls die Sufeten und die Feldherrn – wählen zu dürfen. Außerdem scheint die Volksversammlung auch das Recht besessen zu haben, Verbannungsurteile zu fällen. Im übrigen war die karthagische Volksversammlung in „Gruppierungen" (hetairíai) gegliedert, deren „Mahlgemeinschaften" (syssítia) Aristoteles mit den spartanischen „Wohngemeinschaften" (phidítia) vergleicht und die möglicherweise mit den inschriftlich bezeugten mzrḥm zu identifizieren sind.

Eine herausragende Bedeutung im politischen Leben Karthagos gewann der Staatsgerichtshof der Einhundert bzw. Einhundertvier, der in der Zeit nach der Niederlage des Himilco (396) installiert worden zu sein scheint. Die Errichtung dieser „bedeutendsten Behörde" (Aristoteles), vor der sich die Generale nach dem Abschluß der Feldzüge zu verantworten hatten, war das Ergebnis einer aristokratischen Reaktion gegen die dominierende Stellung der Magoniden. Aristoteles vergleicht die Position der Einhundertvier mit der Position der spartanischen Ephoren. Die Mitglieder dieses Gerichtshofs wurden – „nach dem Gesichtspunkt der persönlichen Tüchtigkeit" (aristíndēn) – durch die Mitglieder der Pentarchien auf Lebenszeit gewählt. Wählbar waren nur Senatoren. Es scheint, daß das Kollegium der Einhundertvier im Laufe der Zeit seine Kompetenzen stark erweiterte – Livius spricht im Hinblick auf das Jahr des Sufetats des Hannibal von einer „maßlosen Herrschaft des Gremiums der Richter". Der populare Politiker Hannibal war es denn schließlich, der in diesem Jahr 196 die revolutionäre Verfassungsänderung durchsetzte, die vorsah, daß in Zukunft die Richter jährlich zu wählen seien und daß sie ihr Amt nicht verlängern lassen dürften. Mit dem Inkrafttreten dieser Neuregelung war ein Bollwerk der aristokratischen „Partei" erstürmt.

Neben dem Amt der Sufeten und den Gremien des Senats, der Volksversammlung und des Staatsgerichtshofs gab es als weitere Institutionen des karthagischen Staats die Ämter des Großen (= rb) bzw. der Großen (= rbm), der Kontrolleure (= mḥšbm), der Richter und des Hüters der Moral (praefectus morum).

Das Amt des Rabs ist in der Forschung mit einem großen Fragezeichen versehen. Sicher ist, daß dieses befristete und zeitweise einstellig, zeitweise zweistellig besetzte Amt eines der bedeutendsten Ämter der Stadt gewesen ist. Und vielleicht geht man nicht fehl, wenn man annimmt, daß der Rab der Chef der karthagischen Finanzbehörde gewesen ist. Seiner Aufsicht unterstanden anscheinend sämtliche Projekte, die mit staatlichen Geldern finanziert wurden, und sämtliche Institutionen, in denen öffentliche Mittel eine Rolle spielten.

Wenn der Rab der Chef der karthagischen Finanzbehörde gewesen ist, dann werden ihm letztlich auch die Kontrolleure (= mḥšbm) unterstellt gewesen sein – jedenfalls die Kontrolleure, die in Karthago ein ziviles Amt innehatten. Diese übten auf bestimmten Gebieten eine Überwachungsfunktion aus und hatten das Recht zur Verhängung von Geldstrafen.

Diejenigen Kontrolleure, die in irgendeiner Form für die Herstellung von Militärprägungen verantwortlich waren, müssen nicht auf einer Stufe mit den genannten Kontrolleuren gestanden sein. Es besteht durchaus die Möglichkeit – vielleicht sogar die Wahrscheinlichkeit –, daß sie nicht der Aufsicht einer zivilen Behörde, sondern der der Heeresversammlung bzw. des Feldherrn unterstellt waren. Aus guten Gründen scheint das Amt der Kontrolleure stets mehrstellig besetzt gewesen zu sein.

Die Organisation des karthagischen Gerichtswesens ist kaum durchschaubar. Nach einer Aussage des Aristoteles hat es den Anschein, als seien sämtliche Prozesse vor gleichrangigen, anscheinend senatorischen Gerichtshöfen entschieden worden. Doch gab es sicher auch ein sufetales Gericht, dessen Kompetenzen allerdings im Laufe der Zeit anscheinend eingeschränkt wurden – vom Staatsgerichtshof der Einhundertvier einmal abgesehen.

Wie weit die Befugnisse des Hüters der Moral (praefectus morum) gingen, ist ungewiß. Wir kennen nur einen – dazu noch suspekten – Fall seiner Tätigkeit. Er verbot angeblich Hamilcar dem Blitz den Umgang mit Hasdrubal, da zwischen beiden ein homosexuelles Verhältnis bestanden haben soll.

Schließlich ist noch darauf hinzuweisen, daß die Ansicht, nach der in den verschiedenen Stadtteilen Karthagos eigene Magistrate tätig waren, nicht unbegründet zu sein scheint.

Im übrigen sei noch erwähnt, daß in Karthago nicht selten ein und dieselbe Person mehrere Ämter bekleidete – eine Tatsache, die von Aristoteles negativ gewertet wird.

Das gezeichnete Bild der karthagischen Verfassung könnte und müßte sicherlich in nicht wenigen Partien ergänzt oder korrigiert werden, hätten wir Quellen zur Verfügung, die uns über ihre Entwicklung genauer informierten. Da dies nicht der Fall ist, müssen wir uns mit einer Darstellung begnügen, die u. a. Gefahr läuft, „Momentaufnahmen" der karthagischen Verfassungswirklichkeit bzw. „Momentaufnahmen" von Teilen der karthagischen Verfassungswirklichkeit in einem verallgemeinernden Sinn zu verwenden.

31

DIE VERWALTUNG

Das karthagische Reich war ein kompliziertes politisches Gebilde, das sich aus staatsrechtlich verschiedenartigen Elementen zusammensetzte. Über die Einzelheiten der Organisation dieses Gebildes sind wir in vielen Fällen nicht informiert, doch besitzen wir immerhin im „Eid des Hannibal" ein authentisches Dokument, das uns in grundsätzlicher Form über die verschiedenen Teile des Ganzen und dessen Umfeld unterrichtet. An der Spitze der Pyramide des Reichs standen die „karthagischen Herren" (richtiger wäre: „die Herren Karthagos"), die vollberechtigten Bürger Karthagos, die gewöhnlich keine finanziellen Lasten für die Organisation des Reichs getragen zu haben scheinen. Darunter befanden sich „die von den Karthagern Abhängigen, die dieselben Gesetze haben", die Bürger der ehemals westphoinikischen Städte und der punischen Kolonien. Unter diesen nahmen die Itykaier eine Sonderstellung ein. Die „Abhängigen", deren Städte verfassungsmäßig gleich oder doch ähnlich strukturiert waren wie die Stadt der Karthager, besaßen eine gewisse von der Hegemonialmacht eingeräumte Autonomie. Daß die „Abhängigen" bzw. die Libyphoiniker partiell den Karthagern gleichgestellt waren, wird beispielsweise darin sichtbar, daß sie das „Wechselheiratsrecht" besaßen. Außerdem hatte eine Reihe von ihnen das Münzrecht – zu diesen Städten zählten Herakleia Minoa (?), Motye, Panormos, Solus, Ebusos und Gades. In Friedenszeiten waren in den Städten der „Abhängigen" nur in Ausnahmefällen karthagische Truppen stationiert; denn die Karthager betrachteten die Städte ihrer Verbündeten nicht als Militärstützpunkte, sondern als Handelsstützpunkte. In Kriegszeiten konnte es sich natürlich als notwendig erweisen, eine Stadt und deren Umgebung mit einer Garnison zu schützen. Die Garnisonskommandanten scheinen jedoch in die Verwaltung der Städte nicht eingegriffen zu haben. Trotz der angeführten Aspekte besteht kein Zweifel daran, daß die Souveränität der bundesgenössischen Städte – jedenfalls in „klassischer" Zeit – prekär war und in keiner Weise der Souveränität der griechischen Apoikiai entsprach. Auf die enge Abhängigkeit von der Hegemonialmacht weist ja schon die Verwendung des Begriffs „Abhängige" im „Eid des Hannibal" hin. Und auch der Gebrauch des Begriffs „Bundesgenossen" läßt keineswegs auf die Gleichrangigkeit der Karthager und ihrer „Bundesgenossen" schließen – im Gegenteil! Aus den Texten der ersten beiden karthagisch-römischen Verträge beispielsweise ist deutlich zu ersehen, daß die „Bundesgenossen" im Grunde „Untergebene" waren. Die Abhängigkeit dieser Städte von der Vormacht ist insbesondere aus der Tatsache, daß ihre Bewohner zur Zahlung von direkten Steuern verpflichtet waren, klar zu erschließen. Außerdem waren die „Bundesgenossen", die – in „klassischer" Zeit – keine eigenen Flotten besessen zu haben scheinen, zur Heeresfolge verpflichtet. Und schließlich war es ihnen nicht gestattet, eine selbständige Außenpolitik zu treiben – dazu gehörte auch das Verbot, untereinander Allianzverträge zu schließen. Karthago hatte die Regelung ihrer außenpolitischen Beziehungen ganz an sich gezogen. Mit einer gewissen Berechtigung wurde ihre Situation mit derjenigen verglichen, in der sich lange Zeit die Latiner befanden. Es ist verständlich, daß die Verbündeten in Krisenzeiten nicht immer die Partei der Karthager ergriffen.

In noch stärkerem Maße als die „Abhängigen" waren „die Städte und Völker, die den Karthagern untergeben sind", zu denen insbesondere die Libyer und teilweise die Numider zu rechnen sind, vom Willen der karthagischen Herren abhängig.

Die Verwaltung der einzelnen „Provinzen" folgte – entsprechend dem ursprünglichen Status der Provinzbewohner und entsprechend der historischen Entwicklung der Provinzen – verschiedenen Gesetzen.

Im afrikanischen Einflußbereich der Karthager lebten – abgesehen von den Libyphoinikern, die einen großen Teil der Küste von Mogador bis Philainon Bomoi bewohnten – die Libyer und ein Teil der Numider. Seit die Karthager im 6. Jh. begonnen hatten, Territorien im Hinterland ihrer Stadt zu erobern, entstand ein Gebilde, das wir als karthagische Provinz im engeren Sinn bezeichnen könnten. Die einheimischen Bewohner dieser Provinz wurden von den Griechen vielfach – in einem eingeschränkten Sinn – als „Libyer" bezeichnet. Sie gehörten zur Kategorie der „Untergebenen". Vermutlich ging ein Teil des besetzten Landes – kaum das gesamte besetzte Land – zunächst in den Besitz des karthagischen Staats über, der es dann – auf dem Wege der Verpachtung oder des Verkaufs – karthagischen Bürgern zur Nutzung überließ. Ob die Libyer, die nicht auf den karthagischen Domänen arbeiteten, Eigentümer oder nur Pächter des von ihnen bebauten Bodens waren, wissen wir nicht. Eine gewisse Wahrscheinlichkeit spricht allerdings dafür, daß sie einen Teil des Landes als Eigentum behielten. Zu einem uns unbekannten Zeitpunkt wurde die gesamte afrikanische „Provinz" mit einem Graben umgeben, über dessen Aussehen und Verlauf wir nicht näher informiert sind. Innerhalb des „Limes" war das Land in verschiedene, ʾrṣt („Territorien") umfassende Bezirke eingeteilt, an deren Spitze jeweils ein ʾš ʿl ʾrṣt („Bezirks-Chef") stand. Über die Administration der zahlreichen libyschen „Städte", die vielfach den Charakter von Kastellen hatten, sind wir nur vage unterrichtet. Doch ist die Annahme einigermaßen wahrscheinlich, daß zumindest ein Teil dieser Städte die sufetale Ordnung bereits in punischer, nicht erst in römischer Zeit übernahm: wenn bereits Zllsn, der Großvater des Massinissa, den Titel „Sufet" trug, dann ist dies ein Zeichen für den Einfluß, den karthagische Institutionen auf die politischen Vorstellungen der Libyer und Numider ausgeübt haben. Allerdings ist einschränkend hinzuzufügen, daß vielfach oft nur der Name, nicht die Sache übernommen worden zu sein scheint. Dafür spricht schon das Beispiel des Zllsn, dessen Kompetenzen kaum denen karthagischer Sufeten entsprachen; und dafür spricht auch die „numidische" dreisufetale Ordnung, die beispielsweise in Mactar und Altiburus eingeführt war. Inwieweit die Administration der libyschen Gemeinden von den Karthagern überwacht wurde, ist eine Frage, die kaum zu beantworten ist. Zur Einziehung der „Tribute", zu deren Zahlung die Libyer verpflichtet waren, werden allerdings Funktionäre des karthagischen Staats die libyschen Städte bereist haben. Ob diese Funktionäre Aufgaben zu erfüllen hatten, die über diesen speziellen Auftrag hinausgingen, ist unbekannt. Die Tribute beliefen sich für die Bauern auf ein Viertel der Ernteerträge und für die Städter auf entsprechend hohe Abgaben. Dies waren jedenfalls die Tribute, die in normalen Zeiten abzuführen waren – in der Zeit des 1. Römischen Kriegs wurde die Summe verdoppelt. Natürlich waren die Libyer zur Stellung von Truppen verpflichtet. Daher wurden die libyschen Soldaten, sofern sie karthagische „Untergebene" waren, nicht geworben, sondern ausgehoben. Dennoch erhielten sie Soldzahlungen. Damit die Ordnung an den Grenzen und im Landesinneren aufrecht erhalten werden konnte, hatten verschiedene Städte der Provinz – wie anscheinend Sikka – Garnisonen aufzunehmen, in denen größtenteils Libyer stationiert gewesen sein dürften. Da es die Karthager weithin nicht verstanden, die Libyer von der Vorteilhaftigkeit einer karthagisch-libyschen Zusammenarbeit zu überzeugen, entstanden zwischen beiden Gruppen Spannungen, die sich gelegentlich in Revolten entluden, deren Niederschlagung erneut Spannungen erzeugte. So ist es auch kein Wunder, daß die Libyer den Invasoren Agathokles, Regulus und Scipio nur geringen oder keinen Widerstand entgegensetzten.

Jenseits der Grenzen der libyschen Provinz wohnten die Numider, die unter der Herrschaft von Dynasten standen. Grundsätzlich waren sie autonome Herren ihres Landes. Je näher aber ihre Wohnsitze den Grenzen der karthagischen Provinz lagen, desto prekärer scheint ihre Autonomie gewesen zu sein. Die numidischen Stämme, die in einem „Bundesgenossen"-Verhältnis zu den Karthagern standen und die sich Verstöße gegen den Geist oder den Buchstaben des „Bundesgenossen"-Vertrags zuschulden kommen ließen, wurden sogar auf den Status von „Untergebenen" hinabgedrückt und zur Zahlung von „Abgaben" verpflichtet. Um sich der Treue der bundesgenössischen numidischen Stämme zu versichern, legten die Karthager in manche ihrer Städte Besatzungen und verlangten zumindest von manchen von ihnen die Stellung von Geiseln. Die Beziehungen zwischen den Karthagern und den Numidern richteten sich eben nicht nach staatsrechtlichen Kategorien, sondern nach militärischen und politischen Gegebenheiten. Von besonderer Bedeutung waren die Numider aus karthagischer Sicht deswegen, weil sie als Kavalleristen zu einem nicht unbeträchtlichen Teil die karthagischen Streitkräfte verstärkten. Für diese Tätigkeit scheinen sie, obwohl sie „Bundesgenossen" waren, Soldzahlungen erhalten zu haben. Zwar leisteten sie in dieser Funktion den Karthagern vielfach gute Dienste, doch gab es auch Situationen, in denen sie sich – jedenfalls teilweise – dem Führungsanspruch der Vormacht versagten, ja antikarthagische Aktionen unternahmen oder unterstützten.

Zur sizilischen Epikrateia der Karthager gehörten ehemals phoinikische, punische, elymische, sikanische und – zeitweise – griechische Städte. Wir haben keinen Grund zu der Annahme, daß die Karthager in die autonomen Verwaltungen elymischer, sikanischer und griechischer Städte eingriffen. Sie forderten allerdings von den ehemals phoinikischen, punischen, elymischen und sikanischen Städten den Zehnten, den diese anscheinend teils in Geld, teils in Naturalien bezahlten. Auch von den sikeliotischen Städten ihrer Epikrateia verlangten sie nur die Zahlung von Tributen, die im übrigen nicht sehr hoch gewesen zu sein scheinen. Natürlich waren die Sizilier, die unter karthagischer Herrschaft standen, zur Heeresfolge verpflichtet. Die Nähe der Sikelioten, die vielfach gerne die Rolle von „Befreiern" spielten, ließ es außerdem als erforderlich erscheinen, daß in manche Städte auch in Friedenszeiten Besatzungstruppen gelegt wurden. Die Befehlsgewalt über alle auf Sizilien stationierten karthagischen Truppen scheint in der Hand des „Feldherrn Siziliens" gelegen zu sein, der vermutlich auch mit Fragen befaßt war, die über den militärischen Bereich hinausgingen.

Im übrigen empfahl es sich – aus dem erwähnten Grund, aber nicht nur aus diesem Grund –, die Provinz Sizilien mit größerem Entgegenkommen zu behandeln als die restlichen Provinzen.

Wie in den anderen Provinzen werden auch auf Sardinien die ehemals phoinikischen Städte eine relative Autonomie bewahrt haben. Dennoch scheinen nicht nur die Bewohner der übrigen Städte der Insel und die Bewohner des flachen Landes, sondern auch die Bewohner der ehemals phoinikischen Städte in engerer Abhängigkeit von der karthagischen Führung gestanden zu sein als etwa die Bewohner der sizilischen Epikrateia. Für diese Ansicht spricht die Tatsache, daß die Karthager – nach dem Wortlaut der ersten beiden karthagisch-römischen Verträge – gegenüber Sardinien eine restriktive Handelspolitik verfolgten. Eine Stütze für diese Annahme ist vielleicht darin zu sehen, daß in einer punischen Inschrift Sardiniens nicht nur nach den lokalen Behörden, sondern auch nach den karthagischen Sufeten datiert zu sein scheint. Möglicherweise standen die Sarden – staatsrechtlich gesehen – auf derselben Stufe wie die Libyer; doch werden ihre Abgaben, die vor allem in der Lieferung von Getreide bestanden, in normalen Zeiten kaum über den Zehnten hinausgegangen sein.

Die Truppen, die die Karthager auf Sardinien stationiert hatten, dienten der Sicherheit des Landes, die insbesondere durch die Bewohner der Berge gefährdet gewesen sein dürfte. Sie standen – jedenfalls im 3. Jh. – unter dem Kommando eines „Generals“ (boe̊tharchos).

Wir wissen nicht, ob der punisch beherrschte Teil Iberiens in vorbarqidischer Zeit je in einer provinzähnlichen Form organisiert war. Vermutlich nicht. Und auch in barqidischer Zeit bildete Iberien nicht eine eigene Provinz, sondern wurde zusammen mit Afrika verwaltet. Unter den ehemals phoinikischen Städten scheint Gades eine besondere Position eingenommen zu haben. Diese Stadt besaß als einzige das Prägerecht. In die inneren Angelegenheiten der iberischen Stämme griffen die Karthager nicht ein. Sie waren nur daran interessiert, daß die iberischen Stämme regelmäßig ihre Tribute entrichteten und die geforderten Kontingente stellten. Um sich ihrer Treue zu versichern, verlangten sie die Stellung von Geiseln. Ein abschließendes Urteil über die Verwaltung Iberiens fällt deswegen schwer, weil die Dinge noch zu sehr im Fluß waren, als die Römer den Karthagern Iberien entwanden.

Mit einem Minimum an Aufwand bestritten die Karthager die Verwaltung eines Reichs, in dem in staatsrechtlich abgestufter Form viele Städte und Stämme zusammengefaßt waren, die verschiedenen Nationen, Wirtschaftsräumen, Gesellschaftssystemen und Religionen angehörten. Lange Zeit funktionierte das karthagische Herrschaftssystem – jedenfalls über weite Strecken hin – gut. Je länger, desto deutlicher wurden aber die Mängel dieses Systems sichtbar. Der gravierendste Mangel bestand darin, daß in diesem System der Raum, der für einen Ausgleich der Interessen, für eine Annäherung der Standpunkte vorgesehen war, zu gering bemessen war.

DAS MILITÄRWESEN

Die Karthager waren wie die Bürger aller Handelsrepubliken zunächst und in erster Linie nicht am Aufbau und Ausbau starker militärischer Kräfte interessiert. Spätestens seit dem 6. Jh. aber erwies es sich als unumgänglich, militärischen Fragen eine größere Aufmerksamkeit zuzuwenden, wollte man nicht eine Beeinträchtigung der territorialen und handelspolitischen karthagischen Interessen durch die Libyer einerseits und durch die Etrusker und insbesondere die Griechen andererseits hinnehmen. Und je mehr die Karthager dem effektiven Schutz ihrer Interessen – insbesondere der Sicherung der Schiffahrtsrouten – ihre Aufmerksamkeit zuwandten, desto mehr wurden sie auf den Weg einer imperialistischen, mit militärischen Mitteln abgesicherten Expansion gedrängt. Allerdings waren die kühl rechnenden karthagischen Kaufleute nicht daran interessiert, starke militärische Verbände auf Dauer zu unterhalten, sie beschränkten sich vielmehr darauf, für die einzelnen militärischen Aktionen jeweils genügend starke Kräfte zu mobilisieren. Natürlich war eine Mindestzahl von Soldaten, Ruderern und Schiffen ständig einsatzbereit zu halten – das Niveau insbesondere der Kriegsmarine hätte ohne fortwährende Übung nicht gehalten werden können.

Der Mann, der das karthagische Militärwesen den Erfordernissen einer neuen Zeit anpaßte, war Mago. Vermutlich war er es, der dem Gedanken zum Durchbruch verhalf, ohne die Indienstnahme bedeutender Söldnerkontingente sei der karthagische Staat zu schwach, um die von ihm konzipierten außen- und handelspolitischen Ziele zu verfolgen. Doch hatte die von Mago eingeleitete Militärpolitik – entgegen einer vielfach geäußerten Behauptung – keineswegs zur Folge, daß sich die Bürger dem Militärdienst entzogen, wenngleich auch nicht zu leugnen ist, daß der karthagische Staat zu gewissen Zeiten das Leben seiner Bürger schonte. Daß der Kriegsdienst geachtet war, mag aus einer Notiz des Aristoteles zu ersehen sein, der davon spricht, daß die Zahl der Ringe, die die karthagischen Männer trugen, so groß war wie die Zahl der Feldzüge, an denen sie teilgenommen hatten.

Den Kern des Aufgebots der Bürger bildete die 2500 Mann umfassende „heilige Schar", deren Disziplin und Tapferkeit auch der Feind anerkannte. Neben dem Aufgebot der Bürger standen in den karthagischen Heeren die Truppen der verschiedenen „Verbündeten", die Verbände der libyschen, iberischen und zeitweise wahrscheinlich auch sardischen Untergebenen und schließlich die Kontingente der Söldner, die aus den verschiedensten Völkern insbesondere des westlichen Mittelmeerraums stammten: je nach den Umständen dienten als Söldner im Heer der Karthager Maurusier, Iberer, Balearer, Kelten, Ligurer, Etrusker, Campaner, Korsen, Sarden, Sikuler und Griechen. Mögen diese Kategorien auch bestanden haben, so waren die Unterschiede zwischen den Angehörigen der einzelnen Kategorien doch nicht allzu beträchtlich – so erhielten sowohl die „Verbündeten" als auch die Untergebenen als auch die Söldner Sold. Die Soldzahlungen werden freilich verschieden hoch gewesen sein: ein griechischer Hoplites wird mehr erhalten haben als ein konskribierter Libyer.

Das Gros des Heeres wurde von schwerer Infanterie gebildet. Sie wurde von leichter Infanterie unterstützt. Die Ausrüstung der verschiedenen infanteristischen Kontingente war keineswegs uniform, sondern richtete sich nach den regionalen Gewohnheiten.

Längere Zeit benützten die Karthager den Streitwagen, den sie dem Vorderen Orient entlehnt haben dürften. In den römischen Kriegen kam der Streitwagen jedoch nicht mehr zum Einsatz.

In hellenistischer Zeit übernahmen die Karthager sowohl die neuen und verbesserten Waffengattungen als auch die militärischen Strategien und Taktiken der führenden hellenistischen Staaten. Insbesondere setzten sie seit dem Jahr 262 die typisch hellenistische Waffe der Kriegselefanten ein. Außerdem bedienten sie sich seit dem Krieg gegen Agathokles hellenistischer Militärberater: im Jahre 310 eines „die Taktik beherrschenden Griechen" (Polyainos) und im Jahre 255 des Spartaners Xanthippos.

Auf dem Gebiet der Belagerungstechnik waren die Karthager ihren Feinden bis zur Zeit Dionysios' I. überlegen. Tertullianus schreibt gar die Erfindung des „Widders" den Karthagern zu. In Wirklichkeit war der „Widder" allerdings bereits den Assyrern bekannt gewesen. Vielleicht aber verbesserte ein Karthager die assyrische Erfindung.

Wenn Polybios behauptet, die Karthager wendeten der Kavallerie nur „einige geringe Aufmerksamkeit" zu, so ist dieser Vorwurf nur bis zu einem gewissen Grad gerechtfertigt. Spätestens seit dem 3. Jh. standen ja den Karthagern die ausgezeichneten numidischen und teilweise auch die iberischen Kavallerie-Schwadronen zur Verfügung, die den Aufbau einer starken, im engeren Sinn karthagischen Kavallerie als überflüssig erscheinen lassen mußten.

Natürlich gab es auch im karthagischen Heer eine Heeresversammlung, deren Kompetenzen allerdings nicht den relativ weitgehenden Kompetenzen der makedonischen bzw. hellenistischen Heeresversammlung entsprachen. Immerhin hatte sie das Recht, im Fall des Todes des Feldherrn einen neuen Feldherrn zu wählen. Diese Wahl bedurfte allerdings der Bestätigung durch die Volksversammlung.

Strategische Überlegungen führten dazu, an neuralgischen Punkten Forts anzulegen, die offensiven wie defensiven Zwecken dienten. Diese Forts befanden sich sowohl in Küstennähe als auch in Hügellagen, und zwar in Nordafrika, auf Kossura, Melite, Sizilien, Sardinien und in Spanien.

Die Feldherrn, die der höchsten gesellschaftlichen Schicht entstammten und deren Zahl je nach den Umständen schwankte, wurden vom Volk gewählt. Sie hatten das Recht, ihre „Unterfeldherrn" selbst zu ernennen. Und wenn Livius auch in übertreibender Weise behauptet, der karthagische Feldherr sei „von keinen Fesseln der Zeit oder des Rechts beengt" gewesen, so steht doch außer Frage, daß er über weitreichende Kompetenzen verfügte. Während der Zeit seines Kommandos war er der Rechtsprechung der karthagischen Behörden entzogen. Die Interessen seiner oligarchischen Standesgenossen verlangten allerdings, daß er sich nach der Beendigung der von ihm geführten Kampagne wieder in ihren Kreis zurückzog. Um zu verhindern, daß der Oberkommandierende den Krieg ineffektiv führte oder während der Zeit seines Oberkommandos die Grundlage für eine Tyrannis zu legen versuchte, hatte er sich nach dem Ende seiner Amtszeit vor dem Gerichtshof der Einhundertvier einer strengen Rechenschaftsablage zu unterziehen. Generale, die vor den Augen des Gerichts keine Gnade fanden, wurden nicht selten mit dem Tode bestraft. Griechen und Römern erschien dies als ein Zeichen barbarischer Grausamkeit.

Während die hohen Offiziersstellen selbstredend Karthagern reserviert waren, wurden die niederen Offiziersstellen fähigen Männern der Nationalität gegeben, der ihre Untergebenen angehörten.

Im übrigen deuten einige Anzeichen darauf hin, daß die Karthager bereits um die Mitte des 4. Jh. die Institution der Territorialstrategie und damit eine grundlegende Verwaltungsform geschaffen haben, deren Entstehung man im allgemeinen erst in die Zeit der hellenistischen Territorialstaaten datiert. Anscheinend haben die Griechen – jedenfalls teilweise – die karthagischen Territorialstrategen als boëtharchoi bezeichnet.

Die Kriegsmarine war bis in die Zeit der römischen Kriege hinein das Rückgrat der karthagischen Streitkräfte. Den größten Teil der Schiffe, der Ruderer und der Marinesoldaten stellte sicher Karthago. Daneben werden insbesondere die libyphoinikischen Städte zum Aufbau der Flotten beigetragen haben. Während im 6. Jh. noch die Pentekontere der gängige Schiffstyp war, wurde seit dem 5. Jh. vor allem die Triere eingesetzt. Im 3. Jh. wurde die Tetrere – angeblich eine Erfindung der Karthager – gebaut, und in den römischen Kriegen kam vor allem die Pentere zum Einsatz. Am Bau größerer Schiffstypen waren die Karthager nicht interessiert. Nur einmal wird eine Heptere erwähnt – und diese war das Admiralsschiff des Pyrrhos gewesen, das die Karthager erbeutet hatten. Wenn Hannibal im Jahre 218 seinem Bruder Hasdrubal 50 Penteren, zwei Tetreren und fünf Trieren überließ, so ist daraus in etwa zu ersehen, in welchem Verhältnis in dieser Zeit die verschiedenen Schiffstypen gemischt waren.

Daß die Karthager ausgezeichnete Seeleute waren, wurde auch von ihren Feinden rückhaltlos anerkannt. Das Mittelmeer barg für sie keine Geheimnisse, und auch in den östlichen Teilen des Atlantischen Ozeans fanden sie sich zurecht. Bei Nacht richteten sie ihre Fahrt nach dem Polarstern, der ein sichererer Führer war als der Große Wagen, der von den Griechen als Leitstern bevorzugt wurde. In den Seeschlachten wandten sie vielfach die Taktik des „Durchbrechens" an, deren Beschreibung wir Sosylos verdanken.

Die hohen Kommandostellen hatten selbstverständlich vornehme Karthager inne. Vielfach lag der Oberbefehl über die Seestreitkräfte in derselben Hand wie der über die Landstreitkräfte. Die Karthager hatten es nicht zuletzt ihren hervorragenden Admiralen und Kapitänen zu verdanken, wenn sie lange Zeit das westliche Mittelmeer beherrschten. In der Zeit des 1. Römischen Kriegs erlitt die karthagische Kriegsmarine allerdings Rückschläge, von denen sie sich nie mehr erholen sollte.

DIE WIRTSCHAFT

Das wirtschaftliche Leben Karthagos war stark differenziert. Vertreter der verschiedensten Berufe bemühten sich, die wirtschaftlichen Bedürfnisse der Bevölkerung zu befriedigen. So sind allein aufgrund des dürftigen epigraphischen, aus Karthago stammenden Materials folgende Berufe bekannt:

1. aus dem Bereich der Nahrungsmittelproduktion: der Metzger (ṭbḥ bzw. [km] lʾ[ṭ]bḥ) und der Kastrator von Kälbern (slm hʿglm);
2. aus dem Bereich der übrigen Warenproduktion:
   a) der Leinenweber (ʾrg p[št]), der Buntweber (rqm), der Weber von Stoffen, deren Art wir nicht kennen (ʾrg ʾmlqḥ), der Seiler (..ʾ ḥblm) und der Netzknüpfer (?) (ḥrm);
   b) der Schreiner (ngr) und der Stellmacher (<pʿl> ʿglt ʿṣ);
   c) der Steinmetz (brš) und der Hersteller von Marmorarbeiten (?) (p̊ʿ̊l̊ h̊r̊ḥ̊m̊t̊);
   d) der Erzgießer (msk hnḥšt), der Eisengießer (nsk hbrzl), der Goldgießer (nsk hḥrṣ), überhaupt der Gießer (nsk), der Hersteller von Feuerbecken (?) (šql mḥtt), der Ofenfabrikant (tnr), der Gefäßfabrikant (?) (mʾnn), der Goldschmied (pʿl ḥr[ṣ]) und der Graveur (?) (brʾ);
   e) der Striegelfabrikant (pʿl hmgrdm), der Büchsenfabrikant (pʿl htʿlbt), der Halskettenfabrikant (?) (pʿl sdlm), der Fabrikant von verschiedenen anderen Produkten (pʿl – – –), der Kistenmacher (ḥrš ʾrnt) und schließlich der Fabrikant (pʿl) bzw. der Handwerker in einem allgemeinen Sinn (ḥrš);
3. aus dem Bereich des Bauwesens: der Polier (bʿl ḥrš), der Bauarbeiter (?) (šḥ[– – –]) und der Nivellierer (pls);
4. aus dem Bereich des Handels: der Salzhändler (mmlḥ), der Leinenhändler (mkr hpšt), der Eisenhändler (mkr hb[rzl]), der Goldhändler (mkr hḥr[ṣ]), der Elfenbeinhändler (?) (mkr hpl), der Weihrauchhändler (mkr ʾqṭrt), der Händler, der mit Schilfrohr handelt (sḥr qnh), der Kaufmann, der mit feinem Schilfrohr handelt (mkr hqnʾ zkʾ), der Salbenhändler (rqḥ), der Händler bzw. der Kaufmann, der mit einer uns unbekannten Ware Handel treibt (sḥr ʾ.ʾ oder ʾ.h bzw. mkr hš[– – –]), überhaupt der Händler (sḥr) bzw. der Kaufmann (mkr);

5. aus dem Bereich der privaten und öffentlichen Dienstleistungen: der Walker (kbs), der Aufseher des vestiarium (?) (grr š'zrt), der Bote (?) (mr̊gl), der Arzt (rp'), der Dolmetscher (?) (mlṣ), der Schreiber (spr), der Vermesser (mdd), der Steuereinzieher (?) (šql), der Beamte der Kontrolleure (?) (ng[d] šmḥšbm), und der Herold (?) (qr').

Aufgrund des von den epigraphischen Zeugnissen vermittelten Einblicks in die Welt der karthagischen Berufe läßt sich bereits eine ungefähre Vorstellung von der Gestalt der karthagischen Wirtschaft gewinnen. Literarische und insbesondere archäologische Zeugnisse tragen dazu bei, daß das Bild der karthagischen Wirtschaft schärfere Konturen erhält.

Cicero irrt, wenn er von den Karthagern behauptet: „Sie hatten den Ackerbau vernachlässigt." In Wirklichkeit nahm die karthagische Landwirtschaft spätestens seit dem 4. Jh. einen ungeahnten Aufschwung und hielt diese Höhe bis zum Untergang der Stadt. Schon die Tatsache, daß die karthagischen Agronomen Hamilcar und Mago internationales Renommee besaßen, hätte Cicero davor bewahren sollen, eine derartige Behauptung aufzustellen. Die Karthager waren allerdings nicht die ersten, die den Boden Nordafrikas landwirtschaftlich nutzten. Dies wußte bereits Hekataios, dem nicht nur „die nomadischen Libyer", sondern auch die „getreideessenden und pflügenden (Libyer)" bekannt waren.

Weizen und Gerste waren die Getreidesorten, die in erster Linie angebaut wurden. Unter den Baumkulturen ragten die Rebstock- und Ölbaumplantagen hervor. Daneben waren insbesondere die Früchte des Feigenbaums, des Granatapfelbaums, des Pfirsichbaums, des Zwetschgenbaums, des Mandelbaums, der Nußbäume und der Dattelpalme geschätzt. An Gemüse bauten die Karthager den Kohl, die spanische Artischocke, den Knoblauch, den Lauch, die Erbse und vielleicht auch die Linse an. Zur Gewinnung von Linnen wurde der Lein gesät und geerntet. Die karthagischen Korbmacher und Korbflechter bedienten sich der Ruten und Gräser, die wild im Lande wuchsen. Und schließlich weisen viele Ausdrücke in der Arzneikunde des Dioskorides darauf hin, daß den Karthagern die medizinische Wirkung einer großen Zahl einheimischer Pflanzen bekannt war.

An Tieren hielten die Karthager insbesondere das Schaf, weiterhin die Ziege, das Rind und das Schwein, außerdem das Huhn und die Taube und schließlich – als Zug-, Trag- und Reittiere – das Pferd, den Esel, das Maultier und den Maulesel.

Wenn auch einerseits kaum zu bestreiten ist, daß sich in der Nähe Karthagos in größerer Zahl kleinere Güter befanden, die im Besitz einfacher Leute waren, so ist doch andererseits nicht zu leugnen, daß die großen Güter der Vornehmen der karthagischen Landwirtschaft ihr Gepräge gaben.

Nicht vergessen sei schließlich die Fischerei und die fischverarbeitende „Industrie".

Vor allem die Grabbeigaben belehren uns darüber, in welch bedeutendem Umfang die Karthager Waren importierten. Um einen gewissen ökonomischen Ausgleich zu schaffen, war es notwendig, daß auch die einheimische Produktion einen beträchtlichen Umfang erreichte.

Am genauesten sind wir über die Erzeugnisse der Keramik unterrichtet. Ihre Formen sind nicht gerade zahlreich, und ihre Vorbilder sind im mutterländisch-phoinikischen, zyprisch-phoinikischen und griechischen Bereich zu suchen. Neben Gegenständen, die dem täglichen Gebrauch dienten, schufen die karthagischen Töpfer Statuetten, Masken und Büsten.

Von Bedeutung war auch die Textilmanufaktur. So spricht der Komödiendichter Hermippos in den „Phormophoroi" davon, daß die Karthager Teppiche und bunte Kopfkissen exportieren, und so berichtet Strabon, daß „die Phoiniker" als erste auf den Balearen Gewänder mit breiten Borten verkauft haben. Auch die Produktion von Purpurstoffen spielte eine beträchtliche Rolle. Außerdem war die Qualität der karthagischen Lederwaren weithin bekannt. Eine Domäne des karthagischen Kunsthandwerks war die Herstellung von Elfenbeinarbeiten, etwa von Kämmen. Insbesondere aber verstanden sich die Karthager auf die Kunst der Metallbearbeitung, und hier in erster Linie auf die Gold- und Silberschmiedekunst. In den Werkstätten der Gold- und Silberschmiede wurden u. a. Halsketten, Ohrringe, Nasenringe, Fingerringe, Amulette und Amulettbehälter angefertigt, außerdem Skarabäen, die als Siegelringe dienten und deren Steine vielfach Karneole und grüne Jaspisse waren. Auch bei der Herstellung von Schmuckwaren ließen sich die karthagischen Handwerker zunächst von ägyptischen, später von griechischen bzw. hellenistischen Vorbildern inspirieren.

Im übrigen scheinen sich die karthagischen Gewerbetreibenden zu sḥrt, zu Zünften, zusammengeschlossen zu haben, um ihre Interessen wirkungsvoller vertreten zu können.

Karthago verdankte aber seinen Reichtum, eine der wesentlichen Voraussetzungen seiner politischen Position, nicht so sehr der Landwirtschaft und dem Gewerbe als vielmehr dem Handel – Plinius behauptet geradezu: „Die Handelsgeschäfte (haben) die Punier (erfunden)." Und den Handel hatten die Oligarchen, die wohl in erster Linie Reeder und Bankiers waren, in der Hand. Ihre handelspolitischen Aktivitäten, die sie mit Hilfe des Staates durchzusetzen versuchten und weitgehend auch durchsetzten, zielten darauf ab, Import- und Exportmärkte zu erschließen, unliebsame Konkurrenten auszuschalten, in den Fällen, in denen dies nicht möglich war, Verträge zu schließen und schließlich das Piratenunwesen zu bekämpfen. Die antiken Autoren informieren uns zwar nur über Verträge, die die Karthager mit den Etruskern und den Römern schlossen; doch liegt die Annahme nahe, daß sie ähnliche Vereinbarungen beispielsweise auch mit den Akragantinern, den Syrakosiern, den Massalioten und den Kyrenaiern trafen. In der Wahl ihrer Mittel scheinen die karthagischen Handelsherren nicht immer wählerisch gewesen zu sein – jedenfalls behaupteten dies ihre griechischen und römischen Feinde. In vielen Städten – insbesondere in etruskischen und griechischen Städten – wohnten Karthager, die dort ihren Handelsinteressen nachgingen. Natürlich gab es umgekehrt auch in Karthago Kolonien ausländischer Kaufleute.

Bedauerlicherweise sind wir über die Import- und Exportgeschäfte der karthagischen Handelsherrn, die ihre Aktivitäten einerseits an den Küsten des Mittelmeers und des europäischen Atlantischen Ozeans, andererseits im Inneren Afrikas entfalteten, nur unzureichend informiert. Doch ist uns immerhin bekannt, daß zu den Importen, die aus den Ländern des Mittelmeers und des Atlantischen Ozeans in Karthago eintrafen, Metalle, Spartgras, Papyrus, Silphion, Getreide, Öl, Wein, Fische – insbesondere Thunfische – und Luxusartikel wie etwa Glasfläschchen, Parfumflacons, Parfums, Alabastergefäße, Amulette und Kleinfiguren gehörten. Aus Westafrika und Innerafrika wurden – teilweise unter Vermittlung der Garamanten – Sklaven, Elefanten, Elfenbein, Hörner, Straußenfedern, Straußeneier, Felle und vor allem Edelsteine und Gold importiert. Ein Teil dieses „Reichtums Afrikas" (Diodoros) wurde wiederum exportiert. Außerdem führten die Karthager (jedenfalls in spätpunischer Zeit) Öl und Wein aus – Produkte, die von nur mittelmäßiger Qualität waren. Begehrt waren dagegen karthagische Stoffe, außerdem karthagische Lederwaren. Zu den „karthagischen" Exportartikeln, die in den Gebieten der westlichen Aithiopen verkauft wurden, zählten weiterhin Salben, ägyptische Fayencen, attische Keramikwaren und Gefäße. Und schließlich ist zwar nicht zu leugnen, daß Plautus mit der Gestaltung des Auftritts des Poenulus Hanno parodistische Effekte erzielen wollte, wenn er diesen – „ein Händler . . . ist er!" – mit Nüssen, Schuhriemen, Preßtrögen, Spaten und einer Getreidegabel handeln ließ, doch ist nicht zu verkennen, daß der Karthager den Zeitgenossen des Plautus oder den Zeitgenossen des literarischen Vorgängers des Plautus vielfach als ein Mann galt, der in den verschiedensten Gegenden der Welt mit Gegenständen des täglichen Bedarfs seine Geschäfte zu machen suchte.

Die Leistungsfähigkeit der karthagischen Wirtschaft wird u. a. auch darin sichtbar, daß die Römer es nicht verschmähten, in größerer Zahl karthagische Techniken und Produkte zu übernehmen. Sie bezeichneten diese Techniken und Produkte vielfach – jedoch nicht immer – als „punisch". Indirekt übernahmen sie damit meist phoinikische oder griechische bzw. hellenistische Zivilisationsgüter. Die übernommenen Techniken und Produkte stammten aus den verschiedensten Bereichen: aus dem Bereich der Luxusgüter das punische Bett, das punische Gewand, das punische Leder, die punische Lampe und das punische Wachs, aus dem Bereich des Bauwesens der punische Fußboden, die punische Tonerde, das punische Fenster und die punische Fuge, aus dem Bereich des Militärwesens der punische Graben, aus dem Bereich der Landwirtschaft die punische Dreschmaschine, die punische Erbse, der punische Knoblauch und der punische Apfelbaum, aus dem Bereich der Fischerei die Kenntnis der „punischen" Äsche, aus dem Bereich der Gastronomie der punische Brei und der Granatapfel und schließlich aus dem Bereich des täglichen Güterbedarfs der punische Schwamm.

Obwohl die Karthager in der punischen Welt eine hegemoniale Stellung einnahmen, waren sie weder willens noch in der Lage, den gesamten Handel in ihre Stadt zu ziehen. Es gab innerhalb des Reichs zahlreiche Zentren, die einen blühenden Handel trieben. Karthago – genauer gesagt: der karthagische Staat – behielt sich allerdings einige Rechte vor: das Recht der handelspolitischen Koordination, das Recht der Besteuerung, das Recht der Ausbeutung der Minen in unterworfenen Gebieten und das Recht des Eingreifens in Fragen der Versorgung der Bevölkerung und der Truppen. Im allgemeinen aber behinderte der karthagische Staat weder die Aktivitäten seiner Bürger noch die seiner Bundesgenossen noch die seiner Untergebenen.

DAS MÜNZWESEN

Karthago trat spät in den Kreis der münzprägenden Staaten ein – die ersten stadtkarthagischen Münzen wurden erst nach der Mitte des 4. Jh. ausgegeben. Offenbar hatten es die karthagischen Wirtschaftsbosse bis zu dieser Zeit nicht für nötig erachtet, sich der Münze als eines Mittels des internationalen und nationalen Zahlungsverkehrs zu bedienen. Dies mag mit der Tatsache zusammengehangen sein, daß sie den größten Teil ihres Handels mit den wirtschaftlich unterentwickelten Ländern des westlichen Mittelmeers und teilweise des Atlantischen Ozeans abwickelten. Um die Mitte des 4. Jh. aber scheinen sie zu der Überzeugung gelangt zu sein, die Prägung eigener Münzen diene den Interessen des karthagischen Handels. Die ersten Stücke, die die karthagische Münze verließen, waren Gold- bzw. Elektron- und Bronzemünzen, Silbermünzen wurden erst später geprägt. Der Münzfuß der Gold- und Elektronmünzen war – gewöhnlich – der des phoinikischen Schekels (etwa 7,6 g), der in Vielfachen (1 ½, 3) und in Teilen (½, ⅖, ⅜, ¼, ⅕, ⅒) ausgebracht wurde.

Die Münzbilder, die stilistisch von westgriechischen, insbesondere syrakosischen Vorbildern abhängig sind, leiden an einer gewissen Einförmigkeit: in verschiedenen Variationen werden ausschließlich die Themen Kopf einer Göttin, Pferd und Palme durchgespielt. Die Deutung dieser Abbildungen ist großenteils nach wie vor umstritten. Der Kopf der Göttin stellte sicherlich ursprünglich eine Imitation des Kopfs der syrakosischen Arethusa dar. Nahmen aber die Karthager eine eigene Deutung der Arethusa vor und sahen im Kopf der Göttin ihrer Münzen den Kopf einer punischen Göttin – etwa der Tnt? Eine derartige Annahme ist zwar verführerisch, aber nicht gesichert. Solange wir keinen literarischen oder epigraphischen Beleg für eine Identifikation der Arethusa oder auch der Demeter bzw. der Kore mit Tnt in Händen haben, solange können wir im Kopf des Münzbilds nicht den Kopf der Tnt sehen. – Sikeliotisch beeinflußt war offensichtlich auch die Darstellung des Pferdes bzw. der Protome eines Pferdes. Was aber sollte mit der Wahl dieses Emblems zum Ausdruck gebracht werden? Sollte an „bemerkenswerte und berühmte Kavallerieeinheiten" (Giacosa) erinnert werden? Sollte dieses Emblem als „das Emblem Libyens“ (Müller) einen gewissen Machtanspruch Karthagos hinsichtlich Afrikas widerspiegeln? Sollte das Pferd die Nähe der Stadt zu Ares zum Ausdruck bringen? Sollte das Pferd als solares Symbol des Bʿl Ḥmn den Kult des „Reichsgotts“ Bʿl Ḥmn bzw. den Herrschaftsanspruch der Stadt des Bʿl Ḥmn propagieren? Sollte das Pferd gar auf Tnt hinweisen? Alle diese Erklärungen befriedigen nicht recht. Wollte man aber das Auftauchen des Pferdes bzw. des Pferdekopfes auf die von Vergilius, Silius und Iustinus berichtete Gründungslegende zurückführen, nach der die tyrischen Kolonisten beim Bau der Fundamente Karthagos einen Pferdeschädel fanden, den sie – aufgrund einer Prophezeiung – als ein Vorzeichen für die zukünftige Größe der Stadt betrachteten, dann würde man in einen Gegensatz zur herrschenden Meinung geraten, nach der die Gründungslegende aus dem Münzbild – und nicht das Münzbild aus der Gründungslegende – entstanden ist.

Die Palme (phoînix) schließlich ist das alte Symbol, das die Griechen als type parlant für die Phoiniker (Phoínikes) benutzten und das die Phoiniker ihrerseits als „nationales“ Emblem akzeptierten.

Die Fachleute streiten darüber, ob die Münzen, die die Legende bʾrṣt (= in den Territorien) tragen, in Karthago oder auf Sizilien ausgegeben wurden. Die höhere Wahrscheinlichkeit spricht dafür, daß diese Münzen im Auftrag der karthagischen Regierung in einer sizilischen Münze geprägt wurden. Daraus ist jedoch nicht zu erschließen, daß die genannte Legende ausschließlich auf die sizilische Epikrateia zu beziehen ist. Vielmehr scheinen diese Münzen – im Gegensatz zu den „Militärprägungen“ – als „Reichsmünzen“ zu interpretieren zu sein.

Funde aus Nordafrika, Sardinien und Jugoslawien zeigen, daß insbesondere die karthagischen Bronzemünzen des 2. Jh. noch lange nach dem Untergang der Stadt in Umlauf waren.

Zwei Menschenalter vor dem Beginn der stadtkarthagischen Münzprägung – etwa im Jahre 410 – faßten die Karthager den Entschluß, für die Bedürfnisse der auf Sizilien einzusetzenden Truppen Münzen schlagen zu lassen: die Emission der ersten sizilisch-punischen Serie begann. Aller Wahrscheinlichkeit nach wurden die Münzen dieser Serie nicht in Karthago, sondern in einer sizilischen Stadt geprägt. Sie trugen die Legende Qrtḥdšt (Karthago).

Der Standard der sizilisch-punischen Prägungen war nicht einheitlich: während die Gold- und Elektron-Münzen nach dem Münzfuß des phoinikischen Schekels geprägt wurden, wurden die Silbermünzen bis in die Zeit des 1. Römischen Kriegs hinein nach dem Münzfuß der attischen Drachme ausgebracht.

Die Münzbilder folgen weithin griechischen Vorbildern. Die Beizeichen der strahlenden Sonne, der Mondsichel, des sog. Zeichens der Tnt, des sog. Heroldsstabs, des Räuchergefäßes und der Blume sind allerdings punischen Ursprungs. Rätselhaft sind die Münzen, die auf der Vorderseite einen weiblichen Kopf mit phrygischer Mütze und auf der Rückseite einen Löwen zeigen. In der Zeit um 300 taucht schließlich eine Serie von Münzen mit Herakles/Mlqrt-Portraits auf, die vermutlich an Prägungen des Alexandros anschließt.

Im Gegensatz zu den stadtkarthagischen Prägungen tragen die sizilisch-punischen Gepräge nicht selten Legenden. Unter diesen Legenden sind zunächst folgende zu nennen: mḥnt (Armee), hmḥnt (die Armee), ʿm mḥnt bzw. ʿm hmḥnt (Volk der Armee), mʿm mḥnt (vom Volk der Armee) und šʿm mḥnt (des Volks der Armee). Alle diese Legenden bezeichnen die entsprechenden Prägungen als Militärprägungen, ohne daß damit ausgesagt wäre, daß alle diese Gepräge in der Lagermünze der auf Sizilien stationierten Truppen ausgebracht worden wären. Meist werden diese Münzen vielmehr in einer der punischen Städte Siziliens geprägt worden sein. Der Prägeherr dieser Münzen war offensichtlich die karthagische Herresversammlung, und der Umlauf dieser Münzen sollte anscheinend auf Sizilien beschränkt werden. – Auf anderen Münzen erscheint die Legende mḥšbm (= Kontrolleure). Waren diese Kontrolleure nur militärische quaestores, die u. a. mit Fragen der Münzprägung der Armee befaßt waren, oder waren sie „Beamte“, die sowohl innerhalb des militärischen als auch des zivilen Bereichs bestimmte Funktionen auszuüben hatten? Die weitgehende Trennung der Militärverwaltung von der Zivilverwaltung spricht eher für die an erster Stelle genannte Möglichkeit.

Etwa zwei Jahrzehnte vor der Emission der ersten sizilisch-punischen Serie – der Zeitpunkt ist umstritten – hatten die punischen Städte Mṭwʾ (Motye) und Ṣjṣ (Panormos) die Prägung eigener Münzen in Angriff genommen. Die punischen Städte Kprʾ (Solus) und Ršmlqrt (Herakleia Minoa?) und die punisch beeinflußten Städte ʾrk (Eryx) und Therma folgten nach. In dem Umstand, daß diese Städte damals und auch später – Motye natürlich nur bis zum Zeitpunkt seiner Zerstörung – Münzen im eigenen Namen prägten, mag ein Zeichen für die Existenz einer gewissen Autonomie gesehen werden.

Melite, Gaulos und Kossura prägten erst in römischer Zeit. Die Gepräge dieser Inseln waren allerdings weithin der punischen Tradition verpflichtet.

Gegen Ende des 4. Jh. setzte die sardinisch-punische Münzprägung ein. Die Münzen dieser Prägung – fast ausschließlich aes-Stücke – lassen sich in sieben Serien einteilen. Die meisten Münzbilder – der Kopf der Göttin, das Pferd, die Palme, die Mondsichel, der Stern und der sog. Heroldsstab – sind von karthagischen bzw. sizilisch-punischen Prägungen übernommen. Die Münzbilder der Ähren, des Stiers und des diadembekränzten männlichen Kopfs sind jedoch charakteristische Münzbilder Sardiniens und möglicherweise auf sardische Kulte zurückzuführen. Ist dies der Fall, ist es ein Zeichen dafür, daß die Karthager – jedenfalls ab einem bestimmten Zeitpunkt – bemüht waren, den Vorstellungen und Bedürfnissen der einheimischen Bevölkerung entgegenzukommen.

Bereits in vorbarqidischer Zeit – seit etwa 280 – prägte die Stadt Gades eigene Münzen. Im iberischen Raum sind allein die Münzlegenden dieser Stadt in punischer Schrift geschrieben. Die Münzlegenden der anderen Städte dieses Raums sind in neupunischen Schriftzeichen abgefaßt, da die entsprechenden Münzen erst in römischer Zeit geprägt wurden. Es handelt sich um die Münzen von Lʾnt (Olontigi), ʾjwʾtk (?) (Ituci), Mlkʾ (Malake), sks (= Almuñécar), ʿbdrt (Abdera) und Ṣtbm (Saetabis), außerdem um die Münzen der nicht sicher lokalisierbaren Städte ʾṭngʾ, ʿlbṭʾ und Šʿg.

Die barqidischen Münzen, die wenigstens in acht Serien geteilt werden können, wurden in Gades, in Leuke Akra (?) und in Carthago Nova geprägt. Sowohl im Feingehalt als auch in der Art der Darstellung unterscheiden sich diese Münzen von den gleichzeitig in Karthago geprägten Stücken und dokumentieren auf diese Weise die relative Unabhängigkeit der barqidischen Herrschaft. Von besonderem Interesse sind die Portraits dieser Münzen. Handelt es sich um Darstellungen des Mlqrt allein, oder ist das Portrait des Mlqrt mit dem Portrait je eines Barqiden verbunden? Schon die Tatsache, daß die Portraits gelegentlich mit dem Diadem, dem Zeichen der hellenistischen Königswürde, geschmückt sind, spricht für die Annahme, daß sich auf diesen Münzen zumindest ein Teil der Barqiden an Mlqrt angeglichen hat.

Die punischen Münzen hatten eine langlebige Existenz. Sie waren vielfach auch dann noch in Gebrauch, als Karthago längst in Schutt und Asche gesunken war.

35

DIE GESELLSCHAFT

Die karthagische Gesellschaft gliederte sich – jedenfalls in der historisch faßbaren Zeit – in eine Oberschicht und eine Unterschicht. Beide Schichten scheinen nicht streng gegeneinander abgegrenzt gewesen zu sein, doch dürfte der Aufstieg von der Unterschicht in die Oberschicht nur wenigen geglückt sein.

Der beherrschende Einfluß der Angehörigen der Oberschicht gründete sich auf Reichtümer, Ahnen und Ämter. Da sie reich waren, konnten sie das Stimmvieh bezahlen; da sie adeligen Familien entstammten, hatten sie in den Augen der Allgemeinheit die erforderlichen Führungsqualitäten; und da sie – von den höheren geistlichen Ämtern abgesehen – die höheren weltlichen Ämter innehatten, waren sie vielfach in der Lage, ihre politischen Vorstellungen in die Wirklichkeit umzusetzen. Diese führende Stellung haben die Angehörigen der karthagischen „Nobilität" niemals verloren – weder an einen Tyrannen noch an den Demos. Sie waren und blieben die „Besten", die „Berühmten", die „Angesehensten", die „Bedeutenden", die „Bedeutendsten", die „ersten Männer", die „Vornehmen", die „Adligen", die „Führenden", die „ersten Männer des Staates". Ja es scheint sogar, daß die karthagische „Nobilität" ein gewisses Kastenbewußtsein entwickelte: das Bad, das die Senatoren aufsuchten, war den Angehörigen des Demos verschlossen. Wie wohl in jeder oligarchisch geführten Republik existierten auch in Karthago zwischen den führenden Familien vielfach starke Rivalitäten, die sich insbesondere im politischen Leben äußerten. Die Wurzeln dieser Rivalitäten mögen teilweise im kommerziellen Bereich gelegen sein.

Die Angehörigen der Unterschicht, die nur in einem begrenzten Umfang an der Gestaltung des politischen Lebens beteiligt waren, scheinen ihren Lebensunterhalt als Kleinbauern, Fischer, Handwerker, Werftarbeiter, Transportarbeiter, Matrosen und Händler verdient zu haben. Vermutlich waren sie aber auch – neben den Sklaven – als Arbeiter in den Manufakturen und auf den Domänen der Reichen beschäftigt.

Zur Unterschicht sind auch die Leute zu zählen, die in einer größeren Zahl von Inschriften unter folgender Formel auftauchen: A. šB. (A. des B.). Das Relativpronomen š, das hier – wie auch sonst – zur Bezeichnung des Genetivs verwendet wird, dürfte ein individuelles Schutzverhältnis ausdrücken. Die Art des Zustandekommens dieses Verhältnisses und der Umfang der Rechte und Pflichten der Beteiligten lassen sich nicht mehr feststellen. Es scheint sich um ein Patron-Klienten-Verhältnis, nicht um ein Herren-Sklaven-Verhältnis zu handeln.

Als rätselhaft wird vielfach die Stellung der Männer (und Frauen) betrachtet, die sich in vielen Votivinschriften als ʾš Ṣdn (Mann von Sidon) bezeichnen. Daß es sich hier nicht um Sidonier im eigentlichen Sinn, also etwa sidonische Metoikoi (d. h. Freie, die jedoch nicht im Besitz der Bürgerrechte waren), handelt, wird weitgehend schon aus der großen Zahl der bezeugten Fälle – vergleicht man die Zahl der inschriftlich sicher dokumentierten Metoikoi – ersichtlich. Nun bezeichnen sich diese Leute nicht nur als ʾš Ṣdn, sondern – in der Mehrzahl der Fälle – als ʾš Ṣdn bd N. N. Und bd ist aller Wahrscheinlichkeit nach mit „durch die Vermittlung von" oder „mit Hilfe des" zu übersetzen – jedenfalls nicht mit „Sklave" (ʿbd). Dies bedeutet: ein karthagischer Bürger mußte in irgendeiner Form tätig werden, damit eine Person ʾš Ṣdn werden konnte. Welchen Status aber hatte die betreffende Person vor diesem Akt? In Frage kommt wohl nur der Status des Fremden oder der des Sklaven. Da nun aber der, der ʾš Ṣdn geworden war, den, dem er diese Statusveränderung verdankte, gelegentlich als ʾdn, als Herrn, bezeichnete, ist anzunehmen, daß er früher Sklave gewesen war. Mit anderen Worten: der Akt der Statusveränderung war ein Akt der Freilassung. Mit der Freilassung war aber keineswegs die Verleihung des karthagischen Bürgerrechts verbunden. Andernfalls wäre die neue Statusbezeichnung ʾš Ṣdn sinnlos gewesen. Vielmehr scheint den freigelassenen Sklaven eine Sonderstellung zuerkannt worden zu sein. Sie waren nunmehr zwar „Sidonier" – und das heißt wohl: Phoiniker –, aber eben nicht Karthager. Damit waren sie etwa zwischen karthagischen Bürgern und Metoikoi angesiedelt. Nun scheint aber der Akt der Freilassung kein rein privatrechtlicher Akt gewesen zu sein; denn in einer Reihe von ʾš-Ṣdn-Inschriften sind folgende Zusätze beigefügt: lmjʿms; lmjʿms ʿm; lmjʿms ʿm Qrtḥdšt, ʿm Qrtḥdšt. Die Bedeutung des Wortes lmjʿms ist philologisch zwar nach wie vor umstritten, doch dürfte der Sinn des Wortes in der Richtung von „ex decreto" zu suchen sein. In irgendeiner Form scheint die karthagische Volksversammlung beim Akt der Freilassung mitgewirkt zu haben – sei es in der Weise der Beschlußfassung, sei es in der Weise der offiziellen Kenntnisnahme. Doch wie dem auch sei: von Bedeutung ist in jedem Fall die Tatsache, daß es in Karthago – aber nicht nur in Karthago – allem Anschein nach eine Schicht von Freigelassenen gab, die einen rechtlichen Sonderstatus besaß.

Ob alle karthagischen Freigelassenen diesen Status besaßen, ist allerdings zweifelhaft.

Die Zahl der epigraphisch bezeugten Sklaven und Sklavinnen ist zwar nicht gerade gering, aber doch begrenzt. Dies ist auch nicht verwunderlich, bedenkt man, daß die Kosten für die Errichtung einer Votivstele nicht ganz unbeträchtlich gewesen sein dürften. Glücklicherweise stehen uns aber auch literarische und z.T. auch archäologische Zeugnisse zur Verfügung, die uns die Zeichnung eines – wenn auch diffusen – Bildes der karthagischen Sklaverei ermöglichen, gerade auch, was den Umfang der Sklavenhaltung betrifft. Aus diesen Zeugnissen geht hervor, daß die Zahl der karthagischen Sklaven hoch war. Als im Jahre 396 die afrikanischen „Verbündeten" revoltierten, schlossen sich ihnen viele Sklaven an. Insgesamt standen 200000 Rebellen gegen Karthago im Felde, und unter diesen dürften die Sklaven einen hohen Prozentsatz gebildet haben. Als in der Mitte des 4. Jh. Hanno einen Staatsstreich durchzuführen beabsichtigte, suchte er dieses Ziel mit Hilfe von 20000 Sklaven zu erreichen. Und als im Jahre 205 (?) Hasdrubal, der Sohn des Gisgo, – vermutlich im Auftrag des Senats – die karthagischen Streitkräfte, die auf dem nordafrikanischen Kriegsschauplatz zum Einsatz kommen sollten, neu formierte, kaufte er 5000 Sklaven für den Ruderdienst – und die Herren dieser Sklaven werden größtenteils Karthager gewesen sein. Der Jüngere Scipio schließlich scheint eine Zahl von 100 Sklaven für die Befriedigung der Bedürfnisse des Haushalts eines karthagischen Vornehmen für angemessen betrachtet zu haben; denn diese Zahl von Sklaven bot er dem Hasdrubal, dem letzten Feldherrn Karthagos, bei den Übergabegesprächen des Jahres 147 an. Aus den genannten Zahlen läßt sich eine ungefähre Vorstellung von der Gesamtzahl der karthagischen Sklaven – und damit auch von deren Bedeutung für das wirtschaftliche und gesellschaftliche Leben der Stadt – gewinnen.

Die größte Zahl der karthagischen Sklaven scheint infolge der von Karthago siegreich geführten Kriege ins Land gekommen zu sein. Daher werden sich insbesondere viele Nordafrikaner und Sizilier unter den Sklaven befunden haben. Weitere Sklaven werden aus Sardinien importiert worden sein. Eine gewisse Zahl von Negersklaven scheint – durch die Vermittlung der Garamanten – aus dem Fezzan oder aus den Randgebieten der Sahara nach Karthago gekommen zu sein. Einen Teil der Sklaven werden die Karthager auf den griechischen und italischen Märkten weiterverkauft haben – zu dieser Annahme berechtigt die Berücksichtigung der Praxis, die von den ostphoinikischen Vorfahren der Karthager geübt worden war.

Die Sklaven befanden sich teils im Staatsbesitz, teils im Privatbesitz. Als Privatsklaven scheinen sie in den Haushalten, in den Manufakturen, in den Handelshäusern, auf den Handelsschiffen und insbesondere auf den Domänen beschäftigt gewesen zu sein.

Die Lebensbedingungen der karthagischen Sklaven dürften nicht allzu hart gewesen sein. Aus der Errichtung von Votivstelen ist zu ersehen, daß sie Privateigentum besaßen und zu den kultischen Handlungen zugelassen waren. Vor allem aber war es ihnen gestattet, eine rechtsgültige Ehe einzugehen.

Die Freilassung von Sklaven erfolgte aufgrund privater oder staatlicher Initiative. Wie andere Staaten schenkte auch der karthagische Staat in Kriegszeiten gelegentlich Sklaven die Freiheit, um sie zu einem erhöhten Einsatz für die Sache Karthagos zu motivieren.

In Karthago wohnten aber auch zahlreiche Metoikoi – und sie werden noch zahlreicher gewesen sein, als dies die spärlichen inschriftlichen und literarischen Zeugnisse vermuten lassen; denn die Metoikoi dürften – neben den Sklaven – die geringsten Spuren in der Überlieferung hinterlassen haben. Doch besitzen wir immerhin ein wertvolles Zeugnis des Diodoros, aus dem hervorgeht, daß es in Karthago bereits zu Beginn des 4. Jh. eine nicht unbeträchtlich große griechische Kolonie gegeben hat. Die im Blick auf ihre Heimat epigraphisch faßbaren Metoikoi stammten allerdings alle aus dem punischen bzw. phoinikischen Raum: aus Tjnt (= Thenai?), ʾp[t]bgn (= Abthugni?), T̥brbš[j] (= Thubursicum Bure oder Thubursicum Numidarum?), Jbšm (= Ebusos), ʾjnṣm (= Hierakon Nesos), ʾrk (= Eryx), Ršmlqrt (= Herakleia?), Ṣkrt (= Skirthaia?), Jrnm (= Kossura), Ktj (= Kition), ʾrwd (= Arados), Ṣdn (= Sidon), Ṣr (= Tyros) und <ʾ>šqln (= Askalon?). Doch werden sich auch unter den Männern und Frauen, die einen libyschen, griechischen oder lateinischen Namen trugen, Metoikoi befunden haben. In den Fällen des Hippokrates und des Epikydes, der Vertrauensleute des berühmten Hannibal, ist dies ausdrücklich bezeugt. Wie aus den Votivinschriften zu ersehen ist, integrierte sich ein Teil dieser Metoikoi, die aus ökonomischen oder politischen Gründen nach Karthago ausgewandert waren, nicht nur in das wirtschaftliche, sondern auch in das kulturelle und religiöse Leben der Stadt.

Was die Familien, die Keimzellen der karthagischen Gesellschaft, anbelangt, so ist zunächst darauf hinzuweisen, daß die Karthager eine monogame Ehe führten – jedenfalls ist aus keinem literarischen oder epigraphischen Zeugnis das Gegenteil zu ersehen. Die Frau scheint eine geachtete Stellung innegehabt zu haben. Dies mag u. a. aus der Tatsache erhellen, daß sich unter den Stiftern der Votivstelen auffallend viele Frauen befanden. Die Kleinfamilie war in einen größeren Familienverband integriert, an dessen Spitze der ʾdr špḥ, der Chef der Großfamilie, gestanden zu sein scheint. Darüber hinaus gab es noch die mzrḥm, wahrscheinlich Untergliederungen der Volksversammlung, zu denen jedoch nur die Männer Zutritt gehabt haben dürften.

36

DIE LITERATUR

Gehen wir vom gängigen Begriff von Literatur aus, müssen wir feststellen, daß uns keine einzige Zeile der punischen Literatur erhalten ist – die Texte der punischen Inschriften können kaum dem Bereich der Literatur zugerechnet werden, vom Periplus des Hanno und von Teilen der Landwirtschaftslehre des Mago besitzen wir nur griechische bzw. lateinische Versionen, und auch die punischen Passagen im „Poenulus" des Plautus sind kaum als originäre Dokumente der punischen Literatur anzusprechen.

Dennoch besteht kein Zweifel daran, daß es eine umfangreiche punische Literatur gegeben hat. Dies geht schon aus einer Bemerkung des Älteren Plinius hervor, nach der der römische Senat nach dem Untergang der Stadt den „Dynasten Afrikas", unter denen wohl in erster Linie, wenn nicht gar ausschließlich Micipsa, Gulussa und Mastanabal zu verstehen sind, die Bestände der karthagischen Bibliotheken, die vermutlich den Tempeln angegliedert gewesen waren, geschenkt hat. Doch wissen wir nur zu einem Teil, welche Literaturgattungen in Karthago gepflegt worden sind.

Wenn wir auch keinen ausdrücklichen Beleg für die Existenz einer theologischen Literatur in Händen haben, dürfen wir doch annehmen, daß schon die frühesten Siedler ihre heiligen Bücher aus der Heimat mitgebracht haben. Jedenfalls bezeugen insbesondere die Ugarit-Texte, daß es in den phoinikischen Städten bereits in sehr früher Zeit mythologische Erzählungen gegeben hat.

Inwieweit die in Karthago lehrenden Pythagoreier Miltiades, Anthes, Hodios und Leokritos und Hasdrubal-Kleitomachos, ein Scholarches der Mittleren Akademie, sich in ihren Werken der punischen Sprache bedient haben, ist unbekannt.

Sicher ist dagegen, daß die Historiographie in Karthago beheimatet gewesen ist. Avienus spricht im Zusammenhang mit der Fahrt des Himilco ins nordwestliche Europa von „uralten Annalen der Punier". Es hat den Anschein, als habe innerhalb der karthagischen Historiographie die offiziöse oder offizielle Historiographie eine herausragende Rolle gespielt. Zu dieser Annahme könnte man jedenfalls – mit einem gewissen

Vorbehalt – aufgrund der von Servius gebrauchten Wendungen „Geschichte der Punier" und „Punische Geschichte" gelangen.

Ob die geographische Literatur ein Eigendasein geführt hat oder mit der historiographischen Literatur in Verbindung gestanden ist, läßt sich aufgrund der dürftigen Hinweise, die uns zur Verfügung stehen, nicht sicher entscheiden. Wir wissen lediglich, daß sich König Iuba II. bei der Beschreibung der Nilquellen, die nach Mauretanien verlegt werden, auf „punische Bücher" gestützt hat. Auch in römischer Zeit lebte die punische Geographie fort. So beschrieb der zur Zeit des Älteren Plinius lebende Hasdrubal den in einem Küstengebiet des Atlantischen Ozeans gelegenen See Cephisida.

Die agronomische Literatur stand in hoher Blüte. Mago, dem „Vater der Agronomie" (Columella), der allerdings von den Werken griechischer Agrarschriftsteller profitiert zu haben scheint, wurde die Ehre zuteil – so betrachtet diesen Vorgang jedenfalls der Ältere Plinius –, daß der römische Senat einer Kommission unter dem Vorsitz des D. Silanus die Aufgabe übertrug, die 28 Bände seines Werkes ins Lateinische zu übersetzen. Es war das einzige Werk der punischen Literatur, an dem das offizielle Rom Interesse zeigte.

Ob bereits in vorrömischer Zeit Werke erotischer Literatur auf dem karthagischen Markt waren, erscheint fraglich. In römischer Zeit allerdings wurden in Karthago punische Fescennina (Spottlieder) gesungen, die Hieronymus als „schamlos" bezeichnet. Wir wissen jedoch nicht, ob diese Fescennina auch Verleger fanden.

Über die punische Literatur insgesamt ein Urteil zu fällen, ist kaum möglich. Bemerkenswert ist aber immerhin ein Wort des Augustinus: „... in punischen Büchern sei, wie von sehr gelehrten Männern überliefert wird, vieles auf eine weise Art dem Gedächtnis anvertraut worden".

37

DIE KUNST

„Man kann wirklich nicht behaupten, daß eine karthagische Kunst je existiert hat; allzu sehr fehlte den punischen Händlern stets die Kühnheit und die Selbstverständlichkeit der Inspiration" (De Sanctis). Besteht dieses Urteil zu Recht? Wer im Bann der griechischen Kunst steht, wird diesem Urteil weithin zustimmen. Wer sich von den ästhetischen Kategorien der griechischen Kunst frei zu machen sucht, wird vielleicht zu einem anderen Urteil kommen.

Die karthagische Architektur – insbesondere die karthagische Sakralarchitektur – hat nur geringe Spuren hinterlassen. Wir dürfen jedoch annehmen, daß zumindest die frühe karthagische Sakralarchitektur weitgehend der des phoinikischen Mutterlands entsprach, die ihrerseits – weniger in der Anlage als in der Gestaltung des Aufbaus – in hohem Maße von der ägyptischen Sakralarchitektur beeinflußt war. Die Kapellen, die auf karthagischen Stelen abgebildet sind, stellen lediglich dem privaten Bereich zuzuordnende Baulichkeiten dar, aus denen nur in begrenztem Maß auf die eigentliche Tempelarchitektur geschlossen werden kann. Besser sind wir über die Sakralarchitektur in den Provinzen orientiert, beispielsweise über die Architektur des an den Tofet von Monte Sirai anschließenden Tempels.

Vermutlich ist nicht nur der Jüngere Scipio, der Zerstörer der Stadt, daran schuld, daß wir über die Werke der karthagischen Großplastik so schlecht unterrichtet sind. Die Karthager selbst scheinen diesem Genre nicht allzuviel Interesse entgegengebracht zu haben. Natürlich gab es großplastische Arbeiten – wie beispielsweise die Kultstatue im Tempel des Ršp; die Zahl und vielleicht auch die Bedeutung dieser Arbeiten dürfte sich jedoch in Grenzen gehalten haben. Erst in hellenistischer Zeit scheint hier ein gewisser Wandel eingetreten zu sein, wie etwa die berühmten Sarkophag-Hochreliefs zeigen, die aus der Nekropole von Sainte-Monique stammen. Möglicherweise sind wichtige Anregungen zur Schaffung großplastischer Arbeiten von den Werken ausgegangen, die im Jahre 406 als Beutestücke von Akragas nach Karthago transportiert wurden.

Terrakotta-Arbeiten wurden anscheinend in allen westphoinikischen bzw. punischen Zentren hergestellt. Sie standen weithin entweder in ostphoinikischen bzw. zyprischen oder in westgriechischen Traditionen. Ihr künstlerischer Wert ist unterschiedlich hoch. Die Terrakotta-Rundstatuetten, die als Votivgaben Verwendung fanden, sind von äußerster Einfachheit: sie bestehen aus einer Rundform, dem Kopf, den Armen und den Geschlechtsmerkmalen. Gelegentlich sind sie mit schlichten Bemalungen versehen.

Von den Werken der Malerei, die in noch höherem Maß der Vergänglichkeit anheimgefallen sind als die Werke anderer Zweige der karthagischen Kunst, sind nur wenige Beispiele erhalten, so insbesondere die Gemälde in den Grabkammern von Dj. Melezza und Kef el-Blida.

Wenn nicht alles täuscht, haben die karthagischen Künstler ihre größte Meisterschaft auf dem Gebiet der profanen und sakralen Kleinkunst entwickelt: bei der Herstellung von Münzen, Lampen, Elfenbeinarbeiten, Schmuckgegenständen, Siegeln, Anhängern, Amuletten, Amulettetuis, sog. Rasiermessern, bemalten Straußeneierschalen und Masken.

Die punische Kunst der verschiedenen Provinzen des Reichs ist ohne den lokalen Hintergrund nicht zu verstehen. Phoinikisches bzw. punisches Kunstverständnis hat sich einerseits weitgehend in Nordafrika, im karthagischen Herrschaftsbereich Siziliens, in Sardinien und im karthagischen Einflußgebiet Spaniens durchgesetzt, autochthone Kunstelemente sind andererseits in die punische Kunst eingedrungen und haben diese bis zu einem gewissen Grad verändert. Allerdings waren diese autochthonen Einflüsse nicht in allen Provinzen gleich stark.

Wie die phoinikische Kunst ließ sich auch die punische Kunst weitgehend von Anregungen fremder Kulturkreise bestimmen: von der Kunst des Vorderen Orients, Ägyptens und der griechischen bzw. hellenistischen Staaten.

DIE RELIGION

In die Welt der karthagischen Religion einzudringen, ist mit nicht geringen Schwierigkeiten verbunden. Aussagekräftige literarische Zeugnisse sind selten, die epigraphischen Zeugnisse befriedigen nur hinsichtlich ihrer Quantität, nicht – unter religionshistorischem Aspekt – ihrer Qualität, und die monumentalen Zeugnisse sprechen oft keine eindeutige Sprache. So kommt es, daß wir vielfach nicht in der Lage sind, über das Pantheon der Karthager, über ihre religiösen Vorstellungen, über ihre religiösen Verhaltensweisen, über die Organisation ihres Sakralwesens und über fremde Einflüsse auf ihre Religion hinreichend detaillierte und genügend fundierte Aussagen zu machen. Vor allem ist es uns – von einigen speziellen Gebieten abgesehen – fast unmöglich, ein Bild der Entwicklung der karthagischen Religion zu zeichnen. Die historische Wirklichkeit war sicherlich weitaus differenzierter als die folgende Skizze.

1. Das karthagische Pantheon war im wesentlichen ein phoinikisches Pantheon, entsprach diesem aber nicht in seiner tyrischen Ausprägung. Während in Tyros Mlqrt – nach seinem „Sieg“ über Bʿl šmm – die bedeutendste Rolle in der Runde der Götter spielte, fiel ihm diese Rolle in Karthago – wie es scheint – nie zu.

Der bedeutendste Gott Karthagos war vielmehr allem Anschein nach der Bʿl šmm, der „Herr der Himmel“, der m. E. auch an der Spitze des offiziellen Pantheons stand. Er scheint Züge des Gottes des Wetters getragen zu haben.

Unter dem Bʿl šmm standen noch andere Bʿlm, insbesondere Bʿl Ḥmn. Ihm allein wurden im 6. Jh. an der Stätte, an der ihn später seine Paredros Tnt überflügeln sollte, Opfer dargebracht. Vielleicht wurde er gelegentlich mit dem kanaanäischen ʾl geglichen.

Umstritten ist die Bedeutung des Namens des Bʿl mgnm. Handelt es sich um einen „Herrn des Mgnm“, einen „Herrn der Gaben“, einen „Herrn von Mgnm“ (= Aspís = Clupea), einen „Herrn, der schützt“ oder einen „Herrn der Schilde“? In jedem Fall scheint der Beiname des Gottes auf eine Schutzfunktion hinzudeuten.

Der Bʿl Ṣpn, der „Herr des (Berges) Ṣpn“, ist – was Karthago betrifft – nur aus dem berühmten Marseiller Opfertarif bekannt. Seine Natur ist nicht eindeutig festzustellen. Während er in ugaritischer Zeit vor allem als Gott des Wetters und Garant der Fruchtbarkeit verehrt worden zu sein scheint, wurde er in punischer Zeit wohl insbesondere als Herr des Meeres und Patron der Schiffahrt betrachtet.

Seit dem Ende des 5. Jahrhunderts begann sich im Umkreis von Salambo und Dermech eine Göttin namens Tnt in den Vordergrund zu schieben. Der Grund ihres Aufstiegs ist in Dunkel gehüllt. Offensichtlich aber gab es am Ende des 5. Jahrhunderts in Karthago theologische Kreise, die an einer Erweiterung des Kults des Bʿl Ḥmn interessiert waren. Sie führten eine neue Dedikationsformel ein, die über Jahrhunderte hinweg Gültigkeit behielt und die auf Tausenden von Stelen erhalten ist. Auf einer dieser Stelen lautet der Text folgendermaßen: „Der Großen, der Tnt pn Bʿl, und dem Herrn, dem Bʿl Ḥmn. (Dies ist es,) was gelobte Ḥmlkt, Sohn des ʿbdmlqrt, Sohns des Jtnṣd, Sohns des ʿbdmlqrt, Sohns des Mhrbʿl" (KAI 85). Zunächst fällt auf, daß die Göttin als pn Bʿl, als „Gesicht des Bʿl", bezeichnet ist. Wie auch immer diese Benennung zustande gekommen sein mag – wahrscheinlich ist doch, daß mit ihr eine äußerst enge Verbindung zwischen Bʿl und Tnt zum Ausdruck gebracht werden sollte. Im „Gesicht" drückt sich – wie im „Bild" – das Wesen des Bʿl aus. Das „Gesicht" des Gottes ist die dem Menschen zugewandte Seite des Gottes, und der Mensch kann bestehen, wenn der Gott sein „Gesicht" über ihm leuchten läßt.

In diesem Zusammenhang ist der Name des phoinikischen Ortes Theoŷ-prósōpon („Gesicht Gottes") zu erwähnen, der übrigens eine Erinnerung an Pnjʾl wachruft. Offensichtlich befand sich an diesem Ort ein Heiligtum, dessen Zentrum ein bt ʾl („Haus des Gottes"), ein baítylos, ein heiliger Stein, bildete. Wäre dies nicht der Fall gewesen, wäre die Tatsache unverständlich, daß die Christen später den Namen des Ortes in Lithoprosopon änderten – die Araber übersetzten dann wörtlich mit „Steingesicht". Demnach scheint nach phoinikischer wie punischer Ansicht der Bʿl im heiligen Stein sein „Gesicht" dem Menschen zuzuwenden – mit anderen Worten: der Kult der Tnt ist zumindest seit der Zeit, seit der die Göttin als pn Bʿl bezeichnet worden ist, ein baitylischer Kult gewesen.

Die Frage nach dem Ursprung der Göttin war bis vor kurzem heftig umstritten gewesen. Da Tnt im phoinikischen Bereich nicht nachzuweisen gewesen war, hatten manche Forscher angenommen, sie sei eine libysche Göttin gewesen, die ins karthagische Pantheon Eingang gefunden habe. Schon damals hätte man jedoch das Fehlen eines solchen Nachweises nicht überbewerten sollen, da man sonst folgerichtig als Heimat auch anderer karthagischer Götter, die sicherlich dem phoinikischen bzw. punischen Pantheon zuzurechnen sind, einen außerphoinikischen bzw. außerpunischen Bereich hätte annehmen müssen – wie etwa im Fall des Bʿl mgnm oder der Ḥwt. Außerdem hatten wir bereits bisher eine Tnt gekannt, die schon mit ihrem Namen nach Phoinikien gewiesen hatte: Tnt bLbnn („Tnt im Libanon"). Nichts hatte demnach ernsthaft dafür gesprochen, Tnt dem libyschen Pantheon entsprungen sein zu lassen, auch nicht die Tatsache, daß der Name der Göttin mit dem „libyschen" T beginnt – ein reiner Zufall! Die Frage nach dem Ursprung der Tnt ist nunmehr insbesondere aufgrund einer in Sarepta gefundenen Inschrift im Sinne der ostphoinikischen Herkunft der Göttin entschieden. Der Charakter der Göttin ist vielseitig: sie scheint sowohl Jungfrau als auch Mutter gewesen zu sein. Sie war zu einem großen Teil verantwortlich für die Fruchtbarkeit der Natur, sie hatte aber auch für den Schutz der Toten zu sorgen. In ihrer Eigenschaft als pn Bʿl wird sie schließlich zur Abwendung nationaler Katastrophen angerufen worden sein.

Ein weiteres bedeutsames Mitglied des karthagischen Pantheons war der Gott ʾšmn, obwohl er in persona auf keiner der karthagischen Inschriften erscheint; nur Inschriften seiner Sklaven sind zufällig der Nachwelt erhalten geblieben. Doch haben Strabon und Appianos uns eine Vorstellung von der Bedeutung des Gottes im Leben der Stadt hinterlassen. Er scheint als poliadischer Schutzgott und als privater Heilgott fungiert zu haben. In einer sardinischen Quasi-Trilingue ist er mit Asklēpiós geglichen.

In der Nähe der Agora von Karthago befand sich der Tempel eines Gottes, den die Griechen Apóllōn nannten. Im Tempel stand die goldene Statue des Gottes, die die Römer im Jahre 146 nach Rom schleppten und in der Nähe des Circus Maximus aufstellten. Dort sah sie noch Plutarchos, der sie „den großen Apóllōn aus Karthago" nennt. Mit hoher Wahrscheinlichkeit verbirgt sich hinter Apóllōn der phoinikische Wetter- und Kriegsgott Ršp, dessen karthagischer Kult inschriftlich jedoch nicht bezeugt zu sein scheint.

Sieht man von einer späten Stelle ab, ist die karthagische Existenz des bedeutenden Gottes Mlqrt literarisch nicht bezeugt. Doch besteht aufgrund einiger archäologischer Zeugnisse und der epigraphisch belegten Tatsache, daß ein gewisser ʿbdmlqrt Sklave des Tempels des Mlqrt gewesen ist, kein Zweifel daran, daß der Kult des Gottes in der Stadt existiert hat. Hier – aber nicht nur hier – scheint allerdings die ursprüngliche dynastische Facette im Bild des Gottes verblaßt zu sein. Doch blieb Mlqrt nach wie vor der Bʿl Ṣr („Herr von Tyros"), als der er bereits in der ersten Hälfte des 1. Jt. die Herrschaft über die Bereiche der Fruchtbarkeit, der Prosperität, des Handels und der Expansion an sich gezogen hatte. Ein besonders enges Verhältnis zu diesem Gott hatte Hannibal.

Daß Poseidon zum karthagischen Pantheon zu rechnen ist, dürfte mit genügender Sicherheit aus den Schriften des Hanno, des Polybios und des Diodoros hervorgehen.

ʿštrt spielte im ostphoinikischen Pantheon – ein Ausdruck, der im Grunde eine unzulässige Abstraktion darstellt – seit langer Zeit eine entscheidende Rolle. Daß sie auch in Karthago keineswegs ohne Bedeutung blieb, geht vor allem aus zwei karthagischen Weihinschriften hervor. Aus einer dieser beiden Inschriften läßt sich überdies ersehen, daß die Karthager ʿštrt und Tnt deutlich geschieden haben, daß Tnt keineswegs alle Funktionen der ʿštrt an sich gezogen hat. Doch ist nicht zu leugnen, daß beide Göttinnen einen Prozeß der Annäherung durchlaufen haben. Nicht nur ihre Accessoires werden austauschbar, sie erhalten auch dieselben Ehrentitel – wie z. B. ʾm („Mutter") und ʾdt („Herrin").

Daneben gab es noch weitere inschriftlich bezeugte Götter und Göttinnen: Šdr<p>ʾ, eine Heil- und Fruchtbarkeitsgottheit, Skn, eine Mittler-Gestalt, ʾrš, eine Tutelar-Gottheit, Pgmljn, der der ʿštrt zuzuordnen ist, ʾlt, eine jungfräuliche Gottheit, ʾmʾ, eine Muttergottheit, Bʿlt hḥdrt, die „Herrin der Gruft" (?), Ḥwt, wahrscheinlich eine Unterweltgottheit, ʾs (Isis), schließlich die Doppelgottheiten bzw. Quasi-Doppelgottheiten Ṣd-Tnt, Ṣd-Mlqrt (?), ʿštr-Nj (?), ʾšmn-ʿštrt, Mlk ʿštrt und Ḥṭr-Mskr, vielleicht aber auch Bʿl ʾdr. Bs dagegen ist nur aus archäologischen Zeugnissen bekannt. Allein aufgrund des Namenmaterials auf weitere Kulte zu schließen, erscheint gewagt.

Das karthagische Pantheon umfaßte zahlreiche Götter und Göttinnen – und wir müssen damit rechnen, daß uns nicht alle Mitglieder der karthagischen Götterversammlung bekannt sind. Vielfach sind aber auch die uns bekannten Namen nicht viel mehr als Schall und Rauch. Da trägt in manchen Fällen zur Klärung des Wesens eines Gottes oder einer Göttin der Umstand bei, daß Griechen, Etrusker und Römer die Götter Karthagos mit eigenen Göttern geglichen haben. Doch verhilft die Kenntnis einer Identifikation nicht in jedem Fall zur umfassenden Erkenntnis des Wesens eines karthagischen Gottes, da die Nachbarn Karthagos naturgemäß meist nur Teilaspekte eines karthagischen Gottes erfassen konnten, wenn sie ihn mit einem ihrer Götter glichen. Daß dem so war, ergibt sich schon aus den fundamentalen Unterschieden etwa olympischer und semitischer Götter. Dies geht aber auch daraus hervor, daß die karthagischen Nachbarn vielfach bei einem und demselben Gott verschiedene

Identifikationen vorgenommen haben. Trotz dieser Einschränkungen erscheint es nützlich, die bisher bekannt gewordenen Gleichungen zusammenzustellen. Allerdings würde es hier zu weit führen, aus diesen Gleichungen die möglichen Schlüsse zu ziehen:

Bʿl šmm	– Zeýs
	– Iuppiter (Optimus Maximus)
Bʿl Ḥmn	– Jmn, (Zeỳs) Ámmōn
	– Krónos
	– (Iuppiter) Hammon
	– Saturnus
	– (Iuppiter) Tonans
Bʿl Ṣpn	– Zeỳs Kásios (?)
	– Poseidôn (?)
	– Prōteýs (?)
Bʿl rš	– Poseidôn (?)
Tnt (pn Bʿl)	– Ártemis
	– Oyranía
	– Astroárchē
	– Hḗra
	– (Dea) Caelestis
	– Virgo Caelestis
	– Iuno (Caelestis)
	– Venus
	– Cybele
	– Ops
	– Nutrix
ʾšmn	– Asklēpiós
	– Aesculapius
	– Diónysos
	– Iólaos (?)
Ršp	– Apóllōn
	– Phoebus
Mlqrt	– Hēraklês bzw. Hēraklês archēgétēs
	– Hercules
	– Poseidôn
ʿštrt	– Aphrodítē (oyranía)
	– Hḗra
	– Uni (= Iuno)
	– Iuno
Šdrpʾ	– Apóllōn (?)
	– Diónysos

	– Liber Pater
	– Pater Lyaeus
Skn	– Hermês (?)
Pgmljn	– Ádōnis
ʾlt	– Athēnâ
ʾmʾ	– Dēmḗtēr
Bʿlt hḥdrt	– Kórē
ʿštr-Nj (?)	– Astronóē
Mlk ʿštrt	– Hēraklês bzw. Hercules
Ḥtr-Mskr	– Neptunus (?)
ʾrš	– Árēs
Gd (?)	– Daímōn Karchēdoníōn (?)

Die folgenden Götter haben zwar hauptsächlich außerhalb Karthagos eine Rolle gespielt, sind aber zu Karthago in gewissen Beziehungen gestanden:

Dgn	– Krónos
	– Sítōn
	– Zeỳs Arótrios
Bʿlt Gbl	– Aphrodítē Byblíē
	– Astártē theà megístē
Ṣd	– Sardus Pater

2. Die religiösen Vorstellungen der Karthager – Vorstellungen von den Göttern, den Geistern, dem Wesen und Leben des Menschen vor und nach dem Tod – sind nur teilweise aus der unvollkommenen Kenntnis des Götterhimmels, aus der vorsichtigen Berücksichtigung des Personennamenmaterials, aus den manchmal nicht sicher deutbaren archäologischen Funden und aus gelegentlichen Notizen antiker Autoren zu rekonstruieren.

Was die Götter anbelangt, so wurde bereits angedeutet, daß sie vor allem als Lenker der Welt, als Spender der Fruchtbarkeit und als Schützer des Menschen während des Lebens und nach dem Tod betrachtet worden sind.

Weitere Schlüsse sind aus dem karthagischen Personennamenmaterial zu ziehen, wenngleich zu beachten ist, daß die in vielen Namen umschriebene Funktion eines Gottes vermutlich durchaus nicht durchgängig von den Trägern dieser Namen oder doch von ihrer Umgebung in einem bewußten religiösen Akt bejaht worden ist – die Aussagekraft von Personennamen ist im Lauf der Zeit einem starken Abnützungsprozeß ausgesetzt. Der Gott ist in erster Linie Herr (ʾdn, ʾdnbʿl) – nicht ohne Grund tragen die meisten phoinikischen Götter den Namen bʿl, der ebenfalls „Gebieter“ bedeutet. Doch ist dies nur einer der Aspekte des Gottes, andere kommen häufig in familiären Bezeichnungen zum Ausdruck – und dies wird vielfach übersehen: der Gott bzw. die Göttin ist der Vater (ʾb, ʾbbʿl), die Mutter (ʾm, ʾmʿštrt), der Bruder (ʾḥ, Ḥmlk), die Schwester (ʾḥt, Ḥtmlk). Darüber hinaus versucht der Karthager, mit Begriffen aus dem nicht-persönlichen Bereich und mit diversen Aktionswörtern weitere Aspekte des Wesens des Gottes einzufangen – bei diesem Versuch blickt er gleichsam teils auf das Wesen des Gottes an sich, teils auf die dem Menschen zugewandte Seite des Gottes: der Gott ist einerseits Licht (ʾr, ʾrmlk; nr, Bʿlnr), er ist vollkommen (tm, Tmbʿl), er ist erhaben (rm, Rmbʿl), er ist mächtig (ʾdr, ʾdrbʿl), er ist stark (ʾbr, ʾbrbʿl), er herrscht (mšl, Qrtmšl), und er ist andererseits Hilfe (ʿzr, ʿzrbʿl), Schutz (ʿz, ʿztnt) und Zelt (ʾhl, ʾhlmlk). Das fürsorgliche Tun des Gottes am Menschen wird in vielen weiteren Wendungen gepriesen: der Gott hält (šmr, Šmrbʿl), trägt (ʿms, ʾšmnʿms), hört (šmʿ, Bʿlšmʿ), gibt (jtn, Jtnbʿl), fügt hinzu (jsp, Bʿljsp), segnet (brk, Brkbʿl; ṣlḥ, Bʿlṣlḥ), belohnt (šlm, Šlmbʿl), sorgt vor (?) (šlk, Bʿlšlk), rettet (ḥlṣ, Qrtḥlṣ), richtet (špṭ, Špṭbʿl) und wird rächen (?) (ṣdq, Ṣpnjṣdq).

Diese Aussagen, die aufgrund des Namenmaterials möglich sind – und die Karthager weisen vielfach in ihren Namen dieselben Eigenschaften den verschiedensten Göttern zu –, werden zu einem Teil durch das archäologische Material bestätigt. Auf den zumindest ursprünglichen Zusammenhang der karthagischen Götter mit den Gestirnen – und damit auf den Gedanken der strikten Überlegenheit – weisen die Darstellungen von Sonne, Mond und Sternen hin. Allerdings wissen wir nicht, wie stark die sideralen Vorstellungen in historischer Zeit noch waren. Daß die Götter die Spender der Fruchtbarkeit sind, wird beispielsweise aus den Abbildungen von Palme, Palmzweig und Palmette, die sich auf vielen Stelen des 3. und 2. Jh. finden, ersichtlich. Ein Symbol, das in gleicher Weise zu interpretieren ist, ist das des Granatapfelbaums bzw. des Granatapfels. Die Geste der erhobenen rechten Hand scheint eher die segnende und schützende Macht des Gottes zum Ausdruck zu bringen als die betende und bittende Gebärde des Frommen.

Was die Darstellungen der karthagischen Götter anbelangt, so ist festzustellen, daß etwa am Ende des 5. Jh. eine Entwicklung einsetzte, die von anthropomorphen Wiedergaben weg- und zu abstrakten Symbolen hinführte. Dies besagt natürlich nicht, daß es seit dieser Zeit keine plastischen Darstellungen von Göttern mehr gab – literarische Nachrichten bezeugen die Existenz von Götterstatuen eindeutig –, dies besagt aber wohl, daß um die Wende vom 5. zum 4. Jh. eine neue theologische Strömung aufbrach. Diese Richtung öffnete sich keineswegs griechischen Ideen, sondern griff vielmehr auf alte Vorstellungen und Ausdrucksformen zurück, die im ostphoinikischen Raum wurzelten, und unterwarf sie in einer fast radikal erscheinenden Form einem außerordentlich weitgehenden Abstraktionsprozeß. Insofern hat diese Theologie, die restaurativ und progressiv zugleich war – aber eben nicht „griechisch-modern" –, einen bedeutsamen Beitrag zu dem geleistet, was man als die „Vergeistigung der karthagischen Religion" bezeichnen könnte.

Doch neben den Göttern gab es Geister, die den Menschen Böses zuzufügen im Sinne hatten. Sie besaßen – soweit wir wissen – keine Namen. Ihrem Treiben war man aber nicht machtlos ausgeliefert. Man konnte die Lebenden und die Toten mit verschiedenen Mitteln vor ihnen bewahren: die Lebenden durch Amulette und Unheil abhaltende Zeichen, die Toten durch Zimbeln, Glöckchen, mit schützenden Augen bemalte Straußeneierschalen und verschiedene andere Gegenstände. Es scheint, daß in diesen Bereich des karthagischen Glaubens vor allem spätägyptische Vorstellungen magischer Art eindrangen. So spielte denn auch insbesondere der ägyptische Gott Bes, der über Phoinikien nach Karthago eingewandert war, in diesem Reich der Amulette und Talismane eine wichtige Rolle.

Da es nicht möglich ist, vom Gott zu sprechen, ohne vom Menschen zu sprechen, war bereits bei der Darstellung der karthagischen Theologie im engeren Sinn implizit auch vom Menschen die Rede gewesen. Da der Gott der Herr ist, ist der Mensch der Sklave (ʿbd, ʿbdmlqrt) bzw. die Sklavin (ʾmt, ʾmtmlk), der Diener (mhr, Mhrbʿl) (?). Er ist aber auch die Tochter (bt, Btbʿl) oder jedenfalls der Schützling (gr, Grskn) des Gottes und befindet sich in der Hand des Gottes (bd, Bdmlqrt). Er ist weiterhin eine Gabe des Gottes (mtn, Mtnbʿl), ja eine Gnade des Gottes (ḥnn, Ḥnbʿl). Und es besteht sogar die Möglichkeit, daß der Gott der Anteil des Menschen ist (ḥlq, ʾšmnḥlq). So scheint aus dem karthagischen Personennamenmaterial hervorzugehen, daß der Karthager – „grundsätzlich" – eine enge persönliche Beziehung zum Gott gesucht hat. Doch gestattet dieses Material keine Aussagen darüber, inwieweit dieses „grundsätzlich" enge Verhältnis realisiert worden ist. Zu großer Optimismus ist in diesem Fall vermutlich ebensowenig angebracht wie übertriebener Pessimismus. Immerhin ist zu bedenken, daß die von Göttern abgeleiteten Namen noch in der Spätzeit die weitaus häufigsten gewesen sind und daß die Karthager ein religiöses Volk gewesen sind.

Daß die Karthager von einem Leben nach dem Tod überzeugt waren, geht vielleicht schon aus der Art hervor, in der sie ihre Toten beisetzten. Wurden diese verbrannt, sammelte man sorgfältig den gesamten Leichenbrand in einer Urne und malte auf sie den Namen des Verstorbenen, um daran zu erinnern, daß das Schicksal des Inhalts der Urne vom pietätvollen Respekt der Lebenden abhängt. Wurden die Toten bestattet, gab man ihnen in früherer Zeit alltägliche, in späterer Zeit persönliche Gebrauchsgegenstände mit ins Grab. Gelegentlich wurde die Warnung „Nicht öffnen!“ auf der Grabstele angebracht. Sollte einer auch nur wagen, unbefugt eine Votivstele, die mit der Urne gewissermaßen eine Einheit bildete, zu entfernen, „richtet Tnt pn Bʿl über den Geist jenes Menschen“ (KAI 79).

In einem Fall besitzen wir sogar ein deutliches Zeugnis für den Unsterblichkeitsglauben der Karthager aus der Feder eines antiken Historikers. Es handelt sich um eine Notiz in den Excerpta Polyaeni, die nicht unglaubwürdig scheint und aus der daher zu ersehen ist, daß der berühmte Hannibal gegenüber seinen Soldaten die Meinung vertreten hat, „daß die, die im Krieg tapfer (kämpfend) sterben, nach nicht langer Zeit wieder leben“. Mag auch in Rechnung zu stellen sein, daß Hannibal hier als Meister der psychologischen Kriegführung spricht, so ist doch kaum zu leugnen, daß seine Worte ins Leere gegangen wären, hätte ihnen nicht eine Überzeugung der karthagischen Theologie entsprochen.

Aus dem archäologischen Material wird nicht völlig deutlich, ob es nach dem Glauben der Karthager verschiedene Aufenthaltsorte der Verstorbenen gegeben hat. War dies aber der Fall, dann fanden sicherlich die an einem bevorzugten Ort Aufnahme, die der Tnt und dem Bʿl als mlk (= Opfergabe) dargebracht worden waren. Eine große Zahl von Symbolen weist auf die Unsterblichkeit dieser Geopferten hin: Boote (?), Leitern, Waffen (?), Efeublätter, Lotusblüten, Lorbeergirlanden, Palmzweige, Palmen, Palmetten, Mohnkapseln, Weintrauben, Delphine, Frösche, Hähne (?), Uräen, Vögel mit Menschenköpfen und Sphinxe.

Außerdem sind einige Bleischeiben gefunden worden, die alle dieselbe punisch-griechische Inschrift tragen: lʾlm. AEThPSIPhĒAMY. Doch ist die Deutung der Inschrift völlig ungesichert. Insbesondere der griechische Text hat m. E. bisher jeder überzeugenden Interpretation widerstanden. Vielleicht ist aber der eindeutig zu lesende punische Text lʾlm von noch größerer Bedeutung als der griechische Text. Es dürfte sich bei ʾlm – wie gewöhnlich auch sonst – um einen zwar nicht grammatikalischen, aber logischen Singular handeln, so daß zu übersetzen ist: „für den Gott“. Wer aber ist der Gott? Vielleicht der theòs psychopompós (der „seelengeleitende Gott“).

3. Den theologischen Vorstellungen entsprachen die religiösen Verhaltensweisen gegenüber Göttern und Menschen. Das Ziel des religiösen

Verhaltens der Karthager war es, die Gunst der Götter zu erlangen. Sie suchten dieses Ziel durch das Sprechen von Gebeten, durch die Darbringung von Opfern, durch die Beachtung kultischer Vorschriften, durch das Feiern von Festen, durch die Errichtung sakraler Bauten und durch die Verwirklichung ethischer Haltungen zu erreichen.

Karthagische Gebetstexte sind zwar in großer Anzahl überliefert, beschränken sich aber fast durchgehend auf knappe, formelhafte Wendungen von der Art: „Mögest du hören seinen Ruf" (KAI 77)! Eines der seltenen Gebete, die nicht Bestandteil einer Weiheinschrift sind, lautet: „Schütze und bewahre Ḥlṣb[ʿl], den Sohn des ʾrštbʿ[l]" (CIS I 6067 A)! Es ist ein Gebet, das einem Toten in den Mund gelegt ist. Einen weniger freundlichen Sinn hat ein Gebet, das auf einem Bleitäfelchen erhalten und an die Göttin der Unterwelt gerichtet ist: „Herrin, Ḥwt – ʾlt! Dies ist ein Werk, *das gegossen wurde!* Ich selbst, Mṣlḥ, *binde* die ʾmʿ[š]trt und (ihren) Aufenthaltsort (?) und alles, was ihr (gehört); denn *sie* frohlockte über mich wegen des Geldes, *das ich verloren habe* ... [– – –] oder jeden Menschen, der über mich frohlockte *[wegen] des Verlustes* dieses Geldes, wie das Blei hingegossen wird" (KAI 89). Es handelt sich hier um eine Sendung an die Göttin der Unterwelt, die einem Toten zur Beförderung übergeben ist und die mit Hilfe eines Analogiezaubers den Untergang der Feinde des Absenders herbeiführen soll. Zwei weitere Texte sind in der Komödie „Poenulus" des Plautus enthalten, doch können diese Texte natürlich nur in beschränktem Umfang über karthagisches Beten aufklären.

Weiterhin sind in diesem Zusammenhang die „Gebete in Stein" zu berücksichtigen. Vor allem die Darstellung göttlicher Symbole auf den zahlreichen Stelen scheint nicht allein Ausdruck der Überzeugung vom Tun des Gottes, sondern auch Bitte um das Tun des Gottes zu sein: „die Beschwörung ... der göttlichen Gegenwart" (Hours-Miedan). In ähnlicher Weise sind die karthagischen Rundstatuetten, deren nähere Deutung allerdings umstritten ist, zu interpretieren. Sie sind Gestalt gewordene Bitten um Fruchtbarkeit.

Die materialisierten Gebete, die Opfer, spielten im kultischen Leben Karthagos eine zentrale Rolle. Und unter den Opfern überragten die Darbringungen von Menschen die anderen Opfer an Bedeutung um ein Vielfaches. Es ist sicher, daß die Karthager den Brauch der Darbringung von Menschen von ihren ostphoinikischen Vorfahren übernommen haben. Zunächst wurden diese Opfer dem Bʿl Ḥmn allein, dann der Tnt und dem Bʿl Ḥmn gemeinsam dargebracht. Den Kreis, dem die Opfer entnommen wurden, bestimmen die antiken Autoren verschieden – keiner aber behauptet, daß jeweils das älteste Kind oder der Erstgeborene als Opfer dargebracht worden ist. Sophokles bezeichnet das Opfer, das „die Barbaren" „von Anfang an" dem Kronos darbringen, als eine „menschliche Weihegabe", Pseudo-Platon nennt „Söhne", Kleitarchos spricht von „einem der Kinder" bzw. einem „Kind", Ennius erwähnt „Knäbchen", Cicero redet verallgemeinernd von „Menschen", Iustinus spricht von „Menschen und Jungen", Diodoros erwähnt „ein Kind", „die vornehmsten der Söhne", „zoo ... der adligsten Kinder", der Ältere Plinius spricht von einem „menschlichen ... Opfer", Silius bezeugt „junge ... Söhne", Plutarchos nennt „Kinder", Philon von Byblos berichtet von „dem geliebten unter den Kindern", Curtius erwähnt den Plan, der in Tyros während der Belagerung durch Alexandros auftauchte und der vorsah, einen „adligen Jungen" dem Saturnus zu opfern, Tertullianus und Minucius Felix reden ganz allgemein von „kleinen Kindern", Porphyrios spricht von „den Schönsten ... der Nachkommenschaft", Augustinus nennt „Jungen" und „Söhne", Dracontius bringt die Notiz: „Karthago verbürgte sich gegenüber den Tempeln für die jährliche Ermordung zweier Vornehmer und schlachtete dem greisen Saturnus Jungen an den Altären", und Hesychios schließlich bedauert die Tatsache, daß die karthagischen Frauen „die eigenen Kinder" dem Kronos schlachteten.

Die antiken Autoren scheinen demnach im großen und ganzen die Meinung zu vertreten, daß die Karthager der Ansicht gewesen sind, zu bestimmten Zeiten seien Angehörige der Oberschicht verpflichtet, physisch fehlerlose, noch in zartem Alter stehende Söhne dem Gott bzw. der Göttin und dem Gott zu opfern.

Vielleicht gab es eine Zeit, in der diese Opfer regelmäßig jedes Jahr gefeiert wurden, während anderer Epochen wurden sie nur in Zeiten einer allgemeinen großen Gefahr, einer Hungersnot, einer Epidemie, eines Krieges dargebracht.

Der Vorgang des Opfers ist zwar nicht in allen Einzelheiten geklärt, steht aber in seinen Grundzügen fest. Das Opfer wurde mit hoher Wahrscheinlichkeit während der Nacht dargebracht, und zwar im heiligen Hain des Bʿl Ḥmn. Das Kind wurde nicht etwa lebend dem Feuer übergeben, sondern zunächst vom Priester „auf geheimnisvolle Weise" (Philon von Byblos) getötet. Wäre eine Bemerkung des Diodoros über die Art der Darbringung des Opfers zutreffend, wüßten wir über eine interessante Einzelheit Bescheid. Diodoros berichtet: „... es gab aber bei ihnen eine Bronzestatue des Kronos, die die Hände ausgestreckt hatte, und zwar in der Weise, daß sie zur Erde geneigt und die Handflächen nach oben gewendet waren, so daß das Kind, das darauf gelegt wurde, hinabrollte und in eine Grube fiel, in der Feuer brannte." Doch scheint eine derartige Bronzestatue in Wirklichkeit nie existiert zu haben. Plutarchos erzählt ferner: „... und alles war von Getöse erfüllt, da sie vor der Götterstatue auf der Oboe spielten und die Handpauke schlugen, damit man das Klagegeschrei nicht hören konnte." Mag auch Plutarchos bei der Angabe des Grundes der musikalischen Darbietungen geirrt haben – daß rhythmische Musik bei der Gestaltung der kultischen Feier eine Rolle gespielt hat, dürfte kaum zweifelhaft sein. Sollten die Angaben des Christen Minucius Felix auch auf die Kinderopfer von Karthago zu beziehen sein, versuchten die Eltern des Opfers „mit Liebkosungen und mit einem Kuß, der das Wimmern ersticken sollte", zu erreichen, „daß nicht eine weinende Opfergabe dargebracht werde." Doch ist gegenüber der Aussage des Minucius Felix einige Skepsis angebracht. Dramatisiert ist diese Szene bei Dracontius.

Was aber war der Grund, der die Karthager bewog, diesen Versuch der Kontaktaufnahme mit dem Göttlichen nicht aufzugeben – einen Versuch, der nicht nur den aufgeklärten Römern der Kaiserzeit „eher ein Sakrileg als eine heilige Handlung" (Curtius) zu sein schien? Sie hielten an diesem Brauch fest, weil eine relativ bedeutende Gruppe – offensichtlich unter dem Einfluß konservativer priesterlicher Kreise – zäh die religiösen Traditionen des Orients bewahrte. Selbst die seit dem Ende des 5. Jh. immer breiter einströmende griechische Theologie und Anthropologie vermochte hier keine völlige Wende herbeizuführen. Nach wie vor hielt sich die Überzeugung, die sich in Krisenzeiten in breitem Umfang Bahn brach, daß derartige Opfer zur Abwendung großer Gefahren notwendig seien, daß sie die Verzeihung der zürnenden Götter bewirkten, mit einem Wort: daß es nütze, „daß *ein* Mensch für das Volk stirbt, damit nicht die ganze Nation zugrunde geht" (Johannes). Ähnlich wie der Evangelist Johannes drückt sich auch Philon von Byblos aus. So waren die entsprechenden Kreise Karthagos überzeugt, daß diese Opfer als „Lösegeld für die rächenden Götter" (Philon von Byblos) wirkten. Nicht viel anders äußert sich der Evangelist Marcus, wenn er behauptet, es sei die Aufgabe des Sohns des Menschen, „sein Leben zu geben als Lösegeld für viele". Und noch deutlicher – und grundsätzlicher – spricht der Verfasser des Briefs an die Hebräer einen „karthagischen" Grundsatz aus, wenn er sagt: „Ohne Blutvergießen gibt es keine Vergebung."

Doch diente die Hingabe des Kostbarsten nicht allein der Abwendung bedrohlicher Ereignisse, sondern auch der Gewinnung von Segen und Fruchtbarkeit. Mehrere Symbole, die auf den Stelen des karthagischen Tofet angebracht sind, scheinen diesen Gedanken zum Ausdruck zu bringen: der Granatapfel, der Fisch, die Taube, die Maus, der Hase, der Stier und der Phlyake.

Alle bisher genannten antiken Autoren sprechen vom Menschenopfer der Karthager als von einem Opfer, das der Vergangenheit angehört. Allein Tertullianus behauptet: „Aber auch jetzt noch wird diese heilige Untat im verborgenen begangen." Und es scheint, daß der Karthager in diesem Punkt nicht irrt. Die Nachwirkungen der karthagischen Religion waren stark.

(In diesem Zusammenhang ist es erforderlich, auf das Problem des sog. Zeichens der Tnt näher einzugehen. In seiner einfachsten und bekanntesten Form handelt es sich bei diesem Zeichen um ein gleichschenkliges Dreieck, dessen Spitze eine zur Grundlinie parallel verlaufende Linie schneidet, über der sich ein Kreis befindet, der den Schnittpunkt zwischen Dreieck und Parallele durchläuft.

An der Deutung dieses Symbols haben sich viele Forscher versucht. Trotz der vielfältigen Bemühungen hat sich jedoch – was das Vertrauen auf die Möglichkeit einer adäquaten Erklärung des Zeichens angeht – eher eine gewisse Resignation breitgemacht. Vielleicht aber ist es doch möglich, einige Elemente zusammenzutragen, die die Richtung weisen, in der die Erklärung zu gehen hat. Natürlich hat man bei diesem Versuch von den ältesten uns erreichbaren Formen des sog. Zeichens der Tnt auszugehen, da die Möglichkeit späterer Umdeutungen in Rechnung zu stellen ist. Wenn in dem Zeichen Hours-Miedan, T. VI Abb. a zu Recht eine der ältesten Darstellungen des Zeichens zu sehen ist, so werden schon aufgrund dieser Tatsache alle Deutungen hinfällig, die besagen, das Zeichen sei die schematische Wiedergabe eines Menschen oder eines Gottes; denn gewöhnlich sitzt bei der Darstellung von Menschen oder Göttern der Kopf auf dem Hals – hier aber wäre dies nicht der Fall! Das sog. Zeichen der Tnt ist also – jedenfalls im Ursprung – kein Zeichen der Tnt. Für diese Annahme spricht ja auch die Tatsache, daß der Kreis nicht in jedem Fall zum Bestand des Zeichens gehört – es gibt die bezeichnende Ausnahme CIS I 435. In diesem Fall steht an der Stelle, an der sonst der Kreis erscheint, das Wort Bʿl. Der Kreis, der gewöhnlich ein Bestandteil des sog. Zeichens der Tnt ist und häufig mit dem Halbmond kombiniert wird, darf also nicht als schematische Darstellung eines Kopfes interpretiert werden, er hat vielmehr – darauf weist ja schon das häufige Auftauchen des Halbmonds hin – solare Bedeutung. Die nähere Heimat des Doppelzeichens Sonne-Mond ist in Phoinikien zu suchen. Natürlich ist man versucht, die beiden Sternenzeichen auf die beiden Götter des Tofet aufzuteilen, die Sonne dem Bʿl Ḥmn und den Mond der Tnt pn Bʿl zuzuweisen. Gegen ein derartiges Vorgehen erheben sich jedoch Bedenken: „... man sieht, wie im Orient, lange vor der Gründung Karthagos, Gestirne, die Sonnenscheibe, die Mondsichel, der von

Strahlen umgebene Stern ... häufig die Bildnisse verschiedener Götter begleiten, um an ihr Privileg der Unsterblichkeit zu erinnern, und nicht, um sie zu identifizieren" (Picard). So müssen wir wohl auf eine Einzelzuweisung dieser Symbole verzichten und von einer Mehrfachfunktion der Sinnbilder ausgehen – der Sinnbilder, die nichts anderes als die Unsterblichkeit zum Ausdruck bringen. Ist man einmal von der Erklärung des sog. Zeichens der Tnt als einer Umrißzeichnung eines menschenähnlichen Wesen abgerückt, fällt es nicht schwer, ein weiteres Detail des Zeichens richtig zu deuten. Es ist das Zeichen des gleichschenkligen Dreiecks, an dessen Stelle nicht selten das gleichschenklige Trapez tritt. Erinnert man sich der bedeutenden Rolle, die Baityloi in der phoinikischen Religion gespielt haben, dann wird man kaum daran zweifeln, daß Dreiecke und Trapeze Darstellungen von Baityloi sind. Im übrigen ist darauf hinzuweisen, daß bereits auf karthagischen Cippi (Spitzsäulen) des 7. und 6. Jh. – also in einer Zeit, die vor dem Auftauchen des sog. Zeichens der Tnt liegt – Baityloi erscheinen. Nun scheinen aber Baityloi nicht allein „Häuser Gottes", sondern auch Wohnungen der rḥt („Seelen") von Verstorbenen gewesen zu sein. Im Fall der Baityloi des Tofet ist die Deutung auf das Fortleben des heroisierten Menschen der Deutung auf den Wohnsitz etwa des Bʿl Ḥmn sogar vorzuziehen, weil auch auf den anderen Cippi und Stelen des Tofet nie die Wohnungen von Göttern dargestellt sind und weil auch alle übrigen Votivmonumente des Tofet dieselbe funktionelle Bedeutung haben – die Bedeutung der repraesentatio des heroisierten Opfers. Trifft diese Deutung aber auf die Baityloi des Tofet zu, dann – so scheint es – auch auf die Baityloi, die Bestandteile des sog. Zeichens der Tnt sind. Im Grunde drückt demnach der Baitylos des sog. Zeichens der Tnt dasselbe aus wie die astralen Symbole dieses Zeichens: die Unsterblichkeit, aber nicht in erster Linie die Unsterblichkeit des Bʿl Ḥmn oder der Tnt oder beider Götter zusammen, sondern die Unsterblichkeit des Kindes, das dem Götterpaar geopfert worden ist und dessen durch die Errichtung der Stele gedacht wird. Nun verbleibt noch ein drittes Element, das der Erklärung bedarf: die Parallele zur Grundlinie des Dreiecks bzw. des Trapezes. Und hier stehen wir in der Tat vor nicht geringen Schwierigkeiten. Soll man annehmen, hier handle es sich um „eine einfache Trennungslinie zwischen den beiden wesentlichen Elementen des Zeichens: der Scheibe und dem Dreieck; zwischen den beiden Wohnorten der Götter: dem Himmel und der Erde; zwischen den beiden Naturen: der astralen und der chthonischen" (Hours-Miedan)? Mir scheint, daß die Annahme eines gleichsam buchhalterischen Strichs, der fein säuberlich Himmel und Erde trennt, mit großen Schwierigkeiten zu kämpfen hat. Abgesehen davon, daß der

Baitylos des sog. Zeichens der Tnt eher mit einem Menschen als mit einem Gott in Beziehung zu bringen ist – ist denn die Annahme in sich wahrscheinlich, daß der Erfinder des sog. Zeichens der Tnt sich einer geometrischen „Linie“ bedient hat, um bestimmte theologische Aussagen zu machen? Ich halte dies für unwahrscheinlich. Vielleicht befinden wir uns eher auf dem rechten Weg, wenn wir diese „Linie“ mit Darstellungen in Verbindung bringen, die häufig bei den sog. Zeichen der Tnt – darunter bei den ältesten Exemplaren – erscheinen: mit Darstellungen von Altarsockeln. Daß es sich bei diesen Darstellungen tatsächlich um nichts anderes als um Darstellungen von Altarsockeln handelt, wird aus analogen Abbildungen – etwa den Abbildungen des sog. Flaschen-Idols – ersichtlich, und diese Deutung ist heute nicht mehr umstritten. Wenn aber der Baitylos mit einem Altarsockel verbunden werden konnte, besteht dann nicht die Möglichkeit, daß auch mit der Parallele zur Grundlinie eine Beziehung zu einem Teil des Altars hergestellt werden sollte? Daß die „Trennungslinie“ in Wirklichkeit einen Altartisch bzw. einen Altar symbolisiert? Die Möglichkeit besteht sicherlich – ich würde sogar meinen: die Wahrscheinlichkeit; denn der gedankliche Komplex Altar-Opfer paßt vorzüglich in den Zusammenhang, der mit den astralen Symbolen und dem Baitylos gegeben ist. Wenn übrigens eine spätere Zeit noch eine richtige Erinnerung an den ursprünglichen Sinn des sog. Zeichens der Tnt bewahrt hat, könnte man zur Stützung der hier vertretenen Annahme darauf hinweisen, daß in Darstellungen dieser Zeit die Enden der Parallele zur Grundlinie häufig nach oben und außen gebogen erscheinen – Änderungen, die wahrscheinlich auf die „Altarhörner“ hinweisen. Zusammenfassend läßt sich feststellen, daß das sog. Zeichen der Tnt in Wirklichkeit ein Gedenkzeichen des heroisierten Kindes darstellt, das kundtut, daß das Kind, das durch die Flammen des mlk gegangen ist (und dessen Urne in der Nähe der Votivstele beigesetzt worden ist), die Unverletzlichkeit des Lebens erlangt hat. Nun besteht aber durchaus die Möglichkeit, daß diese ursprüngliche Bedeutung des sog. Zeichens der Tnt – zumindest, was den graphischen Bestand des Zeichens angeht – später Veränderungen unterworfen worden ist. Haben wir bisher die Deutung des Zeichens als einer schematischen Darstellung einer menschenähnlichen Gestalt abgelehnt, so ist nunmehr festzustellen, daß diese Ablehnung nur für die Ursprünge, nicht für spätere Zeiten gilt. Die Richtung, in der sich das sog. Zeichen der Tnt entwickelte, ging in der Tat hin zu einer Anthropomorphisierung der Darstellung. Aus einer Reihe von Exemplaren des Zeichens ist dies deutlich zu ersehen: das Zeichen nimmt immer klarer die Umrisse eines Menschen an, die Mondsichel verschwindet vielfach, die Altarplatte wird in Arme und Hände einer einem Betenden ähnlichen Gestalt umgearbeitet, und am oberen Teil des Dreiecks oder Trapezes erscheint die Andeutung einer Halskette. Anscheinend sollte in diesem anthropomorphisierten Zeichen das heroisierte Kind repräsentiert werden. In einer letzten Phase der Entwicklung scheint das sog. Zeichen der Tnt zu einem universellen Symbol karthagischer Religiosität – dem christlichen Zeichen des Kreuzes vergleichbar – geworden zu sein.)

Auf die Faktizität der karthagischen Kinderopfer weisen – von den literarischen und epigraphischen Belegen einmal abgesehen – verschiedene Darstellungen auf Stelen hin, beispielsweise die berühmte Umrißzeichnung eines opfernden Priesters. Nach einer weitverbreiteten Ansicht haben anthropologische Untersuchungen letzte Zweifel an der historischen Wirklichkeit dieser Opfer ausgeräumt. Die Analysen des Leichenbrands eines Teils der Urnen von Salambo haben nämlich ergeben, daß es sich bei diesem Leichenbrand großenteils um die Überreste von Kindern handelt. Bemerkenswerterweise verhielt sich nach diesen Analysen der Anteil an Überresten von Kindern zum Anteil an Überresten von Tieren im 7. Jh. etwa 2 : 1, im 4. Jh. dagegen 9 : 1. Offensichtlich erschien vielen schon sehr früh die Forderung des Menschenopfers als unbillig. Sie gingen daher dazu über, „anstelle“ (b) von Kindern Tiere zu opfern, behielten aber die bisherigen Riten bei, die bei Opfern für Bʿl Ḥmn zu beachten waren. Diese „Stellvertreteropfer“ sind auch inschriftlich als solche bezeugt. Ich erwähne die Inschriften mit den Wendungen mlk bzw. mlkt bʿl (Opfergabe anstelle eines Säuglings) und mlk ʾmr (Opfergabe eines Lammes). Das Opfer morchomor (= molchomor = mlk ʾmr = agnum pro vikario) der 3. Stele von N'Gaous, das unter den Losungen „Seele für Seele, Blut für Blut, Leben für Leben“ dargebracht wurde, hatte eine lange Tradition!

Neben den Menschenopfern und den Ersatzopfern gab es eine große Anzahl von Tier- und Pflanzenopfern, deren Art der Darbringung und deren Tarife anscheinend von Tempel zu Tempel differierten. Der berühmteste dieser in Stein geschlagenen Tarife wurde in Marseille gefunden, er scheint aber mit hoher Wahrscheinlichkeit ursprünglich in Karthago am Tempel des Bʿl Ṣpn angebracht gewesen zu sein. Bei den Bestimmungen für die Tieropfer – die Bestimmungen berühren sich relativ eng mit Bestimmungen des Buches Leviticus – wird zwischen kll (= Ganzopfer), ṣwʿt (= Bittopfer?) und šlm kll (= Dankopfer?) unterschieden. Die Opfertarife zeigen, daß der Umgang des Gläubigen mit den Göttern (und den Priestern) – jedenfalls im Bereich des Opferwesens – verhältnismäßig streng reglementiert gewesen ist.

Kultische Vorschriften sind nur in geringem Umfang bekannt. Silius spricht davon, daß es Frauen verboten war, den Tempel des gaditanischen Mlqrt zu betreten. Derartiges kann jedoch zumindest für die Frauen nicht gegolten haben, die in karthagischen Tempeln nicht nur als Priesterinnen (khnt), sondern sogar als Oberpriesterinnen (rb khnt) fungiert haben. Weiterhin bemerkt Silius, daß die geistlichen Würdenträger dafür Sorge zu tragen hatten, daß Schweine die Schwelle des Heiligtums nicht überschritten. Dies ist wohl so zu verstehen, daß Schweine als unreine Tiere betrachtet wurden, die für kultische Zwecke nicht in Frage kamen. Und in der Tat wird das Schwein in keinem der karthagischen Opfertarife erwähnt. Daß es auch in Karthago die Scheidung von Rein und Unrein gegeben hat, ist immerhin bemerkenswert.

Über die kultischen Feste sind wir nur sehr unzureichend informiert. Ihre Existenz steht aber außer Zweifel. Eine verstümmelte Inschrift enthält anscheinend Anordnungen, die bei der Darbringung verschiedener Opfergaben anläßlich eines Festes, das mindestens fünf Tage dauerte, zu beachten waren. In einer neupunischen Grabinschrift ist anscheinend eine Priesterin erwähnt, die 18 Jahre lang „Chefin der Tänzerinnen" gewesen war. Es ist durchaus denkbar, daß es dieses Amt auch in karthagischen Tempeln gegeben hat. Plutarchos überliefert zwar nicht, daß bei den kultischen Feiern zu Ehren des Bʿl Ḥmn Tänzerinnen beteiligt waren, spricht aber vom Gebrauch von „Oboen" und „Handpauken", der ohne Tanz kaum denkbar ist. Und außerdem ist auf einer karthagischen Grabstele die Abbildung einer Person erhalten, die eine Tänzerin zu sein scheint. Der kultische Tanz dürfte demnach in der karthagischen Liturgie eine bedeutende Rolle gespielt haben. Wenn auf manchen Darstellungen die sog. Heroldsstäbe mit Bändern geschmückt sind, könnte dies auf die Feier festlicher Anlässe hindeuten; doch sicher ist dies keineswegs. Bei gewissen kultischen Festen spielte anscheinend eine heilige Barke ein Rolle. Der Gebrauch von Feuer und Weihrauch und die Darbringung von Trankopfern gehörten zum festen Bestandteil kultischer Feiern.

Aus dem Tenor relativ zahlreicher Inschriften, die an Kultbauten angebracht waren, geht hervor, daß die Errichtung eines sakralen Monuments als eine Tat galt, die in besonderem Maße das Wohlgefallen des Gottes fand. Der Stifter eines solchen Bauwerks konnte mit großer Zuversicht erwarten, daß sein Gebet bei den Göttern Gehör finden würde: „Mögen sie ihn segnen und hören (seinen) Ruf in Ewigkeit" (KAI 78)!

Wir dürfen annehmen, daß die Karthager davon überzeugt waren, daß das ethische Verhalten des Menschen zu einem wesentlichen Teil die Reaktion des Gottes bestimmt. Doch ist es kaum möglich festzustellen, in welchem Maße die karthagische Ethik in die karthagische Religion integriert war. Religiös motiviert – und daher völlig legitim – waren sicherlich die Verfluchungen von Menschen, die es wagten, ein sakrales Gebäude oder eine Votivstele zu schänden. Eine geradezu zelotische religiöse Gesinnung gegen „Atheisten“ spricht aber aus einem Text, der Teil einer Bauinschrift (CIS I 5510) ist: „[Und jeder M]ensch, der nicht verehrt (sc. die Götter) – tilgen (?) wird unsere Große, Tnt pn Bʿl, und der Herr, B[ʿl] Ḥmn, diese Menschen während des Lebens vom Angesicht der Sonne, zusammen mit ihren Familien und ihren [Gesinnungsfreunden].“ Auch Verfluchungen persönlicher Feinde widersprachen den Prinzipien karthagischer Religiosität nicht, wie aus dem Text des bereits erwähnten Bleitäfelchens hervorgeht. Andererseits war soziales Empfinden dem Karthager durchaus nicht fremd. Sonst hätte er nicht in seine Opfertarife Bestimmungen aufgenommen, die auch dem Armen die Chance boten, seinen religiösen Verpflichtungen nachzukommen. Im „Marseiller“ Opfertarif (KAI 69) heißt es: „Bei jedem Opfer, das ein an Vieh Armer oder ein an Vögeln Armer opfert, wird den Priestern nicht [irgend etwas] gehören.“ Hohe ethische Gesinnung wird dem Isis-Priester Mlkpls bescheinigt, dem einer seiner Freunde ein Grabmal errichten ließ „in Hochschätzung (?) für ihn und in Anerkennung seiner hervorragenden Taten“ (CIS I 6000 bis). Die ehrenden Worte, die der Erbauer des Grabmals dem Verstorbenen nachrief, könnten geradezu als Quintessenz priesterlicher Standesethik bezeichnet werden.

4. Die Leitung des karthagischen Sakralwesens lag anscheinend nicht in geistlicher Hand. Dürften wir zu Recht annehmen, daß es das Amt des aus Leptis Magna bekannten ʾdr ʿzrm (= praefectus sacrorum) auch in Karthago gegeben hat, könnten wir in ihm unter Umständen die staatliche Spitze des karthagischen Sakralwesens sehen. Doch ist die Rückübertragung dieses Amtes aus einer von Karthago abhängigen Stadt in die Kapitale alles andere als wahrscheinlich. Und diesen „Beamten“ mit dem „Hüter der Moral“, von dem Nepos spricht, gleichzusetzen, geht nicht an, da dieser – sollte es ihn überhaupt gegeben haben – nichts mit dem Sakralwesen, sondern etwas mit der öffentlichen Sittlichkeit zu tun hatte. Als zentrale Kontrollinstanz kommt eher ein Ausschuß von zehn Männern in Betracht, der vom Senat gewählt worden sein dürfte: ʿšrt hʾšm ʾš ʿl hmqdšm („die zehn Männer, die über die Heiligtümer gesetzt sind“). Die Mitglieder dieses Ausschusses scheinen vor allem die Erbauung und Renovierung sakraler Gebäude und Monumente beaufsichtigt zu haben. Wir haben jedoch keinen Anhaltspunkt für die Annahme, daß sie in die Verhältnisse innerhalb der Tempelmauern hineinregierten. Ein anderer Ausschuß, šlšm hʾš ʾš ʿl hmšʾtt („die dreißig Männer, die über

die Tarife gesetzt sind“), befaßte sich mit Dingen, die fast noch stärker die Lebensinteressen der Tempel berührten, mit der Aufstellung der Tarife, die bei der Darbringung von Opfern einzuhalten waren. Es scheint, daß die Mitglieder dieses Ausschusses ihre Entscheidungen treffen konnten, ohne Rücksprache mit den Priesterschaften der Tempel nehmen zu müssen. Offensichtlich schufen die staatlichen Behörden zu einem großen Teil die Voraussetzungen für eine geordnete Durchführung der kultischen Handlungen. Im Inneren der Heiligtümer aber walteten die Priester (khnm), an deren Spitze jeweils ein Oberpriester (rb khnm) stand, ihres Amtes. Anscheinend gab es auch Priester „zweiter Klasse“. In manchen Tempeln wurden die kultischen Aufgaben von Frauen ausgeübt: von Priesterinnen (khnt) und Oberpriesterinnen (rb khnt). Priester und Priesterinnen scheinen großenteils der sozialen Oberschicht angehört zu haben. Von einigen kultischen Funktionären kennen wir zwar den Titel, wissen aber nur teilweise, welche Aufgaben sie zu erfüllen hatten – es gab einen glb ʾlm, einen „Friseur des Gottes“, einen mqdḥ, einen „Anzünder“ (der Lampen des Tempels?), und einen mqm ʾlm, einen „Erwecker des Gottes“, bzw. einen mqm ʾlm mtrḥ ʿštr-Nj, einen „Erwecker des Gottes, des Bräutigams der ʿštr-Nj“ (?). Zum Personal der Tempel gehörten anscheinend vielfach „Sklaven“ und „Sklavinnen“. Folgende sind uns bekannt: Sklaven des Tempels des ʾšmn, Sklaven des Tempels des Mlqrt, Sklaven des Tempels der ʿštrt („der Mächtigen“) bzw. Sklaven der ʿštrt („der Mächtigen“), Sklavinnen der ʿštrt („der Mächtigen“), Sklaven des Tempels des Skn, Sklaven des Tempels des Ṣd-Tnt, Sklaven des Tempels des Ṣd-Mlqrt (?), Sklaven des Tempels des Mlk ʿštrt, Sklaven des Tempels des Ḥṭr-Mskr und Sklaven des Tempels des ʾrš. Welche Aufgaben diese „Sklaven“ und „Sklavinnen“ zu erfüllen hatten, ist unbekannt. Sie scheinen zu niederen Diensten herangezogen worden zu sein, sind jedoch sicherlich nicht mit den gewöhnlichen Sklaven und Sklavinnen auf eine Stufe zu stellen. Der Einfluß der karthagischen Priesterschaft auf die Bevölkerung der Stadt war beträchtlich – dies läßt sich aus dem Stellenwert erschließen, den die Religion im Leben Karthagos eingenommen hat. Direkte literarische oder epigraphische Zeugnisse, die diese Behauptung untermauern könnten, fehlen jedoch – sehen wir davon ab, daß wir in etwa darüber informiert sind, welcher sozialen Schicht die karthagischen Priester und Priesterinnen angehört haben.

Neben den quasistaatlichen Kultgemeinschaften gab es Bruderschaften (mrzḥ ʾlm), die besondere religiöse Anliegen pflegten. Im Mittelpunkt ihrer regelmäßigen bzw. jährlichen Versammlungen standen anscheinend kultische Mahlzeiten. Die Bedeutung dieser Bruderschaften für das religiöse und soziale, vielleicht auch das politische Leben der Stadt war keinesfalls gering.

5. Aus den bisherigen Ausführungen geht hervor, daß die karthagische Religion im Wesentlichen an den Traditionen der phoinikischen Religion festgehalten hat. Doch sind in Randgebieten auch Einflüsse nichtphoinikischer Provenienz festzustellen. Inwieweit allerdings die zyprischen Einflüsse dazu zu zählen sind, ist eine schwer zu beantwortende Frage, da die zyprische Kultur selbst – seit etwa der ersten vorchristlichen Jahrtausendwende – zu einem beträchtlichen Teil von der Kultur des phoinikischen Festlands geprägt worden ist. Überdies besitzen wir eine weit größere Anzahl von Funden, die aus Zypern stammen, als solche, die der phoinikische Boden freigegeben hat, so daß unter Umständen unser Blick aufgrund der Tatsache, daß uns zufällig mehr zyprisches bzw. zyprisch-phoinikisches als im engeren Sinn phoinikisches Material zur Verfügung steht, eingeengt ist. Relativ bedeutend war der ägyptische Einfluß, der sich nicht nur in der Aufnahme ägyptischer Götter (beispielsweise des Bes und der Isis) in das einheimische Pantheon, sondern auch in der Gestaltung der Cippi und Stelen der Frühzeit, bei der Herstellung kultischer Gegenstände (z. B. der sog. Rasiermesser) und nicht zuletzt im Bereich der Magie geltend machte. Doch darf nicht übersehen werden, daß ein großer Teil dieser Einflüsse nicht auf direkten Kontakten zwischen Ägypten und Karthago basierte – die Einflüsse Ägyptens waren vielmehr seit langer Zeit in Phoinikien wirksam gewesen; so hatte beispielsweise der Gott Bes bereits im 2. Jt. in Phoinikien Heimatrecht erhalten. Am ehesten noch dürfte der Gebrauch von Talismanen und Amuletten auf unmittelbare Verbindungen zwischen Ägypten und Karthago zurückgehen. Im Gegensatz zu manchen Forschern, die eine libysche Komponente in der karthagischen Religion erkennen wollen, bin ich der Meinung, daß für eine derartige Annahme nicht der Schatten eines Beweises zu erbringen ist. Eine solche Ansicht ist schon von vornherein unwahrscheinlich, stellt man in Rechnung, wie stark das kulturelle und politische Gefälle zwischen Karthagern und Libyern gewesen ist. Dagegen drang seit dem 4. Jh. griechisches Formempfinden in die religiöse Kunst Karthagos ein. Ob dieses kulturelle Vordringen des Griechentums – vor allem in hellenistischer Zeit – eine Aufweichung der traditionellen theologischen Anschauungen der Karthager nach sich gezogen hat, ist eine Frage, die nur schwer zu beantworten ist. Es scheint, daß ein Teil der Oberschicht den neuen Ideen durchaus aufgeschlossen gegenüberstand. Ein anderer Teil mag nur an der neuen Form Gefallen gefunden und den alten Inhalt unberührt gelassen haben. Aufs Ganze

gesehen scheinen jedoch hellenistische religiöse Ideen nur einen begrenzten Kreis von Karthagern beeindruckt zu haben. Die breite Masse ließ sich wenn überhaupt von ausländischen, dann am ehesten noch von spätägyptischen magischen Vorstellungen leiten. „Die Substanz der punischen religiösen Vorstellungen blieb vom Einfluß der griechischen Glaubenswelt bis zum Untergang des karthagischen Staats im wesentlichen unberührt“ (Hahn).

39

AUSBLICK

Mit der Zerstörung Karthagos und der Umwandlung des karthagischen Territoriums in die römische Provinz Africa verschwand ein Staat von der politischen Bildfläche, der jahrhundertelang zu einem erheblichen Teil die Geschicke des westlichen Mittelmeerraums gestaltet hatte. In den außerstaatlichen Bereichen lebte Karthago allerdings fort – „Karthago“ verstanden als soziales, kulturelles und religiöses Phänomen. Und auch in seiner städtischen Existenz sollte Karthago nicht für immer ausgelöscht sein.

Den Grundstein zum Wiederaufbau der Stadt legte der Volkstribun C. Sempronius Gracchus, als er – wahrscheinlich im Jahre 122 – durch seinen Kollegen C. (?) Rubrius in der römischen Volksversammlung den Antrag stellen ließ, auf dem Boden Karthagos, neben dem verfluchten Grund der einstigen Rivalin, solle eine Kolonie unter dem Namen Colonia Iunonia Carthago gegründet werden: die Popularen sollten nach dem Willen des Gracchus auf dem Boden Nordafrikas einen wichtigen Stützpunkt erhalten. Den optimatischen Gegnern des Volkstribunen gelang es im Jahre 121 jedoch – unter Zuhilfenahme von sakralrechtlichen Argumenten –, das bereits teilweise realisierte gracchanische Projekt zu Fall zu bringen. Allerdings waren auch in der folgenden Zeit Mitglieder einer Kommission tätig, die den italischen Kolonisten „karthagischen“ Grund zuwiesen. Doch waren dies Persönlichkeiten, die zu den politischen Gegnern des Gracchus gehört hatten. Die gracchanischen Kolonisten aber blieben im Lande, wenngleich ihnen das Siedlungsland nur einzeln („viritim“) zugeteilt worden war.

Sieht man von den quasikolonialen Gründungen des C. Marius auf numidischem Gebiet ab, kam erst wieder in caesarischer und augustischer Zeit – nach der Niederringung der Pompeianer und des numidischen Königs Iuba und der Konstituierung der Provinz Africa Nova – ein größerer Schub von italischen Siedlern ins Land. Erst jetzt setzte der Prozeß der „Romanisierung“ in verstärktem Umfang ein. Von besonderer Bedeutung war, daß Caesar im Jahre 44 den alten gracchanischen Plan der Neugründung Karthagos aufgriff. Allerdings wurde die Colonia Iulia Karthago wahrscheinlich erst nach dem Tod des Dictators –

jedoch noch im Lauf des Jahres 44 – deduziert. Im Jahre 40 oder 39 scheint sie dann zur Hauptstadt der neuen Provinz Africa erhoben worden zu sein. Im Jahre 29 siedelte Caesar der Sohn weitere 3000 Kolonisten in Karthago an und bezog anscheinend nunmehr auch das gesamte verfluchte Gebiet der punischen Stadt in die Kolonie ein. Damit war der Bann gebrochen und eine der wichtigsten Voraussetzungen für den Neuaufschwung der Stadt geschaffen. Und dieser Aufschwung war überwältigend. Strabon sagt bereits: „und nun prosperiert sie so wie andere Städte Libyens", und Mela bezeichnet die Stadt als „erneut schon mächtig". Die Kaiser Hadrianus, Antoninus Pius, Aurelius und Commodus widmeten ihr ihre besondere Aufmerksamkeit, und aus den Worten des Apuleius ist zu ersehen, daß sie in der Mitte des 2. Jh. eines der bedeutendsten Zentren des Reichs war. Unter den „afrikanischen" Severern schließlich erlebte das römische Karthago seine Blütezeit. Septimius Severus gab der Stadt – wie übrigens auch den Kolonien Leptis Magna und Utica – das ius Italicum, und Aurelius Antoninus (Caracalla) erweiterte ihren Namen zu Colonia Iulia Aurelia Antoniniana Karthago. Nach dem Zeugnis des Herodianos wurde Karthago zu dieser Zeit an Bedeutung nur von Rom übertroffen und stritt mit Alexandreia um den zweiten Platz. Ähnlich äußert sich Solinus. Und am Ende des 4. Jh. nahm die alma Karthago nach einem Wort des Ausonius – nach Rom und unmittelbar nach Constantinopolis – den dritten Rang im Reich ein.

Als Geiseric, der König der Wandalen und Alanen, am 19. Oktober 439 Karthago besetzte, schlug er zwar ein neues Blatt in der Geschichte der Stadt auf, leitete aber keine Entwicklung ein, die zu einer wesentlichen Minderung ihrer Bedeutung geführt hätte.

Auch nachdem Belisarios, der General des oströmischen Kaisers Iustinianus I., den Wandalen die Herrschaft in Nordafrika entrissen hatte, spielte Karthago zunächst noch eine herausragende Rolle. Kriege, Aufstände und Seuchen bewirkten jedoch, daß die Bedeutung der Stadt trotz der Fürsorge, die Iustinianus ihr zuwandte, zurückging. Sicherlich hätte sie einen neuen Aufschwung genommen, wäre der Plan des Herakleios, die Residenz von Constantinopolis nach Karthago zu verlegen, Wirklichkeit geworden. Die Widerstände, die sich in Constantinopolis regten, bewogen den Kaiser jedoch, diesen Plan aufzugeben (619).

Das Schicksal Karthagos erfüllte sich schließlich, als Hassan ibn en-Noman el-Ghassani, der General des Kalifen Abd el-Melek, im Jahre 698 die Stadt endgültig eroberte – ein erstes Mal war die Stadt bereits im Jahre 695 besetzt worden – und von Grund auf zerstörte. Tunis, die alte Rivalin, übernahm fortan die Rolle Karthagos – und dies bis zum heutigen Tag.

Karthago war seit der gracchanischen Zeit ein Ort vornehmlich römischen Charakters. Doch waren die punischen Traditionen politischer Art keineswegs mit dem punischen Vorort untergegangen. Diese Traditionen hatten vielmehr im Hinterland der Stadt und darüber hinaus seit langer Zeit starke Wurzeln geschlagen, und diese Wurzeln wurden von den Römern weder nach dem Jahr 146 noch nach dem Jahr 46 noch in späterer Zeit ausgerissen. Besonders deutlich zeigt sich dies auf dem Gebiet der Administration, und hier vor allem auf dem Gebiet der städtischen Administration. In zahlreichen nordafrikanischen Städten standen auch in nachpunischer Zeit Sufeten an der Spitze der Verwaltung – ja es hat den Anschein, als hätten manche Städte erst in dieser Zeit eine punische Verwaltungsorganisation übernommen. In den Institutionen des senatus bzw. des ordo (Senat) und des populus bzw. der plebs (Volksversammlung) ehemals punischer und vielleicht auch numidischer Städte lebten die punischen Institutionen der ʾdrm und des ʿm fort. Auch die Institution der portae („Tore"), der Unterabteilungen der plebs, scheint auf eine punische Institution – vielleicht die Institution der hetairíai (= mzrḥm?) – zurückzuführen zu sein.

Eines der stärksten Zeugnisse der Vitalität der punischen Kultur ist das Fortleben der punischen Sprache in Nordafrika. Vor allem aus den sog. lateinisch-libyschen Inschriften und aus mehreren augustinischen Texten ist zu ersehen, daß die punische Sprache – insbesondere bei den unteren Schichten und im Landesinneren – bis mindestens ins 5. Jh. hinein als Alltagssprache Verwendung fand. Außerdem diente das Punische den numidischen und maurusischen Königen lange Zeit als Verwaltungssprache. Dies beweisen die punisch-numidischen Bilinguen offiziellen Charakters und die Münzen, die in der Zeit von Syphax bis Iuba I. Legenden in punischer bzw. neupunischer Schrift trugen; Legenden in lateinischer Schrift wurden zum ersten Mal bei Edelmetallprägungen Iubas I. verwendet. Auch als Literatursprache bestand das Punische eine Zeitlang fort – so verfaßte der numidische König Hiempsal II. ein Werk über die Geschichte Afrikas in punischer Sprache.

Inwieweit punisches Gedankengut in die Werke lateinisch oder griechisch schreibender Autoren Eingang gefunden hat, ist schwer zu beurteilen. Sicher ist nur, daß dem Werk des Agrarschriftstellers Mago eine weitreichende Wirkung beschieden war.

Auf dem Gebiet der Kunst hat Karthago – sieht man von gewissen numidischen Bereichen ab – kein bedeutendes Nachleben genuiner Art entfaltet.

Dagegen war der punischen Religion eine kräftige Nachblüte beschieden. Bʿl Ḥmn triumphierte in der Gestalt des Saturnus – wenn auch nicht innerhalb der höchsten Schicht der Bevölkerung. Und auch der Einfluß der Priester und Priesterinnen der Tnt, die nunmehr den Namen Caelestis trug, scheint beträchtlich gewesen zu sein. Im übrigen läßt sich kaum leugnen, daß gewisse Theologumena der punischen Religion und die ihnen entsprechenden Verhaltensweisen in das afrikanische Christentum eingedrungen sind und auf diesem Weg eine bedeutende Fernwirkung erzielt haben.

LITERATURVERZEICHNIS

1. Quellen

a) Inschriften

Corpus inscriptionum semiticarum I 1–3, hg. v. E. Renan u. a., Parisiis 1881–1952 (Texte und Abbildungen) [CIS]

Répertoire d'épigraphie sémitique, hg. v. La Commission du Corpus inscriptionum semiticarum, 8 Bde., Paris 1900/5–1968 [RES]

Kanaanäische und aramäische Inschriften, 3 Bde., hg. v. H. Donner – W. Röllig, Wiesbaden ³1971–1976 [KAI]

Textbook of Syrian Semitic Inscriptions III. Phoenician Inscriptions, hg. v. J. C. L. Gibson, Oxford 1982 [TSSI]

Le iscrizioni fenicie e puniche delle colonie in occidente, hg. v. Maria Giulia Guzzo Amadasi, Roma 1967 [ICO]

Le Sanctuaire punique d'El-Hofra à Constantine, 2 Bde., hg. v. A. Berthier – R. Charlier, Paris 1952–1955 [EH]

Iscrizioni puniche della Tripolitania (1927–1967) (Monografie di archeologia libica 22), hg. v. G. Levi Della Vida – Maria Giulia Amadasi Guzzo, Roma 1987 [IPT]

Inscriptions antiques du Maroc I, hg. v. L. Galand – J. Février – G. Vajda, Paris 1966 [IAM]

Recueil des inscriptions libyques, hg. v. J.-B. Chabot, Paris 1940–1941 [RIL]

b) Die Papyri und die zahlreichen und disparaten Werke der antiken Autoren aufzuführen erübrigt sich wohl.

2. Ausgewählte Literatur

Die Siglen der Zeitschriften und Akademieschriften sind der „Année Philologique" entnommen.

I. Umfassende Arbeiten

E. Acquaro, Cartagine: un impero sul Mediterraneo, Roma 1978

Auctores varii, Rom und Karthago, hg. v. J. Vogt, Leipzig [1943]

F. Barreca, La civiltà di Cartagine, Cagliari 1964

M. Fantar, Carthage. La prestigieuse cité d'Elissa, Tunis [1970]

S. Gsell, Histoire ancienne de l'Afrique du Nord, 8 Bde., Osnabrück 1972–1979 (=Paris I ³1921; II 1918; III 1918; IV ²1929; V ²1929; VI ²1929; VII ²1930; VIII 1928)

D. Harden, The Phoenicians, Harmondsworth ³1980

Ch.-A. Julien – Ch. Courtois, Histoire de l'Afrique du Nord I, Paris ²1951

G.-G. Lapeyre – A. Pellegrin, Carthage punique (814–146 avant J.-C.), Paris 1942

O. Meltzer – U. Kahrstedt, Geschichte der Karthager, 3 Bde., New York 1975 (=Berlin 1879–1913)

S. Moscati, Cartaginesi, Milano 1982 (großenteils vorzügliche Abbildungen)

G. Picard, Le monde de Carthage, Paris [1956]

G. u. Colette Charles-Picard, La vie quotidienne à Carthage au temps d'Hannibal, Paris 1982 (= 1958)
G. Ch. u. Colette Picard, Carthage. A survey of Punic history and culture from its birth to the final tragedy, übs. v. Dominique Collon, London 1987
S.-E. Tlatli, La Carthage punique. Étude urbaine, Paris [1978]
Yu. B. Tsirkin, Karthogo und seine Kultur, Moskwa 1986 (in russischer Sprache)
B. H. Warmington, Karthago, übs. v. P. Baudisch, Wiesbaden [2]1964

II. Die phoinikische Expansion

María Eugenia Aubet, Tiro y las colonias fenicias de Occidente, Barcelona 1987
Auctores varii, Ricerche puniche nel Mediterraneo centrale, Roma 1970
Auctores varii, L'espansione fenicia nel Mediterraneo, Roma 1971
Auctores varii, Simposio Internacional de Colonizaciones, Barcelona 1974
Auctores varii, Phönizier im Westen (Madrider Beitr. 8), hg. v. H. G. Niemeyer, Mainz 1982
Auctores varii, Fenici e Arabi nel Mediterraneo, Roma 1983
Auctores varii, Momenti precoloniali nel Mediterraneo antico, hg. v. E. Acquaro u. a., Roma 1988
Auctores varii, Les Phéniciens à la conquête de la Méditerranée, Dossiers Histoire et Archéologie 132, 1988 (ohne Belege)
S. F. Bondì, Qualche appunto sui temi della più antica colonizzazione fenicia, EVO 4, 1981, 343–348
S. F. Bondì, I Fenici in Occidente, in: Modes de contacts et processus de transformation dans les sociétés anciennes. Actes du colloque de Cortone (24–30 mai 1981), Pise – Rome 1983, 379–400 bzw. 407
S. F. Bondì, Per una caratterizzazione dei centri occidentali nella più antica espansione fenicia, EVO 7, 1984, 75–92
G. Bunnens, L'expansion phénicienne en Méditerranée, Bruxelles – Rome 1979
Susan Frankenstein, Power and Propaganda (Mesopotamia 7), Copenhagen 1979, 263–294
G. Garbini, I Fenici in Occidente, in: I Fenici. Storia e religione, Napoli 1980, 125–150
S. Moscati, Il mondo dei fenici, Milano [2]1979
S. Moscati, L'enigma dei Fenici, Milano 1982 (ohne Anmerkungen)
J. D. Muhly, Phoenicia and the Phoenicians, in: Biblical Archaeology Today. Proceedings of the International Congress on Biblical Archaeology, hg. v. Janet Amitai, Jerusalem [1985], 177–191
H. G. Niemeyer, Die Phönizier und die Mittelmeerwelt im Zeitalter Homers, JRGZ 31, 1984, 1–94
H. G. Niemeyer, Das frühe Karthago und die phönizische Expansion im Mittelmeerraum, Göttingen 1989
M. Sznycer, L'expansion phénico-punique dans la Méditerranée occidentale. Problèmes et méthodes, in: Actes du 2e Congrès international d'études des cultures de la Méditerranée occidentale I. Rapports, Alger 1976, 35–48
C. R. Whittaker, The Western Phoenicians: Colonisation and Assimilation, PCPhS 200, 1974, 58–79
G. D. Young, The Historical Background of Phoenician Expansion into the Mediterranean in the Early First Millenium B. C., Diss. Brandeis Univ. 1969

Zypern, Anatolien und Assyrien

Auctores varii, Salamine de Chypre (Colloques Internationaux du C. N. R. S. 578), Paris 1980

Auctores varii, Studia Phoenicia III. Phoenicia and its Neighbours, hg. v. E. Gubel – E. Lipiński, Leuven 1985

Auctores varii, Studia Phoenicia V. Phoenicia and the East Mediterranean in the First Millennium B. C., hg. v. E. Lipiński, Leuven 1987

J.-E. Dugand, Chypre et Canaʿan, Nice 1973

G. Garbini, I Fenici a Cipro, in: I Fenici. Storia e religione, Napoli 1980, 117–123

G. Hill, A History of Cyprus I, Cambridge 1949 (= 1940)

V. Karageorghis, Kition, London [1976]

O. Masson – M. Sznycer, Recherches sur les Phéniciens à Chypre, Genève – Paris 1972

K. Nicolaou, The Historical Topography of Kition, Göteborg 1976

Der ägäische Raum

J.-Ch. Billigmeier, Kadmos and the Possibility of a Semitic Presence in Helladic Greece, Diss. Univ. of California, Santa Barbara, 1976, Ann Arbor 1979

Ruth B. Edwards, Kadmos the Phoenician, Amsterdam 1979

J. D. Muhly, Homer and the Phoenicians. The Relations between Greece and the Near East in the Late Bronze and Early Iron Ages, Berytus 19, 1970, 19–64

Sizilien, Pantelleria, Malta und Gozzo

Auctores varii, Missione archeologica italiana a Malta, 8 Bde., Roma 1964–1973

Anna Maria Bisi, In margine ad alcune terrecotte puniche arcaiche di Pantelleria, Sicilia Archeol. 3, 10, 1970, 17–26

S. F. Bondì, Su alcuni aspetti della penetrazione fenicio-punica in Sicilia, RIL 111, 1977, 237–248

S. F. Bondì, La Sicilia fenicio-punica: il quadro storico e la documentazione archeologica, BA VI 70, 31/32, 1985, 13–32

L. Braccesi, Trattazione storica, in: La Sicilia antica I 1, hg. v. E. Gabba – G. Vallet, Napoli [1980], 53–86, hier 75–80

L. S. Il'jinskaja, Die Phoiniker auf Sizilien, VDI 180, 1987, 41–54 (in russischer Sprache)

E. Manni, Sémites et Grecs en Sicile jusqu' au Ve siècle avant J.-C., BAGB 1974, 63–84

A. Mayr, Die Insel Malta im Altertum, München 1909

S. Moscati, Fenici e Cartaginesi in Sicilia, Kokalos 18/19, 1972/73, 23–31

S. Moscati, I Cartaginesi in Italia, Milano 1977, 23–127. 285–298

S. Moscati, Sicilia e Malta nell'età fenicio-punica, Kokalos 22/23,1, 1976/77, 147–161

S. Moscati, La Sicilia tra l'Africa fenicio-punica e il Tirreno, Kokalos 26/27, 1980/81, 80–94 bzw. 98

S. Moscati, Italia punica, Milano 1986, 19–138. 329–342

S. Moscati, Fenici e Greci in Sicilia: alle origini di un confronto, Kokalos 30/31,1, 1984/85, ersch. 1987, 1–19 bzw. 22

M. Sznycer, Antiquités et épigraphiques nordsémitiques (Recherches sur les Phéniciens à Malte d'après les documents épigraphiques), AEHE, IVe sect., 1972–1973, ersch. 1973, 145–160; 1973–1974, ersch. 1974, 131–148; 1974–1975, ersch. 1975, 191–205

V. Tusa, La Sicilia fenicio-punica, DHA 9, 1983, 237–285

V. Tusa, La Sicilia fenicio-punica: stato attuale delle ricerche e degli studi e prospettive per il futuro, in: Atti del I Congresso Internazionale di Studi Fenici e Punici I, Roma 1983, 187–198

V. Tusa, I Cartaginesi nella Sicilia occidentale, Kokalos 28/29, 1982/83, ersch. 1984, 131–146 bzw. 149

V. Tusa, I Fenici e i Cartaginesi, in: S. Pugliese Carratelli u. a., Sikanie, Milano ²1986 (=1985), 577–631

A. Verger, Pantelleria nell'antichità, OA 5, 1966, 249–275

Sardinien

Auctores varii, Atti della XXII Riunione scientifica nella Sardegna centro-settentrionale, Firenze 1980

Auctores varii, I Sardi. La Sardegna dal Paleolitico all'età romana, hg. v. E. Anati, Milano 1984

Auctores varii, Ichnussa, Milano 1985 (= 1981)

F. Barreca, La Sardegna fenicia e punica, Sassari ²1984 (= ²1979)

F. Barreca, L'archeologia fenicio-punica in Sardegna. Un decennio di attività, in: Atti del I Congresso Internazionale di Studi Fenici e Punici II, Roma 1983, 291–310

F. Barreca, La civiltà fenicio-punica in Sardegna, Sassari 1986

P. Bernardini, Le aristocrazie nuragiche nei secoli VIII e VII a. C. Proposte di lettura, PP 37, 1982, 81–101

Anna Maria Bisi, La questione orientalizzante in Sardegna, Opus 3, 1984, 429–442 bzw. 444

M. Botto, I commerci fenici e la Sardegna nella fase precoloniale, EVO 9, 1986, 125–149

Serena Maria Cecchini, I ritrovamenti fenici e punici in Sardegna, Roma 1969

G. Hölbl, Ägyptisches Kulturgut im phönikischen und punischen Sardinien, 2 Tle., Leiden 1986

G. Lilliu, Rapporti fra la civiltà nuragica e la civiltà fenicio-punica in Sardegna, SE 18, 1944, 323–370 u. T. XII–XV

S. Moscati, La penetrazione fenicia e punica in Sardegna, MAL VIII 12, 1965/66, 215–250

S. Moscati, Considerazioni sulla cultura fenicio-punica in Sardegna, RAL VIII 22, 1967, 129–152

S. Moscati, Fenici e Cartaginesi in Sardegna, Milano 1968

S. Moscati, I Cartaginesi in Italia, Milano 1977, 129–282

S. Moscati, Fenici e Greci in Sardegna, RAL VIII 40, 1985, ersch. 1986, 265–271

S. Moscati, Italia punica, Milano 1986, 139–325

Die Apenninische Halbinsel

S. Moscati, Per una storia dell'Italia prima di Roma, in: 2° Convegno sulla Preistoria – Protostoria – Storia della Daunia. Atti, San Severo 1982, 205–217

Annette Rathje, Oriental Imports in Etruria in the Eighth and Seventh Centuries B. C.: Their Origins and Implications, in: Italy Before the Romans, hg. v. D. u. Francesca R. Ridgway, London – New York – San Francisco 1979, 145–183

Annette Rathje, I keimelia orientali, Opus 3, 1984, 341–354

Die Iberische Halbinsel

J. Alvar Ezquerra, La navegación prerromana en la Península Ibérica: colonizadores e indígenas, Diss. Madrid 1981, 1–93

María Eugenia Aubet Semmler, Aspectos de la colonización fenicia en Andalucía durante el siglo VIII a. C., in: Atti del I Congresso Internazionale di Studi Fenici e Punici III, Roma 1983, 815–824

María Eugenia Aubet Semmler, Los fenicios en España: estado de la cuestión y perspectivas, Aula Orientalis 3, 1985, 9–38

Auctores varii, Tartessos y sus problemas. V Symposium internacional de Prehistoria Peninsular, Barcelona 1969

Auctores varii, Los Fenicios en la Península Ibérica, 2 Bde., hg. v. G. del Olmo Lete – María Eugenia Aubet Semmler, Barcelona 1986

Auctores varii, Varia, Aula Orientalis 4, 1986

J. M. Blázquez, Relaciones entre Hispania y los Semitas (Sirios, Fenicios, Chipriotas, Cartagineses y Judios) en la Antiguedad, in: Beiträge zur Alten Geschichte und deren Nachleben I. Festschrift f. F. Altheim ..., hg. v. Ruth Stiehl – H. E. Stier, Berlin 1969, 42–75, hier 42–60

J. M. Blázquez, Tartessos y los orígenes de la colonización fenicia en Occidente, Salamanca ²1975

J. M. Blázquez, Panorama general de la presencia fenicia y púnica en España, in: Atti del I Congresso Internazionale di Studi Fenici e Punici II, Roma 1983, 311–373

J. M. Blázquez, Varia, in: J. M. Blázquez u. a., Historia de España Antigua I. Protohistoria, Madrid ²[1983], 277–525

Ju. B. Cirkin, Phönizier und Spanier. Zum Problem der kulturellen Kontakte, Klio 63, 1981, 411–421

M. Fernández-Miranda, Ambiente tartéssico y colonización fenicia en el suroeste peninsular ibérico, in: Atti del I Congresso Internazionale di Studi Fenici e Punici III, Roma 1983, 847–856

Susan Margaret Frankenstein, The Impact of Phoenician and Greek Expansion on the Early Iron Age Societies of Southern Iberia and Southwestern Germany, Diss. London 1977

A. García y Bellido, Fenicios y Carthagineses en Occidente, Madrid 1942

A. García y Bellido, Colonización púnica, in: Historia de España I 2, hg. v. R. Menéndez Pidal, Madrid ⁴1982 (= ¹1952), 309–492

A. García y Bellido, Algunas novedades sobre la arqueología púnico-tartessia, AEA 43, 1970, 3–49

E. C. González Wagner, Fenicios y Cartagineses en la Península Ibérica, Diss. Madrid 1983

C. G. Wagner, Notas en torno a la aculturación en Tartessos, Gerión 4, 1986, 129–160

E. Lipiński, Vestiges phéniciens d'Andalousie, OLP 15, 1984, 81–132

H. G. Niemeyer, Orient im Okzident – Die Phöniker in Spanien. Ergebnisse der Grabungen in der archäologischen Zone von Torre del Mar (Málaga), MDOG 104, 1972, 5–44

M. Pellicer, Yacimientos orientalizantes del Bajo Guadalquivir, in: Atti del I Congresso Internazionale di Studi Fenici e Punici III, Roma 1983, 825–836

Marokko

M. Euzennat, L'archéologie marocaine de 1958 à 1960, BAM 4, 1960, 523–564

P. Cintas, Contribution à l'étude de l'expansion carthaginoise au Maroc, Paris 1954

A. Jodin, Carthage et le Maroc phénicien (travaux et publications), BAM 11, 1977/78, 65–78

M. Ponsich – M. Tarradell, Garum et industries antiques de salaison dans la Méditerranée occidentale, Paris 1965, 7–77

M. Tarradell, Historia de Marruecos. Marruecos púnico, Tetuan 1960

Tunesien und Algerien

A. Ennabli, North African Newsletter 3: Part 1. Tunisia 1956–1980, AJA 87, 1983, 197–206

M. Fantar, Les études puniques en Tunisie, in: Atti del I Congresso Internazionale di Studi Fenici e Punici I, Roma 1983, 179–186

J. L. Ferron, La Byzacène à l'époque punique. Etat actuel des connaissances, CT 11, 1963, 31–46

M. Leglay, Archéologie punique, romaine et chrétienne, RAf 98, 1954, 215–232

G. Vuillemot, Reconnaissances aux échelles puniques d'Oranie, Autun 1965

Libyen

Anna Maria Bisi Ingrassia, Note ad alcuni toponimi punici e libici della Cirenaica, QAL 9, 1977, 125–134

A. Di Vita, Les Phéniciens de l'Occident d'après les découvertes archéologiques de Tripolitaine, in: The Role of the Phoenicians in the Interaction of Mediterranean Civilizations, hg. v. W. A. Ward, Beirut [1968], 77–98

D. E. L. Haynes, An archaeological and historical guide to the pre-Islamic antiquities of Tripolitania, Worcester – London ²[1959]

A. Merighi, La Tripolitania antica I, Verbania 1940

III. Die Gründung der Stadt

J. Alvar – C. G. Wagner, Consideraciones históricas sobre la fundación de Cartago, Gerión 3, 1985, 79–95

G. Bunnens, L'expansion phénicienne en Méditerranée, Bruxelles – Rome 1979, 315–329

E. O. Forrer, Karthago wurde erst 673–663 v. Chr. gegründet, in: Festschrift F. Dornseiff, hg. v. H. Kusch, Leipzig 1953, 85–93

E. Frézouls, Une nouvelle hypothèse sur la fondation de Carthage, BCH 79, 1955, 153–176

S. Moscati, La fortuna di Elissa, RAL VIII 40, 1985, ersch. 1986, 95–98

R. Rebuffat, Notes sur les premiers temps de Carthage, REA 73, 1971, 159–175

R. Van Compernolle, Étude de chronologie et d'historiographie siciliotes, Bruxelles – Rome 1959, 139–235

R. Van Compernolle, L'inscription de Salmanasar III, IM 55644, du Musée de Bagdad, la chronologie des rois de Tyr et la date de la fondation de Carthage (806/5 avant notre ère), AIPhO 20, 1968/72, ersch. 1973, 467–479

IV. Die Topographie

A. Carandini u. a., Rapporto preliminare delle campagne 1973–77, QAL 13, 1983, 9–61

P. Cintas, Manuel d'archéologie punique I, Paris 1970, 309–460; II, Paris 1976, 118–137

A. Ennabli, La campagne internationale de sauvegarde de Carthage. Fouilles et recherches archéologiques 1973–1987. Premiers bilans, CRAI 1987, 407–438, bes. 417–426

S. Lancel, Remarques sur la topographie urbaine de la Carthage punique, BCTH N. F. 17 B, 1981, ersch. 1984, 35–52 bzw. 53

S. Lancel, La renaissance de la Carthage punique. Réflexions sur quelques enseignements de la campagne internationale patronnée par l'UNESCO, CRAI 1985, 727–751

S. Lancel, Les fouilles de la mission archéologique française à Carthage et le problème de Byrsa, in: Studia Phoenicia VI. Carthago, hg. v. E. Lipiński, Leuven 1988, 61–89

G.-G. Lapeyre – A. Pellegrin, Carthage punique (814–146 avant J.-C.), Paris 1942, 24–52

S. Moscati, I Fenici e Cartagine, Torino [1972], 151–273

R. Oehler, RE X 2, 1919, 2150–2224, s. v. Karthago

Colette Picard, Carthage, Paris 1951

C[olette] Picard, Carthage après Zama, Semitica 33, 1983, 41–50

F. Rakob, Deutsche Ausgrabungen in Karthago, in: 150 Jahre Deutsches Archäologisches Institut 1829–1979, Mainz [1981], 121–132, hier 126–132

F. Rakob, Deutsche Ausgrabungen in Karthago. Die punischen Befunde, MDAIR 91, 1984, 1–22 u. T. 1–29

F. Rakob, Die internationalen Ausgrabungen in Karthago, Gymnasium 92, 1985, 489–513.

M. Sznycer, Le problème de la „Megara“ de Carthage, in: Histoire et archéologie de l'Afrique du Nord. Actes du IIIe Colloque international..., Paris 1986, 119–131 bzw. 132

M. Sznycer, Carthage et la civilisation punique, in: Rome et la conquête du monde méditerranéen II, hg. v. C. Nicolet, Paris ²1989, 545–593, hier 553–561

V. Das Volkstum

E. Acquaro, Antropologia e antichità fenicio-puniche, Antropologia contemporanea 6, 1983, 43–49

E. Burck, Das Bild der Karthager in der römischen Literatur, in: Rom und Karthago, hg. v. J. Vogt, Leipzig [1943], 297–345

A. Capizzi, La porta di Parmenide, Roma 1975, 71–112

M. Dubuisson, L'image du Carthaginois dans la littérature latine, in: Studia Phoenicia I/II. Redt Tyrus/Fenicische geschiedenis, hg. v. E. Gubel – E. Lipiński – Brigitte Servais-Soyez, Leuven 1983, 159–167

G. Freyburger, Originalité et développement du thème de la „fides punica“, AEHE, V^e^ sect. 92, 1983/84, 347f.

M. Gelzer, Der Rassengegensatz als geschichtlicher Faktor beim Ausbruch der römisch-karthagischen Kriege, jetzt in: Vom römischen Staat I, Leipzig o. J., 49–77. 152–160

S. Luria, Zum Problem der griechisch-karthagischen Beziehungen, AAntHung 12, 1964, 53–75

F. Mazza, L'immagine dei Fenici nel mondo antico, in: i Fenici [Catalogo della Mostra], hg. v. M. Andreose, Milano 1988, 548–567

Luisa Prandi, La „fides punica“ e il pregiudizio anticartaginese, in: Conoscenze etniche e rapporti di convivenza nell'antichità, hg. v. Marta Sordi, Milano 1979, 90–97

F. Schachermeyr, Karthago in rassengeschichtlicher Betrachtung, in: Rom und Karthago, hg. v. J. Vogt, Leipzig [1943], 9–43

J. H. Thiel, Punica fides (Meded. d. Kon. Nederl. Akad. van Wetenschappen, Afd. Letterkunde, N. R. 17,9), Amsterdam 1954

Zur Sprache und zur Schrift

J. Friedrich – W. Röllig, Phönizisch-punische Grammatik (Analecta orientalia 46), Roma ²1970

María-José Fuentes Estañol, Vocabulario Fenicio, Barcelona 1980

G. Garbini, Il semitico di nord-ovest, Napoli 1970

G. Garbini, Storia e problemi dell'epigrafia semitica, Napoli 1979, 7–26

G. Garbini, Venti anni di epigrafia punica nel Magreb (1965–1985) (RStudFen 14, Suppl.), Roma 1986

Z. S. Harris, A Grammar of the Phoenician Language, New Haven 1936

Ch.-F. Jean – J. Hoftijzer, Dictionnaire des inscriptions sémitiques de l'ouest, Leiden 1965

J. B. Peckham, Development of the Late Phoenician Scripts, Cambridge Mass. 1968

W. Röllig, The Phoenician Language: Remarks on the Present State of Research, in: Atti del I Congresso Internazionale di Studi Fenici e Punici II, Roma 1983, 375–385

H. P. Roschinski, Die punischen Inschriften, in: Die Numider, hg. v. H. G. Horn – Ch. B. Rüger, Köln – Bonn 1979, 103–110

S. Segert, A Grammar of Phoenician and Punic, München 1976

M. Sznycer, Rapport sur l'épigraphie phénicienne et punique, in: Atti del I Congresso Internazionale di Studi Fenici e Punici II, Roma 1983, 387–395

R. S. Tomback, A Comparative Semitic Lexicon of the Phoenician and Punic Languages, Missoula Mont. [1978]

VI. Der Aufstieg zur Großmacht (814/12?–480)

O. Arteaga – J. Padró – E. Sanmartí, La expansión fenicia por las costas de Cataluña y del Languedoc, Aula Orientalis 4, 1986, 303–314

Miriam Astruc, Echanges entre Carthage et l'Espagne d'après le témoignage de documents céramiques provenant d'anciennes fouilles, REA 64, 1962, 62–81

Auctores varii, Le lamine di Pyrgi (Problemi attuali di scienza e di cultura 147), Roma 1970

P. A. Barceló, Karthago und die Iberische Halbinsel vor den Barkiden (Antiquitas I 37), Bonn 1988

P. Barceló, Zur karthagischen Überseepolitik im VI. und V. Jahrhundert v. Chr., Gymnasium 96, 1989, 13–37

F. Barreca, Istituzioni militari e fortificazioni fenicio-puniche, Cagliari 1975

F. Barreca, Le fortificazioni puniche sul Capo Bon, in: F. Barreca – M. H. Fantar, Prospezione archeologica al Capo Bon – II, Roma 1983, 7–40

P. Bartoloni, Le relazioni tra Cartagine e la Sardegna nei secoli VII e VI a. C., EVO 10,1, 1987, 79–86

F. Benoit, Relations commerciales entre le monde ibéro-punique et le midi de la Gaule de l'époque archaïque à l'époque romaine, REA 63, 1961, 321–330

J. M. Blázquez, Relaciones entre Hispania y los Semitas (Sirios, Fenicios, Chipriotas, Cartagineses y Judios) en la Antiguedad, in: Beiträge zur Alten Geschichte und deren Nachleben I. Festschrift f. F. Altheim ..., hg. v. Ruth Stiehl – H. E. Stier, Berlin 1969, 42–75, hier 60–67

G. Camps, Les Numides et la civilisation punique, AntAfr 14, 1979, 43–53

P. Cintas, Contribution à l'étude de l'expansion carthaginoise au Maroc, Paris 1954

Étienne Colozier, Les Étrusques et Carthage, MEFR 65, 1953, 63–98

J. Ferron, Les relations de Carthage avec l'Étrurie, Latomus 25, 1966, 689–709

E. C. González Wagner, Fenicios y Cartagineses en la Península Ibérica, Diss. Madrid 1983, 112–161. 201–225. 238–250. 284–306

C. G. Wagner, El comercio púnico en el Mediterráneo a la luz de una nueva interpretación de los tratados concluidos entre Cartago y Roma, MHA 6, 1984, 211–224

C. G. Wagner, Cartago y el Occidente. Una Revisión Crítica de la Evidencia Literaria y Arqueológica, in: In Memoriam A. Diaz Toledo, Granada 1985, 437–460

Linda-Marie Hans, Karthago und Sizilien, Diss. Hamburg 1981, Hildesheim – Zürich – New York 1983

Theresa Howard Carter, Western Phoenicians at Lepcis Magna, AJA 69, 1965, 123–132

A. Jodin, Recherches sur la métrologie du Maroc punique et hellénistique, Tanger 1975

A. Jodin, Les Grecs d'Asie et l'exploration du littoral marocain, Revista de la Univ. Complutense 25,2, 1976, 57–91

J. J. Jully, Koiné commerciale et culturelle phénico-punique et ibero-languedocienne en Méditerranée occidentale à l'âge du Fer, AEA 48, 1975, 22–119

J. J. Jully, Présence phénico-punique en Languedoc méditerranéen et en Catalogne, in: Atti del I Congresso Internazionale di Studi Fenici e Punici III, Roma 1983, 805–814

A. Luquet, Prospection punique de la côte atlantique du Maroc, Hespéris 43, 1956, 117–132

A. Luquet, Contribution à l'Atlas Archéologique du Maroc. Le Maroc punique, BAM 9, 1973/75, 237–328

Jean MacIntosh, Etruscan-Punic Relations, Diss. Bryn Mawr College 1974

G. Maddoli, Il VI e il V secolo a. C., in: La Sicilia antica II 1, hg. v. E. Gabba – G. Vallet, Napoli [1980], 1–102

H. Meier-Welcker, Karthago, Syrakus und Rom, Göttingen 1979
A. Montenegro Duque, Historia de España I, Madrid 1972, 338–375
S. Moscati, Tra Cartagine e Roma, Milano 1971
M. Pallottino, Saggi di antichità I, Roma 1979, 371–376
M. Pellicer Catalán, La influencia orientalizante en el bronce final-hierro del Nordeste hispano, Habis 13, 1982, 211–237
G. Pesce, Sardegna punica, Cagliari 1961
I. Sch. Schifman, Ursprünge des karthagischen Staats, Moskwa – Leningrad 1963 (in russischer Sprache)
A. Schulten, The Carthaginians in Spain, in: CAH VII, [2]1978 (= [2]1954), 769–792. 927f.
Y. Solier, Céramiques puniques et ibéro-puniques sur le littoral du Languedoc du VIème siècle au début du IIème siècle avant J. C., RSL 34, 1968, 127–150
M. Sznycer, Recherches sur les toponymes phéniciens en Méditerranée occidentale, in: La toponymie antique. Actes du Colloque de Strasbourg 12–14 juin 1975, Leiden 1977, 163–175
O. R. J. Weber, Etruskisch-karthagische Beziehungen. Historisch-archäologische Untersuchung, Diss. Wien 1983
C. R. Whittaker, Carthaginian Imperialism in the Fifth and Fourth Centuries, in: Imperialism in the Ancient World, hg. v. P. D. A. Garnsey – C. R. Whittaker, Cambridge 1978, 59–90

VII. Das afrikanische Unternehmen des Hanno

Gabriella Amiotti, Cerne: „ultima terra", in: Autori vari, Il confine nel mondo classico, hg. v. Marta Sordi, Milano 1987, 43–49
J. Blomqvist, The Date and Origin of the Greek Version of Hanno's Periplus, Lund 1979
J. Blomqvist, Reflections of Carthaginian Commercial Activity in Hanno's Periplus, Orientalia Suecana 33/35, 1984/86, 53–62
J. Carcopino, Le Maroc antique, Paris 1944, 73–163
J. E. Casariego, El periplo de Hannon de Cartago, Madrid 1947
[H.] Daebritz, RE VII 2, 1912, 2360–2363, s. v. Hanno 26
J.-G. Demerliac-J. Meirat, Hannon et l'empire punique, Paris 1983
C. De Negri, Considerazioni nautiche sul „Periplo" di Annone, in: Miscellanea di storia delle esplorazioni III, Genova 1978, 33–65
J. Desanges, Recherches sur l'activité des Méditerranéens aux confins de l'Afrique, Rome 1978, 39–85
J. Desanges, Le point sur le „Périple d'Hannon": Controverses et publications récentes, in: Enquêtes et documents VI, Nantes 1981, 11–29
J. Desanges, Des interprètes chez les „Gorilles". Réflexions sur un artifice dans le „Périple d'Hannon", in: Atti del I Congresso Internazionale di Studi Fenici e Punici I, Roma 1983, 267–270
A. Diller, The Tradition of the Minor Greek Geographers, Lancaster – Oxford 1952, 48–101. 177–179
C. Th. Fischer, De Hannonis Carthaginiensis periplo, Lipsiae 1893
G. Germain, Qu'est-ce que le Périple d'Hannon? Document, amplification littéraire ou faux intégral?, Hespéris 44, 1957, 205–248
R. Hennig, Terrae incognitae I, Leiden [2]1944, 86–95
R. Lonis, Les conditions de la navigation sur la côte atlantique de l'Afrique de l'Antiquité: le problème de retour, in: Afrique noire et monde méditerranéen dans l'antiquité, Dakar 1978, 147–162. 168–170
G. Marcy, Notes linguistiques autour du périple d'Hannon, Hespéris 20, 1935, 21–72

R. Mauny, Note sur le Périple d'Hannon, in: Première Conférence Internationale des Africanistes de l'Ouest. Comptes rendus II, Paris 1951, 509–530
A. N. Oikonomides, Hanno the Carthaginian: Periplus, Antipolis 1, 1974, 43–76
G. Ch. Picard, Le périple d'Hannon n'est pas un faux, Archeologia 40, 1971, 54–59
G. Ch. Picard, Le Périple d'Hannon, in: Phönizier im Westen (Madrider Beitr. 8), hg. v. H. G. Niemeyer, Mainz 1982, 175–180
J. Ramin, Le périple d'Hannon. Apports de la littérature et hypothèses, Latomus 35, 1976, 791–804
J. Ramin, Le Périple d'Hannon. The Periplus of Hanno, Oxford 1976
R. Rebuffat, D'un portulan grec du XVIe siècle au périple d'Hannon, Karthago 17, 1973/74, ersch. 1976, 139–151
R. Rebuffat, Recherches sur le bassin du Sebou II. Le périple d'Hannon, BAM 16, 1985/86, 257–284
R. Rebuffat, Les nomades de Lixus, BCTH N. F. 18 B, 1982, ersch. 1988, 77–86
M. Rousseaux, Hannon au Maroc, RAf 93, 1949, 161–232
S. Segert, Phoenician Background of Hanno's Periplus, MUB 45, 1969, 501–519
R. Sénac, Le périple du Carthaginois Hannon, BAGB 1966, 510–538
Gloria Vivenza, Altre considerazioni sul Periplo di Annone, Economia e Storia II 1, 1980, 101–110

VIII. Die Fahrt des Himilco ins nordwestliche Europa

J. Alvar, El comercio del estaño atlantico durante el período orientalizante, MHA 4, 1980, 43–49
H. Berger, Geschichte der wissenschaftlichen Erdkunde der Griechen, Berlin – New York 1966 (= Leipzig [2]1903), 231–233
J.-J. Dupuich, Note sur l'Ora maritima de Rufius Festus Avienus, in: Mélanges offerts à R. Dion, hg. v. R. Chevallier, Paris 1974, 225–231
[V.] Ehrenberg, RE Suppl. V, 1931, 232–235, s. v. Himilkon 8
R. Hennig, Terrae incognitae I, Leiden [2]1944, 96–107
J. J. Jully, Céramiques anglo-armoricaines et céramiques puniques. Voie maritime punique de l'étain, in: X Congreso Nacional de Arqueología, Zaragoza 1969, 280–287
K. Müllenhoff, Deutsche Altertumskunde I, Berlin [1]1890, 88–97

IX. Der 1. Karthagisch-römische Vertrag (erste Hälfte des 5. Jh.)

Étienne Colozier, Les Étrusques et Carthage, MEFR 65, 1953, 63–98, hier 90–94
J. Desanges, Etendue et importance du Byzacium avant la création, sous Dioclétien, de la province de Byzacène, CT 11, 1963, 7–22, hier 8–16
C. G. Wagner, El comercio púnico en el Mediterráneo a la luz de una nueva interpretación de los tratados concluidos entre Cartago y Roma, MHA 6, 1984, 211–224
J. Heurgon, Sur l'interdiction de naviguer au-delà du Beau-Promontoire dans le premier traité entre Rome et Carthage (Pol., III, 22–23), AntAfr 14, 1979, 37–42
H. Ortwein, Die Freundschaftsverträge Roms mit Karthago, Diss. Innsbruck o. J.
María José Pena, La (supuesta) cláusula referente al Sudeste y al Levante peninsular en el primer tratado entre Roma y Cartago, Ampurias 38/40, 1976/78, 511–530
G. Prachner, Zum Καλὸν ἀκρωτήριον (Polybios 3, 22,5), in: Beiträge zur Alten Geschichte und deren Nachleben I. Festschrift f. F. Altheim, hg. v. Ruth Stiehl-H. E. Stier, Berlin 1969, 157–172
R. Werner, in: H. Bengtson, Die Staatsverträge des Altertums II, München [2]1975, Nr. 121 (mit der früheren Literatur)
R. Werner, Das Καλὸν ἀκρωτήριον des Polybios, Chiron 5, 1975, 21–44

X. Der Feldzug des Hamilcar (480)

G. Busolt, Griechische Geschichte bis zur Schlacht bei Chaeroneia II, Hildesheim 1967 (= Gotha ²1895), 787–797
T. J. Dunbabin, The Western Greeks, Oxford 1968 (= 1948), 418–432
H. Ender, Die erste sizilische Expedition der Karthager (480 v. Chr.) (Progr. d. Kgl. Hum. Gymn. Dillingen), Dillingen a. d. D. [1913]
E. A. Freeman, Geschichte Siciliens II, übs. v. B. Lupus, Leipzig 1897, 143–182
E. C. González Wagner, Fenicios y Cartagineses an la Península Ibérica, Diss. Madrid 1983, 180–187
A. Holm, Geschichte Siciliens im Alterthum I, Aalen 1979 (= Leipzig 1870), 205–210. 415–418
K. Meister, Das persisch-karthagische Bündnis von 481 v. Chr. (Bengtson, Staatsverträge II nr. 129), Historia 19, 1970, 607–612
Ed. Meyer, Geschichte des Altertums IV 1, Darmstadt ⁷1975 (= Stuttgart ³1939), 375–378
L. Pareti, Studi siciliani ed italioti, Firenze 1920, 113–172
A. Schenk von Stauffenberg, Trinakria. Sizilien und Großgriechenland in archaischer und frühklassischer Zeit, München – Wien [1963], 188–207

XI. Die karthagische Sizilien-Politik in der Zeit nach Himera (480–410)

E. A. Freeman, Geschichte Siciliens II und III, übs. v. B. Lupus, Leipzig 1897–1901, passim
M. Treu, Athen und Karthago und die thukydideische Darstellung, Historia 3, 1954/55, 41–57

XII–XV. Die Sizilien-Feldzüge der Jahre 410–362 (?)

P. E. Arias, Dionigi il Vecchio, Catania 1942
K. J. Beloch, Griechische Geschichte II 1.2; III 1.2, Straßburg bzw. Berlin – Leipzig ²1914–1923, passim
A. J. Evans-E. A. Freeman, The History of Sicily IV, New York o. J. (= Oxford 1894), passim
E. A. Freeman, Geschichte Siciliens III, übs. v. B. Lupus, Leipzig 1901, passim
Linda-Marie Hans, Lykos und Halykos, Chiron 12, 1982, 211–216
Linda-Marie Hans, Karthago und Sizilien, Diss. Hamburg 1981, Hildesheim – Zürich – New York 1983
A. Holm, Geschichte Siciliens im Alterthum II, Aalen 1979 (= Leipzig 1874), passim
T. Kotula, La poco nota rivolta degli Afri e degli schiavi contro Cartagine (Diod. Sic. XIV 77), in: Storia sociale ed economica dell'età classica negli studi contemporanei polacchi, hg. v. Izabela Bieżuńska-Małowist, Milano 1975, 131–142
M. Märker, Die Kämpfe der Karthager auf Sizilien in den Jahren 409–405 v. Chr., Diss. Leipzig 1930, Weida in Thüringen 1930
K. Meister, Die sizilische Geschichte bei Diodor von den Anfängen bis zum Tod des Agathokles, Diss. München 1967, 70–105
B. D. Meritt, Athens and Carthage, in: Athenian Studies presented to W. S. Ferguson (HSPh Suppl. 1), Cambridge Mass. – London 1940, 247–253
Ed. Meyer, Geschichte des Altertums V, Darmstadt ⁶1975 (= Stuttgart ⁴1958), passim
Marta Sordi, Il IV e III secolo. Da Dionigi I a Timoleonte (336 a. C.), in: La Sicilia antica II 1, hg. v. E. Gabba-G. Vallet, Napoli [1980], 207–288, hier 207–236
Marta Sordi, I rapporti fra Dionigi I e Cartagine fra la pace del 405/4 e quella del 392/1, Aevum 54, 1980, 23–34

K. F. Stroheker, Die Karthagergesandtschaft in Athen 406 v. Chr., Historia 3, 1954/55, 163–171
K. F. Stroheker, Dionysios I., Wiesbaden 1958
R. Vattuone, L'alleanza fra Atene e Cartagine alla fine del V sec. a. C. (IG^2, I, 47 + SEG, X, 136), Epigraphica 39, 1977, 41–50
J. A. de Waele, Acragas Graeca I. Historischer Teil, übs. v. R. Rahier, 's-Gravenhage 1971
M. Zahrnt, Die Verträge zwischen Dionysios I. und den Karthagern, ZPE 71, 1988, 209–228

XVI. Die karthagisch-griechischen Beziehungen in der Zeit des Dion

H. Berve, Dion (AAWM 1956, 10), Wiesbaden 1957
A. J. Evans-E. A. Freeman, The History of Sicily IV, New York o. J. (= Oxford 1894), 242–285
A. Holm, Geschichte Siciliens im Alterthum II, Aalen 1979 (= Leipzig 1874), 156–169. 176–190. 452–455. 460–463
Marta Sordi, Il IV e III secolo. Da Dionigi I a Timoleonte (336 a. C.), in: La Sicilia antica II 1, hg. v. E. Gabba-G. Vallet, Napoli [1980], 207–288, hier 237–256
J. Sprute, Dions syrakusanische Politik und die politischen Ideale Platons, Hermes 100, 1972, 294–313
H. D. Westlake, Dion: a study in liberation, jetzt in: Essays on the Greek Historians and Greek History, Manchester – New York 1969, 251–264

XVII. Der 2. Karthagisch-römische Vertrag (348)

P. A. Barceló, Karthago und die Iberische Halbinsel vor den Barkiden (Antiquitas I 37), Bonn 1988, 133–143
S. Calderone, Livio e il secondo trattato romano-punico di Polibio, in: φιλίας χάριν. Miscellanea di studi classici in onore di E. Manni II, Roma 1980, 363–375
C. G. Wagner, El comercio púnico en el Mediterráneo a la luz de una nueva interpretación de los tratados concluidos entre Cartago y Roma, MHA 6, 1984, 211–224
Linda-Maria Hans, Zur Rolle Sardiniens in der karthagischen Handelspolitik im 4. Jh. v. Chr., Münstersche Beitr. z. Ant. Handelsgesch. 4,2, 1985, 65–76
Ch. Marek, Die Bestimmungen des zweiten römisch-punischen Vertrags über die Grenzen der karthagischen Hoheitsgewässer, Chiron 7, 1977, 1–7
H. Ortwein, Die Freundschaftsverträge Roms mit Karthago, Diss. Innsbruck o. J.
R. Werner, in: H. Bengtson, Die Staatsverträge des Altertums II, München ^{2}1975, Nr. 326 (mit der früheren Literatur)

XVIII. Die Auseinandersetzungen mit den Griechen in der Zeit des Timoleon (345–339?)

K. J. Beloch, Griechische Geschichte III 1, Berlin – Leipzig ^{2}1922, 580–592; III 2, Berlin – Leipzig ^{2}1923, 380–385
H. Berve, Die Tyrannis bei den Griechen I, München 1967, 275–282; II, München 1967, 663–666
S. Cataldi, La boetheia dei Geloi e degli Herbitaioi ai Campani di Entella, ASNP III 12, 1982, 887–904
A. J. Evans-E. A. Freeman, The History of Sicily IV, New York o. J. (= Oxford 1894), 293–355
Mary A. Goldsberry, Sicily and its Cities in Hellenistic and Roman Times, Diss. Univ. of North Carolina 1973, 2–43
A. Holm, Geschichte Siciliens im Alterthum II, Aalen 1979 (= Leipzig 1874), 190–218. 463–473

P. Lévêque, De Timoléon à Pyrrhos, Kokalos 14/15, 1968/69, 135–151 bzw. 156
K. Meister, Die sizilische Geschichte bei Diodor von den Anfängen bis zum Tod des Agathokles, Diss. München 1967, 119–129
Marta Sordi, Timoleonte, Palermo 1961
Marta Sordi, Il IV e III secolo. Da Dionigi I a Timoleonte (336 a. C.), in: La Sicilia antica II 1, hg. v. E. Gabba-G. Vallet, Napoli [1980], 207–288, hier 257–282
Marta Sordi, La Sicilia dal 368/7 al 337/6 a. C., Roma 1983
R. J. A. Talbert, Timoleon and the Revival of Greek Sicily, London 1974
H. D. Westlake, Timoleon and his Relations with Tyrants, Manchester 1952
H. D. Westlake, The purpose of Timoleon's mission, jetzt in: Essays on the Greek Historians and Greek History, Manchester – New York 1969, 265–275

XIX. Der 3. Karthagisch-römische Vertrag (343)

H. Ortwein, Die Freundschaftsverträge Roms mit Karthago, Diss. Innsbruck o.J.
R. Werner, Der Beginn der römischen Republik, München-Wien [1963], 299f. 302 (mit weiterer Literatur)

XX. Karthago und die durch Alexandros d. Gr. veränderte Welt

E. C. González Wagner, Fenicios y Cartagineses en la Península Ibérica, Diss. Madrid 1983, 313–330
W. Huß, Die Beziehungen zwischen Karthago und Ägypten in hellenistischer Zeit, AncSoc 10, 1979, 119–137, hier 119–128

XXI. Die Auseinandersetzungen mit den Griechen in der Zeit des Agathokles

G. J. D. Aalders, Studiën over Agathocles, TG 68, 1955, 315–366
K. J. Beloch, Griechische Geschichte IV 1, Berlin – Leipzig ²1925, 180–210; IV 2, Berlin – Leipzig ²1927, 249–256
Sh. Berger, Pap. Oxy. XXIV, 2399 and the Opposition to Agathocles, ZPE 71, 1988, 93–96
H. Berve, Die Herrschaft des Agathokles (SBAW 1952, 5), München 1953
H. Berve, Die Tyrannis bei den Griechen I, München 1967, 441–457; II, München 1967, 728–731
M. Adele Cavallaro, Un „tendency" industriale e la tradizione storiografica su Agatocle, Historia 26, 1977, 33–61
Sebastiana Consolo Langher, La Sicilia dalla scomparsa di Timoleonte alla morte di Agatocle. L'introduzione della „Basileia", in: La Sicilia antica II 1, hg. v. E. Gabba-G. Vallet, Napoli [1980], 289–342
Sebastiana Consolo Langher, I trattati tra Siracusa e Cartagine e la genesi e il significato della guerra del 312–306 a. C., Athenaeum N. F. 58, 1980, 309–339
Sebastiana Nerina Consolo Langher, Lo strategato di Agatocle e l'imperialismo siracusano sulla Sicilia greca nelle tradizioni diodorea e trogiana (316–310 a. C.), Kokalos 25, 1979, ersch. 1981, 117–187
G. De Sanctis, Agatocle, jetzt in: Scritti Minori I, hg. v. A. Ferrabino-S. Accame, Roma 1970, 205–248
A. J. Evans-E. A. Freeman, The History of Sicily IV, New York o.J. (= Oxford 1894), 356–491
Mary A. Goldsberry, Sicily and its Cities in Hellenistic and Roman Times, Diss. Univ. of North Carolina 1973, 44–82
A. Holm, Geschichte Siciliens im Alterthum II, Aalen 1979 (= Leipzig 1874), 219–265. 474–480

W. Huß, Neues zur Zeit des Agathokles. Einige Bemerkungen zu P. Oxy. XXIV 2399, ZPE 39, 1980, 63–71
E. Manni, Agatocle e la politica estera di Siracusa, Kokalos 12, 1966, 144–162
K. Meister, Die sizilische Geschichte bei Diodor von den Anfängen bis zum Tod des Agathokles, Diss. München 1967, 130–165
K. Meister, Agathocles, in: CAH VII 1, ²1984, 384–411
M. Müller, Der Feldzug des Agathokles in Afrika, Diss. Leipzig 1928
E. Pais, Storia dell'Italia antica e della Sicilia II, Torino ²1933, 610–666
R. Schubert, Geschichte des Agathokles, Breslau 1887
H. J. W. Tillyard, Agathocles, Cambridge 1908
R. Van Compernolle, La clause territoriale du traité de 306/5 conclu entre Agathokles de Syracuse et Carthage, RBPh 32, 1954, 395–421

XXII. Der sog. Philinos-Vertrag (306)

Sigrid Albert, Zum Philinosvertrag, WJA N. F. 4, 1978, 205–209
E. Badian, Two Polybian Treaties, in: φιλίας χάριν. Miscellanea di studi classici in onore di E. Manni I, Roma 1980, 159–169
B. D. Hoyos, Treaties true and false: The error of Philinus of Agrigentum, CQ N. F. 35, 1985, 92–109
K. Meister, Der sogenannte Philinosvertrag, RFIC III 98, 1970, 408–423
K. Meister, Historische Kritik bei Polybios (Palingenesia 9), Wiesbaden 1975, 134–142
R. E. Mitchell, Roman-Carthaginian Treaties: 306 and 279/8 B. C., Historia 20, 1971, 633–655
H. Ortwein, Die Freundschaftsverträge Roms mit Karthago, Diss. Innsbruck o. J.
H. H. Schmitt, Die Staatsverträge des Altertums III, München 1969, Nr. 438 (mit der früheren Literatur)

XXIII. Die Auseinandersetzungen mit den Griechen in der Zeit des Pyrrhos

K. J. Beloch, Griechische Geschichte IV 1, Berlin – Leipzig ²1925, 551–556; IV 2, Berlin – Leipzig ²1927, 476–479
Giovanna De Sensi Sestito, La Sicilia dal 289 al 210 a. C., in: La Sicilia antica II 1, hg. v. E. Gabba-G. Vallet, Napoli [1980], 343–370, hier 343–349
D. Flach, Das römisch-karthagische Bündnisabkommen im Krieg gegen Pyrrhos, Historia 27, 1978, 615–617
Linda-Marie Hans, Theokrits XVI. Idylle und die Politik Hierons II. von Syrakus, Historia 34, 1985, 117–125
A. Holm, Geschichte Siciliens im Alterthum II, Aalen 1979 (= Leipzig 1874), 277–286. 485–490
B. D. Hoyos, The Roman-Punic Pact of 279 B. C.: Its Problems and its Purpose, Historia 33, 1984, 402–439
B. D. Hoyos, The rise of Hiero II: Chronology and Campaigns 275–264 B. C., Antichthon 19, 1985, 32–56
V. La Bua, La spedizione di Pirro in Sicilia, MGR 7, 1980, 179–254
P. Lévêque, Pyrrhos, Paris 1957, 451–507
K. Meister, Das Datum des römisch-karthagischen Vertrages κατὰ τὴν Πύρρου διάβασιν, PP 26, 1971, 196–201
R. E. Mitchell, Roman-Carthaginian Treaties: 306 and 279/8 B. C., Historia 20, 1971, 633–655
G. Nenci, Il trattato romano-cartaginese κατὰ τὴν Πύρρου διάβασιν, Historia 7, 1958, 263–299
I. A. Vartsos, Osservazioni sulla campagna di Pirro in Sicilia, Kokalos 16, 1970, 89–97

XXIV. Der 1. Römische Krieg (264–241)

F. Altheim, Polybios und seine Vorgänger, in: F. Altheim- D. Felber, Einzeluntersuchungen zur altitalischen Geschichte. Anfänge römischer Geschichtsschreibung. Caesars Streben nach der Königswürde, Frankfurt a. M. [1961], 131–146

H. R. Baldus, Unerkannte Reflexe der römischen Nordafrika-Expedition von 256/255 v. Chr. in der karthagischen Münzprägung, Chiron 12, 1982, 163–190 u. T. 1f.

H. R. Baldus, Zwei Deutungsvorschläge zur punischen Goldprägung im mittleren 3. Jahrhundert v. Chr., Chiron 18, 1988, 171–179

C. Barbagallo, La conquista della Sicilia (265–242). Frammento, ASSO 16/17, 1921, 18–46

K. J. Beloch, Griechische Geschichte IV 1, Berlin – Leipzig ²1925, 643–661; IV 2, Berlin – Leipzig ²1927, 285–290

H. Berve, König Hieron II. (ABAW N. F. 47), München 1959

P. Blättler, Studien zur Regulusgeschichte, Diss. Freiburg/Schweiz 1945, Sarnen o. J.

F. Càssola, I gruppi politici romani nel III secolo a. C., Roma 1968 (= 1962)

F. Càssola, Diodoro e la storia romana, in: Aufstieg und Niedergang der römischen Welt II 30,1, hg. v. W. Haase, Berlin – New York 1982, 724–773, hier 758–762

C. Davin, Beiträge zur Kritik der Quellen des ersten punischen Krieges (Wiss. Beil. z. Progr. d. Großherzogl. Gymnasium Fridericianum zu Schwerin f. d. Schulj. 1888/89), Schwerin 1889

G. De Sanctis, Storia dei Romani III 1, Firenze ²1967

Giovanna De Sensi, Il problema della αἰτία della prima guerra punica nella tradizione antica, ASSO 70, 1974, 7–44

Giovanna De Sensi Sestito, Gerone II, Palermo 1977

Giovanna De Sensi Sestito, La Sicilia dal 289 al 210 a. C., in: La Sicilia antica II 1, hg. v. E. Gabba-G. Vallet, Napoli [1980], 343–370, hier 349–357

A. M. Eckstein, Polybius on the Rôle of the Senate in the Crisis of 264 B. C., GRBS 21, 1980, 175–190

A. M. Eckstein, Unicum subsidium populi Romani: Hiero II and Rome, 263 B. C. – 215 B. C., Chiron 10, 1980, 183–203

A. M. Eckstein, Polybius, Syracuse, and the Politics of Accomodation, GRBS 26, 1985, 265–282

A. M. Eckstein, Senate and General. Individual Decision Making and Roman Foreign Relations, 264–194 B. C., Berkeley – Los Angeles – London [1987]

Å. Eliæson, Beiträge zur Geschichte Sardiniens und Corsicas im ersten punischen Kriege, Diss. Uppsala 1906

T. Frank, Rome and Carthage: The First Punic War, in: CAH VII, ²1978 (= ²1954), 665–698. 925f.

G. Giannelli, Roma nell'età delle guerre puniche, Bologna 1938

E. C. González Wagner, Fenicios y Cartagineses en la Península Ibérica, Diss. Madrid 1983, 351–382

M. Gwyn Morgan, Polybius and the Date of the Battle of Panormus, CQ N. F. 22, 1972, 121–129

M. Gwyn Morgan, Calendars and Chronology in the First Punic War, Chiron 7, 1977, 89–117

F. Hampl, Zur Vorgeschichte des ersten und zweiten Punischen Krieges, in: Aufstieg und Niedergang der römischen Welt I 1, hg. v. Hildegard Temporini, Berlin – New York 1972, 412–441, hier 413–427

A. Heuß, Der Erste Punische Krieg und das Problem des römischen Imperialismus (Libelli 130), Darmstadt ³1970

W. Hoffmann, Das Hilfegesuch der Mamertiner am Vorabend des Ersten Punischen Krieges, Historia 18, 1969, 153–180

A. Holm, Geschichte Siciliens im Alterthum II, Aalen 1979 (= Leipzig 1874), 8–32. 340–356

D. B. Hoyos, The Carthaginian and Roman commanders in 264: who was who, LCM 8, 1983, 120–122

Hildegard Kornhardt, Regulus und die Cannaegefangenen, Hermes 82, 1954, 85–123

V. La Bua, Filino – Polibio, Sileno – Diodoro, Palermo 1966, bes. 21–174

V. La Bua, Cassio Dione – Zonara ed altre tradizioni sugli inizi della prima guerra punica, in: Scritti sul mondo antico in memoria di F. Grosso, hg. v. L. Gasperini, Roma 1981, 241–271

O. Leuze, Die Kämpfe um Sardinien und Korsika im ersten punischen Krieg. (259 und 258 vor Chr.). Eine quellenkritische Untersuchung, Klio 10, 1910, 406–444

A. Lippold, Der Consul Appius Claudius und der Beginn des ersten punischen Krieges, Orpheus 1, 1954, 154–169

F. Luterbacher, Beiträge zu einer kritischen Geschichte des ersten punischen Krieges, Philologus 66, 1907, 396–426

P. Meyer, Der Ausbruch des ersten punischen Krieges, Diss. Berlin 1908

F. Miltner, Wesen und Gesetz römischer und karthagischer Kriegführung, in: Rom und Karthago, hg. v. J. Vogt, Leipzig [1943], 203–261, hier 203–222

E. R. Mix, Marcus Atilius Regulus. Exemplum historicum, The Hague – Paris 1970

J. Molthagen, Der Weg in den Ersten Punischen Krieg, Chiron 5, 1975, 89–127

J. Molthagen, Der Triumph des M'. Valerius Messalla und die Anfänge des Ersten Punischen Krieges, Chiron 9, 1979, 53–72

C. Neumann, Das Zeitalter der punischen Kriege, hg. v. G. Faltin, Breslau 1883

C. Nicolet-M. Sznycer, Les guerres puniques, in: Rome et la conquête du monde méditerranéen II, hg. v. C. Nicolet, Paris ²1989, 594–626 (eine Einführung)

E. Pais, Storia di Roma durante le guerre puniche I, Torino ²1935

K.-E. Petzold, Studien zur Methode des Polybios ... (Vestigia 9), München 1969, 129–179

A. Pinzone, Storia ed etica in Polibio, Messina [1983]

L. Poznanski, A propos du „Traité de tactique" de Polybe, Athenaeum N. F. 58, 1980, 340–352

F. Reuss, Zur Geschichte des ersten punischen Krieges, Philologus 60, 1901, 102–148

F. Reuss, Der erste punische Krieg, Philologus 68, 1909, 410–427

F. P. Rizzo, La prospettiva „diodorea" sugli inizi del primo conflitto punico, in: φιλίας χάριν. Miscellanea di studi classici in onore di E. Manni VI, Roma 1980, 1897–1920

D. Roussel, Les Siciliens entre les Romaines et les Carthaginois à l'époque de la première guerre punique, Paris 1970

E. de Saint-Denis, Une machine de guerre maritime: le corbeau de Duilius, Latomus 5, 1946, 359–367

M. Schermann, Der erste punische Krieg im Lichte der livianischen Tradition, Diss. Tübingen 1905

K.-H. Schwarte, Naevius, Ennius und der Beginn des Ersten Punischen Krieges, Historia 21, 1972, 206–223

Marta Sordi, I „corvi" di Duilio e la giustificazione cartaginese della battaglia di Milazzo, RFIC III 95, 1967, 260–268

W. W. Tarn, The Fleets of the First Punic War, JHS 27, 1907, 48–60

J. H. Thiel, Studies on the History of Roman Sea-Power in Republican Times, Amsterdam 1946

J. H. Thiel, A History of Roman Sea-Power before the Second Punic War, Amsterdam 1954

G. K. Tipps, The Battle of Ecnomus, Historia 34, 1985, 432–465

G. Uggeri, Gela, Finzia e l'Alico nella battaglia del 249 a. C., PP 23, 1968, 120–131
H. T. Wallinga, The Boarding-Bridge of the Romans, Diss. Utrecht, Groningen – Djakarta 1956
K.-W. Welwei, Hieron II. von Syrakus und der Ausbruch des Ersten Punischen Krieges, Historia 27, 1978, 573–587

XXV. Der Libysche Krieg und der Verlust Sardiniens (241–238)

J. Babelon, Observations sur quelques monnaies de Libye, in: Actes du soixante-dixneuvième congrès national des sociétés savantes. Section d'archéologie, Paris 1957, 23–30
I. A. Carradice-Susan La Niece, The Libyan War and Coinage: a New Hoard and the Evidence of Metal Analysis, NC 148, 1988, 33–52 u. T. 7–12
Aldina Cutroni Tusa, I Libii e la Sicilia, Sicilia Archeol. 9, 32, 1976, 33–41
G. De Sanctis, Storia dei Romani III 1, Firenze [2]1967, 371–389
M. Dubuisson, Procédés de la diplomatie romaine: l'annexion de la Sardaigne et le sens de συγκαταβαίνειν (Polybe, III, 10, 1), REL 57, 1979, ersch. 1980, 114–125
L. A. García Moreno, La explotación del agro africano por Cartago y la guerra líbica, MHA 2, 1978, 71–80
W. Huß, Die Libyer Mathos und Zarzas und der Kelte Autaritos als Prägeherrn, Schweizer Münzblätter 38, 1988, 30–33
Ed. Meyer, Kleine Schriften II, Halle 1924, 375–401
E. S. G. Robinson, The Coinage of the Libyans and Kindred Sardinian Issues, NC VI 3, 1943, 1–13
E. S. G. Robinson, A Hoard of Coins of the Libyans, NC VI 13, 1953, 27–32
E. S. G. Robinson, The Libyan Hoard (1952). Addenda, and the Libyan Coinage in General, NC VI 16, 1956, 9–14
V. Seibel, Der Söldner-Krieg der Karthager. Ein historischer Versuch (Progr. Dilingen 1847/48), Dilingen 1848
W. E. Thompson, The Battle of the Bagradas, Hermes 114, 1986, 111–117
G. Veith, Der Libysche Söldnerkrieg, in: J. Kromayer-G. Veith, Antike Schlachtfelder in Italien und Afrika III 2, Berlin 1912, 519–571

XXVI. Die Barqiden in Spanien

E. Acquaro, Notes d'archéologie punique: culture matérielle et reflets dans l'histoire, LEC 55, 1987, 75–80, hier 78–80
E. Badian, Two Polybian Treaties, in: φιλίας χάριν. Miscellanea di studi classici in onore di E. Manni I, Roma 1980, 159–169, hier 161–164
P. A. Barceló, Karthago und die Iberische Halbinsel vor den Barkiden (Antiquitas I 37), Bonn 1988, 63–85
P. Bender, Untersuchungen zur Vorgeschichte des zweiten punischen Krieges, Diss. Hamburg 1954
J. M. Blázquez, Las relaciones entre Hispania y el Norte de Africa durante el gobierno bárquida y la conquista romana (237–19 a. J. C.), Saitabi 11, 1961, 21–43
G. De Sanctis, Storia dei Romani III 1, Firenze [2]1967, 389–420
A. J. Domínguez-Monedero, La campaña de Anibal contra los Vacceos: sus objetivos y su relación con el inicio de la segunda guerra púnica, Latomus 45, 1986, 241–258
A. M. Eckstein, Rome, Saguntum and the Ebro Treaty, Emerita 52, 1984, 51–68, hier 57–65
A. M. Eckstein, Hannibal at New Carthage: Polybius 3.15 and the Power of Irrationality, CPh 84, 1989, 1–15
R. M. Errington, Rome and Spain before the Second Punic War, Latomus 29, 1970, 25–57

R. Étienne, A propos du „garum sociorum", Latomus 29, 1970, 297–313
H. Ch. Eucken, Probleme der Vorgeschichte des zweiten punischen Krieges, Diss. Freiburg i. Br. 1968
A. García y Bellido, Fenicios y Carthagineses en España, Sefarad 2, 1942, 3–93. 227–292, hier 56–74
O. Gilbert, Rom und Karthago in ihren gegenseitigen Beziehungen 513–536 u. c. (241–218 v. Chr.), Leipzig 1876
E. C. González Wagner, Fenicios y Cartagineses en la Península Ibérica, Diss. Madrid 1983, 390–427. 438–478
F. M. Heichelheim, New Evidence on the Ebro Treaty, Historia 3, 1954/55, 211–219
H. M. Hine, Hannibal's Battle on the Tagus (Polybius 3.14 and Livy 21.5), Latomus 38, 1979, 891–901
M. Koch, 'Αλήτης, Mercurius und das phönikisch-punische Pantheon in Neukarthago, MDAIM 23, 1982, 101–113
F. R. Kramer, Massilian Diplomacy before the Second Punic War, AJPh 69, 1948, 1–26
G.-Ch. Picard, Le traité romano-barcide de 226 av. J.-C., in: Mélanges d'archéologie, d'épigraphie et d'histoire offerts à J. Carcopino, Paris 1966, 747–762
P. Schnabel, Zur Vorgeschichte des zweiten punischen Krieges, Klio 20, 1926, 110–117
P. Sillières, Le „Camino de Anibal". Itinéraire des gobelets de Vicarello, de Castulo à Saetabis, MCV 13, 1977, 31–83
G. V. Sumner, Roman Policy in Spain before the Hannibalic War, HSPh 72, 1968, 205–246
E. Täubler, Die Vorgeschichte des zweiten punischen Kriegs, Berlin 1921
K.-W. Welwei, Die Belagerung Sagunts und die römische Passivität im Westen 219 v. Chr., Talanta 8/9, 1977, 156–173

zu Hannibal

Auctores varii, Studi Annibalici, hg. v. Accademia Etrusca di Cortona, Cortona 1964
Auctores varii, Hannibal (WdF 371), hg. v. K. Christ, Darmstadt 1974
S. Borzsák, Von Semiramis bis Hannibal. Livius-Interpretationen, Eirene 20, 1983, 43–51
G. Brizzi, Studi di storia annibalica, Faenza 1984
Elettra Candiloro, Politica e cultura in Atene da Pidna alla guerra mitridatica, SCO 14, 1965, 134–176, hier 171–176
H. V. Canter, The Character of Hannibal, CJ 24, 1928/29, 564–577
J. Carcopino, Profils de conquérants, Paris 1961, 109–237
K. Christ, Hannibal und Scipio Africanus, in: Die Großen der Weltgeschichte I, hg. v. K. Fassmann, Zürich [1971], 771–783
G. Cipriani, L'epifania di Annibale, Bari 1984
G. Egelhaaf, Hannibal. Ein Charakterbild, Stuttgart 1922
J.-A. de Foucault, Tite-Live traducteur de Polybe, REL 46, 1968, ersch. 1969, 208–221, hier 214–219
E. Groag, Hannibal als Politiker, Roma 1967 (= Wien 1929)
E. Hennebert, Histoire d'Annibal, 3 Bde., Paris 1870–1891
W. Hoffmann, Hannibal, Göttingen [1962]
W. Huß, Bemerkungen zum fingierten Brief des Ḥnbʿl an die Athenaier (P. Hamb. 129, Kol. VIf.), Anagennesis 2, 1982, 233–243
W. Huß, Hannibal und die Religion, in: Studia Phoenicia IV. Religio Phoenicia, hg. v. Corinne Bonnet-E. Lipiński-P. Marchetti, Namur 1986, 223–238
I. Sch. Korablew, Hannibal, Moskwa ²1981 (in russischer Sprache)
J. Kromayer, Hannibal und Antiochos der Große, Neue Jahrb. f. d. klass. Altert. 10, 1907, 681–699

J. Kromayer, Waren Hannibal und Friedrich der Große wirklich Ermüdungsstrategen?, HZ 131, 1925, 393–408
K. Lehmann, Hannibals letzter Kriegsentwurf, in: Delbrück-Festschrift, Berlin 1908, 67–92
A. M. Mansel, Zur Lage des Hannibalgrabes, AA 1972, 257–275
H. McNeill, Hannibal Trismegistus, CJ 22, 1926/27, 189–201
Ed. Meyer, Hannibal und Scipio, in: Meister der Politik I, hg. v. E. Marcks-K. A. von Müller, Stuttgart – Berlin ²1923, 97–146
A. Momigliano, Annibale politico, jetzt in: Quinto contributo alla storia degli studi classici e del mondo antico I, Roma 1975, 333–345
Daniela Pacella, Sui rapporti di Alessandro con Roma e Cartagine nella leggenda, SCO 34, 1984, 103–125
A. Passerini, L'ultimo piano di Annibale e una testimonianza di Ennio, Athenaeum N.F. 11, 1933, 10–28
G. Charles-Picard, Hannibal, Paris o.J.
G. Picard, Hannibal hegemon hellénistique, RSA 13/14, 1983/84, ersch. 1985, 75–81
I. Sch. Schifman, Hannibal in Armenien, PBH 91, 1980, 257–261 (in russischer Sprache)
J. Vogt, Das Hannibal-Portrait im Geschichtswerk des Titus Livius und seine Ursprünge, Diss. Freiburg i. Br. 1953
W. Will, Mirabilior adversis quam secundis rebus. Zum Bild Hannibals in der 3. Dekade des Livius, WJA N.F. 9, 1983, 157–171

XXVII. Der 2. Römische Krieg (218–201)

Giovanna Alvisi, Dal Trasimeno a Capua, le marce di Annibale nel biennio 217–216 A.C., in: Littérature gréco-romaine et géographie historique. Mélanges offerts à R. Dion, hg. v. R. Chevallier, Paris 1974, 293–313
C.J.C. Arnold, Oorzaak en Schuld van den Tweeden Punischen Oorlog, Amsterdam 1939
A. E. Astin, Saguntum and the Origins of the Second Punic War, Latomus 26, 1967, 577–596
Auctores varii, Hannibal (WdF 371), hg. v. K. Christ, Darmstadt 1974
P. Azan, Annibal dans les Alpes, Oran 1902
F. Barreca, Gli eserciti annibalici, RSA 13/14, 1983/84, ersch. 1985, 43–68
A. Barzanò, Il confine romano-cartaginese in Spagna dal 348 varr. al 218 a. C., in: Autori vari, Il confine nel mondo classico, hg. v. Marta Sordi, Milano 1987, 178–199
G. de Beer, Hannibal's March, London 1967
K.J. Beloch, Polybios' Quellen im dritten Buche, Hermes 50, 1915, 357–372
P. Bender, Untersuchungen zur Vorgeschichte des zweiten punischen Krieges, Diss. Hamburg 1954
A. Berthelot, Itinéraire d'Hannibal à travers la Gaule, REA 37, 1935, 185–204
E.J. Bickerman, An Oath of Hannibal, TAPhA 75, 1944, 87–102
E.J. Bickermann, Hannibal's Covenant, AJPh 73, 1952, 1–23
J. M. Blázquez, Las alianzas en la Península Ibérica y su repercusión en la progresiva conquista romana, RIDA III 14, 1967, 209–240
P. Bosch Gimpera, El pas del Pirineu per Aníbal, in: Homenaje a J. V. Vives I, Barcelona 1965, 135–141
W. Brewitz, Scipio Africanus Maior in Spanien. 210–206, Diss. Tübingen 1914
G. Brizzi, I sistemi informativi dei Romani (Historia-Einzelschr. 39), Wiesbaden 1982
G. Brizzi, Imitari coepit Annibalem (Flor., I, XXII, 55): apporti catoniani alla concezione storiografica di Floro?, Latomus 43, 1984, 424–431

P. A. Brunt, Italian Manpower 225 B. C. – A. D. 14, Oxford 1971
P. Bung, Q. Fabius Pictor. Der erste römische Annalist, Diss. Köln 1950
E. Burck, Einführung in die dritte Dekade des Livius, Heidelberg ^{2}1962
J. Carcopino, Le traité d'Hasdrubal et la responsabilité de la deuxième guerre punique, REA 55, 1953, 258–293
T. F. Carney, The Aims of Roman Military and Foreign Policy in the Last Quarter of the Third Century B. C., PACA 1, 1958, 19–26
F. W. Clark, The Influence of Sea-Power on the History of the Roman Republic, Diss. Chicago, Menasha Wis. 1915, 29–48
M. Clerc, Massalia II, Marseille 1971 (= 1927–1929), 6–21
F. Cornelius, Cannae (Klio-Beih. 26), Aalen 1963 (= 1932)
R. Corzo Sánchez, La Segunda Guerra Púnica en la Bética, Habis 6, 1975, 213–240
E. W. Davis, Hannibal's Roman Campaign, Phoenix 13, 1959, 113–120
J. Deininger, Der politische Widerstand der Griechen gegen Rom in Unteritalien und Sizilien, in: Assimilation et résistance à la culture gréco-romaine dans le monde ancien, hg. v. D. M. Pippidi, Bucureşti – Paris 1976, 139–150, hier 146–148
J. Deininger, Gelon und die Karthager 216 v. Chr. (Liv. 23,30, 10–12), in: Livius. Werk und Rezeption. Festschrift f. E. Burck . . ., hg. v. E. Lefèvre-E. Olshausen, München 1983, 125–132
H. Delbrück, Geschichte der Kriegskunst . . . I. Das Altertum, hg. v. K. Christ, Berlin 1964 (= ^{3}1920), 319–416
L. Déroche, Les fouilles de Ksar Toual Zammel et la question de Zama, MEFR 60, 1948, 55–104
G. De Sanctis, Storia dei Romani III 2, Firenze ^{2}1968
H. Dessau, Über die Quellen unsres Wissens vom zweiten punischen Kriege, Hermes 51, 1916, 355–385
R. Develin, The Roman Command Structure and Spain 218–190 B. C., Klio 62, 1980, 355–367
R. Develin, The Practice of Politics at Rome 366–167 B. C. (Coll. Latomus 188), Bruxelles 1985
Bettina Diana, Annibale e il passagio degli Appennini, Aevum 61, 1987, 108–112
G. H. Donaldson, Modern idiom in an ancient context. Another look at the strategy of the Second Punic War, G & R II 9, 1962, 134–141
T. A. Dorey, The Voyage of Tiberius Claudius, Orpheus 1, 1954, 78–80
T. A. Dorey, The Debate on the Carthaginian Peace Terms, 203 B. C., Orpheus 3, 1956, 79f.
T. A. Dorey, Macedonian Troops at the Battle of Zama, AJPh 78, 1957, 185–187
T. A. Dorey, Roman Casualty Figures at Trasimene and Cannae, Historical Journal (Univ. of Birmingham) 7, 1959, 1–5
T. A. Dorey, The Treaty with Saguntum, Humanitas N. F. 8/9, 1959/60, 1–10
T. A. Dorey, Hannibal's Route through Etruria, Euphrosyne 3, 1961, 213–215
T. A. Dorey, Masinissa, Syphax, and Sophoniba, PACA 4, 1961, 1f.
A. B. Drachmann, Sagunt und die Ebro-Grenze, København 1920
Nicole Dupré, La politique romaine en Espagne pendant la IIe guerre punique. L'exemple de la vallée de l'Èbre (218–205), REL 59, 1981, ersch. 1982, 121–152
A. M. Eckstein, Two Notes on the Chronology of the Outbreak of the Hannibalic War, RhM N. F. 126, 1983, 255–272
A. M. Eckstein, Rome, Saguntum and the Ebro Treaty, Emerita 52, 1984, 51–68
A. M. Eckstein, Senate and General. Individual Decision Making and Roman Foreign Relations, 264–194 B. C., Berkeley – Los Angeles – London [1987]
K. F. Eisen, Polybiosinterpretationen, Heidelberg 1966, 112–152

M. Engers, Die Vorgeschichte der Makedonischen Kriege Roms, Mnemosyne III 6, 1938, 121–138
H. Ch. Eucken, Probleme der Vorgeschichte des zweiten punischen Krieges, Diss. Freiburg i. Br. 1968
J. Frantz, Die Kriege der Scipionen in Spanien. 536–548 a. u. c., München 1883
J. Fuchs, Der zweite punische Krieg und seine Quellen Polybius und Livius nach strategisch-taktischen Gesichtspunkten beleuchtet, Wiener-Neustadt 1894
Ph. Gauthier, L'Èbre et Sagonte: défense de Polybe, RPh 42, 1968, 91–100
M. Gelzer, Die Glaubwürdigkeit der bei Livius überlieferten Senatsbeschlüsse über römische Truppenaufgebote, jetzt in: Römische Geschichtsschreibung (WdF 90), hg. v. V. Pöschl, Darmstadt 1969, 154–197
M. Gelzer, Römische Politik bei Fabius Pictor, jetzt in: Römische Geschichtsschreibung (WdF 90), hg. v. V. Pöschl, Darmstadt 1969, 77–129, hier 115–129
G. Giannelli, Roma nell'età delle guerre puniche, Bologna 1938
M. Gigante, Una fonte antiromana sulle trattative romano-cartaginesi del 203 a. C. (PRyl. 491), Aegyptus 30, 1950, 77–92
R. Girod, Les origines de la deuxième guerre punique chez Polybe (III, 1–12) et Tite-Live (XXI, 1–5), in: Aiôn. Le temps chez les Romains, Paris 1976, 119–135
F. Grosso, Gli assedi di Locri, GIF 4, 1951, 114–134
E. S. Gruen, The Consular Elections for 216 B. C. and the Veracity of Livy, CSCA 11, 1978, ersch. 1979, 61–74
F. Gschnitzer, Die Stellung Karthagos nach dem Frieden von 201 v. Chr., WS 79, 1966, 276–289
F. Gschnitzer, Das System der römischen Heeresbildung im Zweiten Punischen Krieg: Polybios, die Annalisten und die geschichtliche Wirklichkeit, Hermes 109, 1981, 59–85
L. Halkin, Hannibal ad portas!, LEC 3, 1934, 417–457
B. L. Hallward, Varia, in: CAH VIII, ^{2}1978 (= ^{2}1954), 25–115. 722–729
F. Hampl, Zur Vorgeschichte des ersten und zweiten Punischen Krieges, in: Aufstieg und Niedergang der römischen Welt I 1, hg. v. Hildegard Temporini, Berlin – New York 1972, 412–441, hier 427–441
F. Hampl, Einige Probleme der Forschung zum Hannibalischen Krieg in alter und neuerer Sicht, RSA 13/14, 1983/84, ersch. 1985, 9–29
H. Hesselbarth, Historisch-kritische Untersuchungen zur dritten Dekade des Livius, Halle a. d. S. 1889
E. Heyge, Beiträge zur Geschichte des zweiten punischen Krieges für die Jahre 216–207, Diss. Jena 1924
W. Hoffmann, Ein Papyrusfund zum Frieden von 203, Hermes 76, 1941, 270–282
W. Hoffmann, Livius und der zweite Punische Krieg (Hermes-Einzelschr. 8), Berlin 1942
M. Holleaux, Roma, la Grèce et les monarchies hellénistiques au IIIe siècle avant J.-C. (273–205), Hildesheim – New York 1969 (= Paris 1935 bzw. 1921)
B. D. Hoyos, Hannibal: What Kind of Genius?, G & R II 30, 1983, 171–180
W. Huß, Carthaginienses sextum de foedere decessere, SEL 3, 1986, 115–121
P. Huvelin, Une guerre d'usure. La deuxième guerre punique, Paris 1917
W. Judeich, Cannae, HZ 136, 1927, 1–24
M. Jumpertz, Der römisch-karthagische Krieg in Spanien. 211–206, Diss. Leipzig, Berlin 1892
G. Klaffenbach, Der römisch-ätolische Bündnisvertrag vom Jahre 212 v. Chr. (SDAW 1954,1), Berlin 1954
A. Klotz, Die römische Wehrmacht im 2. punischen Kriege, Philologus 88, 1933, 42–89

A. Klotz, Livius und seine Vorgänger (Neue Wege zur Antike II 9–11), Leipzig – Berlin 1940

A. Klotz, Der „erste" Apenninenübergang Hannibals (Liv. 21,58,1–59,10), RhM N. F. 93, 1950, 178–187

A. Klotz, Studien zu Polybios, Hermes 80, 1952, 325–343, hier 334–343

E. Koestermann, Cannae und Metaurus, Gymnasium 74, 1967, 13–23

Th. Köves, Zum Empfang der Magna Mater in Rom, Historia 12, 1963, 321–347

W. Kolbe, Die Kriegsschuldfrage von 218 v. Chr. Geb. (SHAW 1933/34, 4), Heidelberg 1934

J. Kromayer, Waren Hannibal und Friedrich der Große wirklich Ermüdungsstrategen?, HZ 131, 1925, 393–408

J. Kromayer-G. Veith, Antike Schlachtfelder III und IV, Berlin 1912–1931

P. Kussmaul, Der Halbmond von Cannae, MH 35, 1978, 249–257

R. Laqueur, Scipio Africanus und die Eroberung von Neukarthago, Hermes 56, 1921, 131–225

K. Lehmann, Der letzte Feldzug des hannibalischen Krieges, JKPh Suppl. 21, 1894, 525–616 u. 1 Karte

K. Lehmann, Das Cannä-Rätsel, Klio 24, 1931, 70–99

K. Lehmann, Von Polybios' Schreibtisch. Nachprüfung seiner Arbeitsweise an seinem Cannae-Bericht, RhM N. F. 80, 1931, 321–341

Thérèse Liebmann-Frankfort, Du traité de l'Èbre à la paix de Dardanos. Variations romaines sur le respect dû à la parole donnée, Latomus 30, 1971, 585–597

Thérèse Liebmann-Frankfort, Le „traité de l'Ébre" et sa valeur juridique, RD IV 50, 1972, 193–204

V. Manfredi, Aspetti della tradizione storiografica sulla battaglia di Naraggara, CISA 3, 1975, 82–94

E. Manni, L'alleanza punico-macedone del 215 A. C., Memorie della R. Accademia delle Scienze dell'Istituto di Bologna IV 3, 1939/41, 5–26

P. Marchetti, La deuxième guerre punique en Sicile: Les années 215–214 et le récit de Tite-Live, BIBR 42, 1972, 5–26

P. Marchetti, Les manipulations de la monnaie romaine au cours de la Deuxième Guerre Punique, in: Actes du 8ième Congrès international de Numismatique, hg. v. H. A. Cahn-G. Le Rider, Paris – Bâle 1976, 339–346

P. Marchetti, Histoire économique et monétaire de la deuxième guerre punique, Bruxelles 1978

J. Martínez Gázquez, Sobre Aníbal y su paso por los Pirineos, Faventia 3, 1981, 223–226

S. Mazzarino, Introduzione alle guerre puniche (Saggi e ricerche 13), Catania 1947

Ed. Meyer, Kleine Schriften II, Halle a. d. Saale 1924, 331–461

F. Miltner, Wesen und Gesetz römischer und karthagischer Kriegführung, in: Rom und Karthago, hg. v. J. Vogt, Leipzig [1943], 203–261, hier 222–261

F. Miltner, Zwischen Trebia und Trasimen (218/17 v. Chr.), Hermes 78, 1943, 1–21

Th. Mommsen, Zama, jetzt in: Gesammelte Schriften IV, Berlin – Dublin – Zürich ²1965 (= Berlin ¹1906), 36–48

M. J. Moscovich, Hostage Regulations in the Treaty of Zama, Historia 23, 1974, 417–427

D. Musti, Polibio e la storiografia romana arcaica, in: Polybe (Entretiens sur l'Antiquité class. 20), Vandœuvres – Genève 1973, 103–139 bzw. 143, hier 115–125

C. Neumann, Das Zeitalter der punischen Kriege, hg. v. G. Faltin, Breslau 1883

C. Nicolet, A Rome pendant la Seconde Guerre Punique: Techniques financières et manipulations monétaires, Annales (ESC) 18, 1963, 417–436

C. Nicolet-M. Sznycer, Les guerres puniques, in: Rome et la conquête du monde méditerranéen II, hg. v. C. Nicolet, Paris ²1989, 594–626 (eine Einführung)

H. Nissen, De pace anno 201 a. Chr. Carthaginiensibus data, Marburgi [1870]
K. Olzscha, Die etruskische Hannibal-Inschrift, Gymnasium 77, 1970, 461–466 u. T. XXIII f.
W. Osiander, Der Hannibalweg ..., Berlin 1900
E. Pais, Storia di Roma durante le guerre puniche, 2 Bde., Torino ^{2}1935
E. Paratore, La II guerra punica nella terza deca di T. Livio, Roma 1970
L. Pareti, Ancora sulle cause della seconda guerra punica, A & R N. F. 13, 1932, 39 bis 43
A. Passerini, Un episodio della battaglia di Zama, Athenaeum N. F. 14, 1936, 181–191
[J.-B.] Perrin, Marche d'Annibal des Pyrénées au Pô, Grenoble 1883
J. Peyras, Deux études de toponymie et de topographie de l'Afrique antique, AntAfr 22, 1986, 213–253
A. J. Pfiffig, Die Haltung Etruriens im 2. Punischen Krieg, Historia 15, 1966, 193–210
A. J. Pfiffig, Hannibal in einer etruskischen Grabinschrift in Tarquinia, AAWW 104, 1967, 53–61
Giulia Piccaluga, Urbs trunca. Passato mitico ed espansionismo contro la Capua del „dopo Hannibal", RSA 13/14, 1983/84, ersch. 1985, 103–125
A. Piganiol, Hannibal chez les Péligniens, REA 22, 1920, 22–38
P. Pinna Parpaglia, La rivoluzione romana. La carriera di Scipione nella guerra annibalica, Labeo 26, 1980, 339–354
L. Poinssot, Zama, RAf 69, 1928, 165–181
A. J. Pomeroy, Hannibal at Nuceria, Historia 38, 1989, 162–176
D. Proctor, Hannibal's March in History, Oxford 1971
G. Radke, Anmerkungen zu den kultischen Maßnahmen in Rom während des zweiten punischen Krieges, WJA N. F. 6b, 1980, 105–121
J. W. Rich, Declaring War in the Roman Republic in the Period of Transmarine Expansion (Coll. Latomus 149), Bruxelles 1976
J. S. Richardson, Hispaniae. Spain and the development of Roman imperialism, 218–82 BC, Cambridge 1986
E. Ruschenbusch, Der Beginn des 2. punischen Krieges, Historia 27, 1978, 232–234
H. Sack, Hannibals Marsch auf Rom im Jahre 211 v. Chr., Diss. Frankfurt a. M. 1937
E. De Saint Denis, A Tarente, en 212 av. J.-C., Latomus 13, 1954, 25–32
E. de Saint-Denis, Encore l'itinéraire transalpin d'Hannibal, REL 51, 1973, ersch. 1974, 122–149
E. T. Salmon, The Strategy of the Second Punic War, G & R II 7, 1960, 131–142
E. T. Salmon, Scipio in Spain and the Sucro Incident, StudClas 24, 1986, 77–84
N. Santos Yanguas, El tratado del Ebro y el origen de la Segunda Guerra Púnica, Hispania 37, 1977, 269–298
Ch. Saumagne, Zama Regia, CRAI 1941, 445–453
Ch. Saumagne, Zama Regia, Revue Tunisienne 1941, 235–269
Ch. Saumagne, La manœuvre de Zama, CT 10, 1962, 373–390
A. von Schlieffen, Gesammelte Schriften I, Berlin 1913, 25–266
J. Schneider, Die Kriegsschuldfrage im zweiten punischen Kriege, Diss. Innsbruck o. J. [1940?]
A. Schulten, Iliturgi, Hermes 63, 1928, 288–301
K.-H. Schwarte, Der Ausbruch des Zweiten Punischen Krieges – Rechtsfrage und Überlieferung (Historia-Einzelschr. 43), Wiesbaden 1983
H. H. Scullard, Scipio Africanus in the Second Punic War, Cambridge 1930
H. H. Scullard, Roman Politics 220–150 B. C., Oxford 1951
H. H. Scullard, Scipio Africanus: Soldier and Politician, Ithaca N. Y. 1970
H. H. Scullard, The Site of the Battle of Zama, in: Polis and Imperium. Studies in Honour of E. T. Salmon, hg. v. J. A. S. Evans, Toronto 1974, 225–231

J. Seibert, Der Alpenübergang Hannibals. Ein gelöstes Problem?, Gymnasium 95, 1988, 21–73 (mit der wichtigeren früheren Literatur)

W. Soltau, Zur Chronologie der hispanischen Feldzüge 212–206 v. Chr. (Ein Beitrag zur Quellenkritik des Livius.), Hermes 26, 1891, 408–439

W. Soltau, Livius' Quellen in der III. Dekade, Berlin 1894

W. Soltau, Die griechischen Quellen in Livius' 23.–30. Buch, Philologus 53, 1894, 588–628

W. Sontheimer, Livius und Polybius über die Ereignisse des Jahres 216 bis zur Schlacht bei Cannae, U & F 1930, 193–212

W. Sontheimer, Der Feldzug Hannibals in Oberitalien bis zur Schlacht an der Trebia bei Livius und Polybius (Livius XXI 39–56; Polybius III 56–74), Klio 27, 1934, 84–121

G. Staude, Untersuchungen zum zweiten punischen Kriege, Diss. Jena 1911, Halle a. S. 1911

E. von Stern, Das Hannibalische Truppenverzeichnis bei Livius, Nendeln/Liechtenstein 1975 (= Berlin 1891)

W. Streit, Zur Geschichte des zweiten Punischen Krieges in Italien nach der Schlacht von Cannae, Berlin 1887

G. V. Sumner, The Chronology of the Outbreak of the Second Punic War, PACA 9, 1966, 5–30

G. V. Sumner, Elections at Rome in 217 B. C., Phoenix 29, 1975, 250–259

G. Susini, In margine alla battaglia della Trebbia, RSA 13/14, 1983/84, ersch. 1985, 69–74

E. Täubler, Die Vorgeschichte des zweiten punischen Kriegs, Berlin 1921

U. Tammler, Der römische Senat in der Zeit des Zweiten Punischen Krieges (218–201), Diss. Bonn 1970, ersch. 1971

G. Thiaucourt, Les causes et l'origine de la seconde guerre punique . . ., Paris 1890

J. H. Thiel, Studies on the History of Roman Sea-Power in Republican Times, Amsterdam 1946

G. Thomas, Magna Mater and Attis, in: Aufstieg und Niedergang der römischen Welt II 17,3, hg. v. W. Haase, Berlin – New York 1984, 1500–1535, hier 1502–1508

L. A. Thompson, Carthage and the Massylian Coup d'État of 206 B. C., Historia 30, 1981, 120–126

H. Tränkle, Livius und Polybios, Basel – Stuttgart [1977], 193–241

M. Treu, Der Papyrus über die Friedensverhandlungen des Jahres 203 v. Chr. (Ryl. Pap. III, nr. 491), Aegyptus 33, 1953, 30–56

P. Treves, Le origini della seconda guerra punica, A & R N. F. 13, 1932, 14–39

B. L. Twyman, Polybius and the Annalists on the Outbreak and Early Years of the Second Punic War, Athenaeum N. F. 65, 1987, 67–80

J. von Ungern-Sternberg, Capua im Zweiten Punischen Krieg (Vestigia 23), München 1975

J. Vallejo, „Oretanis", no „Ausetanis." (Sobre Livio, XXVI, 17,4), Emerita 12, 1944, 368–374

L. Villaronga, Necesidades financieras en la Península Ibérica, durante la Segunda Guerra púnica y primeros levantamientos de los Iberos, Nummus II 4/6, 1981/83, 119–153 u. T. I–VIII

N. Vulić, Hasdrubals Marschziel im Metaurus-Feldzuge, Klio 11, 1911, 384–387

F. W. Walbank, The Scipionic Legend, PCPhS 193, 1967, 54–69

P. G. Walsh, Livy and the Aims of „historia": An Analysis of the Third Decade, in: Aufstieg und Niedergang der römischen Welt II 30,2, hg. v. W. Haase, Berlin – New York 1982, 1058–1074

Th. Zieliński, Die letzten Jahre des zweiten punischen Krieges, Aalen 1985 (= Leipzig 1880)

R. Zucca, Cornus e la rivolta del 215 a. C. in Sardegna, in: L'Africa romana. Atti del III convegno di studio, hg. v. A. Mastino, Sassari 1986, 363–387

XXVIII. Der Klientelstaat Roms (201–149)

A. E. Astin, Scipio Aemilianus and Cato Censorius, Latomus 15, 1956, 159–180
A. E. Astin, Cato the Censor, Oxford 1978
A. Aymard, Les otages carthaginois à la fin de la deuxième guerre punique, Pallas 1, 1953, 43–63
H. Bellen, Metus Gallicus – metus Punicus (AAWM 1985, 3), Stuttgart 1985
J. Burian, Ceterum autem censeo Carthaginem esse delendam, Klio 60, 1978, 169–175
R. Cagnat, Note sur les limites de la province romaine d'Afrique, en 146 avant J.-C., CRAI 1894, 43–51
G. Camps, Massinissa ou les débuts de l'histoire, Libyca VIII 1, 1960
F. Càssola, Tendenze filopuniche e antipuniche in Roma, in: Atti del I Congresso Internazionale di Studi Fenici e Punici I, Roma 1983, 35–59
S. Chabert, La delenda Carthago, Annales de l'Université de Grenoble 25, 1913, 49–61
Giovannella Cresci Marrone, Nota a Nep. Hann., 7,4, Aevum 52, 1978, 85–87
Ginette Di Vita-Evrard, La Fossa Regia et les diocèses d'Afrique proconsulaire, in: L'Africa romana. Atti del III convegno di studio, hg. v. A. Mastino, Sassari 1986, 31–58
N. Ferchiou, Nouvelles données sur un fossé inconnu en Afrique proconsulaire et sur la fossa regia, in: Histoire et archéologie de l'Afrique du Nord. Actes du IIIe Colloque international . . ., Paris 1986, 351–365
M. Gelzer, Nasicas Widerspruch gegen die Zerstörung Karthagos, jetzt in: Kleine Schriften II, Wiesbaden 1963, 39–72
R. M. Haywood, The Oil of Leptis, CPh 36, 1941, 246–256
W. Hoffmann, Die römische Politik des 2. Jahrhunderts und das Ende Karthagos, jetzt in: Das Staatsdenken der Römer (WdF 46), hg. v. R. Klein, Darmstadt [3]1980 (= [1]1966), 178–230
M. Holleaux, Études d'épigraphie et d'histoire grecques V, Paris 1957, 180–183; 191
U. Kahrstedt, Die Annalistik von Livius B. XXXI–XLV, Roma 1971 (= Berlin 1913)
D. Kienast, Cato der Zensor, Darmstadt 1979 (= Heidelberg 1954)
T. Kotula, Rzekoma reforma demokratyczna Hannibala w Kartaginie, Eos 57, 1967/68, 272–281 ≈ Hannibal-Sufet und seine vermeintliche demokratische Reform in Karthago, RSA 13/14, 1983/84, ersch. 1985, 87–101
T. Kotula, L'affaire des emporia: Problème d'histoire et de chronologie (Tite-Live, XXXIV 62; Polybe, XXXI 21), Africana Bulletin 20, 1974, 47–61
T. Kotula, Masynissa, Warszawa 1976
Ch. E. Little, The Authenticity and Form of Cato's Saying „Carthago delenda est", CJ 29, 1933/34, 429–435
F. J. Meijer, Cato's African Figs, Mnemosyne IV 37, 1984, 117–124
H. Nissen, Kritische Untersuchungen über die Quellen der vierten und fünften Dekade des Livius, Berlin 1863
G. Charles Picard, L'administration territoriale de Carthage, in: Mélanges d'archéologie et d'histoire offerts à A. Piganiol III, hg. v. R. Chevallier, Paris 1966, 1257–1265, hier 1259–1262
L. Poinssot, Note sur la „Fossa regia", CRAI 1907, 466–481
H. W. Ritter, Rom und Numidien. Untersuchungen zur rechtlichen Stellung abhängiger Könige, Lüneburg 1987
Sergia Rossetti, La Numidia e Cartagine fra la II e la III guerra punica, PP 15, 1960, 336–353
Ch. Saumagne, Observations sur le tracé de la „Fossa Regia", RAL VI 4, 1928, 451–459

W. Soltau, Die annalistischen Quellen in Livius' IV. und V. Dekade, Philologus 52, 1894, 664–702
Silvia Thürlemann, „Ceterum censeo Carthaginem esse delendam", Gymnasium 81, 1974, 465–475
P. G. Walsh, Massinissa, JRS 55, 1965, 149–160

XXIX. Der 3. Römische Krieg (149–146)

F. E. Adcock, „Delenda est Carthago", CHJ 8, 1944/46, 117–128
J. Alvar, La formula de la evocatio y su presencia en contextos desacralizadores, AEA 57, 1984, 143–148
A. E. Astin, Scipio Aemilianus, Oxford 1967
V. Basanoff, Evocatio, Paris 1947
K. Bilz, Die Politik des P. Cornelius Scipio Aemilianus (Würzburger Studien z. Altertumswiss. 7), Stuttgart 1935
G. De Sanctis, Storia dei Romani IV 3, Firenze 1964, 28–75
M. Fantar, Récentes découvertes dans les domaines de l'archéologie et de l'épigraphie puniques, BCTH N. F. 7, 1971, ersch. 1973, 241–264, hier 248–251
J. Ferron-Ch. Saumagne, Adon-Baal, Esulape, Cybèle à Carthage, Africa 2, 1968, 75–137, hier 86–110
Ch. Graux, Note sur les fortifications de Carthage à l'époque de la troisième guerre punique, Bibliothèque de l'École des Hautes Études 34, 1878, 175–208
H. K. Groh, Die Belagerung von Karthago im dritten punischen Kriege (149–146 v. Chr.), Diss. Leipzig 1921
Ursula Hackl, Poseidonios und das Jahr 146 v. Chr. als Epochendatum in der antiken Historiographie, Gymnasium 87, 1980, 151–166
B. L. Hallward-M. P. Charlesworth, The Fall of Carthage, in: CAH VIII, ^{2}1978 (= ^{2}1954), 466–494. 775–777, hier 475–494. 776f.
J. Le Gall, „Evocatio", in: L'Italie préromaine et la Rome républicaine. Mélanges offerts à J. Heurgon I, Paris – Roma 1976, 519–524
E. Maróti, On the Causes of Carthage's Destruction, Oikumene 4, 1983, 223–231
C. Nicolet-M. Sznycer, Les guerres puniques, in: Rome et la conquête du monde méditerranéen II, hg. v. C. Nicolet, Paris ^{2}1989, 594–626 (eine Einführung)
Elizabeth Rawson, Scipio, Laelius, Furius and the Ancestral Religion, JRS 63, 1973, 161–174, hier 168–174
F. Reyniers, Remarques sur la topographie de Carthage à l'époque de la troisième guerre punique, in: Mélanges d'archéologie et d'histoire offerts à A. Piganiol III, hg. v. R. Chevallier, Paris 1966, 1281–1290
C. T. Ridley, To Be Taken with a Pinch of Salt: The Destruction of Carthage, CPh 81, 1986, 140–146
Ch. Saumagne, Les prétextes juridiques de la IIIe guerre punique, RH 167, 1931, 225–253; 168, 193, 1–42
Ch. Saumagne-J. Ferron, Une inscription commémorative de la consecratio de Carthage: Adon-Baal, CRAI 1966, 61–74
F. W. Walbank, Political Morality and the Friends of Scipio, JRS 55, 1965, 1–16
L. Zancan, Le cause della terza guerra punica, AIV 95,2, 1935/36, 529–601

XXX. Die Verfassung

Enrica Bacigalupo Pareo, I supremi magistrati a Cartagine, in: Contributi di storia antica in onore di A. Garzetti, Genova 1977, 61–87
J. Beloch, Die Könige von Karthago, Klio 7, 1907, 19–28 = K. J. Beloch, Griechische Geschichte III 2, Berlin – Leipzig ^{2}1923, 107–121
É. Bourgeois, De la constitution carthaginoise, RH 20, 1882, 327–345

A. van den Branden, Quelques notes concernant l'inscription CIS 5510, RStudFen 5, 1977, 139–145, hier 143–145
Gianna Coacci Polselli, I mḥšbm cartaginesi, StudMagr 12, 1980, 83–87
L. Drapeyron, La constitution de Carthage, Revue de géogr. 10, 1882, 280–293
R. Drews, Phoenicians, Carthage and the Spartan eunomia, AJPh 100, 1979, 45–58
V. Ehrenberg, Karthago, jetzt in: Polis und Imperium, hg. v. K. F. Stroheker-A. J. Graham, Zürich – Stuttgart [1965], 549–586, hier 564–566
M. Fantar, A propos des institutions politiques et administratives de Carthage: La Question de la Royauté, in: Actes du 1er Congrès d'Histoire et de la Civilisation du Maghreb I, Tunis 1979, 33–48
A. R. Hands, The consolidation of Carthaginian power in the fifth century B. C., in: Africa in Classical Antiquity, hg. v. L. A. Thompson-J. Ferguson, Ibadan 1969, 81–98, hier 86–93
B. W. Henderson, The Carthaginian Councils, JPh 24, 1896, 119–130
A. Heuß, Die Gestaltung des römischen und des karthagischen Staates bis zum Pyrrhos-Krieg, in: Rom und Karthago, hg. v. J. Vogt, Leipzig [1943], 83–138
W. Huß, Vier Sufeten in Karthago?, Muséon 90, 1977, 427–433
W. Huß, Die Einhundert und die Einhundertvier, WO 9, 1977/78, 253f.
W. Huß, Der Senat von Karthago, Klio 60, 1978, 327–329
W. Huß, Die Stellung des rb im karthagischen Staat, ZDMG 129, 1979, 217–232
W. Huß, Der karthagische Sufetat, in: Althistorische Studien H. Bengtson ... dargebracht (Historia-Einzelschr. 40), Wiesbaden 1983, 24–43
W. Huß, Eine republikanische Ära in Karthago?, in: Studien zur Alten Geschichte S. Lauffer ... dargebracht, hg. v. H. Kalcyk-Brigitte Gullath-A. Graeber, Roma 1986, 437–442
W. Huß, Probleme der karthagischen Verfassung, in: Atti del II Congresso Internazionale di Studi Fenici e Punici (im Druck)
F. G. Kluge, Aristoteles de politia Carthaginiensium, Vratislaviae 1824
G. Koerner, De republica Carthaginiensium, Diss. Halle 1867
C. Krahmalkov, Notes on the Rule of the sōfṭīm in Carthage, RStudFen 4, 1976, 153–157
G. Levi Della Vida, Magistrature romane e indigene nelle iscrizioni puniche tripolitane, in: Studi in onore di E. Volterra VI, Milano 1971, 457–469, hier 462–464
H. Lüdemann, Untersuchungen zur Verfassungsgeschichte Karthagos bis auf Aristoteles, Diss. Jena 1932, Bottrop i. W. 1933
L. Maurin, Himilcon le Magonide, Semitica 12, 1962, 5–43
S. Moscati, I Fenici e Cartagine, Torino [1972], 645–674
C. Nicolet, Dictateurs romains, στπατηγοι αὐτοκράτορες grecs et généraux carthaginois, in: Dictatures, hg. v. F. Hinard, Paris 1988, 27–47
G.-Ch. Picard, Les sufètes de Carthage dans Tite-Live et Cornelius Nepos, REL 41, 1963, ersch. 1964, 269–281
G.-Ch. Picard, La révolution démocratique de Carthage, in: Conférences de la Société d'Études Latines de Bruxelles 1965–1966 (Coll. Latomus 92), hg. v. G. Cambier, Bruxelles 1968, 113–130
G. Ch. Picard, Les sources, Kokalos 28/29, 1982/83, ersch. 1984, 271–275 bzw. 277
G. Ch. Picard, Le pouvoir suprême à Carthage, in: Studia Phoenicia VI. Carthago, hg. v. E. Lipiński, Leuven 1988, 119–124
L. J. Sanders, Punic Politics in the Fifth Century B. C., Historia 37, 1988, 72–89
W. Seston, Des „portes" de Thugga à la „Constitution" de Carthage, RH 237, 1967, 277–294
M. Sznycer, L'„Assemblée de Peuple" dans les cités puniques d'après les témoignages épigraphiques, Semitica 25, 1975, 47–68

M. Sznycer, Le problème de la royauté dans le monde punique, BCTH N. F. 17 B, 1981, ersch. 1984, 291–296 bzw. 301

M. Sznycer, Carthage et la civilisation punique, in: Rome et la conquête du monde méditerranéen II, hg. v. C. Nicolet, Paris ^{2}1989, 545–593, hier 561–585

G. Wolff, De principibus reipublicae Carthaginiensis magistratibus, Diss. Bonn 1857

XXXI. Die Verwaltung

H. Ch. Eucken, Probleme der Vorgeschichte des zweiten punischen Krieges, Diss. Freiburg i. Br. 1968, hier 61–71

S. Moscati, I Fenici e Cartagine, Torino [1972], 609–629

G. Ch. Picard, L'administration territoriale de Carthage, in: Mélanges d'archéologie et d'histoire offerts à A. Piganiol III, hg. v. R. Chevallier, Paris 1966, 1257–1265

G.-Ch. Picard, Une survivance du droit public punique en Afrique romaine: les cités sufétales, in: I diritti locali nelle province romane con particolare riguardo alle condizioni giuridiche del suolo (Problemi Attuali di Scienza e di Cultura 194), Roma 1974, 125–133

M. Sznycer, Antiquités et épigraphie nord-sémitiques, AEHE, IVe sect. 108, 1975–1976, ersch. 1976, 167–200, hier 175–181

M. Sznycer, L'empire, in: Rome et la conquête du monde méditerranéen II, hg. v. C. Nicolet, Paris ^{2}1989, 596–599

C. R. Whittaker, Carthaginian Imperialism in the Fifth and Fourth Centuries, in: Imperialism in the Ancient World, hg. v. P. D. A. Garnsey-C. R. Whittaker, Cambridge 1978, 59–90

XXXII. Das Militärwesen

F. Barreca, Istituzioni militari e fortificazioni Fenicio-Puniche, Cagliari 1975

F. Barreca, Le fortificazioni puniche sul Capo Bon, in: F. Barreca – M. H. Fantar, Prospezione archeologica al Capo Bon – II, Roma 1983, 7–40

F. Barreca, Gli eserciti annibalici, RSA 13/14, 1983/84, ersch. 1985, 43–68

P. Bartoloni, Fortificazioni puniche nel Mediterraneo, C & S 37, 1971, 193–198

P. Bartoloni, Le figurazioni di carattere marino rappresentate sulle più tarde stele di Cartagine. I – Le navi, RStudFen 5, 1977, 147–163

P. Bartoloni, Le figurazioni di carattere marino rappresentate sulle più tarde stele di Cartagine II. Le imbarcazioni minori, RStudFen 7, 1979, 181–191 u. T. LIV – LXIII

G. De Sanctis, Storia dei Romani III 1, Firenze ^{2}1967, 55–60

Honor Frost u. a., Lilybaeum (NSA VIII 30, 1976, Suppl.), Roma 1981

S. Moscati, I Fenici e Cartagine, Torino [1972], 675–701

S. Moscati, Cartagine nella civiltà mediterranea (Problemi attuali di scienza e di cultura 238), Roma 1978

G. u. Colette Charles-Picard, La vie quotidienne à Carthage au temps d'Hannibal, Paris [^{2}1982] (= [1958]), 195–212

R. J. Rowland, Jr., Beyond the Frontier in Punic Sardinia, AJAH 7, 1982, 20–39

H. H. Scullard, The Elephant in the Greek and Roman World, Ithaca N. Y. 1974

B. Wollner, Die Kompetenzen der karthagischen Feldherrn, Frankfurt a. M. – Bern – New York – Paris 1987

XXXIII. Die Wirtschaft

Auctores varii, Colloque sur la céramique antique. Actes, Carthage [1982]

F. Benoit, Relations commerciales entre le monde ibéro-punique et le midi de la Gaule de l'époque archaïque à l'époque romaine, REA 63, 1961, 321–330

Anna Maria Bisi, La ceramica punica, Napoli 1970

J. Blomqvist, Reflections of Carthaginian Commercial Activity in Hanno's Periplus, Orientalia Suecana 33/35, 1984/86, 53–62

S. F. Bondì, Note sull'economia fenicia – I. Impresa privata e ruolo dello stato, EVO 1, 1978, 139–149

S. F. Bondì, Penetrazione fenicio-punica e storia della civiltà punica in Sicilia. La problematica storica, in: La Sicilia antica I 1, hg. v. E. Gabba – G. Vallet, Napoli [1980], 163–225, hier 193–196

S. F. Bondì, L'alimentazione nel mondo fenicio-punico. L'aspetto economico-industriale, in: L'alimentazione nell'antichità, Parma 1985, 167–184

S. F. Bondì, Le relazioni con la Sicilia e la Sardegna nel quadro della politica economica di Cartagine nel Mediterraneo, in: Gli interscambi culturali e socio-economicia fra l'Africa settentrionale e l'Europa mediterranea I, hg. v. L. Serra, Napoli 1986, 229–244

Laura Breglia, Le antiche rotte del Mediterraneo documentate da monete e pesi, RAAN N. F. 30, 1955, ersch. 1956, 211–326

Serena Maria Cecchini, Problèmes et aspects de l'agriculture carthaginoise, in: Histoire et archéologie de l'Afrique du Nord. Actes du IIIe Colloque international . . ., Paris 1986, 107–114 bzw. 117

P. Cintas, Céramique punique, Tunis 1950

J. Debergh, L'occident phénicien et punique a-t-il connu une forme de communauté rurale?, in: Les communautés rurales II, Paris 1983, 391–402

N. Franco Parise, „Baratto silenzioso" fra Punici e Libi „al di là delle colonne di Eracle", QAL 8, 1976, 75–80

M. Fulford, Pottery and the Economy of Carthage and its Hinterland, Opus 2, 1983, 5–14

C. G. Wagner, El comercio púnico en el Mediterráneo a la luz de una nueva interpretación de los tratados concluidos entre Cartago y Roma, MHA 6, 1984, 211–224

C. G. Wagner, Cartago y el Occidente. Una Revisión Crítica de la Evidencia Literaria y Arqueológica, in: In Memoriam A. Diaz Toledo, Granada 1985, 437–460

W. Habermann, Die athenischen Handelsbeziehungen mit Ägypten, Karthago und Kyrene während des 5. Jahrhunderts v. Chr., Münstersche Beitr. z. Ant. Handelsgesch. 5,2, 1986, 96–105, hier 100–102

W. Huß, Die Beziehungen zwischen Karthago und Ägypten in hellenistischer Zeit, AncSoc 10, 1979, 119–137, hier 131–133

J. J. Jully, Koiné commerciale et culturelle phénico-punique et ibero-languedocienne en Méditerranée occidentale à l'âge du Fer, AEA 48, 1975, 22–119

R. Junge, Weltgeschichte der Standortentwicklung der Wirtschaft in der Klassengesellschaft I, Berlin 1961

Gerta Maaß-Lindemann, Toscanos (Madrider Forsch. 6), Berlin 1982, 131–143. 166–170

Jean MacIntosh, Etruscan-Punic Relations, Diss. Bryn Mawr College 1974

G. Marasco, Aspetti dell'economia cartaginese fra la seconda e la terza guerra punica, in: L'Africa romana. Atti del V convegno di studio, hg. A. Mastino, Sassari 1988, 233–228

S. Moscati, I Fenici e Cartagine, Torino [1972], 65–150. 489–511

S. Moscati, Dall'Egitto a Cartagine, in: Studi in onore di Edda Bresciani, hg. v. S. F. Bondì u. a., Pisa 1985, 355–361

Ana Maria Muñoz Amilibia, Sobre el comercio cartaginés en España, Pyrenae 4, 1968, 129–140

D. P. S. Peacock, Punic Carthage and Spain: the Evidence of the Amphorae, CEA 18, 1986, 101–113

G. u. Colette Charles-Picard, La vie quotidienne à Carthage au temps d'Hannibal, Paris [^{2}1982] (= [1958]), 84–99. 104–122. 177–189

Y. Solier, Céramiques puniques et ibéro-puniques sur le littoral du Languedoc du VIème siècle au début du IIème siècle avant J. C., RSL 34, 1968, 127–150
E. Speck, Handelsgeschichte des Altertums III 1, Leipzig 1905, 135–200
J.-P. Thuillier, Nouvelles découvertes de bucchero à Carthage, in: Il commercio etrusco arcaico, hg. v. M. Cristofani u. a., Roma 1985, 155–163
Yu. B. Tsirkin, The Economy of Carthage, in: Studia Phoenicia VI. Carthago, hg. v. E. Lipiński, Leuven 1988, 125–135
S. R. Wolff, Carthage and the Mediterranean: Imported Amphoras from the Punic Commercial Harbor, CEA 19, 1986, 134–153

XXXIV. Das Münzwesen

E. Acquaro, La monetazione punica, Milano 1979
E. Acquaro u. a., Studi di numismatica punica (RStudFen 11, Suppl.), Roma 1983
Carmen Alfaro Asins, Sistematización del antiguo numerario gaditano, Aula Orientalis 4, 1986, 121–138
H. R. Baldus, Unerkannte Reflexe der römischen Nordafrika-Expedition von 256/255 v. Chr. in der karthagischen Münzprägung, Chiron 12, 1982, 163–190 u. T. 1f.
H. R. Baldus, Ägypten und Nordafrika bis 27 v. Chr., in: A Survey of Numismatic Research 1978–1984 I, hg. v. M. Price u. a., London 1986, 204–232
H. R. Baldus, Zwei Deutungsvorschläge zur punischen Goldprägung im mittleren 3. Jahrhundert v. Chr., Chiron 18, 1988, 171–179
A. Beltrán, El alfabeto monetal llamado „libio-fenice“, Numisma 4, 13, 1954, 49–63
A. Beltrán Martínez, Monedas hispánicas con rótulos púnicos, Numisma 27, 144–146, 1977, 9–58
Anna Maria Bisi, Le monete con leggenda punica e neopunica del Museo Nazionale di Napoli, AIIN 16/17, 1969/70, 55–127 u. T. IV–XI
Ch. F. Boehringer, Sizilien, Sardinien, Malta, in: A Survey of Numismatic Research 1966–1971 I. Ancient Numismatics, hg. v. P. Naster u. a., New York 1973, 57–79
Marta Campo, Las monedas de Ebusus, Barcelona 1976
Marta Campo, Las relaciones de Ebusus con el exterior a través de los hallazgos monetarios (siglos III–I a. C.), in: Atti del I Congresso Internazionale di Studi Fenici e Punici I, Roma 1983, 145–156
Marta Campo, Hispania, in: A Survey of Numismatic Research 1978–1984 I, hg. v. M. Price u. a., London 1986, 43–60
Aldina Cutroni Tusa, Rapporti tra Greci e Punici in Sicilia attraverso l'evidenza numismatica, in: Atti del I Congresso Internazionale di Studi Fenici e Punici I, Roma 1983, 135–143
L. Forteleoni, Le emissioni monetali della Sardegna punica, Sassari 1961
L. Forteleoni, Monete e zecche della Sardegna punica, Sassari 1975
María Paz García-Bellido, Leyendas e imágines púnicas en las monedas „libiofenices“, Veleia 2/3, 1985/86, ersch. 1987, 499–519
A. M. de Guadan, Las monedas de Gades, Madrid 1963
Linda-Marie Hans, Karthago und Sizilien, Diss. Hamburg 1981, Hildesheim – Zürich – New York 1983, 20–25. 124–135
Linda-Marie Hans, Die Göttin mit der Tiara, SNR 66, 1987, 47–58 u. T. 7f.
G. F. Hill, Coins of Ancient Sicily, London 1903
J. Jahn, Karthago und westliches Nordafrika, Chiron 7, 1977, 411–485
G. K. Jenkins-R. B. Lewis, Carthaginian Gold and Electrum Coins, London 1963
G. K. Jenkins, Electrum Coinage at Syracuse, in: Essays in Greek Coinage presented to S. Robinson, hg. v. C. M. Kraay-G. K. Jenkins, Oxford 1968, 145–162 u. T. 14f.
G. K. Jenkins [Hg.], Sylloge Nummorum Graecorum 42. The Royal Collection of

Coins and Medals. Danish National Museum. North Africa. Syrtica – Mauretania, Copenhagen 1969

G. K. Jenkins, Coins of Punic Sicily, SNR 50, 1971, 25–78; 53, 1974, 23–41; 56, 1977, 5–65; 57, 1978, 5–68

G. K. Jenkins, Egypt and North Africa, in: A Survey of Numismatic Research 1966–1971 I. Ancient Numismatics, hg. v. P. Naster u. a., New York 1973, 199–205

G. K. Jenkins, Carthage, N. Africa, the Iberian Peninsula, Gaul, in: A Survey of Numismatic Research 1972–1977, hg. v. R. Carson-P. Berghaus-N. Lowick, Bern 1979, 106–117

J. Mazard, Corpus nummorum Numidiae Maretaniaeque, Paris 1955

L. Müller, Numismatique de l'ancienne Afrique, 3 Bde. u. Suppl., Bologna 1964 (= Copenhague 1860–1874)

E. S. G. Robinson, Punic Coins of Spain and their Bearing on the Roman Republican Series, in: Essays in Roman Coinage presented to H. Mattingly, hg. v. R. A. G. Carson – C. H. V. Sutherland, Aalen 1979 (= London 1956), 34–53

J. M. Sola-Sole, El alfabeto monetario de las cecas „libio-fenices", Barcelona [1980]

Aldina Tusa Cutroni, Ricerche sulla monetazione punica in Sicilia, Kokalos 13, 1967, 73–87

L. Villaronga, Las monedas hispano-cartaginesas, Barcelona 1973

XXXV. Die Gesellschaft

Maria Giulia Amadasi Guzzo, Dédicaces de femmes à Carthage, in: Studia Phoenicia VI. Carthago, hg. v. E. Lipiński, Leuven 1988, 143–149

F. L. Benz, Personal Names in the Phoenician and Punic Inscriptions (Studia Pohl 8), Rome 1972

S. F. Bondì, Diritti fondamentali della persona e libertà religiosa. Elementi di conoscenza per il mondo punico, in: I diritti fondamentali della persona umana e la libertà religiosa. Atti del V Colloquio Giuridico, hg. v. F. Biffi, Roma 1985, 217–221

P. Bordreuil-A. Ferjaoui, À propos des „fils de Tyr" et des „fils de Carthage", in: Studia Phoenicia VI. Carthago, hg. v. E. Lipiński, Leuven 1988, 137–142

M. Fantar, Une inscription punique exposée au Musée d'Utique, CT 20, 1972, 9–15

I. Hahn, Die Hellenisierung Karthagos und die punisch-griechischen Beziehungen im 4. Jahrhundert v. u. Z., in: Hellenische Poleis II, hg. v. Elisabeth Charlotte Welskopf, Berlin 1974, 841–854

M. Heltzer, Phoenician Theophorous Names with the Root ʿMS, in: Studia Phoenicia IV. Religio Phoenicia, hg. v. Corinne Bonnet-E. Lipiński-P. Marchetti, Namur 1986, 239–247

W. Huß, ʾdnj – ein punischer Personenname?, RStudFen 15, 1987, 133 f.

K. Jongeling, Names in Neo-Punic Inscriptions, Diss. Groningen 1984

E. Matilla Vicente, Surgimiento y desarrollo de la esclavitud cartaginesa y su continuación en época romana, Hispana antiqua 7, 1977, 99–123

S. Moscati, I Fenici e Cartagine, Torino [1972], 631–643

I. Š. Šifman, Sklaverei in Karthago, in: D. P. Kallistov u. a., Sklaverei in der Peripherie der Alten Welt Leningrad 1968, 245–257 (in russischer Sprache)

M. Sznycer, Quelques observations sur la grande inscription dédicatoire de Mactar, Semitica 22, 1972, 25–43, hier 36–39

P. Xella, KTU 1.48 e la tariffa punica di Marsiglia (KAI 69,16), RStudFen 12, 1984, 165–168

XXXVI. Die Literatur

J. Heurgon, L'agronome carthaginois Magon et ses traducteurs en latin et en grec, CRAI 1976, 441–456
V. J. Matthews, The libri Punici of King Hiempsal, AJPh 93, 1972, 330–335
S. Moscati, I Fenici e Cartagine, Torino [1972], 575–605
I. Schiffmann, Phönizisch-Punische Mythologie und geschichtliche Überlieferung in der Widerspiegelung der antiken Geschichtsschreibung, Roma 1986
F. Speranza, Scriptorum Romanorum de re rustica reliquiae I, Messina ²1974, 75–119
M. Sznycer, Die punische Literatur, Archaeologia viva I 2, 1968/69, 141–148
M. Sznycer, Carthage et la civilisation punique, in: Rome et la conquête du monde méditerranéen II, hg. v. C. Nicolet, Paris ²1989, 545–593, hier 590–593

XXXVII. Die Kunst

E. Acquaro, I rasoi punici, Roma 1971
E. Acquaro, Arte e cultura punica in Sardegna, Sassari 1984
Auctores varii, Varia, in: i Fenici [Catalogo della Mostra], hg. v. M. Andreose, Milano 1988, 243–510
F. Barreca, La civiltà di Cartagine, Cagliari 1964
Anna Maria Bisi, Studi punici I–III, OA 5, 1966, 223–248, hier 223–232
Anna Maria Bisi, I Pettini d'Avorio di Cartagine, Africa 2, 1968, 11–73
Anna Maria Bisi, Un naiskos tardo-fenicio del museo di Beyrut e il problema dell'origine dei cippi egittizzanti nel mondo punico, AntAfr 5, 1971, 15–38
Anna Maria Bisi, Les sources syro-palestiniennes et chypriotes de l'art punique (à propos de quelques objets de Carthage), AntAfr 14, 1979, 17–35
Anna Maria Bisi, La coroplastica fenicia d'Occidente (con particolare riguardo a quella ibicenca), Aula Orientalis 3, 1985, 285–294
Anna Maria Bisi, Les influences de l'art classique et du premier hellénisme dans le monde phénicien d'Occident, in: Πρακτικά τον XII Διεθνούς Συνεδρίου Κλασικής Αρχαιολογίας I, Athina 1985, 41–47 u. T. 8–10
Anna Maria Bisi, Influenze italiote i siceliote nell'arte punica del Nordafrica in età ellenistica, in: Gli interscambi culturali e socio-economici fra l'Africa settentrionale e l'Europa mediterranea I, hg. v. L. Serra, Napoli 1986, 153–180
H. Blanck, Die Malereien des sogenannten Priester-Sarkophages in Tarquinia, in: Miscellanea archaeologica T. Dohrn dedicata, Roma 1982, 11–28
J. M. Blázquez Martínez, Arte de la edad de los metales. Arte orientalizante, fenicio y cartaginés, in: F. Jordá-J. M. Blázquez, Historia del arte hispánico I 1. La antigüedad, Madrid 1978, 199–352
S. F. Bondì, I Fenici in Occidente, in: Modes de contacts et processus de transformation dans les sociétés anciennes. Actes du colloque de Cortone (24–30 mai 1981), Pise – Rome 1983, 379–400 bzw. 407
P. Cintas, Amulettes puniques, Tunis 1946
W. Culican, The Iconography of some Phoenician Seals and Seal Impressions, jetzt in: Opera selecta, Göteborg 1986, 211–264
J. Debergh, Image grecque, interprétation carthaginoise, Revista de la Univ. Complutense 25, 101, 1976, 91–112
J. Debergh, Image grecque, interprétation carthaginoise. A propos de la stèle Cb 687 du Musée du Bardo a Tunis . . ., Revista de la Univ. Complutense 25, 104, 1976, 201–204
J. Debergh, L'art de l'Afrique du Nord . . . I. L'Afrique phénicienne et punique, in: L'Afrique méditerranéenne, hg. v. Annette Destrée, Bruxelles 1977, 177–194
J. Deneauve, Lampes de Carthage, Paris 1969

Anna Maria Ingrassia Bisi, Elementi vicino-orientali nell'arte punica, in: Atti del 1° Convegno italiano sul Vicino Oriente antico, Roma 1978, 129–146
B. S. J. Isserlin, Some Common Features in Phoenician/Punic Town Planning, RStud-Fen 1, 1973, 135–152
S. Lancel, Ivoires phénico-puniques de la nécropole archaïque de Byrsa, à Carthage, in: Atti del I Congresso Internazionale di Studi Fenici e Punici III, Roma 1983, 687–692
A. Lézine, Résistance à l'hellénisme de l'architecture religieuse de Carthage, CT 7, 1959, 247–261
A. Lézine, Architecture punique, Paris o. J.
S. Moscati, New Light on Punic Art, in: The Role of the Phoenicians in the Interaction of the Mediterranean Civilizations, hg. v. W. A. Ward, Beirut [1968], 65–75
S. Moscati, Art phénicien d'Occident, MUB 45, 1969, 381–390
S. Moscati, Punic Art in Italy, in: Near Eastern Studies in Honor of W. F. Albright, hg. v. H. Goedicke, Baltimore – London [1971], 355–376
S. Moscati, I Fenici e Cartagine, Torino [1972], 275–487
S. Moscati, Fenici e Cartaginesi in Sicilia, Kokalos 18/19, 1972/73, 23–31
S. Moscati, Problematica della civiltà fenicia, Roma 1974
S. Moscati, L'arte fenicia rivisitata, RStudFen 4, 1976, 1–10
S. Moscati, Il mondo punico, Torino 1980
S. Moscati, Per una storia delle stele puniche, RPAA 50, 1977/78, ersch. 1980, 55–73
S. Moscati, L'arte della Sardegna punica, Milano 1986
S. Moscati, L'arte della Sicilia punica, Milano 1987
S. Moscati, Iconismata punica, RPAA 58, 1985/86, ersch. 1987, 75–85
A. Parrot-M. H. Chéhab-S. Moscati, Les Phéniciens, Paris 1975
Colette G. Picard, Sacra Punica. Étude sur les masques et rasoirs de Carthage, Karthago 13, 1965/66, ersch. 1967
Colette Picard, Thèmes hellénistiques sur les stèles de Carthage, AntAfr 1, 1967, 9–30
Colette Picard, Victoires et trophées puniques. La souveraineté de Baal Hammon, StudMagr 3, 1970, 55–72
Colette Picard, Les représentations du cycle dionysiaque à Carthage dans l'art punique, AntAfr 14, 1979, 83–113
Colette Picard, Les sources de l'iconographie hellénistique à Carthage, in: Atti del I Congresso Internazionale di Studi Fenici e Punici III, Roma 1983, 725–729
C. Poinssot-J. W. Salomonson, Un monument inconnu: le mausolée d'Henchir Djaouf d'après les papiers inédits de Comte C. Borgia, OMRL 44, 1963, 57–88 u. T. XV–XXVIII
Brigitte Quillard, Les étuis porte-amulettes carthaginois, Karthago 16, 1970/71, ersch. 1973, 1–32 u. T. I–V
Brigitte Quillard, Bijoux carthaginois I. Les colliers, Louvain-la-Neuve 1979
Monique Seefried, Les pendentifs en verre sur noyau des pays de la Méditerranée antique, Roma 1982
J.-P. Thuillier, L'habitat punique tardif à Carthage, CEA 19, 1986, 99–120
J. Vercoutter, Les objets égyptiens et égyptisants du mobilier funéraire carthaginois, Paris 1945

XXXVIII. Die Religion

E. Acquaro, Notes d'archéologie punique: culture matérielle et reflets dans l'histoire, LEC 55, 1987, 75–80
Maria Giulia Amadasi Guzzo, Les divinités dans les inscriptions puniques de Tripolitaine: Essai de mise au point, BCTH N. F. 17 B, 1981, ersch. 1984, 189–196
Maria Giulia Amadasi Guzzo, Dédicaces de femmes à Carthage, in: Studia Phoenicia VI. Carthago, hg. v. E. Lipiński, Leuven 1988, 143–149

Miriam Astruc, Traditions funéraires de Carthage, Byrsa 6, 1956, 29–79
Auctores varii, Die Göttin von Pyrgi, hg. v. A. Neppi Modona-F. Prayon, Firenze 1981
Auctores varii, La religione fenicia. Atti del Colloquio in Roma, 6 marzo 1979, Roma 1981
Auctores varii, Adonis. Relazioni del Colloquio in Roma, 22–23 maggio 1981, Roma 1984
Auctores varii, Studia Phoenicia IV. Religio Phoenicia, hg. v. Corinne Bonnet-E. Lipiński-P. Marchetti, Namur 1986
D. W. Baker, Leviticus 1–7 and the Punic Tariffs: A Form Critical Comparison, ZATW 99, 1987, 188–198
M. L. Barré, The God-List in the Treaty between Hannibal and Philip V of Macedonia, Baltimore – London [1983]
F. Barreca, I culti della Sardegna fenicio-punica, 3 Tle., Cagliari 1973
F. Barreca, Il giuramento di Annibale (considerazioni storico-religiose), in: Studi in onore di G. Lilliu . . ., hg. v. Giovanna Sotgiu, Cagliari 1985, 71–81
P. Bartoloni, Le stele arcaiche del tofet di Cartagine, Roma 1976
Hélène Benichou-Safar, Les tombes puniques de Carthage, Paris 1982
Anna Maria Bisi, La religione punica nelle rappresentazioni figurate delle stele votive, R & C 36, 1965, 99–157
Anna Maria Bisi, Le stele puniche, Roma 1967
Anna Maria Bisi, Le matrici fittili puniche della Sardegna e della Sicilia, Sefarad 28, 1968, 289–308
Anna Maria Bisi, Simboli „animati" nella religione fenicio-punica, in: Religioni e civiltà. Scritti in memoria di A. Brelich, hg. v. V. Lanternari-M. Massenzio-D. Sabbatucci, Bari 1982, 55–69
S. F. Bondì, Per una riconsiderazione del tofet, EVO 2, 1979, 139–150
Corinne Bonnet, Typhon et Baal Ṣaphon, in: Studia Phoenicia V. Phoenicia and the East Mediterranean in the First Millennium B. C., hg. v. E. Lipiński, Leuven 1987, 101–143
Corinne Bonnet, Studia Phoenicia VIII. Melqart, Leuven – Namur 1988
C. Bourgeois, Neptune et le dauphin à Mactar, BCTH N. F. 9 B, 1973, ersch. 1976, 17–23
Susanna Shelby Brown, Late Carthaginian Child Sacrifice and Sacrificial Monuments in their Mediterranean Context, Diss. Indiana Univ. 1986
W. Culican, Phoenician Demons, jetzt in: Opera selecta, Göteborg 1986, 433–436
J. Debergh, La libation funéraire dans l'Occident punique. Le témoignage des nécropoles, in: Atti del I Congresso Internazionale di Studi Fenici e Punici III, Roma 1983, 757–762
O. Eißfeldt, Molk als Opferbegriff im Punischen und Hebräischen und das Ende des Gottes Moloch (Beitr. z. Religionsgesch. d. Altert. 3), Halle 1935
M. Fantar, Eschatologie phénicienne-punique, Tunis 1970
M. Fantar, Le dieu de la mer chez les Phéniciens et les Puniques, Roma 1977
F. Fedele-G. V. Foster, Tharros: ovicaprini sacrificali e rituale del tofet, RStudFen 16, 1988, 29–46
J. Ferron, Mort-Dieu de Carthage (Coll. Cahiers de Byrsa, Série Monogr. 2), 2 Bde., Paris 1975
J. Ferron-Maria E. Aubet, Orants de Carthage, 2 Bde., Paris 1974
J.-G. Février, A propos de Baal Addir, Semitica 2, 1949, 21–28
J. G. Février, La Koré punique, in: Mélanges Bibliques rédigés en l'honneur de A. Robert, Paris o.J., 364–369
J. G. Février, Paralipomena Punica, Byrsa 6, 1956, 13–27, hier 13–22
J. G. Février, Essai de reconstitution du sacrifice molek, JA 248, 1960, 167–187

J.-G. Février, L'évolution des rites sacrificiels à Carthage, BCTH 1959/60, ersch. 1962, 22–27
J. G. Février, Astronoé, JA 256, 1968, 1–9
W. J. Fulco, The Canaanite God Rešep, New Haven Conn. 1976
G. Garbini, Monumenti religiosi, in: I Fenici. Storia e religione, Napoli 1980, 161–176
G. Garbini, Simboli religiosi, in: I Fenici. Storia e religione, Napoli 1980, 177–185
H. Gese, Die Religionen Altsyriens, in: H. Gese-Maria Höfner-K. Rudolph, Die Religionen Altsyriens, Altarabiens und der Mandäer (Die Religionen der Menschheit X 2), Stuttgart – Berlin – Köln – Mainz 1970, 1–232
V. Giustolisi, Le origini della Dea Tanit e dei suoi simboli, Palermo 1970
C. Grottanelli, Melqart e Sid fra Egitto, Libia e Sardegna, RStudFen 1, 1973, 153–164
G. Ch. Heider, The Cult of Molek: A New Examination of the Biblical and Extra-Biblical Evidence, Diss. Yale Univ. 1984
G. Hölbl, Egyptian fertility magic within Phoenician and Punic Culture, in: Archaeology and Fertility Cult in the Ancient Mediterranean, hg. v. A. Bonanno, Amsterdam 1986, 197–205
Magdeleine Hours-Miedan, Les représentations figurées sur les stèles de Carthage, Cahiers de Byrsa 1, 1951, 15–160
F. O. Hvidberg-Hansen, La Déesse TNT, 2 Bde., Copenhague 1979
F. O. Hvidberg-Hansen, Uni-Ashtarte und Tanit-Iuno Caelestis. Two Phoenician goddesses of fertility reconsidered from recent archaeological discoveries, in: Archaeology and Fertility Cult in the Ancient Mediterranean, hg. v. A. Bonanno, Amsterdam 1986, 170–195
M. Leglay, Saturne africain. Monuments, 2 Bde., Paris 1961–1966
M. Leglay, Saturne africain. Histoire, Paris 1966
M. Le Glay, Les syncrétismes dans l'Afrique ancienne, in: Les syncrétismes dans les religions de l'antiquité, hg. v. Françoise Dunand-P. Lévêque, Leiden 1975, 123–151
É. Lipiński, La fête de l'ensevelissement et de la résurrection de Melqart, in: Actes de la XVIIe Rencontre Assyriologique Internationale, hg. v. A. Finet, Ham-sur-Heure 1970, 30–58
E. Lipiński, skn et sgn dans le sémitique occidental du nord, UF 5, 1973, 191–207
E. Lipiński, Syro-fenicische wortels van de karthaagse religie, Phoenix (Leiden) 28, 1982, 51–84
E. Lipiński, Notes d'épigraphie phénicienne et punique, OLP 14, 1983, 129–165, hier 154–158
E. Lipiński, Vestiges phéniciens d'Andalousie, OLP 15, 1984, 81–132, hier 102–117
E. Lipiński, Resheph Amyklos, in: Studia Phoenicia V. Phoenicia and the East Mediterranean in the First Millennium B. C., hg. v. E. Lipiński, Leuven 1987, 87–99
E. Lipiński, Sacrifices d'enfants à Carthage et dans le monde sémitique oriental, in: Studia Phoenicia VI. Carthago, hg. v. E. Lipiński, Leuven 1988, 151–162
R. du Mesnil du Buisson, Études sur les dieux phéniciens hérités par l'Empire romain, Leiden 1970
P. G. Mosca, Child Sacrifice in Canaanite and Israelite Religion, Diss. Harvard Univ. 1975
S. Moscati, Iconismo e aniconismo nelle più antiche stele puniche, OA 8, 1969, 59–67
S. Moscati, I Fenici e Cartagine, Torino [1972], 513–574. 712f.
S. Moscati, Il sacrificio punico dei fanciulli: realtà o invenzione? (Problemi attuali di scienza e di cultura 261), Roma 1987
F. Münter, Religion der Karthager, Kopenhagen ^{2}1821
Colette G. Picard, Sacra Punica. Étude sur les masques et rasoirs de Carthage, Karthago 13, 1965/66, ersch. 1967

Colette Picard, Genèse et évolution des signes de la bouteille et de Tanit à Carthage, StudMagr 2, 1968, 77–87

Colette Picard, Tanit courotrophe, in: Hommages à M. Renard III (Coll. Latomus 103), hg. v. Jacqueline Bibauw, Bruxelles 1969, 474–484 u. T. CLXX–CLXXIV

Colette G. Picard, La Dame des brûle parfums à Carthage, Revista de la Univ. Complutense 25, 101, 1976, 155–174

Colette Picard, Les représentations de sacrifice molk sur les ex-voto de Carthage, Karthago 17, 1973/74, ersch. 1976, 67–138 u. T. VI–XII

Colette Picard, Les représentations de sacrifice molk sur les stèles de Carthage, Karthago 18, 1975/76, ersch. 1978, 5–116 u. T. XIII–XXIV

Colette Picard, Demeter et Kore à Carthage – Problèmes d'iconographie, Kokalos 28/29, 1982/83, ersch. 1984, 187–194

Colette u. G.-Ch. Picard, Hercule et Melqart, in: Hommages à J. Bayet (Coll. Latomus 70), hg. v. M. Renard-R. Schilling, Bruxelles – Berchem 1964, 569–578

G. Charles-Picard, Les religions de l'Afrique antique, Paris 1954

G. Ch. Picard, Statuettes tournées puniques, BCTH N. F. 9 B, 1973, ersch. 1976, 3–9

S. Ribichini, Un episodio di magia a Cartagine nel III secolo av. Cr., in: Magia. Studi di storia delle religioni in memoria de Raffaela Garosi, Roma [1976], 147–156

S. Ribichini, Un'ipotesi per Milkʿaštart, RSO 50, 1976, 43–55

S. Ribichini, Adonis, Roma 1981

S. Ribichini, Morte e oltretomba a Cartagine: A proposito di un libro recente, SMSR N. F. 9, 1985, 353–364

S. Ribichini, Poenus advena. Gli dei fenici e l'interpretazione classica, Roma 1985

S. Ribichini, Temple et sacerdoce dans l'économie de Carthage, BCTH N. F. 19 B, 1983, ersch. 1985, 29–37

S. Ribichini, Concezioni dell' oltretomba nel mondo fenicio e punico, in: Archeologia dell'inferno, hg. v. P. Xella, Verona 1987, 147–161

S. Ribichini, Il tofet e il sacrificio dei fanciulli (Sardò 2), Sassari 1987

S. Ribichini, Le credenze e la vita religiosa, in: i Fenici [Catalogo della Mostra], hg. v. M. Andreose, Milano 1988, 104–125

S. Ribichini-P. Xella, Milkʿaštart, mlk(m) e la tradizione siropalestinese sui Refaim, RStudFen 7, 1979, 145–158

H. Ringgren, Die Religionen des Alten Orients, Göttingen 1979, 198–246

I. Schiffmann, Phönizisch-Punische Mythologie und geschichtliche Überlieferung in der Widerspiegelung der antiken Geschichtsschreibung, Roma 1986

L. E. Stager, Carthage: A View from the Tophet, in: Phönizier im Westen (Madrider Beitr. 8), hg. v. H. G. Niemeyer, Mainz 1982, 155–163

E. D. Stockton, Phoenician Cult Stones, The Australian Journal of Bibl. Archaeol. 2,3, 1974/75, 1–27

M. Sznycer, Note sur le dieu Ṣid et le dieu Ḥoron d'après les nouvelles inscriptions puniques d'Antas (Sardaigne), Karthago 15, 1969/70, 67–74

M. Sznycer, in: Dictionnaire des mythologies . . . II, Paris 1981, 250–256, s. v. Phéniciens et Puniques; 421–429, s. v. Sémites occidentaux

P. Xella, Studi sulla religione fenicia e punica, 1971–1973, RStudFen 3, 1975, 227–244

P. Xella, Sulla più antica storia di alcune divinità fenicie, in: Atti del I Congresso Internazionale di Studi Fenici e Punici II, Roma 1983, 401–407

REGISTER

Gleichlautende punische Personennamen sind (möglichst) chronologisch geordnet. Römische Personennamen erscheinen unter den Gentilnamen.

Phoinikische und punische bzw. phoinikisierte und punisierte Götter und Göttinnen